böhlau

Italien in der Moderne

herausgegeben von

Gabriele Clemens
Christof Dipper
Oliver Janz
Sven Reichardt
Wolfgang Schieder
Petra Terhoeven

Band 21

Antje Dechert

Stars all'italiana

Kino und Körperdiskurse in Italien
(1930–1965)

2014

BÖHLAU VERLAG KÖLN WEIMAR WIEN

Meinen Eltern

Bibliografische Information der Deutschen Nationalbibliothek:
Die Deutsche Nationalbibliothek verzeichnet diese Publikation in der
Deutschen Nationalbibliografie; detaillierte bibliografische Daten sind
im Internet über http://portal.dnb.de abrufbar.

Umschlagabbildung:
Marcello Mastroianni und Anita Ekberg in *La dolce vita*.
Setfotografie von Pierluigi Praturlon, 1960. Abgedruckt mit freundlicher Genehmigung
des Archivio Fotografico Fondazione 3M, Mailand.

© 2014 by Böhlau Verlag GmbH & Cie, Köln Weimar Wien
Ursulaplatz 1, D–50668 Köln, www.boehlau-verlag.com

Alle Rechte vorbehalten. Dieses Werk ist urheberrechtlich geschützt.
Jede Verwertung außerhalb der engen Grenzen des Urheberrechtsgesetzes
ist unzulässig.

Umschlaggestaltung: Guido Klütsch, Köln
Korrektorat: Sebastian Schaffmeister, Köln
Satz: Peter Kniesche Mediendesign, Weeze
Druck und Bindung: Strauss, Mörlenbach
Gedruckt auf chlor- und säurefreiem Papier
Printed in the EU

ISBN 978-3-412-22126-3

Danksagung

Diese Studie wurde 2008 am Historischen Seminar der Philosophischen Fakultät der Universität zu Köln als Dissertation angenommen und für die vorliegende Publikation partiell überarbeitet. Sie hätte ohne die Unterstützung vieler Personen und Institutionen nicht realisiert werden können. Mein besonderer Dank gilt dem Deutschen Akademischen Austauschdienst (DAAD), dem Deutschen Historischen Institut (DHI) in Rom und der Deutschen Forschungsgemeinschaft (DFG), die das Projekt im Rahmen von Promotionsstipendien beziehungsweise durch Sachbeihilfen finanziell unterstützt haben. Das Gelingen der Arbeit ist ganz wesentlich der engagierten und motivierenden wissenschaftlichen Beratung von Margit Szöllösi-Janze zu verdanken. Daneben danke ich Wolfgang Schieder, Lutz Klinkhammer sowie Simonetta Piccone Stella, Marina D'Amelia und Vito Zagarrio an den Universitäten La Sapienza und Roma Tre in Rom für die konstruktiven fachlichen Gespräche. Meine Recherchen in Italien haben die Mitarbeiter der *Biblioteca di Storia Moderna e Contemporanea* in Rom, der *Emeroteca der Biblioteca Nazionale Centrale di Roma*, des *Istituto Gramsci* und des DHI in Rom sowie der Nationalbibliotheken in Florenz und Mailand erleichtert. Der wesentliche Teil des Quellenmaterials wurde mir seitens der *Biblioteca Luigi Chiarini* und der Kinemathek des *Centro Sperimentale di Cinematografia* in Rom zur Verfügung gestellt, wobei ich mich besonders für die freundliche Hilfe des Teams von Fiammetta Lionti in der Bibliothek und von Paola Castagna in der Kinemathek bedanken möchte. Mein spezieller Dank geht auch an Emilia De Sica, die mir nicht ediertes Filmmaterial aus ihrer Sammlung zur Verfügung gestellt hat. Besonders anregend und hilfreich waren die Diskussionen mit Kolleginnen, Kollegen und Freunden, die mich in meiner Arbeit bestärkt und durch ihre konstruktive Kritik während des Schreibens inspiriert haben. Dafür danke ich insbesondere Hahle Badrnejad-Hahn, Janny van Baars, Patrick Bernhard, Monica Berté, Stefanie Daschke Simone Derix, Gabriele D'Autilia, Ingrid Holzmayer, Julia Kaun, Christian Kuchler, Valentina Leonhard, Jan Andreas May, Maren Möhring, Ruth Nattermann, Wencke Nitz, Riad Othman, Massimo Perinelli, Roberta Piazza, Sophie Reuter, Sven Trösch und den Studenten der AGUF an der Universität zu Köln im Sommersemester 2007. Letztlich hätte ich meine Arbeit ohne die Unterstützung und Ermutigung meiner Familie und Freunde nicht fertigstellen können. Ihnen gilt mein größter Dank.

Inhalt

Danksagung 5

I. Einleitung 9

II. Vittorio De Sica
Männlichkeiten und Massenkultur im Faschismus 27

    Kino, Stars und Körperkult in den 1930er Jahren 40
    Ein „neuer Mann" im weiblichen Blick: *Gli uomini, che mascalzoni!* 65
    Sport und Männerkörper in *Tempo massimo* 87
    International und autark: Mode, Konsum und Männlichkeiten im Film.. 106
    Auf dem Weg zum Neorealismus 134

III. Weiblichkeit im „Wiederaufbau"
Sophia Loren im italienischen Kino der 1950er Jahre 143

    Körper zwischen Tradition und Emanzipation – die *maggiorate fisiche* 149
    Der Widerspenstigen Zähmung? Lorens Filmimage in den 1950er Jahren .. 173
    „Molto diva, poco mamma" – Stars und Mutterideal 214
    Lorens Hollywoodkarriere: Starkörper und Nation 223

IV. Der verführte Latin Lover
Marcello Mastroianni und Männlichkeiten im *boom economico* 243

    Vom Eroberer zum Eroberten? Der Latin-Lover-Mythos 254
    Wirtschaftswunder und weibliche Sexualität im Wandel 269
    Körperexzesse: Mastroianni in Federico Fellinis *La dolce vita* 284
    Psychoanalyse des Latin Lover: Mastroianni in Fellinis *8½* 320
    Archaische Sizilianer? Modernitätsdiskurs und Männlichkeiten
    im Film 332

V. Catherine Spaak
Weiblicher Körper und Jugendkultur in den Sixties 357

    Die Kindfrau erobert die Leinwand............................. 361
    Die italienische Jugendkultur der 1960er Jahre 364

Weiblichkeit und sexuelle Liberalisierung in der *cultura giovanile*. 373
La ninfetta – Spaaks Starimage in den frühen 1960er Jahren 382

VI. Schluss 415

Abbildungsverzeichnis 420
Quellenverzeichnis 422
Literaturverzeichnis 432
Filmindex 452

I. Einleitung

> La pace forse più non tornerà / finche vivrà il cinema /
> vi parlan tutti quanti di Totò / della Metrò o di Charlot /
> Così questa follia in casa mia / decisamente entrò! /
>
> Cinema, frenetica passion / cinema, tormento e seduzion /
> c'è mia moglie che non ha più fren / e cammina come la Marlene /
> il mio Bob si crede un Valentin / mia sorella Josephine /
> e mia figlia, tanto per cambiar, / tutto il giorno a gretagarbeggiar! /
>
> In treno, per le strade e nei caffè / si parla, ahimé, di Chevalier /
> in casa, nei salotti in società: / cosa si fa? Del cinema! /
> Voilà c'è la Merlini, la Jacobini / con Musco e la Milly, /
> pure il nonno posa a seduttor' / per sembrare Falconi in ‚Rubacuor'.[1]

Dass Italiener stürmisch und leidenschaftlich sind, ist ein ziemlich plattes Klischee. Trotzdem hatte der Autor des Schlagers *Cinema* nicht Unrecht, als er in den 30er Jahren seinen Songtext über die „stürmische Leidenschaft" schrieb, die viele seiner italienischen Zeitgenossen damals ergriffen hatte: die Leidenschaft für das Kino und seine Stars. Der sogenannte *divismo*, der Starkult – seit den 1920er Jahren entwickelte er sich auch in Italien nach und nach zum Massenphänomen, ähnlich wie in den USA und anderen europäischen Ländern. Der oben zitierte Schlager veranschaulicht auf recht amüsante Weise die zunehmende Präsenz des Films in der italienischen Alltagskultur. „Jeder spricht nur noch von Totò oder Charlot", heißt es da, „meine Frau ist nicht mehr zu bremsen, sie geht jetzt wie Marlene" und „Bob hält sich für Valentino und meine Schwester für Josephine." Totò, Charlie Chaplin, Marlene Dietrich, Rudolph Valentino und Josephine Baker – ist der Song auch noch so satirisch zuge-

---

[1] Der Frieden kehrt nicht mehr zurück, / solange es das Kino gibt. / Alle reden von Totò, von der Metrò oder Charlot. / So hat der Wahnsinn auch bei mir zu Hause Einzug gehalten. // Kino, Du stürmische Leidenschaft, Verführer und Qual. / Meine Frau ist nicht mehr zu bremsen, sie geht schon wie Marlene. / Mein Bob glaubt, er sei Valentino, meine Schwester hält sich für Josephine / und meine Tochter macht zur Abwechslung den ganzen Tag einen auf Greta Garbo. // Im Zug, auf der Straße und in den Cafés, spricht man nur noch von Chevalier. / Zu Hause, in den Stuben und in Gesellschaft spielt man Kino. / Hier kommt die Merlini, die Jacobini mit Musco und Milly / und selbst der Großvater posiert als Verführer, um auszusehn wie Falconi in Rubacuor. Zitiert nach: Caldiron, Orio (Hg.): Cinema italiano degli anni Trenta, Rom 1978, S. 418 f.; teils auch abgedruckt in: Cardillo, Massimo: Il duce in moviola. Politica e divismo nei cinegiornali e documentari Luce, Bari 1983, S. 20. Die Übersetzungen der italienischen Texte und Quellenzitate stammen auch im Folgenden von der Autorin.

spitzt, die Stars des nationalen wie internationalen Leinwandhimmels schienen eine Faszinationskraft auf ihr Publikum auszuüben, die auch körperliche Auswirkungen zeigte. *Gretagarbeggiare*, also „einen auf Greta Garbo machen", lautete nicht zufällig eine Wortneuschöpfung der 1930er Jahre.

Der zitierte Liedtext dokumentiert die Anfänge eines Phänomens, das heute in Italien wie andernorts niemanden mehr in Erstaunen versetzt, nämlich die visuelle Allgegenwart internationaler Stars und Sternchen, die Körper- und Schönheitsideale definieren und für viele Menschen auch Vorbilder für bestimmte Moden sind, für Konsumverhalten und Lebensstile. In den 30er Jahren dagegen war die Adaption von Gesten, Kleidungsstilen oder Frisuren der Filmgrößen durch Männer und Frauen jeden Alters noch recht neu und deshalb ein viel kommentiertes Phänomen, das oft Anlass für kulturpessimistische Skepsis war. „Der Friede kehrt nie mehr zurück, solange es das Kino gibt", heißt es weiter in dem Schlager *Cinema*, „Kino, Du Qual und Verführung". Nicht ganz geheuer war vielen Beobachtern die Unmittelbarkeit, mit der die erotisch und emotional aufgeladenen Körper der *divi* im dunklen Kinosaal auf die Zuschauer wirkten: Das neue Medium beschleunige den Sittenverfall, war eine verbreitete Befürchtung. Bereits 1917 sinnierte der Journalist und spätere Mitbegründer der Kommunistischen Partei Italiens, Antonio Gramsci, in der sozialistischen Zeitung *Avanti!* über die sinnliche Ausstrahlung und Körpersprache der Stummfilmdiva Lyda Borelli. Deren Erfolg sei weniger auf ihre künstlerischen Fähigkeiten zurückzuführen als auf die Tatsache, dass sie die primitiven Instinkte ihres Publikums anspreche.[2] Noch 1933 resümierte der konservative Feuilletonist Leo Longanesi, der Augenaufschlag der Borelli, der von den Töchtern der Bourgeoisie imitiert werde, habe eine allgemeine Lockerung der Sitten bewirkt.[3] Auch die Modejournalistin Irene Brin karikierte Ende der 1930er Jahre in der Illustrierten *Omnibus* die allgegenwärtige Sichtbarkeit des Starkults und berichtete etwa über die Mode der „Crawford-Schnute". Diese sei vor allem unter den weiblichen Angestellten *en vogue* gewesen und habe deren Träume vom sozialen Aufstieg „und einer Villa mit Schwimmbad in Kalifornien" beflügelt.[4]

Ebendiese Wünsche, Hoffnungen und Sehnsüchte, die durch die Stars genährt wurden, waren es, die in den Augen vieler Politiker und Kirchenmänner Zucht und Ordnung gefährdeten. So versuchte beispielsweise das faschistische Regime in den 1930er und frühen 1940er Jahren – wenig erfolgreich – die Berichterstattung über Hollywoodstars einzuschränken. Die körperlichen Maße der US-Diven etwa waren der Regierung ein Dorn im Auge. Denn sie entsprachen nicht dem mütterlichen

---

[2] Vgl. Gramsci, Antonio: Letteratura e vita nazionale, Turin 1972, S. 272–273.
[3] Longanesi, Leo: Breve storia del cinema italiano, in: L'Italiano. Periodico della rivoluzione fascista, Nr. 17/18 (Januar/Februar) 1933, S. 23–24.
[4] Brin, Irene: Usi e costumi 1920–1940, Rom 1944, S. 96.

I. Einleitung   11

Weiblichkeitsideal des Faschismus.⁵ Die katholische Kirche sah im Starkult vor allem eine moralische Gefahr, insbesondere für Frauen und Jugendliche.⁶ So äußerte Pius XI. in der Enzyklika *Vigilanti Cura* vom 29. Juni 1936 seine „wachsame Sorge" angesichts der immer einflussreicher werdenden Massenmedien auch im Bezug auf die so sehr verehrten Leinwandgötter: „Die im Kino erzählten Geschichten, werden von Männern und Frauen dargestellt, die speziell wegen ihrer natürlichen Talente und ihres Aussehens ausgewählt wurden, weshalb sie eine verführerische Wirkung ausüben können, vor allem auf die Jugend." Zwar, räumt der Papst ein, könne ein „guter Film", der aus einem christlichen Bewusstsein heraus entstanden sei, auch moralisierend und erbaulich auf die Zuschauer wirken. Doch umso verheerender sei die Wirkung „schlechter Filme". Diese „führen die Jugend auf den Weg des Bösen, denn sie glorifizieren die Leidenschaften, zeigen das Leben in einem falschen Licht, trüben die Ideale, zerstören die reine Liebe, den Respekt vor der Ehe und die Zuneigung zur Familie."⁷ Noch in der Nachkriegszeit nahm die katholische Filmarbeit eine überwiegend ablehnende Haltung gegenüber dem *divismo* ein. Auf Regierungsebene gingen nach 1945 die Christdemokraten mittels einer scharfen Zensur gegen die, nach dem Empfinden der Behörden, sexuell allzu freizügige Darstellung italienischer Schauspielerinnen vor.⁸ Die linke Opposition hingegen machte die „amerikanisierten" Stars und Diven für einen angeblichen Kulturverlust verantwortlich. Sie würden den wachsenden Materialismus nähren und ein allgemeines Desinteresse am Politischen bewirken. Stars, Kino und Unterhaltung – all das sei nichts als kapitalistisches Opium für das Volk. So sah es 1956 zumindest Ugo Casiraghi, der Filmkritiker der kommunistischen Tageszeitung *L'Unità*.⁹

Wie diese frühen Reaktionen auf den *divismo* in Italien verdeutlichen, standen Filmstars aufgrund ihrer exponierten Stellung innerhalb der visuellen Kultur immer wieder im Mittelpunkt öffentlicher Diskussionen, die vor allem um ihre Körper

---

5   Zum Beispiel erließ am 20. Februar 1933 das Pressebüro im Ministerium für Volkskultur folgende Anordnung an die italienische Presse: „Keine Artikel über Hollywood veröffentlichen und vor allem nicht über das Gewicht der Filmdiven [...] Denn das Gewicht der Filmdiven ist das der Krisenfrauen (donne crisi), welche Italien beseitigen will." [„Non pubblicare articoli su Hollywood e soprattutto sul peso delle dive dello schermo [...] perché il peso delle dive è quello delle donne crisi, che l'Italia vuole abolire."] Zitiert nach: Tranfaglia, Nicola: La Stampa del regime 1932–1943. Le veline del Minculpop per orientare l'informazione, Mailand 2005, S. 148, siehe auch ebd. S. 181, 218, 392.
6   Wortlaut im Original: „[L]e vicende raffigurate nel cinema sono svolte da uomini e donne particolarmente scelti per le loro doti naturali e per l'uso di espedienti tali, che possono anche divenire strumento di seduzione soprattutto per la gioventù." Zitiert nach: Viganò, Dario E.: Cinema e chiesa. I documenti del magistero, Turin 2002, S. 51–63, hier S. 57–58.
7   Ebd. S. 57.
8   Einen Überblick über die Filmzensur nach 1945 gibt: Baldi, Alfredo: Schermi proibiti. La censura in Italia 1947–1988, Rom 2003.
9   Vgl. Casiraghi, Ugo: Il cinema contro le stelle, in: L'Unità, 19.1.1956.

kreisten. Die medial konstruierten Bilder der Stars gaben Anlass für Debatten über legitimes weibliches und männliches Körperverhalten, über Sexualität sowie über Fragen von Individualität und Identität im Allgemeinen. Ebendies macht sie aus einer körper- und geschlechtergeschichtlichen Perspektive zu einem interessanten Untersuchungsgegenstand. Denn im Reden über die Stars sowie anhand ihrer Körperbilder zeigen sich die historisch spezifischen Definitionen von Geschlecht, Sexualität, Moral, oder Nationalität aber auch soziale, religiöse und politische Werte.[10] Dies sind genau jene sozialen Kategorien und Diskurse, die in ihrer jeweiligen Verflechtung die kulturelle Dimension des Körpers in einer bestimmten Epoche ausmachen – oder wie Richard Dyer formuliert:

> Stars are also embodiments of the social categories in which people are placed and through which they have to make sense of their lives [...] – categories of class, gender, ethnicity, religion, sexual orientation, and so on. And all of these typical, common ideas that have the feeling of being the air that you breathe [...] have their own histories, their own peculiarities of social construction.[11]

Kino und Körper in Italien

Die Körperbilder italienischer Filmstars, die das italienische Kino im Zeitraum zwischen 1930 und 1965 hervorbrachte, ihre Rezeption und die über sie ausgedrückten Bedeutungen stehen im Zentrum dieser Arbeit. Mit Vittorio De Sica (1901–1974), Sophia Loren (*1934), Marcello Mastroianni (1924–1996) und Catherine Spaak (*1945) untersucht die vorliegende Studie vier der national wie international bekanntesten italienischen Filmstars, die zwischen den 1930er und 1960er Jahren in Italien populär waren, unter körpergeschichtlichen Gesichtspunkten. Bei der Analyse ihrer Starfiguren gehe ich mit der filmtheoretischen Forschung nach Richard Dyer sowie den Studien von Christine Gledhill, Stephen Lowry und Helmut Korte von der These aus, dass Stars „Kristallisationspunkte"[12] kulturell relevanter Normen, Vorstellungen und Praktiken des Körpers sind, dass sie so bestimmte Weiblichkeits- oder Männlichkeitsideale reproduzieren und aufgrund ihrer überhöhten medialen Darstellung selbst zur Normierung des Körpers und der Geschlechterverhältnisse beitragen. Anhand der

---

[10] Vgl. Lowry, Stephen: Star Images: Questions for Semiotic Analysis, in: Nöth, Winfried (Hg.): Semiotics of the Media: State of the Art, Projects and Perspectives, Berlin/New York 1997, S. 316.

[11] Dyer, Richard: Heavenly Bodies: Film Stars and Society, Houndsmills/London 1986, S. 16.

[12] Lowry (1997), S. 316. Vgl. allgemein: Dyer, Richard: Stars, London 1979; ders. (1986); Gledhill, Christine: Stardom. Industry of Desire, London/New York 1991; Korte, Helmut/Lowry, Stephen: Der Filmstar: Brigitte Bardot, James Dean, Götz George, Heinz Rühmann, Romy Schneider, Hanna Schygulla und neuere Stars, Stuttgart/Weimar 2000.

I. Einleitung

medial konstruierten Starbilder wird deutlich, dass Körper auch in ihrer physischen Beschaffenheit immer schon Ergebnisse kultureller Zuschreibungen sind und „nur als soziale Gebilde wahrgenommen und ausgedrückt werden" können.[13] Die Kategorie „Körper" begreife ich unter Rückgriff auf die Ergebnisse der körperhistorischen Forschung nach Foucault sowie auf die Gender-Theorie Judith Butlers nicht als anthropologische Konstante, sondern als Effekt diskursiver Zuschreibungen und damit auch bestimmter Machtverhältnisse.[14]

Durch die Analyse der einzelnen Starfiguren in ihren Spielfilmen sowie in der zeitgenössischen Presse, in Biografien und Nachrichtenfilmen werde ich die kulturelle und geschlechtsspezifische Codierung ihrer Starkörper nachvollziehen.[15] Dabei gehe ich davon aus, dass die Männlichkeiten und Weiblichkeiten, die Stars auf der Lein-

---

[13]   Lorenz, Maren: Leibhaftige Vergangenheit. Einführung in die Körpergeschichte, Tübingen 2000, S. 21.

[14]   Vgl. Foucault, Michel: Der Wille zum Wissen. Sexualität und Wahrheit, Bd. 1, Frankfurt a. M. 1983; ders.: Der Gebrauch der Lüste. Sexualität und Wahrheit, Bd. 2, Frankfurt a. M. 1989; Butler, Judith: Das Unbehagen der Geschlechter, Frankfurt a. M. 1991; dies.: Körper von Gewicht. Die diskursiven Grenzen des Geschlechts, Frankfurt am Main 1997; Laqueur, Thomas/Schiebinger, Londa/Gallager, Catherine: The Making of the Modern Body. Sexuality and Society in Nineteenth Century, Berkeley/Los Angeles/London 1987; Laqueur, Thomas: Making Sex. Body and Gender from the Greeks to Freud, Cambridge, 1990; Price, Janet/Shildrick Margrit (Hg.): Feminist Theory and the Body, New York 1999; Griesebener, Andrea: Historisierte Körper. Eine Herausforderung für die Konzeptionalisierung von Geschlecht, in: Gürtler, Corista/Hausbacher, Eva (Hg.): Unter die Haut. Körperdiskurse in Geschichten und Bildern, Innsbruck 1999, S. 53–75. Die Entwicklung der Körpergeschichte und die theoretische Grundsatzdebatte um die „Materialität" von Körpern und eine authentische „Leiberfahrung", die zwischen essentialistischen und konstruktivistischen Ansätzen geführt wird, soll an dieser Stelle nicht näher erörtert werden. Eine ausführliche Darstellung gibt Lorenz (2000), S. 15–32.

[15]   Die für diese Untersuchung zur Analyse herangezogenen Quellen sind zunächst die Spielfilme, die das jeweilige Image der untersuchten Stars wesentlich prägten. Darüber hinaus habe ich in der Cineteca Nazionale an der Nationalen Filmhochschule in Rom (Scuola Nazionale del Cinema) über 100 weitere Filme gesichtet, die mit in die Studie eingeflossen sind. Wichtig für die Analyse der Starimages war zudem die Auswertung zeitgenössischer Filmzeitschriften, Illustrierten, Magazine, Frauen- und Jugendzeitschriften, Herrenjournale sowie Tageszeitungen. Für diese Arbeit wurden gesichtet: *ABC* 1960, *Amica* 1962, *Bianco e nero* 1937–1943, *Big* 1965, *Bolero Film* 1947–1949, *Ciao amici* 1966, *Cine illustrato* 1948, *Cinema* 1937–1943, 1948–1956, *Cinema illustrazione* 1930–1939, *Corriere della Sera* (einzelne Jahrgg.), *Domenica del Corriere* 1932–1942, *Donna e vita* 1947–1950, *Donne d'Italia* 1955, *Eco del Film* 1927–1934, *Epoca* 1950–1952, *Espresso* (Tageszeitung) 1945–1948, *Eva* 1964, *Film* 1939–1949, *Giovanissima/Giovani* 1966, *Grazia* 1957–1958, *Il selvaggio* 1933–1936, *Intermezzo* 1947, *La piccola* 1928–1938, *La settimana incom* 1948–1949, *Lei* 1933–1937, *Le Grandi Firme* (1924–1939); *L'Espresso* 1955–1968, *L'Europeo* 1955–1966, *L'illustrazione italiana* 1931–1942, *L'italiano* 1926–1930, *Lui* (später *arbiter*) 1932–1943, *L'Unità* (einzelne Jahrgg.), *Marie Claire* 1964–66, *Noi Uomini* 1960–1961, *Noi Donne* 1944–1948, *Novella* 1932–1934, *Oggi* 1939–1940, 1949–1960, *Omnibus* 1937–1939, *Osservatore Romano* (einzelne Jahrgg.), *Primi Piani* 1941–1942, *Quarta parete* 1945–46, *Rassegna dell'Ente Nazionale della Moda* 1939–1941, *Rivista del cinematografo* 1928–29, 1939–42; 1946–1965, *Sogno* 1950–1953, *Star* 1944–1946, *Vie Nuove* 1946–1959.

wand verkörpern und die Bedeutungen, die in der Presse auf sie projiziert werden, repräsentativ sind für allgemeingültige Konzepte von Körper und Geschlecht.

Ich betrachte die medialen Repräsentationen der oben genannten Starfiguren in ihrem jeweiligen diskursiven Kontext, das heißt in ihrer Wechselwirkung mit dem politischen und kulturellen Wandel in Italien vor dem Hintergrund des Faschismus und des Zweiten Weltkriegs, des sogenannten „Wiederaufbaus" (*ricostruzione*) in der Nachkriegszeit sowie der soziokulturellen und ökonomischen Entwicklungen während des Wirtschaftswunders (1958–1963). Die vorliegende Arbeit fasst damit einen historischen Abschnitt ins Auge, in dem sich Italien von einem Agrarstaat zur modernen Industrienation entwickelte, was mit der allmählichen Ausformung einer modernen Massen- und Konsumkultur einherging, die sich schließlich Mitte der 1960er Jahre in vollem Umfang etablierte. Mit diesen gesellschaftlichen Entwicklungen verschoben sich auch gültige Definitionen von Weiblichkeit und Männlichkeit sowie die Hierarchie zwischen den Geschlechtern. Diese Veränderungen kommen in den Körperbildern der genannten Stars direkt zum Ausdruck. Während sich das Forschungsinteresse bisheriger Studien und Einzelaufsätze zur Geschlechtergeschichte Italiens im Zeitraum zwischen Faschismus und 68er-Bewegung vorwiegend auf die Körperideale dominanter sozialer Gruppen, Institutionen oder Ideologien (wie der politischen Parteien, der katholischen Kirche oder des Faschismus) konzentrierte, wird hier das Zusammenwirken vielschichtiger Körperdiskurse anhand einzelner Starfiguren beleuchtet. Das dabei verwendete und hier zitierte italienischsprachige Quellenmaterial habe ich zur besseren Lesbarkeit ins Deutsche übersetzt. Der Originaltext wird jeweils in Fußnoten angeführt.

Die Studie wählt das Jahr 1930 deshalb als Ausgangspunkt, da mit der Einführung des Tonfilms in Italien im selben Jahr eine wesentliche Ausdifferenzierung der Medienlandschaft einsetzte. Das wirkte sich auch auf die Entwicklung und den Charakter des Starwesens aus. Der Film stieg während der 1930er Jahre zum populärsten Medium in Italien auf und etablierte sich als Teil der Alltagskultur. Durch die Expansion der Filmsäle und die Produktion neuer Filmzeitschriften oder Fotoromane waren die Bilder der Stars über Kino und Presse für ein immer breiteres Publikum zugänglich. Bis zur Mitte der 1960er Jahre war das Kino die erste Freizeitbeschäftigung der Italiener. Erst dann, und damit im europäischen Vergleich sehr spät, machte das italienische Fernsehen dem Film im Hinblick auf die Zuschauerzahlen Konkurrenz.[16]

---

[16] Wagstaff, Christopher: Italy in the Post-War International Cinema Market, in: Duggan, Christopher/ders.: Italy in the Cold War: Politics, Society and Culture 1948–1958, Oxford 1995, S. 89–115; hier S. 103 ff; ders.: Cinema, in: Forgacs, David/Lumley, Robert (Hg.): Italian Cultural Studies. An Introduction, Oxford 1996, S. 216–232, hier S. 217–218; Fanchi, Mariagrazia/Mosconi, Elena (Hg.): Spettatori. Forme di consumo e pubblici del cinema in Italia 1930–1960, Venedig 2002, S. 258–259.

I. Einleitung

Mit dem Kino und seinen Stars nehme ich gewissermaßen das Imaginäre des beschriebenen Untersuchungszeitraums in den Blick. Die Fiktionen auf der Leinwand reflektierten und interpretierten die historischen Ereignisse und Transformationsprozesse sowie Denkmuster, Mentalitäten, Sehnsüchte und Ängste, die ihren Entstehungskontext charakterisierten. Damit war das Kino dieser Epoche – mit Günter Riederer gesprochen – ein wichtiger „Deutungsrahmen", innerhalb dessen die zeitgenössischen Zuschauer „Geschichte wahrn[a]hmen und sozialen Sinn konstruier[t]en".[17] Bis heute liefern uns die Spielfilme aus dem genannten Untersuchungszeitraum Wissenswertes über die Ideale, Wünsche und Sehnsüchte der Menschen, die sie produzierten und konsumierten. David Forgacs und Stephen Gundle haben in ihrer jüngsten Studie zur italienischen Populärkultur der 1930er bis 1950er Jahre argumentiert, dass die Medien und insbesondere das Kino dieses Zeitraums wesentlich zur Verstärkung eines (räumlich wie kulturell geprägten) nationalen Zugehörigkeitsgefühls beigetragen haben. Dieser Prozess nationaler Aggregation habe sich sowohl durch die kontinuierliche Konfrontation mit medialen Bildern regionaler Lebensarten und Identitäten sowie durch die Abgrenzung zu internationalen Kulturen vollzogen.

> The media [...] by circulating images of national events as well of Italy's different regions and localities, helped create at a mass level, in the course of the twentieth century, ‚Italian society' as a felt place community, whereas in the nineteenth century that community had remained largely circumscribed to political cultural elites.[18]

Auf der anderen Seite habe die Hinwendung zu anderen Kulturen, die über die inter- und transnational operierenden Mediensysteme beschleunigt wurde, auch zu verstärkten interkulturellen Austauschprozessen geführt. Das Kino stellte für sein Publikum ein „Fenster zur Welt" dar. Ab den 20er Jahren dominierten ausländische Filmimporte den italienischen Markt und konfrontierten die Zuschauer mit Bildern fremder Lebensstile. Insbesondere dem Hollywoodfilm und -starwesen kommt hier eine zentrale Bedeutung zu. Der maßgeblich durch Hollywood vermittelte *mito ame-*

---

[17] Riederer, Günter: Film und Geschichtswissenschaft. Zum aktuellen Verhältnis einer schwierigen Beziehung, in: Paul, Gerhard: Visual History. Ein Studienbuch, Göttingen 2006, S. 96–118, hier S. 99. Zur Verwendung von Spielfilmen beziehungsweise Bildern als historischen Quellen siehe weiterführend: Ferro, Marc: Der Film als Gegenanalyse der Gesellschaft, in: Honegger, Claudia (Hg.): M. Bloch, Fr. Braudel, L. Febvre u.a.: Schrift und Materie der Geschichte. Vorschläge zur systematischen Aneignung historischer Prozesse, Frankfurt a. M. 1977, S. 247–271; Aurich, Rolf: Wirklichkeit ist überall. Zum historischen Quellenwert von Spiel- und Dokumentarfilmen, in: Wilharm, Irmgard (Hg.): Geschichte in Bildern. Von der Miniatur bis zum Film als historische Quelle, Pfaffenweiler 1995, S. 112–128; Crivellari, Fabio u. a. (Hg.): Die Medien der Geschichte. Historizität und Medialität in interdisziplinärer Perspektive, Konstanz 2004; Mitchell, W.J.T.: Der Pictural Turn, in: Kravagna, Christian (Hg.). Privileg Blick. Kritik der visuellen Kultur, Berlin 1997, S. 15–40.

[18] Forgacs, David/Gundle, Stephen: Mass Culture and Italian Society. From fascism to the Cold War, Bloomington 2007, S. 17.

ricano war im Untersuchungszeitraum ein ständiger kultureller Bezugspunkt und somit auch für die Konstruktion sozialer und nationaler Identitäten relevant.[19]

In seiner komplexen und heterogenen Funktionsweise interagierte das Kino mit der Ausformung einer italienischen Körperkultur, die ebenso durch regionale Differenzen wie durch transnationale Austauschprozesse strukturiert war. Der durch Giuseppe Mazzini geprägte Aphorismus des *fare gli italiani* wurde durch das Kino zumindest ein Stück weit realisiert. Mit der Diffusion des Films näherten sich zudem die Vorstellungswelten und Lebensstile der Italiener einander an und damit auch die sogenannten „Techniken des Selbst", das heißt die spezifischen kulturellen Praktiken, durch die Subjekte auf den eigenen Körper einwirken (Konsum, Gestik, Körperpflege, Mode, Schminke, Sport etc.).[20] Als Quelle geben uns Filme Aufschluss darüber welche Konzeptionen von Körper, von Männlichkeit und Weiblichkeit zwischen 1930 und 1965 darstellbar und somit auch lebbar waren.

Letztlich prägte das italienische Kino der 1930er bis 1960er Jahre auch die Italienwahrnehmung im Ausland. Der Erfolg des neorealistischen Autorenkinos diente in der unmittelbaren Nachkriegszeit als Sprungbrett für den Aufstieg des Landes zur einflussreichsten Produktionsstätte nach den USA. Sophia Loren und Marcello Mastroianni gelten nach wie vor auch international als Sinnbilder typisch italienischer Weiblichkeit und Männlichkeit. Filme wie Federico Fellinis *La dolce vita* (1960) haben das Bild Italiens nachhaltig geprägt, als zugleich modernes und rückständiges, zeitlos elegantes Arkadien mit kosmopolitischem Flair.

Noch heute nehmen sowohl das Kino als auch der *divismo* der 1930er bis 60er Jahre eine herausragende Stellung in der italienischen Populärkultur ein. Die Filme dieser Zeit sind regelmäßig im Fernsehen zu sehen, bestimmte *battute*, das heißt Phrasen aus populären Streifen, haben sich im allgemeinen Sprachgebrauch etabliert, die Bilder von Stars wie Vittorio De Sica, Anna Magnani, Sophia Loren oder Marcello Mastroianni sind in den Großstädten an jedem Souvenirstand zu finden und schmü-

---

[19] Vgl. De Grazia, Victoria: La sfida dello „star system": l'americanismo nella formazione della cultura di massa in Europa, 1920–1965, in: Quaderni Storici, 58/1 (April 1985), S. 95–133; Dall'Orto, Claudia: Voglia d'America. Il mito americano in Italia tra Otto e Novecento, Rom 2007; D'Attore, Pier Paolo: Sogno Americano e Mito Sovietico nell'Italia Contemporanea, in: ders. (Hg.) Nemici per la pelle. Sogno Americano e Mito Sovietico nell'Italia Contemporanea, Milano 1991, S. 15–68; Forgacs, David: Americanization: The Italian Case 1938–1954, in: Melling, Philip H./Roper, Jon D. (Hg.): Americanization and the Transformation of World Cultures, London 1996, S. 81–96; zur geschlechterhistorischen Dimension dieses Mythos vgl. Rossini, Daniela (Hg.): Le americane: Donne e immagini di donne fra Belle Èpoque e fascismo, Rom 2008.

[20] Foucault, Michel: Technologien des Selbst, in: Martin, Luther H./Gutman, Huck/Hutton, Patrick H. (Hg.), Technologien des Selbst, Frankfurt a. M. 1993, S. 24–62, hier S. 26 f. Siehe auch Möhring, Mahren: Die Regierung der Körper „Gouvernementalität" und „Techniken des Selbst", in: Zeithistorische Forschungen/Studies in Contemporary History, Online-Ausgabe, 3 (2006) H. 2, Abschnitt 2 URL <http://www.zeithistorische-forschungen.de/16126041-Moehring-2-2006>.

I. Einleitung 17

cken Restaurants und Geschäfte. Nach den Stars dieser Ära werden Einkaufsgalerien, Plätze und Straßen benannt und entlang der römischen Via Tuscolana, die zu den Cinecittà-Studios führt, erstreckt sich eine italienische Version des *Walk of fame* in Hollywood. Als im letzten Jahrzehnt nationale Filmgrößen wie Mastroianni, Vittorio Gassman oder Alberto Sordi verstarben, erhielten sie Staatsbegräbnisse und wurden auf dem römischen Kapitol aufgebahrt, wo Hunderttausende Fans von ihren Idolen Abschied nahmen.

Forschungsstand

Die körpergeschichtliche Perspektive ist es dann auch, was die vorliegende Arbeit von den vielen, bereits existierenden filmhistorischen Abhandlungen zum italienischen *divismo* unterscheidet. Diese haben oft einen eher anekdotenhaften Charakter oder sind streng filmwirtschaftlich beziehungsweise biografisch ausgerichtet.[21] Erst in der neueren, vorwiegend kulturhistorisch und interdisziplinär ausgerichteten Forschung aus dem italienischen und angloamerikanischen Raum werden italienische Stars wissenschaftlich in den Blick genommen.[22] Für meine Untersuchung sind insbesondere die Studien Stephen Gundles von Bedeutung, der in verschiedenen Einzelaufsätzen den historischen Verlauf von Produktion und Konsumtion italienischer Filmstars während des Faschismus und in der Nachkriegszeit überblickartig darlegt. Er verweist vor allem auf den Modellcharakter Hollywoods für die Produktion und Wahrnehmung italienischer Starfiguren, gibt allerdings zu bedenken, dass die amerikanischen Stars im kulturellen Kontext Italiens mit neuen Bedeutungen versehen wurden.[23] An Gundle anknüpfend, haben Reka Buckley und Jacqueline Reich erste *gender*-spezifische Analysen einzelner italienischer Filmstars vorgelegt.[24] Hier ist besonders Reichs kulturwissenschaftlich ausgerichtete Studie zu nennen, die das Starimage Marcello Mastroiannis von den 1950er bis in die 1990er Jahre hinein auch im Hinblick auf Männlichkeiten analysiert. Sie charakterisiert Mastroianni als Stereotyp des *inetto*, des Nichtsnutzes

---

[21] Siehe zum Beispiel Cardullo, Bernd: Vittorio De Sica. Director, Actor, Screenwriter, Jefferson 2002; Small, Pauline: Sophia Loren: Moulding the Star, Bristol 2009.
[22] Carrano, Patrizia: Divismo, in: Rivolsi, Marino (Hg.): Schermi e ombre. Gli italiani e il cinema nel dopoguerra, Florenz 1988, S. 229–247; Gundle, Stephen: Fame, Fashion and Style: The Italian Star System; in: Forgacs/Lumley (1996), S. 309–326; ders.: Film Stars and Society in Fascist Italy, in: Garofalo, Piero/Reich, Jacqueline (Hg.): Re-viewing Fascism: Italian Cinema 1922–1943, Bloomington 2002, S. 315–340.
[23] Vgl. Gundle (1996), S. 310 ff.; ders. (2002), S. 316.
[24] Buckley, Reka: National Body: Gina Lollobrigida and the cult of the star in the 1950s, in: Historical Journal of Film, Radio and Television, 20/4 (2000), S. 527–548. Reich, Jacqueline: Beyond the Latin Lover. Marcello Mastroianni, Masculinity and Italian Cinema, Bloomington 2004.

und Mannes in der Krise. Damit verweist sie zwar auf einen fundamentalen Aspekt seines Images, bleibt allerdings eine historische Erklärung für diese „männliche Krise" schuldig. In der Konnotation mit dem Konzept des *inetto* erhält Mastroiannis Starfigur somit einen ahistorischen Charakter. An Reichs Studie anknüpfend, beleuchte ich Mastroianni in seiner Wechselwirkung mit einem sexualitätsgeschichtlichen Wandel im Kontext des Wirtschaftswunders, kann ihre Ergebnisse durch eine umfassende Kontextualisierung seiner Männlichkeit weiterführen sowie durch neue Erkenntnisse ergänzen. Daneben ist die 2008 erschienene Studie von Marcia Landy *Stardom Italian Style* hervorzuheben.[25] Landy gibt einen ersten umfassenden Überblick über die Entwicklung des italienischen Starwesens von den Anfängen des Stummfilms bis in die jüngste Zeit, wobei sie betont filmimmanent vorgeht.[26] Die vorliegende Studie untersucht die vier Starbeispiele dagegen auf unterschiedlichen medialen Ebenen, die sie miteinander verknüpft und in ihrer Wechselwirkung analysiert. Von den filmischen Bildern der Stars ausgehend, versuche ich die spezifische Körperlichkeit, die sich darin kristallisiert, in andere soziale und kulturelle Kontexte hineinzuverfolgen und in ihrer historischen Genese zu analysieren. Dabei orientiert sich meine Untersuchung an folgenden Leitfragen: Welche Weiblichkeits- oder Männlichkeitsmodelle verkörpern die jeweiligen Stars und wie sind diese im konkreten historischen Kontext zu beurteilen? Wie wurden sie zeitgenössisch bewertet? Inwieweit trugen ihre medial erzeugten Starimages zur Verfestigung oder Erosion bestimmter Geschlechterhierarchien bei? Und was wurde noch verhandelt, wenn von den Stars die Rede war? Bevor ich mich in den folgenden vier Kapiteln den einzelnen Starfiguren zuwende, möchte ich zunächst verschiedene methodische Aspekte und den für die Analyse wichtigen Begriff des „Images" klären. Denn zunächst stellt sich die Frage, wie die Bilder von Filmstars im Hinblick auf eine körpergeschichtliche Fragestellung überhaupt zu untersuchen sind.

Starimage

Der Personenkult oder das Bedürfnis nach Leitbildern beschränkt sich, wie Jürgen Bräunlein betont, als Phänomen nicht auf das 20. Jahrhundert, sondern ist in allen historischen Epochen und Kulturen zu finden.[27] Das moderne Starsystem unterscheidet sich jedoch von vorherigen Formen der Prominenz durch seine massenmediale Vermittlung, industrielle Produktion und Kommerzialisierung, über die es sich zu

---

[25] Landy, Marcia: Stardom Italian Style. Screen Performance and Personality in Italian Cinema, Bloomington 2008.
[26] Ebd. S. xii.
[27] Vgl. Bräunlein, Jürgen: Lara, mach mir die Greta...! Über synthetische Stars und virtuelle Helden, in: Flessner, Bernd (Hg.): Nach dem Menschen. Der Mythos einer zweiten Schöpfung und das Entstehen einer posthumanen Kultur, Freiburg 2000, S. 115–132, hier S. 115.

I. Einleitung

einer eigenständigen sozialen Institution entwickelt hat. Richard de Cordova und Knut Hickethier haben in ihren jeweiligen Studien zur Entstehung von Filmstars das Theater als „dispositive Struktur" beschrieben, die eine „emphatische Star-Publikum-Beziehung" generierte, auf die auch das filmische Starphänomen aufbaute.[28] In Italien hatte bereits die Commedia dell'Arte überregional als Virtuosen verehrte Schauspielerpersönlichkeiten hervorgebracht. Ende des 19. Jahrhunderts erschienen im Kontext der Industrialisierung, der zunehmenden Medialisierung und der Herausbildung einer bürgerlichen Unterhaltungskultur erste international bekannte Theaterstars wie zum Beispiel Sarah Bernhardt oder Eleonora Duse. Marcia Landy hat zudem die Bedeutung des Schriftstellers Gabriele D'Annunzio und seiner medialen Selbstinszenierung als exzentrischer Dandy für die Entstehung des italienischen *divismo* betont.[29]

Zentral für das Aufkommen eines Starkults waren dabei Formen der Wissensproduktion um die vermeintlich echte Person hinter der Bühnenfigur – etwa durch Biografien und Zeitungsberichte – über das scheinbare Privatleben der Schauspieler, ihre Gewohnheiten, Vorlieben und Extravaganzen und schließlich die Verbreitung von Bildern der Bühnenstars, die diese Informationen ergänzten. Seit seinen Anfängen war das Starsystem insofern durch eine starke Intermedialität charakterisiert. Stars mussten, wie auch Richard deCordova und Susanne Weingarten in ihren Studien über US-Filmstars betonen, als medial vermittelte Körperbilder erfahrbar sein, um an der Schnittstelle von Öffentlichkeit und Privatsphäre, Individuum und Gesellschaft entstehen zu können: „With the emergence of the star, the question of the player's existence outside his or her work in film became the primary focus of discourse."[30]

Jeder Versuch, eine bestimmte „Star-Qualität" anhand spezifischer physischer oder geistiger Eigenschaften wie Aussehen, Intellekt, Show-Talent oder Sex-Appeal festzumachen, „die am konkreten Fall überprüfbar sind und zugleich starübergreifend Bestand haben",[31] scheint allerdings von vorneherein obsolet, wie Helmut Korte und Stephen Lowry in ihrer Untersuchung *Der Filmstar* treffend resümieren. Je nach sozioökonomischem Zusammenhang und Forschungsschwerpunkt zeigt das Starphänomen vielfältige Unterschiede und scheint nicht eindeutig definierbar, wie auch Barry King feststellt: „The more focused and substantive the study of the topic becomes, the more

---

[28] Hickethier, Knut: Vom Theaterstar zum Filmstar. Merkmale des Starwesens um die Wende vom 19. zum 20. Jahrhundert, in: Faulstich, Werner/Korte, Helmut: Der Star. Geschichte – Rezeption – Bedeutung, München 1997, S. 29–47, hier S. 30; deCordova, Richard: Picture personalities. The Emergence of a Star System in America, Urbana 1990.
[29] Landy (2008), S. 3–4.
[30] deCordova (1990), S. 98. Vgl. auch Weingarten, Susanne: Bodies of Evidence. Geschlechtsrepräsentationen von Hollywood-Stars, Marburg (2004), S. 28.
[31] Korte/Lowry (2000), S. 6.

elusive and ‚polysemic' the phenomenon appears."³² Darüber hinaus stellt sich die Frage, ob und wie der Starbegriff eigentlich einzugrenzen ist? Stars können in den unterschiedlichsten gesellschaftlichen Bereichen entstehen. So ist neben dem prototypischen Filmstar, wie oben erwähnt, auch vom Theaterstar, aber auch von Fernseh-, Pop- oder Rockstars die Rede. Prominente aus Sport, Politik, Kunst oder Literatur werden ebenfalls als Stars bezeichnet, und subkulturelle Strömungen bringen sogenannte Antistars hervor. Manche Stars werden nur zu einem bestimmten Zeitpunkt ihres Lebens als solche wahrgenommen, andere behalten diesen Status über ihren Tod hinaus. Letztlich scheinen Star-Qualitäten noch nicht einmal an den menschlichen Körper selbst gebunden zu sein, wenn man an Tierstars wie Lassie, Comicstars wie Mickey Mouse oder die virtuelle Heldin Lara Croft denkt. Roland Barthes' Feststellung, dass „alles Mythos werden [kann]", scheint im Hinblick auf die Stars zuzutreffen.³³

Richard Dyer lieferte mit seiner Untersuchung *Stars* von 1979³⁴ einen ersten umfassenden, soziologisch und semiotisch begründeten Ansatz, der es ermöglichte, Stars über ihre Funktion als Wirtschaftsfaktor hinaus auch als komplexe Zeichensysteme innerhalb von Filmen und im Hinblick auf ihre gesellschaftliche Bedeutung zu untersuchen.³⁵ In einer zweiten Studie, *Heavenly bodies. Film Stars and Society* (1986), erweiterte Dyer seine Hypothesen um eine diskurstheoretische Perspektive und rückte somit die spezifische Wechselwirkung der medialen Starbilder mit ihrem historischen Entstehungskontext in den Mittelpunkt der Betrachtung. Demnach erhielten Stars ihre soziale Bedeutung innerhalb des komplexen Netzes von Diskursen,³⁶ die den öffentlichen Raum zwischen Medien und Publikum strukturierten: „Stars matter because they act out aspects of life that matter to us; and performers get to be stars when what they act out matters to enough people."³⁷ So stellt auch Susanne Weingarten fest, dass der Erfolg eines Stars davon abhänge, „ob und wie sich die Öffentlichkeit – bzw.

---

[32] King, Barry: Stardom and Symbolic Degeneracy: Television and the Transformation of the Stars as Public Symbols, in: Semiotica, 92/1–2 (1992), S. 1–47, S. 3.

[33] Barthes, Roland: Mythen des Alltags, Frankfurt a. M. 1964, S. 7.

[34] Vgl. Dyer (1979).

[35] Vgl. ebd.; siehe auch Korte/Lowry (2000), S. 8.

[36] Diskurse werden in der Kulturwissenschaft nach Foucault als historisch variable Machtformationen und Aussagengeflechte definiert, die kulturelle Normen und Praktiken hervorbringen und somit soziale Wirklichkeit konstituieren und strukturieren. So bildet die Summe aller Aussagen und sozialer Praktiken, die in einem bestimmten historischen Zeitraum etwa durch Sprache, Bilder oder Handlungen zum Thema „Körper" gemacht werden, den spezifischen Körperdiskurs dieser Epoche. Vgl. Foucault, Michel: Die Ordnung des Diskurses, München 1974, S. 8; vgl. auch ders. (1983), S. 114 ff.; Bublitz, Hannelore: Diskursanalyse – (k)eine Methode. Eine Einleitung, in: dies. (Hg.): Das Wuchern der Diskurse. Perspektiven der Diskursanalyse Foucaults, Frankfurt a. M. 1999, S. 10–21, 11; Jäger, Siegfried: Kritische Diskursanalyse. Eine Einführung, Stuttgart 1999, S. 129 ff.

[37] Dyer (1986), S. 17.

I. Einleitung

einzelne Rezipienten(gruppen) – mit dem Zeichenagglomerat auseinandersetzt".[38] Die öffentliche Relevanz eines Stars liege demnach in der Interaktion seiner Figur mit gültigen Definitionen sozialer Identität, die er sowohl bestätigen als auch herausfordern kann. Stephen Lowry hat Stars treffend als „Kristallisationspunkte"[39] kultureller Diskurse beschrieben, die sich im Starkörper überlagern und zu einer kohärenten Einheit verschmelzen, um dann als „natürlicher" Körper zu erscheinen. Filmstars stellen somit eine Art kulturelle Beispielerzählung dar oder, mit Lowry gesprochen, „eine symbolische Artikulation offener ideologischer Probleme",[40] anhand derer die Öffentlichkeit relevante Fragen im Bezug auf soziale Identitäten verhandelt.

Für die Untersuchung von Stars als Körperrepräsentationen ist der Begriff des Images zentral. Das Image eines Stars setzt sich nach Dyer aus der Summe der Bilder, Informationen und Aussagen zusammen, die innerhalb eines bestimmten historischen und gesellschaftlichen Kontexts über den Star zirkulieren. Das Image geht daher nicht notwendig aus der Person eines Darstellers hervor, sondern entsteht auf medialer Ebene nach den Regeln historisch wirkender Diskurse. Die Filmwissenschaften unterscheiden zwischen dem Leinwandimage eines Darstellers und seinem außerfilmischen Image, wobei Letzteres seitens der Rezipienten in der Regel mit der Privatperson des Schauspielers assoziiert wird. Texte wie zum Beispiel Interviews, Porträts oder Biografien konstruieren die „authentische Person" hinter der Leinwandfigur und bedienen das Bedürfnis, mehr über die angeblich private, „echte" Seite der Stars zu erfahren.[41] Der Star beziehungsweise sein Image ist, wie Knut Hickethier feststellt,

> durch ein Paradoxon bestimmt: als ganz Natur, ganz Mensch, ganz unverstelltes Ich zu erscheinen und dabei nur durch eine hochgradig arbeitsteilige mediale Produktion der Kulturindustrie existieren zu können, ja erst durch sie überhaupt zu einem „System" zu werden.[42]

Im bereits angesprochenen diskursiven Raum zwischen Öffentlichkeit und Darsteller entsteht das Starimage in Wechselwirkung mit bestimmten historischen und kulturellen Kontexten. Es trifft dann in seiner speziellen Semiotik auf die Rezipienten, die es (wiederum innerhalb spezifischer diskursiver Zusammenhänge) interpretieren und nach individuellen Bedürfnissen verarbeiten.[43] Diese Deutungen seitens des Publikums wirken ihrerseits (zum Beispiel durch Fanmagazine, Kritiken etc.) auf das Starimage beziehungsweise die Filmproduktion zurück. Man kann also einen unablässigen

---

[38] Weingarten (2004), S. 28.
[39] Lowry (1997), S. 316.
[40] Ebd.
[41] Vgl. Dyer (1979), S. 60 ff., ders. (1986), S. 13 ff.
[42] Hickethier (1997), S. 32
[43] Vgl. Dyer (1986), S. 4; Weingarten 2004, S. 29 f.

diskursiven Austausch innerhalb dieses Zeichensystems konstatieren. Der Prozess der Imagebildung ist demnach ein offener. Das Image eines Darstellers befindet sich in ständiger Überarbeitung und kann auch dessen Tod überdauern oder sich in seiner Bedeutung wandeln.[44] Für die historische Betrachtung bedeutet dies auch, dass die Genese eines Starimages nie vollständig rekonstruiert werden kann.

Was Judith Butler als „Performativität" von Geschlecht theoretisiert hat, kann anhand der Starimages unmittelbar nachvollzogen werden. Butler definiert Geschlechtskörper als Effekte „performativer Akte", das heißt als Ergebnis unendlicher Wiederholungen geschlechtsstiftender Rede- und Verhaltensweisen, die Subjekte in ihrer geschlechtlichen Identität konstituieren.[45] Sie behauptet damit, dass der biologische Körper immer schon ein Sozialkörper und damit ein Effekt von Diskursen ist. Dass der theoretische Ansatz Butlers für die körpergeschichtliche Analyse von Filmstars besonders fruchtbar ist, hat auch Susanne Weingarten in ihrer Studie über Geschlechtsrepräsentationen amerikanischer Filmstars gezeigt.[46] Am Beispiel von Filmstars lässt sich der Konstruktcharakter der Kategorien „Körper" und „Gender" überzeugend darlegen. Diese sind jeweils das unmittelbare Ergebnis eines diskursiven Aussagengeflechts und damit eines Sets gesellschaftlicher Normen, die den Starkörper sogleich als spezifischen Geschlechtskörper herstellen. Stars zitieren diese Normen und Konventionen der Gesellschaft, die sie hervorbringt, immer wieder neu. Sie „performen" Geschlecht und tragen dadurch ihrerseits zur Herstellung von Gender bei. Im diskursiven Geflecht filmischer und außerfilmischer Texte werden ihre Körper mit heterogenen und oft widersprüchlichen Bedeutungen aufgeladen, sodass am Beispiel eines Stars eine historische Bandbreite gesellschaftlich denk- und darstellbarer Geschlechtskonzeptionen sichtbar wird.

Aufbau

Die Studie gliedert sich in vier Kapitel, in denen jeweils eine der genannten Starfiguren analysiert wird. Ich beleuchte die einzelnen Stars in chronologischer Reihenfolge jeweils zum Zeitpunkt ihres öffentlichen Durchbruchs respektive auf dem Zenit ihrer

---

[44] Vgl. auch: Faulstich, Werner/Korte, Helmut/Lowry, Stephen/Strobel, Ricarda: Kontinuität – zur Imagefundierung des Film- und Fernsehstars, in: Faulstich/Korte (1997), S. 11–28, hier S. 18 f.

[45] Butler (1997), S. 35 ff. Butlers Ansatz geht davon aus, dass Körperlichkeit allein über Sprache erfahrbar und vermittelbar sei und Körper gesellschaftlichen Diskursen daher nicht vorgängig sein können, sondern sich immer schon in einem Netz kultureller Zuschreibungen konstituieren. Sie sieht den Körper als Wirkung einer Macht, die den Körper in seiner stofflichen Materialität erst hervorbringt und formt.

[46] Vgl. Weingarten über „Filmstars als Repräsentanten der Geschlechterordnung", in: dies. (2004), S. 8, 35 ff., S. 48 ff.

I. Einleitung

Starkarrieren. Jedes der vier Images steht dabei repräsentativ für einen historischen Abschnitt im Untersuchungszeitraum zwischen 1930 und 1965. Mit Vittorio De Sica, Sophia Loren, Marcello Mastroianni und Catherine Spaak habe ich Fallbeispiele ausgewählt, die einerseits signifikante körpergeschichtliche Entwicklungen markieren, anhand derer sich andererseits aber auch allgemeine Charakteristika des italienischen *divismo* aufzeigen lassen. Innerhalb ihres Entstehungskontexts verkörperten sie jeweils Konzeptionen von Weiblichkeit und Männlichkeit, die an der Grenze des hegemonialen Diskurses angesiedelt und daher besonders umstritten waren. Anhand ihrer zeitgenössisch oft als skandalös, transgressiv und störend wahrgenommenen Körper lassen sich exemplarisch die Veränderungen im jeweiligen Geschlechterdiskurs aufzeigen. Ausgehend von den Körperbildern der *divi*, nehme ich innerhalb der einzelnen Kapitel zunächst eine generelle film- und körpergeschichtliche Einordnung der jeweiligen Starfigur vor. Darauf aufbauend folgt in einem zweiten Schritt die Analyse ihrer wichtigsten Filme.

In einer ersten Fallstudie (Kap. II.) untersuche ich das Image Vittorio De Sicas, der heute vor allem als Regisseur neorealistischer Meisterwerke wie *Ladri di biciclette* (1948) international bekannt ist. Vor seiner Karriere als Filmautor war De Sica jedoch die herausragende Starfigur im Kino der 1930er Jahre, die ich speziell auf ihre Männlichkeitsrepräsentation hin befrage. Bereits ein flüchtiger Blick auf den *divo* ist ausreichend, um festzustellen, dass seine mediale Darstellung mit dem faschistischen Ideal einer zackigen, soldatischen Virilität wenig gemein hatte. Die von ihm verkörperten, heiter-sentimentalen Männerfiguren werden mit einer modernen Massenkultur konnotiert, die vor allem in den Städten die Alltagserfahrung immer breiterer Bevölkerungsschichten berührte. Am Beispiel De Sicas analysiere ich die Wechselwirkungen dieser aufkommenden Konsum- und Unterhaltungskultur mit männlichen Identitäten und Körperstilen im Regime Mussolinis. Die Männlichkeitskonstruktion in der Zwischenkriegszeit wird so aus einer neuen Perspektive beleuchtet, stand doch bisher die Betrachtung des faschistischen Virilitätskults im Mittelpunkt der Geschlechterforschung.

Mit dem Fokus auf den Starkörper Sophia Lorens als zweitem Fallbeispiel werden in Kapitel III. Körperdiskurse der späten 1940er und 1950er Jahre in den Blick genommen. Neben Filmstars wie Gina Lollobrigida oder Silvana Mangano verkörperte Loren den Typ der sogenannten *maggiorata fisica*, wie der Volksmund die üppigen Kurvenstars bezeichnete, die in der Phase des nationalen „Wiederaufbaus" nach 1945 das dominierende Weiblichkeitsbild im italienischen Medienspektrum darstellten. Die Analyse zeichnet zunächst die Genese des Körperideals der *maggiorata fisica* an der Schwelle nationaler und transnationaler Identitätsdiskurse nach. Bisherige Forschungsarbeiten haben die *maggiorate fisiche* primär als visuelles Symbol einer konservativen geschlechterpolitischen „Normalisierung" nach den Kriegswirren unter der

Ägide der Christdemokraten gedeutet.[47] Mit der ausführlichen Analyse von Lorens Starimage versuche ich, diese These kritisch zu revidieren. Dabei werde ich aufzeigen, dass ihre akzentuierte, zugleich erotische und mütterlich anmutende Weiblichkeit zwar einerseits den Versuch einer Restauration männlich dominierter Gesellschaftsstrukturen visualisierte, für die sich die beiden dominanten kulturellen Kräfte – Katholiken und Kommunisten – jeweils einsetzten. Andererseits stand ihr expansiver Körper für eine neue Sichtbarkeit des Weiblichen im öffentlichen Raum nach 1945 sowie für eine veränderte soziale Stellung italienischer Frauen. Ich beleuchte Lorens Starimage in ihren populärsten Filmen der 1950er Jahre im Zusammenhang mit gesellschaftspolitischen und frauenrechtlichen Debatten und kann daran verdeutlichen, dass sich die Grenzen zwischen weiblich und männlich konnotierten Bereichen in Familie, Arbeit und Öffentlichkeit infolge des Zweiten Weltkriegs dauerhaft verschoben hatten.

Die dritte Fallstudie (Kap. IV.) untersucht das Körperbild Marcello Mastroiannis, der nach seinem Auftritt in Federico Fellinis Filmepos *La dolce vita* (1960) zum internationalen Star aufstieg und seitdem das Klischee des „Latin Lover in der Krise" verkörperte. Mastroiannis Starfigur erschien zu einem Zeitpunkt als das italienische Kino auf dem Höhepunkt seines internationalen und kommerziellen Erfolgs angekommen war. Er spielte in Filmen aller großer Filmautoren der 1960er Jahre, die in Italien selbst wie Stars verehrt wurden, war aber auch im populären Genre der *commedia all'italiana* zu sehen. Am Beispiel seiner Starfigur untersuche ich Männlichkeiten im italienischen Wirtschaftswunder und die damit verbundenen Wandlungsprozesse im Geschlechter- und Sexualitätsdiskurs der frühen 1960er Jahre – einem bisher fast gänzlich vernachlässigten Feld der Männlichkeitsforschung. Anknüpfend an die Studien von Jacqueline Reich und Peter Bondanella, skizziere ich zunächst die transnationale Genese des mediterranen Stereotyps des Latin Lover,[48] um die Frage zu beantworten, warum Mastroianni den Verführer-Topos in seinen Filmen der frühen 1960er Jahre nur unvollständig, das heißt in der Parodie oder Groteske, verkörperte – oder völlig demontierte.

In denselben historischen Kontext ist die Starfigur Catherine Spaaks einzuordnen, deren Image in Kapitel V. näher betrachtet wird. Nach ihrem Filmdebüt in Alberto Lattuadas *I dolci inganni* (1960) stieg die fünfzehnjährige Schauspielerin belgischer Herkunft in Italien zum Prototyp des lolitahaften Teenagerstars auf. Dieser hatte bereits in den 1950er Jahren durch französische Filmstars wie Juliette Greco, Jacqueline Sassard oder Brigitte Bardot an Popularität gewonnen. Anfang der 1960er Jahre

---

[47] Vgl. Buckley (2000); Capussotti, Enrica: Weiblichkeit, ländliche Gemeinschaft und italienischer Nationalcharakter. Der Kampf gegen amerikanische Modernität in *Riso amaro*, in: Werkstatt Geschichte, Nr. 44 (2006), S. 97–109, hier S. 98.; Gundle (2007), S. 152 ff.

[48] Vgl. Reich (2004); Bondanella, Peter: Hollywood Italians. Dagos, Palookas, Romeos, Wise Guys, and Sopranos, New York/London 2006.

I. Einleitung

machte die Figur der sogenannten *ninfetta*, wie sie neben Spaak zum Beispiel auch die Schauspielerinnen Stefania Sandrelli verkörperte, dem Typ der *maggiorata fisica* Konkurrenz. Wie ich anhand Spaaks Image nachweise, markierte dieser Wandel im Starsystem eine Neudefinition weiblicher Identitäten im Kontext der aufkommenden Jugendkultur in den frühen 1960er Jahren.

Insgesamt wird mit den vier Starbeispielen ein umfassender zeitlicher Bogen gespannt, der einen körper- und geschlechtergeschichtlichen Wandel illustriert und in dem langfristige Entwicklungen und Kontinuitäten – wie der in den 1930er Jahren vorsichtig einsetzende Übergang Italiens zur Massengesellschaft – mit historischen Zäsuren wie den Ereignissen um 1945 oder dem rasanten Wirtschaftswachstum 1958–1963 zusammenwirkten. Welche männlichen und weiblichen Körperlichkeiten genau mit den Stars dieses Zeitraums ins Zentrum des Visuellen traten und inwiefern sie progressive Signale innerhalb geschlechtergeschichtlicher Veränderungsprozesse waren, werde ich in den folgenden Kapiteln ausführlich erörtern.

II. Vittorio De Sica
Männlichkeiten und Massenkultur im Faschismus

Die Revue, das Kino und die Grammophonplatten haben Vittorio De Sica zum Typ des schönen Jünglings verdammt – vor allem die Grammophonplatten, die unters Volk gejubelt werden mit Unmengen an Werbematerial, auf dem das Abbild des Sängers in Hunderten von Posen reproduziert wird. Aber auch sonst ist er stets im Einklang mit seiner Paraderolle zu sehen: auf den elegantesten Strandpromenaden, immer bereit eine neue Mode zu lancieren, etwa einen bestimmten Anzug oder Pullover; als gefragter Gast der Luxuslokale, wo man mit dem Finger auf ihn zeigt, als sei er eine Zirkusattraktion; heute hier und morgen da, als kühner Fahrer eines schnellen Autos, seine treue Gefährtin (Giuditta Rissone) zur Seite und den etwas weniger treuen Giorgio (einen Hund) an der Leine. Der umjubelte Schauspieler des Films „Die Männer, diese Halunken!" ist privat ein solcher Prachtjunge, wie er auch ein Meister seiner Künste ist.[1]

Jovial, mondän, romantisch – mal Junge von nebenan, mal Lebemann und immer ein Frauenschwarm: So war Vittorio De Sica in Filmen wie *Gli uomini, che mascalzoni!* (1932), *Due cuori felici* (1932) oder *Un cattivo soggetto* (1933) Anfang der 1930er Jahre zum neuen Liebling des italienischen Kinopublikums aufgestiegen. Die Schlager *Parlami d'amore Mariù*, *How do you do Mr Brown?*, oder *Lodovico, sei dolce come un fico*, die er in seinen Filmen sowie als Darsteller in der seinerzeit bekannten Revuetheater-Gruppe *Za-Bum* oder im Radio zum Besten gab, waren damaligen Presseberichten zufolge in aller Munde. Die Filmzeitschrift *Cinema Illustrazione* berichtete, „seine Positur und sein Tonfall werden nachgeahmt und auch seine anmutige Art zu singen, zugleich scherzend und sentimental."[2] Illustrierte und Herrenmodezeitschriften rühmten ihn als Sinnbild männlicher Eleganz und Lässigkeit. Laut einer Theaterzeitschrift aus dem Jahr 1931 strahlten seine Filme Leichtigkeit und Heiterkeit aus und

---

[1] „Il repertorio, il cinematografo, i dischi grammofonici – sicuro anche i dischi grammofonici lanciato per il mondo col corredo di un materiale pubblicitario nel quale l'effigie del cantore vien riprodotta in centinaia di atteggiamenti – hanno condannato Vittorio De Sica al ruolo di 'bel ragazzo'. […] Eccolo adunque in armonia con la sua maschera: pronto a lanciare la moda di un abito o di una maglia sulla più elegante delle spiagge, frequentatore ricercato dei locali di lusso dove è mostrato a dito come un'attrattiva speciale, oggi qui e domani là, pilota ardito di una veloce macchina con la fida compagna (Giuditta Rissone) a lato e con il non meno fido Giorgio (un cane) legato al guinzaglio…L'attore acclamato dal film: *Gli uomini, che mascalzoni!* è una perla di ragazzo nella sua vita privata come è un probo nella sua attività artistica." Lari, Carlo: Bel ragazzo! In: Lei, Nr. 14, 17.10.1933, S. 7.

[2] Anonym: La felicità di Vittorio De Sica, in: Cinema Illustrazione, Nr. 36, 7.9.1932, S. 15.

das treffe eben den „modernen Geschmack des Publikums."³ Kein Wunder, dass De Sica schon wenig später eine der gefragtesten Reklamefiguren war. Unter dem Slogan „Herzensbrecher des italienischen Kinos"⁴ warb er für Rasier- und Haarwasser. Sein Antlitz schmückte Annoncen für Shampoos, Zahnpasta und eine Schallplattenfirma, um den Produkten einen exklusiven, modernen Touch zu verleihen und sie möglichst begehrenswert zu machen.⁵ Seine Fotografien illustrierten Frauenzeitschriften wie Herrenjournale, Groschen- und Filmromane. Kurzum, seine Starfigur war ein visueller Knotenpunkt der aufkommenden Medien- und Konsumkultur in Italien. Dass diese sich nach der Einführung des Tonfilms um 1930 in Italien merklich ausdifferenzierte und wirtschaftlich wie medial stärker vernetzte, wird anhand De Sicas Starimage nur allzu deutlich.⁶

Abb. II. 1

---

3   Anonym: In copertina: Vittorio De Sica e Giuditta Rissone, in: Il dramma, Nr. 106, 15.1.1931, S. 1.
4   Werbung *Cinema Illustrazione* in: Commedia, Nr. 3 (März 1934), Rückseite.
5   Werbung *Diadermina*: Novella Nr. 7, 18.2.1934, S. 6; Werbung Dischi Columbia, in: Novella Film, Nr. 43, 27.10.1935, S. 7; Werbung: Berber, in: Novella Film, Nr. 26, 1.7.1934, S. 12; Werbung *Jodont*: Novella Nr. 46, 13.11.1932, S. 15.
6   Abbildungen aus: Vittorio De Sica. Il romanzo della sua vita e dei suoi films, Supplemento di Cinema Illustrazione, Nr. 2 (Februar 1934), Titelseite u. S. 3.

Vor allem in den Städten wurden Medien und Konsum zu einem wesentlichen Teil der Alltagserfahrung immer breiterer Bevölkerungsschichten. Sein Durchbruch zum Star ging Hand in Hand mit dem Aufstieg des Kinos zur beliebtesten Freizeitbeschäftigung eines sozial heterogenen Massenpublikums.[7] Die meisten der rund vierzig Filme, in denen De Sica zwischen 1932 und Anfang der 1940er Jahre auftrat, bevor er hinter die Kamera wechselte und seine Starkarriere durch die des Regisseurs ergänzte, thematisieren auf visueller wie auf inhaltlicher Ebene die symbolischen Orte der Moderne. Die Schauplätze seiner Filme sind das Kreuzfahrtschiff oder die Großstadt, und darin das Grand Hotel, die Messe, das Kaufhaus, das Tanzlokal oder der Zeitungsstand. Ihre Inhalte kreisen um Sujets wie Sport, Mode, Tourismus und Konsum. Gegenstände wie das Grammophon, der Lautsprecher, die Fotokamera und internationale Zeitschriften von *Vogue* bis zu *Esquire* und *Time*, Verkehrsmittel wie das Automobil oder das Flugzeug strukturieren die jeweiligen Handlungen. Die von De Sica verkörperten Protagonisten sind einerseits Millionäre und amerikanische Industrielle, andererseits kleinbürgerliche Angestellte, die Hollywoodstars imitieren und von Vergnügungen und Reisen „in der ersten Klasse" träumen. In dieser Form reflektiert sein Image die Popularität einer zeitgenössisch für neu und modern befundenen Männlichkeit. So resümierte etwa die Zeitschrift *Cinema Illustrazione* in einer Starbiografie über De Sica von 1934, seine Beliebtheit rühre insbesondere daher, dass es ihm gelungen sei, im italienischen Kino einen „neuen Mann" zu verkörpern „einen ganz neuen Typus, den wir uns unbewusst schon lange gewünscht haben".[8] Ebendieser Begriff des „neuen Mannes" ist in der Geschlechterforschung für die Regierungsjahre des italienischen Faschismus bisher primär im Zusammenhang mit dem martialischen Virilitätskult der Mussolini-Diktatur betrachtet worden. Die Studien von George L. Mosse, Barbara Spackman, Sven Reichardt, Sandro Bellassai oder Lorenzo Benadusi haben gezeigt, dass das Männlichkeitsideal des *uomo nuovo fascista* als hegemoniales Leitmotiv der faschistischen Körperpolitik diente. Das Regime verfolgte das Projekt einer umfassenden kulturellen Neucodierung des männlichen (und weiblichen) Körpers, im Sinne seiner expansionistischen, rassistischen und totalitären Ziele.[9] Diese

---

[7] Vgl. Brunetta, Gian Piero Storia del cinema italiano. Il cinema del regime 1929–1945, Bd. 2, Rom 2001b [1979], S. 158 ff., 300 ff.; Pasetti, Anna Maria: Il consumo di generi di intrattenimento e di cinema dagli anni '30 alla metà degli anni '60 in Italia, in: Fanchi, Mariagrazia/Mosconi, Elena (Hg.): Spettatori. Forme di consumo e pubblici del cinema in Italia 1930–1960, Rom 2002, S. 253–262, hier S. 262.

[8] Vittorio De Sica. Il romanzo della sua vita e dei suoi films, Supplemento di Cinema Illustrazione, Nr. 2 (Februar 1934), S. 6.

[9] Mosse, Georg L.: The Image of Man. The Creation of modern masculinity, New York/Oxford 1996, S. 155–180; Spackman, Barbara: Fascist virilities: Rhetoric, Ideology and Social Fantasy in Italy, Minneapolis 1996; Reichardt, Sven: Faschistische Kampfbünde: Gewalt und Gemeinschaft im italienischen Squadrismus und in der deutschen SA, Köln 2002, S. 660–693; Bellassai, Sandro: La mascolinità contemporanea, Rom 2004, S. 76–98; ders.: The Masculine Mystique: Anti-

Analysen haben hervorgehoben, dass das Konzept des *uomo nuovo* keineswegs eine Neuerfindung war. Die faschistische Idee des neuen Mannes war vielmehr die Klimax eines männlichen Ideals, das sich schon seit der Aufklärung in Europa als hegemoniales herausgebildet hatte, und zwar in enger Wechselwirkung mit dem Aufstieg des bürgerlichen Gesellschaftsmodells und dem Aufkommen des modernen Nationalstaatsgedankens.[10] Dieses Männlichkeitsmodell ist in der Forschung nach Connell und Mosse auf den Nenner des weißen Mannes der Mittelschichten gebracht worden, dessen Virilität zudem an „Kapitalismus, Nationalismus, Imperialismus und Militarismus gekoppelt" war.[11] Die darin schon angelegte antifeministische, rassistische und martialische Stoßrichtung erreichte jedoch im Faschismus eine neue, ganz eigene Qualität, wie insbesondere die Studie von Sven Reichardt darlegt.[12]

Der Duce selbst verkörperte idealtypisch das Bild des *uomo nuovo* und war, wie Gian Piero Brunetta formuliert hat, als erster „Star" des Regimes in den italienischen Medien der 1920er und 1930er Jahre allgegenwärtig.[13] Die Presse sowie die Fotografien und Filme der staatlichen Filmproduktionsfirma *Istituto Luce* sowie unzählige zeitgenössische Biografien oder Romane präsentierten Mussolini gleichermaßen als

---

modernism and Virility in Fascist Italy, in: Journal of Modern Italian Studies, 10/3 (2005), S. 314–335; Benadusi, Lorenzo: Il nemico dell'uomo nuovo. L'omosessualità nell'esperimento totalitario fascista, Mailand 2005; Kühberger (2006), S. 63–76; zum Begriff des *uomo nuovo* siehe auch: Gentile, Emilio: Il culto del littorio, Rom/Bari 1993, S. 161 ff. Umfassende Studien zu katholischen Männlichkeitsidealen der Zwischenkriegszeit beziehungsweise den katholischen Männerorganisationen liegen bisher in der Forschung nicht vor. Erste Ergebnisse haben hier Guido Formigoni und Alessio Ponzio vorgelegt. Formigoni, Guido: La gioventù cattolica maschile: associazionismo e modelli educativi (1943–1958), in: AA.VV. Chiesa e progetto educativo nell'Italia del secondo dopoguerra 1945–1958; S. 239–267; Ponzio, Alessio: Corpo e anima: sport e modello virile nella formazione dei giovani fascisti e dei giovani cattolici nell'Italia degli anni Trenta, in: Mondo Contemporaneo, Nr. 3 (2005), S. 51–104. Ponzio stellt für die zweite Hälfte der 1930er Jahre eine hohe Konvergenz bezüglich der katholischen und faschistischen Männlichkeitsideale fest, kann aber auch auf Unterschiede wie die Idealisierung männlicher sexueller Enthaltsamkeit im Katholizismus und den weniger martialisch ausgerichteten Habitus des idealen Katholiken verweisen.

[10] Zum Begriff der „hegemonialen Männlichkeit" vgl. Connell, Robert: Der gemachte Mann. Konstruktion und Krise von Männlichkeiten, Wiesbaden 1999, S. 98; zur Problematik des Begriffes vgl. Dinges, Martin: „Hegemoniale Männlichkeit" – Ein Konzept auf dem Prüfstand, in: ders. (Hg.): Männer – Macht – Körper. Hegemoniale Männlichkeit vom Mittelalter bis heute, Frankfurt a. M. 2005, S. 7–33. Vgl. auch Schmale, Wolfgang: Geschichte der Männlichkeit in Europa (1450–2000), Wien/Köln/Weimar 2003, S. 153.

[11] Ebd.

[12] Reichardt 2002, S. 660 ff.

[13] Brunetta stellt insbesondere für die 1920er Jahre eine „aufdringliche Präsenz von Mussolini-Bildern" fest, „die sich auf alle Kanäle und Formen der visuellen Darstellung erstreckt und auf spektakuläre Weise die Aufmerksamkeit der Masse monopolisiert." Brunetta, Gian Piero: Divismo, misticismo e spettacolo della politica, in: Ders. (Hg.): Dizionario del cinema mondiale, Turin 1999, S. 526–559, hier S. 537 u. 543; siehe auch ders. (2001b), S. 110 f.

idealen Soldaten und jugendlichen Athleten, unermüdlichen Regierungschef und verantwortungsbewussten Patriarchen, als kraftvollen Arbeiter und charismatischen Frauenheld.[14] Er wurde zum Prototyp des „neuen Italieners" stilisiert, der sich angeblich fundamental vom „alten", „verweichlichten" Staatsbürger des liberalen Italiens unterschied. Dienstbarkeit, Disziplin und Opferbereitschaft, Zackigkeit und Entschiedenheit, physische Stärke, Kampfeslust und heterosexuelle Potenz konstruierte der faschistische Diskurs als virile Tugenden des *cittadino soldato*.[15] Dieser grenzte sich als positiv gedachtes Gegenbild zum Weiblichen sowie zu einer Reihe angeblich degenerierter männlicher Stereotypen ab, die als Negativpole des hegemonialen Virilitätsideals fungierten. Die vermeintliche Überlegenheit des *uomo nuovo* gegenüber männlichen „Anti-Typen"[16] wie dem Homosexuellen, dem Bourgeois, dem Intellektuellen, dem Kommunisten, dem pazifistischen Katholiken oder dem „rassisch" anderen Mann wurde durch kriminalanthropologische und rassentheoretische Diskurse biologisch untermauert.[17]

Durch eine breit angelegte „Sittenreform" (*riforma del costume*), an deren Ende die Utopie eines regenerierten faschistischen Volkskörpers stand, beanspruchte das Regime, „die Formen des menschlichen Zusammenlebens und des individuellen Verhaltens zu erneuern".[18] Dabei fungierte das Bild des neuen Mannes, wie auch Lorenzo Benadusi feststellt, gleichsam als Weg und Ziel zur Realisierung dieser „anthropologischen Revolution" (*bonifica umana*).[19] Dadurch konstruierte der faschistische Diskurs einen Zustand, der den ständigen Appell zur Disziplinierung individueller Bedürfnisse notwendig zu machen schien – ebenso wie den politischen Zugriff auf den Körper. Diesen übte das Regime über seine pronatalistische Familienpolitik aus. Dazu zählten die Besteuerung von Junggesellen zwischen 25 und 65 Jahren, die Einführung von Steuererleichterungen für kinderreiche Familien, das Zurückdrängen von Frauen aus dem Arbeitsmarkt oder ihren Ausschluss von bestimmten Bildungswegen und auch die Diskriminierung und Verfolgung von Homosexualität.[20] „Private" Kör-

---

14   Siehe etwa Cardillo, Massimo: Il duce in moviola. Politica e divismo nei cinegiornali e documentari Luce, Bari 1983. Argentieri, Mino: L'occhio del regime, Rom ²2003 [1987], S. 86–96; Passerini, Luisa: Mussolini Immaginario. Storia di una biografia 1915–1939, Rom/Bari 1991.
15   Spackman (1996).
16   Mosse (1996), S. 56 ff.
17   Bellassai (2005), S. 320 ff.; Benadusi (2005).
18   Carli, Mario: Codice della vita fascista, Rom 1928, S. 5–6, vgl. Gentile (1993), S. 161–174.
19   Benadusi (2005), S. 15.
20   Vgl. Saraceno, Chiara: Costruzione della maternità e della paternità, in: Del Boca, Angelo/Legnani, Massimo/Rossi, Mario G.: Il regime fascista. Storia e Storiografia, Bari 1995, S. 475–497, hier S. 477; Naldini, Manuela: I diversi tipi di male breadwinner nel welfare state del XX secolo, in: Arru, Angiolina (Hg.): Pater familias, Rom 2002, S. 189–207, hier S. 196; Benadusi (2005), S. 124 ff., 187 ff.; Ebner, Michael R.: The Persecution of Homosexual Men under Fascism, in: Willson (2004), S. 139–156.

per- und Alltagspraktiken sollten zudem wesentlich über die faschistische Partei, ihre geschlechts- und altersspezifischen Organisationen sowie die parastaatliche Freizeitorganisation *Opera nazionale dopolavoro* (OND) beeinflusst werden.[21] Um dem öffentlichen Leben der Italiener eine genuin faschistische Prägung zu verleihen, versuchte der Parteisekretär Achille Starace in unzähligen Vorschriften (*fogli di disposizioni*), die bestimmte Verhaltenscodes in Bezug auf Sprache, Gestik und Kleidung anordneten, einen genuin faschistischen Stil (*stile fascista*) zu definieren. Eine Sammlung von Staraces Anordnungen, wie man sich als Faschist korrekt zu kleiden, zu verhalten und auch körperlich zu geben hatte wurde 1939 als „Vademecum des faschistischen Stils" (*Vademecum dello stile fascista*) herausgegeben.[22] Darüber hinaus waren staatliche Interventionen in die mediale Bildproduktion und in Lebensbereiche wie Unterhaltung, Sport, Mode und Konsum bei dem Versuch der Regulierung der Körper von Bedeutung.[23]

Wie ist jedoch der „neue Italiener" Mussolinis mit dem „neuen Mann", den De Sica zeitgleich auf die Leinwand brachte, in ein Verhältnis zu bringen? Was sagt die Koexistenz und offensichtliche Diskrepanz zwischen den beiden Männlichkeitsbildern über männliche Lebenswelten, Körperpraktiken und Handlungsspielräume im Faschismus aus? Legt De Sicas Starimage nicht den Zweifel daran nahe, dass sich Männlichkeit in der Diktatur Mussolinis allein im Konzept des *uomo nuovo* erschöpfte? Bereits bei einer oberflächlichen Betrachtung der Starfigur De Sicas wird deutlich, dass sich eine Geschichte der Männlichkeiten in der Zeit zwischen den Weltkriegen nicht mehr allein auf die Körperpolitik des Regimes beschränken kann, die versuchte, virile Normen zu diktieren. So wurde auch in der jüngsten Forschungsdiskussion betont, dass sich der geschichtswissenschaftliche Fokus von der Erforschung der „normativen Vorgaben" in der faschistischen Rhetorik beziehungsweise in der Propaganda des Regimes auf die Frage nach der „Lebbarkeit von

---

[21] De Grazia, Victoria: The Culture of Consent. Mass Organization of Leisure in Fascist Italy, Cambridge u. a. 1981.

[22] Gravelli, Asverio/Falasca-Zamponi, Simonetta: The Aesthetics of Power in Mussolini's Italy, Berkeley/Los Angeles/London 1997, S. 100 ff., 119–147.

[23] Zimmermann, Clemens: Medien im Nationalsozialismus. Deutschland, Italien und Spanien in den 1930er und 1940er Jahren, Wien/Köln/Weimar 2007; Landy, Marcia: Fascism in Film. The Italian Commercial Cinema, 1931–1943, Princeton 1986; Hay, James: Popular Film Culture in Fascist Italy. The Passing of the Rex, Bloomington/Indianapolis 1987; Garofalo, Piero/Reich Jacqueline (Hg.): Re-viewing Fascism: Italian Cinema 1922–1943, Bloomington 2002; Forgacs, David: Sex in the Cinema: Regulation and Transgression in Italian Films, 1930–1943, in: Garofalo/Reich (2002), S. 141–171; Scarpellini, Emanuela: Organizzazione teatrale e politica del teatro nell'Italia fascista, Mailand ²2004 [1989]; Paulicelli, Eugenia: Fashion under Fascism. Beyond the Black Shirt, Oxford/New York 2004; De Grazia (1981), S. 164 ff.; dies. (1992); Arvidson, Adam: Between Fascism and the American Dream. Advertising in Interwar Italy, in: Social Science History, 25/2 (2001), S. 151–186.

abweichenden oder konkurrierenden Männlichkeitskonzepten" erweitern müsse.[24] Ich werde daher versuchen, über die Analyse der Figur De Sicas in einem breiteren populärkulturellen Kontext Rückschlüsse auf die alltäglichen Körperpraktiken italienischer Männer zu ziehen und diese in ihrer Wechselwirkung mit dem faschistischen Virilitätsdiskurs näher betrachten.

Für eine differenzierte Untersuchung der (medialen) Männlichkeitskonstruktion im faschistischen *ventennio* bieten neuere und neueste Forschungsarbeiten fruchtbare Ansätze, welche die Kulturproduktion während des Regimes unter Rückgriff auf die methodischen Konzepte der *Cultural Studies* analysiert haben. Studien wie die von Victoria De Grazia, Simonetta Falasca-Zamponi, David Forgacs, James Hay oder Ruth Ben-Ghiat haben für unterschiedliche Bereiche der italienischen Gesellschaft vergegenwärtigt, dass die Reproduktion kultureller Bedeutungen und sozialer Praktiken in der faschistischen Diktatur trotz ihrer totalitären Ausrichtung nicht eindimensional von oben nach unten strukturiert war. Vielmehr musste das Regime bei der Machtausübung innerhalb eines eigendynamischen und multidiskursiven kulturellen Feldes operieren. Dabei versuchten die faschistischen Machthaber widersprüchliche und einander gegenläufige Diskurse mit den eigenen Herrschaftsabsichten konform zu organisieren.[25] Wie auch David Forgacs und Stephen Gundle in ihrer Studie zur Massenkultur im Faschismus zeigen, gelang es dem Regime selbst in der Hochphase seiner Intervention in den Mediensektor zwischen 1935 und 1943 nicht, die mediale Bild- und Bedeutungsproduktion effektiv zu kontrollieren.[26]

Diese Überlegungen sind auch im Bezug auf den faschistischen Versuch der Regierung und Durchherrschung der Körper zutreffend. Wurden männliche und weibliche Identitäten innerhalb des Untersuchungszeitraums zwar wesentlich durch die Körperpolitik des Regimes strukturiert, so doch keinesfalls ausschließlich. Etablierte Männlichkeitsdiskurse aus vorfaschistischer Zeit konstituierten die kulturellen Bedeutungen des Körpers und die sogenannten „Selbsttechniken"[27], also den Umgang mit der eigenen Körperlichkeit, ebenso wie Verhaltensmuster und Geschlechtermodelle, die in dieser Periode auf transnationaler Ebene neu entstanden. Das wird am Starimage De Sicas unmittelbar deutlich. Seine dandyhafte, um Luxuskonsum, Vergnügen und Amerikanismus kreisende Männlichkeit zeigt erstens die dauernde Gültigkeit eines elitären Habitus und Formen sozialer Distinktion, wie sie bereits im liberalen Italien seitens des Großbürgertums und zuvor durch die Aristokratie kulti-

---

[24] Kühberger (2006), S. 75–76.
[25] De Grazia (1981); dies. (1992); Hay (1987); Falasca-Zamponi (1995); Ben-Ghiat, Ruth: Fascist Modernities, Italy 1922–1945, Berkeley/Los Angeles/London 2001; Forgacs, David: L'industrializzazione della cultura italiana 1880–2000, Bologna 2000, S. 81–124; ders./Gundle (2007).
[26] Ebd., S. 197–232.
[27] Foucault (1993), S. 26 f.

viert worden waren.²⁸ Zweitens wird über seine Figur die zeitgenössische Popularität internationaler, insbesondere US-amerikanischer Moden, Körperstile und Freizeitgewohnheiten transparent. Seine Filmfiguren, die zwischen dem bourgeoisen Mann von Welt und dem Kleinbürger (*piccolo borghese*) changieren, deuten zudem darauf hin, dass Männlichkeiten im Faschismus stark durch klassenspezifische Differenzen strukturiert waren.

Neuere Forschungsarbeiten haben gezeigt, dass die italienische Gesellschaft unter der faschistischen Diktatur von transnationalen Modernisierungsprozessen berührt wurde, die bereits Ende des 19. Jahrhunderts einsetzten und langfristig den Übertritt Italiens zur Massenkonsumgesellschaft in den frühen 1960er Jahren vorbereiteten.²⁹ Fortschreitende Industrialisierungsprozesse durch die Einführung rationalisierter Produktionsverfahren und Distributionsstrukturen, der Ausbau von Infrastrukturen, die Professionalisierung moderner Werbe- und Vermarktungsstrategien, die Ausbreitung der Medien und die zunehmende Mechanisierung vieler Lebensbereiche waren gleichermaßen Voraussetzung und Signale des einsetzenden Massenkonsums.³⁰ Die damit einhergehende Rationalisierung der Arbeit und die Einführung des Achtstun-

---

[28] Vgl. Socrate, Francesca: Borghesie e stili di vita, in: Sabbatucci, Giovanni/Vidotto, Vittorio (Hg.): Storia d'Italia, Bd. 3, Liberalismo e Democrazia, Rom/Bari 1995, S. 363–442. Zum Begriff des Habitus vgl. Bourdieu, Pierre: Die feinen Unterschiede. Kritik der gesellschaftlichen Urteilskraft, Frankfurt a. M. 1987 [1979].

[29] Vgl. Forgacs (1992); Forgacs/Gundle (2007). Die in der Forschung lange umstrittene Frage, inwieweit die faschistischen Bewegungen in Europa mit Modernisierungsprozessen einhergingen oder ob vielmehr von einer „vorgetäuschten" (Mommsen) oder unbeabsichtigten Modernisierung zu sprechen sei, löst die neueste Faschismusforschung, indem sie dem Begriff der „Moderne" ein verändertes Verständnis zugrunde legt. Jüngste Forschungsarbeiten gehen von einer fundamentalen Ambivalenz der Moderne aus und davon, dass „totalitäre Möglichkeiten von den institutionellen Parametern der Moderne nicht ausgeschlossen werden, sondern vielmehr in ihnen enthalten sind." Giddens, Anthony: Konsequenzen der Moderne, Frankfurt a. M. 1995, S. 17; siehe auch den Forschungsüberblick von Passmore, Kevin: Fascism. A Very Short Introduction, Oxford 2002, S. 148–151; Bosworth, Richard J. B.: The Italian Dictatorship: Problems and Perspectives in the Interpretation of Mussolini and Fascism, Oxford 1998, S. 133–153. Im Bezug auf den Faschismus hat Ruth Ben-Ghiat die Gleichzeitigkeit verschiedener Konzeptionen und Wahrnehmungen von Modernität feststellen können; vgl. Ben-Ghiat (2001); siehe auch Schieder, Wolfgang: Die Geburt des Faschismus aus der Moderne, in: Dipper, Christoph (Hg.): Deutschland und Italien 1860–1960, München 2005, S. 159–180. Schieder spricht von nicht zielgerichteten, teils auch ungewollt durch das Regime vorangetriebenen Modernisierungsprozessen; Mommsen, Hans: Nationalsozialismus als vorgetäuschte Modernisierung, in: Pehle, Walter H. (Hg.): Der historische Ort des Nationalsozialismus. Annäherungen, Frankfurt am Main 1990, S. 31–46.

[30] Vgl. Scarpellini (2008), S. 87–124; Arvidsson (2003), S. 13–44; De Grazia, Victoria: I consumi, in: dies./Luzzatto, Sergio (Hg.): Dizionario del fascismo, Bd. 1, Turin 2005, S. 355–361, hier S. 355; dies.: Nationalizing Women: The Competition between Fascist and Commercial Cultural Models in Mussolini's Italy, in: dies./Furlough, Ellen (Hg.): The Sex of Things: Gender and Consumption in Historical Perspective, Berkeley/Los Angeles 1996, S. 337–358.

dentages 1923 hatten zur Folge, dass Freizeit als Gegenpol zur Berufstätigkeit in den 1920er Jahren für immer breitere Bevölkerungsgruppen ein fester Bestandteil der Alltagswirklichkeit wurde.[31] Diese Entwicklung war jedoch ein regional beschränktes und im Wesentlichen auf die Großstädte und mittleren Zentren begrenztes Phänomen. Die überwiegend agrarisch geprägte Struktur des Landes, die konsumfeindliche Niedriglohnpolitik des faschistischen Regimes und die in den 1930er Jahren zunehmend kriegswirtschaftliche und autarkiepolitische Ausrichtung der Produktion wirkten der flächendeckenden Ausbreitung einer kapitalistischen Konsumkultur entgegen. Der italienische Lebensstandard lag unter dem europäischen Durchschnitt und verschlechterte sich weiter im Zuge der Weltwirtschaftskrise.[32] Die qualitative und quantitative Veränderung hinsichtlich des Waren- und Freizeitkonsums betraf vor allem die urbanen Mittelschichten und hier insbesondere die merklich wachsende Gruppe der Angestellten.[33] Mit der Ausweitung privater Freizeit nutzten diese das größer werdende Angebot billiger Unterhaltungsformen: Illustrierte, Fotoromane, Revue, Tanzlokale und Schausport, vor allem aber das Kino waren in den Städten einem breiten Publikum zugänglich und kamen dessen Wunsch nach Zerstreuung, Entspannung oder körperlicher Verausgabung entgegen. „Die Würfel sind gefallen", resümiert daher Emanuela Scarpellini für die italienische Zwischenkriegszeit, „der Konsum von Freizeitgütern und Unterhaltung nimmt seinen festen Platz ein neben dem traditionellen Konsum von Grundnahrungsmitteln und Gebrauchsgütern."[34] So ist auch die Gründung der faschistischen Freizeitorganisation *Opera nazionale dopolavoro* (OND) 1925 als Reaktion auf diese „Ausbreitung und Normalisierung der Erlebnisorientierung"[35] zu bewerten. Wie Victoria De Grazia gezeigt hat, trug die

---

[31] Scarpellini (2008), S. 106, 111 ff.
[32] De Grazia (2005), S. 356; Wanrooij, Bruno: Mobilitazione, Modernizzazione, Tradizione, in: Sabatucci, Giovanni/Vidotto, Vittorio (Hg.): Storia d'Italia, Bd. 4: Guerre e fascismo 1914–43, Rom/Bari 1997, S. 379–439, hier S. 385–396.
[33] Ebd., S. 424. Zum Status der kleinbürgerlichen und Angestelltenschichten im Faschismus vgl. Tossati, Giovanna: Impiegati, in: De Grazia/Luzzatto (2005), S. 662–665; Salvati, Mariuccia: Il regime e gli impiegati. La nazionalizzazione piccolo-borghese nel ventennio fascista, Rom/Bari 1992; Berezin, Mabel: Created Constituencies: The Italian Middle Classes and Fascism, in: Koshar, Rudy (Hg.): Splintered Classes. Politics and the Lower Middle Classes in Interwar Europe, New York/London 1990, S. 142–163; Gallino, Luciano: Le classi sociali tra gli anni Trenta e gli anni Cinquanta. Un tentativo di quantificazione e comparazione, in: Del Boca, Angelo/Legnani, Massimo/Rossi, Mario G.: Il regime fascista. Storia e storiografia, Rom/Bari 1995.
[34] „Il gioco è fatto, i consumi culturali ricreativi hanno preso il loro posto accanto ai consumi di base tradizionali." Scarpellini (2008), S. 106.
[35] Schulze, Gerhard: Die Erlebnisgesellschaft. Kultursoziologie der Gegenwart, Frankfurt a.M. 1993, S. 21–24, zitiert nach: Zimmermann (2007), S. 32.

OND schließlich weiter zur gesellschaftlichen Verankerung dieser Entwicklungen bei.[36]

Neben dem faschistischen Ideal männlicher Zackigkeit und Selbstbeherrschung breiteten sich in dem oben skizzierten Kontext Körperideale und Verhaltensmuster aus, die um betonte Laxheit, Individualismus und Lustorientierung kreisten. Tanzfieber, Jazz- und Sportbegeisterung sowie das Experimentieren mit neuen Kleidungsstilen waren dafür offensichtliche Zeichen. So berichtete beispielsweise Irene Brin in ihrer Kolumne „Sitten und Bräuche" (*Usi e costumi*), die Ende der 1930er Jahre wöchentlich in der Zeitschrift *Omnibus* erschien, von populären Modetänzen, die so exotische Namen trugen wie *„banana's slide"*, „Straußengang" oder *„black-bottom"*.

Man lernte, den Bauch und gleichzeitig eine Hand vorzustrecken. Eine Bewegung, die schnell zur vertrauten Geste auf jeder Varietébühne wurde. Auch Jugendliche mit bescheidenen finanziellen Mitteln, aber kühnen Absichten, widmeten dem Tanz ihre ganze Freizeit. Man konnte regelrecht dabei zuhören, wie sie sich von früh bis spät hin- und herdrehten in den stickigen Hinterzimmern der Nähereien oder Frisierstuben.[37]

Zudem habe sich vor allem bei jungen Männern, so Brin weiter, der Trend des *„chewing gum"* durchgesetzt. *„Bye-bye"* und *„Cheerio"* seien verbreitete Grußformeln.[38] Die Herrenmodezeitschrift *Lui* stellte 1933 fest, dass sich auch im Bereich der Kleidung ein „Kult des Legeren" etabliert habe, der, wie das Blatt lamentierte, durch den Hollywoodfilm Verbreitung finde und oft in modischer Übertreibung ausarte.[39]

---

[36] De Grazia (1981); Liebscher, Daniela Giovanna: Organisierte Freizeit als Sozialpolitik. Die faschistische Opera Nazionale Dopolavoro und die NS-Gemeinschaft Kraft durch Freude 1925–1939, in: Petersen, Jens/Schieder, Wolfgang (Hg.): Faschismus und Gesellschaft in Italien. Staat – Wirtschaft – Kultur, Köln 1998, S. 67–90.

[37] „Si imparava a sporgere la pancia in avanti, muovendo contemporaneamente una mano, mossa famigliare presto su tutti palcoscenici del Varietà. (…) I giovani di modesti mezzi, ma di animose intenzioni, dedicavano al ballo intere giornate, ed era facile sentirli agitarsi, dall'alba alla sera, in soffocanti retrobottega di sarto o di barbiere." Brin (1944), S. 146–155. Irene Brin, eigentlich Maria Vittoria Rossi, (1914–1969) war von 1930 bis in die 1960er Jahre als Feuilletonistin und Moderedakteurin einer Vielzahl italienischer Tageszeitungen und Zeitschriften tätig. Die ab 1937 in *Omnibus* (ab 1940 *Oggi*) erschienenen Texte Brins wurden bereits 1944 gesammelt in Buchform herausgegeben. In der Rubrik *Usi e costumi* beleuchtete Brin die Populärkultur der 20er und 30er Jahre. Zu Brins Wirken als Modejournalistin vgl.: Caratozzolo, Vittoria Caterina: Irene Brin. Italian Style in Fashion, Venedig 2006; Boscagli, Maurizia: The Power of Style: Fashion and Self-Fashioning in Irene Brin's Journalistic Writing, in: Pickering-Iazzi, Robin: Mothers of Invention: Women, Italian Fascism and Culture, Minnesota 1995, S. 121–136.

[38] Brin (1944), S. 23, 31.

[39] Anonym: Il costume moderno e la nuova linea dell'uomo moderno, in: Lui, Nr. 11 (November 1933), S. 20–21. Zur Präsenz amerikanischer Kultur und des Hollywood-Films im faschistischen Italien, siehe auch Ricci, Steven: Cinema&Fascism. Italian Film and Society, 1922–1943, S. 126 ff.

Diese heterogene Körper- und Konsumkultur und die durch sie etablierten performativen Praktiken sind für den Zeitraum des Faschismus bisher ausschließlich in ihren Auswirkungen auf weibliche Identitäten untersucht worden. Historikerinnen und Historiker wie Victoria De Grazia, Luisa Passerini, Michela De Giorgio, Eugenia Paulicelli oder Adam Arvidsson haben in diesem Zusammenhang eine Pluralisierung weiblicher Subjektivitäten festgestellt, die neben den traditionellen katholischen Vorstellungen von weiblicher Ehrbarkeit sowie neben den faschistischen Geschlechteridealen existierten, mit diesen interagierten und nicht selten in Konflikt traten.[40] Inwiefern diese Pluralisierung der Deutungs- und Darstellungsformen des Körpers auch die männliche Lebenswirklichkeit betraf, war bislang nicht Gegenstand der Forschung.[41] Wie wirkten diese Diskurse mit dem Anspruch des Regimes zusammen, männliche Identitäten im Sinne faschistischer Staatsbürgerlichkeit zu organisieren? Die Starfigur De Sicas erweist sich im Hinblick auf diese Frage als aufschlussreiche Quelle. Wie ich am Beispiel der Filme *Gli uomini, che mascalzoni!*, *Tempo massimo* (1935) und *Il Signor Max* (1937) zeigen werde, verkörperte De Sica eine Männlichkeit, die in faschistischen Schriften und Traktaten häufig mit dem Etikett des *gagà* versehen wurde. Diesen bezeichnete etwa der Sportfunktionär Lando Ferretti in einer Rede von 1930 als Gegenteil des „neuen faschistischen Mannes". Wie aus der folgenden Beschreibung Ferettis deutlich wird, assoziierte er mit der Figur des *gagà* eine Männlichkeit, die an die geschlechtliche Performance der von De Sica verkörperten Filmfiguren erinnert:

> Das ist dieser Typ junger Männer, die das Schwarzhemd missachten und lieber durch die schönen Straßen Roms flanieren. Sie tragen Brillen wie Harold Lloyd, Menjoubärtchen, kauen süßsaure Kaugummis und sitzen dann und wann mit erschöpfter Miene auf den Polstern eines amerikanischen Automobils.[42]

Karikaturen des *gagà* illustrierten auch das 1939 edierte *Vademecum dello stile fascista*.[43] Der *gagà* ist hier als übertrieben modisch gekleideter Mann dargestellt, der mit zahlreichen Accessoires wie einer Fotokamera, Handschuhen, Manschettenknöpfen, einer gemusterten Krawatte und einem Hut ausstaffiert ist (Abb. II.2). Eine Pfeife im

---

[40] Passerini, Luisa: Donne, consumo e cultura di massa, in: Thébaud, Françoise (Hg.): Storia delle donne in occidente. Il novecento, Roma/Bari 1992: S. 373–392, hier S. 380; De Grazia (1992), S. 201–233; dies. (1996), S. 337–358; Paulicelli (2004); S. 68 ff., 79 ff.

[41] Dieses Manko ist auch auf das traditionell „weibliche" Gendering der Massengesellschaft und von sozialen Bereichen wie Mode, Konsum oder Körperpflege zurückzuführen, das jedoch durch die mangelnde historische Aufarbeitung weiter reproduziert wird.

[42] „È il tipo di quei giovanotti che disprezzano la camicia nera [...] e preferiscono andare a spasso per le belle strade di Roma; che portano gli occhiali alla Harold Lloyd, i bafetti alla Menjou, che masticano gomma dolciastra e siedono, qualche volta, con aria stanca sui cuscini di una macchina americana." Ferretti, Lando: Esempi e idee per l'italiano nuovo, Rom 1930, S. 153 f.

[43] Gravelli, Asvero (Hg.): Vademecum dello stile fascista dai Fogli di Disposizioni del Segretario del Partito, Rom 1939.

Mundwinkel, grüßt er mit einem anglophilen „bye-bye!". Auf seiner Krawatte sind verschiedene ausländische Begriffe zu lesen wie „Paris", „Five", „Cocktail", „Champagne", „Suzy" und „Dancing", die ihn mit einer internationalen Vergnügungskultur assoziieren. Wie seine Illustrierte suggeriert, auf der ein Portrait des Filmstars Robert Taylor prangt, ist er zudem ein Bewunderer des Hollywood-Starkults. Im Vergleich zu einer weiteren Illustration des *Vademecums*, welche die harte, aufrechte und aggressive Männlichkeit des *uomo nuovo* zeigt, wirkt die Figur des *gagà* affektiert, weich und effeminiert.[44] Seine konsumorientierte, kosmopolitische und hedonistische Männlichkeit, die mit dem faschistischen Projekt kultureller Homogenisierung und Nationalisierung in Konflikt gerät, steht hier – ebenso wie die Figur des *borghese* in der zweiten Karikatur – als negatives Gegenbild zum *stile fascista*. Zugleich dokumentieren die Bilder des Bourgeois und des *gagà* aber die zeitgenössische Relevanz der darin zitierten männlichen Stile, die augenscheinlich auf etablierte Selbstpraktiken Bezug nahmen und durchaus populär waren. Sie zeugen von der Heterogenität kultureller Diskurse, die mit dem Versuch des Regimes kollidierte, geschlechtliche Identitäten und die daran gebundenen Bedeutungen festzulegen und in ein hierarchisches Verhältnis von Dominanz und Unterordnung zu bringen. So kann die Kulturproduktion im Faschismus mit John Fiske als „semiotisches Schlachtfeld" beschrieben werden,

> in which a conflict is fought out between the forces of incorporation and the forces of resistance, between an imposed set of meanings, pleasures and social identities produced in act of semiotic resistance: the hegemonic forces of homogeneity are always met by the resistance of heterogeneity.[45]

Dieses stetige diskursive Aushandeln der Bedeutungen von Männlichkeit kristallisiert sich im Starkörper De Sicas. Er trat in den 1930er Jahren fast ausschließlich in Komödien auf und damit in einem Genre, das traditionell das Überschreiten hegemonialer Normen zelebriert. So sind Motive wie die Verkleidung, der Rollentausch, der soziale Auf- oder Abstieg sowie die körperliche und charakterliche Konversion eng mit seinem Leinwandimage verbunden. In Filmen wie *Gli uomini, che mascalzoni!* oder *Il Signor Max* spielt er den kleinbürgerlichen *gagà*, der sich als *gran signore* imaginiert und von seinen hehren Wünschen nach sozialem Aufstieg und von einem international orientierten, individualistischen Freizeitkonsum bekehrt werden muss. In *Darò un milione* (1935) ist er dagegen der vom Luxusleben gelangweilte Milliardär Gold, der in die Kleider eines Bettlers schlüpft, um die wahre Liebe zu finden. In *Ma non è una cosa seria* (1936) spielt er den wohlhabenden Luftikus Memmo Speranza, der eine Hochzeit nach der anderen platzen lässt, bis er, bezaubert von der Schönheit des Landlebens und von der Jungfräulichkeit seiner Haushälterin Gasparina, sein Jung-

---

[44] Beide Abbildungen aus: Gravelli (1939), S. 2 u. 14.
[45] Fiske, John: Understanding Popular Culture, Boston 1989, S. 8.

Ein „neuer Mann" im weiblichen Blick: *Gli uomini, che mascalzoni!* 39

Abb. II. 2

gesellendasein für die Ehe mit ihr aufgibt. In Amleto Palermis *Partire* (1938) ist er als Vagabund und Tunichtgut zu sehen, der schließlich ein geregeltes Arbeitsleben aufnimmt. De Sica verkörperte Männerfiguren, die versuchen, sich den patriarchalischen Imperativen des Regimes zu entziehen, am Ende aber ihre abweichenden materiellen und sexuellen Wünsche disziplinieren und sich den hegemonialen Identitätsmustern anpassen.

Ich werde sein Image nicht nur im Hinblick auf faschistische Rollenzuweisungen und Leitbilder analysieren, sondern die Einschreibungen vielfältiger und widersprüchlicher Männlichkeiten herausarbeiten, die sich in seinem Starkörper materialisierten und sich in einem international ausgerichteten kulturellen Gefüge konstituierten. Anhand seiner Starfigur gilt es, sowohl die Konvergenz als auch das Spannungsverhältnis zwischen einer integrativen Funktion von Kino und Starkult einerseits und ihrer pluralisierenden Wirkung andererseits in den Blick zu nehmen. Inwieweit reproduzierte das De-Sica-Image eine Männlichkeit, die den politischen Interessen des Regimes funktional war? Und inwiefern visualisiert seine Starfigur Probleme männlicher Anpassung an die faschistischen Virilitätsideale oder gar Nischen für alternative

Männlichkeitsentwürfe? Um die von De Sica verkörperten Gendermodelle in ihrer Relevanz für das zeitgenössische Publikum angemessen beurteilen zu können, werden im nächsten Kapitel zunächst die Bedingungen des Film- und Starkonsums in den 1930er Jahren näher beleuchtet und die aufkommende Massenkultur in ihrer Wechselwirkung mit gängigen Alltags- und Körperpraktiken betrachtet.

Kino, Stars und Körperkult in den 1930er Jahren

> Man kann sich die große Freude jedes Kinoliebhabers vorstellen, wenn er auf einen italienischen Film trifft, der – geschrieben, produziert, dargestellt und verfilmt von Italienern – einem ausländischen Film in nichts nachsteht. Dieses große Vergnügen kann man während einer Vorführung von *Gli uomini, che mascalzoni!* verspüren. […] Camerini hat einen Film gedreht, der voller geschmackvoller Details, origineller Einfälle und Ressourcen ist. Und – vor allem hat er sich nicht gescheut, einen durch und durch *italienischen* Film zu drehen, der ganz unserer ist, mit dem man die Luft unseres Landes einatmet, diese Luft, die so gut tut, die so warm und gesund ist, dass sogar Ausländer immer wieder hierherkommen, um sich darin zu erholen.[46]

Nach der Filmpremiere von Mario Camerinis Komödie *Gli uomini, che mascalzoni!* im August 1932 im Rahmen der ersten *Esposizione Internazionale d'Arte Cinematografica* in Venedig waren sich die Kritiker der italienischen Tagespresse einig: Der erste Schritt zur viel deklamierten Wiedergeburt der nationalen Filmproduktion nach ihrer jahrelangen Krise schien getan.[47] Mit Camerinis *Gli uomini, che mascalzoni!* habe das

---

[46] „Non si può figurare il cordiale piacere che prova chi ama il cinematografo, quando si imbatte in un film italiano - scritto, realizzato, interpretato e diretto da italiani – che non ha nulla da invidiare a un film straniero. Questo cordiale piacere lo si può provare assistendo ad una proiezione di *Gli uomini...che mascalzoni!* […] Camerini ha fatto un film ricco di particolari gustosi, pieno di trovate graziose e di risorse piacevoli. E, soprattutto non ha temuto di fare un film italiano, proprio nostro, in cui si respira l'aria del nostro paese; quell'aria che fa tanto bene, così buona e calda e sana che perfino gli stranieri vengono spesso per ritemprarvisi." Anonym: La settimana di cinema, in: Il popolo d'Italia, 9.10.1932, S. 7.

[47] Ökonomische wie soziale Strukturverschiebungen hatten die italienische Filmwirtschaft in der Zeit nach dem Ersten Weltkrieg in eine Krise gestürzt. Der Versuch dieser durch die Zentralisierung des Sektors in der Trustgesellschaft UCI (*Unione Cinematografica Italiana*) entgegenzuwirken, schlug nach dem Bankrott der kreditgebenden *Banca italiana di sconto* 1922 fehl. Filmhistoriker sehen in der Ignoranz vieler Industrieller gegenüber der grundlegend veränderten Nachfrage auf dem heimischen Absatzmarkt, die mit der wachsenden Konkurrenz des Hollywoodkinos und des deutschen Films einherging, einen wesentlichen Grund für den filmwirtschaftlichen Ruin. In einer völligen Fehleinschätzung der Sehgewohnheiten eines in seiner sozialen Zusammensetzung veränderten Publikums setzte das Gros der italienischen Unternehmer weiterhin auf die etablierten narrativen und visuellen Muster der Vorkriegszeit. Daneben werden in der Forschung eine Reihe von Fehlinvestitionen und interne Interessenkonflikte, fehlende Organisationsstrukturen, regionale Zersplitterung der Produktion und gestiegene Produktions-

italienische Kino endlich zu einem genuin „italienischen Stil"[48] gefunden, schrieb der Filmkritiker Mario Gromo in der Turiner Zeitung *La Stampa*, während Filippo Sacchi im *Corriere della Sera* die authentische Darstellung des modernen Mailänder Großstadtalltags sowie die „Jugendlichkeit und Heiterkeit" hervorhob, die den Film im Vergleich zu den „schweren und schwülstigen Kolossalfilmen" der Stummfilm-Ära auszeichne.[49] Camerini habe einen Film geschaffen, der endlich auch mit internationalen Standards konkurrieren könne, wie die „Ausrufe der Begeisterung" gezeigt hätten, „die aus dem Halbdunkel von einer *miss* oder einem *fraulein* zu hören waren".[50]

Die Euphorie, mit der Camerinis Film in der Presse als historischer Wendepunkt der nationalen Filmgeschichte gefeiert wurde, gibt – trotz aller Vorbehalte, die man den Berichten angesichts der staatlichen Pressezensur entgegenbringen muss – einen unmittelbaren Einblick in die widersprüchliche Situation der italienischen Filmindustrie zu Beginn der 1930er Jahre.[51] Gezielte unternehmerische Aktivitäten sowie erste protektionistische Maßnahmen und staatliche Subventionen hatten nach der Dauerkrise des Sektors in den 1920er Jahren zu einem Anstieg der italienischen Produktion geführt.[52] Diese war 1930 mit weniger als zehn produzierten Filmen auf ihrem historischen Tiefpunkt angelangt.[53] Die im selben Jahr wiedereröffneten *Cines*-Studios in Rom hatten sich nach einer umfassenden Modernisierung im Zuge der Einführung des Tonfilms zum neuen Produktionszentrum entwickelt. Mit Filmen wie *La segretaria privata* (1931), *Due cuori felici* oder *Gli uomini, che mascalzoni!*, die sich an internationalen Standards sowie am Geschmack und an den Sehgewohnheiten des heimischen Publikums orientierten, erzielte die *Cines* in der Spielzeit 1931–1932

---

kosten als Ursachen für die Krise genannt. Vgl. Brunetta, Gian Piero: Storia del cinema italiano. Il cinema muto 1895–1929, Bd. I, Rom 2001a [1979], S. 238–259; ders.: (2001b), S. 6 ff. u. 35 ff.; Forgacs (2000), S. 101–107; Redi, Riccardo: Sperduto nel buio. Il cinema muto italiano e il suo tempo 1895–1930, Bologna 1991, S. 175 ff.; Bruno, Giuliana: Streetwalking on a Ruined Map. Cultural Theory and the City Films of Elvira Notari, Princeton 1993, S. 18 ff. u. 79 ff.

[48] Gromo, Mario: Primo tempo, in: La stampa, 13.8.1932, S. 8.
[49] Sacchi, Filippo: La serata italiana al Festival del Lido, in: Corriere della Sera, 12.8.1932, S. 8.
[50] Gromo, Mario: Primo tempo, in: La stampa, 13.8.1932, S. 8.
[51] Zur Faschisierung des Pressewesens vgl. Cannistraro (1975); siehe auch Forgacs (2000), S. 108.
[52] Vgl. Redi (1991), S. 160 ff., 184 ff.; Wagstaff, Christopher: The Italian Cinema Industry During the Fascist Regime, in: The Italianist, Nr. 4 (1984), S. 160–174.
[53] Die Angaben hinsichtlich der Anzahl der Filme gehen in der Forschung auseinander und schwanken zwischen 2 und 12 italienischen Filmproduktionen für die Spielzeit 1930–31. Im Vergleich dazu wurden 1920 in Italien 415 Filme produziert. Vgl. Brunetta (2001b), S. 6; Sorlin, Pierre: Italian National Cinema 1986–1996, London/New York 1996, S. 53; Bertellini, Giorgio: Dubbing L'Arte Muta. Poetic Layerings around Italian Cinema's Transition to Sound, in: Garofalo/Reich (2002), S. 30–82, hier S. 34; Fanchi/Mosconi (2002), S. 261; einen statistischen Überblick über die Entwicklung der italienischen Filmindustrie in den 20er Jahren bietet der Anhang in: Hay (1987).

kommerzielle Erfolge.⁵⁴ Auch die Premiere der weltweit ersten internationalen Filmfestspiele in Venedig, bei der sich Italien als weltoffene und international konkurrenzfähige Filmnation präsentierte, war ein Signal dieses moderaten Aufschwungs.⁵⁵

Vor allem aber die Geburt eines neuen italienischen Stars, den die Kritiker in Camerinis Hauptdarsteller Vittorio De Sica erkannten, wurde als deutlichstes Zeichen der filmischen *rinascità* betrachtet.⁵⁶ Der Publikumserfolg des Kinos war in den Augen vieler Cineasten und Filmindustriellen der frühen 1930er Jahre gebunden an die Anziehungskraft der *divi*. Dafür schien die Popularität des Hollywoodkinos und seines Star-Systems, aber auch der deutschen und französischen Starfiguren bei den heimischen Zuschauern ein klarer Beweis zu sein. Die italienische Jugend, so berichtete die Filmzeitschrift *L'Eco del cinema* Anfang der 1930er Jahre, spreche von den US-Schauspielern „sodass man denken kann, sie seien wirklich mit ihnen befreundet".⁵⁷ Die Frage „Wo sind die Stars?"⁵⁸ wurde daher in der Fachpresse dieses Zeitraums immer dringlicher gestellt. Das Fehlen italienischer Stars seit dem Konkurs der Filmwirtschaft von 1922 und des damit einhergehenden Niedergangs des *divismo* der Stummfilm-Ära wurde als Sinnbild der tiefen Krise des italienischen Kinos betrachtet.⁵⁹ Auch in der Presseresonanz auf *Gli uomini, che mascalzoni!* zeichnet sich das anhaltende Unterlegenheitsgefühl ab. Der Verweis auf die entzückten *misses* und *frauleins* kam nicht von ungefähr, denn es waren vornehmlich Spielfilme aus

---

⁵⁴ Vgl. Sorlin (1996), S. 52–58, 65–67. Bei den Filmen *La segretaria privata* und *Due cuori felici* handelt es sich um europäische Koproduktionen, die zu Beginn der 1930er Jahre intensiviert wurden, um der amerikanischen Konkurrenz durch eine paneuropäische Zusammenarbeit entgegenzutreten. Dabei war es üblich, die Filme am selben Set in doppelter oder dreifacher Version, mit jeweils unterschiedlicher nationaler Besetzung zu drehen. So wurde beispielsweise der Erfolgsstreifen *La segretaria privata* in deutsch, englisch, französisch und italienisch produziert. Auch *Due cuori felici* von Baldassare Negroni war ein italienisches Remake der von Max Neufeld verfilmten Ufa-Produktion *Ein bisschen Liebe für Dich* nach der Komödie *Geschäft mit Amerika* von Paul Franck und Ludwig Hirschfeld. Vgl. Argentieri, Mino: Autarchia e internazionalità, in: Aprà, Adriano (Hg.): Storia del Cinema Italiano, 1934–1939, Bd. V, Venedig 2006, S. 148–165, hier S. 151.

⁵⁵ Zur Einführung der Filmfestivals im Rahmen der Biennale in Venedig siehe Stone, Marla S.: The Patron State. Culture and Politics in Fascist Italy, Princeton 1998, S. 99 ff.; vgl. auch May, Jan Andreas: „Queen of the Arts" – Exhibition, Festivals and Tourism in Fascist Venice 1922–1945, in: Heßler, Martina/Zimmermann, Clemens (Hg.): S. 213–232, hier S. 223 ff.

⁵⁶ Anonym: La settimana di cinema, in: Il popolo d'Italia, 9.10.1932, S. 7.

⁵⁷ Anonym: Il cinema come contributo all'educazione dello spirito, in: L'Eco del Cinema, Nr. 125 (April 1934), S. 11.

⁵⁸ Valori, Gino [Ettore Maria Margadonna]: Dove sono le dive? Le stiamo cercando, in: Cinema Illustrazione, Nr. 7, 14.2.1934, S. 3.

⁵⁹ Eine ausführliche Darstellung der politischen und intellektuellen Debatten um die „Wiedergeburt" des italienischen Films findet sich bei Zagarrio, Vito: Cinema e fascismo. Film, modelli, immaginari, Venedig 2004, S. 40–140, und Ben-Ghiat, Ruth: Fascist Modernities: Italy, 1922–1945, London 2001, v. a. S. 70 ff.

den USA und dem europäischen Ausland, welche die Nachfrage auf dem heimischen Markt sättigten.[60] *Il cinema* – das war im Italien der 1930er Jahre vor allem das Hollywoodkino, wie sich auch der Schriftsteller Italo Calvino in seiner *Autobiografia di uno spettatore* erinnert:

> Ich habe es noch nicht gesagt, aber mir schien es selbstverständlich, dass *das* Kino für mich das amerikanische war, die damals aktuellen Hollywoodproduktionen. „Meine" Epoche geht circa von *Bengali* mit Gary Cooper und der *Meuterei auf der Bounty* mit Charles Laughton und Clark Gable bis zum Tod von Jean Harlow […] und zwischendrin viele Komödien, Krimischnulzen mit Myrna Loy, William Powell und der Hündin Asta, die Musicals von Fred Astaire und Ginger Rogers, die Krimis über den chinesischen Detektiv Charlie Chan und die Horrorstreifen mit Boris Karloff.[61]

Seit Mitte der 1920er Jahre forderten Industrielle und Filmschaffende – gegen das Interesse der Kinobetreiber und Verleihfirmen, die auf den Import der Hollywoodproduktionen angewiesen waren – daher nachdrücklich das protektionistische Eingreifen des Staates in den Filmsektor.[62] Doch das Regime zeigte zunächst keine Bestrebungen, kontrollierend in den Unterhaltungsfilm einzuwirken, und konzentrierte seine filmpolitischen Aktivitäten auf die Steuerung der Produktion von Nachrichtenfilmen über das verstaatlichte *Istituto Luce*.[63] Auch nach der stärkeren Zentralisierung des Filmsektors durch die Gründung der *Direzione generale per la cinematografia* 1934

---

60 1930–1938 lag der Marktanteil ausländischer Filmproduktionen konstant über 80 Prozent. Vgl. Fanchi/Mosconi (2002), S. 261; Brunetta (2001b), S. 6; Sorlin (1996), S. 56. Über die Präsenz speziell des deutschen Films in Italien während des Faschismus ist bisher wenig geforscht worden. Neue Erkenntnisse dazu sowie auch über die filmpolitische Zusammenarbeit zwischen Italien und dem nationalsozialistischen Deutschland in der sogenannten „Filmachse" werden in Kürze mit der Dissertation von Valentina Leonhard vorliegen. Sie analysiert darüber hinaus den kinematischen Kulturtransfer zwischen beiden Ländern. Dies.: Populäre Spielfilme im faschistischen Italien und im nationalsozialistischen Deutschland: Vergleich, Transfer, Internationale Perspektive, Ludwig-Maximilians-Universität München (in Arbeit).

61 „Non ho ancora detto, ma mi pareva sottinteso, che il cinema era per me quello americano, la produzione corrente di Hollywood. La „mia" epoca va pressappoco dai *Lancieri del Bengala* con Gary Cooper e *L'ammutinamento del Bounty* con Charles Laughton e Clark Gable, fino alla morte di Jean Harlow […] con in mezzo molte commedie, i giallo-rosa con Myrna Loy e William Powell e il cane Asta, i musicals di Fred Astaire e Ginger Rogers, i gialli di Charlie Chan detective cinese e il film di terrore di Boris Karloff." Calvino, Italo: Autobiografia di uno spettatore, in: Fellini, Federico: Fare un film, Turin ²1993 [1980], S. XI.

62 Caba: Realizziamo i Gruppi di Competenza!, in: L'Eco del Cinema Nr. 37/38 (Dezember 1926/Januar 1927), S. 2; Anonym: Per la ripresa della produzione Italiana. Il comm. Stefano Pittaluga dal Duce, in: L'Eco del cinema, Nr. 41 (April 1927), S. 185; Caba: S.O.S., in: L'Eco del cinema, Nr. 55 (Juni 1928), S. 5.

63 Vgl. Argentieri, Mino: L'occhio del regime. Informazione e propaganda nel cinema del fascismo, Firenze ²2003 [1979]; D'Autilia, Gabriele/Pizzo, Marco (Hg.): Le carte del Luce: un tesoro svelato. Fonti d'archivio per la storia del Luce 1925–1945, Roma 2004.

blieb die Orientierung an internationalen Standards für die Gewinnung des Publikums essenziell.

So beruhte der Erfolg von Camerinis *Gli uomini, che mascalzoni!* gerade darauf, dass die Komödie unterschiedliche Elemente der heimischen Film- und Theatertradition sowie des internationalen Kinos absorbierte und miteinander kombinierte.[64] Camerinis Film orientierte sich damit – wie zuvor lange keine andere italienische Produktion – am Geschmack eines heterogenen Publikums, dessen Wunsch nach Vergnügen und Unterhaltung er bediente. Nach De Sicas Durchbruch in *Gli uomini, che mascalzoni!* umjubelte ihn die heimische Presse als „italienischen Maurice Chevalier" oder als nationale Version des Hollywoodstars Clark Gable.[65] Der Vergleich des Schauspielers mit den ausländischen Leinwandgrößen verdeutlicht ebenfalls, wie sehr die Sehgewohnheiten der italienischen Kinogänger durch den internationalen Film geprägt waren. De Sicas Starimage ging unmittelbar aus einer vielfältigen und transnational strukturierten populären Filmkultur hervor, die sich seit der Zeit vor dem Ersten Weltkrieg in Italien sukzessive ausgeformt hatte.[66]

Mit der Produktion dramaturgisch und szenisch aufwendig gestalteter Kolossalfilme und Melodramen wie *Nerone* (1909), *La caduta di Troia* (1911), *Quo Vadis* (1913), *Ma l'amor mio non muore* (1913) oder *Cabiria* (1914) hatte das italienische Kino eine erste Blütezeit erlebt und weltweit neue Standards gesetzt. Der Stummfilm

---

[64] Filmhistoriker wie Marcia Landy oder Vito Zagarrio haben in Camerinis Film Stilelemente des Kinos von René Clair oder Ernst Lubitsch ausmachen können. Landy hat darüber hinaus auf den dokumentarischen Charakter einiger Filmsequenzen verwiesen, die in Tradition zum Experimentalfilm der 20er Jahre stünden und bestimmte ästhetische, kamera- und montagetechnische Elemente der Filme Walter Ruttmanns, Jean Vigos oder Dziga Vartovs adaptierten. Zudem seien Anleihen bei der ungarischen Filmkomödie erkennbar. Vgl. Landy, Marcia: Gli uomini, che mascalzoni! – Men, what rascals! In: Bertellini, Giorgio/Brunetta, Gian Piero (Hg.): The Cinema of Italy, London 2004, S. 11–19, hier S. 11–12; Zagarrio (2004), S. 148 ff.

[65] „Vittorio De Sica, der junge und wackere Schauspieler, der Nebenbuhler Chevaliers und populäre Leinwandstar, nimmt exklusiv auf für: *Columbia Schallplatten*". [Vittorio De Sica il giovane e valoroso attore della scena italiana, l'emulo di Chevalier, il più popolare divo dello schermo, incide esclusivamente per: *Dischi Columbia*.] Werbung *Dischi Columbia*, in: Commedia, Nr. 4, 15.4.1933, o. S.; Margadonna, Ettore M.: Registi nostri: Mario Camerini, in: ebd., o. S. Bei einem Blick auf die Filmrollen der drei Schauspieler erscheint der Vergleich De Sicas mit Clark Gable wenig treffend. Während dagegen Chevalier wie De Sica Anfang der 1930er Jahre überwiegend in heiter-romantischen Musikkomödien auftrat, war Gable vor allem in melodramatischen Rollen zu sehen. Auch verkörperte Gable in seinen Filmen der frühen 1930er oftmals rüde, aggressive Charaktere, die sehr viel eher mit einer dominanten Virilität in traditionell-patriarchalischen Sinn verknüpft werden konnten, als die Filmfiguren De Sicas. Der Vergleich bezog sich zeitgenössisch möglicherweise eher auf den Bekanntheitsgrad der beiden Stars. Gable war kurz vor De Sicas Durchbruch in *Gli uomini, che mascalzoni!* zu einem der populärsten Stars in Hollywood aufgestiegen.

[66] Vgl. Lughi, Paolo: Paprika: La commedia fra Italia e Ungheria nel cinema anni trenta, Triest 1990; Argentieri (2006); Spagnoletti, Giovanni: Registi stranieri in Italia, in: Aprà (2006), S. 266–276; Costa, Antonio: Augusto Genina, un regista europeo, in: ebd., S. 245–252.

hatte zudem erste Starfiguren wie Francesca Bertini, Lyda Borelli, Pina Menichelli oder Bartolomeo Pagano, der in der Rolle des starken Mannes *Maciste* populär wurde, hervorgebracht.[67] Zwar versäumten es die italienischen Filmproduzenten weitgehend, das Phänomen des *divismo* im eigenen kommerziellen Interesse zu nutzen, doch wirkte sich das frühe Startum nachhaltig auf die gängigen Produktionsstrukturen sowie auf formalästhetische Aspekte des Films und die Sehgewohnheiten des Publikums aus, wie auch Marcia Landy argumentiert: „They were educating audiences to the dramatic changes being wrought by the growths of a mass visual culture that could plunder all aspects of history, art, and politics."[68] An den Kult um die *divi* knüpfte in den frühen 1920er Jahren das Hollywood-Starsystem an, wobei die taylorisierte Studioproduktion erstmals eine umfassende Vermarktungsstrategie der Stars praktizierte, die zu einer Art Qualitätsmerkmal des Films wurden. Die italienischen Tochterfirmen der US-Majors statteten Kinos und Presse mit Werbematerial und Starfotografien aus und gaben eigene Fanmagazine heraus. Wie Victoria De Grazia betonte, war es jedoch vor allem der als modern und realistisch empfundene Charakter des Hollywood-Films sowie dessen Orientierung an einem sozial breit gefächerten Publikum, die seinen Erfolg garantierten.[69]

Bereits für die Mitte der 1920er Jahre ist eine signifikante Verschiebung im Freizeitverhalten der Italiener festzustellen. Traditionelle Unterhaltungsformen wie das Theater oder die Operette verloren allmählich an Attraktivität und wurden von moderneren Arten der Freizeitgestaltung wie dem Sport oder dem Kino abgelöst.[70] Populäre Formen des Schauspiels wie das Varieté, die Revue und das Volkstheater verlagerten sich aus ihrem traditionellen Darstellungsrahmen heraus in die Kinos:[71] Viele Theater wurden in Kinos umgewandelt, beliebte Revue- und Theaterstücke verfilmt. De Sica trat in den frühen 1930er Jahren in zahlreichen Musikfilmen auf, in denen Tanz- und Gesangseinlagen in die Handlung integriert wurden. Der Star selbst

---

[67] Der *divismo* hatte sich als kulturelles Phänomen in Italien bereits im Bereich der Darstellenden Kunst etabliert. Schon aus der *commedia dell'arte* und der Oper waren öffentlich verehrte Star-Persönlichkeiten hervorgegangen, eine Tradition, die sich mit Figuren wie Eleonora Duse bis in das bürgerliche Theater des ausgehenden 19. Jahrhunderts fortsetzte und im Kontext einer stärker medialisierten Öffentlichkeit an kultureller Bedeutung gewann.

[68] Landy (2008), S. 1–41.

[69] De Grazia (1985), S. 95–133.

[70] Vgl. Alfieri, Dino: Situazione dello spettacolo italiano, in: Società Italiana Autori e Editori [*Siae*] (Hg.): La vita dello spettacolo in Italia nel decennio 1924–1933, S. 12–13; siehe auch: Mosconi, Elena: Transiti: cinema e varietà, in: dies./Casetti, Francesco: Spettatori Italiani. Riti e ambienti del consumo cinematografico, Rom 2006, S. 33–56.

[71] Vgl. hierzu den Leserbrief eines römischen Kinobetreibers in der Zeitschrift *L'Eco del Cinema*, der sich für die Abschaffung des „spettacolo misto", d. h. Filmvorführungen in Kombination mit Vaudeville-Einlagen, ausspricht. M. Palladini: Abolire il varietà nei cinema! In: L'Eco del Cinema, Nr. 123 (Februar 1934), S. 1.

hat rückblickend auf die große Bedeutung dieser Showeinlagen im Hinblick auf den kommerziellen Erfolg der Filme verwiesen: „Ich musste unbedingt singen. Das war eine der Bedingungen, die der Produzent voraussetzte, eine *conditio sine qua non.*"[72] Neben De Sica avancierten weitere Darsteller aus dem Volks- und Revuetheater wie Anna Magnani, Elsa Merlini, Umberto Melnati oder die Brüder Eduardo und Peppino De Filippo zu neuen Stars des jungen Tonfilms.

Wie verschiedene Untersuchungen festgestellt haben, stieg der Filmkonsum der Italiener in der Zwischenkriegszeit trotz der Weltwirtschaftskrise und trotz des generell niedrigen Lebensstandards beständig an.[73] Bereits 1924 floss ein Drittel aller Ausgaben für kommerzielle Unterhaltung in die Kinokassen,[74] 1936 waren es bei steigenden Gesamtausgaben bereits zwei Drittel und während des Zweiten Weltkriegs fast 80 Prozent.[75] „Das Kino ist wie der Espresso und die Zigarette zu einem alltäglichen Vergnügen geworden", resümierte die Zeitschrift *Il Selvaggio* 1935.[76] „Von den Zentren der Großstädte aus", berichtete auch *L'Eco del Cinema*, „hat sich das Kino nach und nach im Hinterland verbreitet und von dort aus in den Dörfern, die inzwischen mindestens einen Saal haben, der entsprechend ausgerüstet ist, um Filme vorzuführen."[77] Dennoch ist festzuhalten, dass das Kino als Form der Freizeitgestaltung bis in die 1940er Jahre hinein ein überwiegend städtisches Phänomen war. 1927 verfügte nur ein Drittel aller italienischen Gemeinden über ein Kino. Über 60 Prozent der rund 3200 Filmhäuser befanden sich im Norden des Landes.[78] Erst in der zweiten Hälfte der 1930er Jahre kam es zu einer deutlichen numerischen und geografischen Ausdehnung der Filmsäle. Die Zahl der Kinos stieg von rund 4000 im

---

[72] „Io dovevo assolutamente cantare. Era una delle condizioni che il produttore poneva, una condizione sine qua non: oltre a interpretare il personaggio, io dovevo cantare una canzone." Zitiert nach: Savio, Francesco (Hg.): Cinecittà anni trenta. Parlano 116 protagonisti del secondo cinema italiano, 1930–1943, Rom 1979, Bd. 2, S. 483–492, hier S. 484. Auch zitiert in: Valentini, Paola: Modelli, forme e fenomeni di divismo: il caso Vittorio De Sica, in: Fanchi/Moschoni (2002), S. 108–129, hier S. 123.

[73] Sorlin (1996), S. 56.

[74] Vgl. Sorlin, Pierre: Italian National Cinema 1896–1996, London/New York 1996, S. 56.

[75] Die Zahlen entstammen den statistischen Erhebungen der *Siae*, veröffentlicht in: Pasetti (2002), S. 253–262. Während des Zweiten Weltkriegs wurden die Eintrittspreise auf 2 Lire festgesetzt.

[76] „Il cinema, come il caffè espresso e la sigaretta, è entrato a far parte delle distrazioni automatiche quotidiane." Bartolini, Luigi: Noi non siamo nemici del cinema, Il Selvaggio, Nr. 1, 31.1.1935, S. 2.

[77] „Dai centri delle grande città esso si è andato man mano estendendo alle zone periferiche, e da queste progressivamente ai piccoli paesi, oggi ormai provvisti di almeno una ‚sala' convenientemente ed opportunamente attrezzata per gli spettacoli filmistici." Anonym: Il cinema come contributo all'educazione dello spirito, in: L'Eco del Cinema, Nr. 125 (April 1934), S. 11.

[78] Vgl. Caba: Oltre 6000 Comuni d'Italia non hanno Cinematografi, in: L'Eco del Cinema, Nr. 43 (Juni 1927), S. 247–248. Siehe auch „Statistica di alcune manifestazioni culturali italiane nel periodo 1926–1930", in: Annali di Statistica, Bd. VI, XV (1933), S. 80–84.

Jahr 1936 auf 5236 Filmhäuser im Jahr 1942. Die meisten Lichtspielhäuser wurden kommerziell betrieben (über 90 Prozent aller Eintrittskarten wurden hier verkauft), wohingegen die kirchlichen oder von der faschistischen Freizeitorganisation OND geführten Kinos den geringsten Teil der Säle ausmachten.[79] Hinsichtlich der sozialen Zusammensetzung des Publikums und der spezifischen Konditionen des Filmsehens ist von Bedeutung, dass die einzelnen Filmhäuser in Italien bis weit in die 1950er Jahre hinein in vier Klassen unterschieden wurden. Je nach Kategorie variierten nicht nur der Komfort der Einrichtung und die Größe der Leinwand, sondern auch das Programm und die Eintrittspreise. Nach Elena Mosconi und Roberto Della Torre belief sich die Zahl der eleganten Filmpaläste der *prima visione*, wie beispielsweise das 1929-30 von Mussolinis Staatsarchitekten Marcello Piacentini im Stil des Art déco konstruierte Filmtheater Barberini in Rom, auf nur 2,65 Prozent. Mehr als zwei Drittel aller Kinos gehörte zu den Häusern der beiden untersten Kategorien, den sogenannten *pidocchietti*,[80] die meist in weniger zentralen Stadtvierteln oder den Peripherien lagen. Nur 45 Prozent der Filme, die beispielsweise 1936 in diesen weniger gut ausgestatteten Kinos der *terza* und *quarta visione* liefen, waren aus der aktuellen Spielzeit. Über die Hälfte stammte aus der vorigen Saison oder war noch älteren Datums.[81]

Im Kino vergnügten sich während der 1930er Jahre Männer, Frauen und Kinder aller sozialen Schichten, vom Dienstmädchen über die Angestellten bis zum faschistischen *gerarca*.[82] Der Kinobesuch am Sonntagnachmittag, häufig im Familien-

---

[79] Vgl. Pasetti (2002), S. 262. 1929 hatte die OND mit dem Verband der Filmproduzenten UCI (*Unione Cinematografica Italiana*) einen Nachlass von 25 bis 35 Prozent auf die Eintrittspreise der kommerziellen Kinos für ausgewiesene OND-Mitglieder vereinbart, der für alle Filmvorführungen außer an Sonn- und Feiertagen oder Premieren gültig war. Siehe Sorlin (1996), S. 73–74.

[80] Die Bezeichnung ist von dem italienischen Begriff *pidocchieria*, zu deutsch „Knauserigkeit", abgeleitet. Darin steckt wiederum der Begriff *pidocchi*, sprich „Läuse", womit auch auf die schlechte Ausstattung der Filmsäle angespielt wurde, in denen zeitgenössischen Berichten zufolge Ungeziefer und Mäuse zum Inventar gehört haben sollen. Vgl. Anonym: L'igiene nei cinema e nei locandi di spettacolo, in: L'Eco del Cinema, Nr. 123 (Februar 1934), S. 39.

[81] Vgl. Mosconi, Elena/Della Torre, Roberto: Consumo cinematografico e funzioni sociali del cinema: critica, dati di consumo e manifesti, in: Fanchi/Mosconi (2002), S. 23–61, hier S. 28; Ossanna Cavadini, Nicoletta: Il cinema-teatro Barberini di Roma, in: Casetti/Mosconi (2006), S. 84–89. In der Sommersaison öffneten in den Badeorten am Meer sowie in den Städten Freiluftkinos. Vgl. Pannunzio, Mario: Finestre sul cinema, in: Omnibus, Nr. 28, 9.7.1938, S. 9.

[82] In einer polemischen Schrift gegen das Kino berichtete der Schriftsteller Luigi Bartolini von der Kino-Manie seines Dienstmädchens und ihrer Freundinnen: „Einmal habe ich eine Freundin meines Dienstmädchens befragt. [...] Sie sagte, dass sie ins Kino ginge, um zu lernen, wie man Liebe macht." [„Una volta ho interrogato una serva amica della mia serva .[...] Ella disse che andava al cinema a vedere, ed apprendere come si fa a fare l'amore."] Bartolini, Luigi: Pericolo pubblico numero 1. Contro il cinema, in: Il Selvaggio, Nr. 1, 31.1.1935, S. 3–7, hier S. 7. Ruth Nattermann kann anhand der Tagebücher des Diplomaten Graf Luca Pietromarchi feststellen, „nicht weniger als acht Kinosäle werden regelmäßig in den Tagebüchern Pietromarchis genannt. Mit seiner Frau Emma, mit Verwandten oder Freunden sieht er sich fast täglich amerikanische,

verbund oder mit Freunden, etablierte sich in der Zwischenkriegszeit als Ritual, das als solches bis weit nach 1945 hinein Bestand hatte. Zuschauer – vom quengelnden Kleinkind bis zum schmusenden Pärchen – verbrachten nicht selten den ganzen Nachmittag im Kino, sahen sich die Vorstellungen zweimal an, kommentierten die Filmhandlung, aßen und tranken, schliefen oder kamen einfach ins Kino, weil ihre Wohnung „ohne Heizung" war,[83] wie der Filmkritiker Mario Pannunzio in *Omnibus* berichtete:

> Sonntags füllen sich die Kinos mit kleinen Angestelltenfamilien, dicken alten Damen und Liebespärchen. Hier und da fängt ein Baby an zu schreien und die erschreckte Mutter muss unter dem Zischen der Zuschauer den Saal verlassen […]. Es kommen Familien, die das Kino zu Beginn der ersten Vorführung betreten und den Saal erst abends wieder verlassen. Diese vier oder fünf Stunden im Kino nähren die Träume und Hoffnungen unzähliger Personen. Es ist ein wöchentlicher Ritus, dem man mit großer Ernsthaftigkeit nachkommt. Die Mädchen probieren, inspiriert durch die Filmbilder, neue Frisuren aus und raten ihren Verlobten, sich wie William Powell zu kleiden.[84]

Die Filmhäuser waren urbane Orte kollektiver Sozialisation, wo altersmäßige oder die soziale Herkunft betreffende Unterschiede und Geschlechterdifferenzen tendenziell verschwammen. Im modernen Großstadtalltag schufen die Kinos einen Raum zur Unterhaltung und Ablenkung vom Alltäglichen sowie zur körperlichen und geistigen Erholung. Spielfilme boten Komik, Spannung und Abenteuer, „starke Gefühle" und Exotismus.[85] Bis in die 1960er Jahre war das Kino paradoxerweise ein Ort, der vor allem für Jugendliche – im Gegensatz zu den vier Wänden der elterlichen Wohnung – die notwendige private Atmosphäre für sexuelle Erfahrungen gewährte.[86]

---

französische oder italienische Filme an, vor allem Komödien oder Krimis." Nattermann, Ruth: Introduzione. Gli appunti del diplomatico Luca Pietromarchi (1938–1940), III. Il diarista Pietromarchi, 1. Vita quotidiana e interessi culturali, in: dies. (Hg.), I diari e le agende di Luca Pietromarchi (1938–1940). Politica estera del fascismo e vita quotidiana di un diplomatico romano del 900, Rom 2008, S. 14–20, hier S. 17.

[83] Pannunzio, Mario: Pareti bianche, in: Omnibus, 14.1.1939, S. 9.

[84] „La domenica, i cinema si riempiono di piccole famiglie di impiegati, di grasse signore e di coppie di fidanzati. Ogni tanto s'alza il pianto di un bambino, e la madre sgomenta, tra gli zitii degli spettatori, deve allontanarsi […]. Ci sono famiglie che entrano all'inizio del primo spettacolo e escono all'ora della cena. Quelle quattro o cinque ore trascorse al cinematografo danno alimento ai sogni, alle speranze d'innumerevoli persone. È un rito settimanale che si compie con estrema compunzione. Le ragazze, ispirandosi alle immagini del film, impareranno a pettinarsi in un nuovo modo e a consigliare ai fidanzati di vestirsi come William Powell." Pannunzio, Mario: La grande città, in: Omnibus, 9.4.1938, S. 9; zum Ambiente der Filmsäle siehe auch Calvino (1993), S. VIII, X.

[85] Maase, Kaspar: Grenzenloses Vergnügen. Der Aufstieg der Massenkultur 1850–1970, S. 110.

[86] Saraceno, Chiara: La famiglia: i paradossi della costruzione del privato, in: Ariès, Philippe/Duby, Georges: La vita privata. Il Novecento, Rom/Bari 1988, S. 33–78, hier S. 54.

Die große Popularität der Lichtspielhäuser resultierte somit nicht nur aus der Tatsache, dass ihr Besuch die erschwinglichste Form der Unterhaltung darstellte.[87] Wie aus der zeitgenössischen Presse hervorgeht, wurde das Kino darüber hinaus als besonders zeitgemäßes Amüsement und Informationsquelle empfunden. Das Medium Film – so war in einer Ausgabe der Filmzeitschrift *L'Eco del Cinema* von 1929 zu lesen – sei Symbol der „Psychologie des neuen Jahrhunderts", die der Autor in der Formel "intensiv, dynamisch und schnell zu leben" zusammenfasste.[88] *Andare al cinema* – das war kein herkömmlicher Zeitvertreib, sondern Ausdruck eines modernen und kosmopolitischen Lebensstils, den sich grundsätzlich jeder für ein paar Lire leisten konnte. Kinonachrichten, Dokumentar- und Spielfilm erlaubten einen Blick in die Welt jenseits des persönlichen und vermutlich meist weniger erlebnisreichen Alltags, der sich oftmals auf eine lokale Dimension beschränkte. So erinnert sich auch Italo Calvino: „Es gab Jahre, in denen ich fast täglich ins Kino ging, manchmal sogar zwei Mal pro Tag. Das waren die Jahre zwischen 1936 und Kriegsbeginn, die Zeit meiner Jugend. Eine Zeit, in der das Kino für mich die Welt bedeutete."[89]

Im Kinosaal interagierten die Filme mit den Fantasien und Wünschen ihres Publikums. So reflektierte etwa die Filmzeitschrift *L'Eco del Cinema*, dass „heute viele lieber ins Kino gehen statt ins Theater, weil es nicht nur unterhält, sondern auch ein Stückchen von jenem Leben zeigt, von dem jeder träumt".[90] De-Sica-Filme wie *Due cuori felici*, *Ma non è una cosa seria*, *Il Signor Max*, *Castelli in aria* (1939) oder *L'avventuriera del piano di sopra* (1942) konfrontierten ihr Publikum mit Bildern von Luxus und Konsumwelten, die den meisten Zuschauern real nicht zugänglich waren, im Kino aber immerhin visuell erfahren werden konnten. Aufgrund des mondänen, eskapistischen Settings vieler Filme im Design des Art Deco oder des modernen Minimalismus hatte sich für die Komödie der 1930er Jahre bereits zeitgenössisch die Genrebezeichnung *telefoni bianchi* etabliert. Das „weiße Telefon" stand darin als ein Symbol für Modernität sowie den kosmopolitischen Charakter und die Extravaganz, mit denen diese Filme konnotiert wurden, aber auch für die Konsumwünsche ihres

---

[87] Die Eintrittspreise schwankten, laut der Statistiken der *Siae*, im Zeitraum zwischen 1936 und 1942 um 2 Lire und stiegen während des Zweiten Weltkriegs auf 3 Lire an. Ein Kinobesuch kostete damit, wie Pierre Sorlin veranschaulicht, im Schnitt etwas weniger als ein Kilo Pasta und ungefähr genauso viel wie ein Kilo Brot, wobei ein Angestellter des öffentlichen Dienstes im Monat durchschnittlich 123 Lire verdiente. Vgl. Sorlin (1996), S. 73–74.

[88] Soavi, Mario A.: Perché piace il cinematografo?, in: L'Eco del Cinema, Nr. 64 (März 1929), S. 12–13, hier S. 13.

[89] [Ci sono stati anni in cui andavo al cinema quasi tutti i giorni e magari due volte al giorno, ed erano gli anni tra diciamo il Trentasei e la guerra, l'epoca insomma della mia adolescenza. Anni in cui il cinema è stato per me il mondo.] Calvino (1993), S. VII.

[90] „Il cinematografo è oggi frequentato a preferenza del teatro, perché oltre a divertimento, realizza sullo schermo almeno un brano di vita sognata da ciascuno di noi." Soavi, Mario A.: Perché piace il cinematografo?, in: L'Eco del Cinema, Nr. 64 (März 1929), S. 12–13, hier S. 13.

Publikums und dessen Träume vom sozialen Aufstieg.[91] Die Starfigur De Sicas war eng an dieses Genre gebunden. Seinen Filmen kann somit eine Schlüsselfunktion bei der Vorprägung bestimmter Konsumgewohnheiten zugeschrieben werden, die schließlich im Wirtschaftswunder der späten 1950er Jahre für breite Bevölkerungsteile Realität wurden.

Eine ähnlich populäre Unterhaltungsform wie das Kino und ebenfalls ein zentraler Diffusionskanal des Starkults war die illustrierte Presse. Unter einer neuen Generation von Verlegern wie Rizzoli, Mondadori oder Vitagliano kam es in den 1920er Jahren zu einer umfassenden Modernisierung des italienischen Verlagswesens. Die Einführung des Rotationsdrucks hatte bereits Mitte der 1920er Jahre die billige Massenproduktion eines neuen Zeitschriftentyps, des sogenannten *rotocalco*, ermöglicht.[92] Die neuen Illustrierten erfreuten sich aufgrund ihres modernen Layouts, ihrer auf ein breites Lesepublikum zugeschnittenen Inhalte und wegen ihrer niedrigen Preise rasch großer Beliebtheit.[93] Wesentliches Charakteristikum der *rotocalchi* war ihr vergleichsweise hoher Bildanteil. Sie wirkten daher wie das Kino auch auf weniger gebildete oder nur gering alphabetisierte Bevölkerungsteile der unteren sozialen Schichten ansprechend und erschlossen sich ein breites, zunehmend weibliches und jugendliches Publikum. Die „himmlischen Körper" US-amerikanischer und italienischer Filmgrößen wie De Sica, Isa Miranda oder Elsa Merlini zierten allwöchentlich die Titelblätter von Zeitschriften wie *Novella, Lei, Piccola, Stelle* oder

---

[91] „Wenn sie über Lubitsch reden, überkommt unsere Kleinbürger ein leichter Schauer der Bewunderung. Für sie verkörpert dieser schlaue Kaufmann den Inbegriff der Eleganz und des Luxus und somit einer fernen Welt, die sie vergeblich begehren. [...] Und es kostet ja so wenig, sich selbst vorzugaukeln, man habe Teil am verrückten Leben der amerikanischen Millionäre auf Urlaub, oder mit den Freundinnen über die Falten von Gary Cooper und die Frisuren von Claudette Colbert zu sprechen." [„Quando parlano di Lubitsch, le nostre piccoli borghesi hanno un leggero brivido d'ammirazione. Per loro questo astuto mercante rappresenta lo spirito dell'eleganza, il lusso, un mondo insomma lontano e invano desiderato [...] Costa così poco illudersi di partecipare un poco alla folle vita dei miliardari americani in vacanza, e parlare con le amiche delle rughe di Gary Cooper e delle acconciature di Claudette Colbert."] Pannunzio, Mario: Illusioni delle signore, in: Omnibus, Nr. 21, 21.5.1938, S. 9.

[92] Der Terminus *rotocalco* bezeichnet sowohl das Verfahren des Rotationsdrucks als auch das dabei entstehende Produkt. Als einer der ersten adaptierte der Verleger Angelo Rizzoli 1924 die neue Technik und stieg dank des durchschlagenden Erfolgs von Illustrierten wie *Novella* oder *Cinema Illustrazione* zu einem der bedeutendsten italienischen Editoren auf. Das modernisierte Druckverfahren ermöglichte nicht nur die billigere Massenproduktion von Zeitschriften, sondern auch eine Qualitätssteigerung beim Abdruck von Bildern – auch bei der Verwendung weniger hochwertigen Papiers – und deren problemlose Kombination mit Textteilen auf derselben Seite. Vgl. De Berti, Raffaele/Mosconi, Elena: Nuove forme editoriali per nuovi stili di vita, in: Colombo, Fausto (Hg.): Libri, giornali e riviste a Milano, Milano 1998, S. 144–151; Chiavarini, Francesco: Angelo Rizzoli e i periodici popolari, in: Colombo (1998), S. 139–40.

[93] Beispielsweise kostete die Zeitschrift *La Piccola* bei ihrem Erscheinen 1928 30 Centesimi und zum Zeitpunkt der Einstellung ihrer Veröffentlichung 1938 50 Centesimi.

Cinema Illustrazione. Diese widmeten sich in unterschiedlichen Formaten Themen wie dem Kino, der Mode und Körperpflege, dem Sport, Kuriosem aus aller Welt, vor allem aber dem Leben der glamourösen Leinwandgötter. Fester inhaltlicher Bestandteil vieler Zeitschriften war zudem der sogenannte *cineromanzo*. Das war die stark geraffte Schriftversion einer Filmhandlung, die durch Setfotografien und Standbilder illustriert wurde. So konnten beispielsweise die Filme Vittorio De Sicas in Form eines *cineromanzo* auch von denjenigen konsumiert werden, die sich keinen Kinoeintritt leisten konnten. Gleichzeitig animierten die Filmromane, die meist als Fortsetzungsgeschichten publiziert wurden, zum Kinobesuch beziehungsweise zum Kauf der nächsten Zeitschriftenausgabe.[94]

Der Presse erschloss sich mit dem *divismo* eine neue Domäne, aus der es unerschöpflich Außergewöhnliches und Provokantes zu berichten gab. Oftmals wurde hier frei fabuliert. So verfasste beispielsweise Cesare Zavattini eine wöchentliche Kolumne für *Cinema Illustrazione* mit dem Titel *Cronache da Hollywood*, in der er von seinem vermeintlichen Leben unter den Stars in Hollywood erzählte. Dieses war ebenso erfunden wie die angeblichen Ticks und Extravaganzen der *divi*, die zeitgenössisch auch mit dem geflügelten Wort *americanate* umschrieben wurden.[95] Die Illustrierten berichteten über Liaisons, Hochzeiten und Scheidungen der US-Stars. Dahingegen fiel der Klatsch über die heimischen *divi* sehr viel moderater aus, was unter anderem auf die strengen katholischen Moralcodes zurückzuführen ist. Insgesamt wurden die italienischen *divi* um einiges volksnäher inszeniert als ihre Pendants aus Hollywood. Schauspieler wie De Sica betonten in Interviews die eigene Bodenständigkeit und „Normalität":

> Ja, ich weiß – ruft De Sica melancholisch aus –, ich bin kein Schauspieler aus Hollywood, wo man sich andauernd scheiden lassen kann oder sich andere schöne Geschichten ausdenkt, um für sich selbst zu werben. Ich kann mir leider kein Liebesleben nach Maß schneidern lassen, denn ich lebe mitten unter meinen Zuschauern. Und somit werde ich niemals der geheimnisvolle Schöne sein, wie John Gilbert oder Rudolph Valentino.[96]

---

94   De Berti, Raffaele: I rotocalchi illustrati, in: Aprà (2006), S. 512–520, hier S. 514–517.
95   Z. B. Za [Cesare Zavattini]: Cronache da Hollywood. Il caffè dei divi, in: Cinema Illustrazione, 22.10.1930, S. 11. Die gesammelten Ausgaben der Rubrik sind publiziert in Negri, Giovanni (Hg.): Cesare Zavattini. Cronache da Hollywood, Rom 1991.
96   „Sì, lo so – esclama melanconicamente De Sica – non sono attore di Hollywood dove si può divorziare a ripetizione e inventarne delle belle per farsi della réclame. Io, disgraziatamente, non posso fabbricarmi una vita romanzesca su misura perché vivo fra i miei spettatori…E così, caro lei, non riuscirò mai a diventare come John Gilbert o Rodolfo Valentino il…bel tenebroso." Vittorio De Sica. Il romanzo della sua vita e dei suoi films, Supplement Cinema Illustrazione, Nr. 2 (Februar 1934), S. 12.

So verlor die Presse auch über das „Doppelleben", welches De Sica aufgrund der nicht vorhandenen Möglichkeit zur Ehescheidung seit Ende der 1930er Jahre zwischen zwei Familien führte, bis nach seinem Tod kaum eine Silbe.[97]

In den *rotocalchi* verbanden sich die Screen-Images der Stars mit den Berichten über ihre vermeintliche Privatperson und machten sie so für ihr Publikum realitätsnäher und in gewisser Weise menschlicher. In einer Starbiografie von 1934 mit dem viel versprechenden Titel „Vittorio De Sica. Ein Roman über sein Leben und seine Filme" wurde den Lesern der bisherige Werdegang und Aufstieg des Stars unterbreitet.[98] Auf vielen Bildern des Heftes, die teilweise aus seinen Filmen stammen, ist De Sica in einem exklusiven Umfeld beim Cocktail, umringt von Frauen, beim Flanieren, beim Segeln oder am Steuer eines Autos zu sehen. Sein Starleben wurde auf diese Weise mit Genuss, Vergnügen, Romantik und Lustbefriedigung durch Konsum konnotiert, was ihn gegenüber seinen Lesern einerseits in eine scheinbar unerreichbare Traumwelt erhob, wie der Leserbrief einer Verehrerin zeigt:

> Sehr geehrter Herr, ich habe in einer Zeitung gelesen, dass Sie vier Balilla, einen Maserati, einen Alfa-Romeo und einen Lancia besitzen. Sie Glücklicher, Glücklicher, Glücklicher! Wie viele schöne Ausflüge kann man damit machen! Reisen ist für mich die Quelle allen Glücks. Ich fahre allerdings nur einmal pro Woche in die Stadt, und zwar mit dem Bus, mehr kann ich mir nicht leisten. Wenn es Ihnen also einmal langweilig sein sollte, dann denken Sie an diesen Unterschied und sagen Sie sich einfach: Ich habe sieben schöne Autos zur Verfügung im Gegensatz zu vielen, die das nicht haben und die noch nicht einmal mit öffentlichen Verkehrsmitteln reisen können. Und dann ….schicken Sie mir einfach ein Foto von einem Ihrer schönen Balilla. Die Illusion ist schließlich auch eine wunderschöne Sache für denjenigen, der sonst nichts hat.[99]

---

[97] Diese Diskretion im Bezug auf das Privatleben der Stars konnte dazu führen, dass die italienischen *divi* neben den amerikanischen Schauspielern vergleichsweise blass wirkten, wie eine Kritik nahe legt, die 1940 in Oggi erschien: „Diese Manien, diese Ticks, wenn man sie nicht hat, muss man sie erfinden. [...] Dass unsere Reklamestars noch nicht einmal dieses Minimum an Persönlichem bieten, etwas, über das es sich lohnen würde, Bericht zu erstatten, ist unglaublich, wenn man bedenkt, dass das Starwesen (divismo) in Italien geboren wurde." [„Queste manie, questi *tic*, se non si hanno, occorre inventarseli. [...] Che le nostre stelle non forniscano alla pubblicità questo minimo di personalità bibliografica e cronistica è cosa incredibile, se si pensa che il divismo è nato in Italia."] Il pescatore d'ombre: Divismo in Italia, in: Oggi, 10.8.1940, S. 20.

[98] Vittorio De Sica. Il romanzo della sua vita e dei suoi films, Supplement Cinema Illustrazione, Nr. 2 (Februar 1934).

[99] „Signore, ho letto su di un giornale che Ella possiede quattro Balilla, una Maserati, un Alfa-Romeo ed una Lancia. Beato, beato, beato! Quante belle gite! Il viaggiare è per me la fonte di tutte le felicità. Io vado una volta al mese in città e con…l'autobus; non posso di più. In un momento in cui è annoiato e non sa che fare pensi alla differenza e dica; io ho sette macchine a mia disposizione, c'è chi non ne ha, né può viaggiare con mezzi comuni, e allora… mi mandi una fotografia di una Sua Balilla. L'illusione è un'altra gran bella cosa per chi non ha altro." Posta dell'attore, in: Ebd., S. 3.

Andererseits wird er den Zuschauern bei alltäglichen Tätigkeiten wie beim Kauf einer Zeitung, beim Ausführen seines Hundes, bei der Arbeit und Ende der 1930er Jahre auch als frisch gebackener Familienvater mit seiner Tochter präsentiert. Die Artikel berichten über seine Kindheit, seinen kleinbürgerlichen Familienhintergrund und die mageren Jahre seiner frühen Theaterkarriere, wodurch er wiederum in die Nähe seiner Bewunderer rückte. Ähnlich berichtete die Presse auch über die US-Stars: „Die Stars, einfache Sterbliche, wie alle anderen auch, machen mehr oder weniger das, was alle machen: Sie lachen, spielen, lesen und verlieben sich."[100] Zeitschriften wie *Piccola* oder *Stelle* unterrichteten über die Essgewohnheiten oder Diäten der Stars, ihre Freizeitgestaltung und darüber, wie sie ihre Wohnungen einrichteten, welche Musik sie mochten, wie sie sich kleideten oder sich die Haare frisierten.[101] Zudem gaben die *rotocalchi* Anleitung, welche Gymnastikübung man machen oder wie man sich schminken oder kleiden müsse, um den eigenen Körper gemäß der Schönheitsideale zu modellieren, welche die Stars repräsentierten. Aber auch der Konsum relativ billiger Massenkonsumgüter, insbesondere Kosmetika und Genussmittel wie Zigaretten oder Alkohol, versprach „Charme" und „Distinktion" und damit, die evidente Kluft zwischen dem eigenen, oft weniger komfortablen Leben und dem schwelgerischen Dasein der Leinwandidole zu überbrücken.[102]

Schon seit den 1920er Jahren wurden die Kosmetik-Produkte italienischer und ausländischer Hersteller wie *Diadermina*, *Khasana Superb*, *Lux* und *Ponds* oder die *Macedonia*-Zigaretten mit den Gesichtern des internationalen Starhimmels beworben, um die massenproduzierten Waren von vergleichbaren Produkten abzusetzen. Die Körper der Stars sollten ihnen über ihren Gebrauchswert hinaus einen Anstrich

---

[100] „I divi, semplici mortali come gli altri, fanno pressappoco le stesse cose che fanno un po' tutti, ridono, giocano, leggono e s'innamorano." Anonym: Foto Story: I divi a casa loro, in: Piccola, Nr. 12, 23.3.1937, S. 6–7.

[101] Il portiere di Hollywood racconta. I colori preferiti dalle dive, in: La Piccola, Nr. 3, 26.6.1928, S. 3; Anonym: Quanto pesa una bella donna?, in: La Piccola, Nr. 11, 21.8.1928, S. 6; Anonym: Il marito ideale delle stelle d'Hollywood, in: La Piccola, Nr. 26, 2.7.1928, S. 6–8; Anonym: Una nuova moda di Hollywood, in: La Piccola, Nr. 3, 15.1.1929, S. 7; Norris, E.: Avete le labbra simili a quelle delle dive del cine?, in: Vittorio De Sica. Il romanzo della sua vita e dei suoi films, Supplement Cinema Illustrazione, Nr. 2 (Februar 1934), S. 31–32; Anonym: Volete imparare una nuova danza? Ve la insegnano i celebri ballerini Fred Astaire e Ginger Rogers, in: Piccola, Nr. 9, 2.3.1937, S. 6.

[102] „Tutti baci sono deliziosi, ma quelli scambiati fra due fresche bocce governate, dall' JODONT diventano baci di velluto! Vittorio De Sica, il popolare, simpaticissimo attore della ‚Cines', che tutte Voi lettrici gentili avete ammirato nei films ‚Due cuori felici', ‚Gli uomini che mascalzoni', ‚La segretaria per tutti' col suo schietto sorriso vi consiglia lo JODONT!" So hieß es zum Beispiel in einer Anzeige, in der die Schauspielerin Leda Gloria für das Gesichtspuder der Marke *Viset* warb: „Leda Gloria. Das Puder ‚Chimäre' schenkt Frauen einen Zauber von besonderer Distinktion" [„Leda Gloria. La cipria ‚Chimera' dona alla donna un fascino di particolare distinzione".] Novella Film Nr. 20, 20.5.1934, S. 12.

von Luxus, Glamour und Exklusivität verleihen. So konnten italienische Männer (und Frauen) durch den Konsum alltäglicher Toilettenartikel wie Zahnpasta, für die beispielsweise auch De Sica in den 1930er Jahren Reklame machte (Abb. II.3), etwas von der ersehnten Lässigkeit und Attraktivität, eben jenem „kulturellen Kapital"[103] erwerben, das den Körper des *divo* in Film und Werbung so begehrenswert erscheinen ließ:

> Alle Küsse sind köstlich, aber wenn sie von zwei frischen, mit JODONT gepflegten Mündern ausgetauscht werden, dann werden sie zu Küssen aus Samt. Vittorio De Sica, der bekannte und sympathische Darsteller der Cines, den ihr, liebe Leserinnen, schon in den Filmen ‚Due cuori felici', ‚Gli uomini, che mascalzoni!' und ‚La segretaria per tutti' bewundert habt, empfiehlt euch mit seinem offenherzigen Lachen JODONT.[104]

Die zur selben Zeit expandierenden Warenhausketten wie *Standa* oder *Upim* boten die Möglichkeit zum Kauf relativ günstiger Körperpflegeprodukte, Stoffe und Accessoires.[105] So berichtete Irene Brin in einer ihrer Kolumnen, dass Greta Garbo das Tragen von Sonnenbrillen zur Mode gemacht habe. Die „schwarzen Sonnenbrillen" seien als Statussymbol bei Frauen und Männern unterschiedlicher sozialer Schichten gleichermaßen beliebt und „bei Upim für zwei Lire" käuflich:

> Die nicht mehr ganz so jungen Damen kaschierten damit gern ihre Krähenfüße, Geschäftsmänner gaben sich damit gern bedeutsam und abgearbeitet, die jungen Burschen wollten sich damit eine sportive Note verleihen, ganz so, als stünde die Sonnenbrille als Symbol für einen Ausflug in die Berge, eine Regatta oder eine 18-Loch-Golfrunde.[106]

Anhand des Starkults lässt sich somit feststellen, dass in den 1930er Jahren, insbesondere unter den jüngeren Generationen, allmählich die Tendenz zur Angleichung der bis dahin regional, schichten- und geschlechtsspezifisch stark variierenden Konsumpraktiken einsetzte. Auch wenn von einer Demokratisierung des Konsums, die breite Bevölkerungsteile erfasste, erst ab den 60er Jahren gesprochen werden kann, sind in den 1930er Jahren erste Impulse in diese Richtung zu erkennen.[107] Die Fülle der in den Zeitschriften beworbenen Körperpflegemittel von Seifen, Rasier- sowie Haar--

---

[103] Bourdieu (1982), S. 17 ff., 193 ff., 197.
[104] Werbung Jodont: Novella Nr. 46, 13.11.1932, S. 15.
[105] Zur Geschichte der Warenhäuser in Italien siehe Scarpellini (2008), S. 80 ff. und S. 124 ff.; siehe auch Papadia, Elena: La Rinascente, Bologna 2005; Amatori, Franco: Proprietà e direzione: La Rinascente 1917–1969, Mailand 1989.
[106] „Piaceva alle signore non più giovani, nascondere le zampe d'oca, piaceva agli uomini d'affari prendere un'aria importante ed affaticata, piaceva ai giovani mostrarsi sportivi, quasi che gli occhiali scuri simboleggiassero necessariamente la gita in montagna, la regata, o le diciotto buche da golf." Brin (1944), S. 96–97.
[107] Vgl. Scarpellini (2008).

Abb. II. 3

und Mundwassern über Bräunungs- und Hautstraffungscremes, Shampoos, Pomaden und Entschlackungstees bis hin zu Schminke, Puder, hormonversetzten Cremes zur Brustvergrößerung und Potenzmitteln vermittelt einen Eindruck von den Ausmaßen des modernen Körperkults, dessen neue Qualität und Diffusion bereits zeitgenössische Beobachter reflektierten:

> Nur selten liebte man so sehr die Schönheit, mit einem solch unschuldigen Feuereifer in der Verehrung und in gieriger Hoffnung sie zu erreichen. Der ganz private Wunsch eines jeden war, sich dem Apollo von Belvedere oder der Venus von Cyrene anzunähern: Wie sonst ließe es sich erklären, dass Mädchen aus der Provinz den Ratschlägen von Mura[108] gefügig waren, dass die armen Hausfrauen auf die Wirkung von *Diadermina* vertrauten? Alle wollten sie schön sein. Und sie hielten sich für schön, nachdem sie mit viel Fingerfertigkeit und Politur eine – quasi soziale – Pflicht erfüllt hatten. Sie rühmten das Baden, den Sport, das Leben an der frischen Luft, moderate Mahlzeiten. Sie versicherten, die Menschheit wachse mit jeder Generation um sehr viele Zentimeter, und dass man den Schönheitskult brauche.[109]

Der Starkult und die sich ausformende Konsumkultur in den 1930er Jahren machten eine neue Zentralität des Körpers und seiner Pflege sichtbar, die wiederum darauf hindeutet, dass die Auffassungen dessen, was als schöner, gesunder und sauberer Körper zu gelten hatte, im Wandel begriffen waren. Der veränderte Gebrauch von Kosmetika sowie neue Arten, sich zu kleiden, zu frisieren oder zu schminken, forderten traditionelle Auffassungen von sozial akzeptablem Körperverhalten heraus. Sie waren damit letztlich auch der Ausdruck einer Neudefinition gängiger Geschlechtermodelle.

Starkult, Konsum und männliche Körper

Die große Zahl an Werbeanzeigen, die sich explizit an ein männliches Publikum richtete, ist nur ein Hinweis dafür, dass Männer ebenso wie Frauen am Warenkonsum teilnahmen und um die Pflege des eigenen Körpers bemüht waren. Populäre Starfiguren wie Vittorio De Sica, Umberto Melnati oder ihre Hollywoodkollegen Gary

---

[108] Mura lautete des Pseudonym der in den 1920er und 1930er Jahren bekannten Journalistin und Schriftstellerin Maria Assunta Giulia Volpi Nannipieri. Sie war Autorin zahlreicher populärer Liebesromane und verfasste neben Artikeln für unterschiedliche Tageszeitungen und Zeitschriften auch regelmäßig Schönheitstipps und -Kolumnen in Frauenzeitschriften.

[109] „Raramente si è tanto amato la bellezza, e con tanto innocente ardore, con tanta avida speranza: da venerarsi e da raggiungersi. Il desiderio privato di ognuno rasentava L'Apollo di Belvedere, la Venere di Cirene: come si spiegherebbe la docilità delle ragazze provinciali ai consigli di Mura, delle massaie povere alle suggestioni della *Diadermina*? Tutti volevano essere belli: e si giudicavano tali dopo compiuto un dovere, quasi sociale, di agilità e di levigatezza. Vantavano i bagni, lo sport, la vita all'aria aperta, i pasti moderati, assicuravano che l'umanità cresce, ad ogni generazione, di moltissimi centimetri, che bisogna avere il culto della bellezza." Brin (1944), S. 122–23.

Cooper, Cary Grant, Robert Taylor oder Ramon Novarro wurden in den Medien als Repräsentanten eines modernen Junggesellentums präsentiert, das sich weniger über den traditionell männlich besetzten Bereich der Produktion (Vaterschaft, Familie und Arbeit) als vielmehr über den „demonstrativen" Konsum bestimmter Waren definierte. Neben Kino und Filmzeitschriften informierten Herrenmagazine wie *Le grandi firme* und *Lui* ihre Leser darüber, welche Modetrends und Freizeitaktivitäten moderne Männlichkeit ausmachten. In Ratgeberrubriken fragten Männer unter Pseudonymen wie „Bobby Blauauge", „Valentino-Double", „Mister Hyde", „The dream's boy", „Herkules-Tarzan" oder „Der wie verrückt verliebte Toby" nach Mitteln gegen Haarausfall oder wie sie sich bei einem Rendezvous kleiden sollten.[110] „Meine Haare werden langsam grau, obwohl ich noch ein junger Mann bin. Sollte ich sie färben?"[111] Die neuen Massenmedien und hier insbesondere das Kino machten die Vielfalt neuer männlicher Moden und Körperstile sichtbar. So informierte wiederum Irene Brin, dass der modebewusste Mann nach 1929 nicht nur längere Jacken, sondern auch eine längere Haarpracht trug: „Charles Farrell und später Johnny Weissmüller lancierten große Pilzköpfe, onduliert, emporragend, die bei uns rasch *alla Ghigo* hießen."[112] In der zweiten Hälfte der 1930er Jahre habe dagegen Bob Taylor den Topfschnitt (*caciottina*) für Männer salonfähig gemacht. Daneben seien „Hosen im Glockenschnitt, breite Krawattenknoten, rosafarbene Hemden und geringelte Socken" verbreitete Trends gewesen. Insbesondere die Sommermonate hätten auch die Herren zu modischen „Verrücktheiten" veranlasst:

> Schwarz gebräunte Athleten, eingeölt und triefend, in knappen, weißen Höschen. Zum Flanieren entlang der Cafés auf der Uferpromenade: marineblaue Leinenhosen, sehr ausgewaschen, blaues Leibchen, Sandalen. Ein Gentleman darf sich vom Skipper schließlich nur durch seine Armbanduhr unterscheiden.[113]

Im Hinblick auf den männlichen Schick waren vor allem die Stars aus Hollywood tonangebend. Aber auch die heimischen *divi* wie „De Sica, Besozzi, Ruggeri, Tofano, Calò, Melnati, Bernardi, Doro, Falconi", so die Zeitschrift *Lui*, erteilten Lekti-

---

[110] Die Namen stammen aus Leserbriefen an die von dem Schriftsteller und Journalisten Giuseppe Marotta unter dem Pseudonym „Il Super Revisore" betreuten Ratgeberrubrik „Lo dica a me e mi dica tutto," die zwischen 1932 und 1939 regelmäßig auf Seite zwei in der Filmzeitschrift *Cinema Illustrazione* erschien. Siehe beispielsweise Nr. 33, 17.8.1932, S. 2; Nr. 23, 6.6.1933, S. 2; Nr. 3, 23.10.1935, S. 2.

[111] Pittigrilli: Dicevamo, in: Le grandi firme, Nr. 319, 8.7.1937, S. 3.; siehe auch Werbung: La calvizie vinta, in: Le grandi firme, Nr. 335, 28.10.1937, S. 8.

[112] „Il guardaroba degli uomini: [...] Charles Farrell, e poi Johnny Weissmüller crearono le teste grosse, ondulate, torreggianti, che da noi ebbero il nome di ‚alla Ghigo'." Brin (1944), S. 144.

[113] „Atleti nerissimi, oleati, oleosi, in mutandine minuscole, e bianche. Per passeggiare davanti ai caffè del Lungomare, pantaloni di tela blu marina, molto scoloriti, maglietta blu, sandali; un signore deve distinguersi da un barcaiolo solo per il suo orologio da polso." Ebd.

onen „raffinierter Mondänität", und seien „immer auf dem neuesten Stand, was die Details der internationalen Eleganz betrifft", sodass jeder Zuschauer sich denjenigen Schauspieler als Vorbild aussuchen könne, „der ihm am ähnlichsten ist, um ihn nachzuahmen".[114]

Männer nahmen darüber hinaus ebenso wie Frauen an Look-alike-Wettbewerben teil, die von den Tochteragenturen der amerikanischen Majors, von Filmzeitschriften wie *Cinema Illustrazione*, den Cinecittà-Studios oder privaten Produktionsfirmen veranstaltet wurden. Als die amerikanische Fox-Film 1926 in Italien nach einem neuen Rudolph Valentino suchte, sandten rund 300.000 Männer ihre Fotografien ein, in der Hoffnung, für den Film entdeckt zu werden.[115] Ähnlich erfolgreich war ein 1938 in Kooperation von der *Scalera-Film* und der Illustrierten *Film* veranstalteter Casting-Wettbewerb. Eine Reportage des Journalisten Lucio Ridenti vermittelt ein anschauliches Bild von den männlichen Teilnehmern des *concorso* und demonstriert, wie weit der Starkult in das Alltagsleben vieler Italiener vorgedrungen war und wie sehr dieses Phänomen die individuellen Körperstile beeinflusste:

> Onduliertes Haar à la Bob Taylor, das den Nacken herabfällt, neuer Anzug, abwesender Blick, die Hände in den Taschen zu Fäusten geballt [...]: Arturo Barattini, Student; Ivano Vigano, Versicherungsangestellter; Alberto Bandi, Student....und so weiter. Eine Namensliste, die den Eindruck erweckt, es würden Zwillinge aufgerufen – sie könnten sich ähnlicher nicht sein. Und dabei kannten sie sich vorher gar nicht. Sie kommen aus Rom oder Palermo, aus Parma oder Pinerolo. Es sind diejenigen, die jeden Tag aus den Illustrierten die Fotos der Filmstars ausschneiden. Indem sie ihre Sehnsüchte auf diese Starbilder projizieren, haben sie sich diesen vielleicht unbewusst im Aussehen angeglichen und jetzt bilden sie eine ganze Klasse winziger Taylors.[116]

Der sich unter jugendlichen Männern verbreitende „Karrierewunsch Kino" war in der zweiten Hälfte der 1930er Jahre ein viel kommentiertes Phänomen. „Wir müssen vor einer zweiten Welle fotogener Wesen warnen: den Männern", war 1937 in der Zeitschrift *Le grandi firme* zu lesen.[117] „Unzählige Männer wollen Schauspieler werden

---

[114] Roma, Enrico: La scena come vitrina, in: Lui, Nr. 4 (Mai 1934), S. 3, 5.

[115] Vgl. Panaro, Alberto: Valentini in serie. I sosia di Rodolfo Valentino, in: Malossi, Giannino (Hg.): Latin Lover. A Sud della Passione, Mailand 1996, S. 95–117, hier S. 95 ff. u. 108–113.

[116] „Capelli ondulati alla Bob Taylor, spioventi sulla nuca; abito nuovo occhi assenti, mani contratte nelle saccocce [...] Arturo Barattini, studente; Ivano Vigano, impiegato di assicurazione; Alberto Bandi studente....ecc.ecc. Una lista di nomi che a ripeterli sembra fare un appello di gemelli; non potrebbero essere più uguali. E non si conoscevano prima, vengono da Roma o da Parleremo, da Parma o da Pinerolo. Sono quelli che ritagliando tutti i giorni dai giornali illustrati i ritratti dei divi del cinema e specchiando in quelle immagini i propri desideri, forse inconsapevolmente, si sono formati a loro somiglianza, finendo per creare una classe unica di minuscoli Taylor." Ridenti, Lucio: Il concorso di ‚Film' a Rimini. ‚Divi' per 24 ore, in: Film, Nr. 32, 3.9.1938, S. 6.

[117] Pitigrilli: Dicevamo, in: Le grandi firme, Nr. 319, 8.7.1937, S. 3.

Abb. II. 4

und jeder von ihnen schickt Packen von Fotos in unzähligen Posen", berichtete auch die Illustrierte *Omnibus*.[118] Auf den eingesandten Fotos, die anschließend in den Zeitschriften abgedruckt wurden, posierten die Männer in lässigen Positionen, mit Hut und Zigarette im Mundwinkel, in exotischen Kostümen à la Valentino und mit nacktem Oberkörper. Sie tragen ihr Haar lang oder zurückgekämmt, onduliert und durch Pomade (*brillantina*) in Glanz und Form gebracht.[119]

Die Bilder machten zum Teil Männlichkeiten sichtbar, die nicht unbedingt den vom Faschismus propagierten Idealbildern entsprachen. Sie zeigten zudem, dass sich hinter dem Traum, ein Star zu werden, oft die Hoffnung auf einen sozialen Aufstieg verbarg, bei dem es weder auf Rang und Namen, sondern allein auf die eigene Körperlichkeit ankam. Dass die Möglichkeiten, die soziale Leiter etwa durch Bildung und bessere Berufschancen emporzuklimmen, für viele Männer gering waren, verdeutlicht der Kommentar eines jugendlichen Kandidaten des bereits erwähnten Casting-Wettbewerbs der *Scalera*-Film von 1938. Auf die Frage nach dem Grund seiner Teilnahme antwortete der Jugendliche: „Wir sind

---

[118] Cantatore, Domenico: Segreti della piccola posta, in: Omnibus, Nr. 31, 31.10.1937, S. 12.
[119] Abbildung aus: Alberini, Massimo: Cinema sotterraneo, in: Cinema, Nr. 81, 10.11.1939, S. 287–288.

zu Acht zu Hause. Es wäre gut, wenn wenigstens einer auf eigenen Füßen stünde."[120] Auch die Fotografien, die junge Männer an die verschiedenen Filmzeitschriften und Illustrierten schickten, vermitteln oft ungewollt, etwa durch den Hintergrund, einen Eindruck von den bescheidenen Lebensumständen ihrer Einsender. Dies reflektierte bereits zeitgenössisch der Journalist Massimo Alberini, der die Leserrubrik der Zeitschrift *Cinema* betreute:

> Portraits, die oft die rechtschaffenen Gesichter von Arbeitern zeigen, von Handwerkern, die bei ihrem vergeblichen Versuch, eine bestimmte Positur einzunehmen oder jemanden nachzuahmen, blockiert oder deformiert wirken. Manchmal schicken sie, weil sie nichts anderes haben, ein Gruppenbild von der Familie. Angesichts einer so unsinnig präsentierten Intimität, befällt einen fast so etwas wie Scham.[121]

Die Bilder bezeugen damit nicht nur die Popularität von Männlichkeitsidealen, die von der offiziellen Norm abwichen, sondern auch eine soziale Brisanz, die der Faschismus zu marginalisieren versuchte.

„Divismo autarchico" – eine Faschisierung des Starkults?

Die große Popularität des US-Films und seiner Stars wurde im Laufe der 1930er Jahre seitens vieler Filmschaffender und Intellektueller sowie seitens der katholischen Kirche und zusehends auch von Vertretern des Regimes als kulturelle Bedrohung wahrgenommen. Noch eher als das Regime war die katholische Kirche durch die wachsende Kino- und Starbegeisterung alarmiert. Die fortschreitende Medialisierung der italienischen Gesellschaft beobachteten die katholischen Autoritäten mit größter Skepsis, stellte sie doch das Selbstverständnis der Kirche, die sich als zentrale Welterklärungs- und Sozialisationsinstanz begriff, grundlegend in Frage und leistete laufenden Säkularisierungsprozessen weiterhin Vorschub. Es waren vor allem die Filmbilder und die ihrer Stars, die in den Augen der Kirchenhierarchie und der katholischen Moralligen ein sittliches Problem darstellten. In seiner an die amerikanische Bischofskonferenz gerichteten Enzyklika *Vigilanti Cura. Über die Lichtspiele* äußerte Pius XII. moralische Bedenken hinsichtlich der spezifischen Konsumtionsweise von Filmen im dunklen Kinosaal, welcher er ebenso wie den Stars eine hohe manipulative Wirkung zuschrieb.

---

[120] Ridenti, Lucio: Il concorso di ‚Film' a Rimini. ‚Divi' per 24 ore, in: Film, Nr. 32, 3.9.1938, S. 6.
[121] „Ritratti che mostrano spesso visi di onesti operai, e di artigiani inutilmente congestionati per raggiungere una espressione, o resi deforme da un tentativo di *maschera*. Altre volte, non avendo nulla di meglio, il sognatore ha mandato un gruppo di famiglia: e allora, davanti ad una intimità così sicoccamente messa in piazza, se ne ha quasi un senso di vergogna." Alberini (1939), S. 288.

Die Lichtbilder des Filmstreifens werden ja dem Volk vorgeführt, während es in einem dunklen Theater sitzt und während seine geistigen, physischen und oft auch geistlichen Fähigkeiten herabgesetzt sind. Man braucht nicht weit zu gehen, um ein Kino zu finden; sie stoßen an unsere Häuser, Kirchen und Schulen, sie tragen den Film bis mitten ins Volksleben hinein. Ferner werden die Bildspiele dargeboten von Männern und Frauen, die etwas Bezauberndes haben durch ihre Kunst, durch ihre natürlichen Gaben und durch die Anwendung jener Mittel, die besonders für die Jugend auch ein Anreiz der Verführung werden können.[122]

Auch die katholische *Rivista del Cinematografo* wetterte gegen die moralisch korrumpierenden Stars: „Diese Helden auf Zelluloid sind zu oft Opfer oder Träger des Bösen, der verwerflichsten Übel."[123]

Hollywood war zudem wiederholt Thema der Debatten um die Schaffung einer *cultura fascista*, die sich seit Anfang des Jahrzehnts intensivierten.[124] Anhand der Diskussionen wird deutlich, dass Filmschaffende den Diskurs um eine stärkere Behauptung „faschistischer" Werte in der Filmproduktion wesentlich mit vorantrieben. Die mit dem Kino verbundene Diffusion ausländischer Moden und Körperpraktiken erweckte bei vielen Zeitgenossen den Eindruck einer „Amerikanisierung" italienischer Sitten und Gepflogenheiten, die, wie der Filmkritiker Umberto Barbaro bemerkt, in der *Physis* der Italiener direkt zum Ausdruck komme:[125]

Man bedenke, wie sehr sich das amerikanische Kino fast unbemerkt nicht nur auf die Sitten und die Mode auswirkt, nicht nur auf unsere Gewohnheiten und Gefühle, nicht nur auf Mentalität und Geschmack, sondern auch auf den *Körper* der Massen in Europa. Das lehren die vielen Greta Garbos und Jean Harlows, die überall auf der Welt auf den Straßen umherspazieren.[126]

---

[122] Pius XI: Lettera enciclica Vigilanti cura, 29.6.1936, in: AAS XXVIII (1936), S. 249 ff. Deutsche Übersetzung zitiert nach: http://www.vatican.va/holy_father/pius_xi/encyclicals/documents/hf_p-xi_enc_29061936_vigilanti-cura_ge.html (21.5.2013). Italienisch veröffentlicht in Viganò, Dario E.: Cinema e Chiesa. I documenti del magistero, Turin 2002, S. 57. Zur katholischen Filmarbeit vgl. Brunetta (2001b), S. 52–75.

[123] Anonym: Un divo dello schermo, in: Rivista del Cinematografo, Nr. 8/9 (August/September) 1929, S. 192.

[124] Vgl. Zagarrio (2004), S. 98 ff.

[125] Vgl. Ben-Ghiat (2001), S. 33 ff. u. 74 ff.; Zagarrio (2004), S. 75 ff.; De Grazia (1985), S. 97–133.

[126] „Si pensi alla trasformazione che il cinema americano opera, quasi inavvertitamente non solo sui costumi e sulle foggie, non solo sulle abitudini e sui sentimenti, non solo sulle mentalità e sul gusto, ma perfino sul *fisico* delle masse europee. Le molte Greta Garbo e Jean Harlow che passeggiano per le vie di tutto il mondo insegnino." Barbaro, Umberto: Natura del cinema, in. Lo schermo, Nr. 12 (Dezember 1936), S. 24–26. Vgl. allgemein Ben-Ghiat (2001), S. 33 ff. u. 74 f.; Zagarrio (2004), S. 75 ff.; De Grazia (1985), S. 97–133.

Der Aufbau eines genuin italienischen, mit Hollywood konkurrenzfähigen *divismo* sollte das Publikum zur Identifikation und Imitation faschistischer Geschlechter- und Körperideale animieren. Alessandro Blasetti, der als Regisseur die Inszenierung der Stars wesentlich prägte, beschrieb 1934 in einem Interview mit *Cinema Illustrazione* sein Ideal dieses neuen italienischen *divismo* wie folgt:

> So viel ist sicher: Unsere Diva von heute und für die Zukunft kann weder eine Adelige sein, noch eine vornehme Dame aus dem Bürgertum, sondern es muss eine Frau aus dem Volk sein, die vom Publikum geliebt wird; und zwar nicht aufgrund eines mysteriösen Charmes, den sie im Halbdunkel eines Abatjour versprüht, geschmeidig und lax, dekadent und pervers; sondern geliebt aufgrund eines klaren Charmes, der sich bei Tageslicht entfaltet und schön aufgrund der heiligen Schönheit, die einen eher an einen gesunden und fröhlichen kleinen Jungen erinnert, als an eine Nacht voller Freuden.[127]

Im selben Jahr wurde auf Initiative Luigi Freddis, ehemaliger Squadrist und Redakteur des *Popolo d'Italia*, mit der Gründung der *Direzione generale per la Cinematografia* eine umfassende Zentralisierung der italienischen Filmindustrie eingeleitet.[128] Die Filmdirektion, die Freddi bis 1939 leitete, unterstand dem Propagandaministerium (ab 1937 Ministerium für Volkskultur), zunächst unter Galeazzo Ciano und ab 1936 unter Dino Alfieri.[129] Die Intensivierung der filmpolitischen Aktivitäten des Regimes ab Mitte der 1930er Jahre zielte zum einen auf eine massive Eindämmung ausländischer Kultureinflüsse ab. Zum anderen war mit dem Versuch einer konsequenteren Nationalisierung des Filmsektors auch eine körper- und geschlechterpolitische Absicht verbunden, wie Galeazzo Ciano in seiner Rede vor dem Senat anlässlich der Gründung der *Direzione generale* betonte: „Eine Kunst, die wie die Kinematografie

---

[127] „Certo la nostra diva d'oggi e di domani non può essere né un'aristocratica, né una borghese raffinata; ma una donna del popolo, che sia amato dal pubblico, non per un suo fascino misterioso, semi-illuminato all'*abat jour*, flessuoso e molle, decadente e pervertito; ma amata per un suo sano chiaro fascino sessuale, illuminato a giorno, senza stupidi e inesistenti misteri psicologici a doppio fondo, bella per la santa bellezza che fa pensare, più che a una notte di piacere, ad un bel maschietto sano e sorridente." Anonym: La parola ai registi e Alessandro Blasetti difende le dive italiane, in: Cinema Illustrazione, Nr. 23, 6.6.1934, S. 3. In dieser Art und Weise inszenierte Blasetti beispielsweise die Schauspielerin Leda Gloria in seinem Blut-und-Boden-Film *Terra madre* (1933). Blasettis Beschreibung der idealen Diva lässt zudem schon vage die Körperbilder der *maggiorate fisiche* Gina Lollobrigida und Sophia Loren aufscheinen, die in den 1950er Jahren auch wesentlich unter der Regie Blasettis populär wurden, wobei deren Weiblichkeitsbilder in ihrem historischen Kontext wiederum eine eigene Dynamik und eine neue Bedeutungsdimension entwickelten.

[128] gl. Cannistraro (1975), S. 104 ff.

[129] Zur Entstehung des Ministero della Cultura Popolare aus dem Pressebüro Mussolinis vgl. Cannistraro (1975); Forgacs (1992); Scotto di Luzzi, Adolfo: Ministero della Cultura Popolare, in: De Grazia/Luzzatto (2005), S. 132–135.

dazu bestimmt ist, öfter die [Landes-]Grenzen zu überschreiten, muss die Motive des *körperlichen* und geistigen Lebens des Volkes aufnehmen."[130]

1935 richtete die Filmdirektion die Filmhochschule *Centro Sperimentale di Cinematografia* in Rom ein, in der vom Bühnenbildner über den Kameramann bis zum Star das notwendige Personal für die neue „cinematografia italiana" ausgebildet werden sollte.[131] Letztere definierte der Filmwissenschaftler und Direktor des *Centro*, Luigi Chiarini, als „Kunst des Volkes", die sich durch einen genuin italienischen Nationalcharakter auszeichne:

> Eine italienische Kinematografie wird nur diejenige sein, die sich den Stoff für einen Film nicht mehr im Ausland borgt, die weder ausländische Filme nachäfft noch Tendenzen und Strömungen, die unserem Geist völlig fremd sind oder sogar im Gegensatz zum faschistischen Klima stehen. Das wird nicht die bourgeoise Kinematografie der Stars und Diven sein, nicht die „gefällige" Kinematografie der deprimierenden Komödien und des Berauschtseins. Sondern eine realistische Kinematografie […] im Sinne einer geistigen Realität, eine Volkskinematografie für das Volk im menschlichen und nicht demagogischen Sinn und im Einklang mit unserer Tradition und Volkskunst.[132]

In dem von Chiarini formulierten Ideal einer nationalen Filmkunst, die auf das Starphänomen verzichte, klingt bereits die Idee des Laiendarstellers an, dessen Figur das neorealistische Nachkriegskino dominierte. Tatsächlich kam der Filmhochschule für die weitere Entwicklung des Spielfilms eine entscheidende Bedeutung zu. Das *Centro* entfaltete sich in den frühen 1940er Jahren zur intellektuellen Brutstätte des Neorealismus. Stars wie Clara Calamai, Massimo Girotti oder Alida Valli, aber auch Regisseure wie Giuseppe De Santis oder Michelangelo Antonioni gingen daraus hervor. Die Rationalisierungs- und Modernisierungsprozesse der Filmwirtschaft in den späten 1930er Jahren waren somit richtungsweisend für den filmischen Nachkriegsboom.[133]

---

[130] „Un' arte come la cinematografia, destinata a varcare spesso i confini, [deve] riprendere i motivi della vita *fisica* e spirituale del popolo." Ciano, Galeazzo: Relazione del ministro per la Stampa e Propaganda del 22 maggio 1936, in: Discussioni. Legislatura XXIX. Ia Sessione, Atti Parlamentari della Camera dei Senatori-Sedute dal 9.12.1935 al 23.5.1936, Bd. II, Tipografia del Senato, Rom 1936, S. 2245–2249, abgedruckt in: Aprà (2006), S. 557–558.

[131] Chiarini, Luigi: Il Cinematografo, Roma 1935, S. 18–19.

[132] „Cinematografia italiana sarà, dunque, solo quella che non vada prendendo in prestito dall'estero i suoi soggetti, che non scimmiotti film stranieri e non segua tendenze e correnti del tutto estranee al nostro spirito se non addirittura in contrasto col clima fascista. Non sarà la cinematografia borghese dei divi e delle dive, la cinematografia facile "piacevole" e deprime delle commediole e delle ubriacature. Ma cinematografia realistica, […] nel senso di realtà spirituale, cinematografia di popolo e per il popolo in senso umano e non demagogico e secondo la nostra tradizione di arte popolare." Ebd. S. 40.

[133] Vgl. Gundle (2002), S. 237.

Das Regime intensivierte seine Bemühungen um eine Faschisierung des Kinos (*bonifica del cinema*) mit der Eröffnung Cinecittàs im April 1937 und mit der Errichtung des staatlichen Distributionsmonopols durch das Alfieri-Gesetz 1938, welches den Rückzug der amerikanischen Majors vom italienischen Markt provozierte.[134] Die dadurch entstandene Angebotslücke sollte durch die Steigerung der nationalen Produktion geschlossen werden. Damit verstärkten sich ebenfalls die Bestrebungen zur Schaffung „nationaler" Starfiguren. Im Kontext der Autarkiepolitik sowie der zunehmenden Militarisierung und der Einführung der Rassengesetze sollten insbesondere die männlichen Filmgrößen eher dem martialischen Ideal des *uomo nuovo* beziehungsweise der „Persönlichkeit unserer Rasse und unseres Geistes" gleichkommen.[135] Die Polemik gegen die Imitation ausländischer, insbesondere US-amerikanischer Stars und der von ihnen repräsentierten Moden und Lebensstile zeigte nun immer häufiger einen rassistischen und antisemitischen Tenor.[136]

Auch in der Presse machte sich nach der Monopolisierung des Filmsektors die Einschränkung in der Berichterstattung über den Hollywoodfilm bemerkbar. Ausführliche Informationen zur Filmproduktion in den verbündeten Achsenmächten, dem Deutschen Reich und Japan, versuchten dies zu kompensieren. Neben den italienischen *divi* boten die Illustrierten Sammelbilder von Ufa-Stars wie Heinz Rühmann, Kristina Söderbaum, Hans Albers, Marika Rökk oder Zarah Leander. In Zeitschriften wie *Film*, die seit 1938 die Filmsektion der *Gruppi Universitari Fascisti* (Cineguf) herausgab, sah man Bilder italienischer Diven, die Illustrierte an italienische Soldaten in Krankenlazaretten verteilten oder diesen Autogramme gaben.

Doch war die forcierte Faschisierung des Startums tatsächlich erfolgreich? Viel eher scheint das bis in die frühen 1940er Jahre nicht abreißende Lamento über den Kult um amerikanische Stars und die ständige Suche nach neuen italienischen Leinwandgesichtern ein deutliches Zeichen für den mangelnden Erfolg der breit angelegten Kampagne zur Errichtung eines *divismo autarchico* zu sein. Vielmehr zeichnete sich daran der durchschlagende Erfolg des Hollywoodfilms und jener populären italienischen Produktionen ab, die im faschistischen Diskurs unter dem Schlagwort des *cinema comico-sentimentale* abgewertet wurden. „Dieses Genre ist ein Produkt des Verfalls und der Krise […]. Die Schnellanfertigung von Werken, die man für wirtschaftlich hält, weil sie sich schamlos der banalsten Mittel bedienen, um zu gefallen

---

[134] Bei den betreffenden Produktionshäusern handelte es sich um MGM, 20th Century-Fox, Paramount und Warner Bros.

[135] Il tipo italiano nel cinema, in: Cinema Illustrazione, Nr. 41, 12.10.1938, S. 16; Doletti, Mino: Discorso sul divismo, in: Film, Nr. 24, 17.6.1939, S. 1. Vgl. auch: ders.: Per creare un 'divismo italiano', in: Film, Nr. 30, 29.7.1939, S. 1.

[136] Paolella, Domenico: La razza e il cinema italiano, in: Film, Nr. 30, 20.8.1938, S. 1; ders.: Spettacolo e razza, in: Film, Nr. 31, 27.8.1938, S. 1–2, hier S. 1; Anonym: Charlot: Ebreo due volte, in: Film, Nr. 16, 22.4.1939, S. 8.

und einzig auf Unterhaltung abzielen."[137] Damit meinte der aus der Zeitschrift *Bianco e nero* zitierte Artikel auch die Komödien De Sicas, die Film- und Kulturzeitschriften wie *Cinema, Film* oder *Il Selvaggio* häufig als schädlichen Eskapismus bezeichneten – ein Argument, das paradoxerweise in der italienischen Filmgeschichtsschreibung nach 1945 übernommen wurde und bis Ende der 1970er Jahre dazu diente, die Filmproduktion der 1930er Jahre im Ganzen aus der historischen Betrachtung auszuschließen.[138] Doch mit welchen Inhalten genau konfrontierten die populären De-Sica-Filme ihre Zuschauer und Zuschauerinnen? Welche Geschlechtermodelle und Körperstile kamen darin zum Ausdruck und mit welchen Bedeutungen wurden sie auf narrativer und visueller Ebene versehen? Diesen Fragen werde ich in den anschließenden Filmanalysen nachgehen.

Ein „neuer Mann" im weiblichen Blick: *Gli uomini, che mascalzoni!*

Eleganz, Klarheit, Jugendlichkeit, Frische, unbeschwerte Jovialität und Bescheidenheit sind seine größten Talente. Diese zugleich taktvolle und verschmitzte Art eines Jungen; dieses angeborene gute Benehmen, dass es ihm erlaubt, mit großer Natürlichkeit zugleich den etwas linkischen Gentleman ebenso wie den naiven armen Teufel zu spielen – all das verkörpert er so herzerweichend wie es den Leuten und vor allem den Frauen gefällt. Seine Kunstfertigkeit, sprechend zu singen und singend zu sprechen, nach der die Damen wie auch die Männer ganz verrückt sind, weswegen sein Chanson *Erzähl mir von der Liebe, Mariù* schon bekannter ist als Dantes Vers *Die Stunde war's, wo voll von Heimwehtrieben* und weswegen es mehr Autogrammkarten von De Sica in den Handtaschen der Italienerinnen gibt als Autogramme von Learco Guerra[139] auf den Ausweisen der Radclubmitglieder. Es ist eine Kunst so weich, nuanciert, schmachtend und leicht.[140]

---

[137] „Questo genere è un prodotto di decadenza e di crisi […] la confezione rapida di opere che si credono commerciali perché impiegano senza pudore i più banali mezzi per piacere e si propongono come unico scopo quello di divertire." Anonym: La VII. Esposizione di Venezia: I Film italiani, in: Bianco e nero, Nr. 9 (September 1939), S. 9.

[138] Zagarrio (2002), S. 13–39.

[139] Learco Guerra war ein populärer Radrennfahrer, der 1931 die Rad-Weltmeisterschaften gewonnen hatte.

[140] „Eleganza, nitidezza, gioventù, freschezza, disinvolta giovialità, umiltà sono le sue doti migliori. Quel contegno rispettoso e insieme furbesco, ma di fanciullo; quella buona educazione innata, che gli permette di creare con naturalezza e sullo stesso piano il gentiluomo un po' imbastito e il candido povero diavolo […], acquistano in lui un che di eccessivamente tenero, come piace al popolo e alle donne. […] La sua arte dolcissima e canagliesca di dire cantando e viceversa, per la quale le signore vanno matte – e anche gli uomini – per cui il 'Parlami d'amore Mariù' è più famoso, ahimé, dell' *Era già l'ora che volge il desio* e son più le firme di De Sica nelle borsette delle italiane che non quelle di [Learco] Guerra sulle tessere dei ciclisti, quell'arte morbida e sfumata, languorosa e da nulla." Bertuetti, Eugenio: Ritratti quasi veri: Vittorio De Sica, in: Il dramma, Nr. 265, 1.9.1937, S. 26–27.

Immer wieder betonten Presseberichte nach De Sicas Erfolg in *Gli uomini, che mascalzoni!* (1932), dass er vor allem der Star des weiblichen Publikums sei. Wie die oben zitierte Passage verdeutlicht, wurde er als zartfühlend, gutmütig, jungenhaft und sentimental beschrieben und damit durch Eigenschaften charakterisiert, die ihn in die Nähe des Weiblichen rückten. *Gli uomini, che mascalzoni!* fixierte De Sicas öffentliches Bild auf den Typ des romantischen Antihelden, den er in nahezu allen weiteren Filmen der 1930er Jahre auf die Leinwand brachte. Dieser ist in der feministischen Filmtheorie als Stereotyp theoretisiert worden, über den filmisch die Fiktion einer Gleichstellung der Geschlechter konstruiert wird. „The Romantic Hero", vergegenwärtigt auch die Filmwissenschaftlerin Christine Gledhill, „promises to become the Soul-Mate who recognises from the outset the worth of the heroine, because he is in many ways like her – he is feminised."[141]

De Sica verkörperte in allen seiner Filme eine Männlichkeit, die sich weitgehend egalitär zu Frauen positionierte. Wie ich am Beispiel von *Gli uomini, che mascalzoni!* darlegen werde, reagierte seine Figur auf emanzipatorische Prozesse, die auch während des Faschismus nicht vollständig zum Stillstand kamen und sich vor allem in einer stärkeren öffentlichen Präsenz von Frauen äußerte. Junge Frauen nahmen zunehmend an der kommerziellen Freizeitkultur teil und wurden seitens der Unterhaltungsindustrie als neue Konsumentinnen adressiert. Giuliana Bruno hat in ihrer Studie über das neapolitanische Stummfilmkino den steigenden Filmkonsum der Italienerinnen in den 1910er und 1920er Jahren hervorgehoben. In Anlehnung an Roland Barthes, der die Form der visuellen Perzeption im dunklen Kinosaal als *flânerie* beschreibt, argumentiert Bruno, dass das Filmsehen italienischen Frauen die Möglichkeit zum unbehelligten, visuellen Wandern („streetwalking") durch den öffentlichen Raum erschlossen und zu einem Re-Gendering der urbanen Topografie geführt habe.[142] Auch De Grazia weist auf die wesentliche Rolle der Filmhäuser bei der symbolischen Neucodierung des öffentlichen Raums im Italien der Zwischenkriegszeit hin: „No new recreational space was so strongly identified with these new female publics, no spots [...] were as physically and sexually threatening to the old sites of male sociability as the movie houses."[143] Frauen stellten einen kommerziell relevanten Teil des damaligen

---

[141] Gledhill, Christine: Women Reading Men, in: Kirkham, Pat/Thumin, Janet (Hg.): Me Jane: Masculinity, Movies and Women, New York 1995, S. 73–93, hier S. 82.

[142] „The ‚institution' of cinema (that is, the act of going to the movies and its viewing space) historically legitimized for the female subject the denied possibility of public pleasure in leisure time. Mobilizing the gaze – the ‚panoramic' feature of cinematic language – implied the appropriation of territories and the freedom of ‚streetwalking'." Bruno (1993), S. 51. Siehe auch Barthes, Roland: En sortant du cinéma, in: Communications, Nr. 23, 1975, S. 104–107.

[143] Nach De Grazia wurden repräsentative Räumlichkeiten wie das Kaffeehaus oder die zentrale Piazza während der 1920er und 1930er Jahre noch vornehmlich von männlichen Eliten dominiert und dienten darüber hinaus als Orte faschistischer Selbstrepräsentation. Dagegen waren die von der kommerziellen Massenkultur eröffneten Sozialisationsräume, allen voran das Kino,

Kinopublikums dar, dessen Wünsche und Bedürfnisse ebenfalls in Camerinis Komödie einflossen. Im Hinblick auf den Erfolg des Films mussten dessen Macher auch die Erwartungshaltungen des weiblichen Publikums bezüglich Spannung, Romantik und Unterhaltung bedienen, deren unmittelbares Produkt das Starimage De Sicas war.

Vor dem Hintergrund des zeitgenössischen Mailand erzählt *Gli uomini, che mascalzoni!* die Liebesgeschichte zwischen dem Automechaniker Bruno, der als Chauffeur eines wohlhabenden Ingenieurs arbeitet, und Mariuccia, die bei ihrem alleinstehenden Vater, dem Taxifahrer Tadini, lebt und als Verkäuferin in einer schicken Parfümerie im Zentrum angestellt ist. Die Anfangssequenzen des Films betonen die Zentralität des urbanen Raums und führen die Zuschauer mitten hinein in den morgendlichen Alltag der nach und nach erwachenden Großstadt. Der Kamerablick fällt aus dem Inneren eines dunklen Geschäfts durch ein Schaufenster, dessen Läden gerade hochgezogen werden, auf die Fassade des Mailänder Doms. Es folgen Aufnahmen der sich belebenden Straßen und eines Zeitungsstands, der ebenfalls seine Läden öffnet. Die morgendliche Ruhe wird durch den Verkehr hupender Taxis durchbrochen, die auf dem Hof ihrer Zentrale ein- und ausfahren und die hektische Betriebsamkeit einer nie völlig zur Ruhe kommenden Metropole suggerieren.

Abb. II. 5

Der routinierte Alltag der Protagonisten gerät aus dem Gleichgewicht, als Mariuccia und Bruno sich eines Morgens auf dem Weg zur Arbeit an einem Zeitungskiosk begegnen. Bruno folgt der koketten Mariuccia und ihren Freundinnen auf seinem Fahrrad und beginnt, mit ihr zu flirten. Doch die Frauen machen sich über ihn lustig und geben ihm zu verstehen, dass ein Mann, der lediglich mit einem Fahrrad daherkäme, ihren Ansprüchen nicht genüge: „Männer mit Fahrrädern gefallen *uns* nicht!" Daraufhin „leiht" sich Bruno unerlaubt die elegante Limousine seines Chefs und behauptet vor Mariuccia, er habe den Wagen nur ihretwegen gekauft. Bei einer Spritztour an den Comer See kommen sich die beiden näher. Die Romantik hat allerdings ein

---

Frauen und Männern der unteren sozialen Schichten leichter zugänglich. Traditionelle Hierarchien im Bezug auf die soziale Herkunft oder das Geschlecht waren hier weniger dominant. Vgl. De Grazia (1992), S. 202–203.

unvermitteltes Ende, als die Ehefrau von Brunos Arbeitgeber an der Wirtschaft vorbeikommt, in der die beiden eingekehrt sind, und ihren Wagen erkennt. Bruno kann zunächst vermeiden, dass sein Bluff auffliegt, muss jedoch die *padrona* zurück nach Mailand fahren. Er lässt Mariuccia ausrichten, dass sie im Lokal auf ihn warten solle. Aber ein Unfall bei seiner halsbrecherischen Rückfahrt zum See hindert ihn daran, sie abzuholen. Nach dieser Begebenheit verliert Bruno seinen Job und Mariuccia zeigt ihm die kalte Schulter. Erst nach langer Suche findet er eine schlecht bezahlte Stelle als Chauffeur – nur um diese gleich wieder zu kündigen, nachdem sich sein neuer Arbeitgeber als Verehrer von Mariuccia entpuppt hat. Nach einer Aussprache beschafft ihm diese – dank ihrer Bekanntschaft zu einem einflussreichen Industriellen, der ein Auge auf sie geworfen hat – eine Stelle auf der Mailänder Messe. Es kommt zu einem neuerlichen Zerwürfnis, da der *Ingegnere* als Gegenleistung für seine Gefälligkeit Mariuccia zum Tanz ausführen möchte. Da diese um Brunos Anstellung fürchtet, nimmt sie die Einladung an. Zufällig erfährt Bruno von dem Rendez-vous und zweifelt nun an Mariuccias Ehrenhaftigkeit. Um sie eifersüchtig zu machen, führt er kurzerhand die hübsche Verkäuferin vom Bonbonstand in dasselbe *Dancing* aus, wo sich Mariuccia mit dem Industriellen befindet. Die Tragweite des Missverständnisses betont der Film in einer Reihe von Schuss-Gegenschuss-Aufnahmen, die den Blickwechsel zwischen Mariuccia und Bruno auf der Tanzfläche zeigen. Während sie gequält mit dem feisten Ingenieur tanzt, gibt sich Bruno ausgelassen und schwoft Wange an Wange mit der Frau vom Bonbonladen. Schließlich hat Mariuccia genug von dem aufdringlichen Verehrer und Brunos Verdächtigungen. Sie versucht, die Lage zu erklären, doch Bruno weist sie ab, sodass Mariuccia in Tränen aufgelöst das Lokal verlässt. Von Reue ergriffen, läuft Bruno ihr nach und erwischt gerade noch ihr Taxi, wo es schließlich zur Versöhnung kommt. Bruno macht Mariuccia an Ort und Stelle einen Heiratsantrag und erhält sogleich den Segen ihres Vaters, der am Steuer des Taxis sitzt. Nachdem sie gemeinsam in einer Bar auf die Verlobung angestoßen haben, schließt Tadini die Haustür hinter seiner Tochter zu und nimmt seinen zukünftigen Schwiegersohn, der nun eine Arbeit und eine Familie gefunden hat, mit auf die nächste Taxifahrt.

Gli uomini, che mascalzoni! fokussiert am Beispiel Mailands das Milieu der aufstrebenden kleinbürgerlichen Arbeiter und Angestellten und damit jener sozialen Schichten, aus denen sich auch das Gros des zeitgenössischen Publikums rekrutierte.[144] Anhand des von De Sica verkörperten Protagonisten Bruno werden alltägliche Erfahrungen und Konflikte thematisiert, die sich potenziell auch seinen Zuschauern im urbanen Umfeld der 1930er Jahre stellten. Genauer wird über sein Filmimage die Relation von Männlichkeit und Moderne verhandelt, deren Symbole die Handlung

---

[144] Mailand entwickelte sich nach dem Ersten Weltkrieg zum kommerziellen Zentrum Italiens und war die Metropole, in der sich die fortschreitenden Industrialisierungs- und Urbanisierungsprozesse am sichtbarsten abzeichneten.

gliedern. Maschinen wie Autos, Lautsprecher, Grammophone und moderne Verkehrs- oder Kommunikationsmittel wie das Telefon strukturieren die dargestellten zwischenmenschlichen Beziehungen und die Hierarchien zwischen den Geschlechtern.[145] Obwohl der Film insgesamt ein positives Bild des Lebensraums Großstadt entwirft, reflektieren die Bilder auch das ambivalente Verhältnis von Faschismus und Moderne. Die Großstadt wurde im faschistischen Diskurs häufig als ein steriler Frauenkörper imaginiert. Mussolini selbst hatte in seinem berühmten *Discorso dell'Ascensione* vom 26. Mai 1927, in dem er das bevölkerungspolitische Programm des Regimes (*battaglia demografica*) skizzierte, die Verstädterung als vermeintliche Ursache des Geburtenrückgangs angeprangert.[146] Auch *Gli uomini, che mascalzoni!* weist Denkmuster auf, welche die zeitgenössischen Modernisierungsprozesse mit der Gefahr moralischer Dekadenz, Entmännlichung und einer vermeintlich schädlichen Nivellierung traditioneller Gesellschaftshierarchien verbanden.

Brunos Werdegang vom Mechaniker zum Chauffeur macht die wachsende Bedeutung des Dienstleistungsgewerbes und die schwindende Relevanz körperlicher Arbeit im urbanen Umfeld transparent. Diese Entwicklung stand in einem Widerspruch zur hohen symbolischen Bedeutung, die der faschistische Virilitätskult männlicher Körperkraft beimaß. So dokumentieren die Filmbilder, dass die zunehmende Mechanisierung der Arbeit zeitgenössisch mit einem Verlust von Männlichkeit und einer daraus resultierenden Feminisierung der Gesellschaft assoziiert wurde. Bruno ist beispielsweise während seiner Tätigkeit auf dem Messegelände zu sehen, wo er eine elektrische Pumpanlage vorführt, die per Knopfdruck funktioniert und daher auch von Frauen bedient werden könne, wie er seinem Publikum selbst verkündet. Der Eindruck des Virilitätsverlusts wird durch die groteske Erscheinung Brunos verstärkt, der ein Megaphon vor dem Mund befestigt hat und, wie die Reaktion seiner Zuschauer suggeriert, zur Lachnummer wird.

Es ist die verstärkte gesellschaftliche Sichtbarkeit einer neuen Weiblichkeit und die realhistorische Annäherung der Geschlechter innerhalb der städtischen Angestelltenkultur, mit der sich der Protagonist in *Gli uomini, che mascalzoni!* auseinandersetzen muss. Mit der Verkäuferin Mariuccia, die einen modischen Bubikopf und schicke Kleidung trägt, sich für Hollywoodstars und Illustrierte interessiert – wie die Starbilder an ihrer Zimmerwand und ihre Lektüre der Frauenzeitschrift *Piccola* andeuten –, bringt *Gli uomini, che mascalzoni!* den Stereotyp der sogenannten *maschietta* auf die

---

[145] Vgl. Landy, Marcia: The Folklore of Consensus: Theatricality in Italian Cinema, New York 1998, S. 85–89; Ben-Ghiat (2000), S. 84–86. Eine kulturhistorische Analyse der Camerini-Spielfilme *Gli uomini, che mascalzoni!*, *Il Signor Max* und *Grandi Magazzini* findet sich auch bei Leonhard, Valentina: Spielfilme im faschistischen Italien, unveröffentlichtes Manuskript, Berlin 2003.

[146] Mussolini, Benito: Discorso dell'Ascensione. Il regime fascista per la grandezza d'Italia pronunciato il 26 maggio 1927 alla camera dei deputati, Rom 1927, S. 19 ff.

Leinwand. Diese wurde allgemein mit einer Weiblichkeit konnotiert, die in männlich dominierte soziale Bereiche wie Bildung, Arbeit und Öffentlichkeit vordrang und männlich besetzte Verhaltensweisen und Körperzeichen adaptierte. Ähnlich wie ihre ausländischen Schwestern der *flapper* oder *garçonne*, zeichnete sich auch die italienische *maschietta* durch ihr jugendliches Alter, ihre Berufstätigkeit, die Teilnahme an der modernen Vergnügungskultur und einen zeitgenössisch als maskulin empfundenen Körperstil aus. Für diesen waren beispielsweise das Tragen von Kurzhaarfrisuren, Hosen, kurzer Röcke oder auch das Rauchen von Zigaretten charakteristisch. Die Weiblichkeit der *maschietta* sorgte nach dem Empfinden vieler Zeitgenossen für Unordnung innerhalb der traditionellen Hierarchie der Geschlechter und wurde vor allem im katholischen und faschistischen Diskurs auch unter dem Begriff der angeblich vermännlichten „Krisenfrau" (*donna crisi*) als negativer Stereotyp konstruiert.[147] Der Journalist Umberto Notari sprach gar von einer neuen Spezies Frau, der „Frau dritten Typs" (*donna tipo tre*), die sich sowohl vom „ersten Typ" der „Ehefrau und Mutter" als auch vom „zweiten Typ" der Prostituierten durch ihre finanzielle Unabhängigkeit vom Mann auszeichne. Sie sei, nach Notari, zeittypischer Ausdruck einer stattfindenden „Vermännlichung der Frau und Verweiblichung des Mannes".[148]

In der Forschung ist die Weiblichkeit der *maschietta* im Kontext breiterer geschlechtergeschichtlicher Veränderungen nach dem Ersten Weltkrieg verortet worden.[149] Victoria De Grazia hat in ihrer Studie *How Fascism Ruled Women* anschaulich dargelegt, dass die zwischen den Weltkriegen in Italien heranwachsenden Frauengenerationen deutlich liberaler aufwuchsen als noch ihre Mütter und Großmütter. Insbesondere die Töchter der städtischen Mittelschichten gingen länger zur Schule, erlernten einen Beruf oder trugen durch ihre Arbeit zum Familienunterhalt bei, bis sie eine Ehe eingingen, wobei sich das Heiratsalter generell nach oben verschob.[150] Der Erste Weltkrieg hatte auch in Italien die Integration von Frauen in den traditionell männlich dominierten Arbeitsmarkt beschleunigt und ihrer Beschäftigung in allen Wirtschaftssektoren Vorschub geleistet.[151] Zwar wurden diese Fortschritte durch

---

[147] So war beispielsweise in der Zeitschrift *Le donne italiane*, die vom katholischen *Comitato per la correttezza della moda* herausgegeben wurde, von der *maschietta* als „Hauptverantwortliche für den Verfall der Sitten" die Rede. Vgl. Ceccato, Virginia: Alla maschiotta, in: Le donne italiane. Periodico quindicinale, organo del Comitato nazionale per la correttezza della moda, Nr. 25, 25.5.1928, S. 4. Zur Figur der *donna crisi* vgl. auch De Grazia (1996), S. 345; Wanrooij (1990), S. 187.

[148] Notari, Umberto: La donna „tipo tre", Mailand 1998 [1929], S. 11 u. 112.

[149] Wanrooij (1990), S. 188.

[150] Trotz der antifeministischen Ausrichtung der 1923 durchgeführten Bildungsreform, stieg die Zahl der Schulabgängerinnen während der 1920er und 1930er Jahre stetig an. Vgl. De Grazia (1992), S. 154 f.

[151] Das im Juli 1919 verabschiedete Sacchi-Gesetz, das die Einstellung von Frauen im öffentlichen Dienst legalisierte, ist als direkte politische Antwort auf diese Entwicklungen zu bewerten.

die diskriminierende Arbeitsmarktpolitik des faschistischen Regimes und aufgrund des allgemeinen gesellschaftlichen Widerstands, auch seitens der katholischen Kirche, stark gebremst. Doch zeichneten sich vor allem im Bereich des expandierenden Handels- und Dienstleistungssektors signifikante Veränderungen hinsichtlich der Beschäftigungsstrukturen ab.[152] Neue Berufe wie Sekretärin, Stenotypistin, Telefonistin oder Verkäuferin waren bei jungen Frauen populär und wurden zum Inbegriff moderner Weiblichkeit. Über Film, Radio und Presse, moderne Schlager und Werbung kamen Frauen in Kontakt mit Moden, Körperstilen und Gendermodellen, die mit traditionellen Vorstellungen von weiblicher Moral, Ehre und Tugendhaftigkeit in Konflikt lagen.[153] Im großstädtischen Alltag ergaben sich neue Berührungspunkte zwischen Männern und Frauen sowie Möglichkeiten, einander unverbindlich und jenseits der elterlichen Kontrolle zu begegnen.

Diese Veränderungen im Weiblichkeitsdiskurs berührten auch die zeitgenössischen Männlichkeiten. Einhergehend mit ihrem wachsenden öffentlichen Selbstbewusstsein, definierten Frauen ihre Relation zum anderen Geschlecht und ihre Vorstellungen von Partnerschaft, Ehe und Männlichkeit neu. Doch wie sahen diese genau aus? Das lässt sich besonders anschaulich am Beispiel der Frauenzeitschrift *Piccola* illustrieren, die auch Mariuccia in Camerinis Filmkomödie liest.

Die zwischen 1928 und 1938 wöchentlich erschienene Zeitschrift wandte sich explizit an jugendliche, arbeitende Frauen der städtischen Mittelschichten und reagierte unmittelbar auf deren wachsende gesellschaftliche Präsenz und relative Kaufkraft.[154] *Piccola* wurde überwiegend von Journalistinnen gestaltet und fing in ihren Mode- und Ratgeberrubriken auch die Stimmen ihrer Leserinnen ein. Insgesamt wurde in der Zeitschrift das Bewusstsein artikuliert, einer neuen Frauengeneration anzugehören, die breitere Rechte und größere Freiheiten für sich beanspruchte. Diese bezogen sich primär auf alltägliche Handlungsweisen und Moralcodes, wie die zahlreichen Ar-

---

Gleichzeitig spiegelt die Gesetzgebung die vorherrschenden konservativen Tendenzen wider, denn der Zugang zu juristischen oder politischen Laufbahnen blieben Frauen vorenthalten.

[152] Nach De Grazia lag der Frauenanteil in den neuen Angestelltenberufen 1921 bei 20,3 Prozent und stieg bis 1936 auf 27,3 Prozent an, womit Italien im Vergleich zu europäischen Ländern wie Großbritannien und Deutschland oder zu den USA weit zurücklag. Vgl. De Grazia (1992), S. 193.

[153] „No doubt, young people were exposed in very different degrees to the influences of fascism, Catholic religion, and the market. Their family background, their place of residence, their occupation, their religious beliefs and their political involvement all mattered. […] What bears emphasis nonetheless is that both the fascist regime and the Catholic Church followed the lead of commercial cultural enterprises in reaching out to a young female public." De Grazia (1992), S. 129 u. 204.

[154] Die Zeitschrift kam 1928 mit dem Titel *La Piccola* auf den Markt und wurde im August 1929 in *Piccola* umbenannt. Zur Entstehungsgeschichte der Illustrierten siehe Ciardi, Lisa: Dattilografe, principi azzuri e principali. Consigli e strategie di ascesa sociale in un prototipo italiano di rotocalco: „Piccola" (1928–1938), in: Genesis, III/2, 2004: 147–182.

tikel zu Themen wie „Eine Zigarette, gnädiges Fräulein?", „Der erste Kuss" oder „Wie man sich heute verlobt?" und „Darf ein Mädchen einem Mann seine Liebe gestehen?" zeigen. Die Zeitschrift bot ihren Leserinnen Orientierung bei Fragen im Bezug auf angebrachtes weibliches Verhalten, wobei hier nicht selten der Versuch deutlich wird, zwischen liberalisierenden Tendenzen, katholischen Moralvorstellungen und offiziellen geschlechterpolitischen Direktiven des Regimes zu vermitteln.[155] Doch deutet die Präsenz von Themen wie Ehescheidung und voreheliche Sexualität darauf hin, dass herkömmliche Normen im Bezug auf das weibliche Sexualverhalten, wenn auch nur vage, so doch öffentlich in Frage gestellt wurden.[156] „Heute ist es schick, zu lieben ohne zu heiraten", hieß es in einem populären Schlager.

Wirft man gewissermaßen zusammen mit der Protagonistin einen Blick in die *Piccola*-Ausgaben aus dem unmittelbaren Entstehungszeitraum des Films, wird ein breites Spektrum zeitgenössischer Männlichkeitsbilder transparent. Schon die männlichen Charaktere der überwiegend von Autorinnen geschriebenen Novellen und Groschenromane vermitteln einen Eindruck von der Bandbreite der weiblichen Fantasien vom männlichen Körper. Diese reichten vom Stereotyp des romantischen Kavaliers, meist in der Person des jungen, eleganten und sportlichen Chefs, der sich in seine Sekretärin verliebt und ihr durch eine Hochzeit zum sozialen Aufstieg verhilft, über die erotisierte Figur des starken, leidenschaftlichen Liebhabers, der die Heroine aus den Fängen eines eifersüchtigen Ehemanns oder strengen Vaters befreit, über sarkastische Schilderungen betrogener und von ihren Frauen sitzen gelassener Ehemänner bis hin zum hilfebedürftigen, arbeitslosen Jungen von nebenan, dem die Heldin eine Anstellung vermittelt und damit die Voraussetzungen für eine gemeinsame Hochzeit schafft.[157] Die in diesen Fiktionen konstruierten Geschlechterhierarchien

---

[155] Beispielsweise schrieb der Journalist und später als Drehbuchautor und Theoretiker des Neorealismus bekannte Cesare Zavattini unter dem Pseudonym Jules Parme 1932 in *Piccola*: „Einst wäre eine rauchende Frau skandalträchtiger gewesen als eine nackte Frau. Weshalb? Sicher nicht aus ästhetischen Gründen. [...] Wir glauben, der Grund ist die natürliche Abwehrhaltung des Mannes gegen jedes Zugeständnis, das Frauen sich erkämpfen, um auf einer Ebene mit ihm zu stehen. Heute stehen die Dinge freilich ganz anders: Wir haben einen Punkt erreicht, an dem es ein regelrechtes Wettrauchen unter Frauen gibt." [„Una volta una donna che fumava avrebbe sollevato scandalo quasi più di una donna nuda. Perché? Non certo per ragioni, diciamo cosi, estetiche. [...] Noi crediamo fosse per quella naturale ostilità dell'uomo verso qualsiasi concessione ch'essa tenta a strappargli per mettersi al suo livello. Oggi le cose stanno ben diversamente se si è giunti al punto di fare delle vere e proprie gare tra fumatrici."] Parme, Jules [Cesare Zavattini]: Una sigaretta, signorine, in: Piccola, Nr. 7, 16.2.1932, S. 5.

[156] Bemerkenswert ist hier, dass amerikanische Filmdiven, die auch in sexueller Hinsicht als emanzipiert dargestellt werden, nicht mit negativen Konnotaten versehen und zum Gegenbild „keuscher" und „mütterlicher" italienischer Weiblichkeit stilisiert werden. Vgl. X. F.: Conoscere gli uomini, in: Piccola Nr. 4, 26.1.1937, S. 8.

[157] Vgl. Dieci minuti di riposo: La bellezza e il riposo, in: La Piccola, Nr. 10, 14.8.1928, S. 10; Scuderoni, Ignazio: Una moglie ideale, in: La Piccola, Nr. 6, 5.2.1929, S. 10; Jansen, P. G.: Il

reflektieren eine Bandbreite unterschiedlicher Konstellationen von weiblicher Hingabe und Unterordnung bis zur Dominanz der jeweiligen Frauenfiguren. In den meisten Fällen wird aber das Ideal eines egalitären Verhältnisses sichtbar, in dem Frauen ein aktiver Part zukommt. Visuell wurden die *romanzi* ergänzt durch Bilder, welche die halbnackten, muskulösen Körper von Hollywoodstars wie beispielsweise Clark Gable und den Tarzandarsteller Johnny Weissmüller zeigten oder durch Starportraits von Schauspielern, die – wie John Gilbert, Robert Taylor, Fred Astaire, Gary Cooper und nach seinem Durchbruch auch Vittorio De Sica – mit einer ‚weicheren' Männlichkeit assoziiert wurden.[158]

Im März und April 1932 – und damit zur unmittelbaren Entstehungszeit von Camerinis Komödie – publizierte *Piccola* eine Artikelserie mit dem Titel „Welchen Typ Mann bevorzugen moderne Frauen?". Darin berichtete die Journalistin Luciana Peverelli über die neuen Männerideale der „modernen Frauen". Als solche stellte sie Frauen aus unterschiedlichen sozialen Schichten vor, die aufgrund ihres Berufes („die Stenotypistin", „die Schriftstellerin", „die Schauspielerin") oder aufgrund ihrer Interessen („die sportliche junge Frau") dem Stereotyp der *maschietta* entsprachen. Ihre Umfrage richte sich, so Peverelli, auch an „die Herren", die aufmerksam verfolgen sollten, was die „Frauen von heute" von ihnen erwarteten. In den Artikeln wurden junge Frauen wie die Sekretärin Lisetta beschrieben, die sich von traditionellen Rollenmustern distanzierten und die Aussicht auf eine aufopferungsvolle, kleinbürgerliche Existenz als Ehefrau und Mutter, zwischen Familie und Berufstätigkeit – die immerhin für selbstverständlich befunden wird – für wenig attraktiv hielten.[159] Zudem zeichnete sich ein Männlichkeitsideal ab, das an die Vorstellung eines freundschaftlichen, gleichberechtigten und unverbindlichen Verhältnisses zwischen jungen Frauen und Männern gebunden war. Der ideale Mann sei der „Junge von nebenan", mit dem man sich nach der Arbeit beim Tanz oder im Kino vergnügen könne:

---

carcere dei mariti, in: Piccola, Nr. 1, 5.1.1937, S. 8.

[158] Vgl. Bragaglia, Anton Giulio: Elogio dello chic maschile, in: La Piccola, Nr. 5, 29.1.1929, S. 3; Piccola, Nr. 30, 26.7.1932, S. 8–9; Halway, Chester: Quattro attori e le donne, in: Piccola Nr. 39, 27.9.1932, S. 3; Piccola, Nr. 41, 12.10.1937, S. 8; Piccola, Nr. 44, 2.11.1937, S. 3 u. 8; Ridenti, Lucio: De Sica avrà la barba (Ma voi, gentili lettrici, chiuderete gli occhi…), in: Piccola, Nr. 1, 4.1.1938, S. 3.

[159] Peverelli, Luciana: Le interessanti inchieste di „Piccola". Quale uomo preferiscono le donne moderne?, in: Piccola, Nr. 10–16, 8.3.1932–19.4.1932. „Lisetta […] will noch nicht an einen Mann denken, mit dem sie Arbeit und die Mühen der Hausarbeit teilt, an den Gram der Arbeit, den man wieder mit in die Zweizimmerwohnung bringt, oder das Kreuz mit den Kindern, die man zu Hause lassen muss, an das düstere Büro, das nur von kaltem Neonlicht beleuchtet ist." [„Lisetta […] non vuol pensare all'uomo col quale dividerà il lavoro e le fatiche della casa; portando i crucci dell'ufficio nelle due stanzette, e il cruccio dei bimbi lasciati a casa, nel tetro stanzone dell'ufficio illuminato a luce elettrica."] Dies.: Quale uomo preferiscono le donne moderne? La dattilografa preferisce, in: Piccola, Nr. 10, 8.3.1932, S. 4–5.

> Diese jungen Männer, die wir nach so vielen in Langeweile zugebrachten Arbeitsstunden im Büro nach ein bisschen Vergnügen fragen, nach einem Lächeln, verlangen von uns nichts anderes. Die eine Seite erwartet nicht mehr als die andere. [...] Vielleicht denkt mein Kavalier, meine Freundin tanze besser als ich, oder ich bemerke, dass sein Freund mir zulächelt und ich zwinkere zurück. Denn er hat ein Motorrad [...] und wirkt deshalb attraktiver.[160]

Der hier beschriebene *giovanotto* erinnert an die Männlichkeit des *gagà*, die hier allerdings positiv konnotiert ist. Die Umfrage dokumentiert darüber hinaus, dass sich in der Zeit zwischen den Weltkriegen auch in Italien das Ideal der Ehe als einer freundschaftlichen Beziehung zwischen Männern und Frauen (*companionate marriage*) etablierte, was in enger Wechselwirkung zu ähnlichen Entwicklungen auf transnationaler Ebene zu betrachten ist.[161] Die neue „Kameraderie" sei laut *Piccola* „ein modernes Gefühl zwischen den Burschen und Frauenzimmern von heute" und sehr viel „gesünder, frischer und ehrlicher" als die „hierarchischen und emotionsarmen" Partnerschaften vor dem Ersten Weltkrieg.[162] Das gleichwertige Verhältnis zwischen Männern und Frauen wird als ideale Basis für eine spätere Ehe beschrieben, die in der Regel immer noch das letzte Ziel allen Ausprobierens darstellte. Daneben wurden allerdings auch neue Modelle artikuliert. So beantwortet die populäre Groschenroman-Autorin Mura, die *Piccola* ebenfalls als moderne Frau präsentiert, die Frage nach ihren Vorstellungen vom idealen Mann wie folgt:

> Der Ehemann ist der Mann fürs Leben, also eine erschreckende geistige Versklavung: Was ist, wenn ich ihn ab einem bestimmten Zeitpunkt nicht mehr ertragen kann? [...] Der Mann, den ich liebe, wird nie in meiner Wohnung leben. Damit ich auf Dauer zufrieden bin, brauche ich abends meine Ruhe, ohne mich verpflichtet zu fühlen, jemandem Gesellschaft zu leisten, ohne immer schön und fröhlich, gefällig, einfallsreich und nett sein zu müssen. Denn oft bin ich gerne widerspenstig, quirlig, zerzaust oder müde. Der Mann, den ich liebe [...], liebt vielleicht nicht, dass ich ihn ab und zu bitte, wieder zu gehen, weil ich so viel zu tun habe.[163]

---

[160] „Questi giovanotti ai quali chiediamo un'ora di svago dopo tanta noia d'ufficio, e un sorriso, e un po' di divertimento, chiedono altrettanto a noi; né si esige di più da una parte o dall'altra. [...] Forse il mio cavaliere trova che una mia amica balla meglio di me: e io m'accorgo che un suo amico mi sorride e mi fa l'occhiolino. Ha la motocicletta [...] e allora mi attira di più." Ebd.

[161] Cott, Nancy F.: La donna moderna ‚stile americano': Gli anni venti, in: Thébaud, Françoise: Storia delle donne, Rom/Bari 1992, S. 91–109.

[162] Peverelli, Luciana: Inchiesta sull'amore moderno: Come ci si fidanza oggi?, in: Piccola, Nr. 47, 22.11.1932, S. 4–5.

[163] „Il marito è l'uomo di tutta la vita, quindi una schiavitù spirituale paurosa: e se ad un certo punto mi divenisse insopportabile? [...] L'uomo che amo non vivrà mai nella mia casa: perché io sia contenta sempre, occorre che la sera rimanga sola, che non mi senta obbligata a far compagnia a nessuno, che non debba essere sempre bella e allegra e piacevole e spiritosa e gentile. Spessissimo mi piace essere scontrosa, irrequieta, stanca, arruffata: l'uomo che amo [...] forse non ama nemmeno quella che a volte lo prega di andar via perché ha tanto da fare." Mura: Le interessanti

Das Starimage Vittorio De Sicas konstruierte sich in vielen Punkten komplementär zu den weiblichen Bedürfnissen, die hier sichtbar werden. In vielen seiner Filme ist er als jener heitere Junggeselle zu sehen, der Frauen innerhalb der urbanen Vergnügungskultur auf einer gleichberechtigten Ebene begegnete und ihnen eine größere Aktivität einräumte. Sein Filmimage entbehrt jeglicher Konnotation mit männlicher Härte und Überlegenheit. Auch in der Presse wurde er stets als „lieber Junge" oder „sympathischer Halunke" beschrieben, der „jugendlich, leger, komisch, arglos und ein bisschen tollpatschig", vor allem aber „gefühlvoll" sei. „Er ist, auf seine Art, der Prototyp des jungen Mannes von heute".[164] In Berichten über sein vermeintliches Privatleben wurde De Sica als moderner Junggeselle und männliches Pendant der *maschietta* präsentiert. Seine bis 1937 bekanntermaßen unehelich geführte Beziehung zu seiner Schauspiel-Kollegin Giuditta Rissone, mit der er seit den späten 1920er Jahren öffentlich als Paar auftrat, wurde in der Presse nicht negativ dargestellt. In einem Fanmagazin von 1934 wird die Auffassung des Stars zum Thema Ehe und Familie wie folgt wiedergegeben: „Ich denke, dass Schauspieler aus 1001 Gründen niemals heiraten sollten, wenn sie dieses harte Geschäft mit Freude angehen wollen."[165] De Sicas Fürsprache für ein „ewiges Junggesellentum" widersprach offen dem Ideal des kinderreichen Familienoberhaupts sowie den bevölkerungspolitischen Zielen des Regimes. Auch als das Paar schließlich 1937 heiratete, präsentierte sich Giuditta Rissone nicht als Hausfrau im Hintergrund, sondern als Partnerin, als *compagna* an De Sicas Seite. Nicht selten wurde sie gar als die Dominierende in der Beziehung dargestellt, die De Sica „an der Leine" halte.[166] Diese mit dem Star verbundene Fantasie einer Angleichung der Geschlechter, wenn nicht gar einer Umkehrung der traditionellen Hierarchien wird auch in *Gli uomini, che mascalzoni!* artikuliert. Gleichzeitig dokumentiert die Filmhandlung jedoch einen gegenläufigen Diskurs, der auch am Starimage De Sicas sichtbar wird. Wie ich folgend aufzeigen möchte, schreibt sich der Versuch des Regimes, den oben erörterten emanzipatorischen Entwicklungen entgegenzuwirken und das Geschlechterverhältnis konform mit den eigenen politischen Zielen zu organisieren, deutlich in den Filmtext ein.

So wurde im unmittelbaren Entstehungszeitraum von *Gli uomini, che mascalzoni!* in der regimenahen Kulturzeitschrift *Critica fascista* eine rege Debatte um die ver-

---

inchieste di Piccola. Quale uomo preferiscono le donne moderne? La scrittrice preferisce, in: Piccola, Nr. 16, 19.4.1932, S. 4–5.
[164] Vittorio De Sica. Il romanzo della sua vita e dei suoi films, Supplement Cinema Illustrazione, Nr. 2 (Februar 1934), S. 6.
[165] „Io credo che gli attori per mille e una ragione non si debbono sposare se vogliono affrontare serenamente il loro duro lavoro." Ebd.
[166] Vgl. Rissone, Giuditta: Per le signore! Che cosa pensa Giuditta Rissone di Vittorio De Sica, in: Africa. Supplement Cinema Illustrazione, Nr. 26 (November 1936), S. 31; Supplement 1934, S. 22.

meintliche Krise der Familie, der „Keimzelle der faschistischen Gesellschaft", geführt. Und für diese Krise wurden Frauen vom Typ der *maschietta* sowie die neue Liberalität zwischen den Geschlechtern verantwortlich gemacht.[167] Die Diskussionen dokumentieren die gängige Auffassung, dass es sich bei der weiblichen Adoleszenz um ein prekäres Übergangsalter handele, dem größere erzieherische Aufmerksamkeit seitens familiärer, staatlicher und kirchlicher Autoritäten entgegenzubringen sei.[168] Vor allem die Massenmedien sowie der an internationalen Trends orientierte Schönheits- und Körperkult wurden von Vertretern der Kirche und des Regimes kritisch betrachtet. Der durch die „amerikanisierte" Konsumkultur angeregte „weibliche Egoismus" entfremde Frauen von ihrer natürlichen Berufung zur Mutterschaft, da er ihre Opferbereitschaft schwäche. Er führe zu Sterilität und folglich zu einem demografischen Einbruch der italienischen Nation.[169] Der neue, vor allem in den Städten grassierende Materialismus lenke die Jugend davon ab, Verantwortung für eine Familie zu übernehmen:

> Die Mädchen werden Euch sagen, dass „Liebe" ein Begriff des Mittelalters ist und sie von nichts als einem Auto träumen – des Ehemanns oder des Freundes, darauf kommt es nicht

---

[167] „Die Frauen von heute sind, noch bevor sie zur Frau reifen, *maschiette*. Das heißt sie müssen mit 15 schon die Erwachsenen spielen [und arbeiten gehen], oft, weil sie es nötig haben – stimmt schon –, aber genauso oft, weil die wahren Bedürfnisse in der modernen Gesellschaft tendenziell zu weit gefasst sind. Diese Frau kostet viel mehr als ihre Vorfahrinnen: Sie lechzt nach Lebenserfahrung und behütet deshalb mit nur wenig Eifer die Schätze ihrer Weiblichkeit. Sie verunsichert den Mann, sodass er sich fürchtet, den Schritt zu wagen, sich ein Leben lang an sie zu binden. Und sie ist, körperlich gesehen, oft ungeeignet, die Pflichten der Mutterschaft zu erfüllen. [...] Der Maßstab der vom Ehemann ökonomisch unabhängigen Frau ist dann ein falscher und schädlicher Maßstab, wenn er dazu führt, das Prinzip der Hierarchie zu erschüttern, das jedem menschlichen Zustand als gesunde Basis zugrunde liegt, erst recht in der Familie." [„Le donne dell'oggi sono, prima di maturarsi in donne, *maschiette*: vale a dire gingilli che a quindici anni già giocano un ruolo nella loro vita: per necessità spesso, siamo d'accordo: ma spesso anche perché le vere necessità la Società moderna tende troppo a largheggiare. (...) Essa *costa* molto di più delle sue antenate: ha fretta di vivere e quindi custodisce con molta poca gelosia i tesori della sua femminilità; rende l'uomo timoroso a compiere il passo di legarsi a lei per tutta la vita; è fisicamente spesso inadata ad assolvere i doveri della maternità (...) E che in fondo là il criterio della 'donna economicamente indipendente di fronte al marito è un criterio errato e pernicioso, se ciò si risolve nello scuotere quel principio di gerarchia che in ogni aggregato umano – e per primo nella famiglia – sta alla base di ogni sano e proficuo svolgimento di vita."] Pompei, Manlio: Donne e culle, in: Critica Fascista, Nr. 6 (1930), S. 106–107. Publiziert in: Meldini, Piero: Sposa e madre esemplare. Ideologia e politica della donna e della famiglia durante il fascismo, S. 180–183.

[168] Vgl. De Grazia (1992), S. 119.

[169] Vgl. Pompei, Manlio: La famiglia e il Fascismo: un'inchiesta da fare, in: Critica Fascista, Nr. (1933), S. 163–166, publiziert in: Meldini (1975), S. 202–208, hier S. 203–204.

an. Ihr werdet junge Männer hören, die sagen: Warum eine Frau heiraten, wenn sich damit am sozialen Status nichts ändert?[170]

Insbesondere die weibliche Berufstätigkeit wurde im Kontext der Weltwirtschaftskrise als Ursache für männliche Arbeitslosigkeit und eine vermeintliche Auflösung traditioneller Familienstrukturen verantwortlich gemacht. Die Frau, die nicht mehr „Haus und Familie" sein wolle, selbst Geld verdiene, sich vergnüge und derart beeinflusst nach Autonomie und Luxus strebe, habe eine demoralisierende Wirkung auf Männer.[171] Diese erhielten nicht mehr die entsprechende Anerkennung für ihre übergeordnete Position in Familie, Arbeit und Gesellschaft und würden damit auch in ihrer reproduktiven Potenz geschwächt, argumentierte Manlio Pompei in *Critica fascista*. Die arbeitende Frau bringe die ‚natürlichen' Hierarchien zwischen dem „Vater-Arbeiter-Erzieher" und der „Frau-Mutter-Erzieherin" aus dem Gleichgewicht.[172]

Die Arbeit der Frau bewirkt einen zweifachen Schaden: die Maskulinisierung der Frau und den Anstieg der Arbeitslosigkeit der Männer. Die Frau, die arbeitet, wird steril. Sie verliert das Vertrauen in den Mann, sie wirkt mit daran, dass der Lebensstandard der verschiedenen sozialen Klassen stetig steigt. Sie hält die Mutterschaft für ein Hindernis, eine Bürde, eine Kette. [...] Sie wirkt mit am Sittenverfall. Kurzum, sie verunreinigt das Leben des Volkstammes.[173]

Dabei waren Frauen von den Entlassungen im Rahmen der Wirtschaftsdepression sehr viel stärker betroffen als Männer. Dies wurde durch die antifeministische Politik des Regimes vorangetrieben, welches die Einschränkung weiblicher Berufstätigkeit im Hinblick auf seine pronatalistischen Ziele sowie eine Verfestigung patriarchalischer Familienhierarchien aktiv unterstützte.[174] In einer völligen Verwischung von Ursachen

---

[170] „Le ragazze vi diranno che „amore" è parola da medioevo, e non sogneranno che la macchina: del marito o dell'amico, poco importa. Udrete dei giovanotti dire che se debbono prendere moglie per restare nella loro condizione attuale, non si scomodano." Ebd., S. 204.

[171] Vgl. Pompei (1930), S.182–183; siehe auch Argo: Compiti della donna, in: Critica fascista, Nr. 14 (1933), S. 266–68, publiziert in Meldini (1975), S. 212–217; Palazzi, Mario: Autorità dell'uomo, in: Critica Fascista, Nr. 10 (1933), S. 183–84, publiziert in: Meldini (1975), S. 208–211, hier S. 209.

[172] Palazzi (1933), S. 212.

[173] „Il lavoro femminile crea nel tempo stesso due danni: la mascolinizzazione della donna e l'aumento della disoccupazione maschile. La donna che lavora si avvia alla sterilità; perde la fiducia nell'uomo; concorre ad elevare sempre più il tenore di vita delle varie classi sociali, considera la maternità come un intoppo, un ostacolo, una catena; [...] concorre alla corruzione dei costumi; in sintesi, inquina la vita della stirpe." Danzi, Guglielmo: Europa senza europei, Rom 1933–1934, S. 27, zitiert nach: Meldini (1975), S. 79; siehe auch Pellizzi, G. B.: Alcune realtà sul problema demografico, in: Critica Fascista, Nr. 5 (1930), S. 96–98, publiziert in: Meldini (1975), S. 176–180, hier S. 180.

[174] Vgl. Saraceno (1995).

und Verantwortlichkeiten forderten faschistische Ideologen wie Pompei eine umgehende Zurückdrängung der Frau in die traditionelle Sphäre von Haus und Familie.

Gleichzeitig wurde die angebliche Verweichlichung vieler Männer, die zu Marionetten der modernen Frau verkommen seien, für die wahrgenommene Krise der Geschlechterordnung verantwortlich gemacht. Um ihre traditionelle Überlegenheit gegenüber den „Fräulein" zu behaupten, „die das Automobil als den bemerkenswertesten Ertrag betrachten, den sie aus ihrer Schönheit herausholen können", müssten sich die Männer entschiedener ihrer Pflicht als Paterfamilias widmen:

> Schuld am Erschlaffen der Familienordnung sind auch diejenigen Männer ohne Energie und Willenskraft, die ihre Frauen nicht lenken und führen, sondern zu deren Hörigen und Hampelmännern werden. [...] Mögen also die Frauen an ihren eigentlichen Platz zurückkehren – und es ist auch an euch, ehrenwerte Herren, sie dahin zu drängen und zu zwingen. Jeder muss seinen Teil dazu beitragen. [...] Dann wird auch die Familie davon profitieren.[175]

Antwortet De Sicas Starfigur in *Gli uomini, che mascalzoni!* somit einerseits auf weibliche (und männliche) Bedürfnisse nach einer Angleichung der Geschlechterhierarchien, zeigt er sich am Ende des Films auch als Mann, der die moderne *maschietta* auf ihren angestammten Platz in Haus und Küche zurückverweist.

Zu Anfang des Films sieht man den Taxifahrer Tadini, der gerade seine Nachtschicht beendet hat. Wie jeden Morgen liefert er seine Einnahmen ab, gönnt sich in der Bar noch einen Feierabendschnaps und kauft eine Flasche Milch, um dann nach Hause zurückzukehren. Dort weckt er seine Tochter Mariuccia mit dem üblichen Kommentar „Stehe auf und arbeite!", damit diese rechtzeitig zur Arbeit aufbreche, bevor er sich selbst schlafen legt. Nun sieht man Mariuccia bei ihrer allmorgendlichen Toilette und einem raschen Frühstück in der Küche, bevor sie mit einem flüchtigen „Ciao Papà!" das Haus verlässt. Die Protagonisten werden in ihrer morgendlichen Routine als funktionierende Rädchen im Großstadtgetriebe präsentiert, der als narrativer Motor des Films die Handlung vorantreibt. Die Chronologie und Gleichmäßigkeit der Sequenzen, die von einer heiteren Charleston-Musik untermalt werden, vermitteln den Eindruck alltäglicher Gewohnheit und familiärer Harmonie. Doch gleichzeitig verweist der Film auf die Unbeständigkeit dieser kleinbürgerlichen Idylle, deren Störung das Bild von der überkochenden Milch ankündigt, die Mariuccia vom

---

[175] „Molta colpa delle attuali condizioni di rilassamento in cui si trova la famiglia è da attribuirsi agli uomini senza energia e senza volontà, che anziché reggere e dirigere le loro donne, ne divengono i succubi e burattini. [...] Tornino dunque le donne, e tocca voi a sospingerle e di obbligarle, signori uomini, ognuno per la sua parte, al loro posto [...] ed anche la famiglia ne guadagnerà." Palazzi, Mario: Autorità dell'uomo, in: Critica Fascista, Nr. 10 (1933), S. 183–84, publiziert in: Meldini (1975), S. 208–211.

Herd nimmt, bevor sie das Haus verlässt.[176] Im weiteren Verlauf der Handlung wird deutlich, dass sie selbst das unsichere Element innerhalb der idealisierten patriarchalen Ordnung ist, die sie durch ihre weibliche Autonomie gefährdet.

Mariuccia verbringt ihre meiste Zeit außerhalb der Obhut ihrer Familie, wobei sich letztere ohnehin auf die Figur ihres alleinstehenden Vaters beschränkt. Das Bild des schnarchenden Tadini, das der Sequenz folgt, in der Mariuccia eilig die Wohnung verlässt, demonstriert ihre jugendliche Eigenständigkeit jenseits der väterlichen Kontrolle in aller Deutlichkeit. Mit dem Vater, so könnte man hier deuten, legt sich auch die patriarchalische Ordnung schlafen. Die folgenden Szenen zeigen, wie sich Mariuccia außerhalb des väterlichen Blicks selbstsicher durch die moderne Großstadt bewegt.

Der filmtheoretische Begriff des „Blicks" definiert die jeweilige Positionierung der Kamera in der Filmproduktion zugleich als Herstellungsinstrument und als Effekt gesellschaftlich wirksamer Hierarchien und Machtbeziehungen, die sich in die Bilder einschreiben.[177] Mariuccias öffentliche Präsenz in der Metropole, wo sie als Angestellte und Konsumentin Position bezogen hat, zeigt der Film in direkter Wechselwirkung

---

[176] Die brodelnde Milch könnte hier als Symbol für Mariuccias transgressive Weiblichkeit gelesen werden. Zum weiblichen *gendering* von Milch in Filmen vgl. Perinelli, Massimo/Stieglitz, Olaf: Liquid Laughter. A Gendered History of Milk & Alcohol Drinking in West German and US Film Comedies of the 1950s, in: gender forum 13, 2006 (http://www.genderforum.uni-koeln.de/).

[177] In ihrer einflussreichen Pionierstudie „Visual pleasure and narrative cinema" von 1975, die in der Forschung laut Claudia Liebrand als „eine Art (Be-) Gründungstext feministischer Filmwissenschaft" gilt, hat die Medienwissenschaftlerin Laura Mulvey den Blick erstmals als strukturierendes Element des klassischen Erzählkinos theoretisiert. Der von ihr hypothetisierte *male gaze* sei normativ für die Zuschauerposition und trage nach Liebrand als „immaterielle[r] Kontroll- und Herrschaftsmechanismus" zur Verfestigung der Geschlechterdifferenzen bei. Vgl. Mulvey, Laura: Visuelle Lust und narratives Kino, in: Nabakowski, Gislind (Hg.): Frauen in der Kunst, Frankfurt a. M. 1980, S. 30–46. Siehe auch die englische Originalfassung, dies.: Visual Pleasure and Narrative Cinema, in: Screen 16/3 (Herbst 1975), S. 6–18. Der von Mulvey angenommene Dualismus zwischen aktivem männlichem Sehen und passivem weiblichem Gesehenwerden, der eine weibliche Subjektposition und die Erotisierung des Männerkörpers im filmischen Repräsentationssystem ausschließt, ist in nachfolgenden Studien vielfach kritisiert und im Hinblick auf komplexe Darstellungs- und Identifikationsstrukturen erweitert worden. So stellen neuere Ansätze den von Mulvey postulierten Binarismus in Frage und versuchen das Konzept des Blicks im Hinblick auf Formen weiblicher Schaulust zu erweitern. Mulvey selbst überarbeitete ihre Thesen zum *male gaze*. Vgl. dies.: Afterthoughts on ‚Visual Pleasures and Narrative Cinema' Inspired by ‚Duel in the Sun' (King Vidor, 1946), in: Framework (Sommer 1981), S. 12–15. Neueste Studien gehen dabei von fluktuierenden Subjekt- und Objektpositionen und dementsprechend vielfachen, selektiven Identifikationsmöglichkeiten eines aktiven Zuschauers aus. Das Konzept des Blicks ist vor allem im interdisziplinären Forschungsbereich der Colonial Studies (*colonial gaze*) weiterentwickelt worden. Liebrand, Claudia: Film – Filmwissenschaft – Filmtheorie, in: Kroll, Renate (Hg.): Gender Studies. Geschlechterforschung. Ansätze – Personen – Grundbegriffe, Stuttgart/Weimar 2002, S. 108–109, hier S. 108; Gottgetreu, Sabine: Der bewegliche Blick. Zum Paradigmenwechsel in der feministischen Filmtheorie, Studien zum Theater Film und Fernsehen, Bd. 14, hg. v. Renate Möhrmann, Frankfurt a. M./Bern/New York/Paris 1992, S. 7; vgl. auch: Pratt, Marie Louise: Imperial Eyes: Travel Writing and Transculturation, London 1992.

mit dem Aufkommen der modernen Massenkultur. Die Zeichen der Moderne haben sich bereits in Mariuccias Körper eingeschrieben und dehnen sich mit ihr über den urbanen Raum aus. An den Wänden ihres Zimmers hängen unmittelbar neben einer Madonnenikone die Fotos verschiedener Hollywood-Diven. Der Film dokumentiert hier die zeitgenössisch wahrgenommene Pluralisierung der Weiblichkeiten, die allgemein mit einer „Amerikanisierung" der Lebensgewohnheiten sowie einem vermeintlichen Religions- und Traditionsverlust assoziiert wurde.[178] Während ihr die Kamera auf dem Weg zur Arbeit folgt, tauchen im Bildhintergrund Symbole der kosmopolitischen Konsumkultur auf, von den *rotocalchi* am Zeitungskiosk bis hin zu den Werbeplakaten für Revue-Shows, Kosmetikprodukte, *Coca-Cola* oder *Cinzano*. Auch ihre Arbeit in der luxuriösen Parfümerie und auf der Mailänder Messe ist deutlich an diesen Kontext gebunden.

Abb. II. 6

---

[178] Vgl. Pompei (1930), S. 180 ff.; Riggio Cinelli, Linda: La donna italiana e la libertà, Florenz 1931, S. 8–9. Die katholische Filmzeitschrift Rivista del Cinematografo beschrieb Stars als „Träger des Bösen": Anonym: Un divo dello schermo, in: RdC Nr. 8/9, (August/September 1929), S. 192. Pius XI. hatte das Kino erst 1930 in seiner Enzyklika *Casti conubii* für eine allgemeine „Lockerung der Sitten" verantwortlich gemacht. Pius XI: Lettera encyclica Casti connubii, in: AAS (Acta Apostolica Sedis) XXII (1930), S. 539 ff.; zitiert nach Vigano (2002), S. 42.

Bruno wird als moderner *flâneur* in die Filmhandlung eingeführt, der scheinbar unmotiviert durch den morgendlichen Großstadtbetrieb bummelt und die sich ihm darbietende Szenerie visuell konsumiert, um seine Aufmerksamkeit den Gegenständen zuzuwenden, die ihm – wie Mariuccia – zufällig in den Blick geraten.[179]

Die Kameraeinstellung nimmt hier die Perspektive des Protagonisten ein und stilisiert Mariuccia zu seinem Anschauungsobjekt. Vom Kioskbesitzer ermuntert, schwingt sich Bruno auf sein Fahrrad, jagt ihr hinterher und beginnt einen Flirt. Die Filmerzählung suggeriert hier, dass Mariuccia sich in einer nach wie vor männlich beherrschten Domäne bewegt. Doch schon die nächsten Bilder zeigen, wie sich die Macht- und Dominanzverhältnisse zwischen den Geschlechtern, die durch die filmischen Blickrelationen visualisiert werden, in der modernen Großstadt tendenziell verschieben. Denn Mariuccia springt auf die nächste Tram, sodass Bruno auf seinem altmodischen Fahrrad kaum hinterherkommt. Nun präsentiert sich Mariuccia ihrerseits als moderne *flâneuse*, die sich den urbanen Raum über die modernen Technologien, repräsentiert durch die Straßenbahn und die massenmedialen Informationskanäle (sie liest *Piccola*), aneignet.

Abb. II. 7

---

[179] „The *flâneur's* field of action is encompassed by his field of vision. [...] Women are essential components of the urban drama that the *flâneur* observes. A woman idling on a street is to be 'consumed' and 'enjoyed' along with the rest of the sights that the city affords. Parkhurst Ferguson, Priscilla: The *Flâneur* on and off the Streets of Paris, in: Tester, Keith (Hg.): The Flâneur, London 1994, S. 22–42, hier S. 27 f.

Sie überschreitet die binär konstruierten Sphären des Männlich-Öffentlichen und Weiblich-Privaten und definiert deren Grenzen neu. Die Straßenbahn einerseits und das Fahrrad andererseits markieren die Differenz zwischen den Geschlechtern, die allerdings einer Umkehr der traditionellen Hierarchien entspricht. Jetzt ist es Mariuccia, die Bruno durch das Fenster der Straßenbahn beobachtet und ihm über ihre Zeitschrift hinweg neckische Blicke zuwirft. Die Kamera nimmt hier die Perspektive der Protagonistin ein, deren Sichtweise sich mit der des Publikums überlappt und somit die weibliche Zuschauerposition sichtbar macht. Die Aufnahme durch das Straßenbahnfenster, welches Bruno gewissermaßen als Bild einrahmt, bewirkt auf innerfilmischer Ebene eine Dopplung des Dargestellten. Die Fensterscheibe entspricht der Leinwand, auf der sich Bruno zum Schauspiel für Mariuccia und die Kinozuschauerinnen und -zuschauer macht. Den Showcharakter seiner Darstellung unterstreicht die inhärente Komik und die flotte Jazzmusik, die den Sequenzen unterliegt. Diese visuelle Inszenierung der Bruno-Figur deutet über den filmischen Text hinaus auf De Sicas Starfigur als Spektakel und Produkt weiblicher Schaulust hin.[180] Über die Konnotation mit Mariuccias Zeitschrift *Piccola* verweist der Film überdies auf seinen Status als Männlichkeitsideal der *maschietta*.

Die Straßenbahnszene suggeriert ferner, dass das weibliche Vordringen in den urbanen Raum und die Berufstätigkeit der modernen Frau einen männlichen Kontrollverlust bewirken. Bruno wird als Objekt des weiblichen Blicks zur Witzfigur gemacht. So prallt er zunächst mit dem Wagen eines Straßenfegers zusammen, nur um gleich danach von der Wasserfontäne eines Reinigungsfahrzeugs nass gespritzt zu werden. Wenig später machen sich Mariuccias Freundinnen über sein Fahrrad lustig, woraufhin Bruno entgegnet: „Ah, habe verstanden! Für Sie braucht's ein Auto. [...] Also kaufen wir doch ein Auto!".

Die modernen *maschiette*, die arbeiten, eine gewisse finanzielle Unabhängigkeit genießen und sich elegante Kleidung und Perlenketten leisten können, scheinen im Bezug auf die Wahl ihrer Verehrer anspruchsvoll geworden zu sein. Bruno ist nun herausgefordert, seine Männlichkeit gegenüber den Frauen durch seine größere Konsumkraft unter Beweis zu stellen. Gleichzeitig muss er sich dabei mit den wohlhabenden Männern der oberen sozialen Schichten messen, die Mariuccia und ihre Freundinnen hofieren, zu Freizeitvergnügungen einladen und im Auto nach Hause begleiten. Das

---

[180] Wie schon in Kapitel II.1 erörtert, war De Sica zum Entstehungszeitpunkt des Films bereits ein bekannter Entertainer und Starfigur der populären Revue-Theatergruppe *Za-Bum No. 8*. Im Vorlauf der Premiere von *Gli uomini, che mascalzoni!* versuchte die Produktionsfirma *Cines* seinen Bekanntheitsgrad zu Reklamezwecken einzusetzen. Seine clowneske Performance in der beschriebenen Szene nimmt Bezug auf seine Darbietungen in den satirischen *Za-Bum*-Musikrevuen. Daneben werden weitere innerfilmische Bezüge zu seiner Theaterkarriere hergestellt, um ihn als Star kenntlich zu machen. Während Bruno Mariuccia auf seinem Fahrrad folgt, sind im Bildhintergrund Werbeplakate der Theatergruppe *Za-Bum* zu sehen.

Ein „neuer Mann" im weiblichen Blick: *Gli uomini, che mascalzoni!* 83

Abb. II. 8

Auto nimmt als Warenfetisch[181] eine zentrale Position innerhalb der Narration ein und verweist auf die wesentliche Bedeutung von Konsumgütern bei der Definition gegenderter Identitäten und sozialer Hierarchien.

Das Automobil stellte im Italien der Zwischenkriegszeit – und dies noch bis in die 1960er Jahre hinein – ein exklusives Statussymbol der Oberschichten dar. Auch in *Gli uomini, che mascalzoni!* dient das Auto zur Distinktion sozialer Schichten und symbolisiert zudem Brunos und Mariuccias Ambitionen, diese zu überschreiten. Es steht zudem für gesellschaftliche Modernisierungsprozesse, die sich auch auf der Ebene der Geschlechterbeziehungen bemerkbar machen. So ermöglicht die gemeinsame

---

[181] Der Terminus „Warenfetisch" wird in der Forschung zur *material culture* analytisch gebraucht, um zu beschreiben, wie materielle Dinge in spezifischen kulturellen Kontexten mit Bedeutung aufgeladen werden. „Fetischismus" ist dabei als eine Verschiebung von Begehren und Bedeutungen auf bestimmte Waren zu verstehen: „The fetish quality of cars, works of art, mobile phone, shirts and Italian food is not an intrinsic or stable quality of the object. It is assigned through cultural mediations, a circulation of signs that includes the objects themselves. The fetishistic qualities of objects varies over time and place and between different groups of people." Dant, Tim: Material Culture in the Social World: Values, Activities, Lifestyles, Philadelphia 1999, S. 40 ff.

Spritztour ins Grüne den Protagonisten einen zwanglosen und unverbindlichen Flirt außerhalb der elterlichen Kontrolle. Die Bilder, die den ersten Teil ihres romantischen Ausflugs zeigen, beschränken sich auf Landschaftsaufnahmen aus der Sicht der beiden Hauptfiguren und ermangeln somit eines beaufsichtigenden und gleichzeitig hierarchisierenden Blicks. Auch die Tanzszene in der Taverne am See, in der De Sica die Schnulze *Parlami d'amore, Mariù* singt, stoppt den Fluss der Erzählung und inszeniert das Paar in romantischer Zweisamkeit.

Doch den Fantasien vom sozialen Aufstieg und einer unverbindlichen (sexuellen) Beziehung zwischen den Geschlechtern, die nicht erkennbar auf Ehe und Familie abzielt, erteilt die Filmerzählung im weiteren Verlauf eine deutliche Absage. Denn durch das unautorisierte Ausleihen des Wagens seines Chefs setzt Bruno seine Arbeit und damit auch seine Männlichkeit aufs Spiel. Mariuccia riskiert ihrerseits durch die Leichtfertigkeit, in fremder Herren Wagen einzusteigen, ihre moralische Korrumpierung. Das Auto, das zunächst als ein Zeichen für Modernität, Mobilität und die neuen Freiräume innerhalb der urbanen Massenkultur steht, deutet die Filmerzählung somit zum Sinnbild des sozialen und moralischen Abstiegs um.

Zunächst gelingt es Bruno, bei der Spritztour an den Comer See durch die falsche Identität des *signore* seinen angekratzten Mannesstatus wieder wettzumachen. Nun ist er es, der sich der Vehikel der Moderne in Form des Autos bemächtigt und eine dominante Position gegenüber Mariuccia einnimmt. Durch die Beherrschung der Maschine und die Kontrolle über Geschwindigkeit und Technik stellt er seine Virilität unter Beweis.[182] Dies wird durch eine wirkungsvolle Montage suggeriert, bei der sich die Bilder der vorbei fliegenden Häuser, Strommasten und Felder mit Aufnahmen der befahrenen Straße, der Wagenräder und des darunter hingleitenden Asphalts abwechseln, wobei die Kamera hier überwiegend Brunos Perspektive einnimmt. Doch seine wieder gewonnene Sicherheit wird neuerlich erschüttert, als die Ankunft der *padrona* seinen „wahren" sozialen Status aufzudecken droht. Bei seiner rasanten Fahrt nach Mailand und wieder zurück zum See hat er einen Zusammenstoß mit einem Viehgespann. Das kaputte Auto steht jetzt wiederum für seine lädierte Männlichkeit, denn der Unfall führt nicht nur zu seiner Entlassung, sondern auch zu einem Bruch mit Mariuccia. Brunos Karambolage mit dem Bauern – eine Metapher für den zeitgenössisch wahrgenommenen Konflikt zwischen Tradition und Moderne – suggeriert die Gefahr einer ungezügelten Modernisierung, die hier mit dem falschen materiellen und sexuellen Begehren der Protagonisten assoziiert wird. Denn die Narration erteilt auch der unverbindlichen Beziehung zwischen Bruno und Mariuccia, die auf größeren weiblichen Freiheiten in der modernen Großstadt und neuen Begegnungs-

---

[182] Zum Verhältnis von Männlichkeit und Technik vgl. Oldenziel, Ruth: Making Technology Masculine. Men, Women and Modern Machines in America 1870–1945, Amsterdam 1999. Sowohl die futuristische Bewegung als auch der Faschismus sahen in der Beherrschung der Maschine ein Zeichen von Virilität.

möglichkeiten von Männern und Frauen in der Freizeit basiert, eine Absage. Der Polizist, der Bruno nach seinem Unfall zurechtweist, steht als Allegorie der staatlichen Autorität, die ihn aufgrund seiner Überschreitung der traditionellen sozialen und geschlechtlichen Hierarchien in die Schranken weißt. Brunos Panne signalisiert, dass sein Eingehen auf die Wünsche der modernen Frau die traditionellen Geschlechterhierarchien aus dem Gleichgewicht bringt. Erst der Einstieg des Paares in das väterlich gesteuerte (städtische) Taxi – das die vermeintlich kontrollierte Moderne des Faschismus symbolisiert – stellt die soziale Ordnung am Ende des Films wieder her.

In einer vergleichsweise langen Sequenz zeigt der Film Brunos schwierige Arbeitssuche. Erst nach unzähligen Stellengesuchen findet er eine schlecht bezahlte Stelle als Fahrer eines wohlhabenden *signore*. Niedrige Löhne, Arbeitszeit- und Gehaltskürzungen sowie eine ständige Entlassungsgefahr gehörten in den frühen 1930er Jahren zur alltäglichen Erfahrung vieler Angestellter und Arbeiter in den urbanen Zentren des industriellen Dreiecks. Nach Stefano Musso schwankte die Rate der arbeitslosen Industriearbeiter im Zeitraum der *grande crisi* zwischen 20 und 25 Prozent.[183] Die rigorose Deflationspolitik des Regimes hatte bereits Ende der 1920er Jahre zu einem Anstieg der Arbeitslosenzahl geführt, wobei sich die ökonomische Lage infolge der globalen Rezession noch weiter verschlechterte.[184]

Camerinis Komödie dokumentiert in aller Deutlichkeit, dass die steigende Arbeitslosigkeit zeitgenössisch als spezifisch männliches Problem diskutiert wurde. Ihre Ursache koppelt die Handlung in Analogie zur antifeministischen Rhetorik des Regimes an die weibliche Präsenz auf dem Arbeitsmarkt. Denn Brunos Arbeitslosigkeit wird indirekt durch Mariuccia ausgelöst. „È tutta colpa mia", sagt sie selbst zu ihrer Freundin Gina, als sie auf der Mailänder Messe beobachten, wie Bruno gerade von einem potenziellen Arbeitgeber zurückgewiesen wird. Bruno ist seine Arbeitslosigkeit vor Mariuccia peinlich. Seine unterlegene Position gegenüber der Verkäuferin zeigt der Film als Hindernis ihrer romantischen Vereinigung.

Doch nicht nur Bruno, auch die *maschietta* Mariuccia muss die Gefahren der Moderne kennenlernen. Der Film zeigt hier eine ähnliche Assoziationskette, wie sie in den reaktionären Debatten um die *donna crisi* immer wieder aufschien. Durch

---

[183] Musso, Stefano: Disoccupazione, in: De Grazia/Luzzatto (2005), S. 432–435, hier S. 432. Musso verweist auf die generelle Unzuverlässigkeit der überlieferten Arbeitslosenzahlen.

[184] Als weitere Faktoren werden in der Forschung die gesetzlichen Maßnahmen zur Beschränkung der Emigration sowie der erhöhten Abwanderung von Arbeitssuchenden aus den industriell unterentwickelten und krisengeschüttelten agrarischen Gebieten des Landes in die Städte angeführt. Die faschistische Regierung versuchte, die Landflucht durch ihr Projekt der „bonifica integrale" zu bremsen und der Gefahr einer Proletarisierung landloser Bauern und Tagelöhner entgegenzuwirken, indem diesen die Niederlassung in den Städten erschwert wurde. Tatsächlich verstärkten die Maßnahmen des Regimes jedoch das Phänomen der Saisonarbeit und trugen zur dauernden Instabilität der Beschäftigungsverhältnisse bei. Vgl. Treves, Anna: Le migrazione interne nell'Italia fascista. Politica e realtà demografica, Turin 1976.

ihre außerhäusliche Berufstätigkeit stellt Mariuccia die traditionelle Geschlechterordnung auf den Kopf. Ihre Arbeit in der Parfümerie, die der Film in einem Ambiente von Verschwendung und Luxuskonsum jenseits aller Notwendigkeit verortet, nährt in ihr Wünsche nach Vergnügen und sozialem Aufstieg. Diesem kommen die wohlhabenden feinen Herren entgegen, die Mariuccia und vor allem ihre beiden Freundinnen mit Geschenken und Amüsements umgarnen, sich dafür aber auch sexuelle Zudringlichkeiten erlauben, wie der Film suggeriert. Das Vordringen der *maschietta* in männliche Bereiche und ihr Kontakt mit der Konsum- und Vergnügungskultur, so wird hier suggeriert, birgt stets das Risiko, den Status des rechtschaffenen Mädchens zu verlieren und sozial in die Prostitution abzusteigen.[185] So gerät Mariuccia nach ihrem Ausflug mit Bruno an den Comer See in die kompromittierende Situation, ohne Geld und Rückfahrtmöglichkeit in die Stadt dazustehen und eine Nacht außer Haus verbringen zu müssen.[186] Ein zweites Mal, als sie sich von Brunos neuem Chef mit dem Auto nach Hause begleiten lässt, um Bruno, der am Steuer sitzt, eifersüchtig zu machen, muss sie erstens die Aufdringlichkeit des Verehrers ertragen und veranlasst zweitens Brunos Kündigung. Schließlich gerät sie in die Abhängigkeit des Industriellen, über den sie Bruno zwar eine neue Stelle auf der Messe verschafft hat, danach aber wiederum in der misslichen Situation ist, dies mit Gefälligkeiten bezahlen zu müssen. Sie riskiert, innerhalb der Arbeitswelt und der städtischen Konsumkultur selbst zur Ware zu werden, wie auch auf Dialogebene mehrmals angedeutet wird: „Für so eine wie die", sagt beispielsweise die Bonbonverkäuferin über Mariuccia, „da musst Du schon mit einem Auto und Tausend-Lire-Scheinen aufwarten!" Mariuccias missliche Lage wird nicht auf die Dominanz patriarchalischer Strukturen zurückgeführt, sondern auf ihr scheinbar falsches Vordringen in männliche Bereiche.

Daher ist Bruno gefordert, aktiv zu werden, um Mariuccia wieder zurück auf ihren eigentlichen Platz, den häuslichen und familiären Bereich, zu verweisen und sich als Familienernährer in einer gesellschaftlich übergeordneten Stellung zu positionieren. Nachdem er ihr im Taxi einen Heiratsantrag gemacht hat, stellt er klar, wie er sich ihre zukünftige Rolle als Ehefrau vorstellt: „Aber dann keine Parfümerie mehr! Du wirst immer zu Hause bleiben und uns Risotto kochen!" Diese Prinzipien stoßen auf das Einverständnis von Mariuccias Vater, der die beiden im Rückspiegel beobachtet hat und Brunos Einstellung laut hupend bestätigt. Ihre zunächst unverbindliche Bezie-

---

[185] Dieses Narrativ wurde auch im faschistischen Diskurs immer wieder reproduziert. Vgl. Grillenzoni, C.: I caratteri del fisico e del vestire considerati come fattori demografici, Rom 1931, S. 3–11; De Gesco, G.: La Moda attuale è il termometro della lussuria, in: Le donne italiane. Periodico quindicinale, organo del Comitato nazionale per la correttezza della moda, Nr. 16: 31.12.1931, S. 3.

[186] Aufgrund des verschärften polizeilichen Vorgehens gegen Prostitution, die auf die staatlich lizenzierten Bordelle beschränkt werden sollte, gerieten Frauen, die beispielsweise nachts unbegleitet unterwegs waren, leicht in den Verdacht der Prostitution. Vgl. De Grazia (1992), S. 44–45.

hung wird somit zurückgeleitet in offiziell gebilligte Bahnen und erneut dem Blick und der Führung der Vaterfigur unterstellt. Doch bleibt die Handlung bis zuletzt doppeldeutig. Während Bruno seine autoritären Bevormundungen erteilt, beginnen er und Mariuccia zu lachen, sodass seine Anweisungen einen ironischen Charakter erhalten.

Anhand De Sicas Image zeichnen sich die Widersprüche im Männlichkeitsdiskurs der frühen 1930er Jahre ab, die aus übergeordneten kulturellen Modernisierungsprozessen einerseits und der antimodernen, antifeministischen Geschlechterpolitik des Faschismus andererseits resultierten. Dabei ist die von ihm verkörperte Männlichkeit durch eine grundlegende Doppeldeutigkeit gekennzeichnet, die den Zuschauern mehrere Identifikations-möglichkeiten zur Verfügung stellt. So zeigt De Sica in der Rolle des Taxifahrers Bruno einerseits eine Männlichkeit, die vom traditionellen Bild des dominanten Patriarchen und Familienernährers abweicht. In Verbindung mit der Analyse der Frauenzeitschrift *Piccola* wurde deutlich, dass diese Männlichkeit auf emanzipatorische Impulse und eine Annäherung der Geschlechter reagierte, die unter anderem auf die zunehmende Sichtbarkeit alternativer Gender- und Verhaltensmodelle innerhalb der international geprägten Medienlandschaft zurückzuführen sind. De Sicas Figur positioniert sich gegenüber der Protagonistin in einem eher egalitären Verhältnis und bestätigt zunächst deren größere gesellschaftliche Präsenz und Aktivität. Sein romantisches Image interagiert zudem mit aufkommenden Idealbildern von der Ehe als einem freundschaftlichen und tendenziell gleichberechtigten Verhältnis. Mit dem Flirt zwischen Bruno und Mariuccia wird zudem auf die größeren Möglichkeiten vorehelicher (sexueller) Erfahrungen mit dem jeweils anderen Geschlecht außerhalb der Familie angespielt. Antwortet De Sicas Starfigur damit einerseits auf potenzielle Sehwünsche des weiblichen Publikums sowie auf allgemeine Bedürfnisse nach größeren Freiräumen und Möglichkeiten der Selbstverwirklichung, wird über seine Figur andererseits ein disziplinierender Diskurs manifest, der die filmischen Geschlechterverhältnisse konform mit den Männlichkeits- und Weiblichkeitsidealen des Faschismus organisiert. Das Ende bestätigt die Dichotomie zwischen weiblicher Haus- und männlicher Erwerbsarbeit sowie das Prinzip männlicher Dominanz und die Pflicht zum Gehorsam gegenüber der Vaterfigur. Soziale Konflikte wie die hohe Arbeitslosigkeit und eine damit verbundene männliche Krisenerfahrung scheinen zwar auf, werden aber letztlich auf angeblich falsche Modernisierungs- und Emanzipationsprozesse zurückgeführt.

Sport und Männerkörper in *Tempo massimo*

Ähnliche Ambivalenzen im Männlichkeitsdiskurs zeigen sich auch in der Komödie *Tempo massimo*, die im Januar 1935 in den italienischen Kinos anlief. De Sicas Starfigur ist hier erneut in den Kontext der modernen Massenkultur eingebettet. Bereits der Titel des Films suggeriert Dynamik und Modernität. Die Handlung kreist um die

Themen der populären Freizeitkultur wie die Unterhaltungsmusik, den Tourismus, vor allem aber den Schau- und Massensport.[187] *Tempo massimo* war das kinematografische Regiedebüt Mario Mattolis und bereits die zweite Filmproduktion der von ihm geleiteten Revue-Gruppe *Za-Bum*, als deren männlicher Star De Sica zu Beginn der 1930er Jahre bekannt geworden war. Die Komödie ist ein typisches Beispiel für die ästhetisch und stilistisch hybride Filmproduktion der frühen 1930er Jahre. Sie adaptiert inhaltliche und stilistische Elemente der satirischen *Za-Bum*-Musikrevuen, wie etwa die kurzen Gesangsdarbietungen der Protagonisten und integriert darüber hinaus Slapstick-Einlagen und vereinzelte Zeichentrick-Elemente. Realistische Außenaufnahmen werden mit Studioaufnahmen im eleganten Upperclass-Setting der *telefoni bianchi*-Komödien kombiniert.

De Sica verkörpert hier die Figur des jungen, wohlhabenden und zunächst reichlich antiquiert daherkommenden Professors Giacomo Banti, der als Junggeselle zusammen mit seiner dominanten Tante Agatha (Amelia Chellini) und seinem fürsorglichen Butler Antonio (Camillo Pilotto) zurückgezogen in einer abgeschiedenen Villa an einem See lebt. In sein beschauliches Leben, das er mit Studien über die Liebesdichtung Petrarcas und seltene Orchideen verbringt, platzt aus heiterem Himmel die junge, abenteuerlustige und sportbegeisterte Millionärin Dora Sandri (Milly Monti). Der romantische Plot beginnt spektakulär: Nach einem Fallschirmsprung landet Dora neben dem angelnden Giacomo im See und bringt beinahe sein Boot zum Kentern, sodass er mit ihr im Wasser landet (Abb. II. 9). Durch die Begegnung mit der modernen jungen Frau gerät sein gewohnter Lebensalltag ins Wanken. Giacomo lädt die durchnässte Dora kurzerhand in seine Villa ein. Dort treffen wenig später auch ihre Freunde ein, die ihrem Absprung zugesehen haben und sie mit dem Auto zurück nach Mailand begleiten wollen. Darunter befindet sich ihr Verehrer Bob Huerta (Nerio Bernardi), der sie mit einer Wette zu dem wagemutigen Fallschirmsprung veranlasst hatte.

Wäre sie nicht gesprungen, hätte sie diesem ihr Jawort geben müssen, erzählt sie Giacomo belustigt. Wie der Zuschauer im weiteren Verlauf der Filmhandlung erfährt, ist Bob ein verarmter spanischer Prinz und hauptsächlich aufgrund seiner hohen Schulden an einer Heirat mit Dora interessiert. Diese macht sich jedoch einen Spaß aus seinen ständigen Anträgen und liebäugelt zudem mit dem scheuen Professor. Giacomo verliebt sich Hals über Kopf in die flotte Dora und beschließt, sein altes Leben umzukrempeln, um ihren Ansprüchen – vor allem in sportlicher Hinsicht – zu genügen und es mit seinem schneidigen Rivalen Bob aufnehmen zu können. Der

---

[187] Mattolis Film entstand auf der Welle einer allgemeinen Sportbegeisterung, die zu Beginn der 1930er Jahre durch die Erfolge italienischer Sportstars wie des Boxweltmeisters Primo Carnera oder der Radsportler Alfredo Binda und Learco Guerra sowie durch den Sieg der Nationalelf bei der in Italien ausgetragenen Fußball-WM ausgelöst worden war. Vgl. Pivato, Stefano: Sport, in: De Grazia/Luzzatto (2005), S. 661–664.

Film zeigt daraufhin, wie Giacomo Dora in die Großstadt folgt und allerlei körperliche Strapazen überwindet, um sie schließlich im Happy End als seine Braut nach Hause führen zu können.

Abb. II. 9

Wie der Kritiker Filippo Sacchi im Januar 1935 im *Corriere della Sera* schrieb, habe sich De Sica in der romantischen Komödie Mattolis einmal mehr die Gunst des Publikums gesichert: „Es ist diese mit sorgloser Finesse verkörperte Komik und Zartheit, die das Publikum so sehr an ihm schätzt."[188] Während Sacchi den Publikumserfolg auf die komisch-romantische Interpretation De Sicas und seine Eleganz in der Rolle des sentimentalen Junggesellen zurückführt, äußerte sich der Schauspieler in einem Interview, das kurz darauf in *Cinema Illustrazione* erschien, verwundert über die Wirkung des Films:

> Haben Sie gehört, wie erfolgreich Mattolis Film in Rom war? Und dass, obwohl ich letzten September bei den Dreharbeiten in Mailand manchmal am liebsten geheult hätte, weil mir der Stoff so fade und die Figur, die ich verkörperte, so lächerlich vorkamen. Sie können sich gar nicht vorstellen, wie peinlich mir der Moment war, als ich als Sandwichmann durch die Mailänder Einkaufspassage gehen musste.[189]

Offenbar fühlte sich De Sica als Darsteller des sensiblen und scheuen Professors nicht ganz wohl in seiner Haut oder verspürte zumindest das Bedürfnis, sich von dieser

---

[188] „È il comico e il tenero espressi con quella sua spensierata finezza che il pubblico aprezza talmente in lui." Sacchi, Fillipo: Tempo massimo, in: Corriere della Sera, 11.1.1935, S. 6.

[189] „Hai visto che successo del film di Mattoli a Roma? E dire che il Settembre scorso quando lo giravo a Milano, certi giorni mi veniva quasi da piangere perché il soggetto mi sembrava insulso, e ridicolo il personaggio che vi incarnavo. Non puoi immaginarti la mia vergogna quando fui costretto a passare per la galleria in veste da ‚uomo sandwich'." A. F.: Viaggio con De Sica, in: Cinema Illustrazione, Nr. 4, 23.1.1935, S. 14.

von ihm für „lächerlich"[190] befundenen Figur zu distanzieren. Seinem Unbehagen im Hinblick auf seine Rolle entspricht die geteilte Meinung der Kritiker, die den Protagonisten aus *Tempo massimo* vielfach negativ portraitierten. Es war vor allem die „weiche" Männlichkeit der Giacomo-Figur, an der sich die Geister schieden und die für grotesk und unzeitgemäß befunden wurde: „Wer glaubt denn beispielsweise, dass es heutzutage noch solch einen Einfaltspinsel von Professor gibt, wie der Protagonist aus *Tempo massimo* einer ist? [...] Mumien von diesem Kaliber haben wir schon lange einbalsamiert."[191]

Die Diskrepanzen in seiner Rezeption sind weniger auf einen offensichtlichen Imagewandel De Sicas als vielmehr auf eine Verschärfung der offiziellen Virilisierungsrhetorik zum Entstehungszeitpunkt der Komödie zurückzuführen. *Tempo massimo* wurde im September 1934 gedreht und damit in einem Zeitraum, der von einer umfassenden Militarisierung des faschistischen Regimes im Vorfeld des italienischen Kolonialkriegs in Äthiopien geprägt war.[192] Die Periode zwischen Juli 1934 und Oktober 1935 war von diplomatischen Manövern, militärischen Vorbereitungen und einer massiven, stark geschlechtssymbolisch aufgeladenen Propaganda für das koloniale Unternehmen gekennzeichnet. Die Kriegsrhetorik schlug sich auch in den populären Unterhaltungsmedien nieder, wie unter anderem der einsetzende Boom des Kolonialfilms zeigt.[193]

Die Aussicht auf Erfüllung der lang gehegten Großmachtträume wirkte sich unmittelbar auf die Geschlechterpolitik des Regimes aus. Männer und Frauen sollten auf jeweils unterschiedliche Weise als einzelne Glieder des kriegsbereiten Volkskörpers in die Expansionsbestrebungen eingebunden werden. Der Aufruf zur Zurückstellung individueller Bedürfnisse hinter den Dienst an der Nation verschärfte sich.[194] Männlichkeit wurde in diesem Kontext verstärkt über soldatische Tugenden

---

[190] Ebd.

[191] „Chi può credere, ad esempio, che al giorno d'oggi esista un giuggiolone di professore, come il protagonista di Tempo massimo? [...] Mummie di tal calibro, le abbiamo imbalsamate da un pezzo." Anonym: Film della settimana. Tempo massimo, in: Cinema Illustrazione, Nr. 4, 23.1.1935, S. 12.

[192] Die Militarisierung des Regimes erreichte im Vorfeld des Äthiopienfeldzugs eine neue Qualität, wobei dem Faschismus eine martialische Ausrichtung bereits seit der Bewegungsphase inhärent war. Auch während der Konsolidierung der Diktatur seit 1925 war die faschistische Herrschaft „in hohem Maße sowohl im Innern wie auch nach außen hin auf politische Gewaltanwendung ausgerichtet". Schieder, Wolfgang: Das faschistische Italien, in: Frei, Norbert/Kling, Hermann (Hg.): Der Nationalsozialistische Krieg, Frankfurt a. M./New York 1990, S. 48–61, hier S. 52; siehe auch Reichardt (2002), S. 37 ff. u. 53 ff.

[193] Vgl. Del Boca, Angelo: Gli italiani in Africa orientale, Bd. II, La conquista dell'Impero, Rom/Bari 1976–1982, S. 18; zum Kolonialfilm siehe Coletti, Maria: Il cinema coloniale tra propaganda e melò, in: Aprà (2006).

[194] Zur Mobilisierung der weiblichen Öffentlichkeit für das koloniale Unternehmen vgl. Terhoeven, Petra: Liebespfand fürs Vaterland. Krieg, Geschlecht und faschistische Nation in der italienischen Gold- und Eheringsammlung 1935/36, Tübingen 2003, S. 344 ff.; siehe auch Lombardi-

wie Heldenmut, Gewalt- und Opferbereitschaft definiert.[195] Mussolini propagierte den Äthiopienfeldzug als konsequente Fortsetzung der faschistischen Revolution und Prüfstein für die „Virilität des italienischen Volkes". Das koloniale Schlachtfeld sollte zur Schmiede des *cittadino-soldato* werden.[196]

Im Zusammenhang mit Mattolis Film und der von De Sica verkörperten Hauptfigur ist von Bedeutung, dass einhergehend mit der gesteigerten Virilisierungsrhetorik auch die antibürgerliche Polemik des Regimes aufflammte, die in der *campagna antiborghese* der zweiten Hälfte der 1930er Jahre kulminierte.[197] Die ätzende Kritik an Demokratie und Liberalismus und die Behauptung einer immanenten Gefährdung der faschistischen „Revolution" durch die Residuen bürgerlicher Mentalität (*spirito borghese*) bildeten den diskursiven Rahmen, in dem sich der Faschismus als kriegerische Nation entwarf und einen Zustand permanenter Mobilisierung und Aktion konstruierte.[198] Der Begriff des Bürgers bezog sich hier weniger auf eine konkrete sozioökonomische Gesellschaftsschicht, sondern wurde vielmehr als „moralische Kategorie"[199] zum Negativieren all dessen gebraucht, was den totalitären Ansprüchen des Regimes entgegenstand. Der egoistische, materialistische und pazifistische Bourgeois bildete ein konstitutives Feindbild, gegen das sich die Silhouette des disziplinierten *cittadino soldato* überhaupt erst abzeichnete.[200]

Diop, Cristina: Pioneering Female Modernity: Fascist Women in Colonial Africa, in: Ben-Ghiat/Fuller (2005), S. 145–154; Pickering-Iazzi, Robin: Mass-Mediated Fantasies of Feminine Conquest, 1930–1940, in: Palumbo, Patrizia (Hg.): A Place in the Sun. Africa in Italian Colonial Culture from Post-Unification to the Present, Berkeley/Los Angeles/London 2003, S. 197–224; dies.: Ways of Looking in Black and White. Female Spectatorship and the Miscegenation Body in *Sotto la croce del sud*, in: Reich/Garofalo (2002), S. 194–222; Bertellini, Giorgio: Colonial Autism. Whitened Heroes, Auditory Rhetoric and National Identity in Interwar Italian Cinema, in: Palumbo (2003), S. 255–277; Boggio, Cecilia: Black Shirts/Black Skins. Fascist Italy's Colonial Anxieties and Lo Squadrone Bianco, in: ebd., S. 279–297.

[195] Wie Bellassai konstatiert, wurde die Glorifizierung männlicher Gewalt, wie sie insbesondere für den Squadrismus charakteristisch war, nach der Wende zur Diktatur deutlich redimensioniert und das Ideal des *uomo nuovo* stärker in Konvergenz mit der katholisch-paternalistischen Tradition konstruiert. Erst im Kontext der Militarisierung in den 1930er Jahren rückte die martialische Ausrichtung faschistischer Männlichkeit wieder stärker in den Vordergrund. Vgl. Bellassai, Sandro: La mascolinità contemporanea, Rom 2004, S. 86–87.

[196] Mussolini, Benito: Opera Omnia, Bd. XXVII, S. 202–203, Rede vom 18. Dezember 1935 anlässlich der Stadtgründung Pontinias, zitiert nach: Terhoeven (2003), S. 180; siehe auch Stefani, Giulietta: Maschi in colonia. Gli Italiani in Etiopia (1935–1941), in: Genesis, II/2, 2003, S. 33–52.

[197] Vgl. Falasca-Zamponi (1997), S. 100 ff.

[198] Das konstitutive Moment des antibürgerlichen Diskurses stellt Sven Reichardt bereits für die squadristische Anfangsphase des Faschismus fest. Reichardt (2002), S. 646 ff.

[199] Ebd. (1997), S. 119 ff.

[200] Vgl. Reichardt, S. 687; Mussolini, Benito: Un pericolo: „Lo spirito borghese", in: Gerarchia. Rassegna mensile della rivoluzione fascista, Nr. 3 (März 1934), S. 179–182, hier S. 182.

Obwohl Mattolis Komödie keine offensichtlichen Bezüge zur kolonialen Thematik erkennen lässt, schreibt sich der faschistische Appell zur ständigen Aktion und Körperdisziplinierung über die antibürgerliche Rhetorik des Films deutlich in den Starkörper De Sicas ein. Giacomo erscheint zunächst als Sinnbild des *uomo borghese*, der einen körperlichen und charakterlichen Wandlungsprozess durchlaufen und die notwendigen virilen Tugenden erlangen muss, um Dora zu erobern. Dabei inszeniert die Komödie eine an Schnelligkeit, Bewegung und Technisierung orientierte männliche Regeneration und macht zudem die moderne Großstadt zum Ort der Virilisierung des Protagonisten.[201]

Als unmittelbares Vorbild seiner Mannwerdung fungiert zunächst der maskuline Bob. Dessen statuenhafte und athletische Figur suggeriert im Vergleich zum dünnen, zart besaiteten Giacomo Stärke und Überlegenheit. Die Filmhandlung versieht ihn mit den Charaktertopoi des *uomo nuovo*, indem sie ihm Dominanz, Tapferkeit und Aggressivität zuschreibt. Dieses Idealbild faschistischer Männlichkeit wurde in der Forschung bisher überwiegend im antimodernen und ruralen Diskurs des Regimes lokalisiert.[202] Wie *Tempo massimo* dagegen exemplarisch zeigt, verbanden sich im diffusen Leitbild des *uomo nuovo* reaktionäre und modernistische Charakteristika. Denn Bob präsentiert sich den Zuschauern als agiler Sportler, Pilot und verwegener Autofahrer. Er und seine Freunde, die untereinander eine männerbündisch anmutende Kameradschaftlichkeit zeigen, werden zudem mit einer amerikanisierten Männlichkeit assoziiert, worauf bereits ihre Spitznamen – Bob, Bobby und Jack – anspielen. Sie sind in sportliche Knickerbockers gekleidet und zeigen eine Vorliebe für Whiskey, Cocktailpartys und Jazz. Ihr jugendlicher, energischer und lockerer Körperstil steht zu Beginn des Films als positiv-viriles Gegenbild zum Habitus des De Sica-Protagonisten.

Der Film offenbart am Beispiel Bobs den widersprüchlichen Amerikadiskurs der 1930er Jahre. Wie verschiedene Forschungsarbeiten zeigen, ging der dezidierte Antiamerikanismus des Regimes Hand in Hand mit einer offen gezeigten Bewunderung für die technischen Errungenschaften und die Geschwindigkeit des US-amerikanischen Fortschritts. Die USA galten wie das faschistische Italien als junge Zivilisation und waren als solche mit Jugendlichkeit, Dynamik und Stärke konnotiert – genau jenen Charakteristika, über die sich der Faschismus gegenüber dem alten, liberalen

---

[201] *Tempo massimo* greift hier Motive auf, wie sie die futuristische Avantgarde und die literarische Novecento-Bewegung um Massimo Bontempelli formuliert hatten. Beide kulturelle Strömungen vereinten reaktionäre Ideen mit Fortschrittsbegeisterung. Eine Orientierung am US-amerikanischen Vorbild und die Erfahrung in der modernen Metropole betrachteten sie als essenzielle Voraussetzung für eine intellektuelle Erneuerung und Modernisierung Italiens. Vgl. Schieder, Wolfgang: Die Zukunft der Avantgarde. Kunst und Politik im italienischen Futurismus 1909–1922, in: Geschichte und Gesellschaft, 18 (2000), S. 229–243. Vgl. allgemein Bossaglia, Rossanna: Il Novecento italiano, Milano 1979.

[202] Vgl. Bellassai (2005).

Nationalstaat abzugrenzen versuchte.²⁰³ Dieses positive USA-Bild wurde mit einem Ideal sportlich-viriler Männlichkeit verknüpft, wie sie in *Tempo massimo* Bob repräsentierte und auch in anderen populärkulturellen Texten häufig zu finden war. Ein charakteristisches Beispiel für diese Verbindung von Amerikanismus und faschistischen Männlichkeitsidealen ist die folgende Beschreibung Clark Gables in einem Beitrag des Filmkritikers Marco Ramperti von 1933: „Clark Gable ist eine „wandelnde Faust": Hart, schroff, kompakt, entschieden. Ganz Feuer und Mut, undurchdringlich in seiner Verschlossenheit. Er ist erregt, auch wenn er regungslos ist, immer bereit zuzuschlagen. Geradewegs, resolut und schonungslos geht er auf sein Ziel zu."²⁰⁴ Hier zeigt sich, dass Elemente der US-amerikanisch konnotierten Massenkultur durchaus kompatibel mit dem faschistischen Männlichkeitsideal waren.²⁰⁵

Doch verläuft die virile „Modernisierung" Giacomos in *Tempo massimo* keineswegs eindeutig. Denn durch den Kontakt mit der modernen Massenkultur scheint der Bourgeois Giacomo viel eher zum *gagà* als zum virilen ‚neuen Mann' zu werden. Diese Ambivalenz tritt vor allem über das Leitmotiv des Sports hervor, welches den Film sowohl auf narrativer als auch auf visueller Ebene dominiert. Während Giacomos unsportlicher Körper seinen Mangel an Virilität und seine Unterlegenheit gegenüber Dora und dem agilen Bob markiert, fungiert der Sport auf der anderen Seite als Symbol seiner Mannwerdung und körperlichen Regeneration. Der Filmtext verweist damit auf die erziehungspolitische Schlüsselfunktion, die der Faschismus der Körperertüchtigung zur Integration der Massen in den Staat sowie zur Durchführung seiner vielfach propagierten „anthropologischen Revolution"²⁰⁶ (*bonifica umana*) einräumte.²⁰⁷ Der Sport wurde zum Dienst an der Nation erhoben und sollte gebärfähige

---

²⁰³ Vgl. Nacci, Michela: L'antiamericanismo in Italia negli anni Trenta, Turin 1989.
²⁰⁴ „Clark Gable è ‚un pugno che camina'. Duro, asciutto, compatto, conchiuso. Però tutto fuoco e tutta fibra; e impenetrabile nella sua serra; è fremente anche da fermo; e pronto a colpire; e dritto, risoluto, implacabile al suo destino." Ramperti, Marco: Clark Gable: Un uomo, in: Cinema Illustrazione, Nr. 14, 3.4.1933, S. 3.
²⁰⁵ Ähnlich stellt Pier Paolo D'Attore fest: „Oft überlagern sich beide Figuren [die des Italieners und des Amerikaners] und bewirken eine kulturelle Vermischung. Wenn man zum Beispiel an [Primo] Carnera oder Rudolph Valentino denkt – beide waren auf dem Höhepunkt ihres Erfolgs zugleich Italiener und Amerikaner – oder an die Parallelen zwischen Balbo und Lindbergh, an die italienischen Olympioniken in Los Angeles, die beim Schießen den Champions des Wilden Westens glichen. In Amerika haben wir nationale Mythen hervorgebracht. [„Spesso le due figure si sovrappongono e si identificano, alimentando sincretismi culturali originali. Si pensi alla fortuna di Carnera e di Rodolfo Valentino italiani e americani nel momento del successo, alla simmetria Balbo-Lindbergh, agli olimpionici italiani a Los Angeles che nel tiro con la pistola eguagliano i campioni del Far West, insomma alla proposizione di miti nazionali sullo sfondo dell'America."] Ders. (1991), S. 24.
²⁰⁶ Gentile, Emilio: Fascismo. Storia e interpretazione, Rom/Bari, 2002, S. 295.
²⁰⁷ Partito Nazionale Fascista (Hg.): Testi per i corsi di preparazione politica: Il cittadino soldato, Roma 1936, S. 10. In Anlehnung an das antike Ideal des *mens sana in corpore sano* behauptete

Frauen- und virile, kriegsbereite Männerkörper hervorbringen. Leibesübungen wurden als effektives Herrschaftsinstrument zur Einschreibung des „faschistischen Stils" in den Individualkörper und dessen Naturalisierung und Repräsentation nach außen hin begriffen.[208] Der Duce selbst galt als Sinnbild des faschistischen Athleten.[209] Zahlreiche Traktate und Parteischriften propagierten im unmittelbaren Entstehungskontext des Films die Bedeutung der Körperertüchtigung und die damit verbundene Wettkampfidee für die Herstellung martialischer Tugenden.[210]

Gleichzeitig dokumentiert *Tempo massimo* eine weitere Dimension des Sports, der ein heterogenes, gender- und schichtenspezifisch strukturiertes soziales Feld darstellte und als solches den erziehungspolitischen Absichten des Regimes nicht immer funktional war. Mitte der 1930er Jahre war der Sport unter anderem ein kommerzielles Massenspektakel und eine Form des individuellen Vergnügens. Der Sport entwickelte sich zwischen den Weltkriegen in Italien von einer elitären Form der Freizeitgestaltung zum Massenphänomen. Diese Popularisierung erfolgte maßgeblich über die Medien sowie die Jugend- und Freizeitorganisationen des Regimes.[211] Letztere boten breiten Bevölkerungsteilen, insbesondere auch Frauen, erstmals einen Zugang zu dieser Art der Körpererfahrung.[212] Vom Sport als ein „modischer Zeitvertreib", versuchte das Regime die faschistische Form der Körperertüchtigung zu trennen. Während der

---

der Faschismus jene Einheit von Körper und Geist („unità fisico-psichica") wieder hergestellt zu haben, die der vorfaschistische Liberalismus entzweit hätte. Ebd. S. 17.

[208] Zur Sportpolitik des Faschismus siehe Fabrizio, Felice: Sport e fascismo. La politica sportiva del regime, 1924–1936, Firenze 1976; Dogliani, Patrizia: Sport and Fascism, in: Journal of Modern Italian Studies, 5/3 (Januar 2001), S. 326–343. Zum Verhältnis von Männlichkeit, Sport, Faschismus und katholischer Kirche siehe Ponzio (2005), S. 51–104.

[209] Ferretti, Lando: Il libro dello sport, Rom/Mailand 1928, S. 86–87; vgl. Partito Nazionale Fascista [PNF] (Hg.): Testi per i corsi di preparazione politica: Il cittadino soldato, Roma 1936, S. 77. Siehe auch Dogliani (2001), S. 333; Gori, Gigliola: Model of Masculinity: Mussolini, the „New Italian" of the Fascist Era, in: Mangan, James Anthony (Hg.): Superman Supreme: Fascist Body as Political Icon – Global Fascism, London 2000, S. 27–61.

[210] Der Sport sollte als „Schule des Risikos" und „Feuer des Kampfes" (*scuola di rischio, fiamma di combattimento*) körperliche, geistige und moralische Dispositionen schaffen, die Italien den Charakter einer kriegerischen Nation verleihen und den internationalen Primat als Kolonialmacht sichern würden. PNF (1936), S. 92.

[211] Der starke Einfluss des Katholizismus, der insbesondere die weibliche Körperertüchtigung zunächst rigoros ablehnte, hatte zur Folge, dass lebensreformerische Bewegungen, die um die Jahrhundertwende jenseits der Alpen ihre Blütezeit erlebten, in Italien allenfalls eine marginale Erscheinung blieben. Weder die italienische Arbeiter- noch die frühe Frauenbewegung hatten den Sport zu einem zentralen Thema gemacht. Vgl. Ponzio (2005), S. 91.

[212] Zum Frauensport siehe: De Grazia (1992): 218 ff.; Frasca, Rosella Isidora: L'educazione fisica e sportiva e la ‚preparazione materna', in: Addis Saba, Marina (Hg.): La corporazione delle donne. Ricerche e studi sui modelli femminili nel ventennio fascista, Florenz 1989, S. 273–304. Motti, Lucia/Rossi Caponeri, Marilena (Hg.): Accademiste a Orvieto. Donne ed educazione fisica nell'Italia fascista 1932–1943, Perugia 1996.

Sport als Spektakel und Zeitvertreib die devianten Körperlichkeiten des Bourgeois oder des Sportfans (*tifoso*) hervorbringe („dieser Mann, der sich aufregt, gestikuliert, schreit und heult, lacht, flucht und sich begeistert beim Anblick eines Balles, der hin und her geschossen wird"), sei die faschistische Körperertüchtigung vor allem „von praktischem Nutzen für militärische Zwecke".[213] Doch entgegen der Selbstdarstellung der Regimefunktionäre, den Sport zu einer klassenlosen Freizeitbeschäftigung gemacht zu haben,[214] wird bei einem Blick auf die zeitgenössischen *rotocalchi* und auch auf Mattolis Film deutlich, dass viele Sportarten, wie Tennis, der Reitsport oder Golf, einen exklusiven Charakter hatten und als kulturelle Praktiken zur sozialen Distinktion fungierten. Dies veranschaulicht auf amüsante Weise ein Kommentar der Journalistin Irene Brin über die Mode des Skifahrens:

> Es war der sich verbreitende Ski-Sport – oder, wie man damals sagte, der *Sky*-Sport –, welcher die Art und Weise veränderte, wie man Urlaub machte. Tatsächlich begannen die Leute sich jetzt auch im Winter zu bewegen. Sie ließen das mondäne Stadtleben hinter sich, um über tausend Höhenmetern mondän zu sein. Nur wenige Könner wagten längere Abfahrten und junge Burschen, meistens Bewohner der Bergdörfer und -täler, brachen sich die Hälse, um Erster zu werden und einen silbernen Pokal aus den Händen einer eleganten Baronesse in Norwegerhosen entgegennehmen zu dürfen. Durch das *dopolavoro* und verschiedene Vereine verbreitete sich das Skifahren. Die Baroninnen wählten fortan nur die teuersten Hotels, um den unangenehmen Kontakt mit wahren Sportlern zu meiden, sich auf das Skifahren am Privathang zu konzentrieren und sich so ganz nebenbei eine kostbare Bräunung zuzulegen.[215]

Die Heterogenität der mit dem Sport verknüpften Bedeutungen und Praktiken wird in *Tempo massimo* am Starimage De Sicas unmittelbar sichtbar. Der Film zeigt den

---

[213] PNF (1936), S. 81 ff.; Sport fascista, in: Libro e moschetto, 30.11.1937, S. 6; Ocer.: Sci…sport nazionale, in: Domenica del Corriere, Nr. 5, 31.1.1937, S. 6–7, hier S. 7.

[214] „Nicht weniger verdienstvoll ist in diesem Sektor die Arbeit der Opera Nazionale Dopolavoro, welche die Massen der Arbeiter auf die Skipisten gebracht und diesen Sport somit denjenigen nähergebracht und zugänglich gemacht hat, die ihn zuvor aus finanziellen Gründen nicht betreiben konnten." [„Non meno benemerita è l'azione, in questo settore dell'Opera Nazionale Dopolavoro, che ha portato sui campi di neve le masse dei lavoratori, rendendo così accessibile e, anzi, familiare questo sport a chi prima non poteva praticarlo a ragioni economiche."] Ebd.; siehe auch Ponzio (2005), S. 99.

[215] „Fu la diffusione dello sci, anzi, allora si diceva *Sky*, a mutare lo stile delle villeggiature, infatti la gente cominciò a muoversi anche l'inverno, dissertando la vita mondana delle città, per fare della mondanità al disopra dei mille metri. Pochi valorosi osavano realmente le grandi traversate, e giovinotti, in massima parte montanari e valligiani, si rompevano l'osso del collo per raggiungere i primati e raccogliere una coppa d'argento dalle mani di una elegantissima baronessa in pantaloni alla norvegese. Poi, con il Dopolavoro e le diverse Associazioni Popolari, lo sci si diffuse. Le baronesse scelsero alberghi costosissimi, per evitare il contatto sgradevole dei veri sportivi, e per limitarsi a sciare nel proprio campetto privato, acquistando preziose patine di abbronzatura." Brin, Irene: Usi e costumi, Roma 1944, S. 41.

Sport als Körperpraktik, die gleichermaßen der Selbstdisziplinierung und Steigerung des Aggressionspotenzials dient, gleichzeitig aber auch individualistisches Vergnügen, Mittel zur sozialen Distinktion, Mode und Massenspektakel ist. Somit enthält der Film eine Variation verhandelbarer Lesarten, die das Narrativ der körperlichen Wandlung des passiven Bourgeois zum sportlichen, dynamischen und aggressiven *uomo nuovo* stören.[216]

Die Story schöpft ihre Spannung und Komik vor allem aus der gegensätzlichen Charakterisierung der beiden Hauptfiguren, die einer Umkehrung der patriarchalischen Geschlechterordnung entspricht. Mit der Figur Doras wird dem De Sica-Protagonisten erneut der Typ der *maschietta* entgegengestellt. Während Giacomo aufgrund seiner Passivität und seines häuslichen und zurückgezogenen Lebensstils mit weiblich konnotierten Eigenschaften assoziiert wird, zeigt die dynamische und risikofreudige Dora männliche Charakteristika. Sie trägt kurze Haare, Hosen und Pullover, fährt Auto, hat ein Faible für ausgefallene Sportarten, ist alleinstehend und finanziell unabhängig. Sie raucht, trinkt Alkohol und umgibt sich mit männlichen Freunden, mit denen sie einen unkomplizierten und kameradschaftlichen Umgang pflegt. Sie ist innerhalb der Erzählung diejenige Figur, von der die Aktivität ausgeht. Sie treibt die Handlung voran und ist schließlich der Auslöser für Giacomos Mannwerdung.

Wie gleich zu Beginn deutlich wird, resultiert Giacomos Männlichkeitsdefizit aus der „verkehrten" Geschlechterordnung zwischen seiner Tante Agatha und dem Hausdiener Antonio. Während seine Tante der „Herr im Haus" ist und sie sowohl Giacomo als auch Antonio herumkommandiert, umsorgt letzterer seinen *signorino* in quasi mütterlicher Manier. Die Gleichsetzung Giacomos mit einem Kind wird nicht nur durch dessen unsicheres, jungenhaftes Verhalten gegenüber Dora evoziert, sondern auch im Filmdialog deutlich zur Sprache gebracht: Denn beim Anblick der Flasche mit dem Lebertran, den die Tante ihrem Neffen jeden Morgen verabreicht, fragt Dora erstaunt, ob sich ein Kind im Haus befinde: „Oh! Wohnt ein Kind in diesem Haus?"

Die familiäre Ordnung in der Villa Banti steht metaphorisch für die gesellschaftliche Ordnung des vorfaschistischen Italiens. Dieser Vergleich ist insbesondere anhand der De Sica-Figur auszumachen. Der Bildungsbürger Giacomo ist das Kind der *italietta*, wie das Regime den liberalen Staat abwertend bezeichnete. Der Faschismus machte der parlamentarischen Regierung das Scheitern der kolonialen Mission in Äthiopien 1896, die Niederlage Italiens im Ersten Weltkrieg (*guerra mutilata*) sowie die Verursachung der demografischen Krise zum Vorwurf und führte dies auf einen angeblichen Mangel an Virilität zurück. Ausgehend von einem biologistischen Nationskonzept

---

[216] Marcia Landy hat dieses „Narrativ der Konversion" als dominante Repräsentationsform von Männlichkeit in Kolonial- und Kriegsfilmen der 1930er und frühen 1940er Jahre nachgewiesen. Dass sich diese Erzählstrategie auch in Mattolis Komödie wiederfindet, verweist auf die Dominanz des faschistischen Disziplinierungsdiskurses im Kontext der zunehmenden Militarisierung der italienischen Gesellschaft. Vgl. Landy (1998), S. 157–161.

imaginierte der Faschismus das liberale Italien als einen kraftlosen, aktionslosen, kränkelnden und verweiblichten Volkskörper, den Mussolini durch einen „virilen Gegenangriff" (*riscossa virile*) von Grund auf zu revolutionieren beanspruchte.[217]

Giacomo, so suggeriert der Film, ist Zögling dieser dekadenten Gesellschaft. Aufgrund seiner antiquierten Manieren und Kleidung sowie seines altmodischen Backenbarts wirkt er wie ein Relikt aus dem neunzehnten Jahrhundert. Seine körperlichen Gebärden lassen jene stereotypisierten „alten bürgerlichen Gewohnheiten" erkennen, die das Regime in seiner breit angelegten „Sittenreform" (*riforma del costume*) zu erneuern beabsichtigte.[218] Giacomo ist Junggeselle, widmet sich hauptsächlich seinen literarischen Studien und führt „das Leben eines Eremiten", wie Dora bemerkt. Zudem ist er finanziell von seiner Tante abhängig, deren Bevormundung er über sich ergehen lässt, um Konflikte mit ihr zu vermeiden. Er ist weder ökonomisch produktiv noch gesellschaftlich reproduktiv im Sinne von Ehe und Vaterschaft und entzieht sich damit den zentralen staatsbürgerlichen Pflichten des faschistischen Mannes.[219] Der Filmtext charakterisiert Giacomo als passiv und sexuell unerfahren. Seine Erfahrungen mit dem anderen Geschlecht beschränken sich auf Träumereien von der „idealen Frau" und die Gegenwart seiner Tante. Friedliebend und seinen individualistischen Interessen nachgehend, zeigt Giacomo Charakteristika, die der faschistische Diskurs mit dem Stereotyp des Intellektuellen assoziierte.[220] Die „cultura liberale" habe, nach einer faschistischen Parteischrift von 1936, das Wissen zu einem „Ornament des Intellekts" verkommen lassen, welches der bürgerliche Gelehrte allein zu „seinem intimen und egoistischen Vergnügen" kultiviere.[221] Der Intellektuelle wurde in der antibürgerlichen Propaganda des Regimes mit einem Missverhältnis zwischen geistiger und körperlicher Erziehung assoziiert.[222] Seine exzessive geistige Aktivität führe zum körperlichen Verfall und bringe eine weiche, verweiblichte und impotente Männlichkeit hervor, der es an Dynamik, Willen und Virilität mangele, um den Aufgaben des Paterfamilias gerecht zu werden.[223]

Dies scheint auf Giacomo zuzutreffen. Er selbst beschreibt seinen Körper in einer der ersten Sequenzen als kraftlos: „Der Geist ist willig, aber das Fleisch ist schwach". Auch seine Tante ist ständig um sein leibliches Wohlergehen besorgt. Sie schimpft, dass er sich bei seinen Studien zu sehr anstrenge, verabreicht ihm Lebertran und ver-

---

[217] Vgl. Spackman, S. 144 ff. Mussolini bezeichnete sich in seinem *Discorso dell'Ascensione* auch als Arzt, der die Nation heile, zitiert in: Meldini (1975), S.143..
[218] Falasca-Zamponi (1997), S. 100 ff.
[219] Saraceno (1995), S. 477.
[220] PNF (Hg.), Testi per i corsi di preparazione politica: La cultura fascista, Roma 1936, S. 16–17.
[221] Ebd.
[222] Ebd., S. 81
[223] Ellevì: Istituto familiare e femminismo, in: Gerarchia, 19/5 (Mai 1939), S. 332; Bellassai (2005) S. 321.

ordnet ihm nach seiner unfreiwilligen Landung im See Bettruhe und eine Schwitzkur. Das Ungleichgewicht zwischen Physis und Geist, das sich in Giacomos Körper kristallisiert, überträgt sich auf sein Verhältnis zu Dora. Seine Unmännlichkeit ist die Ursache dafür, dass ihm die moderne Frau sprichwörtlich über den Kopf wachsen konnte und die traditionelle Geschlechterordnung bedroht. Während Giacomo den liberalen Nationalstaat repräsentiert, personifiziert Doras androgyner Körper die Moderne, über die der Protagonist durch seine Virilisierung wieder Herr werden muss.

Doras Figur zeigt zwar die typischen Charakteristika der Krisenfrau (*donna crisi*), die patriarchalische Hierarchien gefährdet. Dennoch zeigt *Tempo massimo* sie insgesamt in einem positiven Licht. Sie verkörpert eine moderne, selbstbewusste Weiblichkeit, die auf Giacomo zugleich attraktiv und einschüchternd wirkt. Der Film misst ihr eine lockere Sexualmoral bei und verknüpft diese mit einer „Amerikanisierung" der Lebensgewohnheiten. Dora mag Jazz, feiert Cocktailpartys und verwendet englische Floskeln wie „hi" oder „bye-bye". Bei einer gemeinsamen Silvesterfeier in einer Berghütte küsst sie den perplexen Giacomo ebenso wie alle anderen anwesenden Männer auf den Mund, um zum Jahreswechsel zu gratulieren. Ihren Flirt mit dem schmucken Bob betrachtet sie als reines Amüsement: „Sie finden das sicher schrecklich unmoralisch", erklärt sie Giacomo und seiner Tante, „aber ich betrachte das als eine Art Sport". Im Gegensatz zu Giacomos abstrakten Vorstellungen von der Liebe sind Doras Ansichten im Bezug auf Männer und Ehe liberal. Ihr zukünftiger Ehemann solle repräsentativ sein und dieselben Interessen haben wie sie selbst. Daneben schließt sie es nicht aus, vor ihrer etwaigen Hochzeit mehrere Männer „auszuprobieren", und will sich nicht mit dem Erstbesten begnügen. Als Giacomo sie fragt, ob sie Bob liebe, entgegnet Dora ganz rational: „Aber was sagen Sie denn da, Banti? Liebe? Er ist besessen davon, mich zu *heiraten*. […] Aber das sind zwei paar Schuhe! Ich habe mich jedenfalls noch nicht entschieden. […] Vielleicht eines Tages, wenn sich mir nichts Besseres bietet. Bob ist dekorativ und er liebt den Sport […], so wie ich!"[224]

Das positive Bild ihrer maskulinisierten Weiblichkeit, die im Widerspruch zu faschistischen Geschlechteridealen steht, ist durch das Genre der Komödie zu begründen. Anderseits wird ihre Darstellung dadurch möglich, dass ihre Transgression der Geschlechtergrenzen in anderen Filmsequenzen wieder relativiert wird. So zeigt Dora auch mütterliche Qualitäten und eine scheinbar natürliche Sehnsucht nach der Erfüllung ihres Frauseins in der Ehe. Dies suggeriert der Film anhand ihres Kleiderwechsels zu Beginn der Erzählung: Dora hat ihre durchnässten Fliegerhosen gegen ein altmodisches Kleid von Giacomos verstorbener Mutter eingetauscht. So wie die

---

[224] „Ma cosa dice, Banti? Amore? *Lui* ha la fissa di sposarmi. […] Sono due cose ben distinte! Per il resto non ho ancora deciso nulla. […] Forse un giorno di delusione, se non avrò di meglio... Bob è decorativo, ama lo sport […] come me!"

Hosen sie zuvor als emanzipierte Frau markierten, verweist das Kleid nun auf ihre zukünftige Rolle als Ehefrau und Mutter. In diese scheint Dora sich bereits selbst hineinzuträumen, wie ihre Unterhaltung beim Spaziergang mit Giacomo im Garten der Villa suggeriert: „Haben Sie nie daran gedacht, wie schön es wäre, wenn Sie eine junge, hübsche, liebevolle, gefällige Frau im Hause hätten?" Die hier evidente Relativierung von Doras moderner Weiblichkeit über den Verweis auf ihre von der Emanzipation vermeintlich unberührte Natur ist charakteristisch für die paradoxe Geschlechterpolitik des Faschismus.[225] Eine gewisse Anerkennung weiblicher Emanzipationsbestrebungen ging einher mit der Verneinung einer Ausweitung weiblicher Rechte. Die Förderung einer stärkeren gesellschaftlichen Präsenz der Frau wurde geradezu Voraussetzung für ihren Rückverweis in die Tradition und die Neuformulierung der Geschlechterdifferenz. Dies demonstriert beispielhaft eine Schrift Mussolinis mit dem bezeichnenden Titel „Warnung an die moderne Frau", die 1929 in der deutschen Zeitschrift *Der Querschnitt* erschien:

> Im Grunde ihres Wesens ist die moderne Frau nämlich noch gerade so weiblich wie ihre Vorgängerinnen. Im letzten Vierteljahrhundert hat sie sich auf ungeahnte Weise über ihre Grenzen gewagt. Niemand kann gegen den Fortschritt etwas einwenden, insofern er gesund und notwendig ist. […] Sie probiert dieses und jenes, um erst einmal herauszufinden, wo sie steht und wie weit sie gehen darf. […] Es gibt tatsächlich wenige Frauen, die ihr angeborenes Verlangen nach Familie und die größte und vornehmste Pflicht ihres Geschlechts verleugnen. Die Scheu vor der Bürde des Familienlebens ist zum großen Teil nichts anderes als Selbstsucht und Feigheit der Männer, die sich drücken wollen. Wie viele Frauen grämen sich und welken in verzweifelter Einsamkeit dahin, weil sie sich vergeblich nach der Erfüllung ihrer Aufgabe als Frau und Mutter sehnen?[226]

Der Film zeigt Giacomo als einen jener Drückeberger, der nun im Hinblick auf seine männlichen Pflichten aktiv werden muss, nachdem Dora ihre generelle Bereitschaft zur Ehe gezeigt hat. Es ist an ihm, das Ungleichgewicht zwischen körperlicher und geistiger Aktivität, das seinen unmännlichen Körper charakterisiert, auszugleichen und die symbolische Geschlechterordnung im Film zu normalisieren.

Angespornt durch das Konkurrenzverhältnis zu Bob und eine Wette mit Dora, die ihn herausfordert, mit ihr und den Freunden in den Skiurlaub zu fahren, wird Giacomo körperlich aktiv. Unter der Anleitung des Buches des dänischen Gymnasten J. P. Müller „Mein System. Fünfzehn Minuten für die Gesundheit", dem der Film den ironischen Untertitel „Wie man in acht Wochen zum Mann wird" verleiht, beginnt

---

[225] Vgl. Re, Lucia: Fascist Theories of 'Women' and the Construction of Gender, in: Pickering-Iazzi, Robin (Hg.): Mothers of Invention: Women, Italian Fascism, and Culture, Minneapolis 1995, S. 76–99; Meldini (1975), S. 19 ff.
[226] Mussolini, Benito: Warnung an die moderne Frau, in: Der Querschnitt, Jg. 9/2 (Februar 1929), S. 261.

Giacomo mit dem Gymnastik- und Boxtraining.²²⁷ Das männliche Körperideal, dem er dabei nacheifert, wird den Filmzuschauern durch die Abbildung einer antiken Athleten-Statue auf dem Buchdeckel vor Augen geführt. Unter Rekurs auf das Ideal der *romanità* stellt der Film hier die Kontinuität zu einer Epoche her, in welcher der Bourgeois, Sohn der Moderne, noch nicht geboren war.²²⁸

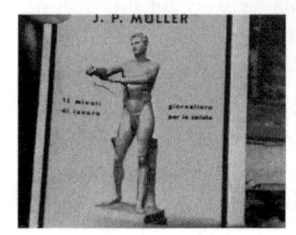

Abb. II. 10

Das körperliche Regenerationsprogramm scheint unmittelbar Wirkung zu zeigen: Giacomo wird selbstsicher, lernt Auto zu fahren, trinkt Alkohol, raucht und nimmt damit männlich konnotierte Verhaltensweisen an. Er schlägt seiner Tante Agatha gegenüber einen aggressiven Ton an und widersetzt sich ihrer Bevormundung. „Ich will nicht mehr wie ein Kind behandelt werden! Ich bin ein Mann!" Nach den ersten Boxübungen probt er seine Schlagkraft, doch reicht sie lediglich dazu aus, eine Gipsbüste vom Sockel zu hauen, womit der Film deutlich macht, dass seine Mannwerdung noch nicht vollendet ist. In den folgenden Szenen sieht man, wie Giacomo sich beim Skilaufen mit Dora wagemutig fast alle Knochen bricht und fremde Frauen küsst, um seinem Schwarm zu imponieren.

Dabei legt Bob ihm Steine in den Weg. Er heuchelt Giacomo vor, dass Dora in den Radchampion Alfredo, der eigentlich der Verlobte ihrer Hausangestellten Emilia (Anna Magnani) ist, verliebt sei. In dem festen Entschluss, Dora zu erobern, will sich der Professor daraufhin bei einem Radrennen mit seinem vermeintlichen Nebenbuhler messen. Sein Plan schlägt fehl. Denn sein Butler Antonio will ihm durch einen Sabotageversuch zum Sieg verhelfen. Deswegen landet Giacomo für einen Tag im

---

[227] Zum Wirken J.P. Müllers vgl. Möhring, Maren: Marmorleiber. Körperbildung in der deutschen Nacktkultur (1890–1930), Köln/Weimar/Wien 2004.

[228] Der Rom-Mythos war ein fester Referenzpunkt der Selbstrepräsentation des faschistischen Italien als kriegerisch-aggressiver Nation und diente der Legitimation seiner kolonialen Bestrebungen. Falasca-Zamponi (1997), S. 94. Die selektive Rückbesinnung auf das römische Imperium verlieh dem männlichen Ideal des *cittadino soldato* eine quasi ontologische Basis. Zur konstituierenden Bedeutung des Rom-Mythos für den Faschismus siehe auch: Gentile, Emilio: Il culto del littorio. La sacralizzazione della politica, Rom/Bari 1993, S. 129 ff.; Visser, Romke: Fascist Doctrine and the Cult of Romanità, in: Journal of Contemporary History, Nr. 27 (1992), S. 5–22.

Gefängnis, bevor er durch eine Kaution von Dora wieder freikommt. Sein Konflikt mit der staatlichen Ordnung zeigt, dass er den falschen Weg der Virilisierung eingeschlagen hat.

Abb II. 11

Doch Giacomo lässt sich weder von den peinlichen Misserfolgen bei seinen Sporteskapaden noch von Bobs Hinterlistigkeit beirren. Den Missverständnissen und körperlichen Strapazen trotzend, stellt er seine Willens- und Widerstandskraft unter Beweis und distanziert sich nach und nach von seinen alten Gewohnheiten und dem Leben bei seiner Tante. Auch als diese ihm den Geldhahn zudreht, entschließt er sich dazu, in Mailand zu bleiben – zu groß ist seine Entfremdung von seinem alten, bourgeoisen Leben und aller damit verbundenen Bequemlichkeit: „Ich kann diese Stadt nicht verlassen. Zu Hause würde ich mich nicht mehr wohlfühlen. Ich spüre, dass ich sie inzwischen hasse, die Bücher, die Blumen, Tante Agata und ihren Lebertran!"[229] In einem nächsten Schritt entledigt sich Giacomo der letzten sichtbaren Zeichen seiner

---

[229] „Io non posso lasciare questa città. A casa non mi troverei bene. Sento di odiare ormai i libri, i fiori, la zia Agata, l'olio di fegato!"

Bürgerlichkeit, in Form seiner altmodischen Kleidung sowie seines Barts und passt sich der Erscheinung des *uomo nuovo* an. Dieser zeichne sich, so das Herrenjournal *arbiter*, durch eine zeitgemäße Erscheinung aus: „Ein Mann von heute muss sich kleiden, wie sich Männer von heute kleiden – er kann nicht anders, sonst läuft er Gefahr als „altmodisch", „überholt" oder „Original" abgestempelt zu werden." Durch die Kleidung gelte es, die eigene Sachlichkeit und Seriosität zu unterstreichen und ein übertriebenes Modebewusstsein zu vermeiden, welches die verweiblichte Männlichkeit des *gagà* hervorbringe.[230]

Nach seiner Pleite beim Radrennen erscheint Giacomo also glatt rasiert und in einem modisch-sportlichen Anzug in Doras Appartement, wo diese einen Empfang gibt. Sie staunt – wie auch ihre Freunde – angesichts Giacomos äußerlichen Wandels nicht schlecht: Er grüßt mit einem jovialen „hello!" stellt sich unter dem Spitznamen Jack vor, gibt sich selbstsicher und klimpert das romantische Lied *Dicevo al cuore non amar*, das er eigens für Dora komponiert hatte, als flotte Jazzvariante auf dem Piano. Den Effekt seiner Transformation betonen Montagetechnik und Kameraführung. Schnell aufeinander geschnittene Sequenzen zeigen zunächst die staunenden Blicke von Dora und ihren Gästen, bevor die Kamera dann auf Giacomo zufährt und im Close-up auf seinem Gesicht hält (Abb. II. 12). Er hat nun die „amerikanisierte" Männlichkeit von Doras Freunden adaptiert, doch ist er dabei über das Ziel hinausgeschossen und macht sich wiederum lächerlich. Sein sportlicher Aufzug in Knickerbockers scheint angesichts der eleganten Gesellschaft unangemessen und lächerlich ebenso wie sein betont saloppes Auftreten. Giacomo ist zum *gagà* geworden. Dora ist verärgert über sein Verhalten und seine ominösen Anspielungen im Bezug auf Alfredo. Schließlich kommt es zum komischen Fiasko, als das Dienstmädchen Emilia dem *professore* eindeutige Avancen macht. Dabei werden sie von Dora überrascht. Wütend und enttäuscht beschließt diese, Bobs Hofierungen nachzugeben und ihn zu heiraten.

Somit ist Giacomos Männlichkeit ein letztes Mal herausgefordert. Er muss sich schließlich vom letzten Rest seines bourgeoisen Habitus – dem Glauben an seine Bildung – verabschieden und einsehen, dass die Faust beim Kampf um die weibliche Gunst hilfreicher ist als sein geistiges Wissen. Nach dem Eklat mit Dora kündigt er Antonio an, dass er nun arbeiten wolle, um unabhängig von seiner Tante in Mailand zu leben: „Ein Mann von meinem Bildungsstand wird niemals tief fallen. Vergiss nicht, dass ich meine Universitätsabschlüsse habe. Ich werde mein intellektuelles Vermögen nutzen! Ich werde arbeiten!"[231]

---

[230] „Un uomo d'oggi deve vestire come vestono gli uomini d'oggi e non può fare diversamente senza correre il rischio di essere considerato un ‚fuori tempo' oppure ‚superato' o un ‚originale'." Anonym: La moda e il teatro, in: arbiter, Nr. 19 (März/April 1937), S. 177.

[231] „Un uomo della mia coltura, non potrà mai cadere in basso! Non dimenticare, che io ho i miei titoli di studio. Sfrutterò il mio patrimonio intellettuale! Lavorerò!"

Abb. II. 12

Doch schon die nächste Sequenz zeigt, dass er sich im Bezug auf den Wert seines intellektuellen Kapitals gehörig irrt. Nach einem Schuss auf die Spitze des Mailänder Doms schwenkt die Kamera, eine Fallbewegung visualisierend, abwärts auf den Domplatz und hält auf Giacomo, den *uomo borghese*, der hier einmal mehr zur Lachnummer degradiert wird. Offensichtlich hat ihm seine Bildung wenig gebracht, denn selbst die Versuche, als Tellerwäscher oder Sandwichmann sein Geld zu verdienen, schlagen fehl. Am Ende finden sich er und Antonio völlig mittellos auf der Straße wieder. Ihre Anzüge sind schäbig geworden. Trockenes Brot ist alles, was sie sich noch leisten können.

Das unweigerliche Happy End der Komödie nimmt dennoch seinen Lauf, als Giacomo von den krummen Machenschaften Bobs erfährt. In einem turbulenten Finale, das slapstickartige Sequenzen integriert, zeigt der Film, wie Giacomo einen Taxifahrer und Bobs Pfandleiher k.o. schlägt, um an die notwendigen Beweise gegen seinen Rivalen zu kommen und Dora zurückzuerobern. Man sieht ihn daraufhin am Steuer des entwendeten Taxis und schließlich eines Touristenbusses durch den dichten Mailänder Großstadtverkehr rasen – dem Titel des Films alle Ehre machend. Die Montage rasch aufeinander folgender Bilder suggerieren Aktion und Schnelligkeit. Die Beherrschung der modernen Vehikel scheint seine Stärke zu potenzieren. Er trotzt den Verkehrsregeln, roten Ampeln und Polizisten, fährt durch ein Straßencafé und verursacht mehrere Karambolagen. Sein aggressiver, fast anarchisch anmutender

Aktionismus führt ihn schließlich zum Ziel: Gerade noch rechtzeitig kann Giacomo Dora vor dem Traualter abfangen, ihr die Beweise gegen den Hochstapler Bob, der es nur auf ihr Geld abgesehen hatte, unterbreiten und sie als seine Braut entführen.

Abb. II. 13

Die letzten Sequenzen zeigen das Paar hinter dem Steuer des Busses. Als Dora sich zu Giacomo beugt, um ihn zu küssen, gerät er beinah von der Straße ab. Er muss eine Vollbremsung einlegen, um nicht ein spielendes Kleinkind am Straßenrand zu überfahren. Das Kind, das die Handlung hier scheinbar unmotiviert integriert, ermahnt das Liebespaar im Moment seiner romantischen Vereinigung an seine gesellschaftlichen Pflichten. Über das Bild des Kindes schreibt sich der pronatalistische Diskurs des Regimes, welcher Sexualität notwendigerweise an Fortpflanzung knüpfte, in den Filmtext ein. Im Kontext der imperialen Ziele des Faschismus erhält das Happy End somit eine unmittelbar politische Dimension.[232] Im Kontext des kolonialen Unternehmens war die demografische Stärke Italiens sowohl „zentrales Argument für die territoriale Expansion als auch deren notwendige Bedingung".[233]

---

[232] Wie Petra Terhoeven feststellt, sei eine „militärische Stoßrichtung" des faschistischen Pronatalismus im Zusammenhang mit den kolonialen Bestrebungen des Regimes „nicht zu verkennen", siehe dies. (2003), S. 39.
[233] Ebd., S. 37–38.

Tempo massimo dokumentiert somit die Verschiebungen im hegemonialen Männlichkeitsdiskurs, die mit der Kriegsmobilisierung des Regimes einhergingen. Die gesteigerte Virilitätsrhetorik ist auch im scheinbar unpolitischen Unterhaltungsfilm evident. Körperkraft, Aktion und Kampfeslust werden über das dominante Motiv des Sports als männliche Tugenden reproduziert. Gleichzeitig bekehrt sich der Junggeselle Giacomo zur Ehe und potenzieller Vaterschaft.

Auch die antibürgerliche Kampagne des Regimes schlägt sich deutlich in der Filmerzählung nieder. Doch bleibt der Wandel des De-Sica-Protagonisten letztlich unvollständig. Am Ende kehren Giacomo und Dora samt ihrem Diener Antonio zurück in ihre gutbürgerliche Privatsphäre. Außerdem entspricht Giacomo zu keinem Zeitpunkt seiner „Mannwerdung" dem Bild des *uomo nuovo*. Dessen Imitation erweist sich dagegen als permanente Verfehlung. Seine sportlichen Unternehmungen scheinen seine physische Schwäche nur noch deutlicher hervortreten zu lassen. Der Film deckt somit den phantasmatischen Charakter dieses letztlich nicht zu verkörpernden Leitbilds auf. Hinzu kommt, dass die Virilisierungsparabel selbst, in ihrer grotesken und satirischen Darstellung durch De Sica, an vielen Stellen des Films parodiert zu werden scheint. Auch die Figur des männlichen Bob, der hier die Eigenschaften des *uomo nuovo* repräsentiert, erhält schließlich eine negative Konnotation, da er sich als Hochstapler entpuppt. Über die Parodie schafft der Filmtext Lücken zur Artikulation von Dissens und alternativen Männlichkeitsbildern, die der normgebende faschistische Diskurs als „Abweichung" produzierte und auszugrenzen versuchte.[234] So ist die Figur des unmännlichen Bourgeois oder *gagà* Giacomo in ihrer Konnotation mit der Starfigur De Sicas und seinem etablierten Image als Antihelden, welches der Film in Wechselwirkung mit bestimmten Sehgewohnheiten und -wünschen des Publikums reproduziert, durchgehend Sympathieträger der Handlung. Er ist hier wiederum als ein Mann zu sehen, der sich im Verhältnis zur weiblichen Hauptfigur nicht als überlegen, sondern allenfalls als gleichberechtigtes Gegenüber positioniert. Das De-Sica-Image visualisiert in *Tempo massimo* erneut die vielfältigen und konfliktreichen Bedeutungen und Diskurse, die Männlichkeiten in den 1930er Jahren strukturierten.

---

[234] Judith Butler hat in Anlehnung an Bachtin die Parodie als performative Verschiebung theoretisiert, die das Überschreiten von Normen ermöglicht und ein Moment der Koexistenz widersprüchlicher Bedeutungen schafft, wodurch binäre Oppositionen untergraben werden und nichtkonventionale Geschlechtsidentitäten als alternativer Spielraum sichtbar und durch Identifikation erfahrbar werden können. Vgl. Butler, Judith: Körper von Gewicht, Frankfurt a. M. 1997, S. 203.

International und autark:
Mode, Konsum und Männlichkeiten im Film

Vittorio De Sica galt in den 1930er Jahren als Stilikone und Sinnbild männlicher Eleganz. Wie ich zu Beginn dieses Kapitels erörtert habe, dokumentiert das öffentliche Bild De Sicas, dass das Wissen um bestimmte Formen sozialer Distinktion, um die „feinen Unterschiede"[235] und Modestile durch die expandierenden Massenmedien immer breiteren Schichten zugänglich wurde. Zudem setzte eine gewisse Internationalisierung der Konsumwünsche sowie der Geschmacks- und Schönheitsnormen ein. Michela De Giorgio hat für den Zeitraum der 1920er Jahre in Italien eine verstärkte Mobilität „sozialer Zeichen" festgestellt, die – wie Kleidung, Frisur oder Schminke – vor allem am Körper sichtbar wurden und spezifische Statuszugehörigkeiten definierten. Dabei konnte „der bekleidete Körper […] ebenso *tatsächliche* soziale Mitgliedschaft wie *vorgestellte*, angestrebte oder beanspruchte soziale Zugehörigkeit zum Ausdruck bringen."[236] Mit Mario Camerinis Komödie *Il Signor Max* werde ich folgend einen Film in den Blick nehmen, der diese Entwicklungen inhaltlich zum Thema macht. De Sica ist hier in der Rolle des kleinbürgerlichen Junggesellen Gianni zu sehen, der nach dem kosmopolitischen Leben und dem Prestige der Oberschichten strebt, was er vor allem durch seine Kleidung zum Ausdruck bringt.

In der kulturhistorischen Forschung nach Simmel, Bourdieu und Butler ist Mode, im Sinne der Schmückung des Körpers durch Bekleidung, als kulturell geformte, performative Praktik theoretisiert worden, über die sich geschlechtliche, soziale nationale und ethnische Identitäten diskursiv herstellen.[237] Über eine Analyse von Mode als Körperzeichen lassen sich somit die Konstruktionsmechanismen von Geschlecht und sozialen Statuszugehörigkeiten innerhalb eines bestimmten historischen Zeitraums nachzeichnen, wie auch die Modehistorikerin Diana Crane vergegenwärtigt: „One

---

[235] Zur sozialen Distinktionsfunktion des Konsums bestimmter Kulturgüter siehe Bourdieu, Pierre: Die feinen Unterschiede. Kritik der gesellschaftlichen Urteilskraft, Frankfurt a. M. 1987 [1979].

[236] De Giorgio, Michela: Die katholische Frauenbewegung im faschistischen Italien, in: Siegele-Wenschewitz, Leonore/Stuchlik, Gerda (Hg.): Frauen und Faschismus in Europa. Der faschistische Körper, Pfaffenweiler 1990, S. 51–60, hier S. 53.

[237] Zur Theorie der Mode siehe Simmel, Georg: Philosophie der Mode, in: Rammstedt, Otthein (Hg.): Georg Simmel Gesamtausgabe, Bd. 10, Frankfurt a. M. 1995, S. 8–38; Bourdieu, Pierre: Die feinen Unterschiede, Frankfurt a. M. 1982; ders./Delsaut, Yvette: Die neuen Kleider der Bourgeoisie, Berlin 1975; Barthes, Roland: Die Sprache der Mode, Frankfurt a. M. 1985. Zur Performativitätstheorie Judith Butlers vgl. dies.: Das Unbehagen der Geschlechter, Frankfurt a. M. 1991. Zu Mode und Geschlecht vgl. Crane, Diana: Fashion and Its Social Agendas: Class, Gender and Identity in Clothing, Chicago/London 2000. Speziell zu Italien siehe Paulicelli (2004); White, Nicola: Reconstructing Italian Fashion. America and the Development of the Italian Fashion Industry, Oxford/New York 2000.

of the most visible markers of social status and gender [...], clothing is an indication of how people in different eras have perceived their positions in social structures and negotiated status boundaries."[238] So werden auch in *Il Signor Max* durch die Darstellung bestimmter Kleidungscodes und Konsumpraktiken die Grenzen legitimen und illegitimen männlichen Körperverhaltens verhandelt. Am Beispiel De Sicas zeigt der Film die wachsende alltägliche Bedeutung modischen Auftretens und des Konsums bestimmter Waren und Freizeitangebote. Zugleich materialisiert sich in seinem Körperbild der Versuch des Regimes, die oben beschriebenen Entwicklungen zu vereinnahmen und im Hinblick auf die eigenen Machtinteressen und die 1936 proklamierte Autarkiepolitik auszurichten.[239]

Camerinis Komödie entstand zu einem Zeitpunkt, in dem das Regime im Zusammenhang mit der Autarkiekampagne und dem Ausbau des Korporativsystems versuchte, das Projekt einer „Nationalisierung der Mode" voranzutreiben.[240] „Zu Beginn der 1930er Jahre", stellt Michela De Giorgio fest, „entwickelte sich der Diskurs über die Mode zum dritten Ästhetik-Diskurs des Faschismus neben jenem über den Körper und über den Sport."[241] Vor allem dem Kino wurde eine wichtige Bedeutung zur Schaffung eines genuin italienischen Modestils eingeräumt.[242] Männliche Stars wie De Sica, so war 1935 in dem Herrenjournal *Lui* zu lesen, hätten die Aufgabe „die Massen zu einer logischen Art sich zu kleiden zurückzuführen, die darauf abzielt die ökonomischen Schwierigkeiten unserer Zeit mit der Strenge unserer Volkstracht in Einklang zu bringen, und zwar durch jenen angeborenen Sinn für Ästhetik und Sauberkeit, der uns zu jeder Zeit von anderen Völkern unterschieden hat."[243] Wie ich folgend zeigen möchte, wird über den Starkörper De Sicas in Filmen und Zeitschriften das von Karen Pinkus beschriebene Ideal eines „klassenlosen Konsumenten" konstruiert, „who would inevitably identify his or her needs with a national economy rather than with a particular class-based commodity culture", und der somit qua Konsum seine Zugehörigkeit zum faschistischen Kollektiv zum Ausdruck bringt.[244] Zugleich

---

[238] Crane (2000), S. 1.

[239] Zur faschistischen Autarkiepolitik vgl. allgemein Petri, Rolf: Von der Autarkie zum Wirtschaftswunder. Wirtschaftspolitik und industrieller Wandel in Italien 1935–1963, Tübingen 2001.

[240] Vgl. Paulicelli (2004), S. 17–55; Aspesi, Natalia: Il lusso e l'autarchia. Storia dell'eleganza italiana, 1930–1942, Mailand 1982, S. 7–32 ff.; De Giorgio, Michela: Moda, in: De Grazia//Luzzato (2005), Bd. 2, S. 140–143.

[241] „Dall' inizio degli anni trenta quello sulla moda diviene il terzo discorso ‚estetico' del fascismo, dopo quello sul corpo e quello sullo sport." De Giorgio (2005), S. 141.

[242] Vgl. Paulicelli (2004), S. 86 ff.

[243] „[...] di riportare le masse alla logica del vestire, accordando le difficoltà economiche dei nostri giorni, la severità del nostro costume civile, con quel nativo senso dell'estetica e della pulitezza che ci ha distinto in ogni epoca da altri popoli". Roma, Enrico: La scena come vetrina, in: Lui, Nr. 4 (Mai 1934), S. 3 u. 5, hier S. 5.

[244] Pinkus (1995), S. 3 und 82 ff.

zeichnen sich jedoch gerade an De Sicas Filmfigur die Schwierigkeiten ab, die Bedeutungen des Kleidungskonsums und die dabei zum Ausdruck gebrachte Identität und Individualität zu regulieren. So hat auch Eugenia Paulicelli darauf hingewiesen, dass Mode gleichzeitig als System und Prozess, als Institution und individueller Akt sowie als Zeichen von Konformismus und Differenzierung zu definieren sei.[245] Der individuelle Gebrauch von Kleidung, der sich innerhalb eines breiteren soziokulturellen Gefüges vollzieht, kann bestehende gesellschaftliche Hierarchien einerseits bestätigen, diese andererseits aber auch infrage stellen und unterwandern. De Sicas Starimage in *Il Signor Max* dokumentiert, dass sowohl die übergeordneten Kleidungscodes der italienischen Gesellschaft als auch der individuelle und kreative Gebrauch dieser Muster in den 1930er Jahren erstens von traditionellen Vorstellungen männlicher Eleganz und zweitens auch transnational bestimmt waren, was dem Versuch des Regimes einer Faschisierung der Mode tendenziell zuwiderlief. So bemängelte etwa der Journalist Enrico Roma, dass De Sica häufig als einer „dieser oberflächlichen Gecken (*gagà*)" auftreten würde, „die ewig brünstig wie ein Don Giovanni, poliert und pomadig mit glänzendem Hemdkragen und verführerischem Blick bei den Autogrammkarten-Sammlerinnen Eindruck schinden."[246] Doch gerade diese modische, kosmopolitische Erscheinung De Sicas machte seine Popularität beim Gros des Publikums aus und wurde im Hinblick auf den Erfolg seiner Filme immer wieder neu in Szene gesetzt.

Wie relevant war das Thema Mode jedoch überhaupt im Alltag italienischer Männer während der 1930er Jahre? Wer konsumierte Mode, welche Stile waren verbreitet und wie genau versuchte das Regime den Modesektor zu vereinnahmen?

Herrenmode in den 1930er Jahren

Die industrielle Produktion von Kleidung steckte in den 1930er Jahren noch in den Kinderschuhen, sodass Bekleidung in der Regel von lokalen Schneidern oder in Eigenarbeit maßgefertigt wurde.[247] Die namhaften Modehäuser in den Großstädten orientierten sich hinsichtlich der Schnitte (*figurine*) und Muster am internationalen Modekanon. In exklusiven Modesalons wie Ventura, Testa, Sorelle Gori, Palmer oder Montorsi kleidete sich die Klientel der Oberschichten nach dem neuesten Pariser oder Londoner Schick ein. Deren Modelle wurden wiederum von kleineren Schnei-

---

[245] Paulicelli (2004), S. 148.
[246] „[...] come uno di quei superficiali gagà in perpetua fregola dongiovannesca che, lisciati e impomatati, col solino lucido e lo sguardo fatale, van facendo strage tra le collezioniste di cartoline illustrate." Anonym: Per un contributo italiano alla moda, in: Lui, Nr. 2 (Februar 1933), S. 9 u. 22, hier S. 9.
[247] White, Nicola: Reconstructing Italian Fashion. America and the Developement of the Italian Fashion Industry, Oxford/New York 2000, S. 35.

dereibetrieben und schließlich von Privatleuten in billigeren oder gebrauchten Materialien nachgeschneidert oder fanden über die Medien Verbreitung.[248] Im Bereich der Herrenmode war diesbezüglich die in Mailand von Gino Magnani und Mario Soresino herausgegebene Zeitschrift *Lui* (dt.: *Er*) von Bedeutung, die 1932 von einem Fachblatt für Herrenschneider zu einer modernen Modeillustrierten avancierte und innerhalb der Zeitschriftenlandschaft der 1930er Jahre eines der wenigen italienischen Produkte dieser Art darstellte. *Lui*, die zunächst den Untertitel „Der Italiener – Panorama männlicher Eleganz" (*L'uomo italiano – Rassegna di eleganze maschili*) und ab Mai 1933 den Beinamen „Zeitschrift für Männer von heute" (*Rivista dell'uomo di oggi*) trug, wurde 1935 im Sinne der Autarkiepolitik in das lateinische *arbiter elegantiarum* (dt.: Herr der Raffinesse) umbenannt. 1937 verzichteten die Macher schließlich auf das Wort Eleganz im Titel – vermutlich, um dem eher weiblich konnotierten Thema Mode einen männlicheren Anstrich zu verleihen. Die Zeitschrift hieß von da an schlicht *arbiter* (dt.: Modemacher, Modediktator).[249] Das Blatt richtete sich vor allem an ein gehobenes Publikum, wie aus ihrem relativ hohen Preis zu schließen ist, der 1932 bei 4,50, 1935 bei 6 Lire lag. Das Blatt kostete somit ebenso viel wie ein Kinobesuch in einem der vornehmen Filmpaläste der ersten Klasse (*prima visione*). Dennoch ist nicht auszuschließen, dass das Journal auch von Männern der Mittelschichten gelesen wurde. Im Gegenteil belegen zahlreiche Artikel über die vermeintlich übertrieben modische, „amerikanisierte", „bunte" Kleidung der „jungen Männer aus den Vorstädten", dass modisches Auftreten eine schichtenübergreifende Relevanz besaß.[250]

Von der Vielfalt der Körperzeichen, die den *galantuomo* der 1930er Jahre ausmachten, vermittelt die Zeitschrift einen unmittelbaren Eindruck. Eine modebewusste und zu jeder Gelegenheit passende Erscheinung, der Gebrauch bestimmter Parfums, Seifen und Haarwasser sowie exklusive Freizeitbeschäftigungen, Urlaube, sportliche Aktivitäten galten als Maßstab moderner Männlichkeit und wurden als Zeichen von Klasse und Stil gedeutet. Der elegante Herr hatte auf scheinbar natürliche Weise dominanten Schönheits- und Modestandards zu entsprechen, sollte sich jedoch auch durch eine persönliche Note auszeichnen. Die Zeitschrift hatte einen

---

[248] De Giorgio (2003), S. 142; Aspesi (1982), S. 99; Paulicelli (2004), S. 55.

[249] Interessant ist, dass die Zeitschrift bei ihrer Neuausrichtung im Sinne der faschistischen Autarkiekampagne ihre Berichterstattung über die Textilproduktion verstärkte. Insbesondere wurde ab 1939-40 verstärkt über die deutsch-italienische Zusammenarbeit im Textilsektor, die „Mode-Achse Rom Berlin" berichtet. Siehe beispielsweise: Sanvito, Mario: Anche sul fronte dell'industria tessile funziona ormai l'Asse Roma-Berlino, in: arbiter, Nr. 57 (September/Oktober 1940), S. 32–35.

[250] Moden diktierten nicht unbedingt nur die wohlhabenden Schichten. Sie entstanden auch innerhalb der unteren sozialen Milieus und breiteten sich schichtenübergreifend aus. Anonym: Per un contributo italiano alla moda, in: Lui, Nr. 2 (Februar 1933), S. 9 u. 22, hier S. 9; Anonym: Giovanotti…non esageriamo , in Lui, Nr. 1 (Januar/Feburar) 1933, S. 31.

hohen Werbeanteil und informierte ihre Leser über die aktuellen Trends was Anzugschnitte, Hosenlängen, Farbkombinationen, Krawattenmuster, Hutformen, aber auch Körperpflege und Freizeitgewohnheiten anbelangte. In reich bebilderten Artikeln fanden Männer Anleitung, wie sich der „perfekte Gentleman" auf Reisen, beim Tennis, Reiten, Golf, auf der Jagd oder auf dem Kreuzfahrtschiff zu kleiden hatte, erfuhren, dass zum „sportiven Schick" eine „Mütze der Marke Knox, Reithandschuhe der Firma Dents und eine Pfeife von Dunhill's" gehörten, welcher Haarschnitt bei abstehenden Ohren am vorteilhaftesten sei oder dass Pelzmäntel allein für den „reifen Geschäftsmann oder den eleganten Rentier" ein passendes Kleidungsstück darstellten (Abb. II. 14).[251] Vor allem der „Londoner Stil" (*stile londinese*), der die sportliche Rationalität mit der modischen Extravaganz des Dandy verband, galt als unbestrittener Maßstab moderner männlicher Eleganz.[252]

Abb. II. 14

---

[251] Anonym: Queste sono le vostre pellicce, in: Lui, Nr. 1 (Januar/Februar 1933), S. 12–13; Anonym: Le giache e i pantaloni per sport secondo gli inglesi, in: Lui, Nr. 1 (Januar/Februar 1933), S. 30; Anonym: Quando un dandy va a caccia, in: Lui, Nr. 2 (Februar 1933), S. 23; Anonym: Accessori dello sportivo chic, in: Lui, Nr. 2 (Februar 1933), S. 38; Anonym: Dal vostro parrucchiere, in: Lui, Nr. 2 (Februar 1933), S. 42; Anonym: In crociera, in: Lui, Nr. 3, (März 1933), S. 16–17; Anonym: Come si porta un beretto, in: Lui, Nr. 3 (März 1933), S. 18–19;.

[252] Zur Männlichkeit des Dandys vgl. Auslander, Leora: The Gendering of Consumer Practices in Nineteenth-Century France, in: De Grazia/Furlough (1996), S. 79–112.

Lui dokumentiert nicht nur, dass der Kanon der Herrenmode im faschistischen Italien durch einen elitären, internationalen Geschmackskanon geprägt war, wie ihn die Oberschichten seit Ende des 19. Jahrhunderts zur klassenspezifischen Distinktion und Abgrenzung gegenüber den aufsteigenden Mittelschichten pflegten.[253] Aus der Zeitschrift geht hervor, dass auch die faschistische Führungsschicht diesen weiterhin kultivierte. *Lui* informierte über mondäne Feste und Sportveranstaltungen der englischen wie italienischen Aristokratie, über Aktuelles aus dem Jagd- und Motorsport sowie über Golf-, Reit- und Tennisturniere und zeigte auch faschistische *gerarchi* wie Italo Balbo oder Galeazzo Ciano beim Besuch der Pferde- oder Autorennbahn. Neben Stilikonen wie dem Prince of Wales oder Hollywoodstars wie Robert Taylor und Clark Gable wurden auch der Duca d'Aosta oder die bereits genannten hohen Parteifunktionäre als Beispiele des formvollendeten Gentleman präsentiert.[254]

Gleichzeitig zeichnet sich auf den Seiten des Blattes die sukzessive Ergänzung und Ablösung des englischen Stilprimats durch US-amerikanische Trends in den 1930er Jahren ab. Letztere wurden mit einer größeren Lässigkeit und Unkonventionalität verbunden und fanden im urbanen Umfeld, wie bereits einleitend erläutert, vor allem über den Film und den Starkult rapide Verbreitung und Nachahmung; und dies vor allem in den mittleren und unteren sozialen Schichten:[255] „Bei uns folgt eine Elite weiterhin dem Londoner Modediktat. Aber die große Masse, welche die Kinosäle bevölkert, will den gleichen Anzug, den gleichen Hut oder die gleiche Krawatte wie Clark Gable oder Robert Montgomery."[256]

Der internationale Charakter der Mode wurde einhergehend mit seiner wachsenden medialen und alltäglichen Sichtbarkeit im Laufe der 1930er Jahre immer deutlicher an den Pranger gestellt und rief schließlich auch die Intervention des Regimes auf den Plan. Bestehende Initiativen zu einer „Italianisierung" der Mode aufgreifend, gründete die Regierung 1933 die Körperschaft *Ente autonomo per la mostra permanente nazionale della moda*, die 1935 in *Ente Nazionale della Moda* (ENM) umbenannt wurde.[257] Die Bemühungen um den Aufbau eines nationalen Modesektors wurden ferner

---

[253] Socrate, Francesca: Borghesie e stili di vita, in: Sabbatucci/Vidotto: Storia d'Italia, Bd. 3, Liberalismo e Democrazia, Roma/Bari 1999 (1995), S. 363–442, hier S. 364, 424 ff.

[254] Siehe beispielsweise Anonym: Così e non così, in: Lui, Nr. 5 (Mai 1933), S. 20.

[255] Anonym: Il costume sportivo e la nuova linea dell'uomo moderno, in: Lui, Nr. 11 (November 1933), S. 20–21, hier S. 20.

[256] „Presso da noi un élite resta fedele alle direttive londinisi; ma la grande massa, quella che affolla le sale di proiezione, vuole l'abito, il cappello, la cravatta alla Clark Gable, o, putacaso alla Robert Montgomery." Anonym: Gable-Arlen-Oackie e tre nuovi golfs, in: Lui, Nr. 10 (Oktober 1933), S. 15.

[257] Bereits vor dem Ersten Weltkrieg hatten sich Feministinnen wie die Sozialistin Rosa Genoni, Vertreter und Vertreterinnen der Aristokratie und die futuristische Bewegung für eine Italianisierung und Reformierung der Mode stark gemacht. Nach dem Krieg waren es dann vor allem Industrielle wie Fortunato Albanese sowie Lydia De Liguoro, Journalistin und Repräsentantin

im Zusammenhang mit den Völkerbundsanktionen im Zuge des Äthiopienfeldzugs 1935 und dem Ziel der wirtschaftlichen Autonomie vorangetrieben.[258] Die Entwicklung und Produktion synthetischer Stoffe sollten Italiens Unabhängigkeit vom Import textiler Rohstoffe gewährleisten. Die ENM machte es sich darüber hinaus zur Aufgabe, die unterschiedlichen Sparten des Sektors zu organisieren und die Beziehungen zwischen Textilproduktion, Design, Schneidereien, Fachpresse und Konsumenten zu intensivieren, um die italienische Mode international konkurrenzfähig zu machen. Das war selbstverständlich auch im Interesse vieler Betriebe, die in der Textilindustrie tätig waren. Durch massive Werbekampagnen, die Organisation von Modenschauen, Textilausstellungen und die Edition von Fachpublikationen versuchte sich die ENM ab Mitte der 1930er Jahre in dem schwierigen Unterfangen, das Modebewusstsein der Italiener zu „nationalisieren".[259] Aktivitäten der ENM im Bekleidungssektor stellten schließlich auch den Versuch dar, Mode als körperpolitisches Instrument zur Kontrolle des individuellen Frauen- und Männerkörpers sowie zu deren Integration in den nationalen Volkskörper zu funktionalisieren. So wurde etwa das Tragen dieser oder jener Krawattenmuster zum Dienst am Vaterland stilisiert. „Die Krawattenkreationen von DIVA repräsentieren das latinische Temperament. [...] Auch im Bereich der Krawattenkonfektion also hat Italien dank seiner intelligenten Künstler und Industriellen jene vornehme Note gefunden, die wieder auf den Weg der perfekten Eleganz und Noblesse führt [...]."[260] Auf die international orientierten Kleidungsgewohnheiten, die mit dem negativen Schlagwort der „Auslandsliebe" (*esterofilia*) umschrieben wurden

---

der *Fasci femminili milanesi*, und Elisa Majer Rizzioli, die Gründerin der Frauenorganisation des PNF, die den Aufbau und die „Disziplinierung" einer nationalen Modeindustrie vorantrieben. 1927 wurden die verschiedenen Sparten der Textilbranche in der *Federazione nazionale fascista dell'abbigliamento* zusammengefasst. Vgl. Paulicelli (2004), S. 17–55.

[258] Paulicelli (2004), S. 99 ff.; Aspesi (1982), S. 33 f. Paulicelli hat darauf hingewiesen, dass die strukturpolitischen Maßnahmen zur Nationalisierung der Modebranche durchaus Innovationen in der Produktion sowie im stilistischen Bereich hervorbrachten und die Basis für den internationalen Erfolg der italienischen Mode in der Nachkriegszeit legten. Ähnliche Modernisierungsimpulse durch die Rationalisierungsprozesse im Rahmen der Autarkiepolitik konnte Rolf Petri auch für andere Industriezweige feststellen: Petri, Rolf: Innovazioni tecnologiche fra uso bellico e mercato civile, in: Zanagni, Vera (Hg.): Come perdere la guerra e vincere la pace. L'economia italiana tra guerra e dopoguerra, Bologna 1997, S. 245–307.

[259] Magnani, Gino: Editorial, in: arbiter elegantiarum, Nr. 1 (Mai 1935), ohne Seitenangabe; siehe auch Anonym: I perché di Lui, in: Lui, Nr. 2 (Februar 1933), S. 14–15; Anonym: L'ente nazionale della moda alla conquista del campo nemico, in: arbiter, Nr. 6/7 (November/Dezember 1935), S. 338–339; Mostra del tessile nazionale inaugurata a Roma dal duce, in: Lui, Nr. 25 (November/Dezember 1937), S. IV.

[260] „Le cravatte pazze create dalla ‚DIVA' rappresentano il temperamento latino [...]. Anche nel campo delle cravatte, dunque, l'Italia – e per essa i nostri intelligenti artisti e industriali – sa trovare quella nota di distinzione che porta verso vie di perfetta eleganza e signorilità." Soresino, Mario: Cravatte pazze, in: arbiter, Nr. 52 (April 1940), S. 34.

(Abb. II. 16),²⁶¹ reagierte das Regime somit nicht wie die katholische Kirche mit einer Ablehnung des Modischen an sich.²⁶² Die Publikationen der *Ente*, aber auch Modezeitschriften wie *Lui* oder *Lidel* propagierten die Kreation eines italienischen Modestils als notwendiges Instrument zur Repräsentation des „italischen" Nationalcharakters und faschistischer Modernität.²⁶³ Das *fare bella figura* wurde zur nationalen Tradition erhoben, die im Faschismus neue Blüten treiben sollte:

> Der faschistisch gebildete Mann kann kein ungehobelter Mann sein und wird es auch niemals sein. Denn der Faschismus betrachtet die Kultivierung als höchstes Ziel aller seiner Initiativen. Folglich ist der faschistische Mann ein vornehmer Mann und wird sich immer weiter zu einem solchen verfeinern. Faschismus – Aristokratie der Nation in jeder Hinsicht!²⁶⁴

1936 publizierte die ENM ein kommentiertes „Wörterbuch der Mode" (*Commentario-Dizionario Italiano della Moda*), das auf die Italianisierung des Fachjargons abzielte.²⁶⁵ Autor war der aus Turin stammende Schriftsteller und Journalist Cesare Meano. Laut des neuen Modewörterbuchs hatte der *frac* künftig *marsina* zu heißen. Der *smoking* wurde zur *giacchetta da sera*, das *gilet* zum *panciotto*, die *knickerbockers* zu *calzoni corti*, die Farbe *beige* zu *bigio*.²⁶⁶ Doch die Kleidungsgewohnheiten der Italiener sollten nicht einen nationalen „Stil" repräsentieren, sondern auch die faschistischen Geschlechterideale.

Der individuelle Modestil, war in Meanos *commentario* zu lesen, zeige beispielsweise, „ob eine Frau seriös ist oder nicht und in welchem Maß und bis zu welchem Punkt was nach Erlesenheit, Affektiertheit und Verweiblichung aussieht".²⁶⁷ Männliche

---

[261] Von der sogenannten esterofilia, die es zu überwinden gelte, ist auch in den Ausgaben von *Lui* und *arbiter* regelmäßig die Rede. Siehe beispielsweise: Sanvito, Mario: Anche sul fronte dell'industria tessile funziona ormai l'Asse Roma-Berlino, in: arbiter, Nr. 57 (September/Oktober 1940), S. 32–35, hier S. 33.

[262] Einen unmittelbaren Einblick in die Haltung der katholischen Kirche und ihrer Laienverbände gegenüber der Mode vermittelt die Zeitschrift *Le donne italiane*, die durch das katholische Comitato nazionale per la correttezza della moda herausgegeben wurde. Siehe auch De Giorgio (1990).

[263] Anonym: Per un contributo alla moda, in: Lui, Nr. 2 (Februar 1933), S. 9 u. 22, hier S. 2.

[264] „L'uomo fascisticamente educato non può essere, non sarà mai un'uomo rozzo. Poiché il Fascismo pone l'educazione al sommo di ogni sua iniziativa, ne viene di conseguenza che l'uomo fascista è, e sarà sempre più, un uomo raffinato. Fascismo, aristocrazia della Nazione: in tutti i sensi!" Magnani, Gino: Editorial, in: arbiter elegantiarum, Nr. 1 (Mai 1935), ohne Seitenangabe.

[265] Meano, Cesare: Commentario-Dizionario Italiano della Moda, Turin 1936.

[266] Ebd., S. 165, 235–236, 432, 441, 444.

[267] „[...] di tutto ciò che può sapere di ricercatezza, di leziosaggine, di effeminatezza.] Anonym: Il costume sportivo e la nuova linea dell'uomo moderno." Zitiert nach: Lui, Nr. 11 (November 1933), S. 20–21, hier S. 20.

Abb. II. 15

Eleganz mache sich nicht durch auffallende Raffinessen bemerkbar, sondern sei das Synonym für „Virilität", Ausdruck von „Kühnheit" und „Disziplin": „Der Typ Don Giovanni, den die Franzosen *gagà* nennen, passt nicht in unsere kämpferische und konstruktive Zeit und kann nicht zu unserer Rasse gehören."[268] Nach dem Motto „Bewusstsein und Disziplin" versuchte die ENM vor allem, die kaufkräftigen großbürgerlichen und aristokratischen Oberschichten, „die Elite der Konsumenten",[269] zum Erwerb national gefertigter Produkte zu animieren. Dabei gerieten jedoch die ideologischen Zielsetzungen zur Schaffung eines genuin italienischen Kleidungsstils in Konflikt mit den ökonomischen Interessen des Regimes. Denn die nationalisierte Mode sollte einerseits zur Integration des Einzelnen in den klassenlosen „Volkskörper" beitragen und diesen homogen machen. Andererseits mussten die Schnittmuster, Stoffe und Stile der *moda italiana* – im Hinblick auf den angestrebten nationalen wie internationalen Erfolg – das Bedürfnis der potenziellen Klientel befriedigen, sich

---

[268] „Il tipo dongiovannesco che i francesi chiamano gagà non è del nostro tempo combattentistico e costruttivo e non può appartenere alla nostra razza." Anonym: Le nostre idee sull'abbigliamento, in: arbiter elegantiarum, Nr. 1 (Mai 1935), ohne Seitenangabe.

[269] Anonym: Per un contributo italiano alla moda, in: Lui, Nr. 2 (Februar 1933), S. 9. u. 22, hier S. 9.

individuell durch Geschmack und Extravaganz von anderen abzuheben.[270] Diese Spannungen treten besonders deutlich im Kino hervor, das die ENM als idealen Werbekanal für die „autarke Mode" betrachtete, war doch die verbreitete Imitation von Starlooks und die Popularität der US-Mode ein deutliches Zeichen für die Wirkungsmacht des Films bei der Verbreitung bestimmter Körperstile und Konsumpraktiken: „Das Kino und die Presse sind überaus effektive Instrumente zur Befreiung von [dem Diktat] der amerikanischen Modeindustrie. Auf der Leinwand bedienen die Stars die Interessen der Fabrikanten von Stoffen, Hüten, Krawatten und Hemden."[271] Im Zuge der staatlichen Eingriffe in den Spielfilmsektor ab 1934 waren die Produktionshäuser seit 1935 dazu verpflichtet, nur national gefertigte Kleidung oder italienische Stoffe für die Ausstattung der Schauspieler zu verwenden.[272] Im Vorspann von Filmen wie *Tempo massimo*, *La contessa di Parma* (1937) oder *Grandi Magazzini* (1939) erschienen nun häufig die Namen der verschiedenen Damen- und Herrenausstatter. Vor allem die heimischen Schauspieler sollten die italienische Mode mit dem notwendigen Glamour versehen und den Trendsettern aus Hollywood Konkurrenz machen. Modezeitschriften zeigten die *divi* in ausgewiesenen „autarken" Kreationen. Aus der 1935 gegründeten Filmhochschule (*Centro Sperimentale di Cinematografia*) gingen Fotografen wie Elio Luxardo hervor, die sich auf die Aufnahmen von Starporträts sowie Mode- und Setfotografie spezialisierten und die Körper der Stars ebenso wie die sie umhüllende italienische Mode effektvoll in Szene setzten.[273] Doch letztlich unterschieden sich die Starbilder weder in ihrem Stil noch in ihrer Repräsentationsform wesentlich von ausländischen Modellen, an denen sich die Aufnahmen orientierten, um den Sehgewohnheiten und Erwartungen des Publikums zu genügen.

Auch Camerinis *Il Signor Max* dokumentiert diesen ambivalenten Modediskurs des Regimes, der einerseits darauf abzielte, die Vermarktung und den Konsum der nationalen Mode im Rekurs auf die Tradition „italischer" Eleganz voranzutreiben, gleichzeitig aber einen sozial distinguierenden, individualistischen Kleidungskonsum ablehnte. So führt Vittorio De Sica, der schon seit Beginn der 1930er Jahre eine beliebte Werbefigur für verschiedenste Produkte war, den Zuschauern in einer Art filmischer Modenschau eine exklusive Herrenmode-Kollektion vor Augen, die von dem Cinecittà-Kostümbildner Gino Sensani, gemäß den staatlichen Vorlagen, aus national gefertigten Stoffen geschneidert wurde. In zahlreichen Einstellungen defiliert De Sica, als befinde er sich auf einem Laufsteg (Abb. II. 16). Indem er aus dem Bild

---

[270] Anonym: Autarchia e eleganza, in: arbiter, Nr. 65 (Juni 1941), S. 38–39.
[271] Il cinema e la stampa sono mezzi di propaganda efficacissimi in questa emancipazione della industria americana. Sullo schermo i divi servono di colossale interesse di fabbricanti di stoffe, di cappelli, di cravatte, di camicie. Anonym: Gable–Arlen–Oackie e tre nuovi golfs, in: Lui, Nr. 10 (Oktober 1933), S. 15.
[272] Paulicelli (2004), S. 89.
[273] Vgl. Turroni, Giuseppe: Luxardo: L'italica bellezza, Mailand 1980.

Abb. II. 16

hintergrund auf die Kamera zuläuft und sich dann in alle Richtungen dreht, bringt er die Kleidung voll zur Geltung. Die Leinwand dient hier gleichsam als Schaufenster, in dem die „autarke" Mode am Starkörper De Sicas als Spektakel inszeniert und angepriesen wird.[274]

---

[274] Verschiedene filmtheoretische Arbeiten haben auf die zentrale Funktion von Filmen als Visualisierungs- und Werbefläche für Konsumgüter, vor allem bei der Verbreitung und Ausformung

Allerdings werden die von De Sica vorgeführten Fracks und Smokings auf narrativer Ebene von *Il Signor Max* mit dem internationalen Modekanon konnotiert. Dies resultiert aus der Tatsache, dass De Sicas Starkörper nicht nur Werbefläche für die von ihm getragene Mode ist, sondern dass über seine Figur gleichzeitig der erzieherische Diskurs des Regimes im Hinblick auf vermeintlich richtiges und falsches, männliches und unmännliches Konsumieren kommuniziert wird. Das filmische Narrativ beschreibt eine Umerziehung, nämlich den Wandel des Kleinbürgers Gianni, der von einem unverhältnismäßigen Luxuskonsum und seiner *esterofilia* hin zu einem nationalen Konsumverhalten geführt werden muss – eine Läuterung, die zudem an die Parabel seiner Mannwerdung gekoppelt ist.

Das widersprüchliche Zusammenwirken von visueller und erzählerischer Ebene produziert jedoch konträre und ambivalente Bedeutungen, die das Motiv der Wandlung und Disziplinierung stören und den Zuschauern unterschiedliche Lesarten anbieten.

Il Signor Max

Die Komödie *Il Signor Max* zeigt De Sica als den Zeitungshändler Gianni, der zusammen mit der Familie seines Onkels, eines Straßenbahnschaffners, in Rom lebt. Jedes Jahr begibt sich Gianni auf Reisen, um seinem kleinbürgerlichen Alltag zu entfliehen. Fasziniert vom weltmännischen Lebensstil seines aristokratischen Freundes Max Varaldo (Gianfranco Zanchi), will auch er etwas von der Welt sehen und sich wenigstens im Urlaub wie ein echter *signore* fühlen. An Bord eines Schiffs lernt er die adelige Paola (Rubi Dalma) kennen, die ihn aufgrund des Namens auf seiner ausgeliehenen Fotokamera für seinen Freund, den Grafen Max, hält. Der geschmeichelte Gianni klärt die Verwechslung nicht auf. Als weltgewandter Gentleman im Frack vergnügt er sich daraufhin in der ersten Klasse des Kreuzfahrtschiffs, liest amerikanische Herrenmagazine, verschwendet sein Geld im Schönheitssalon, tanzt, trinkt Whiskey, raucht teure Zigaretten und macht der aparten Luxusfrau Paola den Hof. (Abb. II. 17)

Anstatt sich nach der Ankunft in Genua wie geplant auf einem Kreuzfahrtdampfer der faschistischen Freizeitorganisation *Opera Nazionale Dopolavoro* (OND) einzuschiffen, der ihn bis nach Athen und Rhodos gebracht hätte, macht er mit Poala,

---

geschlechtsspezifischer Konsumpraktiken verwiesen. Mary Anne Doane argumentiert etwa, „the film frame is a kind of display window and spectatorship consequently a form of window-shopping". Dies.: The desire to desire: The Woman's Film of the 1940s, Bloomington/Indianapolis 1987, S. 27; zur Modenschau im Film siehe auch Herzog, Charlotte: Powder Puff Promotion: The Fashion Show-in-the-Film, in: dies./Gaines, Jane (Hg.): Fabrications. Costume and the Female Body, New York 1990; Eckert, Charles S.: The Carole Lombard in Macy's Window, in: Gledhill, Christine (Hg.): Stardom. Industry of Desire, S. 30–39.

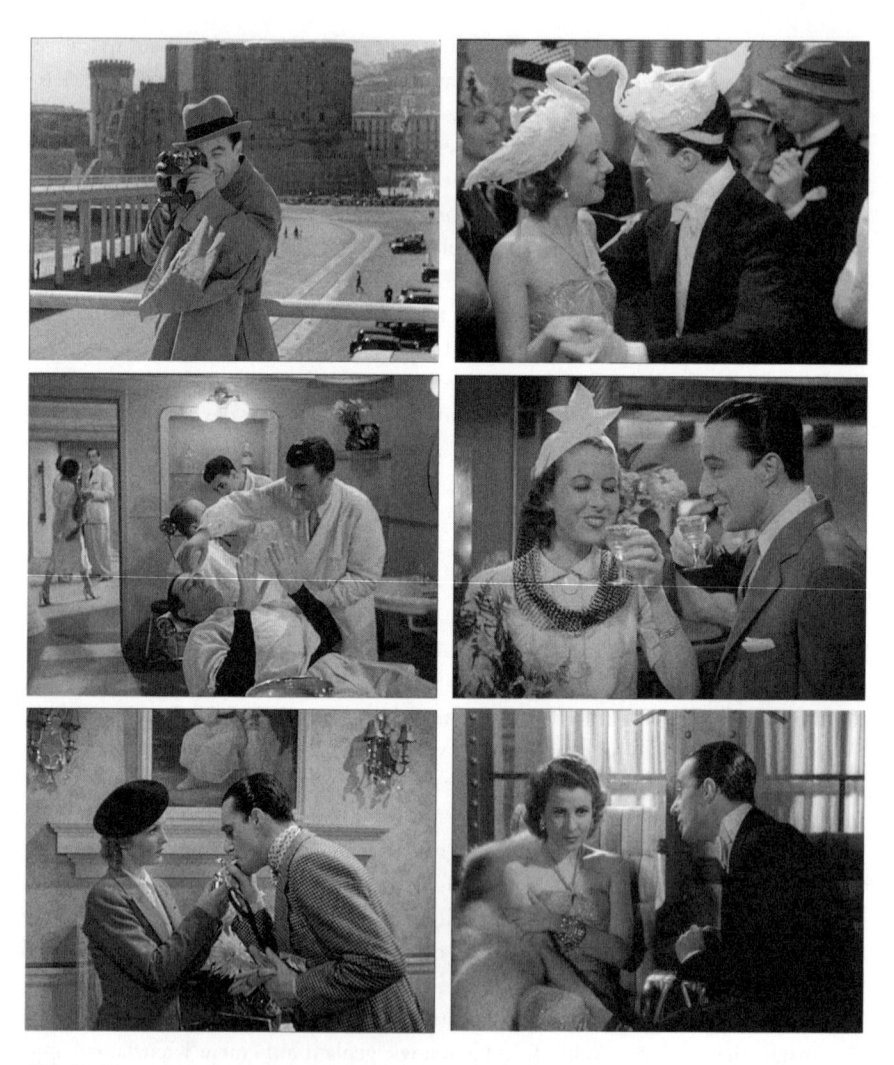

118　II. Vittorio De Sica: Männlichkeiten und Massenkultur im Faschismus

Abb. II. 17

ihrer jüngeren Schwester Pucci (Adonella) und ihrem Freund Riccardo (Umberto Melnati) einen Abstecher ins Casino nach San Remo. Nach kurzer Zeit geht ihm das Geld aus und er muss nach Rom zurückkehren. Daraufhin kommt es zu einem Streit mit seinem Onkel (Mario Casaleggio), der kein Verständnis für seine Eskapaden zeigt. Gianni arbeitet nun wieder an seinem Zeitungsstand. Als er erfährt, dass Paola in Rom verweilt, beginnt das Rollenspiel von Neuem. Obendrein verliebt sich deren Dienstmädchen Lauretta (Assia Noris) in den „echten" Gianni, den Zeitungsverkäufer. Damit Lauretta sein Spiel nicht durchschaut, mimt er am Zeitungsstand ebenfalls den Verliebten. Der ständige Rollenwechsel treibt Giannis Identitätskrise auf die Spitze. Er ist zwischen den beiden Frauen und dementsprechend zwischen seiner kleinbürgerlichen Existenz und der vergnügungsorientierten Lebenswelt seines Alter Ego Max hin- und hergerissen. Ein Kuss von Lauretta scheint ihn schließlich zu seinem „wahren" Ich zu bekehren. Als sie ihre Stellung bei Paola kündigt, entscheidet sich auch Gianni, sein Abenteuer in der Welt der feinen Herrschaften zu beenden. Er verlobt sich mit Lauretta und kehrt gemeinsam mit ihr in die Wohnung seines Onkels zurück.[275]

Il Signor Max ist der erste Film, in dem der Star De Sica explizit in Verbindung mit faschistischen Symbolen und Institutionen zu sehen ist. Gleich zu Beginn erfahren die Zuschauer, dass der von ihm dargestellte Protagonist Gianni eine Mittelmeerkreuzfahrt mit der OND plant.[276] Daneben spielt sich eine zentrale Szene des Films vor der Kulisse einer *dopolavoro*-Feier ab. In weiteren Filmsequenzen ist im Bildhintergrund ein Mussolini-Portrait zu sehen, das über einer enormen Landkarte des Mittelmeerraums prangt – ein Verweis auf das neue Selbstverständnis des faschistischen Italien als koloniales *impero*, das Mussolini nach der Eroberung Äthiopiens im Mai 1936 proklamiert hatte.[277]

Auch wenn die Zeichen des Faschismus auf narrativer und visueller Ebene eher im Hintergrund bleiben, betonen sie doch entscheidende Entwicklungsmomente der Handlung. Zudem erhielt der Film 1937 bei den Filmfestspielen in Venedig einen Förderpreis des Ministeriums für Volkskultur.[278] Daneben visualisiert *Il Signor Max* die zunehmende Relevanz und Sichtbarkeit rassistischer Stereotype im Kontext des Kolonialkriegs. In verschiedenen Einstellungen ist Gianni an seinem Zeitungsstand neben Bildpostkarten zu sehen, welche die nackten Körper afrikanischer Männer und Frauen zur Schau stellen. Das De-Sica-Image visualisiert somit, dass sich „italienische"

---

[275] Vgl. auch die Filmanalysen zu *Il Signor Max* in Landy (1986), S. 263–265; dies.: The Folklore of Consensus. Theatricality in the Italian Cinema 1930–1943, New York 1998, S. 90–94; Hay (1987), S. 44–47; Leonhard, Valentina: Spielfilme im faschistischen Italien, unveröffentlichtes Manuskript, Berlin 2003, S. 78 ff.

[276] Zu den Aktivitäten des OND im Tourismus, insbesondere den Kreuzfahrten vgl. De Grazia (1981), S. 179 ff.

[277] Vgl. Tranfaglia, Nicola: Prima guerra mondiale e fascismo, Storia d'Italia dall'Unità fino alla fine della Prima Repubblica, Turin 1995, S. 576. Die koloniale Thematik dominierte seit Mitte der 1930er Jahre die populären Medien. *Il Signor Max* wurde im September 1937 bei den Filmfestspielen in Venedig neben Romolo Marcellinis *Sentinelle di Bronzo* und Goffredo Alessandrinis Historienfilm *Scipione l'Africano* – zwei Spielfilmen mit explizit kolonialer Thematik – uraufgeführt.

[278] Zur staatlichen Filmförderung durch Prämien und Filmpreise und zu dem damit einhergehenden Versuch der Einflussnahme auf die Produktion vgl. Corsi, Barbara: Con qualche dollaro in meno. Storia economica del cinema italiano, Rom 2001, S. 25 ff.; Brunetta (2001b), S. 45 ff.; Lancia, Enrico (Hg.): I premi del cinema 1927–1990, Rom 1991.

Männlichkeit in den 1930er Jahren immer auch über die Abgrenzung zum „rassisch Anderen" konstruierte. Diese stärkere Sichtbarkeit des Faschismus im Unterhaltungsfilm der späten 1930er Jahre ist ferner auf die wachsende Aktivität der Regierung im Spielfilmsektor zurückzuführen. Erst im April 1937 hatte Mussolini die Cinecittà-Studios vor den Toren Roms feierlich eröffnet.[279] *Il Signor Max* war einer der ersten Filme überhaupt, die in der neuen Filmstadt, dem damals größten und modernsten Studiokomplex nach Hollywood, gedreht wurden. Doch ist die Komödie auch ein charakteristisches Beispiel dafür, dass die Träume, die in der neuen Traumfabrik am Tiber entstanden, trotz der erkennbaren Versuche ihrer stärkeren Inanspruchnahme zu Propagandazwecken, höchst ambivalente Gebilde blieben.

Die Moral des romantischen Plots scheint zunächst eindeutig: Gianni alias Max muss von seinen hehren Sehnsüchten nach einem kosmopolitischen Junggesellenleben in der „Ersten Klasse" bekehrt und zu seiner vermeintlich wahren Identität, sprich einer um Nation, Familie und Arbeit kreisenden kleinbürgerlichen Existenz zurückgeführt werden, die der Film – im Einklang mit der faschistischen Geschlechterpolitik – im Happy End idealisiert. Ähnlich wie in den Camerini-Komödien *Gli uomini, che mascalzoni!* oder *Darò un milione* wird über das Motiv des Kleidertauschs eine doppelte Identität der De-Sica-Figur suggeriert.[280] Auf diese Weise stellt die Narration die verschiedenen Identitätskonzepte sowie die daran gebundenen Lebensstile einander gegenüber und konstruiert die Wandlung des *gagà* zum funktionierenden Staatsbürger. Als Orientierungspunkt für diesen Läuterungsprozess – auf dessen Widersprüche noch einzugehen ist – dient die Figur des Onkels. Pflichtbewusstsein, Anpassungswille, Sparsamkeit und Autorität werden mit ihm als Tugenden italienischer Virilität konstruiert.

Die Konfrontation der verhandelten Männlichkeiten erfolgt maßgeblich über Kleidung sowie über den Konsum bestimmter Waren und Freizeitmodelle. Der schlichten Arbeitskleidung des Zeitungsverkäufers und der Uniform des Onkels stehen die vielfältigen, am internationalen Modekanon orientierten Stile des verschwenderischen Signor Max entgegen. Dem individualistischen Vergnügen und „amerikanisierten" Luxus der Oberschichten wird die Unterhaltung in der „Einheitsklasse" bei der OND gegenübergestellt, die auf das Erleben von Gemeinschaft ausgerichtet ist.[281] Doch die Disziplinierung des *gagà* Gianni verläuft keineswegs nahtlos und unmissverständlich. Die Vieldeutigkeit des De-Sica-Images, das bereits einen Bedeutungsüberschuss in den Filmtext mit hineinbringt und sich einer semantischen Festlegung entzieht, stört die Filmrezeption im Sinne einer alleinigen Bestätigung faschistischer

---

[279] Vgl. Grespi, Barbara: Cinecittà: utopia fascista e mito americano, in: Aprà, Adriano (Hg.): Storia del cinema italiano, Bd. V, Venedig 2006, S. 128–137.

[280] Vgl. Landy (1998), S. 92.

[281] Mit dem Schlagwort *classe unica* warb die OND für ihre Mittelmeerkreuzfahrten, vgl. Pinkus (1995), S. 126.

International und autark: Mode, Konsum und Männlichkeiten im Film 121

Körper- und Geschlechterideale. Seine Starfigur macht hier einmal mehr die Spannungen und Konflikte im Männlichkeitsdiskurs der 1930er Jahre transparent, die sich aus den Bestrebungen des faschistischen Regimes ergaben, Männlichkeit auf spezifische Identitätsmodelle zu fixieren.

Der Zeitungsstand dient innerfilmisch als Symbol für die urbane, medial vermittelte Konsumkultur. Als narrativer Knotenpunkt und zentraler Schauplatz des Verwechslungsmotivs strukturiert er die filmische Erzählung. In der Zeitungsbude wechselt Gianni seine Kleidung um, sich in sein Alter Ego Max oder wieder zurück in Gianni zu verwandeln. Hier ist er zugleich feiner Herr und gewöhnlicher Zeitungshändler. Umgeben von schillernden Starbildern auf den Titelseiten der *rotocalchi*, hängt er seinen Träumen von einem Leben in Saus und Braus nach.

Abb. II. 18

Die zentrale Bedeutung des Zeitungsstands wird gleich in der Eröffnungssequenz betont. Der Film präsentiert ihn als Dreh- und Angelpunkt im alltäglichen Betrieb und Kommunikationsfluss der Metropole, wie die Kamerafahrt akzentuiert, bei der sich das Objektiv aus der Vogelperspektive auf den Zeitungsstand zu bewegt und diesen einmal umrundet. Die mit Hollywoodstars geschmückten Titelblätter populärer Zeitschriften wie *Novella, L'Adoratore* oder *Le Grandi firme* werden sichtbar, vor denen Fußgänger neugierig stehen bleiben. Die Kamerafahrt hält schließlich auf Gianni, der, wie die Zuschauer im weiteren Verlauf erfahren, kurz vor seiner Abreise auf seinen Freund Max Varaldo wartet. Aufgrund seiner Kleidung ist Gianni zunächst nicht als Zeitungsverkäufer zu erkennen. Im eleganten Nadelstreifenanzug und mit einem Hut bekleidet, könnte man ihn für einen feinen Herrn halten. Eine elegante Dame beobachtet ihn interessiert und staunt – wie möglicherweise auch die Filmzuschauer – nicht schlecht, als Gianni sich einen Stapel der eben gelieferten Tageszeitung *Il piccolo* schnappt und diese lauthals anpreist (Abb. II. 18). *Il Signor Max* spielt hier mit dem ambivalenten Starimage De Sicas, das zwischen dem einfachen *giovanotto* der Angestellten- und Arbeiterschichten und dem wohlhabenden Bourgeois oder Aristokraten changiert. Gleich zu Beginn verweist der Film somit auf das Hauptthema der Erzählung, nämlich die Frage nach der richtigen und falschen männlichen Identität, deren Bedeutung hier über die Kleidung konstruiert wird.

Das Verwechslungsmotiv wird auch in den Folgesequenzen weitergeführt. Gianni trifft am Kiosk auf seinen Freund Max Varaldo, der ihm seine *Leica*-Kamera für die Reise borgt und zudem ein Erste-Klasse-Ticket für die Schiffsfahrt von Neapel nach Genua besorgt hat, wo er auf den OND-Dampfer steigen soll. Max ist elegant gekleidet, fährt Auto und spielt Golf. Seinem extravaganten Modestil und seinen elitären Freizeitgewohnheiten eifert Gianni nach. So weiß er bereits ebenso wie sein wohlhabender Freund über die Gepflogenheiten und den Dresscode an Bord eines Kreuzfahrtschiffs Bescheid („Ja, ich habe einen Smoking und dieses Jahr sogar auch einen Frack!") und kann problemlos der englischen Konversation folgen, die Max mit seiner Bekannten Dolly (Vivi Gioi) führt, die zufällig am Kiosk vorbeikommt. Seine Kenntnisse über die „feinen Unterschiede" hat er sich durch die Lektüre amerikanischer Zeitschriften wie *Time* oder das Herrenmagazin *Esquire* angeeignet. Eine Folge von Sequenzen in der Mitte des Films, die jeweils durch Überblendung miteinander verknüpft sind, visualisieren den Transfer internationaler Freizeitkultur und Männlichkeitsbilder über die modernen Kommunikationskanäle und ihre Adaption durch den *gagà* Gianni. Man sieht zunächst, wie er seinem Kollegen Pepe (Virgilio Riento) am Zeitungsstand von seinem Flirt mit Paola und dem Leben als Grandseigneur vorschwärmt: „Ach ja, das sind Leute, welch ein Leben!" Doch fehle ihm zu seiner Vervollkommnung als moderner Gentleman noch „die eine oder andere Nuance".

Daraufhin beginnt er seufzend im US-Herrenmagazin *Esquire* zu blättern. Ein Close-up auf die aufgeschlagene Illustrierte in seinen Händen zeigt das Bild eines Kreuzfahrtschiffs und die Headline: „How to travel the modern way". Gianni blättert weiter und auf der nächsten Seite wird eine Gruppe von Männern und Frauen beim Bridge-Spiel sichtbar. Darüber wird das Bild eines Türschilds mit der Aufschrift „Mrs. Trenkler. Lezioni di Bridge" geblendet. Nach einem Schnitt sieht man Gianni, der gerade mit einem jovialen „How do you do?" seine Bridge-Lehrerin begrüßt und von dieser in die Wohnung gebeten wird. Es folgt ein weiteres Close-up auf die Zeitschrift. Diesmal ist die Abbildung eines Tennisspielers zu sehen. In einer weiteren Überblendung leitet der Film zur nächsten Sequenz über, die Gianni beim Tennisunterricht präsentiert.

Camerinis Komödie thematisiert anhand der Starfigur De Sicas die oben skizzierte Ausbreitung der Kenntnisse über internationale Gepflogenheiten und Moden, Formen sozialer Distinktion sowie deren Popularisierung im zeitgenössischen urbanen Umfeld durch die modernen Massenmedien. Dabei thematisiert der Film, dass der elitäre Habitus der aristokratischen Oberschichten nicht mehr allein stilprägend war, sondern durch US-amerikanische Trends und Freizeitmodelle ergänzt wurde. Zudem deuten die Filmbilder auf die zentrale Bedeutung des Starkults bei der Verbreitung dieser Trends hin. An den Wänden von Giannis Schlafzimmer hängen die Portraits bekannter Hollywoodstars und er selbst wird gegen Ende des Films von Paola mit Clark Gable verglichen.

Die Aneignung dieser Körperstile durch den Kleinbürger Gianni und sein darin zum Ausdruck kommendes Streben nach sozialem Aufstieg stellt der Film als falsch dar. Denn Giannis international orientierte Konsumpraktiken, die in seinem Wunsch gipfeln, einem „englischen Herrn" zu gleichen, unterwandern die symbolische Ordnung, über die sich der Faschismus als klassenloser und autarker Korporativstaat konstruierte.[282] Gianni überschreitet die im faschistischen Diskurs hergestellten Grenzen zwischen dem Ideal des „neuen Mannes" auf der einen und dem vermeintlich unmännlichen „Bourgeois" auf der anderen Seite. Er stiftet Verwirrung im Bezug auf soziale und nationale Zugehörigkeiten. So hält Paola ihn aufgrund seiner Kleidung und seiner Zeitschriften zunächst für einen Amerikaner und spricht mit ihm auf Englisch, was wiederum dazu führt, dass Gianni sie ebenfalls für eine Ausländerin hält. Für sein Abweichen von der Norm des gehorsamen Staatsbürgers wird Gianni in der Filmerzählung quasi bestraft. Immer wieder unterlaufen dem Zeitungshändler trotz aller Lektionen Fehler, die seine wahre soziale Herkunft zu verraten drohen. Er beherrscht die Regeln des Bridge-Spiels nicht, hat keine Ahnung von Whiskey-Sorten und weiß nicht, wie Orchideen aussehen. Im Grand Hotel geht ihm das Geld aus, er blamiert sich beim Tennis sowie bei einer Reitpartie und verstrickt sich in widersprüchliche Aussagen, wenn die Sprache auf seinen Familienstammbaum kommt (Abb. II. 19). In diesen Situationen verliert Gianni die Kontrolle über sein Rollenspiel, er wird hysterisch und mutiert zum Stereotyp des effeminierten *gagà*.

---

[282] Zum faschistischen Korporativismus vgl. Santomassimo, Gianpasquale: La terza via fascista. Il mito del corporativismo, Rom 2006, S. 181 ff., 213 ff.; Pinkus hat auf die organische Konzeption des Korporativstaats hingewiesen, als dessen ‚Basiszelle' der einzelne Konsument agieren sollte. Vgl. Pinkus (1995), S. 82 ff.

Abb. II. 19

Dagegen werden die Männer in Paulas Entourage oder auch Giannis Freund Max Varaldo aufgrund ihres Konsums oder ihrer Kleidung nicht als lächerlich oder unmännlich dargestellt. Das in der Narration angelegte Korrektiv im Bezug auf die individuelle Distinktion durch Mode und Konsum betrifft allein die Figur des kleinbürgerlichen Zeitungsverkäufers. Nicht die gesellschaftliche Hierarchie, sondern die vermeintlich unverhältnismäßigen materiellen Wünsche des Protagonisten werden kritisiert und als falsch markiert. Die soziale Differenz zu den Oberschichten, die Gianni durch seine mondänen Eskapaden und modischen Exzesse gleichzeitig sichtbar macht und überschreitet, stellt sich somit wieder her. Hier werden die Widersprüche bestätigt, die auch verschiedene Forschungsarbeiten im Bezug auf die faschistische Sozial- und Wirtschaftspolitik festgestellt haben. Propagierte das Regime einerseits die Überwindung der Klassenunterschiede des liberalen Italien durch die harmonische Symbiose von Kapital, Staat und Arbeit im Korporativsystem, griff es in Bezug auf den Konsens der großbürgerlichen und aristokratischen Eliten de facto nicht in deren privilegierten Status ein.[283] Wie bereits in *Gli uomini, che mascalzoni!* zeigt De Sicas

---

[283] De Grazia (1996), S. 343.

International und autark: Mode, Konsum und Männlichkeiten im Film 125

Starimage auch in *Il Signor Max*, dass Männlichkeiten in den 1930er Jahren stark durch schichtenspezifische Differenzen strukturiert waren.

Das falsche materielle Begehren des *gagà* Gianni ist zudem an sein verfehltes sexuelles Begehren nach der Luxusfrau Paola gekoppelt, das im Film mit einer Destabilisierung der Geschlechterordnung verbunden wird. Paolas verschwenderischer, individualistischer Konsum und ihre freizügigen, luxuriösen Abendkleider, ihr kosmopolitischer Lebensstil, ihre schlanke Statur und ihre Kinderlosigkeit – trotz zweimaliger Ehe – konnotieren sie mit dem Stereotyp der sterilen Krisenfrau (*donna crisi*).[284] Giannis Schwärmen für Paola entfernt ihn von den Prinzipien faschistischer Männlichkeit, die sich wesentlich über Vaterschaft und die Position als Familienernährer definierte. Seine Begegnung mit ihr hält ihn von seinen eigentlichen Reiseplänen ab und führt überdies dazu, dass er seine Teilnahme an der OND vernachlässigt, mit seinem Onkel streitet und sein Erbe zum Fenster hinauswirft.

Es ist wiederum ein Kleidungsstück, welches die fehlgeleitete Männlichkeit des *gagà* Gianni als defizitär und „krank" kennzeichnet, nämlich die Armbinde. Diese nutzt er nach seinem Fahrradunfall als Tarnung, um vor Lauretta seine beiden Identitäten aufrechtzuerhalten. Die Armbinde visualisiert einen Konflikt zwischen subjektiven Wünschen und staatlichen Interessen, die im Film über die Figur des Onkels kommuniziert werden. Damit bringt der Film Probleme zum Ausdruck, die sich potenziell auch dem zeitgenössischen Publikum stellten. Über Giannis Figur wird einerseits das Streben nach einem freien Ausleben individueller Bedürfnisse artikuliert, welches durch die aufkommende, lust- und erlebnisorientierte Konsumkultur

---

[284] Wie De Grazia dargelegt hat, wurde die konsumierende „Luxusfrau" im Rahmen der Autarkiekampagne zum „enemy of state" erklärt. Vgl. dies. (1996), S. 351. In der zeitgenössischen Literatur, in der Presse, in ideologischen Kampfschriften und auch Film wurde ein Äußeres, dass sich an der internationalen Mode oder Trends aus Hollywood orientierte mit Kinderlosigkeit und „steriler Frivolität" verbunden. Siehe beispielsweise Anonym: Cittadino soldato, in: arbiter, Nr. 51 (März 1940), S. 22–23. Die Autorin Daria Banfi Malaguzzi beklagt in ihrem 1928 erschienen Pamphlet über die „Weiblichkeit der Gegenwart", dass junge Frauen, die sich „alla garçonne" kleiden und einen modischen Bob oder kurze Kleider tragen, die „freie Liebe praktizieren" und „keine Kinder mehr bekommen". Der „donna chic" stellt sie die „mütterliche Eleganz" der Hausfrau entgegen. Banfi Malaguzzi, Daria: Femminilità contemporanea, Mailand 1928, S. 59, 131 ff., 161. Und auch Benito Mussolini gibt in seiner „Warnung an die moderne Frau" physiologisch negative Konsequenzen übertriebenen Modebewusstseins zu bedenken. „Es ist die leidenschaftliche Sucht im Herzen der Frau, den Modeblättern nachzueifern. Es entspricht nicht einmal dem gesunden, normalen männlichen Geschmack, der ganz instinktiv in den weichen Formen des Frauenkörpers die natürlich Ergänzung des eigenen muskulösen sucht. Ich kenne viele Fälle, in denen die Gesundheit unter dieser Schlankheitssucht gelitten hat. Die widernatürliche, künstliche Wirkung schadet dem Körper." Die moderne Frau werde durch Mode von ihrer eigentlichen Natur entfremdet. Und diese vermeintlich „natürliche Weiblichkeit" wurde in der faschistischen Ideologie immer in Verbindung mit Mutterschaft gedacht. Mussolini, Benito: Warnung an die moderne Frau, in: Der Querschnitt, Jahrgang 8, Berlin 1929, S. 267–269, hier S. 268.

genährt wurde. Dem stehen andererseits seine begrenzten finanziellen Mittel und die Erziehungsversuche seines Onkels gegenüber.

Dieser überwacht im Hintergrund Giannis Grenzüberschreitungen und versucht, ihn zur Vernunft zu bringen. Er prophezeit seinem Neffen von vornehrein, dass er mit den Herrschaften des *gran mondo* nichts gemein habe: „Diese Leute sind nichts für Dich! Was hast Du schon mit denen zu tun?"[285] Seine Figur wird zudem explizit mit faschistischen Symbolen oder Institutionen in Verbindung gebracht. Der Film zeigt ihn fast ausschließlich während der Arbeit oder in der lokalen Sektion des OND. Er ist meist in seiner Beamtenuniform zu sehen, die als „Kollektivsymbol"[286] disziplinierter, faschistischer Staatsbürgerlichkeit in unmittelbarem Kontrast zu Giannis wechselnden, individualistischen Outfits steht. Die Uniform, die mit Ute Frevert Individualität tendenziell „ausradierte und [...] Rollenwechsel nicht zuließ", symbolisierte die männliche Vergemeinschaftung im Faschismus, die Integration des Einzelnen in den faschistischen Volkskörper und die Unterordnung unter den Führer Mussolini.[287] Wie einem Traktat über die „faschistische Erziehung" zu entnehmen war, sollte die Uniform ein sichtbares Zeichen dafür sein, dass ihr Träger die „eigene, egozentrische Individualität [...] bewusst abgelegt" hätte.[288] Auch in der häuslichen Domäne führt Giannis Onkel als sparsamer Paterfamilias das Regiment. Mit seiner Frau, die korpulent und unterwürfig dem Ideal der faschistischen Hausfrau und Mutter (*massaia*) gleichkommt, spricht er lediglich im Befehlston („Du, sei still!"). Er wacht wohlwollend, aber streng über die Erziehung seines Sohnes und bevormundet seinen erwachsenen Neffen. Er hat Giannis OND-Reise nach Griechenland organisiert, verwaltet seine Finanzen, mahnt ihn zur Sparsamkeit und zur Teilnahme am *dopolavoro*. Durch seine Vergnügungen als Signor Max distanziert sich Gianni von seinem Onkel und stellt seine Autorität in Frage. Er lehnt sich gegen seine Bevormundung auf und verlangt freie Verfügung über sein Geld.

---

[285] „Questa gente non è per te! Cosa c'entri tu con loro?"
[286] Frevert, Ute: Männer in Uniform. Habitus und Signalzeichen im 19. und 20. Jahrhundert, in: Bentheim, Claudia/Stephan, Inge (Hg.): Männlichkeit als Maskerade, Köln 2003, S. 277–295, hier S. 292; weiterführend siehe: Joseph, Nathan: Uniforms and Nonuniforms. Communication through Clothing, Westport 1986.
[287] Ebd., S. 277; vgl. Paulicelli (2004), S. 76–77.
[288] „Eine Uniform zu tragen ist nicht nur eine große Ehre, sondern bedeutet, dass derjenige, der sie trägt, bewusst und augenscheinlich auf seine egozentrische Individualität verzichtet hat." [Orbene vestire una uniforme non può evidentemente voler dire soltanto assumere l'onore di cui è circondata, ma piuttosto vuol confermare che chi l'indossa ha fatto rinuncia, cosciente e manifesta, della propria egocentrica individualità."] Rossi, Gaetano: Educazione fascista, Verona 1942: S. 153. Siehe auch Anonym: Cittadini e soldati, in: arbiter, Nr. 51 (März 1940), S. 22–23, hier S. 23; Falasca-Zamponi (1997), S. 104.

Gianni:	Ich habe mich [vom Kreuzfahrtschiff] davonstehlen müssen, weil mir das Geld ausgegangen ist. Und wem habe ich das zu verdanken? Dir! Wenn ich mein Vermögen zur freien Verfügung gehabt hätte, wäre mir das nicht passiert.
Onkel:	*Dein* Vermögen? *Dein* Geld?
Gianni:	Ja! In diesem Haus darf ich nicht Herr meiner selbst sein! In meinem Alter werde ich wie ein kleines Kind behandelt! Weißt Du, was ich sonst getan hätte in San Remo? Ich hätte mir mein Geld von der Bank zuschicken lassen und dann hätte ich es ausgegeben, wie es mir gefällt, ich hätte es verfuttert. Und niemand hätte das Recht gehabt, mir etwas vorzuschreiben. Verstanden?[289]

Anhand der De Sica-Figur tritt das Empfinden männlicher Unzufriedenheit und Entmündigung hervor, ebenso wie eine Diskrepanz zwischen den massenkulturell und medial geweckten Konsumwünschen und den eingeschränkten Möglichkeiten ihrer Verwirklichung. Diese dürfte auch für die meisten zeitgenössischen Zuschauer real gewesen sein, da sich in der zweiten Hälfte der 1930er Jahre der Lebensstandard eines großen Bevölkerungsteiles kontinuierlich verschlechterte. Über Giannis Protest und sein Aufbegehren gegen den Onkel, so ließe sich hier feststellen, kommt sozialer Dissens im Bezug auf das Gebot zur ständigen Unterordnung individueller Bedürfnisse zum Vorschein. Die dadurch entstehenden Spannungen versucht die Narration wieder auszugleichen. So suggeriert der Film, dass dem Zeitungsverkäufer Gianni die Teilnahme am Leben der *signori* theoretisch möglich sei, während dies realhistorisch eher unwahrscheinlich war. Die wenigsten Zeitungsverkäufer konnten sich wohl damals eine OND-Kreuzfahrt, Bridge- und Tenniskurse leisten. Der Film suggeriert dagegen etwas anderes: Gianni verzichtet nicht in erster Linie aus finanziellen Gründen auf das Leben als feiner Herr, sondern deshalb, weil es viel eintöniger ist, als er zunächst vermutet hatte. Den Erlebnisreichtum, den er im Ambiente des *gran mondo* sucht, verortet der Plot im kleinbürgerlichen Familienglück und dem Freizeitangebot der OND. Eine zentrale Szene spielt in einem Lokal des *dopolavoro*, dessen moderat elegante Räumlichkeiten über einen Tanz- und Billard-Saal sowie eine großzügige Bar und eine Jazzcombo verfügen.[290] Beim *dopolavoro*, so legt *Il Signor Max* nahe, vergnügt sich der *ingegnere* ebenso wie der „kleine Mann", dem hier, dank des faschistischen „Fürsorgestaats", die Partizipation an einem scheinbar modernen Lebensstil ermöglicht wird.

---

[289] Gianni: Sono scappato via perché non avevo più soldi. E a chi devo dire grazie? A te! Perché se io avevo a disposizione i miei soldi, ti garantisco che non sarebbe finito così. Zio: I tuoi soldi? I tuoi soldi? Gianni: Si, perché qui in questa casa non sono padrone di me stesso. Alla mia età devo essere trattato come un bambino. A San Remo, se io avessi potuto, sai che facevo? Mi facevo venire dalla banca i miei soldi emeli spendevo, meli mangiavo. E nessuno avrebbe avuto il diritto di dire niente! Hai capito?

[290] Eine anschauliche Beschreibung zu Interieur und Ausstattung der OND-Säle, die mit der in *Il Signor Max* gezeigten Luxusvariante meist wenig gemein hatte, siehe De Grazia (1981), S. 158.

Im Streit überlässt der Onkel Gianni herablassend die Schlüssel zu seinem Bankschließfach und führt ihm vor Augen, wohin seine Eskapaden geführt haben. Erstens habe er sein Geld verschwendet, zweitens nichts von der Welt gesehen und drittens noch nicht einmal die Gelegenheit zu einer sexuellen Affäre mit Paola genutzt: „Du bist wirklich ein Idiot!" Während der Standpauke des Onkels ist im Bildhintergrund eine Mussolini-Fotografie zu sehen, die hier in aller Deutlichkeit auf den übergeordneten gesellschaftlichen Rahmen verweist. Die halbnahe, seitliche Aufnahme des Onkels, die der Pose des Duce auf der Fotografie entspricht, stellt eine Analogie zwischen den beiden Figuren her und erweckt den Eindruck, der Onkel halte seine Schimpfrede in höherem Auftrag. Es ist die staatliche Macht selbst, die hier durch den Onkel spricht, visualisiert durch das Bild Mussolinis. Der Film macht ohne Umschweife klar, dass der *gagà* Gianni, aufgrund seines unbesonnenen und lustorientierten Konsumierens und falschen sexuellen Begehrens für die Luxusfrau Paola sowie seiner Weigerung, durch eine Heirat innerhalb der patriarchalischen Ordnung Position zu beziehen, gegen die sozialen und virilen Imperative des Faschismus verstößt. Kinderreichtum wurde gemäß des mussolinianischen Diktums „es ist kein Mann, wer nicht auch Vater ist" als Zeichen von Potenz und Virilität gedeutet.[291] Traditionell väterliche Tugenden wie Fürsorge, Verantwortungsbewusstsein, Autorität und Strenge waren zentrale Bestandteile des *Duce*-Bildes und damit idealer faschistischer Männlichkeit, zu der Gianni erst noch hingeführt werden muss.[292] Wie bereits in *Gli uomini, che mascalzoni!* und *Tempo massimo* wird auch hier die Männlichkeit des Protagonisten wieder in die mit dem Faschismus konformen Bahnen gelenkt, indem ihm eine adäquate weibliche Figur gegenüber gestellt wird. Giannis materielles Begehren wird durch das Umlenken seines sexuellen Begehrens von Paola auf Lauretta und eine Heirat innerhalb seines eigenen sozialen Umfelds diszipliniert. Mit Lauretta bringt der Film eine deutlich gezähmte „neue Frau" auf die Leinwand, die trotz ihrer Berufstätigkeit und ihrer modischen Kleidung als Dienst- und Kindermädchen auch häusliche Eigenschaften zeigt und, wie sie Gianni gegenüber äußert, nach familiärer

---

[291] „Non è uomo chi non è padre." Zitiert nach De Grazia (1981), S. 69. Mussolini selbst präsentierte sich öffentlich nicht nur als oberster Staatsmann, erster Soldat des Vaterlandes und unermüdlicher Arbeiter, noch auch körperlich mit anpackt, wie Propagandabilder suggerieren, die den „Duce" mit nacktem Oberkörper bei der Erntearbeit im Agro Pontino zeigen (zum Beispiel auf dem Titelblatt des *Domenica del Corriere* Nr. 29 vom 17. Juli 1938.) Er stellte sich zudem als gutbürgerlicher Vater von fünf Kindern und Familienmensch dar, in Konvergenz mit seiner pronatalistischen Politik sowie katholischen Männlichkeitsidealen. Zu faschistischer Vaterschaft vgl. auch Saraceno (1995).

[292] Campi, Alessandro: Mussolinismo, in: De Grazia/Luzzatto (Hg.), S. 200–204, hier S. 203. Ders. Mussolini, Bologna 2001; Passerini, Luisa: Mussolini immaginario; Bosworth, R.J.B.: Mussolini, London 2002; Luzzatto, Sergio: L'immagine del duce. Mussolini nelle fotografie dell'Istituto Luce, Roma 2001; Hasler, A.B.: Das Duce-Bild in der faschistischen Literatur, in: Quellen und Forschungen aus italienischen Archiven und Bibliotheken, 60 (1980).

International und autark: Mode, Konsum und Männlichkeiten im Film   129

Geborgenheit sucht. Im Gegensatz zu Paola zeichnet sich Lauretta durch Keuschheit, Fleiß und Sparsamkeit aus. Wie sie Gianni erzählt, habe sie sich vom Luxus der noblen Herrschaften blenden lassen. Ihrem freudlosen Leben stellt sie das herzliche und familiäre Ambiente bei der OND entgegen: „Hier ist es so schön, so fröhlich!" Es ist wiederum der Onkel, der in Lauretta die ideale Partnerin für Gianni erkennt: „Welch eine patente junge Frau! Die wäre etwas für Dich. Die würde Dir den Kopf wieder zurechtrücken."

Abb. II. 20

Doch diesem erzieherischen Impetus der Filmerzählung läuft wiederum eine zweite Bedeutungsebene entgegen: Während Gianni auf der OND-Feier im *dopolavoro*-Chor singt, lobt der Schaffner seinen Neffen vor Lauretta in höchsten Tönen:

> Er singt schon seit zehn Jahren im Chor. Alle hier haben ihn gern [...], weil er ein braver Junge ist: seriös, bescheiden, einfach und ohne Grillen im Kopf. Er arbeitet und ansonsten – vom Zeitungsstand nach Hause, von zu Hause zum Zeitungsstand. Denn er fühlt sich wohl in der Familie, ist gern mit uns zusammen. Und wenn er sich ein bisschen amüsieren will, kommt er hierher [zur OND].[293]

Wird hier einerseits das Idealbild des funktionierenden Staatsbürgers entworfen, in den sich Gianni verwandeln soll, tritt im Dialog des Onkels andererseits ein gegenläufiger Diskurs hervor, der im Sinne der Komödie eine ironische Wirkung hat. Denn dem Zuschauer ist an dieser Stelle bewusst, dass es sich um ein falsches Portrait des Protagonisten handelt, da es in offenem Widerspruch zu Giannis bis dahin gezeigtem Verhalten steht. Diese eindeutige Diskrepanz wird auch auf dialogischer Ebene durch

---

[293] „Canta nel coro da dieci anni. Qui lo vogliono tutti bene, come uno dei nostri, perché è un bravo ragazzo, serio, modesto, semplice, senza idee e senza storie per la testa. Lavora, e poi – edicola casa, casa edicola. Perché sta in famiglia, sta con noi. E quando vuole prenders un po' di svago viene qui."

den Onkel angesprochen: „Ich habe ein äußerst schmeichelhaftes Bild von dir entworfen. Wie muss ich deinetwegen lügen!" Wie der Onkel, wissen auch die Zuschauer, dass es diesen idealen Gianni, in den sich Lauretta verliebt hat, gar nicht gibt.[294] Damit verschwimmt im Starimage De Sicas genau jene Gegenüberstellung von „wahrer" und „falscher" männlicher Identität, auf die das Narrativ der Wandlung im Film aufbaut. Das Bild des *gagà* Max kann nicht mehr als angeblich falsche Maske für die ideale Männlichkeit eines geläuterten Gianni funktionieren, da sich diese ebenfalls als Täuschung entpuppt. Die filmische Modenschau des Signor Max, der mal Frack, mal Uniform trägt, rückt die Performativität der durch De Sica verkörperten Männlichkeiten in den Vordergrund und führt die Idee einer vermeintlich wahren, natürlichen und genuin faschistischen Männlichkeit hinter der Maskerade ad absurdum. So stellt auch Maurizia Boscagli fest, „the spectacle of fashion is a work of montage, whose shocking lack of authenticity stands in place of what has never been there – nature."[295]

Bis zum Schluss ist Gianni unentschlossen zwischen Paola und Lauretta, dem mondänen Leben als *signore* oder dem des Familienernährers. Kurz bevor er in den Kleidern des Signor Max zu einer weiteren Reise mit Paola und ihren Freunden aufbricht, macht ihm Lauretta ein Liebesgeständnis und küsst ihn. Dadurch scheint auch Gianni Gefühle für sie zu entwickeln. Als er später miterlebt, wie sie von Paola und ihrer Schwester Pucci ungerecht behandelt wird, entschließt er sich, dem *gran mondo* den Rücken zuzukehren und Lauretta zu heiraten, ohne diese jedoch über sein vorheriges Doppelleben aufzuklären. Die Vieldeutigkeit des Max/Gianni-Charakters bleibt somit bis zum Schluss bestehen, wie bereits seine Kostümierung andeutet, die aus einer Mischung der jeweiligen Kleidungsstücke besteht, durch die sich der Protagonist zuvor entweder als Signor Max oder als Gianni ausgegeben hat. Die Disziplinierung des Junggesellen auf Abwegen bleibt somit unvollendet.

Dem „faschistischen Stil", verkörpert durch das Abbild des Duce und den Onkel, stellt die von De Sica repräsentierte Figur eine Vielfalt der Stile gegenüber. Die Uniform wird neben Frack, Smoking, Reiterhosen, Tennisdress, Armbinde und den Kleidern des Zeitungsverkäufers zu nur einer von vielen möglichen Verkleidungen beziehungsweise einer von vielen männlichen Identitäten. So stellt das De-Sica-Image

---

[294] Dies wird im Film beispielsweise in der Chorszene visuell untermauert. Während die anderen Chormitglieder beim Singen in Reih und Glied stehen und ihren Blick fest auf den Dirigenten gerichtet haben, ist Gianni unruhig, schaut hin und her und nickt Lauretta zu. Sein abweichendes Verhalten suggeriert, dass er als uniformiertes OND-Mitglied lediglich eine weitere Rolle spielt. Dieser Eindruck wird durch die Kenntnis der Zuschauer verstärkt, dass er ungeduldig einer neuerlichen Reise mit Paula entgegenfiebert und sein Interesse an Lauretta nur simuliert, damit diese seiner doppelten Identität nicht auf die Schliche kommt. Und es ist wiederum ein Kleidungsstück, das ihn von allen anderen unterscheidet: Gianni hat nicht die zur Uniform gehörige Krawatte an, sondern eine gepunktete Fliege, die er auch als Signor Max trägt.

[295] Boscagli, Maurizia: The Power of Style: Fashion and Self-Fashioning in Irene Brin's Journalistic Writing, in: Mother's of Invention, S. 121–136, hier S. 128.

im Hinblick auf die Zuschauerposition vielfältige und fragmentarische Identifikationsmöglichkeiten zur Verfügung.

Diese dem Filmtext inhärente Bandbreite möglicher Lesarten wurde auch in der zeitgenössischen Rezeption angesprochen. Die Tageszeitung *Il Lavoro* bezeichnete Camerinis Film abwertend als eine Mischung aus „Gefühlsduselei und Mondänität". Die Karikatur des Lebensstils der Oberschichten sei nicht gelungen: „Die Geschichte hätte eine sehr humoristische werden können, wenn Camerini den Mut gehabt hätte, die Welt der Schönen und Reichen wirklich zu karikieren anstatt diese nur darzustellen."[296] Auch der Filmkritiker Giacomo Debenedetti beklagt in *Cinema* die fehlende Glaubwürdigkeit der Konversion des Protagonisten:

> Der Film hätte eine Aussage gehabt, wenn Max, der *gagà*, für seine ungesunde Liebe zur Welt des schönen Scheins ein wirkliches Opfer hätte erbringen müssen, um wieder zu Gianni dem Zeitungsverkäufer zu werden; wenn er, so sehr er auch nach dem schönen Leben lechzte, darin einen Mangel entdeckt hätte, durch den ihm diese Welt unbewohnbar erschienen wäre. Aber nichts von alledem passiert – höchstens ein Hauch davon wird in der Episode, in der das Dienstmädchen entlassen wird und die der Wendepunkt der Handlung ist, spürbar. Max-Gianni wird durch eine Reihe von Vorteilen zurück in seine Welt gelockt, nicht durch eine Niederlage. Die vielen kleinen Enttäuschungen während seiner mondänen Abenteuer hätten sicher nicht ausgereicht, um ihn von dieser verführerischen Droge zu entwöhnen: dem frivolen und luxuriösen Urlaubsmilieu. Und außerdem kann ein sympathischer Schauspieler wie De Sica nie mit gebrochenen Knochen aus einer solchen Geschichte hinausgehen.[297]

Wie Debenedetti kritisiert, werde die „falsche" Männlichkeit des Signor Max nicht bestraft, sondern durch ihre Assoziation mit dem De-Sica-Image und dem exotischen Lebensstil des Stars anziehend und erhält gleichzeitig einen authentischen Anstrich. Der Kommentar des Kritikers lässt darauf schließen, dass die Komödie ihre Attraktivität aus der visuellen Präsentation genau jener Konsumgüter, Mode, und mondäner Freizeitbeschäftigungen bezog, die der Plot zu negativieren versucht. Der größte Teil

---

[296] „La storia avrebbe potuto essere molto umoristica se Camerini, oltre a ritrarre al naturale il ‚gran mondo' [...] avesse avuto il coraggio di caricaturarlo." Setti, Giuglielma: Il Signor Max, in: Il Lavoro, 23.11.1937, zitiert in: Chiti, Roberto/Lancia, Enrico: Dizionario del cinema italiano, Bd. 1: 1930–1944, Rom 1993, S. 318.

[297] „E tesi ci sarebbe stata se Max il gagà, per convincersi a ritornare definitivamente Gianni il giornalaio, avesse dovuto scontare con un sacrificio vero i suoi malsani amori per la gente di bella vita se in quel modo ch'egli aveva agognato, che faceva le sue delizie, gli fosse toccato di constatare una falla che glielo rendesse inabitabile. Niente di tutto questo, o appena un surrogato nel duro e un po' forzoso episodio della cameriera licenziata, che fa da perno alla favola. Al suo mondo, Max-Gianni è richiamato da positivi vantaggi, non già da una sconfitta. Le piccole smentite che aveva potuto ricevere nel corso delle sue avventure mondane non sarebbero certe bastate a divezzarlo dalla droga, per lui così dolce, degli ambienti di frivolità e di lusso e di vacanza. D'altronde un simpatico attore come De Sica non può uscire dalla vicenda con le ossa rotte." Debenedetti, Giacomo: In questi giorni: Il Signor Max, in: Cinema, Nr. 35, 10.12.1937, S. 384.

der Szenen spielt sprichwörtlich in der „Ersten Klasse", an Bord des Kreuzfahrtschiffes, im Grand Hotel, im Zug oder im Großstadttrummel um Giannis Zeitungskiosk. *Il Signor Max* endet zwar damit, dass der Protagonist seinen sozialen Status anerkennt, sich für die Ehe entscheidet und seinem mondänen Lebensstil eine Absage erteilt. Doch scheinen sich Disziplinierung und Transgression in der De-Sica-Figur beständig zu überschneiden. Seine Starfigur verweist auf die Lücken im filmischen Narrativ der Konversion, die alternative Lesarten ermöglichen und neben der offensichtlich erzieherischen Botschaft des Textes auch Freiräume für die Darstellung abweichenden Verhaltens schaffen. Die Figur des Kleinbürgers, dem der soziale Aufstieg verwehrt bleibt, macht erstens bestehende Klassendifferenzen transparent. Zweitens scheint im Film die Unzufriedenheit der Mittelschichten mit der eigenen ökonomischen Situation sowie der staatlichen Bevormundung auf. Und drittens wird eine männliche Überforderung im Bezug auf soziale Rollenerwartungen artikuliert.

De Sicas Starfigur im *Signor Max* dokumentiert zwar den Versuch des Regimes, über den Film regulierend auf die Konsumpraktiken und -wünsche der Italiener sowie die dadurch zum Ausdruck gebrachten realen oder angestrebten Statuszugehörigkeiten einzuwirken. Doch lässt sich der Erfolg dieser Strategie anhand des Films nicht nachweisen. Vielmehr werden auch hier plurale Deutungsmöglichkeiten und Identitätsmuster zur Verfügung gestellt, die darüber hinaus auf die zeitgenössische Heterogenität von Konsum- und Körperpraktiken verweisen. Zwar bringt De Sica die aus „autarken" Stoffen geschneiderte *moda italiana* auf der Leinwand zur Geltung, doch wird diese mit ausländischen Stilen konnotiert, sodass auch hier ein potenziell propagandistischer Effekt verwässert wird.

Zu ähnlichen Ergebnissen sind auch Barbara Spackman und Jacqueline Reich in ihren jeweiligen Analysen des Camerini-Films *Grandi Magazzini* (1939) gekommen, in dem wiederum De Sica als Hauptdarsteller zu sehen ist und dessen Plot ebenfalls um das Thema des Warenkonsums kreist.[298] Die Handlung spielt sich vor der Kulisse eines Kaufhauses ab, das, wie James Hay dargelegt hat, als Mikrokosmos eines funktionierenden faschistischen Korporativstaats steht. Während in *Il Signor Max* und auch in vorherigen De-Sica-Filmen vor allem ausländische Konsumgüter und Markennamen von *Coca Cola* über *Leica* bis *Vogue* in der Szenerie auftauchen, sind es in *Grandi Magazzini* vor allem die sichtbar „autarken" Waren italienischer Firmen wie *Albene, Lanerossi, Motta, Sisi, Oliofiat, Cinzano, Raion, Triplex* oder *Isolabella*, die in den gläsernen Vitrinen des Kaufhauses gleichsam dem inner- wie außerfilmischen Publikum anempfohlen werden. Immer wieder sind im Bildhintergrund Schilder zu sehen, auf denen Schriftzüge wie „Italienisches Aluminium der Montecatini-Gruppe" oder

---

[298] Reich, Jacqueline: Consuming Ideologies: Fascism Commodification, and Female Subjectivity in Mario Camerini's Grandi Magazini, in: Annali d'Italianistica, Nr. 16 (1998), S. 195–212; Spackman, Barbara: Shopping for Autarchy. Fascism and Reproductive Fantasy in Mario Camerini's Grandi Magazzini, in: Reich/Garofalo (2002), S. 276–292.

„Autarke Stoffe in italienischer Spitzenqualität" den Kontext der Autarkiekampagne vergegenwärtigen. Die Bilder der eleganten Räumlichkeiten des augenscheinlich von Verkaufsartikeln und Käufern überbordenden Warenhauses sowie der diszipliniert arbeitenden, uniformierten Angestellten vermitteln den Eindruck eines prosperierenden, rational organisierten Wirtschaftssystems. Auf narrativer und visueller Ebene ist dabei eine beständige Gleichsetzung von Waren mit männlichen wie weiblichen Körpern festzustellen, wofür die Schaufensterpuppe, die als Plastikdouble des De-Sica-Protagonisten innerhalb des Films zu sehen ist, das deutlichste Zeichen ist. Der Fluss von Waren, Arbeitern und Konsumenten im Kaufhaus scheint zu jener organischen, natürlichen Einheit zu verschmelzen, die der Selbstrepräsentation des faschistischen Korporativstaats entsprach.

De Sica verkörpert in *Grandi Magazzini* wiederum den kleinbürgerlichen Angestellten, der nach dem Status der oberen Klassen und einem komfortablen Lebensstil strebt, sich damit der Gefahr seines Männlichkeitsverlusts aussetzt und in eine Krise gerät, die erst durch die Disziplinierung der grenzüberschreitenden Konsumwünsche und deren Anpassung an die Prämissen der Autarkiepolitik rehabilitiert wird. Wie in *Il Signor Max* ist die Erzählung auch in *Grandi Magazzini* so gestrickt, dass eine spezifische Verknüpfung von Gender und Konsum entsteht, welche die wirtschaftlichen und demografischen Ziele des Regimes am Ende bestätigt. Der Kaufhausangestellte Bruno (Vittorio De Sica) lässt sich von der moralisch fragwürdigen Verkäuferin Anna (Milena Penovich) anlocken und riskiert unwissend in Schwarzmarktgeschäfte hineingezogen zu werden, die diese mit dem Abteilungsleiter Bertini (Enrico Glori) organisiert. Bruno muss sein sexuelles Begehren für die erotisierte Luxusfrau Anna auf die rechtschaffene Verkäuferin Lauretta (Assia Noris) umlenken und damit auch seine Konsumwünsche den Parametern von Ehe und Familie anpassen. Dadurch gelingt es ihm letztlich, der Hehlerbande das Handwerk zu legen, sodass der Hochzeit zwischen ihm und Lauretta, die fälschlicherweise des Diebstahls verdächtigt wurde, nichts mehr im Wege steht. Zur Belohnung schenkt ihnen der Kaufhausdirektor die Wohnungseinrichtung für ihr zukünftiges Heim. Die Schlusseinstellung zeigt das glücklich vereinte Paar, das sich in einem Schaufenster des Kaufhauses spiegelt, in dem sich ein Karussell dreht, auf dem – ganz im Zeichen des faschistischen Pronatalismus – verschiedene Babypuppen sitzen. Die Puppen symbolisieren die fruchtbare und harmonische Symbiose von Geschlechter- und Warendiskurs, Individuum und Kollektiv, persönlichen und staatlichen Bedürfnissen im faschistischen Korporativstaat.

Im Vergleich zu *Il Signor Max* ist in *Grandi Magazzini* eine deutliche Verschärfung des Disziplinierungsdiskurses zu erkennen, da das falsche Konsumstreben und das transgressive sexuelle Begehren der Protagonisten mit Kriminalität und Prostitution konnotiert werden. Das Thema der Autarkie dominiert die Handlung, die sich zudem konform mit der faschistischen Geschlechterpolitik entwickelt. Auf dialogischer Ebene ist die Anrede „Lei" gemäß der offiziellen Direktiven zur „Italianisierung" der italienischen Sprache durch das angeblich italienischere „Voi" ersetzt.[299] Der Film reflektiert damit auch die grundsätzlich veränderten Produktionsbedingungen nach den massiven Eingriffen des Regimes in den Filmsektor und dessen Bemühen um eine stärkere Kontrolle der Spielfilmproduktion.[300]

Doch auch hier werden innerhalb der Erzählung Spannungen und Lücken evident, die widersprüchliche Bedeutungen hervorbringen und den Zuschauern multiple Lesarten zur Verfügung stellen. Schwarzmarkt und Schwarzarbeit, die finanziellen Schwierigkeiten junger Paare, Eheprobleme oder die sozial instabile Lage von alleinstehenden Frauen wie Lauretta und ihrer Freundin Emilia. Intrigen und sexuelle Belästigung am Arbeitsplatz sowie die uneheliche sexuelle Beziehung zwischen Lauretta und Bruno stören immer wieder das harmonische Bild der Kaufhauswelt, die letztlich als geschönte Fassade einer weniger prosperierenden und harmonischen Realität erscheint. „With many contradictory items ‚for sale', the film created occasions for various modes of consumption", wie Reich treffend resümiert.[301] Letztlich zeigt auch *Grandi Magazzini*, dass es dem Faschismus weder gelang, die mediale Bild- und Bedeutungsproduktion zu kontrollieren, noch männliche Subjektivitäten und Verhaltensmuster darüber vollständig zu regulieren und zu beherrschen.

Auf dem Weg zum Neorealismus

Grandi Magazzini ist der letzte Film, den De Sica während des Faschismus unter der Regie Camerinis drehte, und markiert in vielerlei Hinsicht eine Wende in seiner Starkarriere. Dies hing zum einen damit zusammen, dass er 1940 mit der Komödie *Rose Scarlatte* selbst als Regisseur debütierte und sein öffentliches Bild nicht mehr allein auf seine Schauspielerfigur beschränkt blieb. Zum anderen ist diese Entwicklung auf Verschiebungen im Männlichkeitsdiskurs zurückzuführen. Im Zuge des Kolonialkriegs und mit dem Eintritt des Regimes in den Zweiten Weltkrieg im Juni 1940 war nun verstärkt der heroische, starke Männerkörper, der im Zentrum des boomenden Kolonial- und Kriegsfilms stand, auf den Leinwänden zu sehen. Darsteller wie Amedeo Nazzari oder Gianfranco Giachetti, die in diesen Filmen auftraten und dem Körperideal des *uomo nuovo fascista* entsprachen, stiegen Ende der 1930er Jahre zu populären Stars auf. Nach einer Umfrage, welche die Zeitschrift *Cinema* im Februar 1940 durchführte, rangierte De Sica auf der Beliebtheitsskala der männlichen Schauspieler hinter ihnen auf Platz drei.[302] Hinzu kommt, dass die Komödie als populärstes

---

[299] Vgl. Klein, Gabriella: La politica linguistica del fascismo, Bologna 1986.
[300] Vgl. Forgacs/Gundle (2007), S. 197 ff. u. 203 ff.
[301] Vgl. Reich (1998), S. 210.
[302] Anonym: Referendum, in: Cinema, Nr. 87, 10.2.1940, S. 68.

Genre der 1930er Jahre, mit dem das Starimage De Sicas eng verbunden war, durch das Melodram abgelöst wurde.[303]

Während des Weltkriegs versuchte das faschistische Regime, auch Filmstars stärker zu propagandistischen Zwecken einzusetzen, wovon De Sicas Starfigur nicht ausgenommen blieb. 1940 war er neben Assia Noris und dem Dialektschauspieler Virgilio Riento, mit denen er auch in *Il Signor Max* und *Grandi Magazzini* auftrat, in einem Propagandafilm zu sehen. Der Kurzfilm *Attenzione!* ist einer der drei einzigen Propagandastreifen, die nicht vom *Istituto Luce*, sondern von dem Produzenten Peppino Amato für die *Cines* hergestellt wurden. Der Film mischt dabei komödienhafte, in Cinecittà aufgenommene Szenen, die Situationen und Zitate aus den populären Camerini-Filmen aufgreifen, mit dokumentarischen Aufnahmen von Kriegsszenarien. De Sica spielt hier den jungen Fabrikarbeiter Pietro, der Streit mit seiner Verlobten Maria (Assia Noris) hat, weil er neuerdings immer zu spät zu ihren Verabredungen erscheint. Er erzählt ihr schließlich, dass er Überstunden machen müsse, weil die Firma Rancas, in der er arbeitet, nun zusätzlich Kriegsmaterialien produziere. Maria ist skeptisch und spricht mit ihrem Bruder Gaetano (Virgilio Riento), einem Taxifahrer, über die Sache. Ein Fahrgast hört ihre Unterhaltung mit. Daraufhin sieht man, wie sich die Nachricht wie ein Lauffeuer ausbreitet und schließlich an feindliche Ohren gelangt. Die Hintergrundmusik wechselt von heiteren Jazzklängen in bedrohliche Töne. Es folgen Bilder von Kriegsfliegern, Bombardements und brennenden Fabrikgebäuden, darunter auch die der Firma Rancas. Über die Bilder der Zerstörung blendet der Film schließlich den Schriftzug „Redet nicht!".

Über die propagandistische Botschaft des Kurzfilms hinaus lässt sich daran eine charakteristische Entwicklung im Bezug auf die Repräsentation der Starfigur De Sicas feststellen, die zunächst rein äußerlich zum Ausdruck kommt. Er ist hier nicht mehr der modische *gagà* im Grand Hotel, sondern trägt als Arbeiter einfache, abgetragene Kleidung. Sein Erscheinungsbild hat gewissermaßen einen realistischeren Anstrich erhalten und passt sich dem sozialen Status der von ihm verkörperten Figur an. Auch seine Filmpartnerin Assia Noris tritt ungeschminkt auf, ist schlecht frisiert und trägt einen verschlissenen Mantel. Zudem sprechen beide im römischen Dialekt. Hier kündigt sich bereits jene filmhistorische Epoche an, welche das italienische Kino der 1940er Jahre charakterisierte, die Ära des Neorealismus. Die Fokussierung auf die einfachen Leute aus dem Volk, ihre alltäglichen Probleme im Kontext des Weltkriegs (wie hier nicht mehr die Harmonie, sondern der Streit zwischen Verlobten) und das Bemühen um eine lebensnahe, unmittelbare und direkte Darstellung – all dies sind Aspekte, die das italienische Kino zwischen 1943 und 1949 in deutlich verschärfter

---

[303] Zwar war der Schauspieler zunächst noch in verschiedenen Komödien wie *Teresa Venerdì* (1939), *Maddalena, zero in condotta* (1940) oder *L'avventuriera del piano di sopra* (1941) zu sehen. Diese waren allerdings nicht mehr an den urbanen und massenkulturellen Kontext gebunden.

und sozialkritischer Form zum Ausdruck bringt. Auch in der jüngsten Forschung zum Neorealismus wird über die Frage diskutiert, ob diese Strömung des italienischen Films überhaupt als eigenes Genre begriffen werden kann und welche Filme zum neorealistischen Kanon dazuzuzählen sind. Einige Filmhistoriker bezeichnen kaum mehr als eine Handvoll Filme als wirkliche neorealistische Produktionen, andere beziehen den Genrebegriff auf die gesamte italienische Filmproduktion zwischen 1943 und 1952, von *Viscontis Ossessione* bis zu De Sicas *Umberto D.* Manche erkennen neorealistische Elemente auch noch im zeitgenössischen italienischen Kino. Zudem diskutieren Historiker und Filmwissenschaftler über die Frage, ob der Neorealismus dem politischen Programm des Antifaschismus entsprang beziehungsweise ob er als eigene ästhetische Schule der unmittelbaren Nachkriegsjahre definiert werden kann.[304] Vor diesem Hintergrund stellt sich die Frage, inwieweit eine Definition des Neorealismus als Genre aus geschichtswissenschaftlicher Sicht überhaupt Sinn macht. Für die historische Analyse nützlicher erscheint dagegen ein Zugang zur italienischen Filmproduktion der 1940er Jahre, den neueste Studien wählen. Sie gehen davon aus, dass der veränderte Kamerablick auf die „Realität" unmittelbar aus der historischen Erfahrung des Zweiten Weltkriegs und dem Zusammenbruch faschistischer Machtstrukturen hervorging.[305] David Forgacs hat den neorealistischen Film daher als „popular culture in transition"[306] beschrieben. Und auch Massimo Perinelli geht in seiner körpergeschichtlichen Analyse des Neorealismus davon aus, „dass die Eigenschaften, die den Neorealismus ausmachen, sich aus der Zeit ergaben und sich in die Filme einschrieben und daher auch in allen anderen Filmproduktionen aus diesem Zeitraum zu finden sind [...]; sie sind Ausdruck der kulturellen Verfasstheit der damaligen Gesellschaft."[307]

Die Analyse des Propagandafilms *Attenzione!* stützt diese These. De Sicas Image kündigt darin bereits die gebrochene, scheiternde und angeschlagene Männlichkeit an, die der Star schließlich in Filmen wie *La Peccatrice* (1940), *Nessuno torna indietro* (1945) oder *Roma, città libera* (1946) verkörperte. Eine solche Männlichkeit kommt

---

[304] Zur Forschungsdiskussion siehe den Überblick von Cardullo, Bert: What is Neorealism?: A Critical English-Language Bibliografy of Italian Cinematic Neorealism, Lanham 1991. Siehe auch Farassino, Alberto: Neorealismo, storia e geografia, in ders. (Hg.): Neorealismo. Cinema Italiano 1945–1949, Turin 1989, S. 21–36; Miccichè, Lino (Hg.): Il neorealismo cinematografico italiano, Venedig 1999.

[305] Di Nolfo, Ennio: Intimations of Neorealism in the Fascist *Ventennio*, in: Reich/Garofalo (2002), S. 83–104; Perinelli, Massimo: Männlichkeit im dopoguerra. Geschlechterhistorische Betrachtung neorealistischer Filme der italienischen Nachkriegszeit 1945–1950, in: Kühberger/Reisinger (2006), S. 92–111; ders.: Fluchtlinien des Neorealismus. Der organlose Körper der italienischen Nachkriegszeit, 1943–1949, Bielefeld 2009.

[306] Forgacs, David: Italian Culture in the Industrial Era 1880–1980: Cultural Industries, Politics, and the Public, Manchester 1990, S. 117.

[307] Perinelli (2009), S. 16.

auch in den Filmen zum Ausdruck, bei denen De Sica in den 1940er Jahren Regie führte. Den kleinbürgerlichen Familienwerten und patriarchalischen Narrativen, die in den Happy Ends von Filmen wie *Gli uomini, che mascalzoni!*, *Tempo massimo* oder *Il Signor Max* bestätigt wurden, stehen die sich auflösenden Familienstrukturen und Krisen in Filmen wie *I bambini ci guardano* (1942) oder *La porta del cielo* (1944) entgegen. Die Filme zeichnen sich durch ihre offene narrative Struktur aus. Die Bestätigung einer hegemonialen Ordnung kann offensichtlich nicht mehr stattfinden, worin sich die allmähliche Auflösung des faschistischen Machtgefüges äußert.[308]

La porta del cielo, ein Film religiösen Inhalts, wurde von De Sica zwischen 1943 und 1944 im Auftrag des *Centro Cattolico Cinematografico* (CCC) während der deutschen Besatzung Roms auf dem vatikanischen Territorium der Basilika San Paolo gedreht. Die Handlung entwickelt sich um die Schicksale verschiedener Pilger, die, in der Hoffnung auf Erlösung von ihren körperlichen Leiden, den Marienschrein im Wallfahrtsort Loreto aufsuchen. Für viele Spielfilme der frühen 1940er Jahre ist die stärkere Sichtbarkeit religiöser Symbole sowie die größere inhaltliche Relevanz des Katholizismus charakteristisch, während dieser im Kino der 1930er Jahre allenfalls marginal präsent war. Die Filme unterstreichen die Bedeutung der Kirche, die im schwindenden Faschismus als kultureller Referenzpunkt erneut an Raum gewann.[309] Zudem verstärkte der Vatikan die eigene Aktivität im Filmbereich. Bereits 1934 war mit dem *Centro Cattolico Cinematografico* (CCC) eine zentrale Revisionsinstanz eingerichtet worden, die der Direktion der *Azione Cattolica* unterstand.[310] Mit Romolo Marcellinis Film über Pius XII. *Pastor Angelicus*, der 1942 in den italienischen Kinos anlief, wurde die Kirche auch im Bereich der Filmproduktion aktiv. Vor allem aber gelang es ihr, das Netz der Pfarreikinos in der ersten Hälfte der 1940er Jahre wesentlich zu erweitern.[311]

---

[308] Ähnliche Feststellungen kann Marcia Landy für die Melodramen Ferdinando Mara Poggiolis und die Schule des „Calligrafismo" treffen, vgl. dies. (1998), S. 169–236; dies.: Remembrance of Things Past, in: Curle, Howard/Snyder, Stephen (Hg.): Vittorio De Sica. Contemporary Perspectives, Toronto/Buffalo/London 2000, S. 94–100.

[309] Scaraffia, Lucetta: Devozioni di guerra. Identità femminile e simboli religiosi negli anni quaranta, in: Bravo, Anna (Hg.): Donne e uomini nelle guerre mondiali, Rom/Bari 1991, S. 135–160.

[310] Das CCC sichtete und klassifizierte alle sich im Umlauf befindlichen italienischen und ausländischen Filme nach einer festgelegten Werteskala, die im Wesentlichen angab, ob der jeweilige Film jugendfrei, lediglich für Erwachsene freigegeben oder gänzlich von der Projektion auszuschließen sei. Diese zunächst in der Rivista del Cinematografo veröffentlichten *Segnalazioni cinematografiche* wurden ab Ende 1934 als eigenständige Publikation des CCC herausgegeben und sollten vor allem den Priestern bei der Filmvorführung in Pfarreisälen, aber auch kommerziellen Betreibern eine Orientierungshilfe bei der Auswahl der Filme sein. Vgl. Brunetta (2001b), S. 52 ff.

[311] vgl. Brunetta, Gian Piero: Storia del cinema italiano. Dal neorealismo al miracolo economico, Rom 2001c [1982], S. 97–126.

Die Dreharbeiten an *La porta del cielo* ermöglichten es De Sica, ein Angebot des deutschen Reichspropagandaministers Joseph Goebbels abzulehnen, einen Film im Auftrag der Reichsfilmkammer in Prag zu drehen. Gleichzeitig konnte er vermeiden, für den Aufbau der Filmproduktion der faschistischen Salò-Republik in Venedig einberufen zu werden. De Sica selbst hat rückblickend auf die Alibifunktion der langen Dreharbeiten von *La porta del cielo* verwiesen. Tatsächlich stellte er den Film in nur wenigen Tagen nach der Befreiung Roms durch die Alliierten im Juni 1944 fertig.[312]

Obwohl De Sica auch weiterhin als Schauspieler aktiv und populär war, ist sein öffentliches Bild nach 1945 vor allem durch die Figur des neorealistischen Filmautors geprägt. Filme wie *Sciuscià* (1946), *Ladri di biciclette*, *Miracolo a Milano* (1950) und *Umberto D.* (1952) wurden international vielfach preisgekrönt und machten De Sica weltweit als avantgardistischen Filmautor bekannt. Die Ursache dafür, dass das Image des Regisseurs im öffentlichen Diskurs jenes des Filmstars überlagerte, ist allerdings auch in einem breiteren erinnerungsgeschichtlichen Zusammenhang zu suchen. Wie die einschlägigen Forschungsarbeiten von Ruth Ben-Ghiat, David Forgacs und Richard Bosworth darlegen, kam dem italienischen Kino des *dopoguerra* eine bedeutende Funktion für den kollektiven Umgang der Italiener mit ihrer unmittelbaren faschistischen Vergangenheit und bei der Konstruktion einer neuen, die politischen Lager übergreifenden, antifaschistischen Moral zu. Gleichzeitig stellten die Filme die „gewöhnliche" Bevölkerung tendenziell als Opfer von Faschismus, Krieg und Fremdbesatzung dar und projizierten die Verantwortlichkeiten für die historischen Ereignisse auf äußere Kräfte und „Fremdkörper" wie zum Beispiel die Nationalsozialisten. Ennio Di Nolfo und Ben-Ghiat haben in diesem Zusammenhang auf die „erlösende" Funktion des Neorealismus für weite Teile der italienischen Filmschaffenden selbst verwiesen, die nach 1945 im Wesentlichen dieselben waren wie vor dem Krieg: „Both critics and directors conceived of neorealism as a ‚return to honesty' after years of Fascist rhetoric and a rediscovery and celebration of a ‚real Italy' that had been suppressed by the dictatorship."[313]

Am Anfang meiner Analyse von De Sica stand die Frage nach den Männlichkeiten, die sich in seinem Image kristallisierten und seinem Kinopublikum als Identifikationsmodelle zur Verfügung standen. Durch die Analyse seiner Starfigur in Presse,

---

[312] Cardullo, Bert: Vittorio De Sica. Director, Actor, Screenwriter, Jefferson 2002, S. 124 ff.
[313] Ben-Ghiat, Ruth: Liberation: Film and the Flight from the Italian Past, 1945–1950, in: Bosworth, Richard J. B./Dogliani, Patrizia (Hg.): Italian Fascism. History, Memory, and Representation, New York 1999, S. 83–101, hier S. 84. Siehe auch Di Nolfo (2002), S. 196. Den wenigen Stars und Filmemachern, denen es nicht gelang, ihr Image der Konnotation mit dem Regime zu entleeren, gingen meist ins Ausland oder zogen sich aus der Öffentlichkeit zurück. Als Kollaborateure des Regimes wurden die Filmstars Osvaldo Valenti und seine Frau Luisa Ferida, die in den Filmen des Salò-Kinos aufgetreten waren, im April 1945 von Partisanen in Mailand erschossen.

Werbung und Filmen wie *Gli uomini, che mascalzoni!* (1932), *Tempo massimo* (1935), *Il Signor Max* (1937) oder *Grandi Magazzini* (1939) konnte ich nachweisen, dass die von ihm verkörperten Männlichkeiten zwar maßgeblich durch die Körperpolitik des Regimes strukturiert wurden. Doch zeigte die Betrachtung seiner Starfigur auch, dass etablierte Diskurse aus vorfaschistischer Zeit die kulturellen Bedeutungen des männlichen Körpers und den Umgang mit der eigenen Körperlichkeit ebenso prägten wie Normen, Verhaltensmuster und Geschlechtermodelle, die in den 1920er und 1930er Jahren auf internationaler Ebene neu entstanden. Vor allem US-amerikanische Moden und Männlichkeitsmodelle, wie sie etwa durch den Hollywoodfilm in Italien bekannt wurden, waren hier bestimmend. De Sicas Filme kreisen um die Themen der neuen Freizeitkultur wie Sport, Mode und Konsum. Er repräsentierte darin Körperideale und Verhaltensmuster, die Laxheit, Individualismus und Lustorientierung kommunizierten. Damit zeigte er Eigenschaften, die der antibürgerliche Diskurs des Regimes im Stereotyp des sogenannten *gagà*, dem Gegenbild des faschistischen Staatsbürgers, negativ konnotierte. Doch sein Starimage verlieh diesen Körperstilen eine positive Bedeutung und visualisierte deren Popularität im Entstehungskontext seiner Filme. Dass die von ihm verkörperten Männlichkeiten auch im Bezug auf die Selbsttechniken der zeitgenössischen Kinogänger und Fans relevant waren, die sie imitierten und variierten, konnte ich durch die Analyse von Film- und Herrenmodezeitschriften sowie Werbeanzeigen nachweisen.

De Sica stellte darüber hinaus Männer dar, die sich einer Eingliederung in die dominante Ordnung durch Ehe, Vaterschaft und Arbeit widersetzten und auch Frauen gegenüber keine überlegene, sondern eine ebenbürtige Position einnahmen. Sein Image macht somit die von der faschistischen Norm abweichenden Sehnsüchte und Lebensauffassungen sichtbar, die im zeitgenössischen Diskurs zirkulierten, und eröffnete diesen eine Nische. Zugleich antwortete seine Starfigur auf weibliche Bedürfnisse nach mehr Autonomie und Selbstbestimmung, wie ich anhand der Filmanalyse von *Gli uomini, che mascalzoni!* in Verbindung mit der Frauenzeitschrift *Piccola* nachweisen konnte.

Über die „anderen" Männlichkeiten, die De Sica in seinen Filmen verkörperte, äußern sich jedoch keine radikal alternativen oder systemkritischen Haltungen. Die durch das De-Sica-Image artikulierte Aversion gegen die Einbindung in institutionelle Strukturen (wie die OND im Signor Max), gegen väterliche Autoritäten sowie gegen die gesellschaftlichen Erwartungen an seine Männlichkeit stört zwar die hegemoniale Ordnung im Film. Doch werden diese Unmutsäußerungen letztlich wieder in ein konformistisches Verhalten kanalisiert. Die individualistischen Transgressionen der De-Sica-Protagonisten dienen der Behauptung ihrer notwendigen Korrektur im Hinblick auf die Ideale des faschistischen Kollektivs. Filme wie *Gli uomini, che mascalzoni!*, *Tempo massimo* oder *Il Signor Max* fungierten als imaginäre Orte, in denen das abweichende männliche Begehren, die dadurch bewirkten Spannungen und zum

Vorschein kommenden Unzufriedenheiten symbolisch gelöst wurden. Dabei erfolgte die Disziplinierung des komischen Helden in den analysierten Filmbeispielen weniger durch eine aktive Hinwendung zu den virilen Idealen des Regimes. Vielmehr wird die harmonische Auflösung der Dissonanzen durch die Behauptung einer Trennung von Privatleben und Öffentlichkeit und den möglichen Rückzug in das Private und Familiäre suggeriert. Die Filme dokumentieren so eine Haltung des „Sicharrangierens" mit dem Regime.

Ferner zeigen die Filme, dass die öffentliche Auseinandersetzung mit sozialen Konflikten maßgeblich über die Ebene von Gender und Sexualität stattfand. Anhand des Films *Gli uomini, che mascalzoni!* ist eine Verlagerung sozialer Missstände (wie die männliche Arbeitslosigkeit, die vor allem ökonomisch und politisch motiviert war) auf eine vermeintlich falsche weibliche Emanzipation festzustellen. Die Rückkehr zu patriarchalischen Familienhierarchien wird als Lösung der sozialen Probleme angeboten. Auch die Konflikte, die aus dem Wunsch an der Teilnahme am aufkommenden Konsumismus und der Unmöglichkeit ihrer Realisierung resultierten, lösen die Filme durch eine Überlagerung der materiellen Sehnsüchte des Protagonisten mit seinem sexuellen Begehren. Durch die Wahl einer Partnerin aus dem eigenen sozialen Milieu und die Übernahme sozialer Verantwortung als Familienvater lernen die De-Sica-Figuren in Filmen wie *Gli uomini, che mascalzoni!*, *Il Signor Max* oder auch *Grandi Magazzini* ihren kleinbürgerlichen sozialen Status quo und die väterliche Autorität zu akzeptieren. Der Konflikt zwischen privater und öffentlicher Identität wird in der De-Sica-Figur somit immer wieder ausgeglichen. Darüber hinaus zeigen seine Filme einen deutlich bestätigenden Charakter, was die pronatalistischen, nationalistischen und antiemanzipatorischen Interessen des Regimes betrifft.

Es scheint diese fundamentale Widersprüchlichkeit des De-Sica-Images gewesen zu sein, die ihn als Star in den 1930er Jahren so populär machte. In seinen Filmen verbindet sich das Populäre mit dem Politischen. Die Darstellung von Modernität und Internationalität, exklusiven Konsumwelten, Grand Hotels und Freizeitspaß geht einher mit der Affirmation des Nationalen, des Traditionellen, von Rassismus und den Inhalten der faschistischen Körperpolitik. Dieser Gegensatz dokumentierte einerseits die Schwierigkeiten und Konflikte, die aus dem Versuch des Regimes resultierten, die heterogenen Bedeutungen des männlichen Körpers innerhalb einer tendenziell pluralistischen und transnationalen Massenkultur zu kontrollieren und auf das Ideal des „neuen faschistischen Mannes" festzulegen. Auf der anderen Seite ist festzustellen, dass der faschistische Diskurs eben genau so funktionieren konnte, nämlich indem er auf Symbole der internationalen Vergnügungs- und Konsumkultur Bezug nahm und sie umdeutete, funktionalisierte oder als das „negative Andere" oder „nicht Nationale" verwarf. Die Filme interagierten zwar nicht nur mit politischen und ökonomischen Interessen, sondern auch mit den persönlichen Sehnsüchten und Wünschen ihrer Zuschauer, die sie befriedigten. Doch gerade dann zeugen die Filme De Sicas auch von einer breiten Akzeptanz der konservativ-reaktionären Geschlechterpolitik des Regimes innerhalb der städtischen Arbeiter- und Mittelschichten, an die sich die Filme überwiegend wandten. Wie in der Forschung mehrfach hervorgehoben, hatten diese eine tragende Funktion im Hinblick auf die soziale und politische Stabilität im Faschismus.[314] Inwieweit die De-Sica-Filme die Zustimmung seiner Zuschauer zum Regime jedoch stabilisierten oder durch die ihnen inhärenten Spannungen zu unangepasstem Handeln anleiteten, kann letztlich auf Basis der Filmquellen nicht gesagt werden und wäre durch weitere rezeptionshistorische Untersuchungen zu überprüfen.

---

[314] Vgl. De Grazia (1981); Berezin (1990); Salvati (1993); Gallino (1995).

III. Weiblichkeit im „Wiederaufbau"
Sophia Loren im italienischen Kino der 1950er Jahre

„Sofia, du bist ein Mythos"[1] titelte die römische Tageszeitung *Il Messaggero* am 5. April 2006 anlässlich der Eröffnung einer Ausstellung über Italiens wohl berühmtesten weiblichen Star – Sophia Loren. In den Räumen des *Vittoriano*, des Nationaldenkmals auf der Piazza Venezia in Rom, hatten die Veranstalter verschiedenstes Material aus dem Privatarchiv der Schauspielerin und Kollektionen weiterer Sammler zusammengetragen, aus dem sich der Mythos Loren bis heute immer wieder neu formt. Hunderte von Filmplakaten, Titelblättern, Fotografien und Gemälden der italienischen Diva sowie Filmkostüme und Abendkleider dokumentierten ihre seit über fünfzig Jahren andauernde Karriere und vermittelten einen Einblick in die Geschichte ihrer ebenso langen Bewunderung. Auf einer überdimensionalen Leinwand liefen Ausschnitte ihrer bekanntesten Spielfilme, in Vitrinen konnte man die Trophäen ihres Erfolgs, zahlreiche Filmpreise und Auszeichnungen, bestaunen – darunter auch zwei Oscars. Der „Altar des Vaterlands" zwischen Kolosseum und Kapitol wurde für einen Monat zum Altar Sophias. Die Besucherscharen zeugten von ihrer anhaltenden Popularität und ihrem Status als nationale Ikone.

Dass es, wenn in Italien von Sophia Loren die Rede ist, um weit mehr als nur um eine bekannte Schauspielerin geht, zeigten darüber hinaus die Würdigungen verschiedener Lokalpolitiker und Filmkritiker im Rahmen einer Pressekonferenz zur Eröffnung der Schau. Die Diva erschien zu dieser Gelegenheit klassisch elegant in einem blütenweißen Anzug des Designers Giorgio Armani, der auch Sponsor der Ausstellung war. Loren sei „das Sinnbild italienischer Identität und Symbol des *Made in Italy*", internationale Botschafterin und Verkörperung eines positiven Italienbildes und einer der „größten Schätze" des Landes, verlautbarte der römische Landrat Enrico Gasbarra der Mitte-Links-Partei *Margherita*.[2] Sie sei nicht nur eine erstklassige Schauspielerin, sondern vor allem eine „beispielhafte Frau", die „als Mutter und liebevolle Ehefrau die grundlegenden Tugenden italienischer Weiblichkeit" verkörpere.[3]

---

[1] Taverna, Salvatore: Al Vittoriano poi a cena con Armani: Sofia, sei un mito, in: Il Messaggero, 5.4.2006, S. 37 u. 46–47.

[2] Die Partei *Democrazia e Libertà – La Margherita* war 2001 von ehemaligen Vertretern der Sozialdemokratie und des linken Flügels der Christdemokraten gegründet worden. 2007 fusionierte sie mit der Partei der Linksdemokraten (*Democratici di Sinistra*) zum *Partito Democratico* (PD).

[3] Die Verfasserin war bei der Pressekonferenz anwesend. Die Rede Gasbarras ist zudem im Ausstellungskatalog abgedruckt, in: Mollica, Vincenzo/Nicosia, Alessandro (Hg.): Sciccolone, Lazzaro, Loren, Rom 2006, S. 23.

Sein neapolitanischer Amtskollege Riccardo di Palma beschrieb die Schauspielerin als Tochter Neapels und Sinnbild der für die Region Kampanien typischen Charakteristika und Temperamente:

> Pozzuoli und dieses außergewöhnliche Land, Kampanien, sein historisches und archäologisches Erbe, mit seinen Landschaften, seiner vielfältigen Natur, mit dem Meer, den Seen und der Sonne, diesen Fleck Erde trägt sie nicht nur in ihrem Herzen, er verschmilzt mit ihr aufgrund vieler Gemeinsamkeiten: Das sind die Lebensfreude und Kraft, der Ehrgeiz, der Wille, es immer noch besser zu machen, der Mut zur Hoffnung, der Stolz und die Menschlichkeit, der steinige Weg zum Erfolg, der mit großer Anstrengung zurückgelegt wird, mit moralischer Geradlinigkeit und unvergleichlicher Kohärenz.[4]

Die Huldigungen Lorens als Sinnbild mediterraner Schönheit, Stilikone, Sexidol und zugleich hart arbeitende, erfolgreiche Frau, die aber auch Werte wie Familie und Mütterlichkeit repräsentiert, ergaben ein klischeehaftes Bild italienischer Weiblichkeit, das sowohl innerhalb als auch außerhalb des Landes als typisch wahrgenommen wurde und wird. Daran ändert selbst die Tatsache nichts, dass Loren seit Anfang der 1960er Jahre die französische Staatsbürgerschaft besitzt und seitdem überwiegend im Ausland lebt. Die Diva hat dieses öffentliche Bild, das zwischen Sexbombe, Übermutter und Karrierefrau changiert, entscheidend mitkonstruiert. „Ich habe keinen einzigen männlichen Knochen in meinem Körper", sagte sie in einem Interview mit der Süddeutschen Zeitung anlässlich ihres 70. Geburtstags.[5] Präsentierte sie sich mit diesem Statement einerseits als durch und durch weiblich, verlieh sie ihrem Image damit zugleich eine emanzipatorische, von Männern unabhängige Konnotation – denn die berüchtigte Adamsrippe schließt sie als Bestandteil ihres Körper aus.

Die Ursprünge des weiblichen Mythos Loren liegen im populären Genrekino der 1950er Jahre und damit in einem historischen Abschnitt, in dem sich Italien langsam von den materiellen Folgen des Zweiten Weltkriegs erholte, von tief greifenden Modernisierungsprozessen erfasst wurde und sich bis Mitte der 60er Jahre von einer Agrar- zur Industriegesellschaft wandelte. Lorens Starimage geht unmittelbar aus diesem historischen Kontext hervor, der das internationale Italienbild durch den Aufschwung der Mode- und Filmindustrie wesentlich geprägt hat.

---

[4] „Pozzuoli, e la straordinaria terra campana con il suo patrimonio storico e archeologico, con i suoi paesaggi, con la varietà della sua natura, con il mare e i laghi, il sole, oltre a portarla nel cuore, sia una terra che le si accosta per similitudini e contaminazioni: la solarità e la forza, la tenacia, la volontà di riscatto, il coraggio della speranza, l'orgoglio e la dignità umana, il faticoso cammino verso il successo, perseguito con grande forza d'animo, con dirittura morale e coerenza ineguagliabili." Di Palma, Riccardo: ohne Titel, in: Mollica/Nicosia, (2006), S. 27.

[5] Casati, Rebecca: Ich habe keinen einzigen männlichen Knochen in meinem Körper, in: Süddeutsche Zeitung, 29./30.11.2003.

III. Sophia Loren im italienischen Kino der 1950er Jahre 145

Abb. III. 1

Mitte der 1950er Jahre war sie durch ihre Erfolge in Filmen wie *L'oro di Napoli* (1954), *Peccato che sia una canaglia* (1954), *La donna del fiume* (1954), *La bella mugnaia* (1955), *Pane, amore e...* (1955) oder *La fortuna di essere donna* (1956) zu einer der beliebtesten weiblichen Filmdarstellerinnen aufgestiegen. Neben Gina Lollobrigida, Silvana Mangano, Eleonora Rossi Drago oder Silvana Pampanini, die im selben Zeitraum als Schauspielerinnen populär waren, repräsentierte Loren einen neuen weiblichen Stereotyp – die *maggiorata fisica*. Als solche wurden die üppigen Kurvenstars bezeichnet, die in der Phase des sogenannten nationalen „Wiederaufbaus" (*ricostruzione*) nach dem Zweiten Weltkrieg die proletarischen Heldinnen des Neorealismus von den Kinoleinwänden verdrängten.[6]

Der Begriff *maggiorata fisica* geht zurück auf die Filmepisode *Il processo di Frine* aus Alessandro Blasettis Komödie *Altri Tempi* (1952). Der Film zeigte Gina Lollobrigida in der Rolle der schönen Neapolitanerin Mariantonia, die sich wegen Ehe-

---
[6] Vgl. Mereghetti, Paolo: L'immagine femminile, in: De Giusti, Luciano (Hg.): Storia del cinema italiano, VIII, 1949–1953, Venedig 2003, S. 369–380, hier S. 369.

bruchs und des versuchten Mordes an ihrem Ehemann und ihrer Schwiegermutter vor Gericht verantworten muss. Dank einer ergreifenden Verteidigungsrede und nicht zuletzt dank Mariantonias tief ausgeschnittener Tracht gelingt es ihrem Anwalt (Vittorio De Sica), ihren Freispruch zu erwirken. Er appelliert an den Sinn der Richter für die Schönheit, die Mariantonia als Teil des italienischen Panoramas verkörpere, und kann die Geschworenen mit einem anschaulichen Vergleich überzeugen: Wenn das Gesetz mildernde Umstände für geistig Minderbemittelte (*minorati psichici*) einräume, müsse dann dasselbe nicht auch für die übermäßige körperliche Schönheit der *maggiorata fisica* gelten? Trotz des diskriminierenden Charakters dieses Wortspiels etablierte sich die Bezeichnung rasch als gängige Beschreibung für die neuen weiblichen Stars.[7]

Die Filmhistorikerin Giovanna Grignaffini hat die wesentliche symbolische Bedeutung des weiblichen Körpers für die Aushandlung und Konstruktion einer postfaschistischen nationalen Identität hervorgehoben.[8] Während der Faschismus sich als virile Volksgemeinschaft definierte und eine nationale Regeneration durch Krieg propagierte, inszenierte der nationsbildende Diskurs nach 1945 den weiblichen Körper in seiner Konnotation mit der italienischen Landschaft als Sinnbild der nationalen Erneuerung. Dies dokumentiert das Phänomen der *maggiorate* besonders anschaulich.

So bezeichnete ein im April 1953 ausgestrahlter Dokumentarfilm mit dem Titel *Made in Italy* das damals im Aufstieg begriffene Starlet Sophia Loren als charakteristisches Produkt eines scheinbar von Grund auf modernisierten Italiens im Wirtschaftsaufschwung, den er in allen seinen Facetten beleuchtet. Der knapp achtminütige, in Farbe gedrehte Kurzfilm war einer der rund zweihundert Dokumentarfilme, welche im Auftrag des staatlichen *Centro Documentazione della Presidenza del Consiglio* zwischen 1951 und 1958 hergestellt wurden. Ziel der *documentari* war es, über das gesellschaftspolitische Programm der christdemokratischen Regierung zu informieren und dieses damit auch zu legitimieren, wie Maria Adelaide Frabotta in ihrer Studie *Il governo filma l'Italia* ausführlich dargelegt hat.[9] Italien präsentiert sich in dem von der Produktionsfirma *Incom* hergestellten Film als Urlaubsland, Industriestandort und Produktionsstätte von Konsumgütern, Technik, Autos, Mode, Kultur und moderner

---

[7] De Sica und Lollobrigida standen in Blasettis Filmepisode das erste Mal gemeinsam vor der Kamera, waren als Filmpaar aber dann vor allem in Luigi Comencinis folkloristischen Komödien *Pane, amore e fantasia* (1953) und *Pane, amore e gelosia* (1954) erfolgreich. In der dritten Folge der Serie, *Pane, amore e...*(1955), wurde Gina Lollobrigida in der Hauptrolle durch Sofia Loren abgelöst.

[8] Vgl. Grignaffini, Giovanna: Il femminile nel cinema italiano. Racconti di rinascità, in: Brunetta, Gian Piero: Identità italiana e identità europea dal 1945 al miracolo economico, Turin 1996, S. 357–388, hier S. 360 ff.

[9] Frabotta, Maria Adelaide: Il governo filma l'Italia, Rom 2002, S. 16 ff., 104

Architektur.[10] Daneben hebt der Film vor allem die florierende italienische Filmindustrie und ihre weiblichen Stars hervor, deren „Formen" als Zeichen der wiedererlangten Prosperität und der neuen internationalen Bedeutung Italiens vorgeführt werden. Die Kurven der heimischen Starlets – so die Sprecherstimme aus dem Off – hätten die Maßstäbe des internationalen *divismo* dauerhaft verändert.[11] Eine Ganzkörperaufnahme der leicht bekleideten Loren bei den Dreharbeiten des Films *Africa sotto i mari* (1953) unterstreicht den Kommentar. Lorens Körper steht hier als passiver Schauwert und weibliches Gegenbild zu der männlich dominierten Produktionskultur, die der Film zuvor durch die Aufnahme von Arbeitern, Fabriken und Waren gezeigt hat. Damit entwirft der Film ihren Körper nicht nur als Sinnbild einer vermeintlich neuen, aus den Trümmern des Faschismus wiedergeborenen Nation. Ihre passiv definierte Weiblichkeit visualisiert hier zudem den Versuch einer Restauration traditioneller Geschlechterhierarchien nach dem Zusammenbruch patriarchalischer Machtstrukturen während des Zweiten Weltkriegs.[12]

Ein weniger erbauliches Bild von Sophia Loren entwarf dagegen 1955 der Filmkritiker Renzo Renzi. Er bezeichnete die Diva als „eine intensive Weiterentwicklung der Lollobrigida: größer, üppiger, vulgärer, explosiver, größerer Mund, herausfordernder Blick, überwältigender Busen".[13] Der Autor entwirft hier das Bild einer über sich hinauswachsenden, unkontrollierten und störenden Weiblichkeit – eine Assoziation, die in Lorens filmischer wie außerfilmischer Darstellung immer wieder auftaucht.

Im Starkörper der *maggiorata* Loren kristallisiert sich somit ein widersprüchlicher Geschlechterdiskurs. Wurden die Bilder der hyperfemininen Sexbomben in Forschungsarbeiten zum Weiblichkeitsbild im Kino der 1950er Jahre bisher überwiegend als beruhigende Fetische im *male gaze* beschrieben, möchte ich am Beispiel Lorens darlegen, dass ihr expansiver Körper vielmehr eine neue Zentralität des Weiblichen im öffentlichen Raum dokumentiert und das Ringen italienischer Frauen um mehr

---

[10] „Es gibt ein Verdienst vor allen Verdiensten, für das wir weltweit Anerkennung finden, nämlich, dass wir das erste Land in Europa sind, das den Wiederaufbau in Angriff genommen hat. […] Züge fahren, Flugzeuge fliegen, Schiffe werden unter Hochdruck gefertigt – und warum? Weil dieses Etikett Erfolg hat: Made in Italy." [„C'è un primato dei primati che il mondo ci riconosce, quello di essere arrivati primi in Europa al traguardo della ricostruzione nazionale […] Corrono treni, aerei volano, arrivano sotto pressioni le navi, e perché? Perché c'è un'etichetta che fa strada: Made in Italy."] AIL: Made in Italy (Fabbricato in Italia), La Settimana Incom, 00925, 2.4.1953.
[11] Ebd.
[12] Vgl. Capussotti, Enrica: Weiblichkeit, ländliche Gemeinschaft und italienischer Nationalcharakter. Der Kampf gegen amerikanische Modernität in *Riso amaro*, in: Werkstatt Geschichte, Nr. 44 (2006), S. 97–109, hier S. 98.
[13] „La Loren è uno sviluppo intensivo della Lollobrigida: più alta, più larga, più volgare, più esplosiva, bocca più grande, occhi più aperti, seno più travolgente." Renzi, Renzo: Gina Lollobrigida, Mailand 1955, S. 36.

Partizipation in allen Bereichen der entstehenden Demokratie sichtbar macht.[14] Lorens Starimage diente in Filmen wie *L'oro di Napoli*, *La donna del fiume*, *Peccato che sia una canaglia* oder *La Ciociara* (1960) stets als narrativer und visueller Knotenpunkt der filmischen Erzählungen und wurde als erotisiertes Spektakel in Szene gesetzt. Dabei stellte sie jedoch kein passives Objekt dar. Vielmehr verkörperte sie Frauen, die ihre Sichtbarkeit nutzen, um in männliche Bereiche vorzudringen und traditionelle Geschlechtergrenzen zu unterwandern. Männliche Figuren wirken neben ihr oft klein, tollpatschig und unbeholfen. Ihre überbordende Körperlichkeit visualisiert die zeitgenössische Wahrnehmung einer wachsenden gesellschaftlichen Präsenz italienischer Frauen, die auch in der Presse des Zeitraums diskutiert und mit einem Verlust männlicher Dominanz assoziiert wurde: „Die Frau von heute durchläuft eine rasende Evolution (auch im Sinne einer biologischen Weiterentwicklung ihrer intellektuellen Fähigkeiten). Das starke Geschlecht muss sich also anpassen und seine angestammten Privilegien gegenüber dem schwachen Geschlecht revidieren", war beispielsweise in einem Artikel zum Thema „Ist die Frau dem Mann untergeordnet?" in der Wochenzeitschrift *Epoca* im März 1951 zu lesen.[15]

Simonetta Piccone Stella hat im Bezug auf die Geschlechterverhältnisse der 1950er Jahre treffend von einem „zweigestirnigen Jahrzehnt" gesprochen.[16] Anknüpfend an diese These, werde ich am Beispiel Lorens die Schwierigkeiten und Konflikte aufzeigen, die bei der Wiederherstellung eines männlich dominierten Geschlechterverhältnisses im Kontext der *ricostruzione* entstanden. Am Körper der *maggiorata*, deren film- und kulturhistorische Genese ich in dem folgenden Kapitel nachvollziehe, zeichnen sich die irreversiblen Verschiebungen im Geschlechterverhältnis nach 1945 und eine Neudefinition dominanter Konzepte von Weiblichkeit (und Männlichkeit) ab. Im Übergang Italiens von einer agrarischen zu einer westlich geprägten Industriegesellschaft verbanden sich in ihrem Starkörper traditionelle mit progressiven Komponenten von Weiblichkeit.

---

[14] Siehe beispielsweise Buckley (2004), S. 527–547; Capussotti (2004), S. 151 ff.
[15] „La donna oggi è in rapida evoluzione (anche vera evoluzione biologica dei poteri intellettuali). Il sesso forte deve quindi adattarsi a rivedere i suoi presupposti ancestrali di privilegio di fronte al sesso debole." Guerrini, Gianfranco/Verona, Silvia/Tortona, Angela: Inferiore all'uomo la donna?, in: Epoca, Nr. 24, 24.3.1951, S. 3–5, hier S. 5.
[16] Piccone Stella, Simonetta: La prima generazione. Ragazze e ragazzi nel miracolo economico italiano, Mailand 1993, S. 115.

Körper zwischen Tradition und Emanzipation – die *maggiorate fisiche*

Die *maggiorate* erschienen zu einem Zeitpunkt, als das antifaschistische Bündnis zwischen politischer Linken und Rechten zerbrach. Nach dem Ausschluss der Kommunisten und Sozialisten aus der Regierung und mit dem überragenden Sieg der *Democrazia Cristiana* bei den Wahlen von 1948 waren die Weichen für einen politischen und gesellschaftlichen „Wiederaufbau" im Zeichen der Westintegration gestellt worden.[17] Unter der christdemokratischen Ägide verstärkten sich die Impulse zu einer sozialen Normalisierung im Sinne einer bürgerlich-kapitalistischen Gesellschaftsordnung. Damit einher ging ein wieder stärkeres Gendering der Arbeitswelt, wonach die außerhäusliche Erwerbsarbeit eher dem Mann und die Haus- und Familienarbeit den Frauen zugeschrieben wurde.[18] Doch auch die Kommunistische Partei vertrat in den 1950er Jahren eine konservative Frauen- und Familienpolitik. Die öffentliche Moral war eines der wenigen Terrains, in dem die Opposition gemeinsam mit den Christdemokraten an einem Strang zog – wenn auch aus unterschiedlichen Beweggründen und mit unterschiedlichen Interessen.[19]

Zum politischen Zankapfel avancierte dagegen das Kino. Der Neorealismus hatte gegen Ende der 1940er Jahre beim Publikum immer mehr an Anziehungskraft eingebüßt. Stattdessen florierten in Wechselwirkung mit der kapitalistischen Restrukturierung der Filmindustrie die Komödien des sogenannten Rosa Neorealismus (*neorealismo rosa*), in dessen Zentrum die üppigen Körper der *maggiorate* standen. 1953 waren in Italien mehr Kinosäle in Betrieb als in allen anderen europäischen Ländern. Dank staatlicher Subventionen verdoppelte sich die Zahl der produzierten Filme zwischen 1948 und 1953, und die italienische Filmindustrie stieg zur zweitstärksten nach Hollywood auf. Stars wie Loren oder Lollobrigida waren ihre wichtigsten Exportgüter.[20]

Die DC-Regierung und die Kirche standen dem Neorealismus seit Ende der 1940er Jahre überwiegend ablehnend gegenüber. Prominente Vertreter der Christ-

---

[17] Vgl. Ginsborg (1990), S. 112 ff. Der antifaschistische Konsens, der die politischen Lager in der Übergangsregierung bis 1947 zusammengehalten hatte, begann unter dem Eindruck des Kalten Krieges und vor dem Hintergrund innenpolitischer Interessenkonflikte zu bröckeln. Am 31. Mai zerbrach mit dem Ausschluss der Kommunisten und Sozialisten aus der Regierung die große Koalition, aus der sich die Übergangsregierung nach 1945 unter der Führung des Christdemokraten Alcide De Gasperi zusammengesetzt hatte. Die Frontstellung zwischen den beiden Blöcken dominierte über die politische Ebene hinaus auch das kulturelle Leben der Republik bis Ende der 1950er Jahre.
[18] Vgl. Ginsborg (1990), S. 173 ff.
[19] Vgl. Bellassai (2000a), S. 115 ff.
[20] Vgl. Corsi, Barbara: Con qualche dollaro in meno. Storia economica del cinema italiano, Rom 2001, S. 64; Wagstaff (1995), S. 103 ff.; Brunetta, Ernesto: Crisi del neorealismo e normalizzazione sociale, in: De Giusti, Luciano (Hg.): Storia del Cinema Italiano, Band VIII, Venedig 2003, S. 35–52.

demokraten wie der Staatssekretär beim Ministerrat, Giulio Andreotti, befürchteten, dass die sozialkritische Ausrichtung von *Ladri di biciclette* (1948) oder *Umberto D.* (1952) Wasser auf die Mühlen der Kommunisten sei und zudem im Ausland ein schlechtes Bild der italienischen Nation vermittle. Unter Andreottis Federführung ging die staatliche Filmaufsichtsbehörde gezielt gegen die neorealistische Filmproduktion vor.[21] Dagegen polemisierte die Linke, dass das vermeintlich amerikanisierte Kino der *maggiorate* von der Regierung als erotisches Gegengift zum politisch brisanten Kino des Neorealismus eingesetzt werde.[22] Doch lässt sich der Wandel der filmischen Repräsentationsformen Ende der 1940er Jahre nicht allein auf die Konsolidierung des politischen Katholizismus auf Regierungsebene zurückführen oder gar als ein Prozess beschreiben, der gewissermaßen von oben gesteuert wurde. Hinzu kommt die Tatsache, dass die Weiblichkeit der *maggiorate* nicht nur im kommunistischen, sondern auch im katholischen Lager äußerst umstritten war.[23] Das Phänomen der filmischen Sexbomben gilt es daher in einem breiteren Rahmen soziokultureller und ökonomischer Entwicklungen zu beleuchten.

Weiblichkeiten im *dopoguerra*

Den Prototyp der neuen Stars verkörperte 1949 die siebzehnjährige Silvana Mangano in Giuseppe De Santis' Melodram *Riso amaro*. In der von ihr dargestellten Figur der Boogie-Woogie tanzenden Reispflückerin Silvana, die von einem Leben wie im Fotoroman träumt und nach weiblicher Unabhängigkeit strebt, manifestieren sich

---

[21] Fertige Drehbücher mussten dem *Ufficio Centrale per la Cinematografia* – direkte Nachfolgeinstitution der faschistischen *Direzione Generale per la Cinematografia* – vorgelegt werden, das über staatliche Produktionszuschüsse entschied und die Inhalte im Hinblick auf öffentliche Moral und die „Würde der Nation" („dignità nazionale") sichtete. Vgl. Brunetta (2001c), S. 79 ff.; Vigni, Franco: Censura a largo spettro, in: De Giusti (2003), S. 64–79, hier S. 77.

[22] „Das Spiel der Amerikaner in diesen Jahren war es, das Starwesen in Italien zu unterstützen. Denn tatsächlich lassen sich Stars kaufen, während sich der Neorealismus nicht kaufen ließ und Hollywood zur größten Konkurrenz geworden ist. Auf der anderen Seite waren alle unsere Führungskreise daran interessiert, dieses amerikanische Manöver zu unterstützen und so nahmen sie unserem Kino seine edelste Funktion, nämlich Kritik zu üben und der italienischen Gesellschaft neue Impulse zu geben." [„Il gioco degli americani in questi anni è stato quello di sostenere il divismo italiano. Infatti divi si possono comprare, mentre non si poteva comprare il neorealismo che faceva la più forte concorrenza a Hollywood. D'altra parte, i nostri circoli dirigenti avevano tutto l'interesse di assecondare questa manovra americana, togliendo al nostro cinema le sue nobili funzioni di critica e di stimolo nei confronti della società italiana."] Casiraghi, Ugo: Il cinema contro le stelle, in: L'Unità, 19.1.1956. Siehe auch Brunetta (2001c), S. 127-151; Pellizzari, Lorenzo: Il cinema pensato: la guerra fredda delle idee, in: De Giusti (2003), S. 514–533; Farassino, Alberto: Neorealismo. Cinema Italiano 1945-1949, Turin 1989.

[23] Fantina, Livio: I giudizi del CCC, in: De Giusti (2003), S. 80-92.

die verschiedenen Gendermodelle, die im Bild der *maggiorata* eine neue Symbiose eingingen.[24] Als „Rita Hayworth der italienischen Provinz"[25] kombinierte Mangano die erotisierte Weiblichkeit und die Maße des Pin-up – üppiger Busen, Wespentaille, ausladende Hüften – mit der plebejischen Erscheinung der entsexualisierten *popolana* Anna Magnani. Gleichzeitig wirkten in dem neuen Körperideal sowohl das ruralistische Bild der mütterlichen *contadina* als auch der „amerikanisierten", nach Emanzipation strebenden *donna crisi* fort, wie sie das Kino der faschistischen Epoche und die Propaganda des Regimes hervorgebracht hatten.[26] Die Hybridisierung dieser Typen, die sich im Faschismus noch dichotomisch gegenüberstanden, visualisiert grundlegende Veränderungen im Genderdiskurs der Nachkriegszeit.

Wie einschlägige Forschungsarbeiten gezeigt haben, ging der Zweite Weltkrieg mit einem Zusammenbruch patriarchalischer Machtstrukturen einher und erschütterte die etablierten Kräfteverhältnisse zwischen den Geschlechtern in ihren Grundfesten.[27] Mit der Abwesenheit der wehrfähigen Männer löste sich die traditionelle Trennungslinie zwischen weiblich und männlich konnotierten Bereichen in Familie,

---

[24] Vgl. Grignaffini, Giovanna: Verità e poesia: Ancora di Silvana e del cinema italiano, in: Cinema e cinema, Nr. 30 (1982), S. 41–46; dies. (1996); Ghezzo, Flora: The Polysemic Body: Silvana as a Neorealistic Femme Fatale, in: Riviello, Tonia C. (Hg.): Women in Italian Cinema. La donna nel cinema italiano, Rom 1999, S. 39–55; Dechert, Antje: Gender-Konstruktionen im italienischen Nachkriegskino, Köln 2003 [unveröffentlichtes Manuskript], S. 21–54; Capussotti (2006); Gundle, Stephen: Bellissima. Feminine Beauty and the Idea of Italy, New Haven/London 2007, S. 142 ff.; siehe auch die ausführliche Analyse von *Riso amaro* bei Perinelli (2009), S. 295–320.

[25] Als solche bezeichnete *Riso amaro*-Regisseur Giuseppe De Santis die Schauspielerin Mangano. Zitiert nach Faldini, Franca/Fofi, Goffredo: L'avventurosa storia del cinema italiano raccontata dai suoi protagonisti: 1935–1959, Mailand 1979, S. 154.

[26] Zur Figur der *mondina* (Reispflückerin) als Weiblichkeitsideal in der ruralistischen Propaganda des Faschismus vgl. De Grazia (1992), S. 182–184. Zur Figur der *donna crisi* vgl. ebd., S. 73, 212–213.

[27] Vgl. AA.VV.: Donne e Resistenza in Emilia-Romagna, 2 Bde., Mailand 1978; Bravo, Anna (Hg.): Donne e uomini nelle guerre mondiali, Rom/Bari 1991; Rossi-Doria, Anna: Le donne sulla scena politica, in: Storia dell'Italia repubblicana, Bd. I: La costruzione della democrazia. Dalla caduta del fascismo agli anni cinquanta, Turin 1994, S. 778–846; Bravo, Anna/Bruzzone, Anna Maria: In guerra senza armi. Storie di donne 1940–1945, Rom/Bari 1995; Derossi, Laura: 1945. Il voto alle donne, Mailand 1998; Gabrielli, Patrizia: Diritti, modelli, rappresentazioni: le associazioni politiche delle donne, in: dies./Cigognetti, Luisa/Zancan, Marina (Hg.): Madri della Repubblica, Rom 2007, S. 9–86, hier S. 9–24. Der historische Wandel etablierter Modelle und Vorstellungen von Männlichkeit und Weiblichkeit lässt sich in seiner Widersprüchlichkeit besonders deutlich am Beispiel von Filmquellen nachweisen. Erste wichtige Studien haben hier Ruth Ben-Ghiat und Massimo Perinelli vorgelegt. Vgl. Ben-Ghiat, Ruth: Unmaking the Fascist Man: Masculinity, Film and the Transition from Dictatorship, in: Journal of Modern Italian Studies 10/3 (Herbst 2005), S. 336–365; Perinelli (2009), S. 147 ff. Zur zeitgenössischen Wahrnehmung der geschlechtergeschichtlichen Entwicklungen nach 1945 vgl. Garofalo, Anna: L'italiana in Italia, Rom/Bari 1956.

Arbeit und Öffentlichkeit weitgehend auf. Millionen italienischer Frauen ersetzten männliche Arbeiter und Angestellte in der Industrie, im öffentlichen Dienst, in der Landwirtschaft oder übernahmen Hilfstätigkeiten beim Militär. Dementsprechend musste auch der Familienalltag neu organisiert werden.[28] Als sich nach der Bekanntgabe des Waffenstillstandsabkommens zwischen italienischer Krone und den alliierten Streitkräften am 8. September 1943 der Kriegsschauplatz nach Italien verlagerte, wurden weite Teile der weiblichen Bevölkerung direkt in das Kriegsgeschehen involviert. Während sich im nationalsozialistisch besetzten Norden des Landes die Soldaten der faschistischen Sozialrepublik, die an der Seite der Wehrmacht kämpften, und die Anhänger der Partisanenbewegung in einem Bürgerkrieg gegenüberstanden, rückten von Süden her die alliierten Truppen vor. In dieser Situation waren viele italienische Frauen mit der Entscheidung konfrontiert, politisch Partei zu ergreifen. Einige schlossen sich der bewaffneten Partisanenbewegung an oder organisierten sich in den antifaschistischen Parteien des nationalen Befreiungskomitees. Andere leisteten zivilen Widerstand oder meldeten sich auf der Gegenseite als Freiwillige für die weiblichen Hilfscorps der faschistischen Sozialrepublik und kollaborierten mit den Nationalsozialisten. Frauen protestierten gegen Lebensmittelknappheit, plünderten Läden und organisierten Schwarzmarktgeschäfte.[29]

Auch vor dem Hintergrund dieser Erfahrungen war ein Ausschluss der Italienerinnen von der direkten politischen Mitsprache nach Kriegsende nicht länger zu rechtfertigen. Sie erhielten 1946 nach jahrzehntelangem, emanzipatorischem Ringen das Wahlrecht, konnten selbst als Abgeordnete kandidieren und gingen bereits im Juni desselben Jahres erstmals an die Wahlurnen, um über die neue Staatsform abzustimmen und die Vertreter der verfassunggebenden Versammlung zu wählen.[30] Die großen Erwartungen ihrer Zeitgenossinnen an die geschlechterhistorischen Ver-

---

[28] Diese Erfahrungen von Millionen italienischer Frauen spiegelt sich auch in den Frauenzeitschriften zwischen 1944 und 1949 wider. Die Frauenzeitschrift der Kommunistischen Partei „Noi donne", die erstmalig kurz nach der Befreiung Roms durch die Alliierten im Juli 1944 in der italienischen Hauptstadt erschien, richtete eine eigene Rubrik ein, in der Zuschriften von Frauen publiziert wurden, in denen diese ihre Kriegserfahrungen schilderten. Vgl. Bracco, Laura: Il nostro compito, in: Noi donne, Nr. 1, Juli 1944, S. 2. Siehe auch Anonym: Le donne italiane e la lotta partigiana, in: ebd., S. 3.

[29] Vgl. Bravo/Bruzzone (1995); siehe auch: Klinkhammer, Lutz: Die italienische Gesellschaft 1943–1945 zwischen Widerstand und Kollaboration, in: Neue Politische Literatur 39/1994, S. 390–412.

[30] Am 2. Juni 1946 sprach sich die Mehrheit der Italiener für die Staatsform einer demokratischen Republik und damit für das Ende der italienischen Monarchie aus. Vgl. Ginsborg (1990), S. 98 ff. Zur ersten italienischen Frauenbewegung vgl. Dickmann, Elisabeth: Die italienische Frauenbewegung im 19. Jahrhundert. Geschichte der italienischen Frauenbewegung, Bd. 1, Frankfurt a. M. 2002; De Grazia, Victoria: Femminismo latino. Italia 1922–1945, in: Gagliani, Daniella/Salvati, Mariuccia (Hg.): La sfera pubblica femminile, Bologna 1990, S. 137–154.

änderungen der Nachkriegszeit und die neuen Möglichkeiten zur gesellschaftlichen Mitgestaltung fasste die Journalistin Anna Garofalo wie folgt zusammen:

> Man spürt, dass hinter den verschlossenen Türen der Familien etwas zu bröckeln beginnt. Man spürt die Notwendigkeit, die Fenster zu öffnen, die Wahrheit zu sagen. Man ist der Klischees müde. […] Der Mythos der männlichen Unfehlbarkeit ist zusammen mit den Brücken und Häusern eingestürzt. Im Wiederaufbau, den wir nun beginnen, geht es darum, die Positionen zwischen Männern und Frauen neu zu definieren.[31]

Wie aus dem Text Garofalos hervorgeht, stand der zunehmenden weiblichen Aktivität während der Kriegsjahre ein männlicher Rückzug in die Passivität gegenüber. Ganz ähnlich hat auch Anna Bravo in ihrer Studie zu den Kriegserfahrungen italienischer Männer und Frauen am Beispiel von Zeitzeugen-Interviews nachgewiesen, dass „das Männliche dazu tendiert, die entgegengesetzte Richtung einzuschlagen, in die Passivität und Schwäche, fast ein Abgleiten in die Unmündigkeit".[32] Über 800.000 italienische Soldaten gerieten nach den Ereignissen vom 8. September 1943 in deutsche Kriegsgefangenschaft, tausende desertierten, mussten sich verstecken und kehrten nach der Teilnahme am faschistischen Aggressionskrieg und den vom italienischen Heer verübten Kriegsverbrechen schwer traumatisiert und körperlich versehrt als Verlierer von der Front zurück.[33] Massimo Perinelli hat anhand seiner Analyse von über 90 Filmen aus der Zeit des zusammenbrechenden Faschismus und der unmittelbaren Nachkriegsperiode gezeigt, dass der historische Abschnitt zwischen 1943 und 1949 eine Art geschlechtergeschichtlicher Ausnahmezustand war. Er versteht diese Epoche mit Foucault als ein Dispositiv, das sich gerade nicht dadurch auszeichnete, „dass es eine bestimmte hegemoniale Ordnung hervorbrachte, sondern dadurch, dass eine solche gerade fehlte."[34] Das Dispositiv *Italien 1943–1949* sei „das einer Lücke von Herrschaft zwischen dem desartikulierten Diskurs des *ventennio* und dem noch nicht etablierten Diskurs der neuen Republik".[35] Das Fehlen einer „kohärenten Ord-

---

[31] „Si sente nel chiuso delle famiglie qualche cosa che scricchiola, il bisogno di aprire le finestre, di dire la verità, la stanchezza dei luoghi comuni. […] Il mito dell'infallibilità maschile è crollato, insieme ai ponti e alle case. Bisognerà rivedere le posizioni della coppia umana, nell'opera di ricostruzione a cui tutti ci accingiamo." Garofalo, Anna: L'italiana in Italia, Bari 1956, S. 4.

[32] „Il maschile tende a fare un percorso opposto, verso la passività, la debolezza, quasi uno scivolare verso la minorità." Bravo, Anna: Simboli del materno, in: dies. (1991), S. 97–134, hier S. 119.

[33] Vgl. Klinkhammer, Lutz: Gli internati militari italiani nei Lager tedeschi. Riflessioni su un dibattito recente, in: Ricerche Storiche, 18, Nr. 2 (Mai-August 1988), S. 297–321; ders.: Zwischen Bündnis und Besatzung. Das nationalsozialistische Italien und die Republik von Salò, Tübingen 1993; ders.: L'Occupante tedesco di fronte all'8 settembre, in: Ceci, Lucia (Hg.): La Resistenza dei militari. Annali del Dipartimento di Storia, II, Rom 2006, S. 169–183; Mantelli, Brunello: Kurze Geschichte des italienischen Faschismus, Berlin 1998, S. 173.

[34] Perinelli (2009), S. 63.

[35] Ebd.

nung" habe bewirkt, dass vormals hegemoniale Diskurse unter den Bedingungen von Krieg, Bürgerkrieg und Besatzung nicht mehr reibungslos funktionierten, sie gerieten ins Stocken. So konnten sich, laut Perinelli, „andersartige soziale Lebensformen ausbilden".[36] Das heißt, neue Konzeptionen von Männlichkeit und Weiblichkeit jenseits patriarchalischer Normen wurden denk- und lebbar. Das Kino des Neorealismus machte diese radikal anderen Identitäten, die sich einem binären Geschlechterdiskurs verweigerten, auf der Leinwand sichtbar. Diese Ergebnisse decken sich mit denen der Oral-History-Studie von Anna Bravo. Sie vergegenwärtigt jedoch, dass der patriarchale Diskurs nie ganz aufhörte zu funktionieren und dass etwa die Umkehr der traditionellen Geschlechterhierarchien bereits während des Kriegsgeschehens dahingehend relativiert wurde, dass die neuen weiblichen Handlungsspielräume und Aktivitäten – sei es im bewaffneten Kampf, in der Familie oder im Bereich der Arbeit in Landwirtschaft und Industrie – vor allem unter dem Zeichen der Mütterlichkeit, ja als „Massen-Mutterschaft"[37] wahrgenommen wurden:

> Ernähren, beschützen, verstecken, trösten – Handlungen, die sich zwischen die vielen anderen Tätigkeiten des Kriegsalltags fügen – werden zur Summe der weiblichen Gegenwart, nehmen Gestalt an in den Gesten ganz verschiedener Frauen: politisierter und unpolitischer, vom Land und aus der Stadt kommende, junge und ältere Frauen unterschiedlichster sozialer Herkunft.[38]

Darüber hinaus bot die *resistenza* einen symbolischen Rahmen zur Rekonstruktion eines heroischen Virilitätsideals. Somit formierte sich, nach Bravo, noch während des Kriegsendes ein Diskurs, der die Rückkehr zum vermeintlichen Normalzustand männlicher Dominanz anstrebte und der sich mit dem Übergang zur Nachkriegsrepublik und dem entstehenden Konzept des Wiederaufbaus deutlich verstärkte.[39]

Zwar wiesen die Parteien aller politischen Lager der weiblichen Bevölkerung eine fundamentale Bedeutung beim demokratischen Aufbau des Landes zu, wie Simona Lunadei und Lucia Motti gezeigt haben.[40] Doch sowohl die Christdemokraten und die katholische Kirche als auch die Sozialisten und Kommunisten betrachteten den häuslichen Bereich und die Familie als Ausgangspunkt allen weiblichen politischen

---

[36] Vgl. ders. S. 28, 64 u. 68.
[37] Bravo (1991), S. 110.
[38] „Nutrire, proteggere, nascondere, confortare – attività che si intercalano alle tante altre della quotidianità di guerra – diventano la cifra della presenza femminile, inverata nei gesti di donne anche molto diverse fra loro: politicizzate e non, di paese e di città, giovani e meno giovani, di varia estrazione sociale." Ebd., S. 112.
[39] „Die Resistenza war für die Männer eine Art des Sichloslösens von Passivität und Unverantwortlichkeit." [„La resistenza è una sorta di riscatto maschile dalla passività e dall'irresponsabilità."] Ebd., S. 121.
[40] Vgl. Lunadei, Simona/Motti, Lucia: A scuola di politica: luoghi e modi della formazione delle donne della DC e del PCI, in: Genesis, Nr. 2 (2006), S. 137–164.

wie gesellschaftlichen Handelns.[41] Dieses sollte vor allem auf die Wiederherstellung der vom Krieg zerrütteten Familienverhältnisse ausgerichtet sein. Insbesondere die katholische Kirche versuchte, über ihre Frauenverbände die neue gesellschaftspolitische Relevanz der Italienerinnen mit traditionalen Weiblichkeitskonzepten in Einklang zu bringen.[42] Die Kirche unter Pius XII. würdigte zwar die weibliche Gleichberechtigung vor dem Staat, doch erkannte sie in den emanzipatorischen Entwicklungen auch eine gefährliche Annäherung der Frau an die moderne Massengesellschaft, die vor allem die weibliche Jugend zur Abkehr von Keuschheit, Ehe und Mutterschaft verleiten würde. Auch die Kommunistische Partei zeigte sich in dieser Hinsicht kaum progressiver als das katholische Lager, wie Anna Tonelli betont.[43] Die frühen 1950er Jahre waren somit durch das Klima eines starken Sexualkonservatismus gekennzeichnet. Noch 1956 stellte die Journalistin Anna Garofalo fest: „Jeder Schritt, den die Frau außerhalb der Tradition und der derzeitigen Moral zu gehen wagt, braucht Mut, birgt ein Risiko in sich, bedeutet, einen Status aufzugeben, der durch den Mann, die Kirche und die Familie geschützt wird".[44] Darüber hinaus waren Frauen vor dem Hintergrund der hohen Arbeitslosigkeit und dem Problem der Reintegration der Kriegsheimkehrer in die zivilen Rollen des Familienernährers und Arbeiters zunehmend von Entlassungen betroffen. Zwischen 1951 und 1961 sank die weibliche Beschäftigungsrate drastisch.[45]

---

[41] Ebd., siehe auch Caldwell, Lesley: Italian Family Matters. Women, Politics and Legal Reform, Basingstoke 1991, S. 63; Gabrielli, Patrizia: Diritti, modelli, rappresentazioni: le associazioni politiche delle donne, in: dies./Cigognetti, Luisa/Zancan, Marina (Hg.): Madri della repubblica. Storie, immagine, memorie, Rom 2007, S. 9–86.

[42] Maria Cristina Giuntella fasst das katholische Weiblichkeitsideal in der Nachkriegszeit wie folgt zusammen: „Die Frau hat die Pflicht, gemeinsam mit dem Mann am sozialen und zivilen Wiederaufbau ihres Landes mitzuwirken, vermittels ihrer Charaktereigenschaften und weiblichen Tugenden: ihrem Sinn für Mutterschaft und Familie, ihrer Hingabe und Opferbereitschaft." [„La donna ha il dovere di collaborare con l'uomo alla ricostruzione sociale e civile del proprio paese, attraverso le sue caratteristiche, le sue doti femminili: senso materno, senso della famiglia, spirito di donazione e sacrificio."] Dies.: Virtù e immagine della donna nei settori femminili, in: AA.VV.: Chiesa e progetto educativo nell'Italia del secondo dopoguerra 1945–1958, S. 274–300, hier S. 278; siehe auch Scaraffia, Lucetta: Devozioni di guerra. Identità femminile e simboli religiosi negli anni quaranta, in: Bravo (1991), S. 135–160, hier S. 160.

[43] Tonelli, Anna: Politica e amore. Storia dell'educazione ai sentimenti nell'Italia contemporanea, Bologna 2003; siehe auch allgemein Gundle, Stephen: I comunisti italiani tra Hollywood e Mosca: la sfida della cultura di massa 1943–1991, Florenz 1995, S. 42–74.

[44] „Ogni passo che la donna fa al di fuori della tradizione e della morale corrente comporta rischio e coraggio e l'abbandono di una situazione ‚protetta' da parte dell'uomo, della Chiesa, della famiglia."] Garofalo (1956), S. 6.

[45] Viele Familien waren dennoch auch auf einen zusätzlichen Verdienst angewiesen, sodass Frauen häufig Schwarz- oder Heimarbeit leisteten und überdies für die anfallende Hausarbeit zuständig waren. Vgl. Pescarolo, Alessandra: Il lavoro e le risorse delle donne in età contemporanea, in: Groppi, Angela (Hg.): Il lavoro delle donne, Roma/Bari 1996, S. 341; Bravo, Anna: Il fotoromanzo, Bologna 2003, S. 73.

Hinzu kamen arbeits- und familienrechtliche Benachteiligungen, die mit dem Prinzip der Gleichstellung offen in Konflikt traten. Die daraus entstehenden Widersprüche nährten die frauenrechtlichen Debatten um die sogenannte *questione femminile*, die bis zu den umfassenden familienrechtlichen Reformen der 1970er Jahre relevant blieb.[46]

Stars und Neorealismus: Anna Magnani, die Anti-Diva?

Die neue und widersprüchliche gesellschaftliche Stellung italienischer Frauen war ein zentrales Thema im Kino der unmittelbaren Nachkriegszeit. Die auf der Leinwand präsenten weiblichen Figuren interagierten mit den geschlechtergeschichtlichen Veränderungen und boten ihrem Publikum Möglichkeiten zur Identifikation und Orientierung. Die vertrauten Gesichter von Cinecittà-Stars wie Alida Valli, Vivi Gioi, Carla del Poggio, Adriana Betti, Valentina Cortese oder Isa Miranda waren nicht nur während des Weltkriegs auf der Leinwand und in Zeitschriften zu sehen, sondern auch in den unmittelbaren Nachkriegsjahren medial sehr präsent. In einer Reihe von Wochenschauen der *Settimana Incom* aus dem Jahre 1946 beantworteten sie unter der Rubrik *Piccola Posta* die Publikumspost und gaben Ratschläge zu Problemen, die sich vielen Zuschauern in den Nachkriegswirren stellten.[47]

Viele Filmhistoriker haben den Neorealismus als eine Art Gegenreaktion auf ein Kino der Stars US-amerikanischer Prägung sowie eine eskapistische Filmproduktion des Faschismus beschrieben. Der filmhistorische Abschnitt zwischen 1943 und 1949 – so die gängige Meinung – sei deshalb ein Kino ohne Stars gewesen. Doch bei genauerem Hinsehen muss diese These revidiert werden. Wie Marcia Landy betont, waren es zunächst die Autoren des neorealistischen Kinos selbst, die im Ausland, aber auch innerhalb Italiens zu regelrechten Stars aufstiegen. Vittorio De Sica, Luchino Visconti und Roberto Rossellini hatten außerdem gemein, dass sie in ihren eigenen Filmen als Darsteller auftraten.[48] Aber auch ansonsten war der Neorealismus weder eine Abkehr vom *divismo*, noch gab es in der unmittelbaren Nachkriegszeit weniger Stars oder war öffentlich weniger von ihnen die Rede als zur Zeit des Faschismus oder nach 1949. Davon zeugen zahlreichen Artikel über US-amerikanische Stars oder die heimischen *divi* in Filmzeitschriften und Illustrierten wie *Star*, *Film*, *Film d'oggi*, *La settimana incom*, *Quarta parete* oder die Boulevard-Tageszeitung *Espresso*.[49] Zwar verzichten ei-

---

[46] Vgl. Caldwell (1991).
[47] Siehe ACL: La Settimana Incom: Piccola posta. Vi risponde..., Nr. 00001 (15.2.1946) bis Nr. 00014 (6.6.1946). Insgesamt wurden 14 Folgen mit bekannten Stars, die auf die Leserfragen antworteten, ausgestrahlt.
[48] Vgl. Landy (2008), S. 186 ff.
[49] Es finden sich ungebrochen die für die Starberichterstattung typischen Starporträts und Homestorys, Lookalike-Wettbewerbe, Schönheitstipps oder Berichte von elitär-glamourösen Veran-

nige als neorealistische Paradebeispiele geltende Filme wie Roberto Rossellinis *Paisà* (1946), Vittorio De Sicas *Sciuscià* (1946) oder *La terra trema* von Luchino Visconti (1948) weitgehend auf Profischauspieler und besetzten auch Protagonistenrollen mit Laiendarstellern „von der Straße" (*attore preso dalla strada*), um den dokumentarischen Charakter der Filme zu betonen. Doch wurden viele dieser Laienschauspieler nach ihrem Debüt auf der Leinwand schnell zu gefeierten *divi* – wie etwa Franco Interlenghi, der nach seiner Rolle als Schuhputzer-Junge in De Sicas *Sciuscià* zu einem der männlichen Stars der 1950er Jahre aufstieg. Daneben waren aber auch etablierte Stars in den kurz vor Kriegsende und unmittelbar danach gedrehten italienischen Filmen zu sehen: Amedeo Nazzari, Gino Cervi, Massimo Girotti und Aldo Fabrizi oder Vivi Gioi, Carla del Poggio, Clara Calamai und Anna Magnani – sie alle hatten zur Zeit des faschistischen Regimes Starstatus erreicht und wurden auch nach dem Krieg als solche betrachtet. Sie waren die Protagonisten und Protagonistinnen von Filmen, die als herausragende Beispiele des Neorealismus gelten, wie *Ossessione* (1942), *Romà città aperta* (1945), *Il bandito* (1946), *Caccia tragica* (1947) und *Senza pietà* (1948). Allein ihre Inszenierung in den Filmen und teils auch auf den Fotografien in Zeitschriften war in der unmittelbaren Nachkriegszeit eine völlig andere als zuvor. Die „alten" Stars gelangten in ganz neuer Weise zur Darstellung – weniger erotisiert und heroisiert, dafür betont lebensnah und schlicht. Die Filme des Neorealismus entkleideten die *divi* ihrer glamourösen Aura, die mit dem eskapistischen Film des Faschismus konnotiert war. Sie verkörperten dagegen – wie Massimo Perinelli in seiner Analyse neorealistischer Filme darlegt – gebrochene Antihelden und vom Krieg gezeichnete Frauen, verwundete Kriegsheimkehrer und Prostituierte, aber auch verzweifelte, erwerbslose Väter, die sich liebevoll um ihre Kinder kümmern, oder arbeitende, politisch engagierte und aktiv begehrende Frauen, die sich traditionellen Rollenklischees verweigern. „Deviante Körper" bevölkerten in der Epoche des Neorealismus die Leinwände und es „scheitern klassische Narrative in fast jeder Produktion dieser Zeit".[50] Das war weniger einem bewussten politischen Gegenprogramm zur Filmära des Faschismus geschuldet als den historischen Umständen der Kriegswirren und ihrer Folgen. So entstand auch das andere Starwesen des Neorealismus aus einem zeitgenössisch verbreiteten Bedürfnis heraus, andere Männlichkeiten und Weiblichkeiten auf der Leinwand zu sehen. Die Filme des Neorealismus schufen neue Starideale – eben jenen neuen Konzeptionen von Gender entsprechend, die in der „chaotischen" Umbruchzeit zwischen 1943 und 1949 erstmals möglich wurden. Es war die Sehnsucht nach neuen Formen des Mann-

---

staltungen wie der Filmbiennale in Venedig. Vgl. Talarico, Vincenzo: Viaggi in casa. La porta chiusa di Vivi Gioi, in: Star, Nr. 2, 12.1.1945, S. 8–9; Anonym: Un grande concorso: Chi assomiglia a Ava Gardner?, in: Film, Nr. 30, 26.7.1947, S. 6; Purse, Alan: Abbronzatevi come le Dive, in: Star, Nr. 30/31, 25.8.1945, S. 8; Anonym: Venezia, in: Espresso, 1.9.1947, S. 1.

50   Perinelli (2009), S. 16.

und Frauseins, nach neuen sozialen Identitäten, die auch einen anderen Typ Star auf die Leinwand brachten.⁵¹

Am deutlichsten manifestiert sich dieses Phänomen am Beispiel Anna Magnanis, die eine Art Galionsfigur des Neorealismus darstellte und die eine herausragende Protagonistin des unmittelbaren Nachkriegsfilms war.⁵² Als solche avancierte sie zum Sinnbild der „Anti-Diva", wobei der Terminus irreführend ist. Anna Magnani war nicht weniger Star oder Diva als etwa eine Greta Garbo oder später eine Sophia Loren. Sie füllte diesen Status – dem historischen Kontext entsprechend – lediglich auf eine andere Art und Weise aus. Vor ihrem Durchbruch in Rossellinis kanonischem Werk *Roma, città aperta* (1945) war Magnani bereits als Darstellerin aus Theater und Kabarett bekannt und war zudem in sechzehn Filmen aufgetreten – wenn auch überwiegend in Nebenrollen. Dabei verkörperte sie bereits in den 1930er und frühen 1940er Jahren aufmüpfige Frauen, die Eigenschaften repräsentierten, die der faschistische Diskurs mit dem Negativtyp der *donna crisi* verband. So verkörpert sie beispielsweise in Vittorio De Sicas Schulmädchenkomödie *Teresa Venerdì* (1941) die mondäne und luxusverliebte Varieté-Sängerin Loletta Prima. Sie ist die Geliebte eines Arztes (Vittorio De Sica), der sie schließlich für eine „ordentliche" Ehe mit der jungen Teresa verlässt. Zwar bleibt die Magnani-Figur aufgrund ihres komischen Charakters im Film positiv konnotiert,

Abb. III. 2

---

⁵¹ Vgl. dazu auch Landy (2008), S. xvi.
⁵² Zur Figur Anna Magnanis im italienischen Nachkriegskino vgl. Verdone, Mario: Il Neorealismo ed Anna Magnani, in: Riviello, Tonia C. (Hg.), Women in Italian cinema. La donna nel cinema italiano, Rom 1999, S. 15–19; Wood, Mary P.: Woman of Rome: Anna Magnani, in: Siegelohr, Ulrike (Hg.), Heroines Without Heroes. Reconstructing Female and National Identities in European Cinema, 1945–51, London/New York 2000, S. 149–159; Landy, Marcia: Stardom Italian Style. Screen Performance and Personality in Italian Cinema, S. 91–109; Masi, Stefano: Destini diversi dell'attore. L'ascesa del divismo femminile, in: Cosulich, Callisto (Hg.): Storia del Cinema Italiano 1945–1948, Bd. VII, Venedig 2003, S. 330–343, hier S. 337.

doch wird sie schließlich als das Anti-Bild einer mit Ehe und Mutterschaft kompatibleren Weiblichkeit innerhalb der Handlung verworfen. Ganz anders war Magnani nur ein Jahr später in Mario Bonnards *Campo de' fiori* (1942) zu sehen (Abb. III. 2). Als einfache römische Gemüsehändlerin verkörpert sie hier bereits in Ansätzen jenen Stereotyp der einfachen Frau aus der römischen Arbeiterschicht, mit dem sie schließlich in *Roma, città aperta* weltberühmt wird.

In Rossellinis Epos ist sie als junge Witwe Pina zu sehen, die sich und ihren circa 10-jährigen Sohn Marcello mit Gelegenheitsarbeiten durchschlägt. Pina ist schwanger und steht kurz vor ihrer Hochzeit mit Francesco, der sich dem Widerstand angeschlossen hat. Er gerät bei einer Razzia in die Gefangenschaft der SS. Als Pina dem Wagen hinterherläuft, der ihren Bräutigam abtransportiert, wird sie von einem deutschen Soldaten erschossen. Mit Magnani, die hier in ihrem instinktiven Aufbegehren gegen Faschismus und Nationalsozialismus zur Märtyrerin des zivilen Widerstands stilisiert wird, entstand in *Roma, città aperta* das Bild einer Zäsur mit der Vergangenheit. Sie visualisiert – wie Marcia Landy in ihrer Analyse des Films darlegt – innerhalb der Erzählung „die Möglichkeit einer neuen und anderen Zukunft".[53] Ihr toter Körper symbolisiert nicht nur das zerstörte Italien, das sich im Entstehungszusammenhang des Films vor allem als Opfer des Kriegs imaginierte. Die Magnani-Figur versinnbildlicht darüber hinaus die Zerstörung und Überwindung jener Weiblichkeitsbilder, welche die visuelle Kultur des Faschismus hervorgebracht hatte.[54] Pina ist weder die kleinbürgerliche Heldin noch die kosmopolitische Dame der Oberschichten, weder die „unmoralische" *donna crisi* noch die *mater dolorosa*, die in den Komödien und Melodramen der Zwischenkriegszeit zu sehen waren. Bar jeglichen Glamours und Sex-Appeals, schlicht gekleidet, ungeschminkt, mit dunklen Augenringen, unfrisierten Haaren, in rauem Dialekt sprechend und von Krieg und Befreiungskampf gezeichnet, wurde Magnani der gängigen Zeichen des *divismo* entkleidet (Abb. III. 3). Rossellinis Film schuf so eine neue Ikone. Mit der Figur der Pina entstand das Stereotyp der *popolana*, der einfachen Frau von nebenan. Als solche war Magnani eine der populärsten Filmdiven der Nachkriegszeit.

Die Figur der *popolana* war Sinnbild des neuen weiblichen Protagonismus in vormals männlich besetzten Bereichen. In Filmen wie *Abbasso la miseria!* (1945), *Un uomo ritorna* (1946), *L'onorevole Angelina* (1947), *Molti sogni per le strade* (1948) oder *Bellissima* (1950) verkörperte Magnani Frauen, die arbeiten, ihre Familien ernähren, ins Schwarzmarktgeschäft oder in die Politik einsteigen und ihren Männern gleichgestellt, wenn nicht gar überlegen sind. Magnani stellte Prostituierte und Mütter dar –

---

[53] Landy, Marcia: Diverting Clichés. Femininity, Masculinity, Melodrama and Neorealism in Open City, in: Gottlieb, Sidney (Hg.): Roberto Rossellini's *Rome Open City*, Cambridge 2004, S. 85–105, hier S. 90–91.
[54] Vgl. ebd., S. 95 ff.

Abb. III. 3

zwei Klischees, die sich in der italienischen Kulturproduktion bis dahin dichotomisch gegenübergestanden beziehungsweise einander ausgeschlossen hatten. Vor allem aber die Figur der Mutter rückte mit Anna Magnani ins Zentrum der Filmproduktion der späten 1940er Jahre. Auch wenn im Kino der faschistischen Ära der Appell zu Ehe und Mutterschaft häufig in die Filmplots eingebettet war, tauchten Mütter – bis auf wenige Ausnahmen – allenfalls als Randfiguren oder ohne jegliche Individualität in Propagandastreifen wie *Madri d'Italia* (1934) auf. Anna Magnani verkörpert dagegen vielfältige Mutterfiguren, die das Muttersein gerade nicht als Berufung der Frau glorifizieren, sondern auch die Probleme, Anstrengungen und Überforderungen, die diese Aufgabe in sich birgt, zur Sprache bringen. *Roma, città aperta* zeigt mit Pina, Francesco und Marcello das, was man heute als Patchwork-Familie bezeichnen würde. In Luchino Viscontis *Bellissima* ist Magnani in der Rolle der *popolana* Maddalena Cecconi zu sehen, die von einer besseren Zukunft für ihre Tochter träumt und sich in den Kopf setzt, das Mädchen sei für eine Karriere zum Kinderstar berufen. Doch die kleine Maria hat Angst und versteht nicht recht, was es mit dem Vorsprechen in Cinecittà eigentlich auf sich hat. Am Ende erkennt Maddalena, dass sie ihr Kind den Zwängen einer zynischen und tendenziell ausbeuterischen Filmindustrie aussetzen wollte, und weist das lang ersehnte Angebot für das Mädchen zurück. Anna Magnani zeigt mit Maddalena eine weibliche Protagonistin, die sich von gängigen Mutteridealen abhebt. Maddalena ist eine Frau, die mit ihrer Rolle hadert, die nicht instinktiv weiß, was das Richtige für ihr Kind ist, die Fehler macht und dennoch als starke Frau gezeigt wird, die ihrem Mann Spartaco gleichberechtigt gegenübersteht.

Paradoxerweise war es gerade ihre starke Identifikation mit dem Mütterlichen, über die Magnanis Image zeitgenössisch auch an traditionelle Rollenmuster rückgebunden wurde und die ihr Image sowohl mit katholischen Familienidealen als auch mit dem Frauenbild der politischen Linken (PSI und PCI) kompatibel erscheinen ließ. Dies war wohl ein Grund, weshalb sich an ihrer Figur auch im Übergang zu den 1950er Jahren kaum Debatten um schickliches weibliches Verhalten entzündeten. Stoff dazu hätte es aus Sicht des katholischen Lagers zu genüge gegeben: Magnani war seit 1935 mit dem italienischen Regisseur Goffredo Alessandrini verheiratet, lebte Anfang der 1940er Jahre mit dem Schauspieler Massimo Serato zusammen, mit dem sie einen Sohn bekam, und auch ihre spätere Liebesbeziehung zu Roberto Rossellini war kein Geheimnis. Vielleicht war dies in der unmittelbaren Nachkriegszeit allerdings eine Biografie, die auch viele andere teilten: scheiternde Ehen, neue Liebesbeziehungen und uneheliche Kinder waren in den Kriegswirren schließlich keine Seltenheit. Als solche Lebensläufe wieder für anstößig befunden wurden, bevölkerten bereits die sexuell provozierenden *maggiorate fisiche* die Kinoleinwände. Sie boten offenbar einen geeigneteren Anknüpfungspunkt für disziplinierende Diskurse als die „Mamma Roma"[55] Anna Magnani.

Das Pin-up

Neben der von Magnani verkörperten *popolana* dominierte ein weiterer weiblicher Stereotyp die visuellen Körperlandschaften der unmittelbaren Nachkriegsjahre. Die erotisierte Weiblichkeit von Hollywoodstars und Pin-up-Girls wie Jane Russel, Rita Hayworth und Betty Grable war auf Kinoleinwänden, Filmplakaten oder in Zeitschriften wie *Stelle*, *Film d'oggi* und *Hollywood* visuell allgegenwärtig.[56] Die Alliierten

---

[55] Der gleichnamige Film von Pier Paolo Pasolini aus dem Jahr 1962 hat Anna Magnani als Sinnbild der „anderen" Mutter ein Denkmal gesetzt.
[56] Das Pin-up definiert Thomas B. Hess als „the healthy, American, cheerleader type – button-nosed, wide-eyed, long-legged, ample hips and breasts, and above all with the open friendly smile that discloses perfect, even, white teeth". Ders.: Pin-up and Icon, in: ders./Nochlin, Linda (Hg.): Woman as Sex Object: Studies in Erotic Art 1730–1970, London 1972, S. 227, zitiert nach: Gundle, Stephen: Feminine Beauty, National Identity and Political Conflict in Postwar Italy, 1945–1954, in: Contemporary European History, 8, Nr. 3 (1999), S. 359–378, hier S. 362.

hatten 1944 das im Faschismus verhängte Importverbot ausländischer Filme aufgehoben, woraufhin es zu einer regelrechten Überschwemmung des Marktes durch Hollywoodfilme kam. Diese stießen beim italienischen Publikum auf große Resonanz. Der Pin-up-Kult, der sich in diesem Kontext ausbreitete, war Gegenstand reger Diskussionen in verschiedenen zeitgenössischen Filmzeitschriften.[57] Daraus geht hervor, dass der explosionsartig gestiegenen, öffentlichen Sichtbarkeit leicht bekleideter Frauenkörper eine regenerierende Funktion im Kontext der männlichen Krisenerfahrung im Krieg zugeschrieben wurde. So war beispielsweise 1947 in der Filmzeitschrift *Intermezzo* zu lesen:

> Nach dem Krieg waren wieder Frauen mit opulenten Formen en vogue. Das Publikum ist der Kadaver, der Ruinen und Traurigkeit müde und will schöne Frauen sehen. Die amerikanischen Soldaten haben die Mode der Pin-up-Girls mitgebracht. Das Kino von der anderen Seite des Ozeans hat uns Betty Grable […], Rita Hayworth […] und Lana Turner […] beschert. Und seien sie uns doch herzlich willkommen, diese Mädchen, wenn sie uns in den zwei Stunden, die wir mit ihnen verbringen (leider rein platonisch), den Krieg, die Essensmarken, den Schwarzmarkt und die vielen Ruinen des Alltags vergessen lassen.[58]

Die „warmen und perfekten Körper" der Pin-up-Stars würden das Bedürfnis der heimkehrenden Soldaten nach einer neuen, integren Frau befriedigen und ihrer männlichen Selbstvergewisserung dienen, wie die Illustrierte *Film d'oggi* berichtete. „Das Spektakel der Schönheit reicht aus, um alle Schmerzen in uns traurigen Sterblichen zu betäuben."[59] Die „sittsame Nacktheit" der Pin-ups stünde für das „wiedererblühende Leben, das über den Tod triumphiert".[60] Das italienische Kino des

---

[57] Das Phänomen war jedoch nicht gänzlich neu. Als ein Vorläufer des Pin-up in Italien gilt die der *Signorina Grandi firme*, welche der Karikaturist Gino Boccasile als Titelfigur für die Zeitschrift *Grandi firme* (1937/1938) entworfen hatte. Vgl. Gundle (2007), S. 89 f.

[58] „Poi è passato la guerra, e col dopoguerra è tornata nuovamente in voga la donna dalle linee opulente. Il pubblico è stanco di cadaveri, di rovine, di tristezze, e vuol vedere delle belle donne. Il soldati americani hanno portato di moda ‚le pin-up girls', e il cinema d'oltre oceano ci ha regalato Betty Grable […], Rita Hayworth […], Lana Turner […]. E siano le benvenute, queste ragazze, se, in quelle due ore passiamo in loro compagnia (puramente platonica purtroppo) ci fanno dimenticare la guerra, la tessera, la borsa nera e tante tante rovine d'ogni giorno."] Anonym: Ingenua o vamp? Breve storia della ‚donna' sullo schermo, in: Intermezzo, Nr. 2, 15.–31.1.1947, S. 12.

[59] „Lo spettacolo della bellezza basta ad addormentare in noi, tristi mortali, tutti dolori". Und weiter heißt es: „Das Kino hat somit das Gleichgewicht zwischen Nachfrage und Angebot wieder hergestellt und hat daher einen beruhigenden Effekt." [„Il cinematografo ha ristabilito un equilibrio tra la domanda e l'offerta, con una funzione nettamente calmiatrice."] Sangiorgi, Giorgio M.: Belle donne per tutti, in: Film d'oggi, Nr. 8, 22.11.1950, S. 8–9.

[60] Martini, Alessandro: Inventare una nuova bellezza. Spogliarsi o non spogliarsi, in: Film d'oggi, Nr. 3, 23.6.1945, S. 3. Auch die Kino-Wochenschau *Settimana Incom* zeigte die Bilder sonnender Bikinischönheiten, mit dem Kommentar, die Fotos sollten „hypochondrischen" und traumatisierten Männern dabei helfen, ihre Ängste zu überwinden. Vgl. ASL: La Settimana Incom, 00004, 6.3.1946; Piccola Posta: Vi risponde Massimo Girotti. Frauenzeitschriften wie die PCI-

Wiederaufbaus müsse daher ebenfalls weibliche Körper hervorbringen, die diesem Schönheitsideal entsprächen: „Die italienischen Schauspielerinnen müssen die Protagonistinnen eines Kinos sein, das dafür gemacht wird, dass sich der Schmerz in Lebensfreude verwandelt, dass auf die Zerstörung jetzt der Wiederaufbau folgt. Sie müssen ein neues Schönheitsideal erfinden."[61] Diese neue Weiblichkeit eroberte Ende der 1940er Jahre mit den *maggiorate* die Kinoleinwände. In ihrer Figur verband sich die durch Magnani und die Heldinnen des Neorealismus verkörperte *popolana* mit dem Stereotyp des Pin-up. In dieser Mischung dominierte der Körper der *maggiorata* die visuelle Kultur der 1950er Jahre.

Weiblicher Körper und *ricostruzione*

Luisa Cigognetti hat anhand von Nachrichtenfilmen und Illustrierten aus dem Zeitraum zwischen 1945 und 1953 gezeigt, dass ab Ende 1947 nicht mehr die materiellen und moralischen Folgen des Kriegs im Zentrum des öffentlichen Diskurses standen, sondern der zeitgenössisch positiv besetzte Begriff der *ricostruzione*, der eine Rückkehr zur Ordnung und die Überwindung des Ausnahmezustands propagierte:

> Der Begriff „Wiederaufbau" wird dem Begriff „Nachkriegszeit" gegenübergestellt. Man bekämpft die Nachkriegszeit mit dem Wiederaufbau. Und auf diese Art und Weise will man die Kinozuschauer erbauen. Ab der zweiten Jahreshälfte von 1947 ist es offensichtlich, dass der Begriff Nachkriegszeit eine ganz präzise Konnotation hat: Er steht für das Bild eines traditionalen und rückständigen Italien, das nicht mehr existieren darf; der Wiederaufbau wird zum Symbol des Modernisierungsprozesses.[62]

---

nahe *Noi donne* forderten ihre Leserinnen auf: „Eure Männer kehren heim, macht Euch schön für sie!" Vgl. Anonym: I vostri uomini ritornano, siate belle per loro! In: Noi donne, 15.3.1946, o. S. In *Star* begründete dagegen Giuseppe Marotta das Pin-up-Phänomen wie folgt: „Der einzige Fix- und Ruhepunkt in dieser unsteten Zeit, die das Schicksal uns beschert hat, ist die weibliche Schönheit. Die Märchen, die jene den Männern erzählt, sind sanft, süß und natürlich, zusammengesetzt aus der richtigen Dosis von Gut und Böse. Das ist der Grund, weshalb man so viele leicht bekleidete De Havillands oder Goddards in den Illustrierten sieht." [„L'unico punto fermo e calmo, in questo furioso tempo che la sorte ci ha assegnato, è la bellezza femminile. Le favole che essa racconta agli uomini sono rimaste lente e dolci, naturali, composte di una giusta proporzione di bene e di male. Ecco perché si vedono tante De Havilland o Goddard poco vestite, sui periodici illustrati."] Ders.: Discorso sulle belle donne e un raccontino, in: Star, Nr. 10, 31.3.1945, Rückseite.

61 „Le attrici italiane debbono essere le protagoniste di questo cinema fatto per cambiare in gioia di vivere dopo il dolore, e la ricostruzione dopo la distruzione. Ad esse spetta inventarsi una nuova bellezza." Martini (1945), S. 3.

62 „Il termine ‚ricostruzione' viene opposta a ‚dopoguerra': si combatte il dopoguerra con la ricostruzione. Ed è in questi termini che si vogliono rassicurare gli spettatori dagli schermi. Dalla seconda metà del 1947 è ormai chiaro come il dopoguerra assuma sempre più una connotazione ben precisa: è l'immagine di un'Italia tradizionale e arretrata che non può più esistere; la

Abb. III. 4

ricostruzione diventa simbolo del processo di modernizzazione." Cigognetti, Luisa: Nuovi modelli, vecchi ruoli: l'immagine femminile nel cinema e nei media (1945–55), in: dies./Gabrielli, Patrizia/Zancan, Marina (Hg.): Madri della Repubblica. Storie, immagini, memorie, Rom 2007, S. 87–148, hier S. 107.

Mit der sukzessiven Beseitigung der Kriegstrümmer und dem verbreiteten Wunsch der Rückkehr zur Normalität wuchs erneut die Sorge um den eigenen Körper. Wie die Gesellschaft als Ganzes war im Italien der *ricostruzione* auch das eigene Aussehen wieder in Ordnung zu bringen, zu modernisieren und von den Spuren der Vergangenheit zu bereinigen.[63] Das suggeriert zumindest die neuerliche Zentralität von Themen wie Konsum, Mode, Körperpflege und Sauberkeit in der Presse sowie in Wochenschauen und Werbung. Wie schon in den 1930er Jahren machten amerikanische Filmstars und später auch italienische Diven wie Loren, Lollobrigida, Lucia Bosé oder Marisa Alassio Werbung für Pond's-Cremes, Lux-Seifen oder Chlorodont-Zahncreme (Abb. III. 4).[64]

So kommt beispielsweise bei der Analyse einer Reklame, in der Sophia Loren Mitte der 1950er Jahre für Lux-Seife wirbt, eine Bedeutungskette zum Vorschein, die Reinheit und Luxus an den elfenbeinfarbenen Teint der statuenhaft abgebildeten Diva bindet. Die Darstellung ihres Starkörpers im Zusammenhang mit der Seife verknüpft bestimmte Vorstellungen von *gender*, sozialer Klasse und Rasse, bewirkt so eine Idealisierung des weißen, rassisch reinen, klassisch schönen Frauenkörpers und bindet diese Eigenschaften an die mittleren und oberen sozialen Schichten.[65] Die Werbung fordert die weibliche Konsumentin auf, diesem Ideal nachzueifern.

Die wachsende Bedeutung der Körperpflege und des damit verbundenen Konsums zeigt besonders anschaulich eine Werbeserie der Kosmetikfirma Linetti, die den Wandel des weiblichen und männlichen Körpers von einem eher nachlässig wirkenden Aussehen hin zu einer adretten Erscheinung durch die eigenen Haarpflegeprodukte beschreibt. Die Werbung suggeriert darüber hinaus, dass diese Transformation hin zur Norm eines ordentlichen, gepflegten Äußeren mit einer stärkeren Betonung der körperlichen Differenz zwischen den Geschlechtern einhergehen müsse, deren vermeintliche Notwendigkeit durch den Slogan: „Die Gesellschaft mag es lieber so!" unterstrichen wird (Abb. III. 5).[66]

---

[63] Für Italien liegen hier noch keine Studien vor, für die Nachkriegszeit in Frankreich hat Kristin Ross ein solches symbolisches Reinwaschen im Bezug auf die Kriegserlebnisse und die koloniale Vergangenheit anhand von Werbung nachgewiesen. Vgl. dies.: Fast Cars, Clean Bodies. Decolonization and the Reordering of French Culture, Massachusetts 1995, S. 71–122.

[64] Die Werbeanzeige war in verschiedenen Zeitschriften Mitte der 1950er Jahre zu finden. Siehe z. B. *Tempo*, 6.10.1955, Rückseite.

[65] Diese Assoziationskette kann dann wiederum im Kontext eines postkolonialen Diskurses innerhalb der italienischen Gesellschaft in dieser Zeit betrachtet werden und erhält somit eine politische Bedeutung.

[66] Abbildung aus: *Oggi*, Nr. 25, 24.6.1954, S. 10.

Abb. III. 5

Miss Italia

Dass es vor allem der prosperierende weibliche Körper war, der im Zentrum des Diskurses um eine kollektive Regeneration stand, dokumentieren zudem die ab 1946 boomenden Miss-Wahlen, die wesentlich zur Generierung der *maggiorate* beitrugen. Sophia Loren verschaffte sich, wie nahezu alle Diven der 1950er Jahre, über die Teilnahme an Schönheitswettbewerben Zugang zum Filmgeschäft. 1947 gewann sie im Alter von 15 Jahren eine regionale Schönheitskonkurrenz und wurde 1950 bei der Miss-Roma-Wahl von dem Produzenten Carlo Ponti, ihrem späteren Ehemann, entdeckt.[67]

Wie Adam Arvidsson in seiner Studie zur Geschichte der italienischen Werbung rekonstruiert, hatte der Zahnpastahersteller Gi.Vi.Emme zusammen mit den Illustrierten *Tempo* und *Grazia* bereits 1939 einen Schönheitswettbewerb unter dem Slogan „5.000 Lire und eine Aussteuer für ein Lächeln" gesponsert, dann aber wegen des Kriegsausbruchs nicht weitergeführt.[68] Im Dezember 1945 wurde der Wettbewerb

---

[67] Vgl. Lanocita, Arturo: Sofia Loren, Mailand 1966, S. 73 ff.; Gundle, Stephen: Sophia Loren. Italian Icon, in: Historical Journal of Film, Radio and Television, 15/3 (1995b), S. 367–385.

[68] Vgl. Arvidsson (2003), S. 22–25. Siehe auch die ausführliche Darstellung bei Gundle (1999), S. 367 ff.; ders. (2007), S. 125–140. Die Miss-Wahlen hatten bereits eine längere Tradition. Zeitungen und Illustrierte berichteten bereits Ende des 19. Jahrhunderts über lokale Schönheitskonkurrenzen im Rahmen von Volksfesten, wie zum Beispiel die Wahl von Karnevalsköniginn-

von Gi.Vi.Emme in Kooperation mit den Zeitschriften *Film d'oggi* und *La Settimana* wiederbelebt, zunächst unter dem Titel *La bella Italiana*, der schließlich durch *Miss Italia* ersetzt wurde. Während die Miss-Wahl 1945 noch das schönste Lächeln und das schönste Gesicht prämierte,[69] verschob sich der Fokus 1947 mit der Einführung einer Bademodenschau der Finalistinnen auf den Körper, der in der Ausschreibung des Wettbewerbs wiederum als Symbol des Wiederaufbaus und der kollektiven Regeneration zitiert wurde:

> Die Frauen lächeln üppig von den Beinen bis zum Gesicht. Sie erstrahlen lächelnd, sie sind schön und pur […]. Die Städte sind stolz auf ihre Erscheinung, die Fensterläden öffnen sich bei ihrem Anblick. Das Leben braucht diese starken Akzente, diese Farben. Wir alle brauchen sie, die wir an Orten leben, die verletzt sind und überwältigt wurden und von denen wir uns wünschen, dass sie wieder aufblühen.[70]

Darüber hinaus manifestierten die Miss-Wahlen die wirtschaftliche Funktionalisierung der Schaulust an den üppigen weiblichen Körpern, die erneut als Ressource für die Werbung und vor allem für die Filmindustrie von Interesse waren. In der Jury des Miss-Italia-Wettbewerbs und seiner verschiedenen Konkurrenzveranstaltungen, die in den 1950er Jahren Konjunktur hatten, saßen bekannte Vertreter des Showgeschäfts und Regisseure wie Vittorio De Sica, Luchino Visconti und Drehbuchautor Cesare Zavattini, die Produktions-Tycoons Dino De Laurentiis und Carlo Ponti, Filmkritiker und Journalisten wie Giuseppe Marotta oder Lucio Ridenti.[71] Dabei waren es nicht unbedingt die Siegerinnen der Wettbewerbe, denen Verträge im Filmgeschäft angeboten wurden, sondern häufiger die zweit- und drittplazierten Teilnehmerin-

---

nen. 1911 fand zum fünfzigjährigen Jubiläum des italienischen Einheitsstaates der erste Schönheitswettbewerb von nationaler Reichweite statt. Vgl. De Giorgio, Michela: Le italiane dall'unità a oggi. Modelli culturali e comportamenti sociali, Rom/Bari 1992, S. 147 ff. In den 1920er Jahren fand schließlich eine erste Kommerzialisierung der Schönheitskonkurrenzen statt. Illustrierte und Frauenzeitschriften berichteten zudem über die italienischen Teilnehmerinnen bei internationalen Veranstaltungen wie dem Miss-Universe-Wettbewerb, der ab 1926 in den USA, 1932 im belgischen Spa und 1935 während der Weltausstellung in Brüssel stattfand. Anonym: La fiera della bellezza a Calveston, in: Piccola, Nr. 3, 26.6.1928, S. 5.; Anonym: ‚Piccola' regala 5000 lire alla piú bella dattilografa d'Italia, in: Piccola, Nr. 2, 1.1.1929, S. 1–2; Anonymus: Miss Italia 1932, in: Piccola, Nr. 36, 6.9.1932, S. 13; Anonym: Derna Giovannini ‚Miss Italia' 1929, in: Piccola, Nr. 7, 12.2.1929, Rückseite.

69 Concorso Gi.Vi.Emme, La settimana, Film d'oggi: 5.000 lire e una dote per un sorriso, 100.000 lire e più per un bel viso, in: Film d'oggi, Nr. 27, 22.12.1945, S. 8. Siehe auch Gundle (1999), S. 368.

70 „Le donne sorridono rigogliose dalle gambe al volto. S'illuminano sorridendo son belle, schiette, […] le città son fiere della loro apparizione, le finestre e i balconi si schiudono al loro volto. La vita ha bisogno di questi accenti forti, di questi colori. Tutti noi, proprio perché viviamo in luoghi feriti e travolti e li vogliamo rinati, ne abbiamo bisogno. Su tutte le rovine, e proprio dopo il pianto." Chi sarà la bella italiana 1946?, in: Film d'oggi, Nr. 1, 5.1.1946, S. 7.

71 Ebd. Siehe auch Film d'oggi, Nr. 3, 19.1.1946, S. 7.

nen – wie im Fall von Loren, Lollobrigida, Mangano und Silvana Pampanini. Die Gewinnerinnen sollten nach Anweisungen der Veranstalter weniger Sex-Appeal und dafür eine eher familienorientierte Weiblichkeit und Schönheit ausstrahlen.[72] Denn das letzte Ziel aller weiblichen *bellezza* sollte nach wie vor die Ehe sein, wie auch die Preise zeigen, welche die Teilnehmerinnen am Ende erhielten. Neben Geldprämien, Reisen, Seidenstrümpfen, Pelzmänteln und Parfüms waren unter den Gewinnen stets die klassischen Gegenstände für die Aussteuer – von Haushaltsgeräten über Nähmaschinen bis zur Tisch- und Bettwäsche.[73] So gewann auch Sophia Loren, als sie 1949 in ihrem Heimatort Pozzuoli zur *Principessa del Mare* gekürt wurde, ein Zugticket nach Rom, 25.000 Lire, eine Rolle Tapete, eine Tischdecke und Servietten.[74]

Colleen Ballerino Cohen hat darauf hingewiesen, dass der weibliche Körper in Schönheitswettbewerben immer auch ein Definitionsort nationaler oder ethnischer Identität sei: „The idealized femininity put on stage in beauty contests is often closely associated with broader concepts such as morality, or with larger social entities such as the ‚nation'." In den Schönheitswettbewerben überlagerten sich, nach Cohen, bestimmte Konzeptionen von nationaler Identität mit spezifischen Vorstellungen von Weiblichkeit, die im Körper der Teilnehmerinnen gewissermaßen naturalisiert und gleichzeitig an einen geographischen Raum gebunden würden: „These contests showcase values, concepts, and behaviour that exist at the center of a group's sense of itself and exhibit values of morality, gender, and place."[75] Diese Überlappung von weiblichem Körper und nationsbildenden Diskursen ist auch für die italienische Nachkriegszeit festzustellen. Stephen Gundle hat in seinen Untersuchungen zu Schönheitsnormen und den Miss-Wahlen in Italien gezeigt, dass der weibliche Körper als symbolisches Terrain fungierte, auf dem die beiden dominanten kulturellen Blöcke – Katholizismus und Marxismus – um die gesellschaftliche Vormachtstellung konkurrierten.[76] Am Bild des weiblichen Körpers verhandelten diese nicht nur die je-

---

[72] Vgl. Gundle (1999), S. 368.

[73] Der Gewinnerin der Wahl zur *Signorina del più bel sorriso* winkten 1946 5.000 Lire, eine Nähmaschine, ein Gutschein zum Erwerb für Damenunterwäsche im Wert von 15.000 Lire, ein fünfzehntägiger Aufenthalt in einem Grand Hotel in Cattolica, ein Trenchcoat, sechs Paar Seidenstrümpfe und ein Prada-Koffer. Vgl. La bella italiana, in: Film d'oggi, Nr. 27, 22.12.1945, S. 8.

[74] Zitiert nach Gundle (1995b), S. 370. Loren nahm danach weiter an Schönheitswettbewerben teil. Sie wurde zur *Sirena dell'Adriatico* (1950), *Miss Eleganza 1950*, *Miss Cattolica 1950* und *Miss Lazio 1950* gewählt. Vgl. Galleria di Sogno: Sofia Lazzaro, in: Sogno, Nr. 1, 7.1.1951, S. 11.

[75] Ballerino Cohen, Colleen/Wilk, Richard/Stoeltje, Beverly: Introduction, in: dies. (Hg.): Beauty Queens on the Global Stage. Gender, Contests, and Power, London/New York 1996, S. 1–12, hier S. 2–3.

[76] Zwar blieb die politische Linke nach den Parlamentswahlen vom 18. April 1948, die mit einem deutlichen Sieg der Christdemokraten ausgingen und damit die Entscheidung für die Westintegration Italiens fällten, bis Anfang der 1960er Jahre in der Opposition. Doch setzte sie ihren Kampf um einen an marxistischen und sozialistischen Idealen orientierten demokratischen

weils eigene Vision der nationalen Neukonstitution, sondern auch die Durchsetzung bestimmter Geschlechterideale.[77] Dabei stellt Gundle signifikante Ähnlichkeiten im Bezug auf die moralisierende Haltung sowohl des katholisch-konservativen Lagers als auch der kommunistischen Partei gegenüber den Miss-Wahlen fest. Beide lehnten ein mit den USA assoziiertes, als künstlich empfundenes, erotisiertes und kommerzialisiertes Schönheitsideal ab. Dieses verleite junge Frauen, laut der Zeitschrift *Famiglia Cristiana*, zum Verlust ihrer jungfräulichen Scheu.[78] Zudem reagierten sowohl das konservative Lager als auch die Kommunisten mit Gegenwettbewerben auf die Popularität der Schönheitskonkurrenzen. Beispielsweise veranstaltete die politisch rechts stehende römische Tageszeitung *Espresso*[79] 1948 den Wettbewerb „Friedensstern" (*Stella della pace*), der im Gegensatz zur Miss-Italia-Wahl auch verheiratete Frauen zuließ. Nicht deren physische Qualitäten sollten die Wahl entscheiden, sondern die offensichtlichen Tugenden der Teilnehmerinnen in den Bereichen „Haus, Familie und Arbeit".[80] Anfang der 1950er Jahre berichtete die DC-nahe Zeitschrift *Oggi* über den Wettbewerb *Sposa d'Italia*, der durch den Nähmaschinenhersteller Necchi ins Leben gerufen und gesponsert wurde. Die ideale Frau sollte hier nicht auf der Basis wandelbarer Schönheitskriterien zur „Braut Italiens" gewählt werden, so das Blatt, sondern aufgrund „sinnvoller und authentischer menschlicher Werte" wie „Konstanz, Treue, Enthaltsamkeit, Opferbereitschaft, ein freundliches Wesen, Bescheidenheit und Arbeitsamkeit". Die *Sposa d'Italia* sollte repräsentativ für die zahlreichen italienischen Frauen gekrönt werden, die durch ihre selbstlose Hingabe oder „kluge Berufswahl" (genannt werden Berufe wie Krankenschwester, Erzieherin, Sekretärin) „die Einheit und den Zusammenhalt der Familie" bewahrten, und dies in Zeiten, in denen solche Tugenden, laut *Oggi*, immer seltener würden.[81] Die Gewinnerinnen von Wettbewerben wie *Sposa d'Italia* oder *La donna ideale* waren Frauen, die etwa zugunsten von Ehe und Mutterschaft auf ein Medizinstudium verzichtet, lange Verlobungszeiten in Kauf genommen oder finanzielle Sorgen innerhalb der Familie durch vorbildliches Haus-

---

Gesellschaftsaufbau nach 1945 insbesondere auf kulturpolitischer Ebene fort, wie David Forgacs vergegenwärtigt hat. Vgl. Forgacs, David: The Italian Communist Party and Culture, in: Baranski, Zygmunt G./Lumley, Robert (Hg.): Culture and Conflict in Postwar Italy: Essays on Mass and Popular Culture, Basingstoke 1990, S. 97–114, hier S. 100 f.

[77] Vgl. Gundle (1999), S. 360.
[78] Manzini, Raimondo: Le smanie per la Miss, in: Famiglia Cristiana, 15.10.1950, S. 805, zitiert nach Gundle (1999), S. 370.
[79] Die Tageszeitung *Espresso* erschien nur zwischen 1946 und 1948 und ist nicht zu verwechseln mit der 1955 gegründeten Zeitschrift *L'Espresso*, die nach dem Vorbild des US-amerikanischen Magazins *Time* herauskam.
[80] Anonym: Il concorso di "Espresso" proclamerà la romana "stella della pace", in: Espresso, 4.3.1948, S. 1.
[81] Anonym: Sposa d'Italia 1954, in: Oggi, Nr. 18, 5.5.1955, S. 1, 13–15, hier S. 13.

halten ertragen hatten.[82] Hier tritt die Funktion dieser traditionellen Weiblichkeit als Garant einer männliche Rehabilitation beziehungsweise einer männlich dominierten Geschlechterordnung klar hervor.

Die Kommunisten kritisierten die Miss-Wahlen ihrerseits als Zeichen einer fortschreitenden Amerikanisierung der italienischen Gesellschaft und Verdrängung nationaler Traditionen. Um dieser Entwicklung etwas entgegenzuhalten, veranstaltete die PCI beispielsweise im Rahmen von Maifeiern eigene Miss-Wahlen, deren Gewinnerinnen, die sogenannten *stelline* (dt. Sternchen), keine provokativen, narzistischen Misses seien, sondern eine natürliche Schönheit repräsentierten, die Zurückhaltung und Interesse am Gemeinwohl ausstrahle, und sich dadurch von „bourgeoisen" und internationalen Schönheitsidealen als genuin „italienisch" unterschieden.[83] Die komunistische Wochenzeitschrift *Vie Nuove*, die sich als „Settimanale d'orientazione e lotta politica" beschrieb, suchte ab 1949 in einem jährlichen nationalen Schönheitswettbewerb nach einem „neuen Gesicht" für das italienische Kino. Bekannte linke Filmschaffende und Mitglieder der Kommunistischen Partei wie Giuseppe De Santis, Cesare Zavattini oder Massimo Girotti bildeten die Jury dieser Wettbewerbe. In der Zeitschrift wurde die kommunistische Miss-Wahl mit den Bildern und Grußautogrammen aufsteigender Starlets wie Loren oder Lollobrigida beworben. Diese Verbindung zur Filmwelt trug nicht nur erheblich zur Popularität der Veranstaltung, sondern auch zur Steigerung der Auflagenzahl der Zeitschrift und zur Verankerung des PCI innerhalb der Populärkultur bei.[84] Miss-Wahlen, Kino, Werbung und Presse assoziierten den weiblichen Körper mit Eigenschaften wie Schönheit, Erotik sowie den Bereichen Ehe und Familie. Damit verwies der öffentliche Diskurs die italienische Frau auf traditionelle gesellschaftliche Aktionsräume und schuf das beruhigende Bild einer im Grunde ahistorischen, in ihrer Natur unveränderten Weiblichkeit. Es wäre jedoch zu einseitig, die Miss-Wahlen und die daraus hervorgegangenen *maggiorate* nur unter dem Gesichtspunkt ihrer politischen Instrumentalisierung für die Restauration konservativer Geschlechterideale oder ihrer kommerziellen Ausschlachtung zu betrachten. Dies würde die Bedeutung ausblenden, welche die Wettbewerbe für ihre Teilnehmerinnen hatten. Tausende junger Frauen, die meist den unteren sozialen Schichten angehörten, schickten ihre Fotos an die Redaktionen der unterschiedlichen, mit den Miss-Wahlen kooperierenden Zeitschriften in der Hoffnung, für den Film entdeckt zu werden. Selbst ernannte Fotografen, die sogenannten *scattini* – nach Fellinis *La dolce vita* auch als *paparazzi* bekannt –, machten auf den Straßen der Großstädte Schnappschüsse von weiblichen Schönheiten für die Titelbätter von Illustrierten wie *Tempo*, *Epoca*, *Oggi* oder *L'Espresso*. Ne-

---

[82] Anonym: La donna ideale, in: Oggi, Nr. 38, 22.9.1955, S. 7–9, hier S. 7.
[83] Anonym: Alla ricerca di volti nuovi, in: Vie Nuove, Nr. 3, 18.1.1953, S. 15; Anonym: Chi sarà Miss Vie Nuove 1953?, in: Vie Nuove, Nr. 4, 25.1.1953, S. 15; Anonym: Miss Vie Nuove, in: Vie Nuove, 21.2.1954, S. 20.
[84] Vgl. Gundle (2007), S. 125–141, hier v. a. S. 131 ff.

ben bekannten Diven zierten somit auch die Gesichter und Körper alltäglicher Frauen die Hochglanztitel der Zeitschriften.[85] Sie sind darauf als Bürgerinnen, Arbeiterinnen und Angestellte, Schülerinnen, Studentinnen, Konsumentinnen oder in der Freizeit zu sehen und werden in den Medien als aktive Mitglieder der Gesellschaft sichtbar gemacht. Piera De Tassis hat auf die wesentliche Bedeutung dieser visuellen Präsenz des weiblichen Körpers für die Selbstwahrnehmung italienischer Frauen als soziale Akteurinnen verwiesen. Die große Resonanz auf die Miss-Wahlen ist darüber hinaus ein Indiz für das Streben vieler Frauen nach sozialem Aufstieg, Unabhängigkeit von familiären und moralischen Restriktionen, Mobilität und einer individuellen, eigenständigen Karriere. Die Schönheitswettbewerbe, vor allem aber die Medien boten den Frauen die Möglichkeit, ihre Körper und damit auch ihre Bedürfnisse und Ambitionen nach alternativen Wegen zur weiblichen Selbstverwirklichung in den öffentlichen Raum zu projizieren. Dies zeigt exemplarisch ein Leserbrief zweier sardischer Teenager an die Ratgeberrubrik eines Fotoroman-Heftes:

> Wir sind zwei Mädchen, E. und L., und wir wären bereit, in das Filmgeschäft einzusteigen. L. hat die fünfte Volksschulklasse absolviert, ich musste nach der vierten Klasse leider aufhören, weil meine Familie sehr arm ist. Meine Lehrerin sagte mir immer: „Du hast einen so schlauen Kopf, schade, dass ich nichts für Dich machen kann." Falls Sie zufällig Fotografien von uns haben wollen, schicken wir sie Ihnen gerne zu.[86]

Doch dokumentiert der Brief auch, dass die Möglichkeiten zur Emanzipation durch Bildung und Beruf noch sehr stark durch soziale und moralische Barrieren begrenzt waren. Miss-Wahlen und Showgeschäft verlangten dagegen kein anderes soziales Kapital als ein entsprechendes körperliches Aussehen. Dass der Aufstieg vom einfachen Mädchen aus der Provinz zum Star kein Märchen war, schienen die durchaus märchenhaften und zeitgenössisch immer wieder in Film und Presse erzählten Karrieren von Filmdarstellerinnen wie Loren, Bosé, Mangano oder Lollobrigida unmittelbar zu beweisen. Der Konsum der Kosmetikprodukte, für die sie mit ihren Starimages warben, konnte vor dem Hintergrund ihrer Biografien als lohnende Investition in die eigene Schönheit wahrgenommen werden. Die *maggiorate* fungierten als Vorbilder in Sachen Mode, Frisur und Make-up und fanden viele Nachahmerinnen.[87] Anders

---

[85] Cigognetti, Luisa/Servetti, Lorenza: On Her Side: Female Images in Italian Cinema and the Popular Press, 1945–1955, in: Historical Journal of Film, Radio and Television, Nr. 16/4 (1996), S. 555–563.

[86] „Siamo due ragazze, E. e L., e siamo disposte a entrare nel mondo del cinema. L. ha studiato fino alla quinta elementare, io invece fino alla quarta elementare e non ho continuato gli studi perché la mia famiglia è molto povera. La mia maestra diceva: „Hai una testa tanto fina, peccato che non posso fare nulla per te!" (...) Se poi per caso volete le nostre fotografie, noi ve le mandiamo." Zitiert nach: Parca, Gabriella: Le italiane si confessano, Florenz ⁴1961 [1959], S. 95.

[87] „Wie viele Lollo-Frisuren begegnen uns heute auf unseren Straßen, ja auf der ganzen Welt? Wie viele Ausschnitte und Büsten und Kleider? Wie viele Kopien der Loren spazieren in Italien oder

als in den 1930er Jahren beschränkten sich diese Moden nicht mehr primär auf die Städte, sondern breiteten sich auch in den ländlichen Gegenden aus. Anhand von Oral-History-Quellen haben David Forgacs und Stephen Gundle nachgewiesen, dass Frauen das Tragen von Schminke oder modischer Kleidung unter anderem mit einer größeren individuellen Freiheit und einem Aufbegehren gegen eine moralisierende familiäre Kontrolle und traditionelle Rollenbilder verbanden. Aus den Umfragen, welche die beiden Historiker mit italienischen Zeitzeugen führten, geht ebenfalls hervor, dass vor allem Sophia Loren und Gina Lollobrigida als weibliche Stilikonen verehrt wurden. Denn sie verkörperten einerseits einen vertrauten, heimischen Typ, waren andererseits aber auch mit dem Glamour Hollywoods konnotiert.[88] Diese Mischung aus Alltäglichkeit und dem Außergewöhnlichen, Nähe und Unerreichbarkeit sind nach Richard Dyer die wesentlichen Charakteristika des Starkults.[89]

Dass die visuelle Allgegenwart prosperierender Frauenkörper von vielen Zeitgenossen als durchaus beunruhigend empfunden wurde, zeigen die Reaktionen in der Presse. Die Popularität der Miss-Wahlen und die damit verbundenen Ambitionen junger Mädchen stießen in den unterschiedlichen politischen Lagern auf Kritik. „Jugendliche brennen durch, um Fotoroman-Stars zu werden"[90] alamierte *Oggi* 1949 seine Leser und warnte vor einem möglichen Abgleiten der weiblichen Jugend in die Prostitution. Auch die links stehende Zeitschrift *L'Espresso* kritisierte 1956 die vermeintlich falschen kinematographischen Illusionen junger Mädchen:

> Der Weg in die Filmwelt beginnt am Bahnhof Termini: Jeden Tag steigt hier mindestens ein Mädchen aus, das nach Rom gekommen ist, um eine Lollobrigida oder eine Loren zu werden. [...] Eine Nebenrolle als Blondine oder Verkäuferin, irgendwo muss man ja anfangen, wird schon nicht so schwer zu ergattern sein, denkt das Mädchen aus Gallarate oder Forlì, während sie vorsichtig das Fotoalbum in den Koffer steckt, in das sie alle Fotografien und Zeitungsausschnitte geklebt hat, die ihr gutes Recht beweisen, sich mit dem Titel *Miss Karneval* oder *Miss Sommerfrische* zu schmücken. Doch in Rom wird es die Kino-Karriere-Kandidatin schwer haben und auf eine ganz andere Realität treffen, als die, welche ihr die Fotoroman-Hefte vorgegaukelt haben. [...] Zwischen dem 1. Januar und dem 31. Dezember entscheiden sich circa 1000 junge Italienerinnen dafür, eine Karriere zu wagen, die ihr Leben verändern wird, und beginnen die Büros der Produzenten, die Sitze der Theater- und Film-Agenturen aufzusuchen. Das sind die kleinen Schauspielerinnen [*attricette*] und Stern-

---

im Ausland umher?" [„Quante pettinature alla Lollo vediamo oggi nelle nostre strade, e quante se ne vedono in tutte le parti del mondo? Quante scollature, quanti bustini, avanti vestiti? Quante copie della Loren passeggiano in Italia e all'estero?"] Quiriglio, Michele: Schubert [sic!] veste le dive, in: Cinema Nuovo, Nr. 187, 1.6.1956, S. 286–288, hier S. 286; siehe auch Forgacs/Gundle (2007), S. 80.

[88] Ebd.
[89] Dyer (1979), S. 43 ff.
[90] Anonym: I giovani scappano da casa per diventare divi dei fumetti, in: Oggi, Nr. 12, 17.3.1949, S. 10.

chen [*stelline*] – wie die Römer sie nennen –, von denen dann und wann ein Foto im Badeanzug in irgendeiner Zeitschrift erscheint. […] Nur selten kehren sie in ihr Heimatdorf zurück; meistens werden sie – nachdem sie eine Statistenrolle im Film hatten – Kassiererin in einer Bar oder Stenotypistin bei einer Filmproduktionsfirma.[91]

Dennoch geht aus dem Artikel hervor, dass sich Frauen durch das Kino, Fotoromane und die Images von Stars wie Loren in ihrem Wunsch nach breiteren Möglichkeiten der gesellschaftlichen Selbstverwirklichung bestätigt fühlten. Auch wenn den Wenigsten der Einstieg ins Filmgeschäft gelang, so doch eventuell in eine andere Form der Berufstätigkeit.

Der Widerspenstigen Zähmung? Lorens Filmimage in den 1950er Jahren

Die widersprüchliche Funktion des Bildes vom weiblichen Körper, der in der italienischen Nachkriegskultur einerseits als Garant des Wiederaufbaus einer männlich dominierten Gesellschaftsordnung diente und andererseits das Symbol eines veränderten sozialen Status italienischer Frauen war, tritt besonders deutlich am Beispiel der *maggiorata* Loren hervor. Nach ihrer Teilnahme am Miss-Italia-Wettbewerb, bei dem sie 1950 auf dem zweiten Platz landete, machte Loren zunächst Karriere als Darstellerin in Fotoromanen. Hier war sie meist in der Rolle der bedrohlichen *femme fatale* zu sehen, deren Weiblichkeit oft auf ausländische Frauenfiguren projiziert wurde.[92] Loren stellte oft Slawinnen oder Araberinnen dar. Bei ihren ersten Spielfilmauftritten trat sie als barbusige Haremsdame in *Le sei mogli di Barbablu* (1950), als Kleopatra

---

[91] „La strada del cinema incomincia alla stazione Termini: ogni giorno, almeno una ragazza scende dal treno, viene a Roma per diventare una Lollobrigida o una Loren. […] Una parte di bionda o di commessa, tanto per cominciare, non dovrebbe essere troppo difficile da ottenersi pensa la ragazza di Gallarate o di Forlì mentre infila con delicatezza nella valigia l'album delle fotografie e dei ritagli di giornali che certificano del suo buon diritto a fregiarsi del titolo di Miss Villeggiatura o Miss Carnevale. Invece a Roma, la candidata al successo cinematografico troverà una vita difficile e una realtà diversa da quella che i settimanali film-romanzi le avevano descritto. […] [F]ra il primo gennaio e il 31 dicembre almeno mille ragazze italiane decidono di tentare una carriera che cambierà la loro vita, e cominciano quindi a frequentare gli studi, gli uffici dei produttori e le sedi degli agenti teatrali. Queste sono, cosi le chiamano a Roma, le attricette, le stelline di cui ogni tanto vedete la fotografia sui giornali, in costume da bagno. […] Raramente tornano a casa; spesso dopo aver sostenuta una particina in un film diventano cassiere di bar o dattilografe in una casa di produzione cinematografica." Guerrini, Mino: Ogni giorno ne arriva una: Attricette, in: L'Espresso, 2.12.1956, S. 9.

[92] In den Fotoromanen trat sie zunächst unter dem Künstlernamen Sofia Lazzaro auf. Vgl. „Non posso amarti", in: Sogno, Nr. 49, 2.12.1950.

(*Due notti con Cleopatra*, 1953) oder als äthiopische Prinzessin Aida in der gleichnamigen Opernverfilmung (*Aida*, 1953) auf (Abb. III. 6).[93]

Ihre Körperperformanz beschränkte sich in diesen Filmen auf die Funktion des Sexobjekts. Die von ihr verkörperten ethnisierten Frauenfiguren reproduzierten zudem koloniale Stereotype, die in der Tradition des Faschismus standen. Das Bild der wilden Exotin, die auf ihre Zivilisierung durch den weißen Mann wartet, diente in den 1930er Jahren der Legitimation der kolonialen Bestrebungen des Regimes und zur Konstruktion der heroischen Männlichkeit des *uomo nuovo fascista*.[94] Doch waren diese Filme zeitgenössisch nur mäßig erfolgreich. Erst nach ihrem Durchbruch in Vittorio De Sicas Episodenfilm *L'oro di Napoli* (1954) war Loren in komplexeren Rollen zu sehen. Ihr Image erfährt in diesem Film die entscheidende Konnotation mit dem Typ der neapolitanischen *popolana*, den sie auch in weiteren erfolgreichen Komödien der 1950er Jahre verkörperte, so zum Beispiel in *Pane, amore e...* (1955), *La bella mugnaia* (1955) oder der Paramount-Produktion *La baia di Napoli* (1959).

Abb. III. 6

Als *donna napoletana* reproduzierte sie stereotype Vorstellungen eines pittoresken, lukullischen Südens, die das internationale Italienbild innerhalb einer komplexen

---

[93] Fotoromane, in denen Loren ausländische Frauen darstellte, waren zum Beispiel Bongini, Giulio: Il Giardino di Allah, in: Cine Illustrato, Nr. 20, 20.5.1951 bis Nr. 41, 14.10.1951; Reda, Stefano: Principessa in esilio, in: Sogno, Nr. 29, 22.7.1951 bis Nr. 50, 16.12.1951; Mura: L'Adorabile Intrusa, in: Sogno, Nr. 14, 6.4.1952 bis Nr. 33, 17.8.1952; Bongini, Giulio: Prigioniera di un sogno, in: Cine illustrato, Nr. 4, 27.1.1952 bis Nr. 27, 6.7.1952.
[94] Stefani (2003), S. 33–52; Iyob (2005), S. 233–244.

Nord-Süd-Dichotomie prägten. Peppino Ortoleva hat zudem die Funktion Neapels als traditionelles Zentrum der populären Kulturproduktion hervorgehoben, die trotz oder gerade aufgrund ihrer regionalen Prägung eine nationale Reichweite und Integrationsfunktion besaß.[95] So definierte sich die italienische Nation nach 1945 – in Abgrenzung zur zentralistischen Rom-Idee des Faschismus – wesentlich über ihre regionale Vielfalt und Unterschiedlichkeit.[96] Auch das italienische Nachkriegskino konstruierte Neapel als Ursprungsort nationaler Traditionen und Wesenszüge und vermittelte dabei das zumindest oberflächlich beruhigende Bild eines von Faschismus, Krieg und internationalen Einflüssen unberührten Italien.[97] Mit der *donna napoletana*, die Loren in den genannten Filmen verkörperte, entwarfen Filme wie *L'oro di Napoli* oder *La bella mugnaia* eine Weiblichkeit im traditionellen Kleid (Abb. III. 7). Doch unter dessen Oberfläche war für das weibliche (und männliche) Publikum eine Frauenfigur im Wandel zu erkennen, die sich gegen männliche Obrigkeit aufbäumt.

Abb. III. 7

Jacqueline Reich hat Sophia Loren in ihren Filmkomödien mit Marcello Mastroianni daher äußerst treffend als *unruly woman* beschrieben – ein Konzept, das sich

---

[95] Ortoleva, Peppino: A Geography of Media since 1945, in: Forgacs/Lumley (1996), S. 185–198, hier S. 193–194; Gribaudi, Gabriella: Images of the South, in: Ebd., S. 72–87.
[96] Dickie, John: Imagined Italies, in: ebd., S. 19–33.
[97] Zum Comeback Neapels als Schauplatz im Kino der frühen 1950er Jahre vgl. Caprara, Valerio: Il Cinema sotto il Vesuvio, in: Bernardi, Sandro (Hg.): Storia del Cinema Italiano, Bd. IX, 1954–1959, Venedig 2004, S. 372–387.

auf Lorens Starimage insgesamt anwenden lässt.[98] Reich übernimmt den Begriff von Kathleen Rowe, die dieses Weiblichkeitskonzept in ihren Studien zur amerikanischen Filmkomödie theoretisiert.

Als *unruly woman* definiert Rowe eine für das Genre der Komödie charakteristische Geschlechterperformanz, die es weiblichen Figuren erlaube, sich durch körperlichen wie sprachlichen Exzess und „frevelhaftes" Verhalten über gültige Geschlechternormen und soziale Hierarchien hinwegzusetzen.[99] Rowe adaptiert das Konzept der „widerspenstigen Frau" (*woman on top* oder *unruly woman*) wiederum von Natalie Zemon Davis. Am Beispiel der frühneuzeitlichen französischen Kulturproduktion weist Davis nach, dass das Weibliche mit einer naturhaften Widerspenstigkeit assoziiert wurde, die nach damaliger Auffassung gesellschaftlich kontrolliert und gezähmt werden müsse, um die Kontinuität der patriarchalischen Ordnung zu garantieren. Gleichzeitig aber würde im Topos der *unruly woman* die Umkehr dieser scheinbar natürlichen Geschlechterhierarchie zelebriert. Anknüpfend an Mikhail Bachtins Studien zur sozialen Funktion der Komödie und des Karnevals, interpretiert Davis diese „Gender-Inversionen" einerseits als Ventil für weiblichen Ungehorsam innerhalb der etablierten patriarchalischen Norm, andererseits aber auch als Ausdruck gesellschaftlicher Spannungen und Machtkonflikte. Denn die Parabel von der „Zähmung der Widerspenstigen" diene, laut Davis, nicht allein der Bestätigung des männlichen Status quo, sondern mache alternative weibliche Verhaltens- und Identitätsformen sichtbar, die Impulse zur gesellschaftlichen Veränderung geben könnten.[100]

Ebendiese Funktion kann dem Starimage Lorens in ihren Filmen der 1950er Jahre zugeschrieben werden. Sie zeigt darin die exzessive körperliche Performanz der *unruly woman*. Filme wie *L'oro di Napoli*, *Pane, amore e...* oder *Peccato che sia una canaglia* präsentieren sie als laute, unruhige und wild gestikulierende *popolana*, die ihre männlichen Konterfeis nicht nur durch ihre körperlichen Reize, sondern auch durch ihre scharfe Zunge und Cleverness bezwingt. Wenn auch am Ende ihrer Filme die männliche Ordnung wiederhergestellt wird, indem sie sich etwa durch die Ehe der weiblichen Norm unterstellt, so entsteht mit Loren dennoch das Bild einer prekären männlichen Überlegenheit. Wie ich anhand der folgenden Filmanalysen zeigen werde, ist ihr Bildnis charakteristischer Ausdruck eines historischen Kontexts, in dem fortschreitende Emanzipationsprozesse im Übergang zur Demokratie nach 1945 und

---

[98] Reich (2004), S. 107–108. Reich bezieht sich auf die Filme *Peccato, che sia una canaglia!* (1954), *La fortuna di essere donna* (1956) und *Ieri, oggi e domani* (1963).

[99] Rowe, Kathleen: The Unruly Woman. Gender and the Genres of Laughter, Austin 1995, S. 4–8.

[100] „Play with an unruly woman is partly a chance for temporary release from the traditional and stable hierarchy; but it is also part of the conflict over efforts to change the basic distribution of power within society. The woman-on-top might even facilitate innovation in historical theory and political behaviour." Davis, Natalie Zemon: Women on Top, in: dies.: Society and Culture in Early Modern France: Eight Essays, Stanford 1975, S. 131. Vgl. Reich (2004), S. 107.

die verfassungsrechtliche Gleichstellung der Geschlechter immer offensichtlicher in Konflikt zu traditionellen Diskursen gerieten, die auf einer vermeintlich natürlichen Differenz der Geschlechter beharrten und daraus unterschiedliche staatsbürgerliche Rechte für Männer und Frauen ableiteten.

L'oro di Napoli

In der Episode *Pizze a credito* in der von Vittorio De Sica inszenierten Komödie *L'oro di Napoli* ist Loren als betörende Pizzabäckerin Donna Sofia zu sehen, die ihren Mann Rosario (Giacomo Furia) betrügt.

Die Figur der Ehebrecherin durchzieht die italienische Kulturgeschichte. Sie ist nicht nur in Literatur, Malerei und Theater, sondern auch im Film ein wiederkehrendes Motiv. Innerhalb der christlich-katholischen Tradition fungiert das Bild der *adultera* als negative Seite eines dualistischen Weiblichkeitsmodells, das um die Pole der Sünderin auf der einen und der keuschen Jungfrau und Mutter auf der anderen Seite kreiste.[101] Steht das Bild der Ehebrecherin innerhalb dieser Dichotomie zwar einerseits für das auszuschließende Andere der jeweils historisch geltenden weiblichen Norm, die es potenziell bestätigt und festigt, kann ihre Figur andererseits als Symbol der Instabilität patriarchalischer Strukturen gelesen werden. Wie neuere kulturhistorische Untersuchungen argumentieren, macht die kontinuierliche Präsenz dieser stereotypen weiblichen Transgression in populärkulturellen Texten soziale Konflikte und Machtverschiebungen transparent, die bei der diskursiven Reproduktion männlicher Dominanz innerhalb von Familie und Gesellschaft entstehen. Dies ist insbesondere dann der Fall, wenn die Ehebrecherin in der Komödie als *unruly woman* auftritt. Das Narrativ der Ehebrecherin weist dann auf Brüche und potenzielle weibliche Handlungsspielräume innerhalb der traditionellen Geschlechterhierarchien hin. Ihre Figur kann somit als Ausdruck von Kritik an der untergeordneten Position, die Frauen darin innehaben, und an der Regulierung weiblicher (und männlicher) Sexualität durch Politik, Religion und Gesetz gedeutet werden.[102]

Ein frühes Beispiel für die subversive Weiblichkeit der Ehebrecherin und eine der vielen, aber umso prägnanteren literarischen Vorläuferinnen der Bäckerin in *L'oro di Napoli* ist die Figur der Donna Filippa aus Boccaccios Erzählzyklus *Il Decamerone*.[103]

---

[101] Vgl. Vinall, Shirley W./Noble, Peter S.: Shrewd and Wanton Women: Adultery in the Decameron and the Heptameron, in: Baransky, Zygmunt G./Vinall, Shirley W. (Hg.): Women and Italy. Essays on Gender, Culture and History, Basingstoke 1991, S. 141–172.

[102] Dies hat beispielsweise Barbara Leckie im Bezug auf die Figur der Ehebrecherin in Literatur und Medien des viktorianischen England festellen können. Vgl. dies.: Culture and Adultery: The Novel, the Newspaper, and the Law: 1857–1914, Philadelphia 1999.

[103] Branca, Vittorio: Boccaccio. Il Decamerone, Mailand 1989, S. 530–533.

Die siebte Geschichte des sechsten Tages handelt von der Edeldame Filippa aus Prato, die in flagranti von ihrem Mann mit ihrem Liebhaber erwischt wird. Daraufhin droht ihr die Todesstrafe auf dem Scheiterhaufen, wie es die Statuten der Stadt für Ehebrecherinnen und Prostituierte vorsehen. Doch Filippa gelingt es, sich vor dem Gericht mit einer schlauen Argumentation zu verteidigen. Mit Witz, Redekunst und körperlichem Exzess – den Charakteristika der *unruly woman* – kann sie den patriarchalischen Diskurs in seiner eigenen Logik unterwandern und weibliche Interessen artikulieren. So macht sie den Richter zunächst darauf aufmerksam, dass die Gesetze alle einschließen und auch mit der Zustimmung aller, die sie angehen, gemacht sein sollen. Das treffe aber auf das Gesetz, dass sie richte, nicht zu, da es ausschließlich auf Frauen angewandt werde und noch dazu ohne deren Zustimmung. Nach dieser Einleitung in ihre Verteidigungsrede bittet sie den Richter, ihren Mann zu fragen, ob es diesem an ihrer Seite jemals an sexueller Befriedigung ermangelt habe. Als ihr Mann dies verneint, holt Filippa zu einem überzeugenden Vergleich aus: Wenn es sich nach den Regeln des guten Benehmens für eine ehrenwerte Hausfrau gezieme, das Essen, das nach einem Mahl übrig bleibe, nicht den Hunden zum Fraß vorzuwerfen, sondern an die Hungrigen zu verteilen, so müsse es ihr doch ebenso erlaubt sein, nach ihrem Ehemann auch andere Männer zufriedenzustellen. Aufgrund ihrer geistreichen Rede und ihres körperlichen Exzesses kann sie nicht nur ihre Begnadigung erwirken, sondern auch die Abschaffung des Gesetzes, welches den weiblichen Ehebruch mit dem Tod bestrafte.[104] Die literarische Erscheinung der *unruly woman* Filippa in Boccaccios *Decamerone* verweist auf konkrete geschlechterhistorische Verschiebungen und ein wachsendes Bewusstsein für die gesellschaftliche Position und Rechte von Frauen im historischen Entstehungskontext der Renaissance.[105]

Ganz ähnlich ist auch das Auftauchen der von Loren verkörperten Ehebrecherin im Kino der 1950er Jahre zu erklären. Die von ihr in *L'oro di Napoli* dargestellte Figur vermittelt das Bild einer Weiblichkeit im Wandel, die mit traditionellen Rollenmustern in Konflikt liegt und männliche Hierarchien infrage stellt. Sie erscheint im Kontext eines wachsenden zeitgenössischen Bewusstseins für die anhaltende soziale Benachteiligung und widersprüchliche rechtliche Stellung italienischer Frauen, die mit ihrer 1946 verfassungsmäßig garantierten Gleichberechtigung kontrastierten. Diese

---

[104] Ebd., S. 532.
[105] Vgl. Vinall (1991); Günsberg, Maggie: Donna Liberata? The Portrayal of Women in the Italian Renaissance Epic, in: ebd., S. 173–208; Wiesner, Merry E.: Women and Gender in Early Modern Europe, Cambridge 2000. Reich zitiert zudem Jane Tylus, die die *unruly woman* auch in einer weiteren Episode aus Boccaccios *Decamerone* ausmacht, nämlich in der Erzählung über Monna Ghita sowie in der Darstellung der Caterina Sforza in Macchiavellis *Discorsi*. Vgl Reich (2004), S. 108. Siehe weiterführend: Tylus, Jane: Women at the Windows. Commedia dell'arte and Theatrical Practice in Early Modern Italy, in: Theatre Journal, Nr. 49 (1997), S. 323–342.

Debatten, die den unmittelbaren Entstehungskontext von *L'oro di Napoli* bildeten, werde ich folgend in einem Exkurs skizzieren.

Ebenso wie Donna Filippa in Boccaccios *Decamerone* verkörperte Loren eine Frauenfigur, die durch ihre eheliche Untreue gegen dominante Moralvorstellungen sowie gegen die herrschende Gesetzgebung verstieß. Denn nach Paragraph 559 des italienischen Strafgesetzbuches, des 1930 unter dem faschistischen Regime eingeführten *Codice Rocco*,[106] konnte eine verheiratete Frau wegen Ehebruchs mit einer bis zu einjährigen Haftstrafe belangt werden. Dagegen blieb die Untreue des Ehemanns ohne legale Folgen, solange er nicht offensichtlich im Konkubinat lebte und sich damit der Bigamie schuldig machte. Eine gesetzliche Revision dieser einseitigen Bestrafung der Frau erfolgte erst 1968.[107]

Die in der *legge sull'adulterio* verankerte Doppelmoral ist in der Forschung auf die kulturelle Dominanz katholischer Keuschheitsideale zurückgeführt worden, welche die weibliche Sexualität an die Ehe banden und primär auf Fortpflanzungszwecke reduzierten.[108] Zwar galt das Gebot der vorehelichen, sexuellen Enthaltsamkeit nach katholischer Doktrin auch für Männer. Doch wie Margherita Pelaja dargelegt hat, resultierte die gelebte Beschränkung dieser Normen auf die Frau aus dem Zusammenwirken dieser Geschlechterideale mit spezifischen Vorstellungen von männlicher Ehre.[109] Der Ehrbegriff ist als ein historisch konstruiertes und variables Konglomerat kultureller Normen und Praktiken zu definieren, die das soziale Ansehen einer Person oder einer Familie innerhalb der Gesellschaft bestimmten.[110] Die Ehre eines Mannes hing, nach Pelaja, maßgeblich vom Erhalt der symbolischen wie physischen Einheit seiner Familie ab, die durch die Sicherung der männlichen Erblinie und des Besitzstandes, vor allem aber durch die Keuschheit und Tugendhaftigkeit der weibli-

---

[106] Zur Entwicklungsgeschichte des italienischen Zivil- und Strafgesetzes im Faschismus vgl. Schwarzenberg, Claudio: Diritto e giustizia nell'Italia fascista, Mailand 1977; Sbriccoli, Mario: Codificazione civile e penale, in: De Grazia/Luzzatto (2003), S. 299–305.

[107] Vgl. Caldwell, Lesley: Italian Family Matters. Women, Politics and Legal Reform, Basingstoke 1991, S. 77; Morris, Penelope: Introduction, in: dies. (Hg.): Women in Italy, 1945–1960, Basingstoke/New York 2006, S. 1–20, hier S. 3–4, 15.

[108] Vgl. Caldwell (1991) S. 16–27.

[109] Vgl. Pelaja, Margherita: Il cambiamento dei comportamenti sessuali, in: dies./Bravo/et al. (2001), hier S. 187 ff., 196.

[110] Vgl. ebd.; siehe auch Schneider, Jane/Schneider, Peter: Culture and Political Economy in Western Sicily, New York/San Francisco/London 1976, besonders S. 86 ff. Zur Interaktion von Ehre und Männlichkeit vgl. zudem Gilmore, David: Manhood in the making. Cultural Concepts of Masculinity, New Haven/London 1990. Allgemein zum Zusammenhang von Ehre und Identität siehe auch Vogt, Ludgera: Identität und Integrität. Aspekte ehrgenerierter Identitätsentwürfe im Spannungsfeld von Individuum und Gruppe, in: Herbert Willems, Alois Hahn (Hg.), Identität und Moderne. Frankfurt a. M. 1999, S. 509–529; dies.: Beleidigung und Ehre – Einige Bemerkungen aus soziologischer Sicht, in: Benseler, Frank/Blanck, Bettina/Keil, Reinhard/Loh, Werner (Hg.), Sonderdruck: Erwägen Wissen Ethik (2008). Heft 4, S. 451–452.

chen Familienmitglieder garantiert und nach außen hin repräsentiert wurde. In seiner Funktion als Grenzmarkierung familialer Integrität wurde der weibliche Körper als das unsichere Element innerhalb der männlichen Ordnung betrachtet, woraus sich die Notwendigkeit einer strengeren Kontrolle ableitete.[111] Diese kulturell geformte Geschlechterhierarchie wurde Ende des 19. Jahrhunderts zudem durch wissenschaftliche Diskurse biologisch untermauert. Nach der positivistischen Kriminologie Cesare Lombrosos zeichnete sich normative Weiblichkeit durch eine evolutionsbiologisch begründete Monogamie und sexuelle Passivität aus. Sexuelle Aktivität von Frauen definierte Lombroso dagegen in seiner Theorie der „geborenen Prostituierten" als biologischen Atavismus und Devianz, die ein charakteristisches Merkmal der Kriminellen darstelle.[112]

Die Ahndung des weiblichen Ehebruchs war nur eine von vielen gesetzlichen Regelungen, die den Faschismus überdauert hatten und in offenem Widerspruch zu den Egalitätsprinzipien der republikanischen Verfassung standen. Geschlechtliche Unterschiede wurden hier zur Basis der Rechtsprechung gemacht, was mit den in Paragraf 3 der Konstitution garantierten Gleichheitsprinzipien augenscheinlich kollidierte. Diese Diskrepanzen resultierten maßgeblich aus der weitgehend unveränderten Übernahme des Bürgerlichen Gesetzbuchs (*codice civile*) sowie des Strafgesetzbuchs (*codice penale*) aus dem Faschismus in die Rechtsprechung der Italienischen Republik.[113] Dies hatte zur Folge, dass die darin angelegten geschlechterpolitischen und familienrechtlichen Koordinaten des Regimes die italienische Gesellschaft bis zu den umfassenden rechtlichen Reformen der 1970er Jahre prägten, wie auch Chiara Saraceno in ihren Studien zur faschistischen Sozialpolitik vergegenwärtigt hat: „Fascism [laid down] the legislative, social and symbolic foundations for the pattern of the family and of the welfare

---

[111] „To be able to compete in the first place, a man must be a ‚good father to his family' (*buon padre di famiglia*). [...] He must command the respect of his family and ensure that they meet the minimal obligations of their familial roles. Above all, he must promote and defend the chastity of the women in his family. At least until recently, male members of the west Sicilian family considered themselves responsible for their women's virtue, and women's comportment was an important yardstick by which the family honor was measured, as well as an important symbol which proclaimed its honor." Schneider/Schneider (1976), S. 86. Die Autoren untersuchen diese Strukturen am Beispiel Siziliens. Die Ergebnisse können allerdings auch als repräsentativ für andere agrarische Regionen betrachtet werden, wie zum Beispiel das norditalienische Venetien. Siehe dazu auch Pelaja (2001), S. 187.

[112] Vgl. Gibson, Mary: Labelling Women Deviant: Heterosexual Women, Prostitutes and Lesbians in Early Criminological Discourse, in: Wilson, Perry (Hg.): Gender, Family and Sexuality. The Private Sphere in Italy, 1860–1945, London 2004, S. 89–104, hier S. 93–94; Wanrooij, Bruno P. F.: Storia del pudore. La questione sessuale in Italia 1860–1940, Venedig 1990, S. 173 ff.

[113] § 3 der Verfassung garantierte die rechtliche Gleichstellung italienischer Staatsbürger unabhängig von Geschlecht, Rasse, Religion, Sprache sowie politischer oder sozialer Zugehörigkeit. Vgl. Caldwell (1991), S. 61 ff.

state that were to last far longer than fascism itself."[114] Neben der härteren Bestrafung von Frauen im Fall von Ehebruch blieben Scheidung und Abtreibung illegal, ebenso die Werbung für Verhütungsmittel. Auch auf arbeitsrechtlicher Ebene waren Frauen deutlich benachteiligt. So wurde der gängigen Praxis, Arbeitnehmerinnen aufgrund ihrer Heirat zu kündigen, erst 1963 ein rechtlicher Riegel vorgeschoben, und bis zum selben Jahr blieb Frauen der Zugang zu höheren Beamtenlaufbahnen versperrt.[115]

Historikerinnen wie Lesley Caldwell oder Luisa Passerini haben darauf hingewiesen, dass die Wurzeln dieser widersprüchlichen Rechtslage bereits in der Verfassung selbst angelegt waren.[116] Trotz ihrer zweifelsfrei demokratischen Zielsetzung hatten die Verfassungsgeber einen Interpretationsrahmen geschaffen, der die massive Beschneidung weiblicher Rechte in Familie und Arbeit zuließ. Caldwell führt dies im Wesentlichen auf den patriarchalischen Konsens aller verfassungsgebenden Parteien zurück. In der Kontinuität der Familie als „natürlicher" Basis des Staates, beruhend auf der unlösbaren Ehe zwischen Mann und Frau, erkannte sowohl das rechte als auch das linke politische Lager eine Grundvoraussetzung sozialer Stabilität.[117] Dies führte zu einer tendenziellen Gleichsetzung von Weiblichkeit und Mutterschaft und machte die biologische Gebärfähigkeit von Frauen zur Grundlage ihrer staatsbürgerlichen Rechte.[118]

Im Kontext der öffentlichen Debatten um die diskrepante rechtliche Stellung italienischer Frauen wurde seit den frühen 1950er Jahren auch die Legitimität der *legge*

---

[114] Saraceno, Chiara: Redifining Maternity and Paternity: Gender Pronatalism and Social Policies in Fascist Italy, in: Bock, Gisela/Thane, Patt: Maternity and Gender Policies. Women and the Rise of the European Welfare States, 1880s–1950s, London 1991, S. 196–212, hier S. 198.

[115] Vgl. Ginsborg, Paul: A History of Contemporary Italy, Society and Politics 1943–1988, London 1990, S. 244, siehe auch Morris (2006), S. 4–5.

[116] Caldwell (1991); Passerini, Luisa: Gender Relations, in: Forgacs, David/Lumley, Robert (Hg.): Italian Cultural Studies. An Introduction, Oxford 1996, S. 144–156; siehe auch Tonelli (2003), S. 13.

[117] In der PCI-nahen Zeitschrift *Vie Nuove* fasste Maria Maddalena Rossi den Konsens ihrer Partei im Bezug auf Ehe und Familie wie folgt zusammen: „Für uns Kommunisten steht außer Frage, dass der Kern der Gesellschaft und die Basis, auf der die moralische Beständigkeit der Nation gründet, die Familie ist. Diejenigen Instrumente und Maßnahmen zu fördern, die zur Stärkung und zur Potenzierung der Familie beitragen, ist eine derjenigen Pflichten, die sich in jeder Epoche dem Gewissen jedes Einzelnen und dem Staat stellen. Wir haben uns dennoch gegen die Aufnahme des Prinzips der Unauflösbarkeit der Ehe in die Verfassung ausgesprochen, und zwar seit den ersten Diskussionen, die darüber geführt wurden." [„Per noi comunisti è fuori discussione il principio secondo cui la Nazione deriva la propria saldezza morale anche dall'unità del nucleo fondamentale della società: la famiglia. Promuovere tutti i mezzi e tutte le forme che possono contribuire al rafforzamento e al potenziamento della famiglia è dunque uno dei doveri che si presentano in ogni epoca alla coscienza dei singoli e dello Stato. Noi ci siamo tuttavia dichiarati contrari all'inserimento del principio dell'indissolubilità del matrimonio nella Costituzione fin dalle prime discussions avvenute in sede di preparazione del progetto."] Rossi, Maria Maddalena: In difesa della famiglia, in: Vie Nuove, Nr. 18, 4.5.1947, S. 7.

[118] Caldwell (1991), S. 67; Tonelli (2003), S. 13.

sull'adulterio zusehends in Frage gestellt. „Das italienische Zivilrecht und das Strafrecht sind nicht zugunsten der Frau geschrieben und viele ihrer Artikel stellen einen regelrechten Angriff auf jene rechtliche und moralische Gleichstellung der Geschlechter dar, welche die Grundlage unserer Verfassung bildet", resümierte Mitte der 1950er Jahre die Journalistin Anna Garofalo.[119] Der zunehmende Dissens im Bezug auf die gesetzlichen Anachronismen ist zum einen auf die seit dem Krieg fortschreitende Lockerung gängiger Moralvorstellungen zurückzuführen.[120] Zum anderen divergierten die rechtlich verankerten Familienideale zusehends mit den realen Lebensumständen vieler Italiener.

Der Zweite Weltkrieg sowie die ansteigende Migration und Mobilität im Übergang Italiens von der Agrar- zur Industriegesellschaft hatten zu einem tief greifenden Wandel der Familienstrukturen geführt. Die Zahl der legalen Trennungen war bereits nach 1945 abrupt angestiegen. Landflucht und Arbeitsmigration führten zur zeitweiligen oder permanenten räumlichen Separation von Familienmitgliedern.[121] Wie zeitgenössischen Presseberichten zu entnehmen ist, formten sich in diesen Situationen nicht selten neue Lebensgemeinschaften, in denen einer der Partner oder beide bereits anderweitig verheiratet waren, von ihren eigentlichen Ehepartnern aber getrennt lebten. Aufgrund der nicht gegebenen Möglichkeit zur Ehescheidung ergaben sich jedoch für die sogenannten *fuori legge del matrimonio* eine Reihe besitz- und sorgerechtlicher Probleme. Hinzu kam die soziale Geringschätzung, die den unehelichen Verbindungen öffentlich entgegengebracht wurde. Die daraus hervorgegangenen Kinder wurden als „Uneheliche" (*illegittimi*) oder „Bastarde" (*adulterini*) stigmatisiert und konnten erst nach komplizierten und langwierigen juristischen Verfahren von ihren leiblichen Eltern anerkannt werden. Ebenso problematisch war die Situation der „weißen Witwen" (*vedove bianche*), wie der Volksmund erstens diejenigen Frauen bezeichnete, deren Männer während des Kriegs oder in Folge ihrer Emigration neue Familien im Ausland gegründet hatten. Zweites waren damit Frauen gemeint, die während der Besatzungszeit ausländische Soldaten geheiratet hatten und von diesen verlassen worden waren. Während den Männern eine Scheidung im Heimatland möglich war, behielten die Italienerinnen vor dem Gesetz ihren Status als Verheiratete. Eine neue Eheschließung war somit nicht möglich, und beim Eingehen einer neuen Partnerschaft konnten die Frauen wegen Ehebruchs angezeigt werden.[122]

---

[119] „Il Codice civile e penale italiano non è [sic!] favorevole alla donna e molti dei suoi articoli rappresentano un vero attentato a quella parità giuridica e morale dei sessi che è alla base della nostra Costituzione." Garofalo (1956), S. 145 ff.
[120] Vgl. Bellassai (2006), S. 80–81.
[121] Vgl. Ginsborg (1990), S. 217 f.
[122] Vgl. Fallaci, Oriana: America dolce-amara per le spose di guerra, in: Epoca, Nr. 58, 17.11.1951; Buttafava, Vittorio: La donna, il matrimonio e l'amore in Italia: Superano il milione le famiglie irregolari italiane, in: Oggi, Nr. 2., 8.1.1953, S. 8–10, hier S. 8; ders.: L'esercito degli illegittimi

Es ist bezeichnend für die Intensität der Diskussionen, dass die konservative Zeitschrift *Oggi* Anfang 1953 eine ganze Artikelserie den aktuellen familienrechtlichen Problemen und einer wahrgenommenen „Krise" der bürgerlichen Ehe widmete, „ein gravierendes und alarmierendes Problem, dem man sich stellen und das man diskutieren muss, anstatt es – wie so oft – zu ignorieren".[123] Unter dem Titel „Frauen, Ehe und Liebe in Italien" wurden die rechtliche Benachteiligung italienischer Frauen, das verbreitete Phänomen der „irregulären" Lebensgemeinschaften, der unsichere soziale Status der daraus hervorgehenden Kinder sowie das Pro und Contra der Einführung des Scheidungsrechts diskutiert.[124] Im Juni 1954 – und damit im unmittelbaren Entstehungszusammenhang des Loren-Films – führte das Blatt eine Umfrage zum Thema „Eheliche Treue" durch. Darin äußerten sich Rechtsexperten, Mediziner, Politiker, prominente Persönlichkeiten und Leser zur Frage, ob der Ehebruch des Mannes ebenso schwer wiege wie die Untreue der Frau: „Finden Sie, dass er mit derselben Strenge bestraft werden muss oder dass es weiser ist, beim Mann größere Nachsicht walten zu lassen?"[125] Konkreter Anlass für diese Diskussion war der Gesetzesvorschlag des sozialistischen Senators Giuseppe Salari, der die einheitliche Bestrafung von Männern und Frauen im Fall des Ehebruchs vorsah. Insgesamt dokumentiert die Umfrage ein widersprüchliches Meinungsbild. Auf der einen Seite zeichnete sich eine stark konservative Haltung ab, die das Gebot weiblicher Keuschheit an die Integrität der Familie und männliche Ehre knüpfte. So erklärte beispielsweise ein Leser aus Messina die rechtliche Ahndung des weiblichen Ehebruchs für legitim, „denn es ist ja bekannt, dass der Geschlechtsverkehr bei der Frau größere Konsequenzen nach sich zieht".[126] Eine Leserin aus Pescara fand, dass eine Gleichberechtigung von Männern und Frauen im Fall des Ehebruchs gegen die „ältesten religiösen und sozialen Traditionen" verstoße:

---

cresce ogni anni di 50 mila, in: Oggi, Nr. 4, 22.1.1953, S. 8–11; ders.: La chiesa annulla solo i matrimoni inesistenti, in: Oggi, Nr. 5, 29.1.1953, S. 6–7; ders.: La polemica sul divorzio appassiona tutto il mondo, in: Oggi, Nr. 7, 12.2.1953, S. 14–17; ders.: Vivono con i genitori, ma non possono prenderne il nome, in: Oggi, Nr. 25, 18.6.1953, S. 6–8; vgl. auch Caldwell (1991), S. 75.

[123] „…un problema grave ed allarmante che deve essere proposto e discusso e non, come accade di solito, inutilmente ignorato." Buttafava, Vittorio: La donna, il matrimonio e l'amore in Italia: Superano il milione le famiglie irregolari italiane, in: Oggi, Nr. 2., 8.1.1953, S. 8–10; Anonym: Divorzio: Pro e contro, in: Oggi, Nr. 47, 9.11.1953, S. 12–14; Falconi, Carlo: Quarantamila matrimoni in crisi ogni anno in Italia. Il disegno di legge per il piccolo divorzio cerca una soluzione per i casi più gravi, in: L'Espresso, 30.10.1955, S. 6.

[124] Vgl. Ebd.

[125] „Ritiene che debba essere punito con il medesimo rigore o che sia più saggia una maggiore indulgenza per l'uomo?" Anonym: Che cosa pensano della fedeltà coniugale, in: Oggi, Nr. 30, 29.7.1954, S. 16–18, hier S. 16.

[126] „…poiché si sa che nelle unioni sessuali le maggiori conseguenze subisce la donna." Ebd., S. 18.

Dem widersetzen sich der gesunde Menschenverstand und die Integrität der häuslichen Ordnung rund um den Herd, die in der Redlichkeit und Tugendhaftigkeit der Frau ihre erhabenste Ausdrucksform findet. Dagegen rebellieren die Kinder, die vielleicht dem Vater gerne einige Abenteuer verzeihen, aber bei dem Gedanken erschaudern, dass die Mutter ihrer heiligen Pflichten verleugnet haben könnte.[127]

Doch die Mehrheit der Befragten äußerte sich im Sinne einer Gleichstellung der Geschlechter vor dem Gesetz *und* in moralischer Hinsicht:

Ich denke, dass es an der Zeit ist, überholte Rechtsvorschriften zu ändern und die Frau gleichzustellen. Ich sehe nicht ein, warum der Mann, der ohnehin im öffentlichen Leben bevorzugt ist, auch noch von einem Recht bevorzugt wird, das Ehefrauen, die einen Fehler begehen, als schändlich abstempelt, während es den Ehemann ungestraft lässt. Dabei sind sie es doch, die mit großer Frivolität ihre Frauen dem Spott oder dem Mitleid ihres Umfelds preisgeben, weil sie es noch nicht einmal für nötig halten, ihre Seitensprünge zu verheimlichen.[128]

Die zunehmende Auseinandersetzung mit dem Thema Sexualität fand zu Beginn der 1950er Jahre allerdings überwiegend am Beispiel ausländischer Sitten und Moralvorstellungen, vor allem denen der USA, statt. Im Juli 1953 hatte die Publikation des zweiten Kinsey-Reports das öffentliche Interesse auf das Thema der weiblichen Sexualität gelenkt. Innerhalb der dadurch ausgelösten Diskussionen um vor- und außerehelichen sexuelle Erfahrungen von Frauen rückten weibliches Lustempfinden und die Befriedigung individueller Bedürfnisse stärker als zuvor in das mediale Blickfeld.[129] Die Zeitschrift *Epoca* resümierte die Ergebnisse Kinseys etwa wie folgt: „Die Frigidität der Frau ist eine Erfindung. Moderne Frauen sind dem Lockruf der Liebe gegenüber ebenso aufgeschlossen und sexuell ebenso aufgeweckt und aggressiv wie Männer und

---

[127] „Vi si oppongono (...) il buon senso e soprattutto la sanità del focolare domestico, che nella onestà e nella virtù della donna trova la sua esaltazione più sublime. Vi si ribellano i figli, che, se al padre perdonano volentieri qualche avventura, inorridiscono al pensiero che la madre abbia rinnegato i suoi sacri doveri." Ebd.

[128] „Ritengo sia giunto il tempo di modificare superate disposizioni giuridiche, ponendo la donna sul piede di parità. Non vedo perché l'uomo, oltre ad essere favorito dall'opinione pubblica [...] debba essere tutelato anche dalla legge, che bolla con l'infamia la moglie che commette un errore, mentre lascia impunito il marito, che, il più delle volte con la massima leggerezza e senza nemmeno curarsi di nascondere le proprie ‚scappatelle', espone la moglie allo schermo od alla comprensione del prossimo." Ebd.

[129] 1951 hatte das demoskopische Forschungsinstitut Doxa eine Meinungsumfrage unter italienischen Frauen zum Thema Ehe, Familie und Sexualität durchgeführt, die in *Oggi* publiziert wurde. Luzzatto Fegiz, Paolo/Miotto, Antonio: La donna italiana si confessa: Il delicato problema delle esperienze sentimentali, in: Oggi, Nr. 27, 5.7.1951, S. 8; dies.: La donna italiana si confessa: 45 Mogli su 100 deluse dal matrimonio, in: Oggi, Nr. 26, 28.6.1951, S. 5. Siehe weiterführend Wanrooij, Bruno P. F.: The History of Sexuality in Italy (1860–1945), in: Willson, Perry (Hg.): Gender, Family and Sexuality. The Private Sphere in Italy, Basingstoke/New York 2004, S. 173–191, hier S. 176 f. Wanrooij beleuchtet auch den Zeitraum nach 1945.

sind sogar länger bereit für sexuelle Beziehungen als Männer."[130] Zwar stellte die Zeitschrift klar, dass es sich hier um die moderne US-Bürgerin handele, von der nach Kinsey jede vierte ihren Mann im Verlauf der Ehe ein- oder mehrmals betrüge. Doch endet der Artikel mit der provokativen Frage: „Wird dieses Bild der ‚amerikanischen Eva 1953' den Europäern gefallen?" Zudem legte er den Zweifel nahe, ob es um die „europäische Eva" nicht ebenso bestellt sei.[131] Zumindest im Hinblick auf die von Sophia Loren in *L'oro di Napoli* verkörperte Ehebrecherin wäre diese Vermutung zu bejahen. Die oben gezeichneten Verschiebungen im Geschlechterdiskurs materialisierten sich unmittelbar in Lorens Starkörper.

In der Episode *Pizze a credito* betrügt die attraktive Sofia ihren weniger attraktiven Mann Don Rosario mit dem stattlichen Schuhverkäufer Alfredo (Alberto Farnese). Während Don Rosario seine Ehefrau in der Kirche wähnt, hat diese ein Stelldichein mit ihrem Liebhaber. Dabei vergisst sie ihren Ehering in Alfredos Schuhladen. Als Don Rosario wenig später das Fehlen des Rings am Finger seiner Frau bemerkt, gerät er außer sich und wird von Panik befallen (Abb. III. 8), nicht nur aufgrund des ökonomischen Verlusts, sondern vor allem wegen der sirenenhaften Erscheinung seiner männerumschwärmten Sofia.

Abb. III. 8

Ohne den Ring ist sie nicht mehr als die Seine gekennzeichnet, was eine Gefahr für seine gesellschaftliche Stellung als Ehemann und Paterfamilias bedeutet. Als solcher

---

[130] Der Autor des Artikels verwendet das im italienischen zweideutige Wort *rapporto*, das zum einen Beziehung, zum anderen Geschlechtsverkehr bedeuten kann. In diesem Kontext ist wohl eher letzteres gemeint. „La frigidità della donna è un'invenzione. Le donne moderne sono sensibili al richiamo amoroso quanto l'uomo, sessualmente sveglie e aggressive quanto l'uomo e hanno una disponibilità al rapporto più prolungata dell'uomo." Cavallai, Alberto: Si ribella a Kinsey l'Eva europea, in: Epoca, Nr. 153, 6.9.1953, S. 27–29, hier S. 29.

[131] Ebd. Siehe auch: Gullace, Gino: Svelati da Kinsey i segreti delle americane, in: Oggi, Nr. 36, 3.9.1953, S. 23; Freegood, Anna G.: Esame del rapporto Kinsey, in: Ebd., S. 24–26.

ist es seine Aufgabe, die Integrität seiner Familie zu schützen, deren Grenzen, Fortbestand und Ehre (*onore*) durch den Körper seiner Frau Sofia symbolisiert werden. Eine Verletzung dieser Grenzen würde ihn als „Gehörnten" (*cornuto*) marginalisieren und einem Ehr- und Virilitätsverlust gleichkommen.[132]

Sofia gibt vor, sie habe den Smaragdring im Pizzateig verloren. Daraufhin beginnt eine turbulente Suche bei den männlichen Kunden, die am selbigen Morgen ihre Pizza gekauft haben. Dabei weiß sie die ganze Zeit über, wo sich der Ring in Wirklichkeit befindet. Der Ehering, auf Italienisch *fede*, was gleichzeitig auch Treue bedeutet, soll eigentlich das sichtbare Zeichen von Sofias Gebundenheit an ihren Ehemann sein. Ebenso wie ihr Körper hat Sofias Ring seine Funktion als Garant weiblicher Treue und Unterordnung innerhalb der patriarchalischen Geschlechterordnung verloren und stellt diese nunmehr in Frage. Er ist vielmehr zum Symbol ihrer sexuellen Selbstbestimmtheit geworden. Denn es gelingt Sofia, ihre Transgression zu maskieren. Sie selbst führt Rosario am Ende wieder zu dem verloren geglaubten Ring zurück, indem sie Alfredo ein Zeichen gibt und dieser daraufhin das Schmuckstück vor aller Augen zurückerstattet. Sofia allein besitzt die Kontrolle über Ehe und Ring, den sie an- und auszieht, wie sie will.

Die Journalistin Anna Garofalo kritisierte in der Filmzeitschrift *Cinema Nuovo* die realitätsferne Darstellung Lorens und die offensichtliche Ausschlachtung ihres Sex-Appeals:

> Wenn das die anspruchsvollste (und am meisten gelungene) Darbietung des Fräulein Scicolone sein soll, wie überall geschrieben wird, dann kann man nur sagen: Wir Ärmsten! Haben Sie jemals eine Pizzabäckerin gesehen, die auch nur aus der Ferne an Sophia Loren erinnern würde? Wir sind ihr nie begegnet und dass, obwohl wir in Neapel zu Hause sind. […] So sehr haben die Verantwortlichen auf das sexuelle Imperium Sophias gesetzt, dass sie ihr noch nicht einmal beigebracht haben, wie man ordentlich einen Pizzateig knetet. […] Wir erhoffen uns von Sophia Loren andere Beweise ihres Könnens, die uns die *pizzaiola* vergessen lassen, und wir raten ihr […], sich zu wehren, wenn sie dazu gezwungen wird, ihren Busen zu entblößen, wo das gar nicht nötig ist, und man sie in Uniformen steckt, die eher nach Schönheitsinstitut aussehen, als nach den Kleidern einer Frau aus dem Volk.[133]

---

[132] Auf die Bedeutung des Ehrcodes innerhalb der neapolitanischen Kultur verweist unter anderem die Allgegenwart des Symbols der *corna* (Hörner), die als Talisman Tradition haben.

[133] „Se questa è – come si scrive – la prova più impegnativa (e riuscita) della signorina Scicolone, poveri noi. Avete mai visto a Napoli una pizzaiola che ricordi anche da lontano il personaggio di Sophia Loren? Noi non l'abbiamo mai incontrata, e sì che a Napoli siamo di casa. […] Tanto hanno puntato sull'imperio sessuale di Sophia, che i responsabili del film non si sono neppure dati la pena di insegnarle a fare la pasta. […] Aspettiamo Sophia Loren ad altre prove, che ci facciano dimenticare la „pizzaiola" e le consigliamo […] di ribellarsi, se la obbligano a scoprirsi il petto quando non è necessario o le fanno indossare uniformi da istituto di bellezza anziché da popolana." Garofalo, Anna: Maggiorate offese, in: Cinema Nuovo, Nr. 52, 10.2.1955, S. 110.

In Bezug auf die visuelle Inszenierung Lorens ist Garofalo zuzustimmen, dass diese nicht allein auf die realistische Abbildung einer *popolana* aus den unteren sozialen Schichten Neapels zielt. Vielmehr kommen in der erotisierten Weiblichkeit der *maggiorata* transnationale Schönheitsideale zum Vorschein, die auch im Hinblick auf die internationale Vermarktbarkeit des Films bedient wurden. Doch fungierte Lorens Körper hier tatsächlich nur als Schauwert und erotischer „Leckerbissen" für das männliche Publikum? Eine solche These würde zum einen die starke weibliche Präsenz im Kinosaal und das Sehvergnügen der Zuschauerinnen ausblenden. Zum anderen verkennt sie die progressiven Charakteristika von Lorens Image, das sich innerhalb der filmischen Repräsentationsmodi eben nicht darauf beschränkt, als bloße Widerspiegelung oder Garantie männlicher Macht zu funktionieren.

Bei einer näheren Analyse des Zusammenspiels der visuellen und narrativen Ebene des Films wird deutlich, dass sich die Figur der Donna Sofia einer eindeutigen Objektivierung durch den *male gaze* entzieht: Die Erzählung schreibt ihr stets die aktivere Position zu, und von Anfang an ist dem Zuschauer klar, dass alle Fäden des Spiels in ihren Händen zusammenlaufen. Dies wird filmisch durch mehrere Einstellungen betont, in denen die Kamera die Perspektive der Protagonistin einnimmt. Alle männlichen Darsteller sind einen Kopf kleiner als sie, mit Ausnahme des Schuhverkäufers Alfredo. Sofias Geliebter ist die einzig männliche Figur, die ihr ebenbürtig scheint. Doch letztlich handelt auch Alfredo ganz nach ihrem Willen. Die Dominanz der Pizzabäckerin treibt der Film in der komischen Kontrastierung Rosarios und seiner Ehefrau in der Schlussszene auf den Höhepunkt. Hier sieht man den tollpatschigen, dicken, kleinen Bäcker der stolz voranschreitenden Sofia hinterherstolpern, mit der er kaum Schritt halten kann. Sie erntet dabei die bewundernden Blicke der männlichen Passanten und hat für ihren Mann nichts als ein spöttisches „Rosà, mach hin!" übrig.

In *Pizze a credito* verkörpert Sophia Loren eine Frau, die sich innerhalb des männlich dominierten Ordnungssystems Macht aneignet und den öffentlichen Raum durch ihre weibliche „Gegen-Ordnung" besetzt. Als *unruly woman* macht sie ihren Körper zum Spektakel, um männliche Autorität zu untergraben, sich deren Kontrolle zu entziehen und ihre eigenen Interessen geltend zu machen. Ihre expansive, Unordnung verursachende Weiblichkeit kommt somit am deutlichsten in ihrer Physis zum Ausdruck. *Donna Sofias* voluminöser Körper ist stets in Bewegung und wird durch Kleidung und Gestik in seiner offensichtlichen Erotik betont. Gleichzeitig scheint alles, was damit in Berührung kommt, die männliche Dominanz zu gefährden. Eine zentrale Bedeutung erhält hier, neben dem Ring, die von Sofia gebackene Pizza, die zum Symbol ihres Körpers selbst wird. Diese Assoziation wird in mehreren Sequenzen zu Beginn der Filmepisode hergestellt. Hier sieht man die verschiedenen männlichen Kunden Sofias, genüsslich essend, vor dem Pizzastand stehen (Abb. III. 9). Die Lust der Männer auf die Pizza überlappt sich mit dem sexuellen Begehren nach Sofia.¹³⁴ Dass ihr lockender Körper allerdings nicht für eine Weiblichkeit steht, die gefahrlos konsumiert werden kann, wird in den folgenden Szenen der Ringsuche suggeriert. Sofias ungezügelte Sexualität und Selbstbestimmtheit wird hier zum Auslöser für eine Krise der männlichen Dominanz, die sich mit ihrer Pizza über das ganze Viertel auszubreiten scheint.

Bei allen Kunden, die von ihrer Pizza gegessen haben, wird der häusliche Frieden gestört, bricht Chaos aus. Da ist zunächst der Nachtwächter Cafiero (Pasquale Tartaro), der von Don Rosario aus dem Schlaf gerissen wird und letzteren schließlich mit Pistolenschüssen vertreibt. Die zweite Station auf der Suche nach dem Ring ist die Kirche des Viertels. Auch der Priester hatte am Morgen bei Sofia eine Pizza erstanden. Die Kirche ist diejenige Institution, die den verloren geglaubten Ring in seiner eigentlichen Funktion als Zeichen des Ehesakraments und des – nach kanonischem Recht – unlösbaren Bundes zwischen Mann und Frau gebilligt hatte.¹³⁵ Innerhalb dieser Verbindung nahm der Mann die Position des Familienoberhaupts ein, dessen Autorität der katholische Diskurs als göttlich legitimierte konstruierte: „Sinnbild einer Autorität, die vom Heiligen Vater stammt und über die Bischöfe und Priester auf die Grundfesten der Familie herabkommt."¹³⁶ Sofia widersetzt sich dieser kirchlichen Ordnungsmacht, indem sie den Ring stellvertretend für ihre Identität als Ehefrau ablegt, wenn es ihr opportun scheint, und sich stattdessen mit ihrem Liebhaber vergnügt. Die „heilige Messe" selbst dient als Ausrede für ihr Rendezvous mit Alfredo,

---

¹³⁴ Hier offenbart der Film eine semantische Überschneidung von Essen und Sex, die in unterschiedlichsten Kulturen zu finden ist, wie beispielsweise die Kulturanthropologin Carole M. Counihan in ihrer Studie „The Anthropology of Food and Body" zeigt: „Food and sex are metaphorically overlapping. Eating may represent copulation, and food may represent sexuality [...]. There are associations between eating, intercourse and reproduction [...]. Both are essential to life and growth. The instinctive drives for food and sex are similar, and they often take on overlapping symbolic associations." Counihan führt dies darauf zurück, dass es sich in beiden Fällen um lebenserhaltende, existenzielle Körperpraktiken handelt, die jeweils das Überschreiten von Körpergrenzen und das Inkorporieren körperfremder Substanzen beinhalten. Vgl. Counihan, Carole M.: The Anthropology of Food and Body. Gender, Meaning and Power, New York/London 1999, S. 9.

¹³⁵ In § 34 der Lateranverträge von 1929 hatte der italienische Staat die zivilrechtliche Anerkennung der nach kanonischem Recht geschlossenen Ehe garantiert. Auch die Annulierung einer Ehe war damit der Jurisdiktion der Kirche unterstellt. Die Integration des Konkordats in die Verfassung der italienischen Republik von 1946 bedeutete, dass der zivile Status der Ehe de facto durch ihren religiösen Status als Sakrament der Kirche bestimmt wurde. In der Enzyklika „Casti Connubii" vom 31.12.1930 hatte Pius XI. die göttliche Legitimation der Ehe betont. Vgl. Caldwell (1991), S. 23.

¹³⁶ „...segno e simbolo dell'autorità che dal Santo Padre discende per i vescovi e per il parroco fin nelle mura familiari." Marazziti, Mario: Cultura di massa e valori cattolici. Il modello di „Famiglia Cristiana", in: Riccardi, Andrea (Hg.): Pio XII, Rom/Bari 1984, S. 307–333, hier S. 318. Zum Einfluss der katholischen Kirche auf die Entwicklung des italienischen Zivil- und Familienrechts siehe Caldwell (1991), S. 7–27.

was in der katholischen Rezeption des Films auf harsche Kritik stieß. Lorens Performanz wurde als ein weiteres Zeichen des allgemeinen Moralverfalls gedeutet, dem die italienische Filmproduktion vermeintlich Vorschub leiste:

> Von *La romana* bis *L'oro di Napoli*, die italienische Filmtradition will es inzwischen so, dass die Prostituierten in die Kirche gehen, um sich selbst mit hastigen Gebeten die Absolution zu erteilen oder um die Messe als Alibi für amouröse Verabredungen zu nutzen. Im Fall der italienischen Filmproduktion ist die Oberflächlichkeit, was das Religiöse betrifft, derart offensichtlich, dass es keine dialektische Darlegung mehr erfordert, selbst wenn sie sehr viel aussagt über die Sitten im Allgemeinen.[137]

Die Figur der Donna Sofia stellt somit ein deutliches Gegenbild zu den katholischen Weiblichkeitsidealen dar, die nach dem Vorbild der Jungfrau Maria um Tugenden wie Keuschheit, Gehorsamkeit, Bescheidenheit und Mutterschaft kreisen und jede Form von weiblicher Sexualität, die über ihre reproduktiven Zwecke hinausging, als Sünde klassifizierten.[138] Diese Haltung der Kirche in puncto Sexualität hatte Pius XII. etwa durch die Heiligsprechung Maria Gorettis 1950 und im März 1954 (also im unmittelbaren Entstehungskontext des Films) durch die Enzyklika *Sacra Virginitas* untermauert.[139] Der menschliche Sexualtrieb wurde darin stereotyp den „niederen Trieben der Natur" zugewiesen, die es kraft der menschlichen Ratio und mithilfe der göttlichen Gnade zu unterdrücken gelte.[140] Frauen, die den dicht abgesteckten Rahmen legitimen weiblichen Körperverhaltens überschritten, rückten im katholischen

---

[137] „Da *La romana* a *L'oro di Napoli*, la tradizione filmica italiana impone ormai alle prostitute di recarsi in chiesa per assolversi con frettolose orazioni o per cercarvi i propri alibi a convegni amorosi (…) nel caso delle opere della produzione italiana, la superficialità in campo religioso è così evidente da non meritare una confutazione dialettica, anche se appare straordinariamente significativa sul piano del costume." Ghelli, Nino: *Religiosità del cinema italiano*, in: Rivista del Cinematografo, 1.1.1955, S. 16 f.

[138] Vgl. Caldwell (1991), S. 16–27. Caldwell bezieht sich hier zunächst auf einige frühchristliche Dokumente, um dann am Beispiel der wichtigsten Enzykliken die Entwicklung von den 1930er bis in die späten 1960er Jahre nachzuzeichnen. Siehe auch: Wanrooij, Bruno: Storia del pudore. La questione sessuale in Italia 1860–1940, Venedig 1990.

[139] Maria Goretti (1890–1902) lebte als Tochter einer Bauernfamilie auf dem Agro Pontino in der römischen Provinz bei Nettuno und wurde erstochen, als sie sich gegen den Versuch ihrer Vergewaltigung wehrte. Auf dem Totenbett soll sie ihrem Mörder verziehen haben. Nachdem sich an ihrem Grab Wunderheilungen ereignet haben sollen, wurde sie am 24. Juni 1950 von Pius XII. heilig gesprochen. Bereits in den 1930er Jahren wurde sie in den katholischen Jugendverbänden als Märtyrerin der Jungfräulichkeit und Vorbild weiblicher Keuschheit hochgehalten. Siehe De Carolis, Dino: Maria Goretti: una santità nel quotidiano, Mailand 2000; Portaccio, Stefania: La donna nella stampa popolare cattolica: Famiglia Cristiana 1931–1945, in: L'Italia contemporanea, Nr. 143 (1981), S. 63.

[140] Pius PP. XII, Litt. enc. Sacra virginitas de sacra virginitate, 25 martii 1954: AAS 46 (1954), S. 161–191. Auch abgedruckt in: Enchiridion delle encicliche, Bd. VI, Bologna 1995, S. 867 u. 879.

Diskurs unvermeidlich in den Verdacht von Sünde und Prostitution. Dazu musste es bei weitem nicht zum Ehebruch kommen: Die Schwelle zur Scham verlief entlang von Rocklängen und Ausschnitttiefen, der Art und Weise, sich zu schminken, zu gestikulieren oder anderer Formen des öffentlichen Auftretens, wie Michela De Giorgio am Beispiel der katholischen Frauenorganisationen anschaulich dargelegt hat.[141] Die von Loren verkörperte Pizzabäckerin scheint dagegen Sexualität aus jeder Pore zu verströmen. Sofias Kleidung, die, trotz aller Ermahnungen ihres Ehemanns („Bedecke Dich!"), immer wieder verrutscht, um den Blick auf ihren Körper freizugeben, entspricht ebensowenig den katholischen Vorstellungen züchtigen Körperverhaltens wie ihr unverblümtes Flirten mit anderen Männern.[142]

Abb. III. 9

Zu Sofias Kunden, die am Morgen bei ihr eingekauft haben, gehört auch Don Peppino (Paolo Stoppa), dessen Frau Clara plötzlich verstorben ist und zwar ausgerechnet in

---

[141] Zu idealisierten und tabuisierten Körperpraktiken innerhalb der katholischen Frauen- und Jugendorganisationen vgl. De Giorgio, Michela: Die katholische Frauenbewegung im faschistischen Italien, in: Siegele-Wenschewitz, Leonore/Stuchlik, Gerda (Hg.): Frauen und Faschismus in Europa. Der faschistische Körper, Pfaffenweiler 1990, S. 51–60. Für die Nachkriegszeit siehe auch: Giuntella, Maria Christina: Virtù e immagine della donna nei settori femminili, in: AA.VV.: Chiesa e progetto educativo nell'Italia del secondo dopoguerra, Brescia 1988; Pelaja (2001).

[142] Im Übergang zu den 1950er Jahren finden sich gehäuft Berichte, die einen vermeintlichen zeitgenössischen Moralverlust feststellen und diesen an einem veränderten weiblichen Körperverhalten festmachen. Wortführer in diesen Debatten waren Vertreter der katholischen Moral-Ligen. Vor allem Mode und Schminke wurden als Ausdruck des allgemeinen Sittenverfalls betrachtet. Besonderer Dorn im Auge der Moralisten war der Bikini. Vgl. Anonym: Dite la vostra opinione sulle donne che fumano, in: Espresso, 26.12.1947, S. 1; Anonym: "Abolire il costume a due pezzi". Una nostra intervista con Maria Theodoli. Il pudore balneare ha trovato un comitato, in: Espresso, 6.6.1947, S. 3; Anonym: Non radere le sopracciglia, in: Espresso: 29.1.1948, S. 3.

dem Moment, als er bei Sofia die Pizza aß („Während Clara im Sterben lag, habe ich Pizza gegessen!"). Am Schicksal Peppinos tritt die subversive Kraft, die von der *unruly woman* Sofia (und stellvertretend ihrer Pizza) ausgeht, deutlich hervor. Als Rosario und Sofia bei ihm ankommen, ist im Wohnzimmer bereits die männliche Nachbarschaft versammelt, während die Frauen am Bett der Toten das Ave Maria beten. Die Männer umringen den verzweifelten Peppino, der mit gezücktem Messer ankündigt, sich umzubringen. Der Film lässt ihn in seinem hysterischen Anfall weiblich konnotierte Verhaltensweisen annehmen. Ohne seine Frau weiß Peppino nicht mehr ein noch aus. Durch ihren Tod hat sie sich seiner Kontrolle entzogen. Indem er dennoch ihren Namen ruft, ihr befiehlt, zu antworten und mit ihm zu sprechen, versucht er vergeblich, die häusliche Ordnung wiederherzustellen. „Clara! Clara! Hörst du mich? Was soll ich den ohne dich machen? Clara, antworte mir! Sprich!" Mit seiner Frau fehlt Peppino genau jener Bezugs- und Orientierungspunkt, als dessen Gegenüber er seine eigene Identität innerhalb der zweigeschlechtlichen, heterosexuellen Norm herstellt. Deshalb will er sterben, kann den eigenen Anblick nicht mehr ertragen und zerstört sein Spiegelbild. Am Ende der Sequenz sieht man Peppino weinend vor einem Teller Spaghetti sitzen, gleich einem hilflosen Kind, umsorgt von Angehörigen und Freunden. „Ein zerstörtes Haus! Eine zerstörte Kirche!" Der Ausruf von Peppinos Nachbarin fasst die von Sofias subversiver Weiblichkeit ausgehende Wirkung treffend zusammen. Ihr Ehebruch bleibt am Ende unentdeckt. Donna Sofia gelingt es, den sozialen Status der respektablen Ehefrau aufrechtzuerhalten und ihre Liebesbeziehung mit Alfredo auszuleben, ohne dafür bestraft zu werden. Die Schlusseinstellung zeigt, wie sie weiter ihre Pizza backt und unter die Leute bringt.

Somit weicht das Ende der Filmepisode in *L'Oro di Napoli* vom klassischen Happy End der Komödie ab. Anstatt die zuvor durchbrochene Norm wiederherzustellen, bestätigt das komische Finale von *Pizze a credito* ganz offensichtlich die fortwährende Unterminierung der männlichen Ordnung. Sofias Spiel durchbricht traditionelle Hierarchien, deckt die Relativität der männlichen Hegemonie und der sich dazu relational herstellenden Weiblichkeitsideale auf. Ihre Figur macht die Pluralität von Gender-Identitäten und Sexualität in der Alltagspraxis der 1950er Jahre transparent.

Mit dieser positiven Darstellung einer Ehebrecherin markiert Lorens Körperperformanz eine Wende im Bezug auf die filmische Darstellung weiblicher Promiskuität und sexueller Transgression. Die von ihr verkörperte Neapolitanerin, die ihrem Mann die Hörner aufsetzt, steht in Kontinuität zur Figur der sogenannten *'nfama*, der „ehrlosen" Frau, wie sie häufig im frühen neapolitanischen Kino repräsentiert wurde. Durch ihre Sinnlichkeit und Verführungskraft übt die *'nfama* Macht auf Männer aus und fügt ihnen Schaden oder körperliches Leiden zu.[143] Filme wie *A Piedigrot-*

---

[143] Giuliana Bruno definiert die *'nfama* des neapolitanischen Stummfilms als eine volkstümliche Variante der Femme fatale, wie sie die Literatur des 19. Jahrhunderts dominiert hatte und

ta (1920), *È piccerella* (1922) und *'Nfama* (1924) der neapolitanischen Regisseurin Elvira Notari zeigen weibliche Figuren, die der häuslichen Sphäre entfliehen, in den männlich konnotierten öffentlichen Bereich vordringen und dort ihre Unabhängigkeit suchen und ausleben.[144] Dabei war der gefährliche Körper der *'nfama* in Notaris Melodramen immer auch ein gefährdeter Körper, der im hegemonialen Geschlechterdiskurs als schändlich gebrandmarkt war, sozial ausgeschlossen und nicht selten mit dem Tod bestraft wurde.[145] Die im Kino Notaris evidenten Spannungen zwischen Emanzipation und Repression, weiblicher Transgression und gesellschaftlicher Regulierung erfuhren mit der Konsolidierung des faschistischen Regimes eine weitere Steigerung, was filmisch vor allem im Genre der Komödie zum Ausdruck gelangte. In Filmen wie *Due cuori felici* (1932), *Non ti conosco più* (1936), *La dama bianca* (1938), *Dora Nelson* (1938) oder *L'Avventuriera del piano di sopra* (1941) ist das Thema ehelicher Untreue und devianten Begehrens jeweils Motor der Handlung. Doch wird die Gefahr einer tatsächlichen Überschreitung der Norm in diesen Komödien am Ende immer wieder gebannt. Der Ehebruch entpuppt sich als Täuschung, Traum oder unbegründeter Verdacht und ist lediglich als das nicht Gezeigte im Filmtext präsent. Diese Komödien zeigten damit zwar keine Repression des sexuellen Begehrens per se, sondern vielmehr die Unterdrückung der potenziellen kulturellen Vielfalt der Lüste, auf die das Thema des Ehebruchs verweist. Die hier evidente Wechselwirkung zwischen Herstellung und Tabuisierung des sexuellen Begehrens kann daher mit Judith Butler als „rituelle und symbolische Geste" beschrieben werden, „durch die das Rechtsmodell seine Macht ausübt und festigt".[146]

Auch im Melodram der frühen 1940er Jahre war die Figur der *adultera* vertreten. Herausragend ist hier die von Clara Calamai dargestellte Figur der Giovanna in Luchino Viscontis *Ossessione* (1943), die ihren Mann mit dem Vagabunden Gino betrügt, was sie schließlich mit dem Tod bezahlen muss.[147] Jedoch zeigten sich im Kontext des Zweiten Weltkriegs und des siechenden Faschismus bedeutende Risse im patriarchalen Metanarrativ. Der Körper der Ehebrecherin fungierte nicht mehr zur Bestätigung der männlichen Hegemonie, sondern visualisierte vielmehr deren Zerfall.[148]

---

schließlich im *film noir* der 1940er Jahre zur vollen Entfaltung gelangte. Vgl. Bruno, Giuliana: Streetwalking on a Ruined Map. Cultural Theory and the City Films of Elvira Notari, Princeton/Oxford 1993, S. 283.

[144] Vgl. ebd. S. 287.

[145] Zu den Auswirkungen des Ersten Weltkriegs auf die Geschlechterverhältnisse in Italien vgl. Thébaud, Françoise: La Grande Guerra: età della donna o trionfo della differenza sessuale?, in: dies. (Hg.): Storia delle Donne, Il Novecento, Rom/Bari ⁴2003, S. 25–90.

[146] Butler (1991), S. 118.

[147] Van Watson, William: Luchino Visconti's (Homosexual) *Ossessione*, in: Reich/Garofalo (2002), S. 172–193 u. S. 176.

[148] Landy (1998), S. 275; dies.: Remembrance of Things Past, in: Curle, Howard/Snyder, Stephen (Hg.): Vittorio De Sica. Contemporary Perspectives, Toronto/Buffalo/London 2000, S. 94–100,

Der Widerspenstigen Zähmung? Lorens Filmimage in den 1950er Jahren   193

Wie einleitend erwähnt, fungierte der weibliche Körper im Kontext der sogenannten *ricostruzione* und der Westintegration nach 1945 als Dreh- und Angelpunkt bei der diskursiven Herstellung einer postfaschistischen kollektiven Identität. Sowohl in der katholischen als auch der marxistischen Kultur stand er als moralischer Garant einer neu zu errichtenden Gesellschaftsordnung, die auf der angeblich natürlichen Basis der männlich dominierten Familie beruhen sollte. In diesem Kontext war weibliche Promiskuität erneut ein Problem, sodass auch die Figur der Ehebrecherin in Filmen wie *Catene* (1950), *I figli di nessuno* (1951), *Cronaca di un'amore* oder *Sensualità* (1953) negativ dargestellt und innerhalb der Narration oftmals mit dem Tod bestraft wurde. Dagegen wird die aktive Sexualität der Ehebrecherin in *L'Oro di Napoli* am Ende des Films nicht in die Schranken verwiesen, sondern bleibt weiterhin bestehen. Bestehen bleiben allerdings auch die institutionellen Rahmenbedingungen der patriarchalischen Ordnung. Sofia kann ihre Affäre mit Alfredo nur unter dem Deckmantel ihres öffentlichen Status einer rechtschaffenen Ehefrau ausleben. Im Gegensatz zur Figur der Donna Filippa aus Boccaccios *Decamerone* führt die Performance der *unruly woman* Sofia keine Änderung der Gesetze herbei. Vielmehr ist ihre Figur Ausdruck der andauernden Wirksamkeit einer rechtlich verankerten Doppelmoral, die weibliche Sexualität auf die Ehe beschränkte. Allerdings visualisiert Lorens Starimage die Diskrepanz, die zwischen der offiziellen Norm und dem individuellen Körperverhalten bestand, und macht deren allmähliche Erosion im zeitgenössischen Kontext evident.

La donna del fiume

Nach ihrem Erfolg in *L'oro di Napoli* war Loren Ende Dezember 1954 in Mario Soldatis Melodram *La donna del fiume* erneut in der Rolle einer sexuell transgressiven Frau zu sehen, die eine gesellschaftlich nicht tolerierte, uneheliche Beziehung eingeht. Der Film wurde innerhalb der italienischen Filmgeschichtsschreibung bisher kaum beachtet, was verwundert, da an der Ausarbeitung des Drehbuchs Autoren wie Alberto Moravia, Ennio Flaiano und Pier Paolo Pasolini beteiligt waren. Zudem war *La donna del fiume* einer der ersten in Farbe gedrehten Filme in Italien und zeigt eine starke visuell-ästhetische Nähe zum Genre des Fotoromans. In verschiedenen Untersuchungen zu Weiblichkeiten im italienischen Kino der 1950er Jahre wurde *La donna del fiume* zwar als charakteristisches Beispiel für eine traditionelle, folkloristi-

---

hier S. 98 ff. So kann beispielsweise der in De Sicas *I bambini ci guardano* (1942) thematisierte Ehebruch der Mutter und die dadurch ausgelöste Familienkrise als Allegorie auf die Auflösung des Regimes gelesen werden.

sche Inszenierung der *maggiorata* fernab jeglicher Modernisierung erwähnt.[149] Doch bei einer näheren Analyse von *La donna del fiume* wird deutlich, dass der Film dem Zuschauer keine vorindustrielle Idylle, als Hort traditioneller Werte und nationaler Identität vor Augen führt, sondern eine rurale Welt im Wandel. In der stereotypen Konnotation von weiblichem Körper und Landschaft treten diese Transformationsprozesse verdichtet in Lorens Starimage hervor.

Soldatis Melodram war noch vor *L'oro di Napoli*, Anfang 1954, produziert worden. In der national wie international bewährten Mischung aus rustikaler Bodenständigkeit und Sex-Appeal wollte der Produzent Carlo Ponti die bis dahin primär als Fotoroman-Darstellerin bekannte Loren zum neuen Star machen.[150] Ihre visuelle Darstellung in *La donna del fiume* ist deutlich an die erfolgreiche Inszenierung Silvana Manganos als Reispflückerin in *Riso amaro* angelehnt (Abb. III. 10). Auch auf narrativer Ebene zeigt der Film verschiedene Parallelen, wie zum Beispiel die charakteristischen Mambo-Szenen, die in beiden Filmen den Erzählfluss der Handlung stoppen und den Körper der Diva durch Close-ups ikonisieren. Doch letztlich lassen die verschiedenen Vergleichsmomente auch die Unterschiede der beiden Produktionen deutlich hervortreten. Loren ist in der Rolle der Arbeiterin Nives zu sehen, die in einer Fischkonservenfabrik in Comacchio im Veneto ihr Geld verdient und nach dem Tod ihrer Eltern allein ein Landhaus am Fluss bewohnt. Bereits anhand der Darstellung der landwirtschaftlichen Arbeit, die hier technisiert abläuft und nicht wie bei den Reispflückerinnen in *Riso amaro* von Hand geschieht, unterscheidet sich *La donna del fiume* deutlich von seiner Vorlage. Die Saisonarbeit der Reispflückerinnen ist einer sicheren Beschäftigung in der Fabrik gewichen.

Insgesamt zeigt Soldatis Film eine agrarische Landschaft, in der die Zeichen der Modernisierung und Industrialisierung bereits deutliche Spuren hinterlassen haben. Neben den Maschinen in der Fabrik sind Traktoren, Mähdrescher und Motorboote zu sehen, Motorroller scheinen auf dem Dorf gängige Fortbewegungsmittel zu sein. Der linkspolitische Subtext, der in *Riso amaro* deutlich hervortrat, ist bei der Darstellung der Arbeitsverhältnisse in *La donna del fiume* nicht mehr zu erkennen.

Auch die beiden Frauenfiguren divergieren bei einer genaueren Analyse deutlich voneinander: Hatte die Reispflückerin Silvana ihr Autonomiestreben, ihr außereheliches sexuelles Begehren und ihre amerikanisierten Träume vom guten Leben noch mit dem Tod bezahlen müssen, kann Nives sich diesen Traum ein Stück weit erfüllen: „Ich habe zu essen, ich verdiene, was ich brauche, alle sind furchtbar nett zu mir und Sonntag Abend gehe ich immer tanzen, also bitte, was sollte ich für einen Kummer

---

[149] Siehe zum Beispiel Buckley, Reka: Marriage, Motherhood and the Italian Film Stars of the 1950s, in: Morris (2006), S. 35–50, hier S. 43.
[150] Vgl. Zabagli (2004), S. 305.

Der Widerspenstigen Zähmung? Lorens Filmimage in den 1950er Jahren 195

Abb. III. 10

haben?"[151] Sie lehnt das Werben ihrer vielen Verehrer ebenso hartnäckig ab wie die ernsthaften Heiratsanträge des Polizeiinspektors Enzo Cini (Gérard Oury) und beharrt auf ihrer Autonomie. Sie gibt freimütig zu, dass sie „keine Lust" habe zu heiraten, und als sie sich in den Frauenschwarm Gino Lodi (Rik Battaglia) verliebt, lebt sie mit ihm in wilder Ehe in ihrem Haus. Als sie diesem eines Tages doch vorschlägt zu heiraten, weil sie schwanger ist, lässt Gino sie sitzen. Aus Rache liefert Nives den ins Schwarzmarktgeschäft verwickelten Gino der Polizei aus und verlässt Comacchio, um ihr Kind alleine großzuziehen. Trotz ihrer schwierigen Situation lehnt sie weiterhin die Anträge Enzos ab, der ihr eine Vernunftehe vorschlägt. Eher als sich von einem ungeliebten Mann in einer gutbürgerlichen Ehe versorgen zu lassen, wird Nives selbst zur Familienernährerin. Sie zieht mit ihrem Sohn Tunìn in eine Hüttensiedlung, wo sie mit anderen Landarbeitern und deren Familien lebt und sich mit dem Schneiden von Schilfrohr ihren Lebensunterhalt verdient. Dabei macht der Film die Relativität der geschlechtsspezifischen Arbeitsteilung und familialer Rollenverteilung evident. Beispielsweise wird die Protagonistin dabei gezeigt, wie sie ihren Sohn in quasi väterlichem Ton ermahnt, er solle brav essen, während sie arbeite, „damit Du mal so groß und stark wirst wie Deine Mama".

Dennoch wird die von Nives verkörperte autonome Weiblichkeit innerhalb der Narration als transgressiv markiert und in einem moralisierenden Ende relativiert. Ihr Abweichen von den Bahnen traditioneller Weiblichkeit durch die uneheliche Beziehung zu Gino wird außerdem auf einen „falschen" weiblichen Materialismus zurückgeführt und durch verschiedene visuelle Codes mit einer Amerikanisierung der Lebensgewohnheiten assoziiert. Nives ist modisch gekleidet, tanzt leidenschaftlich gerne Mambo, träumt von Reisen, einem Lotteriegewinn und davon, ihr Haus zu renovieren. Ihr Geliebter Gino trägt Jeans und Lederjacke im Marlon-Brando-Stil, hört Jazzmusik und ist der Kopf einer Hehlerbande, die illegal mit Lucky-Strike-Zigaretten handelt. Damit dokumentiert *La donna del fiume* einen Diskurs, der den Transfer US-amerikanischer Kultur mit Moralverlust und Kriminalität assoziierte.[152]

Die überschrittene Norm stellt die Filmerzählung schließlich wieder her, indem Nives und Gino für ihr abweichendes Verhalten bestraft werden. Während Nives bei der Arbeit ist und – so wird hier suggeriert – ihre Mutterpflicht verletzt, ertrinkt ihr Sohn Tunìn im Sumpfgebiet. Der aus dem Gefängnis entflohene Gino, der Nives aufsuchen wollte, um sich an ihr zu rächen, wird beim Anblick seines toten Sohnes

---

[151] Da Soldatis Film weder in der Cineteca Nazionale in Rom konserviert noch in der italienischen Fassung derzeit im Handel erhältlich ist, zitiere ich die Dialoge in der mir vorliegenden deutschen Fassung.

[152] Zum antiamerikanischen Diskurs der katholischen Kirche sowie des PCI vgl. Barbanti, Marco: La „battaglia per la moralità" tra oriente, occidente e italocentrismo 1948–1960, in: D'Attore (1991), S. 161–198; Wanrooij, Bruno P. F.: Pro Aris et Focis. Morale cattolica e identità nazionale in Italia 1945–1960, in: ebd., S. 199–216; Gundle (1995b).

und der an seinem Bett kniendem *mater dolorosa* von Reue gepackt und stellt sich der Polizei. Das Ende zeigt, wie die beiden ihr Kind und damit das Symbol ihrer gemeinsamen „Schuld" und vermeintlichen Unmoral zu Grabe tragen. Ihr uneheliches Verhältnis, so eine Botschaft des Films, konnte keine dauerhaft fruchtbare Verbindung sein. Die Kamera folgt dem Trauerzug, der sich auf eine Kirche zu bewegt, angeführt vom Kreuz des Pfarrers, dem das wieder vereinte Paar auf dem Weg in eine legitime Partnerschaft – die kirchlich sanktionierte Ehe – folgt. Der Film schlägt somit eine an Ehe und Familie orientierte gesellschaftliche Reintegration der weiblichen Protagonistin vor. Außereheliche Sexualität und außerhäusliche weibliche Arbeit werden letztlich verneint.

Doch trotz des moralisierenden Filmendes zeigt auch *La donna del fiume* keine unproblematische Weiblichkeit im Kleid eines romantisierten Ruralismus. Im Gegenteil steht Lorens Starimage in Soldatis Film für eine aktive Weiblichkeit, die in männlich konnotierte Bereiche vordringt. Der Film spricht zudem die problematische gesellschaftliche Situation unverheirateter Mütter – der sogenannten *ragazze madri* – an, die Mitte der 1950er Jahre im Zusammenhang mit den „illegalen Familien" ebenfalls diskutiert wurde.

Peccato che sia una canaglia

Alessandro Blasettis Komödie *Peccato che sia una canaglia* gehörte zu den größten kommerziellen Erfolgen der Spielzeit 1954–1955.[153] Die Komödie lief Ende Dezember 1954 nur wenige Tage später als *L'Oro di Napoli* in den italienischen Kinos an und ließ Sophia Loren, die darin ihren ersten Auftritt als Protagonistin hatte, 1955 zum populärsten weiblichen Star vor Gina Lollobrigida aufsteigen. Der Film erzählt die turbulente Liebesgeschichte zwischen der attraktiven Trickdiebin Lina Stroppiani (Sophia Loren) und dem gutmütigen römischen Taxifahrer Paolo (Marcello Mastroianni). Dessen kleinbürgerlicher Alltag gerät durch seine Begegnung mit der kapriziösen „Kanaille" Lina aus den Fugen. Bei einem Ausflug ans Meer versucht sie, mit zwei jugendlichen Komplizen Paolos Taxi zu stehlen, was dieser in letzter Minute verhindert. Bei den folgenden Versuchen des Taxifahrers, Lina das Handwerk zu legen und sie zur Polizei zu bringen, zieht er immer wieder den Kürzeren. Jede weitere Be-

---

[153] Weitere Kassenschlager der Saison waren *Pane, amore e gelosia* (Luigi Comencini), *Ulisse* (Mario Camerini), *La Romana* (Luigi Zampa), Viscontis *Senso* sowie zwei weitere Filme, in denen Sophia Loren als Protagonistin auftrat, *L'Oro di Napoli* und Dino Risis *Il Segno die Venere*. Vgl. Centro Cattolico Cinematografico: Notizie, in: Rivista del Cinematografo, Nr. 1 (1956), S. 1; vgl. auch die von Barbara Corsi zusammengestellten Tabellen der Filme mit den höchsten Einnahmequoten pro Spielsaison im Zeitraum 1954–1959 in: Bernardi (2004), S. 659–661, hier S. 659.

gegnung mit der schönen Diebin führt zu Missgeschicken, Schrammen im Taxi und Schulden bei seinem Arbeitgeber. Letztlich muss Paolo kapitulieren. Anstatt Lina, wie geplant, hinter Gitter zu bringen, lässt er sich von ihr zum Traualtar führen.

Blasettis Film verknüpft Elemente der italienischen Komödientradition mit denen der US-amerikanischen Screwball-Comedy und des Neorealismus und ist ein typisches Beispiel für den populären *neorealismo rosa*, dessen Erfolg, wie Sandro Bernardi vergegenwärtigt, gerade in seiner Heterogenität und Intermedialität zu suchen ist.[154] Der Plot der romantischen Komödie basiert auf der literarischen Vorlage der Erzählung *Il fanatico* aus Alberto Moravias Erzählzyklus *I Racconti Romani*. Die Präsenz bekannter Starfiguren wie Vittorio De Sica, der hier in seiner charakteristischen Nachkriegsrolle, dem Habenichts und Lebenskünstler mit aristokratischen Manieren, zu sehen ist, oder Komikern wie Umberto Melnati, Memmo Carotenuto und Giacomo Furia war eine weitere Garantie für den Zuspruch des breiten Publikums.

Peccato che sia una canaglia legte darüber hinaus den Grundstein für das internationale Erfolgsduo Sophia Loren und Marcello Mastroianni, die im weiteren Verlauf ihrer Karrieren noch zehnmal gemeinsam vor der Kamera stehen sollten, davon dreimal unter der Regie Vittorio De Sicas und zuletzt vierzig Jahre später in Robert Altmanns Film *Prêt-à-porter* (1994).[155]

Ursprünglich hatten Blasetti und sein Produzent Dino De Laurentiis Gina Lollobrigida für die Rolle der Protagonistin vorgesehen.[156] Denn die „Lollo Nazionale" galt damals als italienische Diva Nummer eins und war ein sicherer Zuschauermagnet. Dass schließlich Sophia Loren mit dem Part der widerspenstigen Lina betraut wurde, ist auf den Einfluss der Drehbuchautorin Suso Cecchi D'Amico und ihres Kollegen Ennio Flaiano zurückzuführen.[157] Sie hielten die damals noch weitgehend unbekannte Schauspielerin aufgrund ihrer beeindruckenden Größe und ihres imposanten Körperbaus für die ideale Besetzung. Wie sich Cecchi D'Amico[158] in einem

---

[154] Bernardi, Sandro: Gli anni del centrismo e del cinema popolare, in: ders. (2004), S. 3–34, hier S. 10.
[155] Loren und Mastroianni spielten gemeinsam in *La bella mugnaia* (1955), *La fortuna di essere donna* (1956), *Ieri, oggi e domani* (1963), *Matrimonio all'italiana* (1964), *I Girasoli* (1970), *La moglie del prete* (1971), *La pupa del gangster* (1975), *Una giornata particolare* (1977), *Fatto di sangue fra due uomini per causa di una donna – si sospettano moventi politici* (1978), *Prêt-à-porter* (1994).
[156] Vgl. Buckley (2000), S. 527.
[157] Als dritter Autor hat Alessandro Continenza an der Ausarbeitung des Drehbuchs mitgewirkt.
[158] Die Drehbuchautorin Suso Cecchi D'Amico, *1914, war eine der wenigen, dafür aber umso einflussreicheren Frauen ihrer Zunft in Italien. Cecchi D'Amico hat das italienische Kino vom Neorealismus über das Genrekino der 1950er Jahre, den Autorenfilm der 1960er und 1970er Jahre bis in die jüngste Zeit entscheidend geprägt. Sie arbeitete zusammen mit Filmemachern wie Michelangelo Antonioni, Alessandro Blasetti, Vittorio De Sica, Mario Monicelli und war seit ihrer Zusammenarbeit in *Bellissima* (1951) für die Drehbücher Luchino Viscontis verantwortlich. Insofern hat ihre weibliche Perspektive die Images und die filmische Darstellung von

Interview rückblickend erinnert, wollten sie und Flaiano bewusst mit der filmischen Konvention brechen, nach der die weibliche Protagonistin körperlich kleiner wirken sollte als ihr männlicher Gegenpart.[159]

Die visuelle Konvention „Großer Mann und Kleine Frau" als Sinnbild des „idealen Paares"[160] war nicht nur im Film, sondern auch in anderen Bildmedien westlicher Kulturen dominant. Die Etablierung dieser Paarkonstellation ging, wie Sabine Gieske in verschiedenen Untersuchungen zum Verhältnis von Körpergröße und Gender nachgewiesen hat, mit den sozioökonomischen und kulturellen Veränderungen im Übergang zur bürgerlichen Gesellschaft in der zweiten Hälfte des 18. Jahrhunderts einher und diente der symbolischen Reproduktion des Ideals männlich dominierter Familien- und Gesellschaftshierarchien. Die vermeintlich natürliche Differenz der Geschlechter und die daraus resultierenden sozialen Positionen und Aufgaben in Familie, Arbeit und Öffentlichkeit kamen nun auch im Größenunterschied des „idealen Paares" zum Ausdruck.

Die körperlich große Frau stand dagegen wie die *unruly woman* für Chaos und Unordnung.[161] Wie eingangs erwähnt, wurde auch Sophia Loren häufig als zu groß und körperlich exzessiv beschrieben und in Filmen wie *L'oro di Napoli* oder *La donna del fiume* mit einer Destabilisierung der männlichen Ordnung verbunden. Dass die Filmautoren von *Peccato che sia una canaglia* Loren zur Darstellung der eigensinnigen Protagonistin für besonders geeignet hielten, ist somit nicht nur auf die beabsichtigte komische Wirkung zurückzuführen, sondern auch in geschlechtergeschichtlicher Perspektive aufschlussreich. Ihre Entscheidung dokumentiert, dass sich die visuellen Konventionen, die sich in Wechselwirkung zum Publikumsgeschmack konstituierten, zugunsten eines „Paares auf Augenhöhe" verschoben hatten und letzteres offenbar für zeitgemäßer befunden wurde (Abb. III. 11).

Stars wie Anna Magnani, Vittorio De Sica, Sophia Loren und Marcello Mastroianni wesentlich geprägt. Vgl. Francione, Fabio: Scrivere con gli occhi – Lo sceneggiatore come cineasta: Il cinema di Suso Cecchi D'Amico, Alessandria 2002.

[159] Das Interview mit Suso Cecchi D'Amico ist Teil einer Dokumentation der Parus Film s.r.l. über die Produktion von *Peccato che sia una canaglia*, veröffentlicht auf der von Medusa-Film herausgegebenen DVD.

[160] Gieske, Sabine: The Ideal Couple. A Question of Size?, in: Schiebinger, Londa (Hg.): Feminism & The Body, Oxford 2000, S. 375–394; dies. (Hg.): Jenseits vom Durchschnitt. Vom Kleinsein & Großsein, Marburg 1998.

[161] „Thus a picture of a man and a woman emerges: he stands erect and straight, his form is strong (as, for example, the portraits of soldiers and athletes in the nineteenth and early twentieth century). The middle-class woman expects greatness from her husband, who has grown up, has become tall and will soon be upwardly mobile. But to fulfill this requirement, he needs a shorter woman. She mirrors him, reflects that he is tall and that there is someone who is even weaker than he is. And she, the delicate one, acting within the family, needs him, the successful man, who has chosen her alone, the man the world looks up to; and thus she is also exalted." Gieske (2000), S. 379.

Abb. III. 11

Darüber hinaus ist diese Entwicklung für die Bewertung der weiblichen Zuschauerposition bedeutsam. Denn wenn nach filmtheoretischen und kulturwissenschaftlichen Konzeptionen des Blicks (*gaze*) davon auszugehen ist, dass die in (filmischen) Bildern angelegten Blickhierarchien soziale Machtbeziehungen widerspiegeln und die Konstruktion geschlechtlicher Identitäten beeinflussen, dann bietet sich dem weiblichen Publikum mit Loren hier eine potenziell progressive Identifikationsfigur.[162] In der Repräsentation des romantischen Paares Loren/Mastroianni wird die Differenz der Körpergröße nivelliert und dementsprechend werden auch die filmimmanenten Blickhierarchien zwischen den Geschlechtern ausgeglichen. Eine dezidiert weibliche Erzählperspektive ist dem Filmtext immanent, da mit der Drehbuchautorin Suso Cecchi D'Amico eine Frau an einer entscheidenden Phase des Produktionsprozesses beteiligt war. Insgesamt bestand die Filmcrew zu mehr als einem Drittel aus Frauen. Die veränderte weibliche Position innerhalb der italienischen Gesellschaft ist zudem das Thema der Filmhandlung.

Lorens Darstellung in *Peccato che sia una canaglia* markiert einen Wandel des *maggiorata*-Körpers, der in der zweiten Hälfte der 1950er Jahre nicht mehr primär in einer folkloristischen, ruralistischen Inszenierung zu sehen war, sondern sich immer häufiger in Form einer urbanen, zeitgemäßen Weiblichkeit vor dem Hintergrund des einsetzenden Wirtschaftsaufschwungs präsentierte. Auch in zwei weiteren Kassenknüllern, *Il segno di Venere* (1955) und *La fortuna di essere donna* (1956), verkörperte sie Frauen der unteren Mittelschichten Roms, die sich als Akteurinnen der gesellschaftlichen Modernisierung im Übergang Italiens zur Konsumgesellschaft präsentierten und nach weiblichen Identitäten jenseits von Haus und Familie suchten.[163]

Peccato che sia una canaglia entstand in einem Zeitraum, in dem sich die italienische Gesellschaft allmählich von den Entbehrungen der Nachkriegszeit erholte und die Weichen für die Phase des Wirtschaftsbooms in der zweiten Hälfte der 1950er Jahre gestellt hatte.[164] Blasettis Komödie entwirft anhand der Kulisse Roms, die hier

---

[162] Zur filmtheoretischen Konzeption des Blicks vgl. Seifert, Ruth: Machtvolle Blicke. Genderkonstruktion und Film, in: Mühlen-Achs, Gitta/Schorb, Bernd (Hg.): Geschlecht und Medien, München 1995, S. 39–69; Gottgetreu (1997).

[163] Vgl. Valentini, Paolo: L'immagine della donna, in: Bernardi (2004), S. 388–398, hier S. 389 ff.

[164] Vgl. Ginsborg (1990), S. 141–186.

als Metapher für Italien als Ganzes steht, das optimistische Bild einer Gesellschaft im Aufschwung, in der die Spuren des *dopoguerra*, zumindest oberflächlich, nicht mehr zu sehen sind. Der Film führt dem Zuschauer eine sich transformierende, modernisierende und über die eigenen Grenzen hinaus wachsende Stadt vor Augen, welche die Phase des „Wiederaufbaus" scheinbar hinter sich gelassen hat und bereits zu einer neuen Produktivität übergegangen ist. Diese wird vor allem über das Motiv des Verkehrs visualisiert. Viele Szenen spielen sich vor dem Hintergrund des geschäftig fließenden römischen Stadtverkehrs ab und vermitteln den Eindruck einer Gesellschaft in Bewegung. Nicht mehr das Fahrrad, sondern die motorisierten Vehikel Mofa, Roller, Auto, Taxi und Bus sind die gebräuchlichen Fortbewegungsmittel. Sie stehen für eine steigende, individuelle Mobilität sowie einen wachsenden Wohlstand, der immer breiteren Bevölkerungsschichten zugänglich zu sein scheint: Wie die Anfangssequenzen bei der Fahrt ans Meer nahe legen, kann sich nun auch der „kleine Mann" einen sonntäglichen Ausflug gönnen und nach getaner Arbeit seine wohl verdiente Erholung mit seiner Familie finden. Volle Lebensmittelläden vermitteln das Bild einer funktionierenden Konsumgesellschaft. Die Protagonisten sind modisch gekleidet, gehen ins Kino und gönnen sich einen Kaffee in der Bar. Auch die Zigaretten sind wieder die der Marke *Nazionali* und nicht mehr die auf dem Schwarzmarkt erstandenen ausländischen Produkte. Der amerikanischen Besatzung, so wird hier suggeriert, ist eine Amerikanisierung der Lebensstile gewichen: Aus dem Radio tönen Boogie-Woogie-Melodien und die Jugend trägt „amerikanische Hosen" (*calzoni americani*), gemeint sind Jeans. Blasettis Film zeigt darüber hinaus ein Rom, das wieder zum begehrten Reiseziel ausländischer Touristen geworden ist, die das kulturelle Erbe des Landes, seine Landschaften und Bauwerke bewundern. Ein „touristischer Blick" prägt den Film von Anfang an.[165] Ein Postkartenmotiv löst das andere ab: Meer, Strand, Pinienhaine und antike Monumente, vom Palatin über das Kolosseum, das Forum Romanum bis hin zum Petersdom. Die von Loren verkörperte Protagonistin Lina führt nicht nur die englischen Touristen im Film, sondern auch das (internationale) Kinopublikum durch diese Panoramalandschaft. Deren visuelles Zentrum ist der Star Sophia Loren selbst. Ihr prosperierender Körper präsentiert sich als Sinnbild eines wieder erblühten, aus den Kriegstrümmern erstandenen Italiens und einer ebenso florierenden Filmindustrie, deren erstes Exportgut die *maggiorate fisiche* sind.

Doch bei einer genaueren Betrachtung wird deutlich, dass die von ihr verkörperte Protagonistin Lina die scheinbar wiederhergestellte Ordnung immer wieder stört. Am Starkörper Lorens verhandelt die Erzählung die Position italienischer Frauen in der Gesellschaft der *ricostruzione* und des Wirtschaftsaufschwungs. Dabei visualisiert Lorens Filmfigur, dass sich die Spuren des Zweiten Weltkriegs irreversibel in den Ge-

---

[165] Urry, John: The Tourist Gaze. Leisure and Travel in Contemporary Societies, London 1990.

schlechterdiskurs eingeschrieben hatten und der sogenannte Wiederaufbau nur auf der Basis einer grundlegend veränderten Geschlechterhierarchie stattfinden konnte.

Die von Lorens Figur ausgehende destabilisierende Wirkung zeigt sich unmittelbar anhand ihres Körpers. Ähnlich wie in *L'oro di Napoli* werden ihre ausladenden Kurven durch Kameraführung, figurbetonte Kleidung sowie ihre Gestik wirkungsvoll in Szene gesetzt. Ihr Körper scheint ständig für ein inner- wie außerfilmisches Publikum zu posieren und ist immerzu in Bewegung. Egal ob sie sitzt, steht oder geht, Sophia/Lina schwingt ihre Hüften, lässt ihren kokett gelangweilten Blick umhergleiten, wiegt ihren Oberkörper hin und her, gestikuliert, schüttelt ihr Haar oder schürzt die Lippen, womit sie unweigerlich die männlichen Blicke auf sich zieht.[166] Die visuelle Inszenierung Linas verknüpft ihre Weiblichkeit mit Unruhe und Zügellosigkeit, die sich über ihren Körper hinaus unkontrolliert auszudehnen und auf andere zu übertragen scheint, was filmisch auch durch ihren Gesang und ihre Sprache suggeriert wird. Die Melodie des Schlagers *Bingo Bango Bongo*, den die Protagonistin bereits in den Anfangssequenzen trällert, wird im Film immer wieder zitiert. Wie ein sirenenartiger Lockruf breitet sich ihr Gesang in der Umgebung aus, wirkt ansteckend und zieht vor allem Männer in ihren Bann. Auch Paolo pfeift oder singt die Boogie-Woogie-Melodie immer wieder unbewusst nach. In einer Bar schallt ihm die englische Version des Songs aus dem Radio entgegen, und bei seinem Besuch in der Wohnung der Stroppianis tönt Linas Stimme von einem Tonbandgerät. Über die Metapher des Gesangs entwirft der Film das Bild einer in den öffentlichen Raum vordringenden Weiblichkeit und macht die Medien als privilegierten Ort und Motor dieser weiblichen Expansion sichtbar.

Lina und ihre Familie bilden innerfilmisch eine Gegenordnung zum Modell der *ricostruzione*. Die kleinkriminellen Stroppianis, die sich – von der Großmutter bis zum kleinen Bruder – mit Taschendiebstählen und dem Schwarzmarktgeschäft über Wasser halten und die bürgerlich-kapitalistische Ordnung unterwandern, leben gewissermaßen im Ausnahmezustand des *dopoguer*ra weiter, der im Laufe des Films jedoch symbolisch überwunden wird. Linas verwitweter Vater (Vittorio De Sica) stellt ein ironisches Zerrbild des Paterfamilias und Ernährers dar. Zusammen mit seiner Tochter geht er am Bahnhof auf Taschenklau und lobt sie für ihre Autonomie und Schlagfertigkeit.

Mit Linas Familie visualisiert der Film die zeitgenössisch wahrgenommenen sozialen Probleme Italiens im Übergang zur Konsumgesellschaft, von der chronischen Arbeitslosigkeit über die nicht funktionierende Bürokratie bis zum Problem der Jugendkriminalität. Gleichzeitig deutet die Erzählung auf die neuerlich gestärkte Präsenz und Kontrolle des Staates hin. So erwähnt Vittorio Stroppiani an mehreren Stellen

---

[166] Jacqueline Reich hat darauf hingewiesen, dass diese körperliche Dominanz Lorens durch zahlreiche Spiegelbildaufnahmen der Protagonistin verstärkt wird; vgl. dies. (2004), S. 116.

des Films, dass es zusehends schwieriger wird, seinen „Beruf" als Taschendieb auszuüben: „Wer klaut denn heute noch Autos? Das sind Dinge, die konnte man 1944, '45, '46 machen, vielleicht noch in '49! Aber heute mit dem neuen und ausgebauten Polizeiapparat? Da klaut man heute doch kein Auto mehr."[167]

Der normalisierende Diskurs der *ricostruzione* schreibt sich insbesondere über die Figur des Taxifahrers Paolo in den Filmtext ein. Er steht für den Wiederaufbau einer männlich dominierten, auf die Basis der Familie gestützten Gesellschaftsordnung. Gleich in den Anfangssequenzen wird er als Prototyp des hart arbeitenden kleinen Mannes in die Filmhandlung eingeführt, der ein Leben in moderatem Wohlstand und eine gefestigte Existenz als Erwerbstätiger und Familienernährer anstrebt. Um möglichst schnell seine Schulden abzubezahlen, die er bei seinem Arbeitgeber, dem Besitzer der Taxizentrale, für den Kauf seines Wagens gemacht hat, gönnt sich Paolo noch nicht einmal am Feiertag des *ferragosto* eine Pause. In der Anfangssequenz sieht man ihn beim Polieren seines neuen Taxis, während sein Kollege samt Familie zu einem Ausflug ans Meer aufbricht. Wie die Zuschauer im weiteren Filmverlauf erfahren, ist Paolo Junggeselle und hat als Soldat im Zweiten Weltkrieg gekämpft („Ich war mehr oder weniger überall!"). Seine gesamte Familie ist bei den alliierten Bombardements auf Rom ums Leben gekommen, weshalb er nun zur Untermiete bei der Familie seines Kollegen wohnt. Mit Paolo zeigt *Peccato che sia una canaglia* die Figur des Kriegsheimkehrers (*reduce*), der in zahlreichen Filmen der unmittelbaren Nachkriegszeit als zentraler männlicher Stereotyp zu sehen war. Wie Ruth Ben-Ghiat anhand verschiedener Spielfilme der späten 1940er Jahre zeigen konnte, stand der *reduce* für eine krisenhafte Männlichkeit, die einen symbolischen Regenerationsprozess vom martialischen Männlichkeitsideal des Faschismus hin zu einer demokratischen Männlichkeit durchlaufen musste:

> These men had innumerable different war experiences, but upon their return home shared the uncomfortable status of being visible symbols of the failure of fascism's misguided aggressions and the uncomfortable feeling that they were disturbing presences in Italian society. [T]hose prisoners who cannot overcome those crises are removed from the scene. Others, more fortunate, make the transition as fathers, husbands and producers into a new era of democracy.[168]

Auch in *Peccato che sia una canaglia* lauten die Parameter der männlichen Rehabilitation Arbeit, Ehe und Vaterschaft. Mit Paolo zeigt der Film eine Männlichkeit, deren soziale Reintegration bereits ein Stück weit erfolgt ist. So steht das nagelneue, in Ra-

---

[167] „Come si fa a rubare una macchina oggi? Sono cose che si potevano tentare nel '44, '45, '46. Le dirò si poteva tentare anche nel '49! Ma oggi con la polizia rinnovata e potenziata, oggi, non si ruba una macchina."
[168] Ben-Ghiat (2005), S. 339 u. 356.

ten abzubezahlende Taxi symbolisch für das Versprechen einer gefestigten Mittelklasseexistenz, die er sich durch seine Arbeit nach und nach aufbauen kann. Ein zweiter Wegweiser in die Normalität ist der Ehering seiner Mutter, der an seine männliche Pflicht appelliert, eine Familie zu gründen. Dies wird innerhalb der Filmerzählung in unterschiedlichen Sequenzen thematisiert. So fragt Lina beim Anblick seines Rings, ob er verheiratet oder zumindest verlobt sei, wie es sich für einen Mann in seinem Alter gehöre. Und als er später um ihre Hand anhält und im selben Moment erfährt, dass er weiterhin in der Taxizentrale arbeiten darf, scheint ihm die Voraussetzung für einen Neuanfang perfekt: „Hast du das gehört? Kaum habe ich dir den Ring geschenkt, hat mich mein Chef wieder eingestellt! Weißt du, was das bedeutet? Dass heute noch einmal alles von Neuem beginnt!"[169]

Doch auf der anderen Seite dokumentiert der Film am Beispiel Paolos, dass die Wiedereinfindung der Kriegsheimkehrer in die zivilen Rollen des Erwerbstätigen und Familienernährers ebenso wie der damit verknüpfte Aufbau einer männlich dominierten Gesellschaftsordnung nicht reibungslos abliefen. Doch der Neubeginn, das „ricominciare da capo" erweist sich für Paolo als schwieriger und konfliktreicher Prozess. Denn Faschismus, Krieg und *dopoguerra* haben bleibende Spuren in der Gesellschaft der 1950er Jahre hinterlassen, die im Film unter der Oberfläche der vermeintlich wiedererrichteten Normalität und des sich ankündigenden Wirtschaftswunders deutlich zum Vorschein kommen. Dies wird wiederum durch Paolos Auto verdeutlicht, das als Symbol für eine produktive, rehabilitierte Männlichkeit steht. Unter dessen frisch poliertem Lack kommen im Laufe der Filmerzählung Schrammen und Beulen zum Vorschein, die immer wieder repariert und übermalt werden müssen, sodass einer von Paolos Kollegen das Auto am Ende mit einer Landkarte vergleicht (Abb. III. 12). Das lädierte Taxi wird hier zum Sinnbild des von seiner faschistischen Vergangenheit gezeichneten Italiens und der Unmöglichkeit eines unbelasteten Wiederaufbaus des vorfaschistischen Status quo. Die Kratzer im Autolack visualisieren die Schwierigkeiten, die sich insbesondere Männern der unteren sozialen Schichten bei ihrer gesellschaftlichen Reintegration als *breadwinner* angesichts von Arbeitslosigkeit, Wohnungsknappheit und niedrigen Löhnen stellten. Paolo ist verschuldet und kann sich nur ein kleines Zimmer zur Untermiete leisten, das Geschäft läuft mehr schlecht als recht in einer Stadt, in der auch die *signori*, die vornehmen Damen und Herren, sparsam sind und lieber Bus statt Taxi fahren. Mit jeder Panne läuft er Gefahr, seine Anstellung zu verlieren, was seine Aussichten auf eine Hochzeit mit Lina einschränkt.

Vor allem aber machen die Beulen in der Karosserie von Paolos Auto sichtbar, dass er sich bei seiner Rückkehr zur „Normalität" mit der Allgegenwart einer Weiblichkeit auseinandersetzen muss, die sich während des Kriegs neue Handlungsräume erobert

---

[169] „Hai sentito? Io ti ho messo l'anello e il padrone mi ha mandato a richiamare! Non sai cosa vuol dire questo? Che oggi si ricomincia tutto da capo!"

hat. Sein traditionell übergeordneter Status in Familie und Gesellschaft wird somit relativiert. In Lina trifft er auf eine Frau, die ebenso wie er einen Anspruch auf Autonomie und Selbstverwirklichung erhebt und sich über männliche Dominanz hinwegsetzt. „Was ist an einem Mann schon so außergewöhnlich?" fragt sie ihn gleich bei der ersten Begegnung. Ihre nach Unabhängigkeit strebende Weiblichkeit setzt Paolo neue Grenzen. Immer, wenn er während einer Taxifahrt zufällig auf Lina trifft, verursacht er einen Unfall. Darunter leidet nicht nur sein Wagen. Nach dem dritten Zusammenstoß landet er selbst mit zahlreichen Knochenbrüchen im Krankenhaus. Das kaputte Taxi und Paolos lädierter Körper visualisieren seinen männlichen Machtverlust im öffentlichen Raum, der zusehends von einer aus den Kriegswirren gestärkt hervorgegangen Weiblichkeit besetzt wird, wie sie hier durch Lina zur Darstellung gelangt.

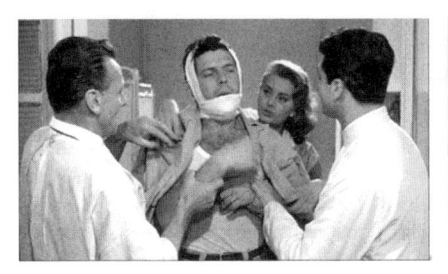

Abb. III. 12

Diese lebt zusammen mit ihrem verwitweten Vater Vittorio, ihrer Großmutter und ihren beiden jüngeren Brüdern in einer gutbürgerlich eingerichteten Wohnung im Zentrum Roms. Sie scheint eine gewisse Bildung genossen zu haben und spricht verschiedene Fremdsprachen. Paolo dagegen wird mehrmals explizit als naiv bezeichnet. Linas Vater nennt ihn „gutmütig" und lobt Lina, dass sie sich einen solchen Einfaltspinsel ausgesucht habe: „Er ist wirklich ein Depp! Den hast Du gut ausgesucht!" Lina „arbeitet" zusammen mit ihrem Vater, ist aber auch Kopf einer eigenen Diebesbande und gelegentlich als Touristenführerin tätig. Der Film zeigt sie als Konsumentin der neuen Massen- und Freizeitkultur. Sie kleidet sich modebewusst und bewegt sich selbstsicher durch die Großstadt.

Lina symbolisiert eine Weiblichkeit, die sich während des Kriegs und im *dopoguerra* nicht nur sozial, sondern auch sexuell emanzipiert hat. So äußert Paolo, durch Linas Englischkenntnisse verunsichert, den Verdacht, dass sie während der Besatzungszeit mit amerikanischen Soldaten zusammen gewesen sei: „Warst Du mit Amerikanern zusammen?" In seiner Anspielung schwingt immer noch der Vorwurf der Prostitution und des Vaterlandsverrats mit, der italienischen Frauen anhaftete, die Beziehungen zu deutschen oder alliierten Soldaten eingegangen waren. Diese Reaktion ist innerhalb eines Diskurses zu verstehen, der den individuellen Frauenkörper als Symbol der

Nation und deren Grenzen sowie als Träger der „nationalen Ehre" konstruierte.[170] Gleichzeitig ist Paolos Kommentar Ausdruck des männlichen Traumas einer doppelten Niederlage. Italienische Kriegsheimkehrer mussten sich nicht nur mit ihrer Rolle als Verlierer, sondern auch mit dem wahrgenommenen Verlust der „eigenen" Frauen an die alliierten Sieger auseinandersetzen.[171]

Lorens Starimage visualisiert diese Verschiebungen innerhalb der Geschlechterhierarchie zugunsten eines weiblichen Machtgewinns. Linas weibliche Formen scheinen ein unkontrolliertes Begehren in Paolo auszulösen, sodass er jede Beherrschung über seinen Körper verliert. Als sie sich am Strand neben ihm im Sand räkelt und selbstbewusst ihre nackten Beine ausstreckt, wird er nervös, fängt an zu schwitzen und zu stottern (Abb. III. 13). Währenddessen gelingt es Linas Komplizen um ein Haar, sein Auto – Symbol einer stabilen und produktiven Männlichkeit – zu stehlen. Die Filmwissenschaftlerin Stella Bruzzi hat darauf hingewiesen, dass die filmische Repräsentation von Frauenbeinen nicht allein sexuell konnotiert ist, sondern auch als Metapher des weiblichen *empowerment* gelesen werden kann. So sei die Sichtbarkeit und freie Beweglichkeit der Beine, die auch durch die Kleidung unterstützt und be-

---

[170] Die Penetration des Frauenkörpers steht innerhalb dieser Symbolik für die Penetration nationaler Grenzen. „Women are often constructed as the cultural symbols of the collectivity, as carriers of the collectivity's ‚honour' and as its intergenerational reproducers." Yuval-Davis, Nira: Gender and Nation, London 1997, S. 67.

[171] In Film, Literatur und Presse der unmittelbaren Nachkriegszeit wird dieses Gefühl der Niederlage über das Bild des starken und vitalen Körpers des alliierten Soldaten artikuliert. „Aus den wachgerüttelten Häusern traten in Strömen die jungen Frauen und Mädchen, die sich nur eilig etwas übergezogen hatten, mit leuchtenden Augen und sie gingen auf diese Geländewagen und Panzer zu, sie hielten sich daran fest, schenkten den Siegern ihr Lächeln und Blumen und schüttelten deren Hände. Auch die jungen Männer, waren aus den Häusern gekommen, sie applaudierten und johlten, aber an ihren Augen war abzulesen, dass sie die Alliierten beneideten um diesen Empfang, diesen Enthusiasmus der Frauen und sie fühlten sich im Stich gelassen, auf die Seite gestellt. Sie waren blass, weil sie sich monatelang verstecken mussten oder gekämpft hatten. Sie trugen zerschlissene, knittrige Kleidung. Sie waren nicht nur Bürger eines geschlagenen Landes, sondern gedemütigte Männer in den Augen der Frauen. Diese jungen Burschen auf den Panzern erschienen dagegen in einer Aureole des Ruhms, der Macht. Sie waren Bürger eines reichen und jungen Landes, sie verkörperten das Ende eines Alptraums, die Hoffnung auf ein besseres Leben." [„Dalle case tutte deste uscivano a ondate le ragazze vestite in fretta, capelli sciolti, occhi lucenti e si precipitavano verso quei carri, si aggrappavano a quelle spalliere, offrivano sorrisi, strette di mano, fiori ai vincitori. Anche i giovani erano usciti dalle case, applaudivano e gridavano, ma nei loro occhi si leggeva che essi invidiavano agli alleati quelle accoglienze, quell'entusiasmo di donne e si sentivano trascurati, messi da parte. Erano pallidi per i lunghi mesi di segregazione, di rischi e portavano abiti lisi, spigazzati. Non erano solo cittadini di un paese sconfitto, ma uomini umiliati agli occhi delle donne. Quei ragazzi sui carri armati arrivavano in un alone di gloria, di potenza. Erano cittadini di un paese ricco e giovane, rappresentavano la fine di un incubo, la speranza di una vita migliore."] Garofalo (1956), S. 11–12; vgl. auch die von Anna Bravo gesammelten mündlichen Zeugnisse: dies.: Simboli del materno, in: dies. (Hg.): Donne e uomini nelle guerre mondiali, Rom/Bari 1991, S. 97–134, hier S. 122–123, 128.

Der Widerspenstigen Zähmung? Lorens Filmimage in den 1950er Jahren   207

tont wurde, bis ins 20. Jahrhundert hinein ein männliches Privileg gewesen. Dagegen wurden die Beine der Frau analog zu ihrer untergeordneten Position im patriarchalischen Geschlechterverhältnis durch Kleidung verhüllt und in ihrer Bewegungsfreiheit eingeschränkt.[172]

Abb. III. 13

So ist einerseits zu beobachten, dass emanzipatorische Bewegungen immer auch mit einer Liberalisierung des weiblichen Dresscodes und dem Sichtbarmachen der Beine beziehungsweise des weiblichen Körpers einhergingen, etwa durch die Verkürzung von Röcken oder das Tragen von Hosen in den 1920er Jahren. Auf der anderen Seite haben feministische Studien nachgewiesen, dass diese größere Sichtbarkeit des weiblichen Körpers im Sinne einer stärkeren sozialen Relevanz von Frauen durch deren objektivierende Darstellung wieder relativiert wurde. Lorens Inszenierung bestätigt diese Ambivalenz, wobei der Aspekt des weiblichen Machtgewinns eindeutig überwiegt.

Dies wird nicht nur auf visueller, sondern auch auf dialogischer Ebene evident. Jedes Mal, wenn Paolo versucht, Lina wegen ihrer Diebstähle zur Rede zu stellen, unterbricht sie ihn und verdreht die Tatsachen zu ihrem Vorteil, bis ihm die Argumente ausgehen und er nur noch vor sich hin stammelt. Linas Schlagfertigkeit, ihr Reden und Gestikulieren scheinen ihm geradezu physische Schmerzen zu bereiten. Er schlägt die Hände vor das Gesicht, zieht Grimassen, schlägt seinen Kopf gegen die

---

[172] Vgl. Bruzzi, Stella: Undressing cinema. Clothing and Identity in the movies, London/New York 1997, S. 135.

Wand und rauft sich die Haare. Er kann ihr gegenüber keinen rationalen Gedanken fassen, wie er selbst bemerkt: „Ich bin ganz verblödet. Mit dir kann man wirklich nicht vernünftig reden!" Mit Mastroiannis Figur entsteht das Bild einer Männlichkeit, die von der scheinbar allgegenwärtigen Präsenz des Weiblichen in der Öffentlichkeit überfordert ist.

Um Paolo nach ihrem Willen zu manipulieren, schlüpft Lina in unterschiedliche Weiblichkeitsklischees, mit denen sie selbstbewusst spielt, bis der Taxifahrer nicht mehr weiß, wen er eigentlich vor sich hat. So setzt sie sich bei ihrer ersten Begegnung als naive Sexbombe in Szene, entpuppt sich dann aber als kalkulierende Diebin. In der Wohnung ihres Vaters präsentiert sie sich dagegen als Tochter aus gutem Hause, die Paolo mütterlich mit Kaffee umsorgt und von ihrem Vater als „perfekte Hausfrau" gelobt wird. Im nächsten Moment mimt sie jedoch wieder das gefallene Mädchen, das Paolos männlicher Hilfe bedarf, um nicht in die Prostitution abzusinken. Als Paolo sie auf das gestohlene Zigarettenetui seines Chefs anspricht, spielt sie die gekränkte Verlobte und beteuert schluchzend, dass sie ihm damit doch nur eine Freude habe machen wollen. In der Schlussszene auf dem Kommissariat ergreift sie schließlich die Rolle der tragischen Heldin. Sie hält ein bewegendes Plädoyer für den angeblich schuldigen Paolo – der vollkommen unschuldig zum Hauptverdächtigen ihres eigenen Taschendiebstahls geworden ist – und erklärt sich aufopferungsvoll bereit, für ihn ins Gefängnis zu gehen.

Linas ständiger Rollenwechsel, durch den sie sich einer eindeutigen weiblichen Charakterisierung entzieht, kann mit dem von Judith Butler geprägten Begriff der Geschlechter-Parodie (*gender parody*) beschrieben werden. Darunter versteht Butler „einen performativen Akt, der als solcher, als Imitation sichtbar wird"[173] und ähnlich wie die Travestie die „Kontingenz in der Beziehung zwischen biologischem Geschlecht (*sex*) und Geschlechtsidentität (*gender*)" aufdeckt und dieses Verhältnis somit „entnaturalisiert".[174] Sie erkennt darin eine subversive Strategie, die vermeintlich natürliche Geschlechtsidentitäten als kulturelle Zuschreibungen enttarnt und dabei auch den diskursiven Prozess ihrer Herstellung transparent macht. Butlers Konzept der Geschlechter-Parodie geht daher gerade nicht von der Existenz eines originären und ontologisch zu verankernden Geschlechts aus, das durch die „parodistischen Identitäten" imitiert wird. Vielmehr meint Butler damit „die Parodie des Begriffs des Originals als solchem".[175]

> Die parodistische Vervielfältigung der Identitäten nimmt der hegemonialen Kultur und ihren Kritiken den Anspruch auf naturalisierte oder wesenhafte geschlechtlich bestimmte Identitäten. Obgleich die Bedeutungen der Geschlechtsidentität (*gender meanings*), die

---

[173] Butler (1991), S. 203.
[174] Ebd., S. 202–203.
[175] Ebd.

diese parodistischen Stile aufgreifen, eindeutig zur hegemonialen frauenverachtenden Kultur gehören, werden sie durch ihre parodistische Re-Kontextualisierung entnaturalisiert und in Bewegung gebracht. Als Imitationen, die die Bedeutung des Originals verschieben, imitieren sie den Mythos der Ursprünglichkeit selbst.[176]

Linas Schauspiel stellt eine solche parodistische Vervielfältigung dar, die den performativen Charakter der von ihr verkörperten Weiblichkeiten sichtbar macht und dabei auf die fehlende Essenz hinter ihrer weiblichen Maskerade verweist. Ihre Geschlechterperformance visualisiert unterschiedliche weibliche Identitäten auf ein und derselben Körperoberfläche und parodiert somit die Idee eines originären weiblichen Wesens, aus dem eine spezifische soziale Rolle der Frau abzuleiten wäre. Gleichzeitig deutet ihre Performance auf das relationale Verhältnis von Weiblichkeit und Männlichkeit hin. Bei jedem ihrer „Auftritte" ist Lina von einem männlichen Publikum umgeben, für das sie die unterschiedlichen Weiblichkeiten bewusst inszeniert. Doch gerade in ihrer offensichtlichen Performativität wird die konstitutive Funktion dieser weiblichen Stereotype für die Männlichkeit ihrer Betrachter evident. So gewinnt Paolo an Selbstsicherheit, wenn sie sich in die untergeordnete Position begibt oder ihn um Hilfe bittet. Linas Performance enttarnt Weiblichkeiten wie die der Hausfrau oder der Sexbombe als illusionäre männliche Projektionen und Wunschbilder. In ihrer offensichtlichen Künstlichkeit sind sie einer unproblematischen Naturalisierung patriarchalischer Geschlechterhierarchien somit nicht mehr funktional.

Linas schillernder Charakter bringt genau jene Dichotomie zwischen aktiver Männlichkeit und passiver Weiblichkeit ins Ungleichgewicht, auf denen Paolo seine Identität als Familienoberhaupt und *breadwinner* aufbauen will. Ihre fluktuierende Weiblichkeit entzieht sich dem Gebrauch als komplementäre Folie für die Herstellung einer patriarchalischen Männlichkeit, wie sie durch den Ring und das Auto symbolisiert wird. Als Paolo Lina zum ersten Mal einen Heiratsantrag macht, zieht sie den Ring wieder aus, bleibt somit in einer aktiven Position und signalisiert, dass sie selbst über den Zeitpunkt ihrer Heirat bestimmen will. Hier kommen erneut die Schwierigkeiten zum Ausdruck, die sich bei der Re-konstruktion der Geschlechterverhältnisse im Sinne männlicher Dominanz ergaben. Gegenüber Linas Weiblichkeit, die sich herkömmlichen Rollenzuweisungen entzieht, muss Paolo seine traditionellen Werte überdenken und sich als Mann in einem neu vermessenen Geschlechterverhältnis ebenso neu positionieren. Doch das Bild der männlichen Krise, das mit Paolo entsteht, dient letztlich der Wiederherstellung männlicher Dominanz, die durch die Zähmung der *unruly woman* im Happy End erreicht wird. Der Film konstruiert Linas Weiblichkeit als Teil der provisorischen Ordnung des *dopoguerra*. Ein Übergang zur Normalität ist allein durch deren Überwindung möglich. Linas autonome und unabhängige Weiblichkeit wird als kriminell markiert und – wenn auch in einer iro-

---

[176] Ebd., 203.

nischen Bemerkung – mit der Gefahr assoziiert, in die Prostitution abzurutschen. Somit setzt Lina ihre körperliche Anziehungskraft dafür ein, Paolo zu einer Heirat zu bewegen, um einen legitimen gesellschaftlichen Status und ökonomische Sicherheit zu erlangen, für die sie im Gegenzug ein Stück ihrer Autonomie opfern und sich dem Ehemann unterstellen muss.

Die Filmerzählung verdeutlicht an mehreren Stellen, dass Lina eine Heirat mit Paolo vor allem aus opportunistischen Gründen und mangels Alternativen für die eigene Zukunft in Erwägung zieht. Der leichteste Ausweg aus dem Leben als Taschendiebin scheint die Ehe zu sein, sodass Lina den Entschluss fasst: „Es wäre wohl besser für mich, zu heiraten!" Die Komödie weist damit auf den mangelnden Raum zur weiblichen Selbstverwirklichung außerhalb der Ehe und die geringe Akzeptanz anderer weiblicher Lebenswege hin. Als Linas Vater sie zu ihrer Partnerwahl beglückwünscht, antwortet sie: „Ich bitte dich! Wer hatte hier schon eine Wahl?" Doch macht der Film gleichzeitig deutlich, dass ihre Disziplinierung nicht durch einen neuerlichen Machtgewinn Paolos vorangetrieben wird, sondern Lina ihre Wandlung zur Ehefrau selbst bestimmt. Dieser Widerspruch wurde auch in der zeitgenössischen Rezeption reflektiert. Linas halbseidene Zähmung ging der katholischen Filmzeitschrift *Rivista del Cinematografo* beispielsweise nicht weit genug: „Lina [...] könnte eine Diebin sein, aber [...] angesichts ihrer Schönheit könnte sie auch ein braves Mädchen zum Heiraten sein. Wer versteht sie schon?"[177]

Diese Doppeldeutigkeit setzt sich bis zum Ende fort. Nachdem der Taxifahrer Lina auf das Kommissariat gebracht hat und dabei beinahe selbst als Taschendieb und Schwarzmarkthändler angezeigt worden wäre, ist er kurz davor, wahnsinnig zu werden. Beim Verlassen des Gebäudes führt er Selbstgespräche und hat nervöse Zuckungen. Als er Lina erblickt, packt er sie zornig am Arm und sagt, dass er ihr am liebsten ein paar Ohrfeigen verpassen würde. Daraufhin hält diese ihm demonstrativ die Wange hin: „Dann beeil' dich, bevor uns jemand sieht!" Paolo kommt ihrer Aufforderung („Na, was ist denn nun? Gibst du mir nun endlich diese Ohrfeige, oder nicht?") schließlich nach, ohrfeigt sie und macht ihr prompt noch einen Heiratsantrag, den er mit einem leidenschaftlichen Kuss besiegelt.

Visualisiert die ambivalente Schlussszene einerseits die Wiederherstellung männlicher Dominanz, ist sie andererseits eine neuerliche Farce patriarchaler Geschlechterverhältnisse. Obwohl die störende Weiblichkeit Linas am Ende der Filmerzählung in den sicheren Hafen der Ehe geleitet wird, lässt der Film vermuten, dass sie in der Beziehung zu Paolo auch weiterhin das Regiment führt. Sogar seine körperliche Aggression wird wiederum von Lina kontrolliert und kann als hysterische Reaktion des

---

[177] „Lina [...] potrebbe benissimo essere una ladra, ma [...], con quella bellezza, potrebbe anche essere una brava ragazza da marito. Chi la capisce però?" Rondi, Gian Luigi: Prima visione. Peccato che sia una canaglia, in: Rivista del Cinematografo, Nr. 3 (1955), S. 26; Barbaro, Umberto: Quella canaglia di Sophia Loren, in: Vie Nuove, Nr. 10, 6.3.1955, S. 19.

Taxifahrers auf seine eigene Entmachtung gelesen werden. Dennoch wäre es verfehlt, dass Ende progressiv zu deuten. Der Film verharmlost hier nicht nur männliche Gewalt gegenüber Frauen, sondern suggeriert zugleich, Lina wünsche sich einen viriler und aggressiver auftretenden Mann.

Auch in *Peccato che sia una canaglia* visualisiert Lorens Starkörper somit die Widersprüche im Weiblichkeitsdiskurs der 1950er Jahre und ein grundlegend verändertes Kräfteverhältnis zwischen den Geschlechtern nach 1945. Ihr imposanter Körper steht in Blasettis Film wiederum für die neue Sichtbarkeit und Aktivität von Frauen im öffentlichen Raum, die letztlich aber als Grenzüberschreitung markiert wird (Linas „Arbeit" als Diebin) und als Argument für ihren Rückverweis in traditionell weibliche Räume dient („Es wäre wohl besser für mich, zu heiraten."). Erweckt der Film damit einerseits den Anschein, dass der primäre weibliche Aufgabenbereich in einer funktionierenden Gesellschaftsordnung der familiäre ist, so artikuliert er über Linas Figur auch weibliche Widerstände gegen eine solche Beschränkung. Zudem stellt Loren in der Rolle der selbstbewussten und autonomen Lina eine potenziell progressive Identifikationsfigur für das weibliche Publikum dar.

La fortuna di essere donna

Die Diskrepanz zwischen offizieller Moral und abweichendem individuellem Verhalten, die in den drei oben analysierten Filmen hervortritt, ist auch in weiteren Komödien Lorens festzustellen, wobei eine allmähliche Steigerung im Bezug auf ihre grenzüberschreitende Weiblichkeit zu verzeichnen ist. Alessandro Blasettis *La fortuna di essere donna* (1956) beispielsweise zeigt Sophia Loren in der Rolle der römischen Verkäuferin Antonietta Fallari, die verschiedene männliche Bekanntschaften ausnutzt, um die Karriereleiter in der Filmbranche zu erklimmen. Hinsichtlich seiner narrativen Struktur und Figurenkonstellation baut der Film erkennbar auf den Erfolg von *Peccato che sia una canaglia* auf. Blasetti setzte erneut auf das bewährte Filmpaar Loren/Mastroianni, und das Drehbuch wurde wiederum von den Autoren Suso Cecchi D'Amico und ihren Kollegen Ennio Flaiano und Andrea Continenza ausgearbeitet. Allein Vittorio De Sica wurde in der Figur des väterlichen Freundes durch Charles Boyer ersetzt, was der französisch-italienischen Koproduktion des Films geschuldet war.[178]

Die Charakterkomödie ist im Ambiente der boomenden Film- und Modeindustrie Roms angesiedelt und parodiert den Medienrummel um die *maggiorate fisiche*, die zeitgenössisch viel diskutierten Starambitionen junger Frauen sowie den internationalen Starzirkus im „Hollywood am Tiber". *La fortuna di essere donna* ist ein

---

[178] Rossi, Umberto: Il mondo delle coproduzioni, in: Bernardi (2004), S. 431–441, hier S. 438.

Beispiel für die enge Wechselwirkung, die sich zwischen italienischer Film- und Modeindustrie seit den 1930er Jahren etabliert hatte. Auf mehreren Ebenen stellt der Film Bezüge zu dem florierenden Wirtschaftszweig her. So erinnert der Name des Modesalons *Fontanini*, den die Protagonistin aufsucht, an das bekannte Modehaus der drei Fontana-Schwestern, und bereits im Vorspann des Film werden die Zuschauer darauf aufmerksam gemacht, dass die von Sophia Loren getragenen Kleider von Emilio Schuberth kreiert seien. Der römische Designer arbeitete bereits seit 1940 eng mit den Cinecittà-Studios zusammen und hatte Filmkostüme und auch die „private" Garderobe bekannter Stars entworfen. Der internationale Durchbruch Schuberths erfolgte allerdings erst in den 1950er Jahren, zeitgleich mit dem anderer berühmter italienischer Modeschöpfer wie der Sorelle Fontana, Simonetta oder Emilio Pucci.[179] Zudem ist die Popularität seines Namens eng mit den Stars Sophia Loren und Gina Lollobrigida verknüpft. Die Diven präsentierten sich nicht nur in ihren Filmen in den Kleidern oder Kostümen des römischen Modeschöpfers. Auch bei mondänen Gelegenheiten wie den Filmfestspielen in Cannes und Venedig oder bei einem Empfang der britischen Königin Elizabeth II. traten sie als Botschafterinnen des *Italian Look* auf. Ihr Erfolg war auch der Erfolg der neuen Mode *made in Italy*, was in der Presse als nationaler Triumph über den von Hollywood vorgegebenen Stil oder das Pariser Modediktat begrüßt wurde:

> Seit vielen Jahren schon gelang es allein Hollywood, die Ingredienzen für seine Geschöpfe so wohl zu dosieren, dass sie immer auf den Titelseiten landeten und zu Idolen wurden. Zu Hause, im Büro, im Kaufhaus, jede konnte sich ihr persönliches Vorbild auswählen und davon träumen. Man frisierte sich wie Greta Garbo, wie Carol Lombard, man schminkte sich wie Joan Crawford, man lachte wie Myrna Loy und kleidete sich wie Ginger Rogers. Dann kamen die Hayworths, Russels und schließlich die Marylins und Audreys. Aber hier in Italien waren es nur Kopien, die ein bisschen unecht wirkten. Die einen zu südländisch, um wirklich so platinblond zu sein, die anderen zu mollig um als Klapperdürre durchzugehen. Aber plötzlich – ganz so, als hätten sie auf einmal alles verstanden –, orientierten sich die Mädchen an passenderen Modellen. Diese hatten nun die gleichen Maße, sahen nach Heimat aus und sprachen dieselbe Sprache. Sie hießen Gina und Sofia, zwei einfache Namen. Sie sahen ihre Filme, studierten ihren Stil, schauten sich ihre Bilder an, um jedes Detail ihrer Schminke und Kleidung zu analysieren. Und so entstand eine neue Mode. Eine italienische Mode, nach den vielen Jahren des amerikanischen und französischen Modediktats. In dieser Hinsicht war das Kino ein guter Botschafter und eine optimale Reklame. Vielleicht ohne sich dessen bewusst zu sein, imitieren Frauen von New York bis London, von Paris bis Tokio die Lollo und die Loren.[180]

---

[179] White (2000), S. 75 ff.
[180] „Da tanti anni oramai soltanto Hollywood riusciva a dosare talmente bene gli ingredienti delle sue creature da farne sempre delle copertine, pronte ad essere prese come modelli. Nei salotti, negli uffici nei grandi magazzini, ognuna poteva scegliere il suo „come vorrei essere", e sognarci sopra. Ci si pettinava alla Greta Garbo, alla Carol Lombard, ci si truccava alla Joan Crawford, si rideva alla Myrna Loy, ci si vestiva alla Ginger Rogers. Poi sono venute le Hayworth, le Russell,

Die Anfangssequenzen des Films zeigen die Protagonistin Antonietta in einer Menge von Schaulustigen, die am römischen Flughafen Ciampino die Ankunft einer Hollywooddiva beobachten.[181] In der Menge befindet sich auch der Fotograf Corrado, der auf dem Rückweg in die Stadt einen Schnappschuss von Antonietta macht, während sie sich nichts ahnend am Straßenrand ihr Strumpfband richtet. Das Bild landet prompt auf dem Titelblatt der populären Illustrierten *Le Ore*,[182] sehr zum Missfallen von Antoniettas Verlobten, einem angehenden Rechtsanwalt. Er macht Corrado ausfindig und verlangt eine Wiedergutmachung für die „materiellen und moralischen Schäden", die ihm durch die unautorisierte Fotografie entstanden seien. Doch Antonietta wittert bereits die Chance zur eigenen Karriere. Nachdem sie ihren Zukünftigen kurzerhand abserviert hat, verlangt sie von Corrado, er solle ihr als Gegenleistung für das Titelbild einen Einstieg in die Film- oder Modebranche verschaffen. Corrado spekuliert auf ein sexuelles Abenteuer mit der schönen Antonietta und willigt ein. Auch Antonietta findet zusehends Gefallen an dem Fotografen und lässt sich nach einem Fotoshooting bereitwillig verführen. Als sie allerdings merkt, dass er sie nur als Affäre betrachtet und wenig später in einem Lokal mit anhört, wie er sich bei Freunden über sie lustig macht, sinnt sie auf Rache. Um Corrado eifersüchtig zu machen, umgarnt sie den Grafen Giorgio Senetti, einen zweifelhaften Filmagenten und Kavalier alter Schule, der aufstrebende Filmanwärterinnen mit den Juwelen und Pelzen seiner Frau anlockt, von der er finanziell abhängig ist. Der Graf hofft, mit Antonietta ein Geschäft zu machen, und will sie bei dem Produzenten Mangani unter Vertrag bringen. Doch Antonietta nutzt die beiden Männer lediglich als Sprungbrett und macht im Alleingang Karriere. Erst lässt sie sich vom Grafen Nachhilfeunterricht in Sachen Noblesse und Manieren erteilen und gebraucht seine Beziehungen zu einem

---

e più ancora le Maryline [sic!], le Audrey. [...] Ma qui in Italia erano coppie che suonavano un pò false. Le prime troppo latine per essere così platinate, le seconde troppo rotondette per camuffarsi da secche. Finalmente all'improvviso hanno capito tutto e i modelli se li sono trovati più a portata di mano. Avevano le loro stesse misure, sapevano di casa e parlavano come loro. Si chiamavano Gina e Sofia, due nomi alla buona. Hanno visto i loro film, li hanno studiati, hanno scrutato le loro fotografie, analizzando ogni sfumatura del loro trucco ed ogni particolare dei loro vestiti, ed è nata una moda. Una moda italiana, dopo tanti anni di americanismi e francesismi. Anche in questo il cinema è stato un buon ambasciatore ed un ottimo propagandista, senza accorgersene forse; e New York come a Londra, a Parigi come a Tokio, le donne hanno imitato Lollo e Loren." Quiriglio, Michele: Schubert [sic!] veste le dive, in: Cinema Nuovo, Nr. 187, 1.6.1956, S. 286–288.

[181] Das Bild der amerikanischen Diva, die die Gangway des Flugzeugs hinabsteigt und vom Blitzlichtgewitter der Fotoreporter empfangen wird, sollte vier Jahre später als Zitat in Fellinis *La dolce vita* Berühmtheit erlangen. Bereits in Blasettis Film steht es als Emblem der florierenden italienischen Filmindustrie sowie Roms als beliebte Produktionsstätte Hollywoods und Vergnügungsort amerikanischer Stars.

[182] Die Illustrierte erschien ab 1953 unter dem Titel *Le Ore: Documentario settimanale di attualità fotografica*.

Modehaus, um sich mit den neuesten Kreationen auszustatten. Dann knüpft sie über Mangani den Kontakt zu einem amerikanischen Produzenten, mit dem sie schließlich selbst einen Vertrag aushandelt.

Allen Versuchen der Männer, denen sie auf ihrem Weg nach oben begegnet und die aus ihrem Körper Kapital schlagen wollen, zum Trotz gelingt es Antonietta, ihre Interessen durchzusetzen und sich letztlich Unabhängigkeit in der männlich dominierten Öffentlichkeit und Filmwelt zu verschaffen. Auch ihre sexuelle Transgression durch ihre voreheliche Beziehung zu Corrado wird im Film nicht bestraft oder negativ dargestellt. Allerdings schließt auch *La fortuna di essere donna* mit einer Bestätigung von Ehe und Familie als normativem weiblichen Lebensweg. Der Film verknüpft Antoniettas berufliche und emanzipatorische Ambitionen mit ihrer Absicht, Corrado eifersüchtig zu machen und ihn somit zu einem Heiratsantrag zu bewegen. Doch zeigt *La fortuna di essere donna* auch, dass sich die Hierarchien innerhalb der Geschlechternorm zugunsten eines weiblichen Machtgewinns verschoben haben. In Lorens Starkörper geht die traditionelle Ordnung der Geschlechter mit progressiven Entwicklungen eine Symbiose ein.

„Molto diva, poco mamma" – Stars und Mutterideal

Auch Lorens außerfilmisches Image wurde in den 1950er Jahren mit einer Weiblichkeit assoziiert, die über die etablierten Grenzen ihres Geschlechts hinausging. Dies hing nicht nur damit zusammen, dass sie als neuer Weltstar auch in Hollywood Karriere machte. Ihr mangelte es vor allem an zwei essenziellen Charakteristika normativer Weiblichkeit: Sie war weder Ehefrau noch Mutter. Dass diese beiden Eigenschaften zentrale Komponenten weiblicher Identität darstellten, zeigt sich dagegen beim Blick auf das „Privatleben" ihrer Kolleginnen, über das die Presse im Untersuchungszeitraum rege berichtete. Verkörperten Schauspielerinnen wie Gina Lollobrigida, Silvana Mangano, Lucia Bosé, Silvana Pampanini oder Rosanna Podestà auf der Leinwand Frauen, die sich außerhalb der traditionellen Pfade von Weiblichkeit bewegten, divergiert das Bild, das in Illustrierten und Frauenzeitschriften von ihrer Privatperson entworfen wurde, deutlich von ihren Filmfiguren. Darin zeichnet sich ein konservativer Gegendiskurs ab, der die transgressive Weiblichkeit der Filmimages dieser Stars durch ihre Konnotation mit traditionellen Rollenmustern tendenziell ausglich. Reich bebilderte Reportagen zeigten die *maggiorate* als fürsorgliche Gefährtinnen ihrer Ehemänner, vor allem aber als glückliche Mütter. Beim Umsorgen ihrer Kinder und Gatten, beim Kochen, beim Dekorieren der eleganten Räumlichkeiten ihrer Häuser oder Appartements schienen sie ihre eigentliche Berufung und gleichsam natürlichste Rolle wahrzunehmen. In diesen *Homestories* manifestiert sich das neue Ideal der Kleinfamilie. In der Werbung wurden die *maggiorate* als modern-adrette Hausfrauen präsentiert, die ihrem weiblichen Publikum zum Beispiel Tipps in Sachen Kinderernährung gaben.[183] Eine Reportage in der Zeitschrift *Tempo* von 1955 zeigt Sophia Loren, wie sie gerade in ihrem Appartement staubsaugt.[184]

Der wachsende Konsumismus und die einsetzende Technisierung des Haushalts in der zweiten Hälfte der 1950er Jahre verliefen zeitgleich zu einem kontinuierlichen Rückgang weiblicher Berufstätigkeit und nährten, wie am Beispiel der Starbilder sichtbar wird, den „mito della casalinga chiusa nel suo piccolo grande mondo domestico".[185] Zu deren Aufgaben gehörte nicht mehr nur die Pflege von Haus und Familie. Sie hatte vor allem sich selbst zum Wohlgefallen des Ehemanns durch Körperpflege und ein modisches Äußeres zu verschönern. Die Erleichterung der Hausarbeit durch den steigenden Gebrauch von Elektrogeräten verschaffte dazu die nötige Freizeit. „Sich schön machen" oder „Ihm gefallen" hießen bezeichnenderweise die Mode- und Schönheitsrubriken in Illustrierten und Frauenzeitschriften, die ihren Leserinnen Anleitung gaben, wie sie zu jeder Tageszeit und zu unterschiedlichen Anlässen die angemessene Eleganz zeigen konnten.[186]

Als „eisernes Paar"[187] präsentierte beispielsweise die Zeitschrift *Grazia* Gina Lollobrigida und ihren Mann, den Arzt Milko Skofic, in einem Artikel von 1957. Verschiedene Fotografien zeigen das Paar in der gemeinsamen Villa auf der Via Appia Antica. Den Leserinnen und Lesern wird ein Familienalltag in traditionellen Bahnen vor Augen geführt. Darauf ist etwa zu sehen, wie Gina ihren Mann mit Tee bedient, während er Zeitung lesend im Sessel sitzt oder geschäftig telefoniert, wie er Gina bei der Auswahl ihrer Garderobe berät, ihr dabei hilft, ein Bild aufzuhängen oder wie die Schauspielerin ihren Mann mit einem Kuss verabschiedet, während er morgens das Haus verlässt. Somit entsteht bereits auf bildlicher Ebene der Eindruck einer dienstbaren, untergeordneten und vom männlichen Partner abhängigen Weiblichkeit, der sich auch auf Textebene fortsetzt, wo das Verhältnis zwischen den Eheleuten Lollobrigida/Skofic als hierarchisches beschrieben wird. Gina sei ihrem Mann nicht nur in

---

[183] „Gina Lollobrigida, attrice: ‚Milko jr. beve i succhi di frutta dall'età di cinque mesi'", Werbung Cirio, in: Amica, Nr. 7, 6.5.1962, S. 92–93. Zur neuen Bedeutung der Einfamilienwohnung als weiblicher Aktionsraum in den 1950er Jahren siehe Muntoni, Alessandra: Cultura della casa nell'Italia del dopoguerra, in: Donna Woman Femme, Nr. 19/20 (Winter/Frühjahr 1982), S. 14.

[184] Vgl. Tempo, Nr. 18 (1955), zitiert nach: Cigognetti (2006), S. 96.

[185] Asquer, Enrica: La „Signorina Candy" e la sua lavatrice. Storia di un'intesa perfetta nell'Italia degli anni Sessanta, in: Genesis V/1 (2006), S. 97–118, hier S. 116. Zur weiblichen Erwerbstätigkeit siehe Pescarolo, Alessandra: Il lavoro e le risorse delle donne in età contemporanea, in: Groppi, Angela (Hg.): Il lavoro delle donne, Rom/Bari 1996, S. 299–344, hier S. 341.

[186] Brown, Vivian: Questo è il tipo di bellezza 1948, in: Espresso, 9.1.1948, S. 1; Lombardo, Lili M.: Per piacere a lui. Del modo di ridere, in: Espresso, 8.2.1946, Nr. 17, S. 2; Anonym: Non radere le sopracciglia, in: Espresso, 29.1.1948, S. 3.

[187] Meccoli, Domenico: La coppia di ferro, in: Grazia, 9.2.1958, S. 21–27.

der Privatsphäre eine untergebene Ehefrau, auch beruflich befolge sie seinen Rat, so *Grazia*:

> [Milko] liebt sie, aber er war nicht bereit, sie anzuhimmeln, im Gegenteil – er kritisierte sie. Gina akzeptierte seine Überlegenheit sofort und untergab sich seinem Willen. Die Beziehung, die sich auf dieser Basis aufbaute, hat sich nicht gewandelt. Obwohl Gina reich und berühmt geworden ist, hat sie nie den Kopf verloren und ordnet sich weiterhin unter: als Ehefrau ihrem Mann gegenüber und als Schauspielerin ihrem Manager gegenüber, der ihr vollstes Vertrauen genießt.[188]

Ähnlich kontrastierend zu Silvana Manganos Sexbomben-Image nach ihrem Auftritt in *Riso amaro* war die Charakterisierung ihrer Privatperson als „molto mamma, poco diva".[189] Bereits nach ihrer Hochzeit mit dem Filmproduzenten Dino De Laurentiis kündigte die Presse an, Silvana wolle sich aus dem Filmgeschäft zurückziehen und ganz ihrer häuslichen Aufgabe widmen – eine Meldung, die anlässlich jeder Geburt eines ihrer vier Kinder wiederholt wurde. 1958 zeigt *Oggi* die Schauspielerin in einer mehrseitigen illustrierten *Homestory* in ihrem elegant eingerichteten Haus, bei der Hausarbeit und in der Küche, beim Spielen mit ihren Kindern und an der Seite ihres Ehemanns. Die Bilder, so verspricht die Fotoreportage ihren Lesern, würden Silvana „in ihrer wahrhaftigsten Rolle, nämlich der als Mama", zeigen.[190] Und weiter meint das Blatt zu wissen: „Innigster Wunsch der Mangano ist es, das Bild der ‚sexy' Frau auszulöschen, mit dem sie im Film *Riso amaro* ihre Karriere startete."[191] In der Familie, so schreibt noch 1962 die Frauenzeitschrift *Amica*, sei Mangano ihrem wahren Naturell am nächsten:

> Silvana Mangano zeigt eine der kostbarsten Tugenden, die nicht ihre Filmfiguren betrifft, sondern vor allem das einfache, natürliche Geschöpf, das sie selbst ist: Sie versteht es, sich als Diva den Charakter einer gemeinen Frau zu bewahren, die eine Familie hat; die eine Ehefrau ist und vor allem eine Mutter.[192]

---

[188] „[Milko] le voleva bene ma non era disposta ad adorarla, anzi la criticava. Gina ne accettò subito la superiorità e si sottomise alla sua volontà. [...] I rapporti che, su questa base, si stabilirono allora fra i due, non si sono modificati. Diventata celebre e ricca, Gina non ha perduto la testa e ha continuato a muoversi nei limiti di una duplice sottomissione: della moglie verso il marito, dell'attrice verso il manager che riscuota completa la sua fiducia." Ebd.

[189] Ciuffa, Vittorio: Silvana Mangano: Molto mamma poco diva, in: Amica, Nr. 10, 27.5.1962, S. 15–19.

[190] Anonym: Silvana Mangano nella sua parte più vera: quella di mamma, in: Oggi, Nr. 52, 25.12.1958, S. 32–35, hier S. 34.

[191] „Il desiderio più vivo della Mangano è di cancellare l'immagine di donna ‚sexy' che, con il film ‚Riso amaro', la lanciò nella carriera cinematografica." Ebd.

[192] „[C]'è, crediamo, in Silvana Mangano un dono o meglio una virtù assai più preziosa, giacché non riguarda il personaggio fittizio, ma proprio la semplice creatura naturale che ella è: l'aver

Mutterschaft wurde in den Medien immer wieder als eine Art Gegengift zum US-amerikanisch konnotierten Sex-Appeal präsentiert und als wesentlicher Bestandteil des vermeintlich nationalen Schönheitsideals, des viel beschworenen *fascino italiano* beschrieben. So illustriert *Oggi* einen Bericht über die neuesten Hollywoodprojekte von Rosanna Podestà mit einem Bild, welches die Schauspielerin beim Füttern ihres Sohnes zeigt, und kommentiert es mit dem Satz: „Den Amerikanern gefällt der italienische Charme von Rosanna Podestà". An anderer Stelle wird auch die Schönheit Lucia Bosés mit ihrer jüngsten Mutterschaft in Verbindung gebracht. Mit den Mutterfreuden, so suggeriert der Text seinen Lesern, habe Bosé nach einem kurzen Ausflug in die falsche Welt des Films ihre natürliche Berufung gefunden, die sich in einer vermeintlich sanfteren und weiblicheren Physis abbilde:

> Lucia Bosé hat in der Ehe Glück und Zufriedenheit gefunden. Ihr Gesicht ist sanfter geworden, der Blick fröhlicher. Die Mutterschaft hat sie geprägt, heute denkt sie, dass es kein vollkommeneres Glück gibt, als das ihre. Und die Arbeit als Schauspielerin? Ihre Antwort: „Nun, wenn ich eines Tages noch einmal eine Rolle fände, die mir gefallen würde…" „Aber mal ehrlich, gnädige Frau, sie machen sich gar nichts mehr daraus, oder?" Da lächelt sie und sagt: „Nein." Wahrscheinlich werden wir Lucia Bosé auf keiner Leinwand mehr sehen.[193]

Skandale und Scheidungen mochten in Hollywood auf der Tagesordnung stehen – die italienischen Diven schienen dagegen als glückliche Mütter und Ehefrauen auf nationaler wie internationaler Ebene die Integrität der italienischen Familie zu demonstrieren.

Obwohl die Karrieren von Stars wie Mangano oder Bosé häufig als flüchtiges Intermezzo präsentiert wurden, nachdem sie wieder zur traditionellen Berufung als Ehefrau und Mutter zurückgefunden hatten, war die Darstellung der *maggiorate* als Embleme häuslicher und familienorientierter Weiblichkeit nicht unproblematisch. So dürfte den Lesern und Leserinnen klar gewesen sein, dass es sich bei ihnen um arbeitende Frauen handelte, die ebenso häufig außer Haus tätig waren wie ihre Ehemänner und in Fällen wie dem der Lollobrigida obendrein wesentlich mehr verdienten als diese. Durch ihren Erfolg als Schauspielerinnen bestimmten sie sowohl den Standard als

---

saputo preservare o addirittura far prevalere nella ‚diva' la donna comune, quella che ha una famiglia (e quale famiglia), che è moglie e soprattutto madre." Ciuffa (1962), S. 17.

[193] „Lucia Bosé ha trovato nel matrimonio la felicità e la serenità. Il suo viso è diventato più dolce, il suo sguardo più sereno. La maternità l'ha plasmata, oggi pensa che nessuna felicità può essere più completa della sua. E il lavoro di attrice? Risponde: ‚Be' se incontrassi un giorno una parte che mi piace…'. ‚Dica la verità, signora. Non gliene importa più nulla, vero?' Sorride e dice francamente: ‚No'. Probabilmente non rivedremo mai più Lucia Bosé sugli schermi." Bellotti, Felice: Per amore di Miguelito dirà addio al cinema. Lucia Bosé ha trovato nelle gioie della famiglia il vero scopo della sua esistenza, in: Oggi, Nr. 2, 10.1.1957, S. 8–9; Anonym: Felice fra i suoi figli la bella Lucia Bosé non pensa più al cinema, in: Oggi, Nr. 49, 5.12.1957, S. 1; Porro, Alessandro: Ha detto addio al cinema la Señora Dominguin, in: Grazia, 26.1.1958, S. 24–27.

auch den Rhythmus ihres Familienlebens. Die öffentliche Wahrnehmung der Stars als autonome Geschäftsfrauen, die ihren Männern über den Kopf wuchsen, dokumentiert auf besonders amüsante Weise die gängige Bezeichnung „Signor Lollo" für den Mann Gina Lollobrigidas.[194] Hinzu kommt die Tatsache, dass es nicht im Interesse der Medien-, Werbe- oder Modeindustrie liegen konnte, dass sich die Stars tatsächlich aus dem Showgeschäft ins Privatleben zurückzogen, waren sie doch ein bedeutender Wirtschaftsfaktor.

Wie auch Réka Buckley argumentiert, visualisierten die Filmdiven der 1950er Jahre beispielhaft, dass Frauen ihre Berufstätigkeit und ihre Ambitionen neben Ehe und Mutterschaft nicht notwendig aufgeben mussten.[195] Zudem hat Elisabetta Vezzosi darauf hingewiesen, dass der Hausfrauenberuf insbesondere auf Frauen, die zuvor schlecht bezahlte und körperlich harte Arbeit in Landwirtschaft und Industrie leisteten, äußerst modern und attraktiv wirkte und mit sozialem Aufstieg verbunden wurde.[196] Andererseits manifestiert die ständige Betonung von Mütterlichkeit durch eine Flut von Bildern, welche die verschiedenen Schauspielerinnen in der vorbildlichen Mutterrolle zeigten, die Zentralität dieses Ideals bei der Konstruktion normativer italienischer Weiblichkeit. Darüber hinaus zeigt sich daran der große öffentliche Druck, der auf den Stars und ihren Zeitgenossinnen lag, der Norm zu entsprechen.

Dies wurde nur allzu deutlich, als Sophia Loren im September 1957, während der Dreharbeiten zu *Houseboat*, in Mexiko überraschend den vierundzwanzig Jahre älteren Produzenten Carlo Ponti heiratete und die Medien sie folglich mit dem Bild der Familienzerstörerin konnotierten. Denn Ponti war bereits verheiratet und Vater zweier Kinder, sodass seine zweite Ehe mit Loren vor dem italienischen Recht nicht anerkannt wurde. Allein eine Annullierung seiner bestehenden Ehe durch die katholische Kirche hätte seine Verbindung mit Loren im Nachhinein legalisieren können. Doch der Vatikan diffamierte das frisch vermählte Paar im *Osservatore della Domenica* als „öffentliche Sünder" und drohte mit seiner Exkommunikation.[197] Das Blatt

---

[194] Buckley, Réka: Marriage, Motherhood, and the Italian Film Stars of the 1950s, in: Morris (2006), S. 35–49, hier S. 45.

[195] Ebd.

[196] Vezzosi, Elisabetta: La mistica della femminilità: un modello americano per le donne italiane?, in: Italia Contemporanea, Nr. 224 (September 2001), S. 400–406, hier S. 402.

[197] Wörtlich war in der Sonntagszeitung des Vatikans zu lesen: „Die zivile Ehescheidung und eine darauf folgende erneute zivile Eheschließung sind schwere Verfehlungen und werden rechtlich weder von Gott noch von der Kirche anerkannt. Die Verantwortlichen sind öffentliche Sünder und können solange keine Sakramente empfangen, bis sie den aus dem Skandal entstandenen Schaden wieder repariert haben. Das Kirchenrecht hält denjenigen der Bigamie für schuldig, der, nachdem er eine gültige Ehe geschlossen hat, eine zweite, wenn auch nur zivile, Ehe eingeht. Beide Partner dieser Pseudoehe werden mit dem Gesetz der Schande bestraft. Wenn beide einen gemeinsamen Haushalt führen, ist dieses Zusammenleben als ein regelrechtes Konkubinat zu betrachten, das mit dem Interdikt oder der Exkommunikation bestraft wird." [Il divorzio civile e il successivo matrimonio civile sono atti gravemente illeciti e non hanno nessuna efficacia giuridica dinanzi a Dio e

klagte Ponti der Bigamie an, erklärte Loren zu seiner Konkubine und als solche für mitschuldig. Daraufhin avancierte der Fall Loren/Ponti zur Titelstory. Unverzüglich kursierten in der Presse Gerüchte um eine Schwangerschaft der Schauspielerin. Denn warum sonst, spekulierte die Frauenzeitschrift *Grazia*, hätte Sophia „die glückliche Familie von Ponti" zerstören sollen? Sie selbst habe doch immer von einer Hochzeit in Weiß geträumt und nie das Schicksal ihrer allein erziehenden Mutter teilen wollen, die schwanger sitzen gelassen wurde. Hatte etwa die „falsche und heuchlerische Moral Hollywoods" die Schauspielerin korrumpiert?[198] Wie die Reaktionen in der Presse zeigen, stand Loren sehr viel stärker im Kreuzfeuer der öffentlichen Kritik als der Produzent. Hier zeichnet sich die herrschende Doppelmoral ab, die weibliche Sexualität außerhalb der Ehe als sittliches Vergehen stigmatisierte, dasselbe Verhalten von Männern dagegen tolerierte. So ging es in der öffentlichen Diskussion weniger um Ponti als um Lorens Status des gefallenen Mädchens. Auch verschiedene männliche Stars, die sich in einer ähnlichen Situation befanden, wie Vittorio Gassman, Vittorio De Sica und später auch Mastroianni, erregten lange nicht dasselbe Aufsehen wie Lorens Beziehung zu dem bereits verheirateten Ponti. Die konfessionellen Blätter brandmarkten sie als Familienzerstörerin und riefen zum Boykott ihrer Filme auf. Der Skandal gipfelte darin, dass der Star und Ponti von verschiedenen Privatpersonen aus dem Dunstkreis der katholischen Moralligen beim Obersten Strafgericht in Rom der Bigamie angezeigt wurden, was 1959 tatsächlich zu einer Anklage führte.[199] Als Loren und Ponti im selben Jahr zu Dreharbeiten nach Italien zurückkehrten, riskierten sie daher eine Gefängnisstrafe von bis zu fünf Jahren. Andererseits schlugen dem Paar auch zahlreiche Sympathiebekundungen entgegen. Die PCI-nahe Zeitschrift *Vie Nuove* nutzte ihren prominenten Fall, um den katholischen Konservatismus auf Regierungsebene und die 1958 erneut gescheiterten parlamentarischen Vorstöße zur Einführung des Scheidungsrechts anzuprangern.[200]

---

alla Chiesa. I responsabili, essendo pubblici peccatori, non possono più ricevere i sacramenti fino a che non abbiano riparato allo scandalo. Il codice di diritto canonico considera colpevole di bigamia chi, essendo legato da valido matrimonio, ne contare un altro sia pur civile, e punisce entrambi i contraenti di questo pseudo matrimonio con la legge dell'infamia. Se poi i due instaurano una vita in comune, questa convivenza, che è qualificata come vero e proprio concubinaggio, può essere punita anche con l'interdizione e la scomunica.] Zitiert nach: Cavaterra, Emilio: Sofia e Carlo di fronte alla chiesa, in: Oggi, Nr. 45, 7.11.1957, S. 5 f. Zum Verlauf und der Bedeutung des Skandals siehe auch Gundle (1995b), S. 376 f.; Buckley (2006), S. 38 f.

[198] Porro, Alessandro: Il segreto della Loren, in: Grazia, 3.11.1957, S. 23–27.
[199] In der Presse wurden die Namen einer gewissen Luisa Brambilla aus Mailand und eines Anwalts aus Chieti, Nello Orlando, genannt. Guerrini, Mino: È stata una donna a denunciare Sophia. Loren-Ponti processati per bigamia, in: L'Espresso 11.1.1959, S. 1 u. 11; Anonym: Sophia perseguitata, in: L'Espresso, 23.8.1959, S. 22 f. Anonym: I fuorilegge dell'amore, in: Vie Nuove, Nr. 2, 10.1.1959, S. 5.
[200] S.P.: Italia senza divorzio, in: Vie Nuove, Nr. 24, 13.6.1959, S. 33. Zur Einführung des Scheidungsrechts siehe weiterführend Seymour, Mark: Till Death Do Them Part? The Church-State

Stephen Gundle hat argumentiert, dass die vehemente Reaktion des katholischen Lagers auf Lorens und Pontis Heirat als symbolischer Widerstand gegen stattfindende Säkularisierungsprozesse zu betrachten sei und den kulturellen Einflussverlust der Kirche widerspiegele: „In a country that was witnessing the first startling signs of a long process of secularization, Loren and Ponti found themselves held up as examples of everything the Church condemned."[201] Der „Kreuzzug" gegen die *pubblici peccatori* Loren und Ponti war nur einer von vielen, den die Katholische Kirche und die ihr nahe stehenden Interessengruppen in den 1950er Jahren führten.[202] Weitere prominente Fälle sind der Skandal um Fellinis Film *La dolce vita* (1960) oder die Scheidung von Ingrid Bergman und Roberto Rossellini. Doch die Projektion moralischer Fragen in den Raum der medialen Öffentlichkeit und ihre neuerliche Aushandlung, welche die Kirche durch ihr Auftreten als Hüterin der Moral auslöste, hatte zur Folge, dass innerhalb der Dynamik des Medienskandals auch die traditionelle Position der Kirche neu diskutiert und infrage gestellt wurde.[203] Dem Katholizismus gelang es in beiden Fällen nicht, seine symbolische Autorität im kulturellen Feld unverändert zu behaupten. So haben Historiker wie Jeff Pratt oder Giancarlo Zizola das durch Pius XII. energisch vorangetriebene Projekt einer Rekatholisierung der italienischen Gesellschaft nach Faschismus und Zweitem Weltkrieg als Höhepunkt der Diskrepanz zwischen katholischer Norm und der Lebenswirklichkeit der Italiener bezeichnet: „Das patriarchalische und pronatalistische Modell der ‚heiligen Familie' zerbröckelt unter dem Druck der neuen säkularisierten Kultur und des Individualismus der Massen."[204]

Lorens Image wurde somit Ende der 1950er Jahre zum Kristallisationspunkt einer diskursiven Neudefinition von Weiblichkeit, Moral und Unmoral, auf die ich im Zusammenhang mit der Starfigur Marcello Mastroiannis noch näher eingehen werde (siehe Kap. IV). Die transgressive Weiblichkeit und sexuelle Devianz, für die Loren in Filmen wie *L'oro di Napoli* oder *La donna del fiume* Symbol stand, konnte nicht, wie im Fall der Diven Mangano oder Lollobrigida, über eine außerfilmische Imagekonstruktion als Vorzeige-Ehefrau ausgeglichen werden. Vielmehr machte das öffentliche Bild ihres Privatlebens das Auseinanderklaffen zwischen vorherrschenden Moralvorstellungen und real gelebten Identitäten sichtbar. Lorens Starkörper fungier-

---

Struggle over Marriage and Divorce 1860–1914, in: Willson (2004), S. 37–50; Caldwell (1991), S. 69–86, oder Tonelli (2003), S. 307–326.

[201] Gundle (1995b), S. 377.

[202] Vgl. Barbanti (1991).

[203] Zur allgemeinen Definition und Funktionsweise von Medienskandalen vgl. Burkhardt, Steffen: Medienskandale. Zur moralischen Sprengkraft öffentlicher Diskurse, Köln 2006.

[204] „Il modello patriarcale e natalista della ‚sacra famiglia' si sfalda sotto la pressione della nuova cultura secolarizzata e dell'individualismo di massa." Zizola, Giancarlo: Il modello cattolico in Italia, in: Aries, Philippe/Duby, Georges (Hg.): La vita privata. Il novecento, Rom/Bari 2001, S. 247–310, hier S. 253; siehe auch: Pratt, Jeff: Catholic Culture, in: Forgacs/Lumley (1996), S. 129–143.

te als Prisma für die individuellen Probleme, die aus dem vorherrschenden Sexualkonservatismus entstanden und über die modernen Massenmedien in die Öffentlichkeit projiziert und dort in einer zuvor nicht gekannten Bandbreite diskutiert wurden.

Gleichzeitig wird anhand ihrer außerfilmischen Darstellung die andauernde normierende Kraft des konservativ-katholischen Diskurses transparent. Die Art und Weise, in der auch Loren versuchte, ihr Image zu regulieren, zeigt, wie sehr das gesellschaftliche Ansehen italienischer Frauen von traditionellen Keuschheitsgeboten und der familiären Pflichterfüllung durch Ehe und Mutterschaft abhing. So ließ die Schauspielerin keine öffentliche Gelegenheit aus, ihr mütterliches und fürsorgliches Potenzial unter Beweis zu stellen. Eine Reihe von Nachrichtenfilmen des *Istituto Luce* präsentierte die Diva Anfang der 1960er Jahre bei verschiedenen wohltätigen Aktivitäten, unter anderem bei einem weihnachtlichen Besuch in römischen Waisenhäusern oder bei Festen für die Kinder sozial schwacher Familien in den Vorstädten (*borgate*).[205] Dabei betonen die Filme, dass Loren „mütterliches" Talent beweise. Auch ihre eigene Kindheit in ärmlichen Verhältnissen habe sie trotz Glanz und Gloria des Starlebens nicht vergessen. Interviews mit Loren oder Ponti aus demselben Zeitraum dokumentieren ihr stetiges Bemühen, das Bild einer „normalen" Ehe zu vermitteln.[206] Unermüdlich unterstrich Loren in der Öffentlichkeit die eigene Häuslichkeit, Familienorientiertheit und ihren Kinderwunsch. Während der Dreharbeiten zu De Sicas Literaturverfilmung *La Ciociara*, die sie in der Rolle einer jungen Witwe und Mutter zeigt, lancierten ihre Publicity-Agenten die Nachricht, sie sei schwanger.[207] Auch in einem weiteren Film De Sicas, dem Episodenfilm *Ieri, oggi e domani* (1963), ist sie an der Seite Marcello Mastroiannis in der Rolle der neapolitanischen *popolana* Adelina zu sehen, die sieben Kinder zur Welt bringt, um einer Haftstrafe zu entgehen (Abb. III. 14).[208]

---

[205] Sophia Loren tra i bimbi, in: AIL, Caleidoskopio Ciak, C1381, 29.12.1961; Sofia Loren dona il sangue, in: AIL, Caleidoskopio Ciak, C1413, 19.4.1962; Sofia Loren al pranzo di 1500 bambini delle borgate di Roma invito dal barone Cini, in: AIL, Caleidoskopio Ciak, C1484, 14.1.1963; Natale di Sofia Loren: 1500 bambini, in: AIL, Caleidoskopio Ciak, C1485, 14.1.1963.

[206] „Auch wenn wir mit dem Gesetz im Konflikt liegen […], führen wir ein glückliches und normales Leben, soweit das unser jeweiliger Beruf zulässt. Wir arbeiten und den Sonntag verbringen wir gemeinsam zu Hause. Manchmal gehen wir auch ins Kino." [„Anche se siamo combinati male sul piano giuridico […] la nostra è una vita felice e normale, per quanto ce lo concedono i nostri impegni. Passiamo le giornate lavorando e le domeniche in casa: andiamo anche pochissimo al cinema."] Ponti, Carlo: La mia vita con Sofia, in: Amica, 25.3.1962, S. 18–22; siehe auch: Moravia, Alberto: Inchiesta a partinico. Moravia interroga Sophia Loren, in: L'Europeo, 23.9.1962, S. 16–21.

[207] Anonym: Sofia Loren sarà mamma in primavera, in: Oggi, 49, 8.12.1960, S. 1.

[208] Die Zeitschrift *Oggi* bedauerte: „Ma questo avviene solo in un episodio di 'Ieri, oggi e domani' in cui l'attrice recita accanto a Marcello Mastroianni sotto la guida di De Sica." Pensotti, Anita: Sofia: Madre felice di sette bimbi, in: Oggi, Nr. 32, 8. 8.1963, S. 38–45.

Abb. III. 14

Fiktion und Realität vermischten sich auf makabre Weise. Die Bemühungen, Lorens Image einen mütterlichen Anstrich zu verleihen, fiel zeitlich mit einer Reihe von Fehlgeburten überein, welche die Schauspielerin zwischen 1960 und 1967 unter großer Anteilnahme der italienischen Öffentlichkeit erlitt. Gerade Lorens verzweifelter Versuch, ein Kind zu bekommen, wurde somit zur medienwirksamen Kampagne für die Mutterschaft und fixierte das öffentliche Bild des Stars langfristig auf das der *madre mediterranea*.[209] Doch das scheinbar natürlichste aller weiblichen Bedürfnisse, so wurde in der Presse vielfach bemerkt, schien Loren verwehrt zu bleiben:

> Und sie, das einfache und spontane Mädchen, leidet fürchterlich darunter. Wer sie daran erinnert, welch große Filmkarriere sie bereits gemacht hat, dass sie ein Star ist, dem antwortet sie, dass all dies nichts bedeute, wenn man keine Kinder habe. Eine solche Standfestigkeit in einem Ambiente zu zeigen, in dem moralische Werte, wie Ehe und Familie so wenig bedeuten – das bewegt uns sichtlich.[210]

Allein in der katholischen Presse wurde Loren weiter an den Pranger gestellt. Noch 1967 führte die Zeitschrift *famiglia cristiana* den ausbleibenden Kindersegen des Stars auf ihre „dubiose" Ehe und ihre berufliche Karriere zurück:

> Das Unglück der Loren dient dazu, dass sie wieder auf ein rechtes Maß zurückverwiesen wird, sich selbst gegenüber und uns gegenüber. Sie, das Supertalent, hat auch Grenzen; sie,

---

[209] Vgl. Buckley (2006), S. 43.
[210] „E lei, ragazza semplice e spontanea, com'è in realtà, ne soffre terribilmente. A chi la ricorda il cammino, che ha percorso nel cinema e persino il tragitto di grande star, lei gli risponde, che tutto questo è niente se uno non ha un figlio. E tanta costanza, in un ambiente in cui i valori morali come quelli della casa, della famiglia sono meno di niente, ci commuove davvero." Sophia Loren parte per la Svizzera, in: AIL (Archivio Istituto Luce): Radar, RO100, 9.2.1967.

das schöne Mädchen, geschaffen um Kinder zu stillen, kann vorerst keine Kinder stillen; sie, die Millionärin, kann sich kein Kind kaufen. All das macht sie menschlicher, nahbarer und ärmer, als sie sonst erscheinen mag, einfacher und deshalb auch bemitleidenswerter. [...] Andererseits lässt sich nicht leugnen, dass die Loren den ehrlichen Wunsch nach einem Kind und einer rechtschaffenen Familie verspürt. Doch [...] um bestimmte Dinge zur eigenen Zufriedenheit zu erhalten, muss man sich auch für den rechten Weg entscheiden. Tatsächlich hat man aber oft den Eindruck, bestimmte Beziehungen würden eher der Karriere wegen eingegangen, als mit dem Ziel, dem Leben einen Sinn zu geben.[211]

Allerdings hatte die Beziehung zwischen Loren und Ponti ihren skandalösen Beigeschmack in der Zwischenzeit verloren. Anfang der 1960er Jahre hatte das Paar seine mexikanische Ehe scheiden lassen und die französische Staatsbürgerschaft angenommen. Dies ermöglichte Ponti die Scheidung von seiner ersten Ehefrau Giuliana Fiastri, sodass er Loren 1966 in Frankreich zum zweiten Mal heiraten und ihre Verbindung legalisieren konnte. Doch schien dies im Hinblick auf die öffentliche Moral kaum noch notwendig zu sein. Im selben Jahr hatte sich die Vorzeige-Ehefrau Gina Lollobrigida im Ausland von ihrem jugoslawischen Ehemann scheiden lassen. Weiblichkeiten, die außerhalb der traditionellen Sphäre von Mutterschaft und Ehe lagen, hatten sich in der Zwischenzeit im Geschlechterdiskurs etabliert, was nichts daran änderte, dass die Geburt von Lorens erstem Sohn im Dezember 1968 eine international vermarktete Sensation war.

Lorens Hollywoodkarriere: Starkörper und Nation

„Sophia steps into Hollywood" – so kündigte das Titelblatt des *Life Magazine* am 6. Mai 1957 seinen Lesern die Ankunft Sophia Lorens am US-amerikanischen Starfirmament an. Sie war nicht die erste italienische Filmdiva, die dem Ruf nach Hollywood folgte.[212] Zwischen 1937 und 1939 hatte schon Isa Miranda, die in ihrer Heimat als italienische Marlene Dietrich galt, den Schritt ins kalifornische Filmmekka getan. Nach dem Krieg folgte ihr Alida Valli, die unter anderem in Hitchcocks *The Paradine Case* (1947) und *The Third Man* (1949) internationale Erfolge feierte. 1950

---

[211] „Le disavventure della Loren servono [...] a ridimensionare lei di fronte a se stessa, poi a ridimensionarla di fronte a noi. Lei, la superdotata ha dei limiti; lei, la ‚bella guaglionaʻ forgiata apposta per allattare bambini, per ora non può allattarli; lei, la milliardaria, il bambino non può comprarlo. Tutto questo la rende più umana, più vicina, più povera di quanto appaia, più semplice e quindi, più degna di compassione. [...] Inoltre non bisogna negare che la Loren abbia un sincero desiderio di avere un bambino e pure un sincero desiderio di avere una familia regolare. Ma [...] per avere certe cose con soddisfazione bisogna anche scegliere la via giusta. Spesso viene, infatti, il sospetto che certi legami sorgano più per garantirsi una carriera che per dare un senso vero alla vita." Anonym: Che cosa pensare di Sofia Loren, in: Famiglia Cristiana, 12.2.1967, S. 3.
[212] Vgl. Anonym: Sophia at Peak of Her Busy Career, in: Life, 6.5.1957, S. 137–141.

versuchte der Produzent Howard Hughes vergeblich, Gina Lollobrigida während eines Hollywoodbesuchs unter Vertrag zu bringen. Auch Anna Magnani führte ihre Rolle in Daniel Manns Verfilmung von Tennessee Williams' *The Rose Tattoo* (1955), für die sie im selben Jahr einen Oscar erhielt, in die Studios. Doch war Loren als „Italian doll" oder „box-office bambina", wie sie die amerikanische Presse taufte, die erste italienische Schauspielerin, die sich dauerhaft in Hollywood etablieren konnte.[213]

Der große Erfolg des Neorealismus und Filme wie *Riso amaro* hatten in den USA das Interesse am italienischen Kino und seinen weiblichen Stars geweckt. Das heterogene Schönheitsideal der *maggiorate*, das Bodenständigkeit und mediterrane Exotik mit den Formen des Pin-up kombinierte, bediente vertraute Sehgewohnheiten des US-Publikums und bot gleichzeitig die Attraktivität des Neuen und Fremden.[214] Ein Artikel des *Time Magazine* von 1962 vermittelt einen anschaulichen Eindruck von dem klischeehaften Bild des „Südens", mit dem Lorens Image in den USA assoziiert wurde. Ihr Starkörper steht hier für das gleichermaßen mit kolonialen Stereotypen behaftete wie romantisierte Bild der *Méditerranée* als kulturellem Ursprungsraum und Kreuzungspunkt unterschiedlicher „Rassen" und Kontinente, das traditionell als Gegenpol einer westlich und eurozentristisch geprägten Moderne fungierte.[215]

> She has rewritten the canons of beauty. A daughter of the bay of Naples, she has within her the blood of the Saracens, Spaniards, Normans, Byzantines and Greeks. The East appears in her slanting eyes. Her dark brown hair is a bazaar of rare silk. Her legs talk. In her impish Neapolitan laughter, she epitomizes the Capriccio Italien that Tchaikovsky must have had in mind. Lord Byron, in her honor, probably sits up in his grave about once a week and rededicates his homage to ‚Italia! Oh, Italia! thou who hast the fatal gift of beauty.' *Vogue* Magazine once fell to its skinny knees and abjectly admitted: ‚After Loren, bones are boring.' [...] Her body is a mobile of miscellaneous fruits and melons, and her early career was largely a matter of putting them on display."[216]

Als die hier beschriebene exotisierte Schönheit ist Loren in ihren frühen Hollywoodproduktionen wie Stanley Kramers Historienfilm über den spanischen Unabhängigkeitskrieg *The Pride and the Passion* (1957), Jean Negulescos *Boy on a dolphin* (1957), in dem sie als griechische Schwammtaucherin auftritt, oder Henry Hathaways Aben-

---

[213] Ebd., Titelseite u. S. 137.
[214] Zu Lorens Karriere in Hollywood vgl. Gundle (1995b), S. 372 ff. Zur Rezeption italienischer Filmdiven der 1950er Jahre in Hollywood vgl. ders.: Bellissima. Feminine Beauty and the Idea of Italy, New Haven/London 2007, S. 157 f., 161 f. Siehe auch De Berti, Raffaele: Internazionalizzazione del cinema italiano e importazione di modelli, in: Bernardi (2004), S. 329–342, hier S. 329 f.
[215] Baumeister, Martin: Diesseits von Afrika? Konzepte des europäischen Südens, in: Schenk, Frithjof B./Winkler, Martina (Hg.): Der Süden. Neue Perspektiven auf eine europäische Geschichtsregion, Frankfurt/New York 2002, S. 23–47, hier S. 34–35.
[216] Anonym: Much Woman, in: Time, 6.4.1962, S. 44–48, hier S. 44.

teuerfilm *Legend of the Lost* (1957), in dem sie eine Araberin spielt, zu sehen. In der Komödie *Houseboat* (1958) bezirzt sie dagegen als widerspenstiges italienisches Kindermädchen Cinzia den von Cary Grant gespielten Witwer Tom Winters und dessen drei Sprösslinge mit der vermeintlich typisch italienischen Nonchalance und Leidenschaftlichkeit. Eine weitere Hollywoodproduktion, *It started in Naples,* zeigt sie an der Seite Clark Gables vor der gleichsam arkadischen wie rückständig anmutenden Kulisse Capris. Auch dieser Film inszeniert Loren, die hier die impulsive Einheimische und Nachtclubtänzerin Lucia darstellt, als das Andere einer moderneren westlichen Kultur. Gleichzeitig visualisiert ihr Image in allen diesen Filmen auch die Durchlässigkeit national und kulturell definierter Grenzen, an deren Schwelle ihre Starfigur gewissermaßen entstand. Sowohl in der US-amerikanischen als auch in der italienischen Rezeption wurden am Beispiel ihres Starkörpers kulturelle Transferprozesse verhandelt.

In Italien rief Lorens Hollywoodkarriere daher widersprüchliche Reaktionen hervor. Ihre Starfigur wurde im Kontext des einsetzenden Wirtschaftswunders – dessen Kernjahre in der Forschung gängigerweise auf den Zeitraum zwischen 1958 und 1963 datiert werden – zum Indikator des nationalen Aufschwungs,[217] aber auch zur Projektionsfläche der damit verbundenen Ängste und Unsicherheiten. Immer wieder erzählten Presseberichte den märchenhaften Werdegang des einst durch Krieg und Hunger gezeichneten, mageren Mädchens aus dem neapolitanischen Vorort Pozzuoli zum glamourösen Hollywoodstar, die künftig 200.000 Dollar pro Film verdiene. Lorens Aufstiegsgeschichte schien die Nachkriegsentwicklung des ganzen Landes treffend zu beschreiben. Im September 1956 streute die italienische Presse erste Gerüchte, dass amerikanische Regisseure wie Jean Negulesco und Henry Hathaway bereits nach Rom gereist seien, um das viel versprechende Talent mit lukrativen Verträgen nach Los Angeles zu locken. „Der Raub Sofias" titelte die Zeitschrift *L'Espresso* schließlich im Dezember 1956. Drei der größten amerikanischen Produktionshäuser, Paramount, Fox und Columbia, hätten die „schönste Frau der Welt" für insgesamt neun Filme unter Vertrag genommen. Für die Hauptrolle in Delbert Manns geplanter Literaturverfilmung *Desire under the Elms* (1958) habe Sophia sogar die Monroe ausgestochen.[218]

Gleichzeitig erörterten die Medien aber auch die mit Lorens neuem Wohlstand und dem Leben in Hollywood verbundenen „Gefahren". In einer Periode, in der Italien zwar international als wieder erstarkte Nation auftrat, gleichzeitig aber auch von politischer Instabilität und sozialen Unruhen geschüttelt wurde,[219] fungierte Lorens

---

[217] Zum *boom economico* vgl. Ginsborg (1990), S. 210–253; Crainz (2001), S. 83–156.
[218] Serini, Maria Livia: Il ratto di Sofia, in: L'Espresso, 16.9.1956, S. 15.
[219] Ginsborg nennt hier die halbherzige Durchsetzung der Agrarreform, die wachsende Arbeitslosigkeit und die anhaltenden Grabenkämpfe zwischen Arbeiterschaft und Gewerkschaften auf der einen und Regierung und dem Arbeitgeberverband *Confindustria* auf der anderen Seite über die

Starimage als symbolischer Verhandlungsort aktueller Probleme. Der *boom economico* brachte für weite Teile der Bevölkerung zunächst keine unmittelbar spürbare Verbesserung der Lebensverhältnisse mit sich, sodass sich der Konsum vieler Italiener nach wie vor auf die Befriedigung primärer Bedürfnisse beschränkte.[220] Materialismus und Luxus waren in dieser Übergangsphase zum Massenkonsum nach wie vor mit einem unmoralischen Charakter behaftet, wie auch anhand der Diskussionen um Lorens Karriere deutlich wird:

> In ihrer Geburtsstadt, Neapel, gibt es jene Charaktere, die ihr am ähnlichsten sind. [...] Jeden morgen stehen dort mehr als 100.000 Menschen mit der Sorge auf, wie sie an etwas zu essen kommen. Sophia ähnelt diesen hungrigen Neapolitanern, die in der Lage sind, jeden Wohlstand nur als vorübergehendes Phänomen zu begreifen und in ihrem Innersten bereits davon überzeugt sind, dass sie jeden Moment in die Primitivität zurückfallen können. Sophia ist genauso und nur schwer wird die Zeit daran etwas ändern.[221]

Lorens Starfigur war nicht nur Gradmesser der Transformations- und Modernisierungsprozesse im einsetzenden Wirtschaftswunder, sondern auch des zeitgenössisch verstärkt wahrgenommenen Transfers US-amerikanischer Kultur nach Italien, der in der damaligen Presse und Literatur oft als einseitige „Kolonisierung" beschrieben wurde. Der Journalist und Schriftsteller Giorgio Bocca malte in der Einführung seiner Betrachtungen über das *Miracolo all'italiana* das Szenario einer von außen auferlegten kulturellen Homogenisierung und des Verlusts nationaler Traditionen und Autonomie „im Einheitsitalien der Autos, Werbung und der Coca Cola":

> Italien ist gemacht, die Italiener sind es fast. Das, was weder der Papst der Guelfen vermochte, noch Dante Alighieris messinianischer Kaiser oder Macchiavellis Fürst, was weder

---

Durchsetzung des *Piano del Lavoro* sowie die damit verbundenen Streiks und Demonstrationen. Daneben war im Kontext der steigenden Migration die anhaltende Wohnungsknappheit und die schlechte infrastrukturelle Anbindung und Versorgung in den Vorstädten ein Problem. Die Christdemokraten hatten zudem ihre absolute Mehrheit nach den Wahlen 1953 verloren und waren auf wechselnde Koalitionen mit den schmalen Zentrumsparteien und der äußersten Rechten angewiesen, was zur Stagnation sozialer Reformen wesentlich beitrug. Die Legislaturperiode zwischen 1953 und 1958 wird daher auch als „legislatura dell'immobilismo" bezeichnet. vgl. Ginsborg (1990), S. 145 ff., 188 ff.

[220] Vgl. Ebd., S. 216, 236 f.
[221] „Nella sua città natale, Napoli, esistono i caratteri più simili al suo [...] ogni mattina, più di centomila persone si alzano con la preoccupazione di risolvere, in qualche maniera, il problema del mangiare. Ebbene Sophia è simile a quei napoletani affamati, capaci di considerare come provvisorio ogni stato di benessere, e già preparati nell'anima a ricadere nella condizione primitiva. Sophia è così; difficilmente il tempo potrà cambiarla." Guerrini, Mino: Sophia esportazione. Gli americani la comprano a scatola chiusa, in: L'Espresso, 16.12.1956, S. 1, 12–13.

Cavours piemontesischer Bürokratie gelang, noch Mussolini – das haben jetzt die Zivilisation des Konsums und ihr Orakel, das Fernsehen, vollbracht.[222]

In nicht allzu ferner Zukunft, so die pessimistische Prognose Boccas, werde die Pluralität Italiens innerhalb eines amerikanisierten Einheitsbreis versunken sein, würden die Italiener, von den Alpen bis nach Sizilien, dieselben Ess- und Kleidungsgewohnheiten angenommen haben und denselben von den Medien diktierten Idealen nacheifern: „Das wird keine autonome Zivilisation sein, es wird – sagen wir es ruhig – eine Neufassung von Ideen, Techniken und sozialen Beziehungen sein, die größtenteils aus den Vereinigten Staaten stammen."[223]

Dieses Gefühl der kulturellen Vereinnahmung durch die USA wird auch im Zusammenhang mit Lorens Hollywoodkarriere artikuliert. Peinlich genau beobachteten die italienischen Medien die körperlichen Veränderungen ihres Stars und suchten nach den Anzeichen für einen Verlust nationaler Identität oder moralischer Korrumpierung.[224] Bereits seit den 1930er Jahren fungierte Hollywood als Synonym für die mit der gesellschaftlichen Modernisierung einhergehenden Gefahren des Sittenverfalls. „Sophia ist abgemagert, jetzt wiegt sie nur noch 59 Kilo", titelt die italienische Frauenzeitschrift *Grazia* im Dezember 1957. Loren habe sich verändert, sie sei nicht mehr die *pizzaiola* aus *L'oro di Napoli*. Zwar sei sie kultivierter und moderner geworden, ihr Gesicht wirke allerdings müde und verlebt.[225] Die amerikanischen Filmmogule würden Loren allein als exotische Verzierung für ihre Filme gebrauchen, lamentierte etwa *Cinema Nuovo* im Februar 1958.[226] Im *Corriere della Sera* bemängelte der Journalist Arturo Lanocita beispielsweise Lorens Aufmachung in *The Pride and the Passion* als zu künstlich und folkloristisch.

> Es mag zwar seltsam klingen, aber am langweiligsten sind die Liebesszenen [...]. Wenn Cary Grant Sophia Loren küsst (ein wirklich schlecht zusammengestelltes Filmpaar), wenn sie sich umarmen und küssen, dann entsteht ein Gefühl von Ekel. [...] Heftig geschminkt, die Lider schwarz beschmiert und immer schlecht ins Bild gerückt, gelingt es der Schauspielerin nicht, schön zu wirken. [...] Kramer hat sie in eine groteske Maske verwandelt.[227]

---

[222] „L'Italia è fatta, gli italiani quasi. Ciò che non riuscí als Papa-re dei guelfi, all'imperatore-messia dell'Alighieri, al principe macchiavellico, alla burocrazia piemontese di Cavour e ai federali di Mussolini sta riuscendo alla civiltà dei consumi e al suo oracolo televisivo." Bocca, Giorgio: Miracolo all'italiana, Mailand 1962, S. 5.

[223] „Non sarà una civiltà autonoma, sarà diciamolo pure, una rielaborazione di idee, techniche, rapporti sociali che ci arrivano, in grandissima parte dagli Stati Uniti." Ebd.

[224] Guerrini, Mino: Sophia esportazione. Gli americani la comprano a scatola chiusa, in: L'Espresso, 16.12.1956, S. 1, 12–13.

[225] Franchi, Roberto: Sophia è dimagrita adesso pesa 59 chili, in: Grazia, 29.12.1957, S. 38–39.

[226] Anonym: Cosa fanno: Sophia Loren, in: Cinema Nuovo, Nr. 125, 15.2.1958, S. 98.

[227] „E per quanto sembri strano, gli episodi più faticosi sono quelli d'amore [...].[Q]uando Cary Grant bacia Sophia Loren (coppia male assortita se mai ce ne furono) si abbracciano e si baciano

Als Loren Ende der 1950er Jahre für die Dreharbeiten zu De Sicas Film *La Ciociara* nach Italien zurückkehrte und darin erneut in der Rolle der *popolana* auftrat, feierte die Presse dies als ihre Re-Italianisierung. Zwar sei sie nach dreijähriger Abwesenheit „weniger Pizzabäckerin, weniger frech, weniger Sciccolone"[228]. Doch im Inneren sei Sophia die einfache Neapolitanerin geblieben, „das Mädchen, das einst Hunger litt und in der Figur der *pizzaiola* Leidenschaft und Authentizität bewies".[229] Unter der väterlichen Führung Vittorio De Sicas und durch die Rückkehr zum Stil des Neorealismus, „zur Atmosphäre unseres besten Kinos", habe sie in den Kleidern der *Ciociara* ihr natürliches Temperament wiedergefunden und somit „die trüben und unglücklichen Jahre in Hollywood" wieder wettgemacht.[230] Hatte zuvor vor allem die links orientierte Presse Loren zum Vorwurf gemacht, sich gegen die Interessen der nationalen Filmindustrie nach Hollywood verkauft zu haben,[231] lobten Kritiker wie Ugo Casiraghi in der PCI-nahen Tageszeitung *L'Unità* Lorens Rückkehr zum volkstümlichen Kolorit der *popolana*:

> Sofia [sic!] Loren, Veteranin amerikanischer Schauspielkunst, die ihre instinktive Persönlichkeit verändert hatte, [...] lässt die polierten und affektierten Figuren, die ihr sowohl in

---

  nasce un senso di fastidio. [...] Truccata violentemente, con pennellate di nerofumo spalmato sulle palpebre e sempre mal fotografata, l'attrice non riesce a sembrar bella [...] Kramer l'ha tramutata in un mascherone grotesco." Lanocita, Enrico: Rassegna cinematografica, in: Corriere della Sera, 20.12.1957, S. 8; siehe auch Giraldi, Franco: La fortuna di essere Sophia, in: Vie Nuove, Nr. 13, 30.3.1957, S. 32–33.

[228] AIL: Si gira a Roma – Sophia Loren in „La Ciociara", Caleidoscopio Ciak, C1233, 4.8.1960. Sciccolone war Lorens Geburtsname.

[229] S. G.: Non fiori ma spaghetti. Intervista con la Loren di ritorno dall'esilio, in: Vie Nuove, Nr. 31, 1.8.1959, S. 45; Lanocita, Arturo: Rassegna Cinematografica, in: Corriere della Sera, 24.12.1960.

[230] AIL: Si gira a Roma – Sophia Loren in „La Ciociara", Caleidoscopio Ciak, C1233, 4.8.1960. Valmarana, Paolo: Assegnati i nastri d'argento 1960. Visconti batte Fellini, in: Rivista del Cinematografo, Nr. 2 (Februar 1961), S. 50; Buonassisi, Vincenzo: Sofia Loren all'anteprima del film del romanzo di Moravia, in: Corriere della Sera, 23.12.1960.

[231] Beispielsweise war 1957 in *Vie Nuove* zu lesen: „Der wirtschaftliche Wert der Loren steigt derzeit schwindelerregend, was bedeutet, dass sie für unseren Markt schon viel zu teuer geworden ist. Es ist einer der vielen (und sicher nicht der letzte) Beweis für die Preissteigerungs-Strategie, welche die amerikanischen Filmindustrie auf unserem Markt betreibt. Inzwischen sind unsere besten Schauspieler für unser kinematographisches Kapital unerschwinglich geworden. [...] Aber sie [die Stars] könnten unserem Kino einen großen Dienst erweisen, und im Endeffekt auch sich selbst, wenn sie sich genossenschaftlich an unserer nationalen Filmproduktion beteiligen würden." [Il valore economico della Loren ora sta crescendo a ritmo vertiginoso, il che significa che per il nostro mercato costa ormai troppo caro. È uno dei tanti (e non l'ultimo) sintomi della politica del rialzo dei prezzi che l'industria americana sta praticando sul nostro mercato. Ormai i nostri migliori attori sono praticamente inaccessibile al nostro capitale cinematografico [...] Potrebbero invece rendere un grande servizio al nostro cinema, e in fondo, a loro stesse, partecipando in maniera cooperativistica a film nazionali." Giraldi, Franco: La fortuna di essere Sophia, in: Vie Nuove, Nr. 13, 30.3.1957, S. 32–33, hier S. 33.

den USA als auch in Europa aufgezwungen worden waren, hinter sich und erweist sich unter der Führung De Sicas, des magischen Schauspieler-Dirigenten, erstmals der Auszeichnung würdig, die sie vor nur zwei Jahren auf den Filmfestspielen in Venedig erhielt.[232]

Wie ich folgend zeigen werde, dokumentiert dieser Wandel von Lorens *maggiorata*-Körper eine Verschärfung des antiamerikanischen Diskurses im Übergang zu den 1960er Jahren, die vor dem Hintergrund eines Wiederauflebens des Antifaschismus und der Stärkung der politischen Linken in der Krise des *centrismo* zu sehen ist.

La Ciociara: Die Rückkehr der *popolana*

Der Film erzählt am Beispiel des Schicksals der verwitweten Cesira (Sophia Loren) und ihrer zwölfjährigen Tochter Rosetta (Eleonora Brown) die dramatischen Ereignisse der letzten beiden Jahre des Zweiten Weltkriegs in Italien. Die alliierten Bombardierungen italienischer Städte 1942/1943, der Zusammenbruch des Faschismus nach der Absetzung Mussolinis und die Verkündung des Waffenstillstands zwischen italienischer Krone und den Alliierten am 8. September 1943, die darauf folgende Besatzung Italiens durch die deutsche Wehrmacht sowie der Befreiungskrieg der alliierten Truppen und des italienischen Widerstands gegen die Nationalsozialisten und die faschistische „Sozialrepublik" bilden die historische Kulisse der Handlung.

Angesichts der zunehmenden Bombardements auf Rom beschließt Cesira, zusammen mit ihrer Tochter Rosetta auf das Land zu fliehen, um in ihrem Heimatdorf Sant' Eufemia in der Ciociaria das Kriegsende abzuwarten. Vor ihrer Abreise bittet sie ihren Nachbarn, den Kohlehändler Giovanni (Raf Vallone), in der Zwischenzeit auf ihr Lebensmittelgeschäft aufzupassen. Dabei lässt sie sich von ihm verführen.

Cesiras Vorstellung, dem Krieg und seinen Folgen entfliehen zu können, stellt sich bereits auf dem Weg aufs Land als illusorisch heraus. Der Zug, mit dem sie und Rosetta unterwegs sind, kann wegen der Bombardements nicht mehr weiterfahren, sodass die beiden Frauen zu Fuß weitergehen müssen. Auf ihrem Weg werden sie von patrouillierenden Faschisten belästigt und von einem Tieffflieger beschossen. Auch die pastorale Idylle und relative Sicherheit in Sant'Eufemia entpuppen sich als trügerisch.

Wie Cesira, betrachten die Dorfbewohner und die anderen Flüchtlinge das aktuelle politische und Kriegsgeschehen nahezu mit Gleichgültigkeit. Sie sehen die politischen Ereignisse in erster Linie als Störung ihres gewöhnlichen Lebensablaufs. Sie sor-

---

[232] „Sofia Loren, reduce dalle interpretazioni americane, che avevano alterato la sua personalità istintiva […] abbandona i personaggi levigati e sofisticati impostile sia in America che in Europa e, sotto la guida di De Sica, magico direttore di attori, per la prima volta si rivela degna di quel premio d'interpretazione che le fu soltanto regalato, qualche anno fa alla mostra di Venezia." Casiraghi, Ugo: Grande Sophia nella Ciociara, in: L'Unità, 23.12.1960, S. 3

gen sich um ihren Besitz, ihre Lebensmittelvorräte, ihre Familien und wünschen das Ende des Kriegs herbei, „egal ob die Engländer oder die Deutschen gewinnen". Ihrer Indifferenz widersetzt sich Michele (Jean Paul Belmondo), ein junger Student und Antifaschist, der den Kriegsdienst verweigert und zusammen mit seinen Eltern in das Bergdorf geflohen ist. Er verliebt sich in Cesira, die ihm zwar nicht gleichgültig gegenübersteht, seine Avancen allerdings nicht ernst nimmt. Auf Micheles Bitten bietet sie zwei englischen Offizieren für eine Nacht Unterschlupf in ihrer Hütte. Tage später kommt auch eine deutsche Patrouille auf dem Rückzug vor den Alliierten ins Dorf und führt Michele ab, der ihnen den Weg durch das Gebirge weisen soll. Wie sich später herausstellt, wird er am Ende von den Wehrmachtssoldaten erschossen. Unterdessen machen sich Cesira und Rosetta gemeinsam mit den anderen Flüchtlingen aus Sant' Eufemia auf den Rückweg in Richtung Rom. Nachdem Cesira entgegen allen Warnungen entschieden hat, mit ihrer Tochter alleine weiterzuziehen, um keinen Umweg in Kauf nehmen zu müssen, werden sie von einer Patrouille nordafrikanischer Soldaten der französischen *Corps expeditionnaire francaise* (CEF) vergewaltigt.[233] Das Ereignis führt zu einem Bruch zwischen Mutter und Tochter. Die völlig unter Schock stehende Rosetta verschließt sich vor Cesira, die die Geschehnisse ihrerseits verdrängt und nach wie vor der Illusion nachhängt, es könne alles so werden wie zuvor. Eine endgültige Absage an diese nunmehr absurde Hoffnung ist Rosettas Reaktion auf ihre Vergewaltigung. Sie prostituiert sich dem jungen Florindo (Renato Salvatori), der die beiden Frauen in seinem Lieferwagen mitnimmt und ihnen im Haus seiner Mutter

---

[233] Den von Genereal Alphonse Juin kommandierten CEF kam im Mai 1944 eine zentrale Rolle bei der militärischen Durchbrechung der Verteidigungslinie der deutschen Wehrmacht (Gustav-Linie) bei Monte Cassino zu. Mündlichen Zeugnissen zufolge sollen von diesen Soldaten Plünderungen und Vergewaltigungen in der Region um Cassino verübt worden sein. Doch die Forschungslage zu den auf über 60.000 geschätzten Vergewaltigungsfällen, die an italienischen Frauen im Zweiten Weltkrieg verübt wurden, ist nach wie vor sehr lückenhaft. Bis heute werden diese Kriegsverbrechen allein mit den französischen Kolonialtruppen konnotiert. Das macht auch der synonym für die Vergewaltigungen verwendete Begriff „marocchinate" deutlich. Dagegen belegen Quellen wie alliierte Disziplinarberichte, dass die Vergewaltigungen ebenso von den europäischen, US-amerikanischen und kanadischen Alliierten verübt wurden. Die einseitige Projektion dieser Straftaten auf die nordafrikanischen Soldaten ist vor dem Hintergrund fortbestehender kolonialer Stereotype des triebhaften, kriminellen Afrikaners oder Arabers zu betrachten. Sie verdecken in diesem Kontext, dass die Italiener auf dem Balkan und in Griechenland selbst an Massenvergewaltigungen beteiligt waren. Die selektive Erinnerung an die „marocchinate" bietet bis heute einen Anknüpfungspunkt für xenophobische Diskurse in Italien. Ein Plakat der neofaschistischen Partei Alleanza Nazionale vom Herbst 2005 instrumentalisierte ein Bild aus der Vergewaltigungsszene von *La Ciociara*, unter welchem der Schriftzug „Mai più!" prangte, für ihre ausländerfeindliche Politik und die Kriminalisierung von Asylanten. Einer der wenigen Forschungsbeiträge zu den „marocchinate" ist Vania Chiurlottos Studie: Donne come noi. Marocchinate 1944 – Bosniache 1993, in DWF, Nr. 17 (1993), S. 42–67; zu Berichten über Sexualstraftaten alliierter Soldaten in Neapel vgl. De Marco, Paolo: Polvere di piselli. La vita quotidiana a Napoli durante l'occupazione alleata (1943–1944), Neapel 1996, S. 132 ff.

eine Unterkunft anbietet. Als Rosetta nachts mit Nylonstrümpfen – dem klischeehaften Zahlungsmittel für sexuelle Dienste – wieder zurückkehrt, verprügelt Cesira sie. Erst die gemeinsame Trauer um Michele, von dessen Tod Cesira kurz zuvor erfahren hat, vereint Mutter und Tochter wieder. Bei der Erinnerung an Michele erkennt Cesira ihre utopische Vorstellung, den Krieg ungeschoren überstehen zu können, und bereut ihr Fehlverhalten: „Aveva ragione Michele! Scappi, scappi e poi, guarda che mazzate!" Die Schlusssequenz zeigt, wie sie ihre Tochter tröstend in den Armen wiegt.

La Ciociara war einer von über vierzig Filmen, die zwischen 1959 und 1963 entstanden und ihren Fokus auf die historischen Ereignisse der letzten Kriegsjahre richteten. Damit erlebte jenes Themenfeld eine neue Blütezeit, das den neorealistischen Film der unmittelbaren Nachkriegszeit dominiert hatte und im Kino der 1950er Jahre allenfalls unterschwellig präsent war. Die um 1960 gedrehten Filme wurden zeitgenössisch als „zweiter Neorealismus" (*secondo neorealismo*) bezeichnet, nicht zuletzt, weil sich mit Filmautoren wie Vittorio De Sica, Cesare Zavattini, Roberto Rossellini und Luchino Visconti erneut die neorealistischen Altmeister den letzten Kriegsjahren zuwandten.[234] Wie ist jedoch dieses Wiederaufleben der Kriegs- und Nachkriegsthematik in Filmen wie Rossellinis *Il Generale della Rovere* (1959), Comencinis *Tutti a casa* (1960), Dino Risis *Una vita difficile* (1961) oder Nanni Loys *Le quattro giornate di Napoli* (1962) und der darin zum Ausdruck kommende kollektive Rückblick auf die historischen Fundamente der Italienischen Republik zu erklären?

In diesem Zusammenhang ist es hilfreich, den Film innerhalb seines politischen und erinnerungsgeschichtlichen Entstehungskontextes näher zu beleuchten. Die oben genannten Filme entstanden wie auch De Sicas *La Ciociara* unter dem Eindruck der populären Massenproteste im Sommer 1960 nach einem Rechtsruck der christdemokratischen Regierung unter Ministerpräsident Fernando Tambroni, die sich auf die Stimmen der Neofaschisten und Monarchisten stützte. Nachdem bei den Ausschreitungen in der ersten Juliwoche landesweit zehn Demonstranten von der Polizei erschossen worden waren, musste die amtierende Regierung am 22. Juli 1960 zurücktreten, womit die Weichen für den künftigen Koalitionskurs der Christdemokraten im Sinne einer Öffnung nach links, die sich schließlich im Februar 1962 realisierte, gestellt worden waren.[235] In der Forschung wurde die Bedeutung der Proteste vom

---

[234] Iaccio, Pasquale: Il cinema rilegge cent'anni di storia, in: De Vincenti, Giorgio (Hg.): Storia del Cinema italiano, Bd. X, 1960–1964, Venedig 2001, S. 191–210; Argentieri, Mino: Il cinema nell'Italia del centrosinistra, in: ebd., S. 173–190.

[235] So resümiert Ginsborg: „The Tambroni affair established clearly one of the constants in the political history of the Republic: namely that anti-Fascism, especially in northern and central Italy, had become part of the dominant ideology. Any attempt to move into authoritarian direction, away from the Constitution and back towards the Fascist regime, was likely to meet with a massive and uncontrollable protest movement." Ders. (1990), S. 254–258, hier S. 257; siehe auch Crainz, Guido: Storia del Miracolo Italiano. Culture, identità, trasformazioni fra anni cinquanta e sessanta, Rom ³2001 [1996], S. 163–202.

Juli 1960 als Schlüsselereignis sowohl für die Politisierung der jungen Generation und der Formierung einer neuen Linken als auch für die enge Zusammenarbeit zwischen Arbeitern und Studenten in den Protestbewegungen der späten 1960er Jahre hervorgehoben.[236]

Die linke Presse feierte die Proteste 1960 als Zerschlagung der „klerikal-faschistischen" Allianz, die aus einem intuitiven Wiederaufleben der *resistenza*-Ideale unter der breiten Bevölkerung hervorgegangen sei.[237] Hatte in der Ära des *centrismo* (1948–1958) die antikommunistische Rhetorik der DC und der Kirche den nationsbildenden Diskurs dominiert, setzte mit dem Erstarken der politischen Linken eine Phase „der alleinigen Kommemoration des antifaschistischen Widerstands zwischen 1943 und 1945" ein.[238] Das Kino spiegelte diese Affirmation des „antifaschistischen Paradigmas" unmittelbar wider und trug maßgeblich zu dessen „Popularisierung" bei. Zwar setzte damit nach einer Phase des Schweigens die öffentliche Auseinandersetzung mit den Themen des Faschismus und Antifaschismus ein. Doch kam es dabei zu einer „Überlagerung von Erinnerung", wie Lutz Klinkhammer formuliert.[239] Die Selbstwahrnehmung der Italiener als Opfer von Repressionen und Fremdbesatzung beziehungsweise als Kämpfer für die eigene Befreiung von den Nationalsozialisten verdrängte das Gedenken an das von breiten Bevölkerungsschichten getragene faschistische Regime, den italienischen Aggressions- und Expansionskrieg und die von Italien verübten Kriegsverbrechen.[240] Darüber hinaus war die selektive Sicht auf die *resistenza* der Legitimation der politischen Linken funktional. Die Verklärung des Widerstands zu einer vermeintlichen Massenbewegung diente nicht nur als „Gründungsmythos" der Italienischen Republik, sondern fungierte im Kontext der sich ankündigenden *apertura a sinistra* auch als politisches Instrument, um „die eigenen Ansprüche eines besseren Italien, für das die *resistenza* schließlich gekämpft hatte, durchsetzen zu können".[241] Vittorio De Sica und insbesondere Cesare Zavattini, der das Drehbuch zu *La Ciociara* verfasste, standen dem linken Lager nahe.

---

[236] Lumley, Robert: States of Emergency. Cultures of Revolt in Italy from 1968–1978, London/New York (1990), S. 14–15.

[237] Focardi, Filippo: La guerra della memoria. La Resistenza nel dibattito politico italiano dal 1945 a oggi, Rom/Bari 2005, S. 42; siehe auch Tranfaglia, Nicola: Un passato scomodo. Fascismo e postfascismo, Mailand 2006.

[238] Cornelißen, Christoph/Klinhammer, Lutz/Schwentker, Wolfgang: Nationale Erinnerungskulturen seit 1945 im Vergleich, in: dies. (Hg.): Erinnerungskulturen. Deutschland, Italien und Japan seit 1945, Frankfurt a. M. 2003, S. 9–27, hier S. 17.

[239] Klinkhammer, Lutz: Kriegserinnerung in Italien im Wechsel der Generationen. Ein Wandel der Perspektive?, in: ebd., S. 333–343, hier S. 337.

[240] Vgl. Colotti, Enzo: Fascismo e politica di potenza. Politica estera, 1922–1939, Florenz 2000; Del Boca, Angelo: Gli Italiani in Africa Orientale, 4 Bde., Rom/Bari 1976–84; Rodogno, Davide: Fascism's European Empire, Cambridge 2006.

[241] Klinkhammer (2003), S. 338.

Die Starfigur Sophia Lorens dient in *La Ciociara* als Projektionsfläche für diese Diskurse. Über ihre Figur verhandelt der Film das Verhältnis Italiens zu seiner faschistischen Vergangenheit und beleuchtet den gesellschaftlichen „Wiederaufbau" nach 1945 aus einer dezidiert linkspolitischen Perspektive. *La Ciociara* dokumentiert, dass es mit dem Wiederaufleben des antifaschistischen Paradigmas auch zu einer Verstärkung des antiamerikanischen Diskurses kam. Die Figur der Cesira steht hier als Allegorie eines Italien, das sich – aus der Sicht der Kommunisten und Sozialisten – zuerst durch den Faschismus und schließlich durch den von den Christdemokraten versprochenen „amerikanischen Traum" und den Konsumkapitalismus des *boom economico* verführen ließ. Dieses Italien wird über das Motiv der Vergewaltigung symbolisch zerstört und innerhalb des filmischen Narrativs zu den Werten des Antifaschismus zurückgeführt, die eine Regeneration und ein alternatives Projekt der Nationsbildung in Aussicht stellen.[242]

Abb. III. 15

Die Vergewaltigung ist die dominierende Szene des Films (Abb. III. 15). Die Darstellung der geschundenen Cesira, die mit aufgelösten Haaren und zerrissenen Kleidern am Boden kauert, ist nicht nur in der nachfolgenden Rezeption zum Emblem von *La Ciociara* stilisiert worden. Das Bild dominierte die Vorschauen sowie die unterschiedlichen Werbeplakate des Films schon vor dessen Premiere Ende Dezember 1960. So

---

[242] Die Konnotation des Faschismus mit den USA, die in La *Ciociara* sichtbar ist, haben auch Ruth Ben-Ghiat und Massimo Perinelli in ihren jeweiligen Studien zum Neorealismus feststellen können. In Filmen wie *Roma, città aperta* (1945), *Caccia Tragica (1947), Natale al Campo 119* (1948) oder *Riso amaro* (1949) stehen die USA als Metapher des nutznießerischen, unmoralischen und repressiven faschistischen Regimes. Faschisten und Nationalsozialisten werden mit einer US-amerikanisch konnotierten, eskapistischen Vergnügungskultur, Materialismus, Konsumismus und sexueller Perversion in Verbindung gebracht und zum konstitutiven „Außen" des linken Antifaschismus stilisiert. Dieser Diskurs ist verstärkt in den Filmen zu finden, die nach dem Bruch der antifaschistischen Allianz und dem Ausschluss der Linken aus der Regierung 1947 entstanden. Damit reproduzierten die Filme einen Antiamerikanismus, den bereits die faschistische Propaganda bedient hatte, wie Ben-Ghiat vergegenwärtigt. Vgl. Ben-Ghiat (1999), S. 95; Perinelli (2009), S. 179 f.

sind die Reklamefilme für *La Ciociara* durch Sequenzen aus der Schändungsszene ergänzt, die in der Spielfilmversion fehlen.[243] Im *Corriere della Sera* bezeichnete der Filmkritiker Arturo Lanocita die Szene, in der sich „die animalische Wut der Barbaren an den Frauen entlädt", gar als „das schönste und furchtbarste Kapitel des Films".[244]

Die Filmversion nimmt in dieser zentralen Szene eine bedeutsame Veränderung im Vergleich zur Romanvorlage vor: Während in Moravias Werk allein die Tochter Rosetta das Opfer der Vergewaltiger ist, bleibt im Film auch die von Loren verkörperte Cesira von den Misshandlungen nicht verschont. In der ursprünglichen Filmversion waren diese inhaltlichen Änderungen nicht geplant. Denn eigentlich sollte Loren die Rolle der erwachsenen Tochter, Rosetta, spielen, während Anna Magnani für den Part der Mutter vorgesehen war. Doch nachdem Magnani sich geweigert hatte, neben einem kommerziellen Star wie Loren aufzutreten, übernahm letztere die Rolle der Protagonistin Cesira. Um die zum Zeitpunkt der Dreharbeiten erst fünfundzwanzigjährige Sophia Loren einigermaßen glaubhaft in der Mutterrolle zu inszenieren, musste für die Filmversion folglich auch die Figur der Tochter verjüngt werden. In De Sicas *Ciociara* ist Rosetta keine junge Erwachsene von achtzehn Jahren, wie im Roman, sondern ein zwölfjähriges Mädchen.

Dieser inhaltlichen Änderung entspricht eine Verschiebung der Erzählperspektive in der filmischen Umsetzung des literarischen Stoffes, die sich in einer Verlagerung der Blickverhältnisse manifestiert, wie Millicent Marcus in einer vergleichenden Analyse der beiden Texte festgestellt hat.[245] So werden die Geschehnisse und handelnden Personen im Roman aus der Sicht der rückblickenden Ich-Erzählerin Cesira dargestellt. Der jungfräuliche Körper ihrer achtzehnjährigen Tochter Rosetta ist das Zentrum ihres mütterlichen Blicks und fungiert als Projektionsfläche für ihre Fantasien von einer unbefleckten Rückkehr zu ihrem kleinbürgerlichen Leben vor dem Krieg. In der filmischen Version richtet sich die Kamera dagegen primär auf den Körper Cesiras, der als erotisches Schauspiel inszeniert wird. Die Verschiebung des Blicks vom Körper der Tochter auf die Mutter resultiert einerseits daraus, dass die literarische Perspektive der Ich-Erzählerin filmisch schwer umzusetzen ist. Zum anderen ist es die Starpräsenz der jungen Sophia Loren, welche sich mit der Filmfigur Cesiras überlagert, und diese zum visuellen Zentrum des Films macht.[246]

Wie ich anhand der vorigen Filmanalysen zeigen konnte, war die erotische Inszenierung Lorens nicht unbedingt gleichbedeutend mit der Objektivierung ihres Körpers zum passiven Lustobjekt oder mit einer Unterordnung ihrer Weiblichkeit.

---

[243] Die originalen Kino-Trailer sind als Extras zum Film *La Ciociara* in der von Mediaset herausgegebenen DVD-Reihe Cinema Forever enthalten.
[244] Lanocita, Arturo: Rassegna Cinematografica, in: Corriere della Sera, 24.12.1960.
[245] Marcus, Millicent: De Sica's Two Women. Realigning the Gaze, in: dies.: Filmmaking by the Book. Italian Cinema and Literary Adaption, Baltimore/London 1993, S. 67–90, hier S. 68 ff.
[246] Ebd. S. 78 ff.

Vielmehr machten die von ihr verkörperten Frauenfiguren ihre physischen Reize bewusst zum Spektakel, um sich über männliche Hierarchien hinwegzusetzen. In *La Ciociara* wird Loren dagegen auf geradezu aggressive Weise zum Objekt männlicher Schaulust stilisiert (Abb. III. 16). Stierende, voyeuristische Männerblicke verfolgen Cesira und ihre Tochter in den Straßen Roms und im Zug auf der Reise nach Sant' Eufemia. Wiederholt gibt die Kamera die Sicht auf die entblößten Beine oder das Dekolleté der Protagonistin frei, zeigt sie und ihre Tochter halbnackt beim Waschen, wobei die beiden Frauen jedes Mal von Männern beobachtet oder überrascht werden. Dieser unterordnende männliche Blick durchzieht den gesamten Film und arbeitet sukzessive auf den Missbrauch der beiden Protagonistinnen als visuellen und narrativen Höhepunkt der Erzählung hin. Beständig schweben Rosetta und Cesira in der Gefahr, Opfer männlicher Gewalt zu werden. Diese beginnt mit den Bombardements auf Rom, setzt sich in den Tieffliegerangriffen während ihres Fußmarschs fort, zeigt sich in den Belästigungen des Schwarzhemds Scimione (Luciano Pigozzi), der sich lüstern Rosetta nähert, oder in der drohenden Waffe des deutschen Soldaten (Franco Balduccio).

Abb. III. 16

Selbst die Liebesszene zwischen Cesira und Giovanni zu Beginn des Films stellt dieses hierarchische Blickverhältnis her und erhält somit einen aggressiven Beigeschmack. In einer Schuss-Gegenschuss-Aufnahme visualisiert die Kamera den Blickwechsel zwischen dem Paar, wobei Giovanni von oben auf Cesira herabblickt, die auf einem Stuhl sitzt und von unten zu ihm aufschaut. Dieser hierarchische Eindruck wird auf narrativer Ebene verstärkt, denn Cesira wehrt sich zunächst gegen den Verführungsversuch des verheirateten Giovanni, bis sie rücklings zu Boden fällt – eine weitere Vorschau auf ihre spätere Vergewaltigung – und ihn schließlich doch leidenschaftlich küsst.

An Lorens Starimage manifestiert sich die regulierende Macht des männlichen Blicks, auf den die Protagonistin reagiert, indem sie sich etwa die Bluse zuknöpft oder den Rock zurechtrückt. Gleichzeitig begehrt sie dagegen auf, wird selbst aggressiv und versucht, auch ihre Tochter davor zu schützen. Doch je entschiedener sich Cesira gegen die drohende Gewalt und die männlichen Blicke zur Wehr setzt, desto aggressiver scheinen sich diese auf sie zu richten. Diese Dialektik findet in der Schändungsszene in der Kirche ihren Höhepunkt. Hier sieht man abwechselnd Cesira und ihre Tochter, die jeweils von einer Horde Männer umgeben sind und von diesen brutal zu Boden gezerrt werden. Auf den Kamerablick aus der Vogelperspektive – der die Sicht der Vergewaltiger auf die entsetzten Frauen visualisiert – folgt ein Gegenschuss in die Aufsicht. Nun sind aus der Perspektive der beiden sich wehrenden Frauen die bedrohlichen Gesichter der nordafrikanischen Soldaten zu sehen.[247] Die Dominanz des *male gaze* setzt sich auch dann fort, als Cesira und ihre Tochter nach den Misshandlungen im Lieferwagen von Florindo sitzen, der bereits ein Auge auf Rosetta geworfen hat und die Frauen fragt, ob sie etwas „mit diesen Afrikanern" zu tun gehabt hätten. Erst in der Schlusssequenz, nachdem Cesira ihre Fehler eingesehen und ihre Tochter um Vergebung bittend im Arm hält, zieht sich der aggressive Blick in einer langen Kamerafahrt, langsam zurück und lässt die beiden in ihrer weiblichen Pietà zurück.

In der Konnotation von Cesiras Körper mit der sie umgebenden Landschaft, die der Film über die visuelle Inszenierung Lorens herstellt, findet eine Gleichsetzung der Hauptfigur mit Italien statt (Abb. III. 17). Ihr misshandelter Körper steht für das vom Krieg geschundene Italien als Ganzes. Die symbolische Synthese von weiblichem Körper und Landschaft war ein zentrales Motiv in den Filmen des Neorealismus und versinnbildlichte die Suche nach einem identitären Neubeginn, dessen Notwendigkeit *La Ciociara* im Kontext der politischen Krise des *centrismo* neu postulierte.[248]

Abb. III. 17

Indem der Film am Beispiel der Loren-Figur die Vergewaltigungen italienischer Frauen in den Mittelpunkt stellt, die während des Befreiungskriegs von alliierten Truppen

---

[247] Über die Darstellung der nordafrikanischen Soldaten als animalisch, triebhaft und unzivilisiert reproduziert *La Ciociara* rassistische und koloniale Stereotype, wie sie bereits der faschistische Diskurs hervorgebracht hatte. Vgl. Stefani (2003); Iyob (2005).
[248] Zum Verhältnis von weiblichem Körper und Landschaft im Nachkriegskino vgl. Grignaffini, Giovanna: Il femminile nel cinema italiano. Racconti di rinascita, in: Brunetta, Gian Piero (Hg.): Identità italiana e identità europea nel cinema italiano dal 1945 al miracolo economico, Turin 1996, S. 357–389.

verübt wurden, entsteht ein Bild, das die italienische Nation primär als Opfer äußerer Gewalten zeigt. Auf der anderen Seite stellt der Film Cesiras „Schändung" jedoch auch als Konsequenz ihres falschen und egoistischen Handelns dar. Sie interessiert sich nur soweit für die politischen Ereignisse, wie diese ihr gewohntes Privatleben beeinträchtigen. Aus Sorge um das Inventar ihres Lebensmittelladens und die Aussteuer Rosettas will sie mit dem Vorrücken der Amerikaner möglichst schnell nach Rom zurückkehren und geht somit das Risiko ein, den gefährlichen Weg alleine mit ihrer Tochter zurückzulegen. Ihre Vergewaltigung erscheint letztlich als Konsequenz ihres unverantwortlichen, von Eigennutz und Materialismus getriebenen Handelns.

Diese Eigenschaften und die Aussicht auf ein besseres und komfortableres Leben in der Großstadt hatten Cesira bereits als junge *contadina* dazu bewegt, die Zweckehe mit dem alten, römischen Lebensmittelhändler einzugehen. Cesiras Verhältnis zu ihrem verstorbenen Ehemann, der filmisch allerdings nicht als Figur auftritt, sondern lediglich auf dialogischer Ebene erwähnt wird, steht als Gleichnis für das Verhältnis der Italiener zum Faschismus. Über das Motiv der Sexualität wird eine Assoziation des Ehemanns mit der Figur Mussolinis erreicht. Cesira bemerkt sowohl gegenüber Giovanni als auch gegenüber Michele den Widerwillen und Ekel, mit dem sie ihr Eheleben in sexueller Hinsicht ertragen hatte: „Ma ti pare giusto che uno se debba tirar' dietro fino alla morte una persona che non gli va? Guarda che è brutto andare a letto con uno che non ti piace, tutte le sere, tutta la vita." Ein analoges Bild wird in der Szene entworfen, die Cesira mit den Frauen des Bergdorfes in ihrer Hütte zeigt, während sie sich über die Befreiung des Duce unterhalten. Als eine der Frauen flüsternd fragt, wie man mit einem Mann wie Mussolini nur ins Bett gehen könne, antwortet Cesira ungerührt, dass es ausreiche, das Licht auszuschalten. Ihre Antwort löst Gelächter bei den Frauen aus, doch die Filmzuschauer können die Äußerung auch in Relation zu den ehelichen Erfahrungen der Protagonistin deuten.

Cesiras Einstellung gegenüber dem Regime ist durch dieselbe Gleichgültigkeit gekennzeichnet, mit der sie auch ihre Ehe führte. Wie sie gleich zu Beginn äußert, hatte sie an der Diktatur Mussolinis bis zum Kriegseintritt nichts auszusetzen.[249] Sie habe mit ihrem Lebensmittelladen gut verdient. Ebenso wie das Verhältnis zu ihrem Ehemann basiert ihr Verhältnis zum Regime eher auf einem passiven Erdulden und ist von Opportunismus bestimmt. Dabei fällt auf, dass der Film diese Einstellung explizit an die kleinbürgerlichen Schichten in den Städten sowie auf dem Land (*borghesia rurale*) knüpft. Denn die Händler und Ladenbesitzer, die wie Cesira aus der Umgegend nach Sant'Eufemia geflohen sind, zeigen eine ähnliche apolitische und mitläuferische Haltung. Sie schmettern gedankenlos faschistisches Liedgut wie *Facet-*

---

[249] In der Forschung ist dagegen betont worden, dass der Konsens mit dem Regime beim Kriegseintritt Italiens nicht wesentlich schwand, sondern erst als sich die Niederlage des Faschismus abzeichnete, vgl. Knox, Macgregor: Mussolini Unleashed, 1939–1941: Politics and Strategy in Italy's Last War, Cambridge 1982.

ta nera oder *Vivere!*. Ihnen ist egal wer den Krieg gewinnt, wenn es nur nicht die Russen sind, unter deren Herrschaft sie befürchten, keinen freien Handel mehr treiben zu können. Ihnen stehen der Student Michele und der Arbeiter Giovanni entgegen, die die Erzählung mit dem Antifaschismus konnotiert. Hier transportieren die Filmbilder marxistische Faschismustheorien, wie sie in Italien etwa durch Antonio Gramsci formuliert worden. Mit dem Erstarken der Linken Anfang der 1960er Jahre lebten sie wieder auf. Diese Theorien begriffen das Mussolini-Regime als ein reaktionäres Phänomen, das aus dem Krisenstadium des Kapitalismus hervorgegangen sei und auf einem Machtblock basierte, der von den alten industriellen Eliten, von Großgrundbesitzern und einer kleinbürgerlichen Massenbasis getragen wurde.[250]

Auch das Aufflammen des Neofaschismus in der Nachkriegszeit verknüpften Vertreter der Linken mit dem wachsenden Konsumkapitalismus und dem kategorischen Antikommunismus der Christdemokraten.[251] Die Ehe des Bauernmädchens Cesira mit dem reichen Lebensmittelhändler kann somit auch als Metapher für einen (aus linker Perspektive) „falschen" nationalen Wiederaufbau der italienischen Nachkriegsrepublik unter christdemokratischer Führung gelesen werden. Sie steht als Symbol einer Gesellschaft, welche die Werte der *resistenza* für die Westintegration und ein US-amerikanisch wie kapitalistisch geprägtes Wohlstandsstreben aufgegeben hat. Anstatt sich mit den politischen Ideen Micheles auseinanderzusetzen, die Cesira als Spinnereien abtut, ist sie mit dem Inventarisieren, Auflisten von Waren, Handeln, Rechnen, Geldzählen und der Sorge um ihre Tochter beschäftigt. Michele personifiziert dagegen die Ideale eines parteienübergreifenden Antifaschismus, der marxistische und christlich-katholische Prinzipien vereint. Er verweigert den Wehrdienst, kritisiert den Materialismus und abwartenden Opportunismus der übrigen Dorfbewohner, predigt Nächstenliebe, liest aus der Bibel vor, leistet Widerstand, indem er alliierten Soldaten hilft, und will sich schließlich den Partisanen anschließen. Michele verkörpert die Utopie eines alternativen demokratischen Wiederaufbaus, wie sie auch in zahlreichen neorealistischen Filmen des *dopoguerra* immer wieder reproduziert wurde. Zum Ent-

---

[250] Zu einer differenzierten Sicht auf Gramscis Faschismusinterpretation und Faschismustheorien in Italien vgl. Bosworth, Richard J. B.: The Italian Dictatorship: Problems and Perspectives in the Interpretation of Mussolini and Fascism, London/New York 1998, S. 37–57. Siehe auch Petersen, Jens/Schieder, Wolfgang: Das faschistische Italien als Gegenstand der Forschung, in: dies. (Hg.): Faschismus und Gesellschaft in Italien. Staat – Wirtschaft – Struktur, Köln 1998, S. 9–18; Addis Saba, Marina: Il dibattito sul fascismo: le interpretazioni degli storici e dei militanti politici, Mailand 1976; siehe allgemein Passmore, Kevin: Fascism. A Very Short Introduction, Oxford 2002, S. 15.

[251] Die linke Presse führte das antikommunistisch begründete, teilweise stark repressive staatliche Vorgehen gegen Arbeiter und Gewerkschaften auf personelle Kontinuitäten zum Faschismus in Wirtschaft, Politik, Polizei und Bürokratie zurück. Vgl. Duggan, Christopher: Italy in the Cold War Years and the Legacy of Fascism, in: Italy in the Cold War: Politics, Culture and Society 1948–1948, Oxford 1995, S. 1–25, hier S. 8–11; siehe auch Crainz (2001), S. 31–40.

stehungszeitpunkt von *La Ciociara* war diese bereits enttäuscht worden, was filmisch durch die Erschießung Micheles visualisiert wird. Doch wird die Rückbesinnung auf die Ideale der *resistenza* letztlich als Möglichkeit einer kulturellen Erneuerung unter der Ägide der Linken präsentiert, während das christdemokratische Lager mit dem Faschismus assoziiert wird.

Auf einer metatextuellen Ebene wird mit dem Starimage Sophia Lorens eine weitere Bedeutung in den Filmtext hineingetragen. Das Melodram zelebriert, sowohl über die Anlehnung an den Stil des Neorealismus (Loren spricht im römischen Dialekt) als auch über das Motiv der Vergewaltigung, die Zerstörung und Profanisierung ihres Hollywoodglamours. In verschiedenen Sequenzen sieht man Cesira ein Bündel Geldscheine aus ihrem Büstenhalter hervorholen oder hineinstecken. Durch die Konnotation des Geldes mit ihren Brüsten – dem Markenzeichen der *maggiorata* – wird ihre Weiblichkeit als Ware konstruiert. Hier scheint erneut der Vorwurf auf, Loren habe sich der amerikanischen Filmindustrie prostituiert, der auch in der Berichterstattung über ihre Hollywoodkarriere unterschwellig präsent war.[252]

Über ihre Figur rechnet der Film letztlich mit dem Kino der *maggiorate fisiche* ab, das in den Augen vieler linker Kulturschaffender, zu denen auch Cesare Zavattini und Vittorio De Sica gehörten, der Inbegriff einer instrumentalisierten, eskapistischen Massenkultur des *centrismo* war. Die links orientierte Zeitschrift *L'Espresso* beurteilte etwa in einem Bericht von 1956 die damalige Unterhaltungsindustrie wie folgt:

> So wie gestern der Faschismus immer präsent sein wollte und das Gewissen der Bürger auf das grausamste erpresste, versucht auch die heutige Führungsklasse ein ganz ähnliche Aktion. Damals wurden unsere Schwächen mit Militarismus und Patriotismus übertüncht, heute vom kommerziellen Mystizismus und einer schlecht vermittelten Kultur.[253]

La Ciociara wurde dagegen als Zeichen der Wiedergeburt eines politischen und sozialkritischen Kinos in der Tradition des Neorealismus bewertet, der mit dem nationsbildenden Projekt des linken Antifaschismus assoziiert wurde. Als Loren 1962 für ihre Rolle den Oscar als beste Protagonistin erhielt, wurde sie in der kommunistischen Tageszeitung *L'Unità* als geläuterte *maggiorata* zum Symbol eines neuen nationalen Kinos stilisiert:

> Die Auszeichnung für Sophia erscheint umso bedeutungsvoller, wenn man an die unzähligen schauspielerischen Darbietungen der Loren während ihrer langen Hollywood-Aufenthalte

---

[252] Vgl. Giraldi, Franco: La fortuna di essere Sophia, in: Vie Nuove, Nr. 13, 30.3.1957, S. 32–33. Zu einem ähnlichen Ergebnis kommt auch Massimo Perinelli, vgl. ders. (2009), S. 316.

[253] „Come ieri il fascismo non voleva essere assente in nessuna manifestazione, imponendo alle coscienze dei cittadini i più crudeli ricatti, oggi la nuova classe dirigente tenta di nuovo un'operazione del genere. Ieri, le nostre debolezze venivano verniciate di militarismo e di patriotismo; oggi di misticismo commerciale e di cultura volgarizzata male. Anonym: Con uno scoppio di stupidità finisce l'estate." La fama effimera è pericolosa, in: L'Espresso, 9.9.1956, S. 1.

denkt, in denen sie nie über ein anständiges Mittelmaß hinauskam. Kaum ist sie nach Italien zurückgekehrt, um ein Prachtstück von einer *popolana* zu verkörpern, die ihrem angeborenen Talent entspricht; kaum wird sie von der warmherzigen Sensibilität eines Vittorio de Sica geführt und von der realistischen Kraft des Stoffes, den man ihr anvertraut hat, angespornt, gibt sie ihr Bestes. Die sinnliche und laute *pizzaiola* von einst hat sich in die *Ciociara* verwandelt, in eine wirkliche, vollkommene, feurige Frau. Der Erfolg der *Ciociara* in Amerika war triumphal. Und der Oscar hat das alles gewissermaßen besiegelt. Indem er die Schauspielerin auszeichnete, hat er auch den Film prämiert, der von einem Italiener in Szene gesetzt wurde, einem italienischen Roman entlehnt ist, von einem italienischen Drehbuchautor geschrieben wurde und das dramatische Kriegsgeschehen in Italien beleuchtet.[254]

Tatsächlich erlebte das italienische Kino im Übergang zu den 1960er Jahren eine Renaissance, die gleichzeitig durch formalästhetische Innovationen und kommerziellen Erfolg gekennzeichnet war. Jedoch war diese nicht das Ergebnis einer simplen Rückbesinnung auf die Tradition des Neorealismus oder die republikanischen Wurzeln im historischen Antifaschismus. Vielmehr griffen Filme wie Antonionis *L'avventura* oder *La notte*, die Filme Fellinis oder das populäre Genre der *commedia all'italiana* heterogene Aspekte und Stile der international orientierten italienischen Filmtradition auf und fügten diese unter den veränderten kulturellen Bedingungen im Wirtschaftswunder neu zusammen und ergänzten sie um neue Elemente.

Auch Lorens lange Starkarriere ist auf diese Heterogenität und die Wandelbarkeit ihres Images zurückzuführen. Denn das Bild der *maggiorata* nahm in seiner Konnotation mit der folkloristischen Performanz der *popolana* im Übergang Italiens zur Industriegesellschaft einen immer anachronistischeren Charakter an. Vor dem Hintergrund der gesellschaftlichen und geschlechtergeschichtlichen Transformationsprozesse des *boom economico*, die ich in den nächsten Kapiteln ausführlich beleuchten werde, musste die *maggiorata* ihre hegemoniale Stellung im Bilderuniversum des italienischen Films an neue Weiblichkeitsmodelle und Körperlichkeiten abtreten. So war Loren als *popolana* allenfalls noch in Filmen mit historischen Rahmenhandlungen (*La Ciociara, Una giornata particolare*, 1977) oder in ihrer Konnotation mit

---

[254] „E il premio a Sophia appare tanto più significativo, ove si pensi che nessuna delle numerose prove di recitazione offerte dalla Loren, nei suoi lunghi e ripetuti soggiorni hollywoodiani, aveva superato i limiti di un decoroso professionismo. Tornata in Italia, chiamata a incarnare una splendida figura di popolana – così esattamente congeniale al suo talento nativo – guidata con affettuosa sensibilità da Vittorio de Sica, spronata infine dalla forza realistica della storia che le veniva affidata, a dare meglio di se stessa, la sensuale e chiassosa 'Pizzaiola' di un tempo si trasformava nella 'Ciociara': una donna vera, completa, ardente. L'esito della Ciociara in America è stato trionfale, e l'"Oscar" vi ha posto, in certo modo, il suggello premiando attraverso l'attrice anche il film: diretto da un regista italiano, tratto da un romanzo italiano, scritto da uno sceneggiatore italiano, centrato sulle drammatiche vicende della guerra in Italia." Anonym: La telefonata di Cary Grant: Sophia hai vinto l'Oscar, in: L'Unità, 11.4.1962, S. 1 u. 9; Anonym: Per la prima volta il premio a un'italiana in un film europeo, in: Il Corriere della sera, 11.4.1962, S. 9.

dem vermeintlich rückständigen italienischen Süden (*Matrimonio all'italiana*, 1965) zu sehen.

Den Wandlungsprozess ihres Starkörpers illustriert sehr anschaulich De Sicas Episodenfilm *Ieri, oggi e domani*, in dem sie 1963 die Hauptrolle spielte. Dabei steht jede der drei Filmepisoden für einen Abschnitt der im Titel *Ieri, oggi e domani* beschriebenen zeitlichen Entwicklung, die sich im Körper Lorens und der sie umgebenden Landschaft manifestiert. Die neapolitanische *popolana* Adelina, die auf dem Schwarzmarkt Zigaretten verkauft, um ihre Familie zu ernähren, erinnert in ihrer Konnotation mit den proletarischen Schichten an die Frauenfiguren Anna Magnanis im Kino der Nachkriegszeit. Sie steht für ein im Entstehungskontext des Films bereits als gestrig empfundenes Italien. Ihre Figur reflektiert eine Weiblichkeit, die sich um die Angelpunkte Familie und Mutterschaft dreht. In ihrer schäbigen Kleidung, ihrer rauen, dialektalen Sprache und betont bodenständigen Darstellung steht Loren in der Rolle der kleinkriminellen Adelina als Symbol für eine nostalgisch verklärte Rückständigkeit, die hier auf den Süden des Landes projiziert wird.

Dagegen hebt sich in der zweiten Episode das Bild eines modernen, im Heute lebenden Nordens ab. Loren spielt darin eine Mailänder Industriellengattin, die ihre Geliebten ebenso häufig wie ihre Pelzmäntel und Autos wechselt. Der Körper der *maggiorata* hat hier eine modern anmutende Silhouette angenommen, die durch ihre Kleidung in der minimalistischen H-Linie betont wird, hinter der ihre weiblichen Geschlechtsmerkmale zu verschwinden scheinen. In ihrer Autonomie und sexuellen Freizügigkeit visualisiert sie ein Frauenbild, das seinerzeit mit den Modernisierungsprozessen des Booms assoziiert wurde und das Kino der 1960er Jahre dominierte. Die letzte Episode zeigt sie dagegen als römische Prostituierte Mara, die einen Priesterschüler zunächst auf Abwege und dann wieder auf den Pfad der Tugenden bringt und einen Striptease für ihren Freier unterbricht, weil sie sich daran erinnert, vor der Madonna ein Enthaltsamkeitsgelübde abgelegt zu haben. Ihre gleichzeitig erotisierte und madonnenhafte Erscheinung verweist auf eine Anfang der 1960er Jahre einsetzende, widersprüchliche sexuelle Liberalisierung, die in Konflikt mit traditionellen Moralvorstellungen trat.

Ieri, oggi e domani fasst im Kern die unterschiedlichen Facetten des eingangs zitierten Loren-Mythos zusammen, der moderne und traditionelle Aspekte von Weiblichkeit in sich vereint. Loren ist gleichzeitig volkstümliche Hausfrau und Mutter, Sexbombe und moderne Karrierefrau. Noch heute schreibt sie gleichzeitig Kochbücher, dreht Filme und hat sich zuletzt, rund fünfundsiebzigjährig, für den Playboy ablichten lassen. Nach wie vor entzünden sich an ihrem Starkörper Debatten rund um die Frage, was sich für Frauen schickt oder nicht. Heute drehen sich diese Diskussionen vor allem um das Thema Weiblichkeit und alternder Körper. Das zeigen die wilden Spekulationen in der internationalen Boulevardpresse über die Zahl der Faceliftings oder Brust-OP's, die Loren angeblich habe durchführen lassen. In ihrer langen Karriere ist sie zu einer Ikone geworden, die immer noch provoziert, die auf unterschiedlichste Idealvorstellungen und Fantasien von Weiblichkeit antwortet und damit nach wie vor erfolgreich ist.

IV. Der verführte Latin Lover
Marcello Mastroianni und Männlichkeiten im *boom economico*

> Der *Latin lover*! Nicht auszuhalten. Vor fünfunddreißig Jahren, als ich *La dolce vita* drehte, haben die Amerikaner beschlossen, ich sei der *Latin lover*. [...] Und das Etikett wurde dann von Journalisten in Italien und in Europa ganz allgemein übernommen. Der Einfachheit halber: "*Latin lover*!", und schon ist alles gesagt. Aber wieso eigentlich *Latin lover*? Ich bin nie in Nachtclubs gegangen; ich bin nie auf der Via Veneto auf und ab spaziert, obwohl ich dort einen Film gedreht habe. [...] Vielleicht weil ich in diesem Film und später auch in anderen von schönen Frauen umgeben war: Aber allein deswegen ist man doch kein *Latin lover*.[1]

Nach seinem durchschlagenden Erfolg in Federico Fellinis *La dolce vita* (1960) wurde Marcello Mastroianni in der internationalen Rezeption und daraufhin auch in Italien immer wieder mit dem Stereotyp des romantischen Verführers und sogenannten Latin Lover identifiziert. Sein Renommee als südländischer Frauenheld verstärkte sich wohl zudem durch die Gerüchte um zahlreiche Liebesbeziehungen und seine Filmauftritte neben blonden, nordischen Leinwandgöttinnen wie Anita Ekberg, Brigitte Bardot, Ursula Andress, Faye Dunaway oder Catherine Deneuve.[2] Nicht ohne Stolz berichtete die italienische Presse Anfang der 1960er Jahre, dass sich die berühmtesten weiblichen Stars um Mastroianni als Filmpartner rissen und dieser wöchentlich mehr als 30.000 Liebesbriefe erhalte: „BB sagte: ‚Für den Film von Louis Malle: entweder Marcello oder keinen!'"[3] In New York werde er als „*bellissimo* Don Giovanni" gehandelt – hieß es in einem Zeitschriftenartikel weiter – und in Paris als „verführerischster

---

[1] „Il latin lover, che pazienza! Sono trentacinque anni da quando ho fatto *La dolce vita*, che gli Americani hanno deciso, che io ero il latin lover. [...] Formula poi raccolta anche da giornalisti italiani, europei in genere, perché è facile. Latin lover - ed è detto tutto. Ma latin lover di che? Io non ho mai battuto i night club, non ho mai frequentato Via Veneto, anche se ho fatto i film a Via Veneto. [...] Forse è per il fatto che io in quel film, e dopo anche in altri, sono stato attornato da belle donne, ma questo non significa essere latin lover sullo schermo." Mastroianni im Interview mit der Filmemacherin Anna Maria Tatò, reproduziert in deren Dokumentarfilm über Mastroianni *Mi ricordo, sì, io mi ricordo* (1997); erschienen auch als Autobiografie in deutscher Übersetzung: Mastroianni, Marcello: Ja, ich erinnere mich, hg. v. Francesco Tatò, Wien/München 1998, S. 61–62.

[2] Diese Vermutung äußert auch Jacqueline Reich in ihrer Studie über Mastroianni. Ihre Annahme wird durch die im Rahmen dieser Arbeit ausgewertete italienische Presseberichterstattung über Mastroianni zu Beginn der 1960 Jahre bestätigt.

[3] Serini, Marialivia: O lui o nessuno. Brigitte Bardot non riesce a smuovere Mastroianni, in: L'Espresso, 2.7.1961, S. 12.

aller Verführer" bezeichnet.[4] Der *Espresso* sah den Star nicht nur im Bezug auf seine Gage, sondern auch hinsichtlich seines Status als Sexsymbol auf Augenhöhe mit „Sophia, Brigitte oder Marilyn".[5] Mastroianni dagegen distanzierte sich zeitlebens von seinem klischeehaften Latin-Lover-Image, welches er als vulgär und degradierend empfand.

> „Der *Latin lover!*' So etwas Dummes, zum Verrücktwerden. Und es wertet mich ab. Ich habe gesagt: ‚Habt Ihr überhaupt meine Filme gesehen?'[...] Ich habe arme Teufel gespielt, in deren Leben Sex überhaupt keine Rolle spielte. Selbst die erotischen Phantasien in Fellinis Filmen könnten von einem Jugendlichen, beinahe von einem Kind stammen. Aber es ist hoffnungslos, einfach hoffnungslos! Inzwischen bin ich zweiundsiebzig, und sie bezeichnen mich noch immer als *Latin lover*! Was bin ich denn? Eine Jahrmarktsattraktion?"[6]

Vor dem Hintergrund seiner Filmrollen erschien dem Schauspieler sein Ruf als Playboy absurd. Zwar war er zu Beginn der 1960er Jahre und auch in seinen späteren Filmen häufig in der Rolle des gut aussehenden und galanten *homme à femmes* zu sehen. Doch verkörperte Mastroianni dabei nie die hypermaskuline, triebhafte Männlichkeit, die er offenbar mit dem Begriff des Latin Lover verband. In *Padri e figli* (1957) und *Il bell'Antonio* (1960) verkörperte er impotente Männer, in *Divorzio all'italiana* (1961) einen betrogenen Ehemann und in Marco Ferreris Filmepisode *L'uomo dei 5 palloni* einen gescheiterten Mailänder Unternehmer, der Selbstmord begeht. In der Komödie *Niente di grave, suo marito è incinto* (1973) ist Mastroianni gar als schwangerer Mann zu sehen und in Ettore Scolas Drama *Una giornata particolare* (1977) als Homosexueller. Kurz gesagt: Viele der Filmfiguren, die Mastroianni verkörperte, scheinen das ihm anhaftende Verführerimage zu demontieren. Und so verwundert es nicht, dass 1965, als Mastroianni für das Bühnen-Musical *Ciao Rudy* in die Rolle des kinematischen Ur-Latin-Lover, Rudolph Valentino, schlüpfte, einige Kritiker seine Besetzung lobten, andere diese aber als unpassend kritisierten. Letzteres wurde bezeichnenderweise mit dem angeblich eklatanten Unterschied begründet, der zwischen der *Männlichkeit* des historischen Originals und der seines modernen Konterfeis, Mastroianni, bestünde:

> Ein Mann aus Taranto ist kein Römer, Marcello Mastroianni ist nicht Rudolph Valentino. [...] Valentino, wie Dos Passos in *Tango Lento* sagt, war „der Gigolo und der Traum aller Frauen". Mastroianni dagegen ist ein Mamasöhnchen [...] Er gefällt, weil er ein Junge ist, wenig offensiv und beherrschbar; Valentino gefiel, weil er drohend die Augen rollte, oft eine

---

[4] Serini, Marialivia: L'amato dormiglione, in: L'Espresso, 21.1.1962, S. 12–13.
[5] Ebd.
[6] „Il latin lover! Una cosa da impazzire proprio, di una stupidità, perché poi mi involgarisce anche. Io ho detto: Ma avete visti i miei film? [...] Ho fatto dei disperati, dove il sesso non c'entrava niente. [...] Non c'è niente da fare. Oramai ho 72 anni, continuano a scrivere ‚Il latin lover'. Ma che sono? Un fenomeno da baraccone?"

IV. Marcello Mastroianni: Der verführte Latin Lover 245

Peitsche in der Hand hielt und niemals eine Frau küsste, ohne vorher ihren Widerstand gebrochen zu haben.[7]

Im Vergleich zu dem als maskulin beschriebenen Valentino wurde Mastroianni inner- wie außerfilmisch immer wieder mit körperlichen und charakterlichen Eigenschaften versehen, die als unmännlich galten oder ihn mit femininen Stereotypen konnotierten. Presseberichte titulierten ihn als „Hühnerbrust" und beschrieben den Schauspieler als öffentlichkeitsscheu, unbeholfen, lethargisch und ängstlich.[8] Er wirke melancholisch und matt, so der *Espresso* in einem Portrait über Mastroianni, womit er bei Frauen das Bedürfnis wecke, ihn zu trösten. Die mondänen Verpflichtungen eines Stars seien ihm ein Graus, ebenso das Arbeiten im Ausland. Dort verhalte er sich wie ein unbeholfenes Kind, „das beruhigt werden muss". Während der Dreharbeiten zu Louis Malles *Vie privée* (1962) habe er sich gar vor den unberechenbaren Wutausbrüchen seiner Filmpartnerin Brigitte Bardot gefürchtet.[9]

Mastroianni wurde in der Presse nicht wie sein Vorgänger Valentino als Mann präsentiert, der die Frauen dominierte. Vielmehr stand sein Bild für eine Männlichkeit, die gegenüber dem weiblichen Geschlecht eine unterlegene, passive Position einnahm. Auch in seinen Filmen steht er Frauen gegenüber, die neben ihm geradezu monströs wirken – so etwa die Filmdiva Sylvia in *La dolce vita* (1960), die Figuren der Prostituierten Saraghina in *8 ½* (1963) oder Mara in *Ieri, oggi e domani* (1963). Mastroiannis Filmfiguren haben Schwierigkeiten, sich gegenüber Frauen durchzusetzen, sind von ihrer Rolle als Ehemann überfordert und letztlich auch in ihrer Sexualität von Frauen bestimmt. In Michelangelo Antonionis *La notte* (1961) wird er als introvertierter Schriftsteller Giovanni Pontano von einer Nymphomanin überfallen. In Mario Monicellis *Casanova 70* (1965) – einer Parodie auf den Mythos des berühmten Eroberers – ist die sexuelle Bereitwilligkeit der Damenwelt Ursache für die Impotenz des Protagonisten. Auch die bekannte Brunnenszene aus *La dolce vita*, in der er neben Anita Ekberg in den Fluten der *Fontana di Trevi* watet – ein Bild, das seither untrennbar mit Mastroiannis Starimage verbunden ist –, zeigt den scheiternden Versuch des Reporters Marcello Rubini (Marcello Mastroianni), die Hollywooddiva Sylvia Rank (Anita Ekberg) zu verführen. Mastroianni, das wird hier deutlich, war in seinen Fil-

---

[7] „Un tarantino non è un romano, Marcello Mastroianni non è Rodolfo Valentino. [...] Valentino, come dice Dos Passos in ,Tango lento', era ,il gigolò dei sogni di tutte le donne'; Mastroianni è un ,cocco di mamma'. [...] Piace perché è fanciullone, piuttosto inoffensivo, insomma dominabile; Valentino piaceva perché roteava gli occhi con fare cattivo, aveva spesso una frusta tra le mani e non baciava mai una donna senza averla prima piegata in due." Quilici, Lia: Il tango di Marcello, in: L'Espresso, XII, n. 2, 9.1.1966, S. 14–15, hier S. 14.
[8] Modugno, Sergio: Ho lasciato Fellini per conquistare i giovani, in: BIG, 13.8.1965, S. 8–11, hier S. 9; Serini, Marialivia: L'amato dormiglione, in: L'Espresso, 21.1.1962, S. 12–13; Quilici, Lia: Buonanotte Marcello, in: L'Espresso, 4.4.1965, S. 14–15, hier S. 15.
[9] Ebd. S. 12.

men kein maskuliner Eroberer, sondern allenfalls ein Mann, der verführte, weil er sich selbst verführen ließ.

Wie aber ist dieses widersprüchliche Image zu erklären? Wieso empfand der Star seinen Ruf gar als abwertend? Woher rührt der hartnäckige Mythos des italienischen Liebhabers? Und welche Männlichkeit verbirgt sich überhaupt hinter dem Begriff des sogenannten Latin Lover, einem Begriff, der heute auch einem Cocktail, einer Kaffeemarke, einer diamantbesetzten Damen-Uhr oder einem Cabriolet eine erotisch-exotische Komponente verleiht? Ist es womöglich gar nicht allein die des gockelhaften Machos?

Der *Dizionario della Lingua Italiana* definiert den Liebeskünstler als „Liebhaber feurigen Temperaments, der trotzdem romantisch ist, so wie man vor allem in den nordeuropäischen Ländern Männer aus latinischen Ländern wahrnimmt".[10] Wie hier als grundlegendes Charakteristikum deutlich wird, konstruiert sich der Latin Lover als Ikone einer internationalen Populärkultur im Dialog von Fremd- und Selbstbildern italienischer oder allgemeiner: latinischer Männlichkeit. Das wird zudem anhand des englischen Terminus evident, der sich international zur Bezeichnung dieser „südländischen" Männlichkeit etabliert hat. Wie ich in einem anknüpfenden Exkurs zur kulturgeschichtlichen Entwicklung des Verführer-Topos skizzieren werde, dient der Latin Lover vor allem als Symbol kultureller Differenz innerhalb einer immer wieder neu reproduzierten Opposition von „Norden" und „Süden" und der daran gekoppelten Ideen von Modernität und Rückständigkeit. Dies ist in der langen Tradition eines von Bewunderung und Abwehr gekennzeichneten Italiendiskurses zu betrachten, der sich seit der Renaissance durch die europäische und später die US-amerikanische Kulturgeschichte zieht.[11] Wie einschlägige Forschungsarbeiten gezeigt haben, ist dieses widersprüchliche Italienbild mit Stereotypen belegt, die von einer „ethnischen", „rassischen", religiösen und sexuellen Differenz Italiens und der Italiener ausgehen.[12]

---

[10] „Amante di temperamento focoso ma romantico, come specialmente nel nord Europa, si ritiene che siano gli uomini dei paesi latini." De Mauro, Tullio (Hg.): Dizionario della Lingua Italiana, Torino 2007.

[11] Vgl. weiterführend: Baumeister, Martin: Diesseits von Afrika? Konzepte des europäischen Südens, in: Schenk, Frithjof Benjamin/Winkler, Martina (Hg.): Der Süden. Neue Perspektiven auf eine europäische Geschichtsregion, Frankfurt/New York 2007, S. 23–47.

[12] Peter Bondanella hat etwa in seiner Studie *Hollywood Italians* gezeigt, dass gängige Stereotype italienischer Männlichkeit, wie sie das US-Kino mit dem Latin Lover oder dem ruchlosen Mafioso hervorgebracht hat, archetypisch bereits in den Dramen Shakespeares zu finden sind. Vgl. ders.: Hollywood Italians. Dagos, Palookas, Romeos, Wise Guys and Sopranos, New York/London 2004, S. 13. Siehe auch Cosco, Joseph P.: Imagining Italians. The Clash of Romance and Race in American Perceptions, 1880–1910, Albany 2003, hier S. 7; Allen, Beverly/Russo, Mary: Introduction, in: dies. (Hg.): Revisioning Italy: National Identity and Global Culture, Minneapolis 1997, S. 1–19, hier S. 3; Agnew, John: The Myth of Backward Italy in Modern Europe, in: ebd., S. 23–42. Siehe auch Petersen, Jens (Hg.): Italienbilder – Deutschlandbilder, Köln

> Italy is nothing if not deeply imagined, serving as the other country for northern cultural tourism. More powerful European nations have dominated and fetishized a ‚piccola italia' as weak, effeminate, southern, and exotic throughout its formative modern history.[13]

So hat auch Jacqueline Reich in ihrer Studie *Beyond the Latin Lover* im Bezug auf Mastroianni festgestellt, dass das Latin-Lover-Etikett aus einem internationalen Kontext heraus, insbesondere aus dem US-amerikanischen, auf den Star übertragen worden sei und mehr mit ausländischen Stereotypen italienischer Männlichkeit und dem Italienbild der 1950er Jahre zu tun habe, als mit seiner eigentlichen Starperson oder seinen Filmrollen.[14]

> The Latin lover image, more than a direct reflection of the characters the actor portrayed throughout his career, is a consumer icon, marketed to the international (particularly American) public who hungered for Italian commodities (fashion, design, travel), including sexualized images of Italian masculinity.[15]

Wie Reich überzeugend darlegt, erlebte der Latin Lover im Hollywood-Kino der Nachkriegszeit im Zusammenhang mit einer neuen Welle der „Italiensehnsucht",[16] aber auch bedingt durch die Verlagerung eines Teils der amerikanischen Filmproduktion in das lukrativere „Hollywood am Tiber", ein Comeback.[17] Mastroiannis Popularität im Ausland sei eng an den neuerlich trendweisenden Status Italiens in Sachen Mode, Design und Lebensart gebunden, der seit den 1950er Jahren das traditionelle Italienbild als Land klassischer Schönheit, Kultur und simpler Lebensfreude ergänzte.[18] Reich erklärt somit einen wichtigen Faktor der widersprüchlichen Rezep-

---

1999; Wiegel (2004); Guglielmo, Jennifer/Salerno, Salvatore (Hg.): Are Italians White? How Race Is Made in America, New York/London 2003, siehe darin vor allem die Aufsätze von Garbaccia, Donna R.: Race, Nation, Hyphen: Italian-Americans and American Multiculturalism in Comparative Perspective, in: ebd., S. 44–59, und De Salvo, Louise: Color: White/Complexion: Dark, in: ebd., S. 17–28.

[13] Allen/Russo (1997), S. 3.
[14] Reich, Jacqueline: Beyond the Latin Lover. Marcello Mastroianni, Masculinity and Italian Cinema, Bloomington 2004, S. 26 ff.
[15] Ebd., S. 47.
[16] Zum Begriff der Italiensehnsucht vgl. Wiegel, Hildegard (Hg.): Italiensehnsucht. Kunsthistorische Aspekte eines Topos, München 2004.
[17] Zur amerikanischen Produktion in Italien und der Präsenz der US-Majors auf dem italienischen Markt im Allgemeinen vgl. Corsi, Barbara: Con qualche dollaro in meno. Storia economica del cinema italiano, Rom 2001, S. 66 ff.
[18] Vgl. Reich (2004), S. 31 ff. Siehe auch Gundle, Stephen: Hollywood Glamour and Mass Consumption in Postwar Italy, in: Journal of Cold War Studies, 4/3 (Sommer 2002), S. 95–118, hier S. 113. Zum Aufstieg der italienischen Modebranche, die in den 1950er Jahren vom Glamour des Filmsektors wesentlich profitierte, vgl. White, Nicola: Reconstructing Italian Fashion. America and the Development of the Italian Fashion Industry, Oxford/New York 2000. Zur Popularität italie-

tion Mastroiannis und weist auf die transkulturelle Genese seines Images hin. Ihren Überlegungen ist jedoch hinzuzufügen, dass der Stereotyp des Latin Lover ebenso wie Mastroiannis Starimage auch *innerhalb* der italienischen Öffentlichkeit, in enger Auseinandersetzung mit dem Blick von *außen*, diskutiert und geformt wurde. So hat Giannino Malossi den Latin Lover treffend als einen Allgemeinplatz beschrieben, „durch den sich Italiener und Ausländer gegenseitig betrachten".[19] Mastroiannis Ruf als Frauenliebling resultierte somit nicht allein aus der Zuschreibung ausländischer Stereotype. Sein Auftreten als verführter Verführer im italienischen Kino der frühen 1960er Jahre ist auf Verschiebungen im Geschlechter- und Sexualitätsdiskurs während des italienischen Wirtschaftswunders zurückzuführen.

In weniger als zwei Jahrzehnten entwickelte sich Italien zwischen den frühen 1950er und Mitte der 1960er Jahre von einer überwiegend agrarisch strukturierten Gesellschaft zu einer der führenden Industrienationen. Damit ging eine nachhaltige Veränderung der individuellen Lebensgewohnheiten sowie der Familien- und Arbeitsverhältnisse eines Großteils der italienischen Bevölkerung einher.[20] Paul Ginsborg hat die Kernjahre des italienischen Wirtschaftswunders zwischen 1958 und 1963 als den Beginn einer „sozialen Revolution" beschrieben, die einen radikalen Wandel traditioneller Strukturen auf ökonomischer, soziokultureller und politischer Ebene nach sich zog.[21] Im Kontext rasanter Industrialisierungsprozesse, der dadurch ausgelösten Migration,[22] einer fortschreitenden Säkularisierung und Technisierung

---

nischen Haushalts- und Möbel-Designs sowie der Vespa siehe: Spark, Penny: A Home for Everybody? Design, Ideology and the Culture of the Home in Italy, 1945–1972, in: Baranski, Zygmunt/Lumley, Robert (Hg.): Culture and Conflict in Postwar Italy: Essays on Mass and Popular Culture, London 1990, S. 225–41; Brandt, Thomas: Centaur, Venus or Centauress – Gendering the Vespa Scooter in Italy in the 1940s–1960s, in: Borgersen, Terje/Maurseth, Anne Beate (Hg.): Frabbrikens Sted, Bilde og Idé (The Locus, Image and Ideal of Factory), Trondheim 2002; Ginsborg, Paul: A History of Contemporary Italy – Society and Politics 1943–1988, London 1990, S. 239 ff.

[19] „…attraverso il quale italiani e stranieri si guardano reciprocamente." Malossi, Giannino: Avvertenza. Banalità del Latin Lover, in: ders (Hg.): Latin Lover. A Sud della Passione, Mailand/New York 1995, S. 19–24, hier S. 19.

[20] Einen Überblick über die soziokulturellen und politischen Transformationen im *miracolo economico* geben: Crainz (2001), S. 83–155; Ginsborg (1990), S. 210–253; Salvati, Michele: Economia e politica in Italia dal dopoguerra a oggi, Mailand 1984, S. 47–62; Sassoon, Donald: Contemporary Italy: Economy, Society and Politics since 1945, London ²1997 [1986], S. 26–41; Tranfaglia, Nicola: Dalla crisi del centrismo al „compromesso storico", in: Barbagallo, Francesco u. a. (Hg.): Storia dell'Italia repubblicana, Bd. II/2: La trasformazione dell'Italia: Sviluppo e Squilibri. Istituzioni, Movimenti, Culture, Turin 1995, S. 7–91, hier S. 20 ff.; einen Einblick in die zeitgenössische Wahrnehmung dieser Veränderungsprozesse gibt: Bocca, Giorgio: Miracolo all'italiana, Mailand 1962.

[21] Allgemein Ginsborg (1990), S. 210 ff.

[22] Zwischen 1955 und 1971 waren über neun Millionen Italiener in interregionale Migration involviert, davon wanderten zwei Millionen aus dem Süden in die nördlichen Großstädte ab, vgl. Ginsborg (1990), S. 217 f.

der Alltagskultur, einer Ausweitung des Bildungsangebots sowie eines zunehmenden Massenkonsums, der erstmals für breite Bevölkerungsschichten Realität wurde, kam es auch zu einer generellen Ausweitung der individuellen Möglichkeiten und einer Pluralisierung der Lebensstile.[23] Wie etwa Stephen Gundle, Adam Arvidsson oder Simonetta Piccone Stella gezeigt haben, ist es auch auf die zunehmende Medialisierung der italienischen Gesellschaft und den dadurch beschleunigten transnationalen Kulturtransfer zurückzuführen, dass traditionelle Sozialisationsinstanzen wie Familie, Schule, Kirche oder Politik an Gewicht verloren.[24] In direkter Wechselwirkung mit diesen Veränderungen verschoben sich nicht nur die Parameter männlicher und weiblicher Körperkonstruktion, sondern auch die Hierarchien zwischen den Geschlechtern.[25] Wie ich folgend ausführe, gingen damit eine Aufwertung weiblicher Sexualität und die wachsende Kritik an der institutionalisierten Doppelmoral einher. Eine Gesellschaft, in der die vor- und außereheliche Sexualität von Männern kein Tabu war, Frauen für dasselbe Verhalten dagegen als „gefallene Mädchen" diskriminiert wurden oder rechtlich als Ehebrecherinnen belangt werden konnten,[26] wurde zunehmend als undemokratisch und anachronistisch empfunden.

Dass auch die zeitgenössischen Männlichkeiten von den lauter werdenden Forderungen nach einer „sozialen und *moralischen* Gleichstellung"[27] der Geschlechter nicht unbeeinflusst blieben, wird am Topos des Latin Lover unmittelbar deutlich. So war in der italienischen Presse dieses Zeitraums verstärkt von einer Krise des männlichen Verführers die Rede, der nunmehr zu einem Spielzeug der Frau verkommen sei.

---

[23] Gundle (1995a), S. 150–234; Crainz (2001), S. 132–142; Capuzzo, Paolo (Hg.): Genere, generazione e consumi. L'Italia degli anni Sessanta, Rom 2003; Piccone Stella, Simonetta: La prima generazione. Ragazze e ragazzi nel miracolo economico italiano, Mailand 1993, S. 9–90; dies.: Donna ‚all'americana'? Immagini convenzionali e realtà di fatto, in: D'Attore (1991), S. 268–280; Arvidsson (2003), S. 67–89 u. 90–108.

[24] Zur Entwicklung der Kulturpolitik des PCI vgl. Gundle (1995a), S. 152–153; zur Krise des Centrismo und Rückgang der religiösen Aktivität vgl. Ginsborg (1990) S. 244–45; Piccone Stella (1993), S. 32–64; zur Adaption neuer Lebensstile und Moden in der Jugendkultur der 1950er Jahre vgl. Capussotti (2004a); Arvidsson, Adam: Consumi, media e identità nel lungo dopoguerra. Spunti per una prospettiva d'analisi, in: Capuzzo (2003), S. 29–52.

[25] Eine umfassende Untersuchung des *boom economico* aus geschlechter- und körperhistorischer Perspektive ist nach wie vor ein Forschungsdesiderat. Bisher liegen nur wenige Einzelstudien vor. Zu Weiblichkeiten vgl. Asquer, Enrica: La ‚Signorina Candy' e la sua lavatrice. Storia d'un intesa perfetta nell'Italia degli anni Sessanta, in: Genesis, V/1 (2006), S. 97–118; Liguori, Maria Chiara: La parità si acquista ai grandi magazzini? Boom economico e trasformazione del modello femminile, in: Capuzzo (2004), S. 155–166; zu Männlichkeiten vgl. Bellassai, Sandro: Mascolinità, mutamento, merce. Crisi dell'identità maschile nell'Italia del boom, in: Capuzzo (2003); S. 105–137; siehe allgemein ders.: Mascolinità contemporanea, Rom 2004, S. 99–123.

[26] Vgl. Caldwell (1991), S. 65, Morris (2006a), S. 3–4.

[27] Harrison, Lieta: Le svergognate, Rom 1963, S. 155. Hervorhebung der Verfasserin.

Auch in Italien, wo sich die Frauen langsam von der Angst vor dem Vater, dem eifersüchtigen Ehemann und von der Keuschheitsbesessenheit befreien, fängt der Mythos des verführenden und erobernden Mannes an zu bröckeln. Verführer ist ein Begriff, der ausstirbt. Die sexuelle Freiheit hat die Liebe zerstört. Heute, wo man alles von einem Mädchen bekommt, muss man sie nicht mehr verführen. Wenn man eine Frau nicht mehr erobern muss, wird der Verführer überflüssig. Der Mann wird als eine Art Konsumgut betrachtet.[28]

Wie der Autor des Artikels in nostalgischer Erinnerung an bessere Zeiten lamentierte, hatte der Don Giovanni der späten 1950er Jahre das Nachsehen, wenn die zu erobernde Dame selbst in Liebesdingen aktiv wurde. Anders ausgedrückt – der traditionelle Mythos des Frauenverführers funktionierte vor allem innerhalb einer Sexualmoral, in der vor- und außereheliche Sexualität für Frauen ein Tabu darstellte. In dem Moment aber, in dem sich das Verhältnis von Aktivität und Passivität zwischen den Geschlechtern verschob, konnte auch das verführerische Spiel des Latin Lover nicht wie vormals funktionieren. Denn, wie Ute Frevert konstatiert, „welche Weiblichkeitsbilder in einer Gesellschaft kursieren, beeinflusst auch die Wahrnehmungen und Deutungen von Männlichkeit (und umgekehrt)."[29] Um also weiterhin bei der Damenwelt erfolgreich zu sein, musste sich ein Mann, der als sexuell erfolgreich gelten wollte, nicht nur im Bezug auf die immer wichtiger werdende individuelle Distinktion durch Konsum an die „Wünsche der weiblichen ‚Klientel'" anpassen.[30] Er hatte auch den Forderungen nach einem gleichberechtigten Ausleben weiblicher Sexualität entgegenzukommen.

Wie ich anhand der Analyse von Mastroiannis Starfigur in seinen Filmen der frühen 1960er Jahre zeige, wurde über sein Image eine männliche Anpassung an diese Verschiebungen innerhalb des Geschlechterverhältnisses verhandelt und damit auch der Wandel bestimmter kultureller und körperlicher Praktiken, über die sich Männlichkeit traditionell definierte. Mastroianni repräsentierte häufig Männer, die in einer Identitätskrise stecken, aus der Haut fahren, körperlich leiden oder nervöse

---

[28] „Anche in Italia, dove le donne si stanno liberando dalla paura del padre, del marito geloso e dell'ossessione della castità, il mito del maschio che conquista e seduce comincia a crollare. [...] La parola che sta morendo è 'seduttore'. [...] La libertà sessuale ha ucciso l'amore. Oggi che si ottiene tutto da una ragazza senza conquistarla, non ce ne più bisogno. Se per avere una donna non occorre più conquistarla, sedurla, la prestazione del seduttore diventa superflua. [...] L'uomo considerato alla stessa stregua d'un genere di consumo, ecco una delle conseguenze della degradazione del seduttore." Bruno, Salvatore: Il seduttore sedotto, in: L'Espresso, 10.7.1960, S. 12–13, hier S. 12. Corbi, Gianni/Rosetti, Enrico: Il latino infelice. Rapporto internazionale sul comportamento della gioventù, in: L'Espresso, 20.7.1958, S. 12–13.

[29] Frevert, Ute: Umbruch der Geschlechterverhältnisse? Die 1960er Jahre als geschlechter-historischer Experimentierraum, in: Schildt, Axel/Siegfried, Detlef/Lammers, Karl Christian (Hg.): Dynamische Zeiten: die 1960er Jahre in den beiden deutschen Gesellschaften, Hamburg 2000, S. 642–660, hier S. 655–656.

[30] Bruno (1960), S. 12.

IV. Marcello Mastroianni: Der verführte Latin Lover 251

Ticks haben. In verschiedenen Filmen sieht man ihn beim Arzt, in der Kur oder beim Psychologen (Abb. IV. 1). Das Bild des defekten männlichen Körpers, das über Mastroiannis Starimage immer wieder reproduziert wird, reagierte unmittelbar auf dieses veränderte diskursive Gefüge kultureller Normen und Praktiken, das Männlichkeiten bestimmte.

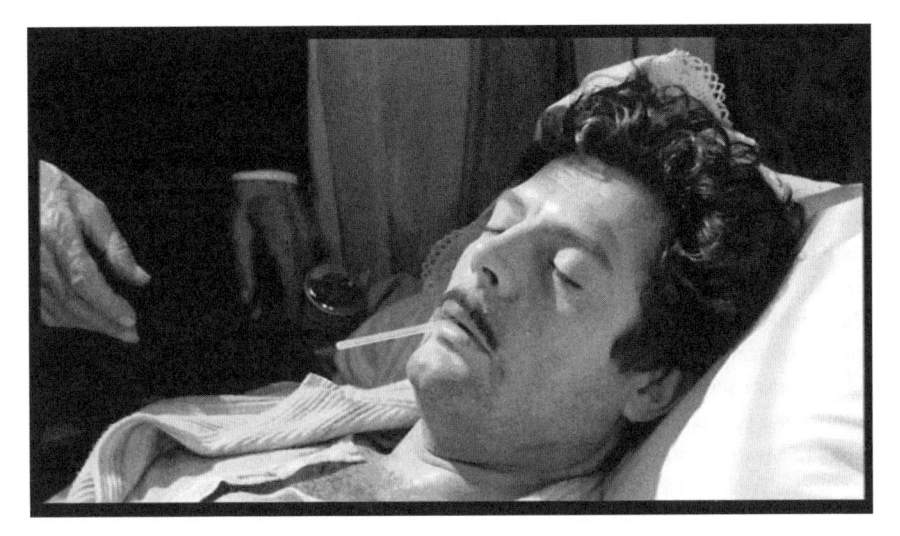

Abb. IV. 1

Jacqueline Reich erkennt in dieser krisengeplagten Männlichkeit, die Mastroianni in vielen seiner Filme verkörperte, den Stereotyp des *inetto*, des „inept man". Reich definiert den *inetto* nach Gian Paolo Biasin als die italienische Variante des Anti-Helden oder der Figur des Schlemihls, des Pechvogels und Narren, wie ihn die jüdische Literatur und Kultur als Stereotyp hervorgebracht hat – also eine Männlichkeit, die mit dem kollidiert, was Connell als hegemoniales Männlichkeitsideal beschrieben hat.[31] Reich charakterisiert den *inetto* als einen Mann, der unfähig ist, die ihm sozial zugeschriebene Rolle etwa als Paterfamilias, Erwerbstätiger oder vorbildlicher Staatsbürger in einer sich beständig wandelnden Gesellschaft einzunehmen. „Rather than active, the *inetto* is passive; rather than brave, he is cowardly; rather than sexually potent, he is either physically or emotionally impotent."[32] Den Latin Lover konnotiert Reich dagegen mit dem Ideal einer sexuell erfolgreichen Männlichkeit, das tief in der italienischen Kultur verwurzelt und eine Spielart hegemonialer Männlichkeit sei.

---

[31] Vgl. Reich (2004), S. 6 ff.
[32] Ebd., S. 10.

Sein Stereotyp fungiere als „Maske" für die unsichere Männlichkeit des *inetto*. „The Italian male is ‚good at being a man' precisely because he masks the *inetto* through the performance of hypermasculinity: protection of honor, procreation, and sexual segregation."[33] Für Reich sind beide Stereotype somit Ausdruck eines binären Männlichkeitsdiskurses. Der hypermaskuline Latin Lover konstituiere sich als männliches Ideal gegenüber dem diskursiv als „unmännlich" markierten *inetto*, der oft eine komische Figur sei und dessen abweichende Männlichkeit so ins Lächerliche gezogen werde. Zwar demaskiere er das hegemoniale Ideal als instabiles kulturelles Konstrukt, bestätige es aber schließlich wieder.

Wie ich im Folgenden zeigen möchte, funktionierte die von Mastroianni verkörperte Männlichkeit gerade nicht auf diese Art und Weise – im Gegenteil, sie stört diesen von Reich skizzierten binären Männlichkeitsdiskurs. Der Fokus auf das Körperliche, der in Mastroiannis Filmen offensichtlich ist, rückt zum einen die Performativität des Geschlechts in den Vordergrund. Genauer verkörperte er eine Männlichkeit, welche die Filmwissenschaftlerin Gaylyn Studlar mit dem Begriff der „transformative masculinity" umschrieben hat. Darunter versteht sie „a paradigm of gender construction that, in many different guises or ‚masquerades', foregrounds masculinity as a process, a liminal construction, and even a performance."[34] Zum anderen fungiert Mastroiannis Darstellung als Latin Lover in der Krise dabei aber nicht als „performatives Ritual, das zur Überwindung empfundener Schwäche beiträgt"[35] und traditionelle Geschlechterhierarchien wieder bestätigt. Vielmehr macht Mastroiannis körperliche Performanz die Instabilität und Konstrukthaftigkeit hegemonialer Männlichkeit transparent, *ohne* diese am Ende wieder herzustellen. Und mehr noch: Die so visualisierte „unmännliche" oder deviante Männlichkeit wird durch Mastroianni positiv konnotiert. Sein Starimage macht die Sehnsucht nach einem männlichen Anderssein sichtbar und zeigt, dass die abweichenden Männlichkeiten, die er auf die Leinwand brachte, zu Beginn der 1960 Jahre ein Stück weit lebbar wurden.

Wie ich nachstehend am Beispiel der Filme *La dolce vita*, *8½*, *Il bell'Antonio* und *Divorzio all'italiana* darlege, stand seine Starfigur in diesen Filmen vor allem für eine Männlichkeit, die sich in einem egalitären Verhältnis zu Frauen konstruierte und damit auf das zeitgenössisch vielfach geäußerte Bedürfnis nach stärkerer Gleichberechtigung und einer Liberalisierung des weiblichen Sexus antwortete. Immer wieder wird in seinen Filmen sein Körper durch Kameraführung und visuelle Codes hervorgehoben und auf narrativer Ebene als besonders schön beschrieben. In *La dolce vita* nennt ihn die Künstlerin Anna „sehr dekorativ", in *I soliti ignoti* (1958) wird er

---

[33] Ebd.
[34] Studlar, Gaylyn: This Mad Masquerade. Stardom and Masculinity in the Jazz Age, New York 1996, S. 4.
[35] Martschukat/Stieglitz (2005), S. 87.

von einer Gruppe von Frauen als ein „ganz passables Exemplar von einem Mann" bezeichnet und als „schöner Antonio" ist er in Mauro Bologninis gleichnamigem Film *Il bell'Antonio* (1960) zu sehen. In einem historischen Kontext, in dem sich das dominante Klima von Tabu und Scham, das Sexualität umgab, allmählich lockerte, verkörperte Mastroianni als verführter Latin Lover die Fantasie, weibliche Sexualität außerhalb der Ehe und ohne das Ziel der Mutterschaft auszuleben. Mastroianni war kein Frauen konsumierender Casanova, sondern selbst ein Lustobjekt im weiblichen Blick. Sein Image zeigt exemplarisch, dass Männlichkeiten und männliche Idealbilder immer auch von Frauen mitkonstruiert wurden und werden.

Darüber hinaus macht seine Starfigur eine Pluralisierung männlicher Lebensstile transparent, die klassische Rollenverständnisse und stereotype männliche Tugenden wie Rationalität und Körperdisziplin infrage stellten. Mastroianni spielte Männer, die sich alten und neuen Leitbildern der Boom-Ära wie zum Beispiel dem (katholischen oder kommunistischen) Vater und Familienernährer, pflichtbewussten Erwerbstätigen oder aufstrebenden „Erfolgsmenschen" entzogen.[36] Zudem wird er in verschiedenen Filmen der frühen 1960er Jahre wie *La dolce vita*, *Il bell'Antonio*, *La moglie bionda* (1965) und *Casanova '70* (1965) als Mann gezeigt, der auf homosexuelle Männer anziehend wirkt oder selbst mit Homosexualität konnotiert ist. Sein Image als verführter Latin Lover eröffnete somit einen diskursiven Raum, der als „queer space for the reception of mass culture" beschrieben werden kann.[37]

Mastroiannis Starfigur fungierte folglich als Kristallisationspunkt kultureller Diskurse, in denen offene Fragen im Bezug auf normative männliche und weibliche Sexualität sowie die Hierarchien zwischen den Geschlechtern in der Ära des Wirtschaftswunders neu verhandelt wurden. In seiner grundlegenden Studie zum Starsystem hat Richard deCordova bemerkt, „filmstars not only recapitulate sexual knowledge, they constitute [...] important instances of historical receptions, ones that can tell us a great

---

[36] Zu Männlichkeitsidealen der Kommunistischen Partei vgl. Bellassai, Sandro: La morale comunista, Rom 2000a, S. 301 ff.; ders.: Mascolinità e relazioni di genere nella cultura politica comunista 1947–1956, in: ders./Malatesta, Maria (Hg.): Genere e mascolinità. Uno sguardo storico, Rom 2000b, S. 265–301; zum Stereotyp des ‚Erfolgsmenschen' siehe ders. (2003), S. 131. Zu Männlichkeitsidealen des katholischen Milieus liegen bisher kaum systematische Studien vor. Erste Ergebnisse finden sich bei: Formigioni, Guido: La gioventù cattolica maschile: Associazionismo e modelli educativi 1943–1958, in: AA.VV.: Chiesa e progetto educativo nell'Italia del secondo dopoguerra (1945–1958), Brescia 1988, S. 239–273.

[37] Anderson, Mark Lynn: Twilight of the Idols: Make Film Stars, Mass Culture, and the Human Sciences in 1920s America (Diss.), University of Rochester 1999, S. 188. Zitiert nach: Bertellini, Giorgio: Duce/Divo. Masculinity, Racial Identity, and Politics among Italian Americans in 1920s New York City, in; Journal of Urban History, 31/5, Juli (2005), S. 685–726, hier S. 707. Die sogenannte *Queer Theory* untersucht „the open mesh of possibilities, gaps, overlaps, dissonances and resonances, lapses and excesses of meaning", die bei performativen Akten entstehen können. Sedgwick, Eve K.: Tendencies, London 1993, S. 8; siehe weiterführend: Farmer, Brett: Spectacular Passions: Cinema, Fantasy, Gay Male Spectatorship, Durham/London 2000.

deal about the interests and expectations of historical cinema audiences".[38] So gibt auch Mastroiannis Starimage Aufschluss über die Erwartungen und Wünsche seines weiblichen wie männlichen Publikums. Wie ich folgend darlegen werde, deutet das Bild des verführten Latin Lover auf das verbreitete Bedürfnis nach einer umfassenden Modernisierung der Geschlechterverhältnisse hin.

> Ti voglio dare tanti kiss kiss kiss kiss,
> come fan qui kiss kiss kiss kiss
> in Italy! Yes yes yes yes,
> dimmi di sì, voglio parlar solo coi kiss!
> Io sono Italian lover love love love love.[39]

Vom Eroberer zum Eroberten? Der Latin-Lover-Mythos

Wie Peter Bondanella in seiner Studie *Hollywood Italians* dargelegt hat, wurde der Stereotyp des Latin Lover maßgeblich im Hollywoodkino, insbesondere durch den Starkult um die Figur Rudolph Valentinos geprägt.[40] Doch reichen die Ursprünge des vermeintlich heißblütigen, mediterranen Verführers sehr viel weiter in die europäische Kulturgeschichte zurück. So kann der Latin Lover zunächst als moderne Variante des Don-Juan- oder Don-Giovanni-Mythos beschrieben werden, der als „südliche Ergänzung" des Faust-Stoffs seit der Frührenaissance in literarischer, musikalischer oder filmischer Form immer wieder neu erfunden wurde.[41] Archetyp des Don Juan ist der gleichnamige Protagonist in der um 1613 in Madrid uraufgeführten Komödie *Der Spötter von Sevilla und der steinerne Gast*, deren Autorschaft dem Mönch Tirso de Molina (1579–1648) zugeschrieben wird.[42] In dieser „religionsdidaktischen"[43] Beispielerzählung erscheint Don Juan als jugendlicher Wüstling, der seine Triebhaftigkeit durch immer neue sexuelle Eroberungen stillen muss, wofür er mit seiner Höllenfahrt

---

[38] DeCordova, Richard: Picture Personalities: The Emergence of the Starsystem in America, Urbana 1990, S. 107.
[39] Refrain des Popsongs *Italian lover* (1961) von Piero Cassano und Vito Pallavicini, Interpret: Little Tony, zitiert nach: Accordi, Giuliano: La colonna sonora della seduzione, in: Malossi (1996), S. 124–132, hier S. 125.
[40] Bondanella (2004), S. 132–145.
[41] Müller-Kampel, Beatrix: Don Juan, in: dies.: Mythos Don Juan. Zur Entwicklung eines männlichen Konzepts, Leipzig 1999, S. 11–22, hier S. 17.
[42] Ebd. S. 12–13. Vgl. auch Reich (2004), S. 27.
[43] Müller-Kampel, Beatrix: Dämon, Schwärmer, Biedermann. Don Juan in der deutschen Literatur bis 1918, Berlin 1993, S. 249 f.

bestraft wird.⁴⁴ Hier zeichnet sich bereits ein Grundzug der Verführerfigur ab, bei der es sich stets um eine normabweichende Männlichkeit handelte. Als Sittenstrolch, der einer weiblich konnotierten Fleischeslust verfallen ist,⁴⁵ taucht Don Juan zu einem Zeitpunkt auf, als legitime männliche Sexualität, nach den Wertvorstellungen des gegenreformatorischen Spaniens, idealiter auf die Ehe beschränkt wurde.⁴⁶

Neu interpretiert von Molière (1665), gelangte der Stoff über Frankreich nach Italien und wurde dort unter anderem von Goldoni bearbeitet (1736). Es war aber vor allem der Erfolg der Mozart-Oper *Il dissoluto punito ossia Il Don Giovanni* (1787), nach dem Libretto Giacomo Da Pontes, durch den die Figur des Frauenhelden europaweit bekannt und mit italienischer Männlichkeit konnotiert wurde. Der Ausdruck Don Giovanni avancierte daraufhin innerhalb wie außerhalb Italiens zum Sammelbegriff für Verführer, Schürzenjäger und Frauenhelden aller Art.⁴⁷ Für die Entwicklung des Verführermythos und seine Italianisierung sind daneben weitere prominente Charaktere der Literaturgeschichte wie etwa Shakespeares Romeo,⁴⁸ aber auch die Selbstinterpretation und Rezeption historischer Akteure wie die eines Giacomo Girolamo Casanova (1725–1798), Gabriele D'Annunzio (1863–1938) oder Enrico Caruso (1873–1921) von Bedeutung.⁴⁹ Darunter ist besonders die historische wie literarische Figur Casanovas hervorzuheben, anhand derer sich ein Wandel des Verführers vom brachialen Lustmolch zum „reflektierten ‚Frauenfreund'" vollzog.⁵⁰ Auch die ihm gegenüberstehenden weiblichen Figuren gewannen nun an Aktionsraum und

---

⁴⁴ Seine Figur verweist auf frühneuzeitliche Konzepte des männlichen Körpers als „Vulkan an Trieben und Körperflüssigkeiten, der dauernd auszubrechen und durch Samenerguss, Blutvergießen, Erbrechen und Defäkation seine Umwelt zu verunreinigen droht." Siehe Roper, Lyndal: Blut und Latze: Männlichkeit in der Stadt der Frühen Neuzeit, in: ders. (Hg.): Ödipus und der Teufel. Körper und Psyche in der Frühen Neuzeit, Frankfurt a. M. 1995, S. 109–126, hier S. 116.

⁴⁵ Wieland, Karin: Worte und Blut. Das männliche Selbst im Übergang zur Neuzeit, Frankfurt a. M. 1998.

⁴⁶ Die Begrenzung der Praxis männlicher Sexualität auf die Ehe ist in ihrer Wechselwirkung mit der Durchsetzung der Familie als Basiseinheit staatlicher Ordnung zu betrachten. Zur Entwicklung der Ehe im späten 16. Jahrhundert vgl. Völker-Rasor, Annette: Bilderpaare – Paarbilder: die Ehe in Autobiografien des 16. Jahrhunderts, Freiburg 1993, S. 261–277; vgl. Schmale (2003), S. 96–97.

⁴⁷ Müller-Kampel (1993), S. 248–251.

⁴⁸ Vgl. Bondanella (2004), S. 133.

⁴⁹ Zu Ästhetizismus und Männlichkeit Gabriele D'Annunzios vgl. Andreoli, Annamaria: D'Annunzio, Bologna 2004. Zu dem von D'Annunzio geprägten Bild des Verführers und Dandys vgl. dessen Roman Il piacere, Mailand 2001 [1888–89]. Zur Figur Carusos und ihrer Rezeption in den USA vgl. Bertellini (2005), S. 691; Greenfield, Howard: Caruso, New York 1983.

⁵⁰ Jürgens, Hans-Joachim: Don Juan und Casanova. Zur Annäherung zweier Verführerfiguren in der Literatur des 19. und im Film des 20. Jahrhunderts, in: Lachmayer, Herbert/Assman, Jan/u. a. (Hg.): Mozart – Experiment Aufklärung im Wien des 18. Jahrhunderts, S. 701–706, hier S. 703.

traten subjektiviert und individualisiert zum Vorschein.[51] Für Casanova sind sie nicht mehr nur „Sammelobjekte", wie Helmut Watzlawick feststellt, vielmehr begehrt er „ein harmonisches Einvernehmen mit den Frauen, sein Genuss hängt von dem ihren ab".[52] Dieser Wandel des Don-Giovanni-Stoffs deutet auf historische Verschiebungen im Geschlechterdiskurs hin. So ist die Erscheinung Casanovas als Frauenversteher im Kontext eines aufklärerischen Egalitätspostulats sowie der wachsenden Betonung emotionaler und sinnlicher Neigungen im Rahmen des romantischen Gefühlskults zu betrachten.[53] An der Schwelle zum „Zeitalter der Konsumtion"[54] zeichnet sich in seinem Bild zudem die Ausdifferenzierung des Verführers ab, der nun auch männlicher Elegant, Genussmensch und Kosmopolit ist. Gleichzeitig stellte sein exzessiver Konsumismus innerhalb der bürgerlichen Werteskala, die Überfluss-Konsum zur weiblichen Eigenschaft stilisierte, eine männliche Devianz dar.[55]

Die Erhebung des mediterranen Mannes zum Inbegriff klassischer Schönheit und männlichen Eros' wurde zudem in der Epoche der Kavaliers- und Bildungsreisen durch die Schriften und Reiseberichte zahlreicher nordeuropäischer Wissenschaftler und Künstler forciert.[56] Der zentrale Ort ihrer Auseinandersetzung mit der Kultur des klassischen Altertums war Italien, wo sie die Spuren der Antike nicht nur in den materiellen Überresten von Bauwerken und Statuen, sondern auch in der Physiognomie der Bevölkerung erkannten.[57] Robert Aldrich hat anhand der Werke Johann Jo-

---

[51] Vgl. Müller-Kampel (1999), S. 21.

[52] Watzlawick, Helmut: Casanova: Die Person und ihr Mythos, in: Scheible, Hartmut (Hg.): Mythos Casanova. Texte von Heine bis Buñuel, Leipzig 2003, S. 52–53, hier S. 52.

[53] Hier ist zu berücksichtigen, dass unter einer oberflächlichen Liberalisierung von Liebe und Sexualität in der Aufklärung, für die die Figur Casanovas u. a. Symbol steht, mit einem einsetzenden Prozess der Normierung und Typisierung des Geschlechtskörpers im Sinne einer dichotomischen Festschreibung auf des heterosexuelle Modell und einem Appell an die Disziplinierung der Lüste einherging. Vgl. Foucault (1977), S. 29 ff. Zur Stellung der Frau und Weiblichkeitsmodellen in der Aufklärung vgl. Honegger, Claudia: Die Ordnung der Geschlechter. Die Wissenschaft vom Menschen und das Weib 1750–1850, Frankfurt a. M. 1991; Bubenick-Bauer, Iris/Schalz-Laurenze, Ute (Hg.): Frauen in der Aufklärung...: ihr werten Frauenzimmer, auf! Franfurt a. M. 1995; vgl. Scheible (2003), S. 33.

[54] Schmale (2003), S. 124.

[55] „Consumption, like many other social activities, tended to be deemed appropriately masculine, when it was productive of self and of a durable legacy beyond the self." Auslander, Leora: The Gendering of Consumer Practices in Nineteenth-Century France, in: De Grazia/Furlough (1994), S. 79–111, hier S. 80.

[56] Vgl. Aldrich, Robert: The Seduction of the Mediterranean. Writing, Art and Homosexual Fantasy, London/New York 1993.

[57] Vgl. Ebd., S. 167. Der Altertumswissenschaftler Johann Joachim Winckelmann (1717–1768) stilisierte die idealtypischen Proportionen der griechischen Plastik zum Maß männlicher Körpervollkommenheit. In der Forschung wurde vielfach die zentrale Bedeutung seiner Schriften und Zeichnungen für die „Erfindung" eines modernen männlichen Körperideals hervorgehoben, das sich bis ins 20. Jahrhundert hinein als hegemoniales Leitbild behaupten konnte. Vgl.

achim Winckelmanns (1717–1768), August von Platens (1796–1835), Lord Byrons (1788–1824) und Wilhelm von Gloedens (1856–1931) sowie weiterer homosexueller Künstler aus dem Zeitraum zwischen 1750 und 1950 herausgearbeitet, dass die Ikone des mediterranen Mannes und das durch ihn repräsentierte klassische Körperideal immer auch eine homoerotische Fantasie darstellte:[58]

> The image of a homoerotic Mediterranean, both classical and modern, is the major motive in writings and art of homosexual European men from the time of the Enlightenment until the 1950s. The classical 'model' of 'homosexuality' [...] formed the central argument in apologies for homosexuality and the classical statue provided the archetype for male beauty and 'homosexual' aesthetics.[59]

Auf den Spuren des Mythos einer in der Antike verankerten, ursprünglicheren und vitaleren mediterranen Sexualkultur[60] war Italien in den Augen homo- wie heterosexueller Reisender aus Nordeuropa und später den USA ein Raum, wo ein freizügigeres Ausleben der eigenen Sexualität möglich war.[61] Auch italienreisende Frauen aus den bürgerlich-elitären Schichten waren nicht nur auf der Suche nach Welterkenntnis und künstlerischer Inspiration, sondern betrachteten Italien als Ort der körperlichen Befreiung.[62] Die in vielen Reiseberichten evidente Erotisierung des Südens im „touristischen Blick"[63] lässt oftmals eine Ethnisierung der Italiener erkennen, die – im Einklang mit den im 19. Jahrhundert aufkommenden Rassentheorien – als natürlich,

---

Schmale, Wolfgang: Geschichte der Männlichkeit in Europa 1450–2000, Wien/Köln/Weimar 2003, S. 182–184; Mosse, George L.: The Image of Man. The Creation of Modern Masculinity, Oxford 1996, S. 17–39; Möhring, Maren: Körperbildung in der deutschen Nacktkultur (1890–1930), Köln/Weimar/Wien 2004.

[58] Vgl. Aldrich (1993). Zur Idealisierung antiker Männlichkeit und Körperkultur in der homosexuellen Subkultur siehe auch Dyer (1993), S. 25.

[59] Vgl. Aldrich (1993), S. X.

[60] Vgl. Ebd., S. 13–40.

[61] Vgl. Allen/Russo (1997), S. 1–19, hier S. 3; Agnew (1997), S. 23–42; vgl. Cosco (2003), S. 87 f. Speziell zu homosexuellen Kavaliersreisenden vgl. Aldrich (1993), S. 13–40, 162. Aldrich betont, dass Homosexualität in Italien, im Gegensatz zu vielen nordeuropäischen Staaten, nicht strafbar war: „At a time when homosexuality was despised, catalogued as an illness, sin, psychiatric disorder and illegal act, the classical world and, to some extend, the Renaissance suggested legitimate antecedents for the ‚crime against nature'." Ebd., S. 217.

[62] Ujma, Christina: Fanny Lewards urbanes Arkadien. Studien zu Stadt, Kunst und Politik in ihren italienischen Reiseberichten aus Vormärz, Nachmärz und Gründerzeit, Bielefeld 2007, S. 144 f., 156 f.; Agorni, Mirella: Translating Italy for the Eighteenth Century. British Women, Translation and Travel Writing (1739–1797), Manchester 2002.

[63] Urry (1990).

sinnlich und exotisch, primitiv, irrational, triebhaft und latent kriminell beschrieben wurden.[64]

Die unterschiedlichen Facetten dieser männlichen Stereotype verschmolzen schließlich im Hollywoodkino der 1920er Jahre zur Figur des Latin Lover. Erstmals brachte ihn der italienische Einwanderer Rudolph Valentino (1885–1926) in einer Mischung aus Sex-Appeal und Romantik prototypisch auf die Leinwand.[65] In den Filmen *The Four Horsemen of the Apocalypse* (1921) und *The Sheik* (1921) stieg Valentino in der Ära des Tanzfiebers und eines neuen Konsumismus als exotischer „tango-pirate" und maskuliner Verführer speziell zum weiblichen Publikumsliebling auf.[66] Gleichzeitig brachte die breite Öffentlichkeit seiner androgynen, erotisierten Männlichkeit starke Ablehnung entgegen. Sein Image wurde in der multikulturellen US-amerikanischen Gesellschaft mit rassischen Stereotypen belegt und zum ethnisch Anderen einer normativen „vigorous, athletic, and all-American masculinity" stilisiert.[67] Andererseits war seine Devianz positiv konnotiert, kam sie doch, wie etwa Miriam Hansen gezeigt hat, den emanzipatorischen Bestrebungen eines wachsenden weiblichen Publikums und dessen Bedürfnis nach einer Überschreitung der herrschenden Sexualmoral entgegen: „The Valentino films articulated the possibility of female desire outside of motherhood and family, absolving it from Victorian double standards; instead, they offered a morality of passion, *an ideal of erotic reciprocity*."[68] Im Kontext der sich in den Metropolen ausformenden Konsum- und Vergnügungskultur avancierte Valentino zur männlichen Stilikone. Er verkörperte Jugendlichkeit, Erfolg und sozialen Aufstieg und somit zentrale Tugenden des *self-made-man*.[69] Andererseits stand er für eine Männlichkeit, die sich traditionellen Rollenzuweisungen entzog, worin Hansen einen wesentlichen Erfolgsfaktor seiner Starfigur erkennt: „His resistance

---

[64] „Die Begeisterung für das Pittoreske und die Klage über Rückständigkeit und Verdorbenheit gehören in diesem Italienbild eng zusammen", stellt auch Martin Baumeister in seiner Untersuchung der „Konzepte des europäischen Südens" fest. Ders. (2007), S. 35. Siehe auch Dickie, John: Stereotypes of the Italian South 1860–1900, in: Lumley, Robert/Morris, Jonathan (Hg.): The New History of the Italian South: The Mezzogiorno Revisited, Exeter 1997, S. 114–147, hier S. 118–119; Aldrich (1993), S. 171; Cosco (2003), S. 10.

[65] Zur Biografie Valentinos siehe Leider, Emily W.: Dark lover: The Life and Death of Rudolph Valentino, London 2003; vgl. auch Bondanella (2004), S. 134 ff.

[66] Studlar (1996), hier S. 151.

[67] Bertellini (2005), S. 702. Vgl. auch Hansen, Miriam: Pleasure, Ambivalence and Identification. Valentino and Female Spectatorship, in: Gledhill, Christine (Hg.): Stardom. Industry of desire, London/New York 1991, S. 259–282 [zuerst veröffentlicht in: Cinema Journal, 25/4 (Sommer 1986)]; Studlar, Gaylyn: Discourses of Gender and Ethnicity: The Construction and De(con) struction of Rudolph Valentino as Other, in: Film Criticism, 13/2 (1989), S. 18–36; dies. (1996), S. 150–198.

[68] Hansen (1991), S. 275.

[69] Vgl. Bertellini (2005), S. 707

to expectations of everyday pragmatism [...] may after all account for his subterranean popularity with male movie-goers, whether homosexual or heterosexual."[70]

Wie nahm indessen die italienische Öffentlichkeit Valentinos ambivalentes Latin-Lover-Image wahr? 1925 hatte das faschistische Regime seine Filme zunächst verboten, als bekannt geworden war, dass der Star die amerikanische Staatsbürgerschaft beantragt hatte. Doch vermochte ein Brief des *divo* an Mussolini, in welchem er dem Duce seine vaterländische Treue versicherte, die Wogen wieder zu glätten.[71] So kam es, dass Valentino nach seinem überraschenden Tod zum nationalen Helden stilisiert wurde, der sich dank seiner „italischen Virilität" an die Spitze einer ihm feindlich gesinnten US-amerikanischen Gesellschaft hochgearbeitet habe: „Rudolfo Valentino verkörpert jene pure Italianität unseres Südens, mit all ihrem genialen Überschwang und ihren eleganten Kostbarkeiten", war beispielsweise in einer Fanzeitschrift von 1926 zu lesen. Valentino wurde als „ein schönes Musterexemplar unserer Rasse" bezeichnet, dem zwar die amerikanischen Frauen reihenweise zu Füßen gelegen hätten, der aber dennoch kein „vulgärer Casanova" gewesen sei.[72] Dient Valentinos Image hier einerseits zur Behauptung einer nationalen Überlegenheit, wird andererseits deutlich, wie heikel seine ambivalente Männlichkeit innerhalb des faschistischen Diskurses war. Zwar galt „die männliche Überlegenheit im Bett", wie Christoph Kühberger resümiert, im Faschismus als „konsequente Fortsetzung des patriotischen, nationalen, militaresken Weltbildes, durch und durch inspiriert von Machtgelüsten".[73] Doch kollidierte das Bild des sexuell überaktiven „woman-made-man",[74] der seine Triebhaftigkeit nicht zügelte oder in die Ehe lenkte, mit dem Ideal des disziplinierten faschistischen Soldaten und Staatsbürgers. Auch sein mit Konsumismus, Individualismus und körperlicher Ausschweifung assoziiertes Starimage geriet in Konflikt mit dem herrschenden Imperativ männlicher Körperdisziplin – eine Differenz, die im öffentlichen Diskurs beständig ausgeglichen werden musste:

> Rodolfo ist in jeder Hinsicht ein extrem gesunder und ausgeglichener junger Mann. Er hat nicht eine Macke, er raucht und trinkt kaum. Im Gegensatz zur Mehrheit aller anderen, hat er nie „einen schrecklichen Durst" und auch die „Cocktailstunde" findet er wenig reizvoll. Er trinkt lediglich zum Abendessen etwas Wein.[75]

---

[70] Hansen (1991), S. 275.
[71] Vgl. Bertellini (2005), S. 687–688.
[72] „In Rodolfo Valentino c'è tutta l'italianità purissima del nostro mezzogiorno, con tutte le sue esuberanze geniali, con tutte le sue eleganti preziosità." Anonym: Rodolfo Valentino: Il grande artista italiano. Vita, trionfi e morte, Rom 1926, S. 3 und 12.
[73] Kühberger, Christoph: Il gallo delle oche. Faschistische Männlichkeit, in: ders./Reisinger, Roman (Hg.): Mascolinità italiane. Italienische Männlichkeiten im 20. Jahrhundert, Berlin 2006, S. 63–76, hier S. 72.
[74] Studlar (1996), S. 151.
[75] Rodolfo è un giovane estremamente sano e bene equilibrato sotto tutti i rapporti. Non ha nemmeno dei difetti: beve e fuma appena. Contrariamente alla grande maggioranza della gente, egli

Nach dem Erfolg Valentinos war bereits die italienische, lateinamerikanische oder spanische Herkunft eines Darstellers ausreichend, damit dieser als Latin Lover etikettiert wurde.[76] So waren es in den 1930er und 1940er Jahren vor allem Schauspieler hispanischer Herkunft wie Ramon Navarro, Antonio Moreno, Ricardo Montalbàn oder Fernando Lamas, die den Latin-Lover-Typ im Hollywood-Film verkörperten.[77] Aber auch im italienischen Kino wurde das Klischee des romantischen Casanovas weiter elaboriert. In verschiedenen italienisch-deutschen Koproduktionen, wie zum Beispiel *La canzone del sole* (1934) oder *Castelli in aria* (1939), war Vittorio De Sica als italienischer Charmeur zu sehen, der mit einem deutschen Fräulein auf Grand Tour geht. In den 1950er Jahren wurde mit Rosanno Brazzi erneut ein italienischer Star in Hollywood mit diesem Label versehen. Brazzi war im faschistischen Kino der Autarkie-Ära zum populären Darsteller aufgestiegen und hatte zwischen 1938 und 1943 in über zwanzig Cinecittà- und ausländischen Produktionen gespielt, darunter auch in Propaganda- und Kriegsfilmen wie *Piazza San Sepolcro* (1942) und *Il treno crociato* (1942) oder in dem Ufa-Streifen *Damals* (1943), wo er an der Seite von Zarah Leander als Varietékünstler Pablo auftrat – eine Rolle, die bereits einen Vorgeschmack auf seine Karriere als südländischer Liebhaber gab.[78] 1946 bot ihm der US-Produzent Selznick einen Vertrag an. Wie auch andere prominente italienische Stars des faschistischen Kinos nutzte Brazzi den Schritt nach Hollywood, um seinem Leinwandimage einen frischen Anstrich zu geben. Doch kam der große Durchbruch erst mit seiner Rückkehr nach Italien und seiner filmischen Stilisierung zum Latin Lover, der im Hollywood am Tiber eine neue Blütezeit erlebte.[79] In verschiedenen, meist in Rom spielenden Italienfilmen wie *Three Coins in a Fountain* (1954), *The Barefoot Contessa* (1954) und *Summertime* (1955) trat er als erotischer, eleganter und exotischer Einheimischer auf, der – wenn er nicht gerade dem *dolce far niente* nachhing – „zärtlich und liebevoll"[80] die schüchterne Amerikanerin verführte.[81] Anknüpfend an traditionelle Klischees, wurde Italien in diesen und weiteren populären Filmen wie *Rapsodia*

---

    non ha mai „una sete terribile" e l'ora del cocktail non ha alcuna attrattativa [sic] per lui. Beve un poco di vino ad ogni pasto e basta." Anonym: Rodolfo Valentino: Il grande artista italiano. Vita, trionfi e morte, Rom 1926, S. 12.

[76] Vgl. Reich (2004), S. 27, 29 f.
[77] Nach Valentinos frühem Tod 1926 suchte die Fox Film Co. noch im selben Jahr in Italien nach einem würdigen Nachfolger. Der Gewinner des in verschiedenen Illustrierten ausgeschriebenen Lookalike-Wettbewerbes, Alberto Rabagliati, trat 1927 das Erbe des vergötterten Rudy an, kehrte allerdings vier Jahre später wenig erfolgreich wieder nach Italien zurück, wo er eine Karriere als Jazz-Musiker startete. Vgl. Reich (2004), S. 27 ff. Vgl. Rabagliati, Alberto: Quattro anni fra le stelle, Milano 1932. Siehe auch Panaro (1996), S. 95 ff. und S. 108–113.
[78] Für diesen Hinweis danke ich Valentina Leonhard.
[79] Vgl. Reich (2004), S. 29.
[80] Anonym: Una donna inglese giudica l'uomo italiano, in: L'Espresso, 27.11.1955, S. 8.
[81] Vgl. Panaro (1996), S. 95 ff. und S. 108–113; Reich (2004), S. 29–31..

(1954), *Arrivederci Roma* (1958) oder *La baia di Napoli* (1959) zum Ort eines befreiteren, lustorientierten Lebensstils schematisiert. Autos, Vespas, Mode und Campari Soda – die neuen Produkte des *Made in Italy*, die in den Filmen zur Schau gestellt wurden, ergänzten den klassischen Italien-Mythos um einen zeitgemäßen Schick.[82] Der lässige Latin Lover im „Italian Look"[83], zu erkennen an der obligatorischen Sonnenbrille, gehörte in diesem modernen Arkadien quasi zur Kulisse. Neben Brazzi verliehen ihm italienische Schauspieler wie Vittorio Gassman, Walter Chiari oder Ugo Tognazzi ein Gesicht. Sie spielten an der Seite amerikanischer und europäischer Filmdiven wie Ava Gardner, Liz Taylor oder Annette Stroyberg. Dabei blieb es nicht nur bei den Liaisons auf der Leinwand. Brazzi wurden Affären mit Grace Kelly, Joan Crawford und Katherine Hepburn nachgesagt.[84] Weitere bekannte Paare des Hollywoods am Tiber waren Walter Chiari und Ava Gardner oder Vittorio Gassman und Shelley Winters. Die Romanze zwischen der „kühlen", „nordischen" Ingrid Bergman und dem *amante latino* Roberto Rossellini füllte die internationale Klatschpresse nahezu ein ganzes Jahrzehnt.[85] Der Latin Lover avancierte in den 1950er Jahren zum Symbol einer neuen *modernità all'italiana*, gegen die der Glamour Hollywoods zu verblassen schien. Wer als Star etwas auf sich hielt, so suggerierten vor allem die Foto-Reportagen in den italienischen Illustrierten, kam nach Italien, um seinen Glanz im *dolce vita* und im Blitzlicht der *paparazzi* aufzupolieren. Diesem teils bis heute gültigen Italienbild setzte Fellini mit seinem gleichnamigen Filmepos ein Denkmal.

Seit Beginn der 1950er Jahre schwappte außerdem – angekurbelt durch das Heilige Jahr 1950 – eine neue Tourismuswelle nach Italien. Mit wachsendem Wohlstand

---

[82] Diese Entwicklung schlägt sich auch im italienischen Selbstbild nieder: „Wenn ein Geschäftsmann oder ein Berufstätiger aus New York, Philadelphia oder Chicago von Italien hört, dann kann er nicht anders, als dieses Wort mit Prosperität, Eleganz und Wohlstand zu assoziieren. Ihm widerfährt somit das Gegenteil von dem, was noch vor fünfzig Jahren seinem Vater widerfuhr, wenn er von Italien hörte. Damals bedeutete dieses Wort für Amerikaner lediglich Analphabetentum, Aberglauben und Armut. [...] Inzwischen ist der *Italian Look* nicht nur im Bereich der Mode eine geläufige Währung, er begeistert die Kundschaft derart, dass er sogar für amerikanischen Produkten übernommen wurde." [Quando un negoziante o un professionista di New York, di Chicago o di Filadelfia sente parlare dell'Italia, non può fare a meno di associare questa parola ad un immagine di prosperità, di eleganza e di benessere. Accade in lui il contrario di ciò che accadeva, al proprio padre quando cinquant'anni fa sentiva parlare dell'Italia. Allora questa parola significava per gli americani solo analfabetismo, superstizione, miseria. [...] L'Italian Look è ormai moneta corrente non solo nel campo della moda: ha una tale presa sul pubblico che è stato adottato anche per prodotti americani."] Calamandrei, Mauro: Ma in Italia ci sono i poveri? Come gli americani ci giudicano dopo due anni di miracolo economico, in: L'Espresso, 14.1.1962, S. 9.

[83] Ebd.

[84] Pellizzari, Lorenzo: Storie da spiaggia. Il latin lover nel cinema italiano anni cinquanta-sessanta, in: Malossi (1996), S. 119–123.

[85] Vgl. Möhrmann, Renate: Ingrid Bergman und Roberto Rossellini. Eine Liebes- und Beutegeschichte, Berlin 1999.

und kürzer werdenden Arbeitszeiten stieg die Reiselust der Nordeuropäer; die starke US-amerikanische Wirtschaft machte Europareisen, insbesondere ins lukrative Italien, auch für die Mittelschichten erschwinglich. Beliebtestes Ziel waren die Riviera-Strände, die Amalfi-Küste, Capri und Ischia sowie die an kulturellen Sehenswürdigkeiten reichen Städte Venedig, Florenz oder Rom.[86] Reisende suchten wie ehedem nicht nur historische Stätten und Naturschönheiten, sondern auch neue Erfahrungen, Abstand zum Alltag und sexuelle Abenteuer.[87] Der Süden wurde, wie Giorgio Triani treffend formuliert hat, ein weiteres Mal zur „Breitengrad des Vergnügens und sentimentalen Abenteuers".[88]

Latin Lover – das waren im Kontext des florierenden Italientourismus und des wachsenden Massenkonsums nicht mehr nur die männlichen Leinwandstars. Im Nachtleben der italienischen Großstädte und in den Touristenhochburgen, am Strand von Rimini oder Riccione, konnte potenziell auch der „Durchschnittsitaliener", ausgestattet mit den richtigen Accessoires, sein Talent als „Liebespirat"[89] unter Beweis stellen.[90] Den männlichen Habitus dieses „Strandverführers", der sich durch ein dandyhaft modisches Äußeres in Szene setzte,[91] beschrieb die Journalistin Camilla Cederna 1957 wie folgt:

> Schwarze Sonnenbrille, gelber Frottee-Bademantel, gelangweilte Pose, abweisender Blick: Wer hätte gedacht, dass der junge Mann, der da unbeweglich auf seinem Liegestuhl unterm Sonnenschirm liegt, einer der vielen Typen ist, für den die Ferien nur eines bedeuten, nämlich eine schnelle Eroberung, ein glückliches Liebesabenteuer? [...] Auch seine Ausstaffierung ist bemerkenswert, denn sie gleicht der Hunderter anderer Jungen, die ihm ähnlich sehen und in den eleganten Läden der Innenstadt einkaufen. Ein kariertes Hemd, ein breites

---

[86] Die Tourismusindustrie war bereits während des Faschismus ausgebaut worden. Auf die geschaffenen Infrastrukturen konnte der Italientourismus nach 1945 aufbauen. Vgl. Lasansky, Medina D.: The Rennaissance Perfected. Architecture, Spectacle and Tourism in Fascist Italy, Park 2004. Zur Tourismusgeschichte Italiens allgemein vgl. Brilli, Attilio: Il viaggio in Italia: storia di una grande tradizione culturale, Bologna 2006; Bosworth, Richard J. B.: Italy and the Wider World, London/New York 1996, siehe hier v. a. das Kapitel: Visiting Italy. Tourism and Leisure, S. 159–181; zum deutschen Italientourismus vgl. Asfur, Anke/Osses, Dietmar (Hg.): Neapel – Bochum – Rimini. Arbeiten in Deutschland. Urlaub in Italien, Essen 2003, vgl. Reich (2004), S. 34.

[87] Vgl. Löfgren, Orvar: On Holiday. A History of Vacationing, Berkeley 1999, S. 14. Zur zeitgenössischen Berichterstattung in der Presse siehe auch Cederna, Camilla: Le signore di Capri, in: L'Europeo, Nr. 30 (1953), S. 37–39; Le signore di Portofino, in: L'Europeo, Nr. 31 (1953), S. 37–39; Dies.: Meraviglioso 'ammore', in: L'Europeo, Nr. 49 (1954), S. 24–27.

[88] Triani, Giorgio: Avventure in Romagna. Sociologia dei tipi di spiaggia, in: Malossi (1996), S. 136–147, hier S. 138.

[89] Cederna, Camilla: Il comportamento del maschio italiano in vacanza. Il pirata amoroso, in: L'Espresso, 4.8.1957, S. 9.

[90] Triani (1996), S. 137 ff.

[91] Zur Männlichkeit des Dandy vgl. Auslander (1994), S. 90–93.

Sortiment leichter Baumwoll-Leibchen, einfarbig oder geringelt, viel gelber Zwirn für weitere Sommerhemden und dazu hellblaue Hosen.[92]

Der Urlaubsflirt zwischen dem Papagallo und der leicht zu verführenden *straniera* entwickelte sich zum Topos, der in Schlagern wie *My wonderful bambina* (1953), *Buona sera Signorina* (1957), *Love in Portofino* (1958) oder *Italian Lover* (1961), vor allem aber im italienischen Kino immer wieder neu elaboriert wurde.[93] Als eigenes Subgenre der *Commedia all'italiana* bildete sich in den 1950er Jahren der sogenannte Bikini-Film (*Cinema in bikini*) heraus.[94] Trat der Latin Lover darin einerseits als viriler Frauenheld auf, wurde er als solcher andererseits auch zur Witzfigur stilisiert. Denn er war hier nicht nur Schürzenjäger, sondern auch ein von (ausländischen) Frauen oder gar Männern gejagter Gigolo – wie beispielsweise die Filmepisode *Latin Lover* in Dino Risis *I mostri* (1963) suggeriert (Abb. IV. 2). Durch seine bewusste Selbstinszenierung als Playboy macht der Latin Lover seinen Männerkörper zum Gegenstand des Blicks – ein Status, der in der heteronormativen Geschlechterökonomie vor allem mit dem Weiblichen assoziiert war.[95] Latin Lover, dieser Begriff steht also immer auch

---

[92] „Occhiali neri, accappatoio di spugna gialla, posa pigra, aria sprezzante; chi direbbe che questo giovane uomo, immobile nella sua poltrona a sdraio sotto l'ombrellone sia uno dei tanti tipi per cui le vacanze rappresentano una cosa sola: la rapida conquista, la fortunata avventura amorosa? [...] Il suo corredo inoltre è degno d'attenzione, perchè comune a centinaia di giovinotti che gli somigliano e comperano negli eleganti negozi del centro. Qualche camiciotto scozzese, un vasto assortimento di magliette di lana leggera in tinta unita o a righe, molto refe giallo per altri camiciotti semitrasparenti, calzoni celesti." Cederna (1957), S. 9.

[93] Die Geschichte des Urlaubsflirts in Italien will noch geschrieben werden. Dass hier durchaus interessantes Quellenmaterial vorhanden wäre, zeigt etwa eine Bemerkung der Journalistin Gabriella Parca, die sich über das allsommerliche Gockelverhalten italienischer Männer echauffierte: „An der ligurischen Riviera spart man sich die Liebe für die Mädchen aus dem eigenen Dorf auf, während die sexuelle Lust mit den Urlauberinnen aus Italien und dem Ausland befriedigt wird. Das bestätigt die Häufigkeit der sexuellen Kontakte, die in den Sommermonaten fast täglich stattfinden, während sie das restliche Jahr über extrem selten sind. Am schlimmsten ist, dass sich auf diese Weise ein Gockelgehabe verbreitet und zwar im verdorbensten Sinn des Wortes." [„Sulla Riviera ligure, [...] l'affetto si riserva alle ragazze del paese, mentre la sessualità si appaga con le villeggianti italiane e straniere. Se ne ha la conferma nella frequenza dei rapporti sessuali, che durante la stagione estiva sono quasi giornalieri e per il resto dell'anno estremamente saltuari. Ma quel che è peggio, si crea in questo modo un costume gallista, nel senso più deteriore della parola."] Parca (1965), S. 87–88. Siehe auch Reich (2004), S. 34.

[94] Repräsentative Beispiele dieses Genres sind *I pappagalli* (1955), *Souvenir d'Italie* (1957), *Venezia, la luna e tu* (1959), *Le svedesi* (1960), *Leoni al sole* (1961), *Appuntamento in Riviera* (1962), *Il Mare* (1962), oder *L'Ombrellone* (1964).

[95] Vgl. Dyer, Richard: Don't Look Now. Richard Dyer Examines the Instabilities of the Male Pin-up, in: Screen, Nr. 34 (September/Oktober 1982), S. 61–72; Neale, Steve: Masculinity As Spectacle. Reflections on Men and Mainstream Cinema, in: Screen, Nr. 24 (November/Dezember 1983), S. 2–16.

synonym für Lustobjekt und eine Art männliches Pin-up, das zudem Projektionsfläche für homoerotisches Begehren sein konnte.

Abb. IV. 2

Gerade als der Latin Lover im Hollywood am Tiber auf dem Höhepunkt seiner internationalen Popularität zum Symbol eines wiederaufblühenden, modernen Italien avancierte, geriet seine Figur Anfang der 1960er Jahre innerhalb eines emanzipatorischen Diskurses ins Kreuzfeuer der Kritik. Das Bild des romantischen Liebeskünstlers, „das viele ausländische Frauen nach Italien lockt, auf der

Suche nach einer Liebelei als Urlaubserinnerung",⁹⁶ wurde zusehends in Frage gestellt:

> Vom italienischen Mann existiert ein Bild, das vor allem außerhalb Italiens verbreitet ist: das Bild des leidenschaftlichen Liebhabers, ungestüm, was die Gefühle betrifft und ein vorzüglicher Geliebter. Der Latin Lover par excellence, demgegenüber Männer anderer Nationen so manches Mal ein unbewusstes Gefühl der Unterlegenheit verspüren, weswegen sie dazu neigen, ihm Inkompetenzen in anderen Bereichen nachzusagen. [...] Was ist dran am Klischee, dass sich um den italienischen Mann gebildet hat? Wie ist er tatsächlich gegenüber Frauen?⁹⁷

Vom Mythos des talentierten italienischen Liebhabers, so bemerkte etwa die Journalistin Gabriella Parca in ihrer 1959 viel beachteten Publikation über das Sexualleben italienischer Frauen *Le italiane si confessano*,⁹⁸ würden letztere keineswegs profitieren. Im Gegenteil – mit der Überhöhung des Italieners zum Latin Lover ginge, wie auch andernorts festgestellt wurde, eine sexuelle Unterdrückung der Italienerin einher:

> Der Mythos des Italieners als natürliches und spontanes Individuum, das fähig ist, unbedarft und unvermittelt eine Beziehung einzugehen, das instinktiv ist und seine Emotionen nur schwer zügelt – das ist ein Mythos, der vor allem Goethe am Herzen lag und den nordischen Damen, die in diesem Jahrhundert Capri und seine Fischer entdeckt haben. Dieser Mythos scheint inzwischen überkommen zu sein. Diese romantische Idee galt übrigens nie den italienischen Frauen. Alle haben immer freimütig zugegeben, dass zwischen den Italienerinnen und der Sexualität eine Reihe von Tabus und Verboten bestehen, die darauf abzielen, bestimmte Aspekte der menschlichen Natur zu verstecken.⁹⁹

Vor dem Hintergrund des allgemeinen Fortschrittsethos und verschärfter frauenrechtlicher Debatten im Übergang zu den 1960er Jahren wurde die Figur des *seduttore* zusehends zum Sinnbild einer rückständigen, patriarchalischen Gesellschaftsordnung stilisiert. Das Bild des Frauenhelden konnte nicht mehr unproblematisch als Zeichen viriler Männlichkeit fungieren und erhielt unter dem Schlagwort des

---

⁹⁶ „… che spinge tante donne straniere a venire in Italia, in cerca di un amore da ricordare." Parca, Gabriella: I sultani. Mentalità e comportamento del maschio italiano, Mailand 1965, S. 31.

⁹⁷ „Esiste dell'uomo italiano un'immagine, diffusa soprattutto fuori Italia: l'immagine dell'amante appassionato, impetuoso nei sentimenti, formidabile amatore. Il latin lover per eccellenza, di fronte al quale l'uomo di altri paesi prova talvolta un inconscio senso d'inferiorità ed è portato per questo di attribuirgli difetti in altro campo. [...] Quanto c'è di vero nel cliché che si è creato su di lui. Com'è egli in realtà, nei riguardi della donna?" Ebd.

⁹⁸ Parca (1961).

⁹⁹ „Il mito dell'italiano come individuo naturale, spontaneo capace d'un rapporto ingenuo ed immediato con i problemi emotivi e con gli istinti, mito caro a Goethe e alle signore nordiche che all'inizio di questo secolo scoprirono Capri e i suoi pescatori professionisti, sembra ormai aver fatto il suo tempo. Quest'idea romantica, in ogni caso, non ha mai riguardato le donne, tutti sono stati sempre disposti ad ammettere che tra le italiane e il sesso si frappongono una serie di tabù e divieti che hanno lo scopo di nascondere determinati aspetti della natura umana." Gambino, Antonio: La moglie in Italia. Sesso e magia, in: L'Espresso, 20.12.1959, S. 14–15, hier S. 14.

gallismo einen negativen Beigeschmack. Damit bezeichnete der Volksmund ein männliches Verhalten, das um eine ostentative Potenzsuggestion und die narzisstische Selbstrepräsentation als Eroberer kreiste. Der Begriff des *gallo* wurde maßgeblich durch das Werk des sizilianischen Schriftstellers Vitiliano Brancati (1907–1954) geprägt. Insbesondere seine *trilogia del gallismo*, welche die Romane *Don Giovanni in Sicilia* (1941), *Il Bell'Antonio* (1949) und *Paolo il caldo* (1954) umfasste, ist hier von Bedeutung. Brancati adaptierte darin den Don-Giovanni-Stoff und verortete ihn im Sizilien der 1930er und frühen 1940er Jahre. Doch entwarf er eher eine Karikatur des Verführermythos. Denn die Manneskraft seiner Protagonisten erschöpft sich allein im Reden über die eigenen Liebesabenteuer. Hinter der Fassade des Frauenhelden verbirgt sich in Brancatis Romanen männliche Apathie und Impotenz. Über das ambivalente Bild des Latin Lover, dessen Eroberungen mehr heiße Luft und Phantasterei als Realität sind, und über seine Konnotation mit dem Faschismus demontierte der Autor den Virilitätskult des Regimes und unterzog ihn, besonders in den beiden Nachkriegsromanen, einer fundamentalen Kritik. Der *gallo* wurde hier zum negativen Gegenbild des demokratischen Mannes der Nachkriegsrepublik stilisiert.[100] Dies galt nicht nur für die Romane Brancatis. Sowohl das Leitbild des pflichtbewussten Katholiken und Paterfamilias als auch das Männlichkeitsideal des vitalen, kommunistischen Arbeiters grenzten sich über das Gebot eines disziplinierten Sexualverhaltens vom Typ des Don Giovanni ab.[101] Die PCI-nahe Frauenzeitschrift *Noi donne* beschreibt ihn als „nichtsnutzigen Abkömmling des landbesitzenden Bürgertums, der Ausschweifung und soziale Unterdrückung in sich vereint, ein ekelhafter Parasit, der die jungen Mädchen des Volkes begehrt."[102] Als bourgeoiser und effeminierter Leichtfuß, der körperlichem Vergnügen und individualistischem Konsum frönte, wurde er zu einer unproduktiven, sich den Pflichten gegenüber Staat und Familie entziehenden Männlichkeit banalisiert. Dagegen definierte sich das kommunistische Männlichkeitsideal, laut Bellassai, über seine moderne, emanzipationsbejahende Einstellung gegenüber Frauen.[103]

---

[100] Zum Wandel des Leitbilds des ‚neuen faschistischen Mannes' und aggressiven Frontkämpfers zum demokratischen Vater und Familienernährer siehe Ben-Ghiat, Ruth: Unmaking the Fascist man: masculinity, film and the transition from dictatorship, in: Journal of Modern Italian Studies, 10/3 (2005), S. 336–365; siehe allgemein Bellassai (2004), S. 99 ff.

[101] Vgl. Bellassai (2000a), S. 207; Wanrooij (1990), S. 170; Formigioni (1988), S. 257.

[102] „...inetto rampollo della borghesia terriera che combina libertinaggio e oppressione sociale, un disgustoso parassita che concupisce vigliaccamente le giovani figlie del popolo." Chilanti, Felice: Inglorioso tramonto del dongiovanni, in: Noi donne, Nr. 22, 30.5.1954, S. 6–7, zitiert nach Bellassai (2000a), S. 207.

[103] Dass dies häufig mit der ehelichen Realität divergierte, lässt sich aus zahlreichen Leserinnenbriefen in der kommunistischen Frauenzeitschrift *Noi donne* schließen, die sich über das autoritäre Verhalten ihrer Männer beschwerten. Ebd., S. 208.

Der Angriff auf die herrschende Doppelmoral stieß aber nicht nur auf positive Resonanz. In der Presse des Untersuchungszeitraums zeichnen sich auch deutliche Widerstände ab. In Zeitschriften wie *L'Europeo* oder *L'Espresso* war im Übergang zu den 1960er Jahren verstärkt von einer männlichen Krise die Rede. Der italienische Mann sei vom „Jäger" zur „Beute" geworden, immer mehr Männer litten unter Impotenz und die Zahl der männlichen Homosexuellen nehme zu, da die natürliche Ordnung zwischen den Geschlechtern aus dem Gleichgewicht geraten sei, hieß es in zahlreichen Artikeln zum Thema Sexualität.[104] Hier zeigt sich, wie tief die kulturellen Praktiken gesellschaftlich verwurzelt waren, die mit der Tabuisierung weiblicher Sexualität einhergingen. Unterschiedliche Forschungsarbeiten haben gezeigt, dass der Beweis der eigenen Männlichkeit durch heterosexuelle Aktivität und Vaterschaft zu den traditionellen Parametern normkonformer Männlichkeitsperformanz gehörte.[105] Dies war umso stärker innerhalb eines kulturellen Kontexts wie dem italienischen der Fall, der sexuelle Enthaltsamkeit und Passivität vor allem mit dem Weiblichen und Homosexualität konnotierte. Wie sehr die Konzeption männlicher Sexualität noch durch die Vorstellung von einer quasi natürlichen Triebhaftigkeit des Mannes geprägt war, die sich von einer angeblich biologisch verankerten Frigidität der Frau unterschied,[106] zeigten etwa die starken Gegenreaktionen auf die Abschaffung der kontrollierten Prostitution durch das Merlin-Gesetz.[107] Nach Bellassai stellten die staatlich regulierten Bordelle bis 1958 „eine tragende Säule in der herrschenden patriarchalischen Ordnung der Gesellschaft" dar. Ihre Schließung sei daher als traumatischer Bruch mit einem „sozialen Regime des Begehrens" wahrgenommen worden, „welchem das Gesetz, die vorherrschende Moral und die Wissenschaften einen legitimen, notwendigen, ja sogar heiligen Wert bescheinigt hatten."[108] In einem Interview, das Pier Paolo Pasolini für seinen Dokumentarfilm *Comizi d'amore* 1963 mit einem jungen Palermitaner führte, äußerte dieser, dass er gegen die Abschaffung der Freudenhäuser sei. Denn er könne sich als Mann nicht damit begnügen, mit einem „ehrbaren Mädchen"

---

[104] Cederna, Camilla: L'adultero impegnato, in: L'Espresso, 4.12.1960, S. 13; Gianeri, Enrico: La donna conquista il potere, in: L'Europeo, 2.11.1958, S. 16–20, hier S. 18; ders.: Il sesso forte depone le armi, in: L'Europeo, 9.11.1958, S. 16–20; Parca, Gabriella: S.O.S. Amore: Anche il maschio italiano scrive alla piccola posta, in: L'Espresso, 27.3.1960, S. 12–13; Sforzino, Paolo: Maschi o femmine non si nasce: Il sesso travestito, in: L'Espresso, 3.7.1960, S. 11; Gambino, Antonio: Il peccato maschile, in: L'Espresso, 2.4.1961, S. 12–13.

[105] Vgl. hier die ethnologischen Ausführungen David Gilmores zum Phänomen des *machismo* am Beispiel Andalusiens. Gilmore, David: La genesi del maschile. Modelli culturali della virilità, Florenz 1993, v. a. S. 11 ff. und S. 46–51. [Ders.: Manhood in the Making. Cultural Concepts of Masculinity, New Haven/London 1990].

[106] Sforzini, Paolo: Il sesso dei nostri nipoti costruito in laboratorio, L'Espresso, 18.12.1960, S. 13.

[107] Vgl. Bellassai, Sandro: La legge del desiderio. Il progetto Merlin e l'Italia degli anni cinquanta, Rom (2006); König (2007), S. 629.

[108] Bellassai (2006), S. 9.

Händchen zu halten. Auf Pasolinis Nachfrage, warum dies so sei, entgegnete er, dass er sonst Gefahr laufe, für „schwul" (*finocchio*) gehalten zu werden: „Wenn ein Junge nur mit einem Mädchen spazieren geht und nicht auf eine Art und Weise mit ihr intim wird, wie es eigentlich sein sollte, ich weiß nicht... dann liegt das doch auf der Hand."[109]

Wie bis hierhin deutlich wurde, war der Latin Lover auch im inneritalienischen Kontext eine schillernde kulturelle Ikone, die sowohl männliche als auch weibliche Attribute in sich vereinte und damit normative Gendermodelle und Moralvorstellungen in Frage stellte. Seine Figur lässt sich als eine Männlichkeit beschreiben, die zwischen der maskulinen Norm und denjenigen „subalternen" Männlichkeiten, gegen die sich erstere abgrenzte, changierte. Kristallisieren sich in seinem Bild einerseits die virilen Eigenschaften des donjuanesken Frauenhelden und damit Charakteristika heterosexueller, „normaler" Männlichkeit, symbolisierte er andererseits den von Frauen dominierten, sprich „unmännlichen" Mann. Seine Assoziation mit den weiblich besetzten Bereichen Schönheit, Mode und Konsum rückte seine Figur in die Nähe des Klischees von Homosexualität.[110] Er verkörperte den im Diskurs der 1950er Jahre oft negativ dargestellten Typ des ewigen Junggesellen, der sein sexuelles Begehren nicht mit der Ehe vereinbaren kann, um in der Position des Familienvaters soziale Verantwortung zu übernehmen. In einem Kontext, in dem ständige Erwerbsarbeit zur männlichen „Wesensbestimmung"[111] und die Rolle des Brotverdieners zum Maßstab von Männlichkeit wurde, entzog sich der Latin Lover als Müßiggänger und konsumierender Dandy hegemonialen Rollenvorgaben. Seine Areale der Selbstbehauptung waren weder Familie noch Arbeit, die traditionell die Eckpfeiler der bürgerlichen Gesellschaftsordnung und einer modernen Produktionskultur bildeten, sondern die symbolischen Orte einer weiblich konnotierten, kosmopolitischen Konsum- und Vergnügungskultur: der Nachtclub, die Partygesellschaft, der Strand. Anhand der Starfigur Mastroiannis wird im Übergang zu den 1960er Jahren eine Bedeutungsverschiebung der mit dem Latin Lover verbundenen Männlichkeiten sichtbar. Wurde die Figur des Verführers als viriler Frauenheld zusehends negativ bewertet, stieg Mastroianni als feminisierter und von Frauen verführter, gesellschaftlich unproduktiver Latin Lover zum Star auf. Das deutet auf die Aufwertung genau derjenigen Eigenschaften hin, die im Widerspruch zum hegemonialen Männlich-

---

[109] [Quando un ragazzo passeggia soltanto con una ragazza e non arriva a quelle intimità, che ci devono essere, non so..., è evidente.] Pier Paolo Pasolini, *Comizi d'amore*, Italien 1963.

[110] Zur Feminisierung der Mode vgl. Brändli, Sabina: „...die Männer sollten schöner geputzt sein als die Weiber". Zur Konstruktion bürgerlicher Männlichkeit im 19. Jahrhundert, in: Kühne, Thomas (Hg.): Männergeschichte, Geschlechtergeschichte. Männlichkeit im Wandel der Moderne, Frankfurt a. M./New York 1996, S. 101–117, hier S. 103.

[111] Hanisch, Ernst: Männlichkeiten. Eine andere Geschichte des 20. Jahrhunderts, Wien 2005, S. 354.

keitsideal standen. Mastroiannis Filmimage visualisiert somit ein Aufbrechen des traditionellen Geschlechterdiskurses. Dies ist in einem kausalen Zusammenhang mit Transformationen innerhalb des Weiblichkeitsdiskurses zu betrachten, die ich folgend näher beleuchte.

Wirtschaftswunder und weibliche Sexualität im Wandel

In den Diskussionen um die sogenannte Frauenfrage (*questione femminile*), die sich Ende der 1950er Jahre intensivierten, rückte neben Aspekten der arbeits- und familienrechtlichen Gleichstellung immer deutlicher auch die Forderung nach einer „moralischen" und damit sexuellen Gleichberechtigung von Frauen und Männern in den Vordergrund. Das bedeutet nicht, dass vorher von Sexualität keine Rede war. Im Gegenteil, die starke gesellschaftliche Präsenz der katholischen Kirche, die sich nach dem Zweiten Weltkrieg als Hüterin nationaler Grundwerte präsentierte, trug dazu bei, dass das Thema einer vermeintlichen Lockerung der Sexualmoral und Aufweichung guter Sitten ein medialer Dauerbrenner war. Wie unterschiedliche Studien gezeigt haben, wurden die Kriegswirren kollektiv als Moment des Zusammenbruchs moralischer Schranken erlebt.[112] Dies nahm die katholische Kirche als Anknüpfungspunkt für ihre Politik einer umfassenden Erneuerung traditioneller Moralvorstellungen und Geschlechterhierarchien. Mit Kampagnen wie der „Schlacht für die Sittlichkeit" (*battaglia per la moralità*) oder dem „Kreuzzug für Keuschheit" (*crociata per la purezza*) versuchten die Kirche und ihre Laienverbände, konfessionelle Medien sowie die Christdemokraten (DC) auf Regierungsebene, dem angeblichen Verfall traditioneller Familienwerte entgegenzutreten.[113] Vor allem die populären Unterhaltungsmedien (Kino, Illustrierte, Fotoromane) und nicht zuletzt die glamourösen Körper der darin abgebildeten Stars und der von ihnen ausgehende Erotismus wurden als Kanäle der Säkularisierung und des Sittlichkeitsverfalls betrachtet. So sollen Presseberichten zufolge die Darstellungen der leicht bekleideten Brigitte Bardot und der als Haremsdame verkleideten Anita Ekberg auf verschiedenen Filmplakaten die Empörung Pius' XII. hervorgerufen haben.[114] Tatsächlich beklagte das Kirchenoberhaupt am 5. März 1957 in einer Rede vor dem stadtrömischen Klerus, die auch von Radio Vatikan übertragen wurde, die Entweihung der „heiligen Stadt" durch das „unmoralische

---

[112] Vgl. Garofalo (1956); Bravo (2003), S. 71; Bellassai (2006), S. 80–81.

[113] Vgl. Tonelli, Anna: Politica e amore. Storia dell'educazione ai sentimenti nell'Italia contemporanea, Bologna 2003. Siehe hier vor allem Kapitel I: Sentimenti nella cultura cattolica, S. 21–116; Barbanti (1991), S. 161–198; Wanrooij (1991), S. 199–216.

[114] Cavicchioli, Luigi: Roma sotto processo. Pio XII nel discorso ai parroci e ai quaresimalisti, in: Oggi, 21.3.1957, S. 13–14; Anonym: La vera vergogna non è Miss Spogliarello, in: Vie Nuove, 23.3.1957.

Kino" und die allgegenwärtige „Pornografie" auf römischen Mauern, von denen sich die Unmoral ausbreite und bis in die italienischen Familien vordringe.[115] Doch nicht nur das katholische Lager, auch die politische Linke um die Sozialisten und Kommunisten hielt an einer sexualfeindlichen Politik fest.

Es wäre jedoch falsch, die 1950er Jahre unter dem Schlagwort der Restauration konservativ-katholischer Familienmodelle abzutun. Die geschlechterpolitische Dynamik dieses Zeitraums, die bereits zeitgenössisch sichtbar war und diskutiert wurde, wie ich am Beispiel Sophia Lorens in Kapitel III. darlegen konnte, soll bei der Betonung des Umbruchs im Übergang zu den 1960er Jahren nicht aus dem Blick geraten. Dennoch waren die Widerstände gegen liberalisierende Impulse in den 1950er Jahren ungleich höher. Gegen Ende des Jahrzehnts ist indessen ein Wandel im Sexualitätsdiskurs zu verzeichnen, der sich zunächst darin äußert, dass das Reden über die „Welle der Sinnlichkeit"[116] nicht mehr vornehmlich auf die Einschränkung des öffentlichen Dialogs über Sexualität und ihrer Darstellung in den Massenmedien abzielte. Stattdessen wurde eine fehlende positive Auseinandersetzung mit dem Thema Sexualität kritisiert. Neben anhaltenden konservativen Äußerungen wurden immer häufiger Stimmen nach einer notwendigen sexuellen Liberalisierung laut.[117] Dass der vormals dominante Sexualkonservatismus immer deutlichere Risse erhielt, ist auf unterschiedliche Faktoren zurückzuführen, die im Zusammenhang mit den veränderten ökonomischen und soziokulturellen Verhältnissen während der Wirtschaftswunder-Ära stehen. Wesentlich war in diesem Zusammenhang die Veränderung der Lebensstile und der materiellen Konditionen vieler Italiener infolge von Migration, Urbanisierung und steigendem Bildungsniveau. Es war aber vor allem die rapide Ausbreitung des Massenkonsums, die bereits zeitgenössisch als deutlichstes Zeichen der umfassenden Transformation wahrgenommen wurde.[118]

Für den größten Teil der Bevölkerung bedeuteten die Modernisierungsprozesse des *miracolo* den Aufstieg aus Verhältnissen, in denen sich der private Verbrauch auf die notwendigsten Lebensmittel, Haushaltsgegenstände und Kleidung beschränkte, in eine Kondition, in welcher der regelmäßige Verzehr von Fleisch und Milchprodukten, die vormals den Status von Luxusgütern genossen, die Norm darstellte. Kühlschränke, Waschmaschinen, Fernseher und Autos wurden zum Standard eines

---

[115] Discorso di Sua Santità Pio XII. ai parroci ed ai predicatori quaresimali di Roma, in: A.A.S., Bd. XXXXIX (1957), Nr. 4, S. 208–215. Die Rede des Papstes wurde auch in der zeitgenössischen Presseberichterstattung aufgegriffen: siehe Corbi, Gianni: Abbiamo domandato al capo della polizia dei costumi se Roma è una città viziosa, in: L'Espresso, 17.3.1957, S. 1.

[116] Gambino, Antonio: L'ondata sensuale. Un dibattito sulla morbosità, in: L'Espresso, 18.10.1959, S. 6–7.

[117] Ebd.

[118] Vgl. Bocca, Giorgio: Miracolo all'italiana, Mailand 1962, S. 6.

mittleren Haushalts.[119] Die wachsende individuelle Mobilität und die zunehmende Medialisierung gingen mit einer gegenseitigen Konfrontation und Vermischung lokaler Kulturen und Gewohnheiten einher, die von der Art sich zu kleiden und zu sprechen bis zu Essgewohnheiten reichten. Daneben ist ein beschleunigter internationaler Kulturtransfer vor allem im Bereich der Freizeit- und Vergnügungskultur von Bedeutung. Der steigende Lebensstandard erodierte traditionelle Vorstellungen von Überfluss und Lustorientierung als Sünde.[120] Mit der Ausbreitung des Massenkonsums und den damit verbundenen neuen Möglichkeiten der individuellen Distinktion veränderte sich auch die Einstellung zur eigenen Körperlichkeit, wie vor allem in der Jugendkultur sichtbar wurde.[121] Dabei ist mit Gundle hervorzuheben, dass herkömmliche soziale Praktiken und Wertvorstellungen nicht problemlos durch neue abgelöst wurden, sondern es zu einem Prozess der kulturellen „Überschneidung" kam.[122]

Darüber hinaus haben verschiedene Studien die Erosion der tradierten Sexualmoral auf die beschleunigten Säkularisierungsprozesse im Boom und den damit verbundenen Rückgang der aktiv praktizierenden Katholiken zurückgeführt.[123] Auch der

---

[119] Wie Guido Crainz betont hat, waren die Auswirkungen des „Konsumwunders" in Italien deutlicher zu spüren als in anderen europäischen Gesellschaften, da „in Italien – stärker als in anderen europäischen Ländern – sich lang gehegte Sehnsüchte und elementare Bedürfnisse genau dann allmählich realisieren ließen als sich auch die Konsumkultur und die damit verbundenen neuen Bedürfnisse etablierten." [„In Italia più che in altri paesi europei antiche aspirazioni ed elementari esigenze iniziano a realizzarsi contemporaneamente all'irrompere dei consumi e bisogni nuovi."] Vgl. Crainz (2001), S. 84. 1958 hatten nur zwölf Prozent aller italienischen Familien einen Fernseher, 1965 schon 49 Prozent. Im selben Zeitraum stieg die Anzahl der Kühlschränke in italienischen Haushalten von 13 auf 55, der Waschmaschinen von 3 auf 23 Prozent. Besaßen 1950 nur 342.000 Italiener ein Auto, waren es 1964 bereits 4,67 Millionen. Vgl. Ginsborg (2003), S. 239 ff.; siehe auch Arvidson (2003), S. 7–108, Gundle (1995a), S. 150.

[120] Remo Bodei hat auf die Ausformung eines neuen „Konsum-Ethos" verwiesen: „Die Mäßigung, die Sparsamkeit, der Verzicht auf das Zurschaustellen des Reichtums – auch seitens der Wohlhabenden – bildeten ein Tugendsystem, das den Kern der Arbeitsethik ausmachte, das sich aber schon bald, immer weniger stark artikulierte und in Teilen auflöste." [„La parsimonia, il risparmio, il rifiuto dell'ostentazione della ricchezza – anche tra i possidenti – compongono un sistema di virtù pienamente integrata nell'etica del lavoro, un sistema destinato ben presto a essere disarticolato e, in parte, a dissolversi."] Ders.: L'ethos dell'Italia repubblicana, in: AA.VV., Storia dell'Italia repubblicana, Bd. III, L'Italia nella crisi mondiale. L'ultimo ventennio, Bd. 2, Istituzioni, politiche, culture, Turin 1997, S. 670.

[121] Risé, Claudio: Rocci e i suoi cugini. Il voto degli immigrati meridionali, in: L'Espresso, 21.4.1963, S. 3. Vgl. Piccone Stella (1993), S. 113 ff., 141 ff.

[122] Gundle (1995a), S. 152.

[123] Zwischen 1956 und 1968 sank laut Ginsborg die Zahl der Italiener, die regelmäßig die Sonntagsmesse besuchten, von 69 auf 40 Prozent; Ginsborg (1991), S. 244–245. Siehe auch Gundle (1995a), S. 176; Crainz (2001), S. 56–61. Auch Tranfaglia stellt fest: „…die öffentliche Meinung beobachtete die römische Kurie in den letzten Lebensjahren Pius' XII. mit immer größerer Distanz, wenn nicht mit Misstrauen. Die Hoffnungen, die durch die Entspannungspolitik und

Richtungswandel der katholischen Kirche unter dem Pontifikat Johannes XXIII. habe schließlich die schrittweise Realisierung familienrechtlicher Reformen ermöglicht.[124] Außerdem ist von Bedeutung, dass in der politischen Krise des christdemokratischen *centrismo* Ende der 1950er Jahre ein linksliberaler Diskurs an Raum gewann, der in der Tradition des italienischen Sozialismus zu verorten ist. Seit ihren Ursprüngen hatte die sozialistische Partei im Sinne ihrer antiklerikalen Ausrichtung eine pro-feministische Position bezogen.[125] Auch nach 1945 waren es vor allem die Abgeordneten des PSI, die auf parlamentarischer Ebene frauen- und familienrechtliche Reformen im Namen einer konsequenten Säkularisierung der italienischen Gesellschaft bis in den privaten Bereich anstießen.[126] Auf Initiative der sozialistischen Senatorin Lina Merlin wurden 1958 nach zehnjährigem parlamentarischen Ringen die staatlich regulierten Bordelle abgeschafft.[127] Auch die Gesetzesinitiativen zur Einführung des Scheidungsrechts sowie der Revision des umstrittenen Ehebruchparagrafen aus der Zeit des Faschismus oder ab Mitte der 1960er Jahre zur Zulassung von Kontrazeptiva gingen von PSI-Politikern aus.[128] Diese antikatholische Stoßrichtung der Sexualitätsdebatte zeichnete sich zudem in der linken Presse ab. Die hier artikulierten Forderungen nach rechtlichen Reformen und einer Säkularisierung der Moral nahmen somit eine unmittelbar politische Dimension an in Form eines Plädoyers für die historische Öffnung der politischen Führung nach links. Blätter wie der *L'Europeo* oder der *L'Espresso* versuchten, die öffentliche Meinung im Sinne der sozialistischen Gesetzesinitiativen

---

die politische Entwicklung geweckt worden waren, schienen in einem krassen Gegensatz zu der Atmosphäre und den Zeichen zu stehen, die von der anderen Tiberseite ausgingen." [„L'opinione pubblica guarda alla corte vaticana, negli ultimi anni di vita di Pio XII, con crescente distacco, se non diffidenza, tanto le speranze indotte dalla distensione e dall'evoluzione politica in corso appaiono contrastanti con l'atmosfera e i mesaggi che arrivano dall'altra parte del Tevere."] Tranfaglia (1995) S. 28. Auf der anderen Seite ist festzustellen, dass die gesellschaftliche Relevanz des Katholizismus nach wie vor sehr stark war. So war *Famiglia Cristiana* 1960 mit einer Auflage von einer Million die am meisten gelesene Wochenzeitschrift. Wie Jaff Pratt argumentiert, gelang es der Kirche durch ihre kulturelle Öffnung in den frühen 1960er Jahren langfristig im Zuge des Zweiten Vatikanischen Konzils „[to] recreate its hegemony over a ‚moral majority'"; vgl. ders. (1996), S. 139–140.

[124] Wanrooij (2004) S. 179. Wanrooijs Artikel beleuchtet den Zeitraum bis 1960.
[125] Vgl. Borutta, Manuel: Antikatholizismus, Männlichkeit und Moderne. Die diskursive Feminisierung des Katholizismus in Italien und Deutschland 1850–1900. www.ruendal.de/aim/pdfs/Borutta.pdf (20.2.2014).
[126] Vgl. Tonelli (2003), S. 249–323.
[127] Vgl. König, Malte: Prostitution und Emanzipation. Die Schließung der staatlich lizenzierten Bordelle Italiens 1958, in: VfZ, 55/4 (2007), S. 617–640. Aus geschlechtergeschichtlicher Perspektive untersucht Bellassai vor allem die moralischen Debatten, welche die Ausarbeitung des Gesetzes zwischen 1948 und 1958 begleiteten, vgl. Bellassai (2006).
[128] Vgl. Donizetti, Pino: La rivoluzione della pillola, Mailand 1967, S. 33–38.

zu mobilisieren, und kritisierten lautstark die offensichtliche Überschneidung „des Kirchenrechts mit dem staatlichen Zivilrecht infolge des Konkordats".[129]

Seit Ende der 1950er Jahre drehte sich die Berichterstattung in den beiden Zeitschriften wesentlich um Themen wie eheliche Untreue, Scheidung, das Sexualverhalten von Jugendlichen, weibliche und männliche Prostitution, Homosexualität oder später dann auch über neue Verhütungsmethoden wie die Pille. Die Artikel waren mit entsprechend erotisch aufgeladenen Bildern illustriert und beide Illustrierte wurden in hohen Auflagen verkauft. In den Berichten kamen neben Politikern, Soziologen, Juristen, Pädagogen und Psychologen auch regelmäßig bekannte Intellektuelle und Kulturschaffende wie Pier Paolo Pasolini oder Alberto Moravia zu Wort. Mit Blick auf die emanzipatorischen Entwicklungen in anderen Nationen, vor allem in den USA oder den skandinavischen Ländern, beurteilten sie Italien bezüglich des frauenrechtlichen Fortschritts als „rückständige" Nation.[130] Diese These stützen auch Sexualwissenschaftler wie Luigi De Marchi, der den liberalen Umgang mit Fragen der Sexualität und der Geburtenkontrolle zum Maßstab des „Zivilisierungsgrades" einer Nation stilisierte.[131]

Insgesamt wird in den Diskussionen die verbreitete Wahrnehmung eines „cultural lag" evident, wie sie auch Detlef Siegfried für die 1960er Jahre in der BRD festgestellt hat.[132] So beanstandeten die Befürworter der sexuellen Liberalisierung immer wieder den eklatanten Widerspruch zwischen der rapiden wirtschaftlichen Modernisierung und einer verspäteten kulturellen und mentalen Anpassung an den sozioökonomischen Wandel, darunter auch der Filmemacher Pier Paolo Pasolini. In seinem Dokumentarfilm *Comizi d'amore* befragte er 1963 Männer und Frauen von Mailand bis Palermo nach ihren Auffassungen zur Sexualität und stieß dabei auf eine überwiegend konservative Sexualethik. Seine Ergebnisse fasste er wie folgt zusammen:

> Und all das mussten wir im Italien des Wirtschaftswunders feststellen, während wir unschuldig darauf hofften, doch auch Zeichen für ein zeitgleiches und ebenso tief greifendes Kulturwunder vorzufinden. Aber wenn unserer Umfrage überhaupt ein Wert zugeschrieben werden kann, dann ist es ein negativer, nämlich ein entmystifizierender. Mit dem Italien des materiellen Wohlstands kontrastiert auf dramatische Weise die Geisteshaltung der Italiener.[133]

---

[129] Corbi, Gianni/Gambino, Antonio: Rapporto sul matrimonio. I cancellieri del vincolo. In quali casi la Chiesa considera nullo un matrimonio, in: L'Espresso 15.2.1958, S. 14–15, hier S. 14.

[130] Vgl. Gambino, Antonio: L'ondata sensuale. Un dibattito sulla morbosità, in: L'Espresso, 18.10.1959, S. 6–7, hier S. 7.

[131] Vgl. De Marchi, Luigi: Sesso e civiltà, Bari 1959.

[132] Vgl. Siegfried, Detlef: Time Is on My Side. Konsum und Politik in der westdeutschen Jugendkultur der 1960er Jahre, Göttingen 2006, S. 487.

[133] „E tutto questo l'abbiamo constatato nell'Italia del miracolo economico, sperando, ingenuamente, di scoprirvi i segni di un contemporaneo miracolo culturale e spirituale. E invece, se c'è

Um die Notwendigkeit eines solchen *miracolo culturale* zu untermauern, fiel die Bewertung des Status quo meist umso düsterer aus. Während in der Werbung der neuen Konsumgesellschaft oftmals eine „heile Geschlechterwelt"[134] in Szene gesetzt wurde, die sich um die moderne Kleinfamilie respektive die Figuren der „*mamma casalinga*",[135] also die in ihren familiären Aufgaben aufgehenden Hausfrau und Mutter sowie den erfolgreichen *breadwinner* drehte, wurde in der Presse ein gänzlich anderes Bild italienischer Familienverhältnisse entworfen.[136] In Illustrierten und Frauenzeitschriften häuften sich Berichte, Reportagen, Umfragen und Leserbriefaktionen, die eine Krise der Ehe und Familie konstatierten. „Die italienische Familie ist das Reich der schlechten Laune"[137] war beispielsweise im *Espresso* zu lesen, *Oggi* berichtete über die „Dramen der modernen Familie", und *Amica* fragte: „Steckt die Institution Ehe in einer Krise?"[138] Dabei wurde die Ursache dieser Situation nicht mehr wie noch im katholischen Diskurs der frühen 1950er Jahre auf einen vermeintlichen Traditionsverlust und eine Aufweichung patriarchalischer Strukturen, sondern auf ein Zuviel an Tradition zurückgeführt.[139]

Einhergehend mit den aufflammenden parlamentarischen Auseinandersetzungen um die Einführung des *piccolo divorzio* durch einen Gesetzesvorschlag des PSI-Se-

---

un valore in questa nostra inchiesta esso è un valore negativo, di demistificazione. L'Italia del benessere materiale viene drammaticamente contradetto nello spirito da questi italiani reali." Pier Paolo Pasolini, *Comizi d'amore*, Italien 1963; siehe ders.: Prefazione, in: Harrison (1963), S. I–VII.

[134] Vgl. Frevert (2000), S. 652.

[135] Vgl. Asquer (2006), S. 105 u. 110.

[136] Verschiedene Studien haben gezeigt, dass die geschlechtsspezifische Arbeitsteilung in weibliche Hausarbeit und männliche außerhäusliche Erwerbsarbeit in Italien zu Beginn der 1960er Jahre ihren Höhepunkt erreichte. Zwischen 1951 und 1961 verzeichnete Italien europaweit die niedrigste weibliche Beschäftigungsquote. Vor allem Frauen, die zuvor im Agrarsektor tätig waren, fanden in den Städten nur schwer Arbeit und zählten folglich für die offiziellen Statistiken zu dem wachsenden Anteil an Hausfrauen, wobei Heim- und Gelegenheitsarbeit weit verbreitet waren. Aufgrund der sinkenden Geburtenrate hatte sich die Kernfamilie zur Norm entwickelt. Die Polarisierung der Geschlechterrollen wurde zudem durch die neue Betonung der Konsumentinnen-Rolle unterstützt. Auf der anderen Seite ist mit Asquer festzustellen, dass die „Konsumrevolution" Frauen auch zu Protagonistinnen der „Modernisierung" des Haushalts machte und ihnen in diesem Umfang neue Handlungsmöglichkeiten einräumte. Vgl. Asquer (2006); siehe auch Naldini, Manuela: I diversi modelli di male breadwinner nel welfare state del XX secolo, in: Arru, Angiolina (Hg.): Pater familias, Rom 2002, S. 189–207; Lagrave, Rose-Marie: Un emancipazione sotto tutela. Educazione e lavoro delle donne nel XX secolo, in: Thébaud, Françoise (Hg.): Storia delle donne in occidente. Il Novecento, Rom/Bari ⁴2003[1992], S. 484–525, hier S. 499.

[137] Gambino, Antonio: La moglie in Italia. Il pianto della ribelle timida, in: L'Espresso, 13.12.1959, S. 13–15, hier S. 14.

[138] Del Buono, Oreste: I drammi della famiglia nella società moderna, in: Oggi, 31.10.1957, S. 8–9.

[139] Moravia, Alberto/Piovene, Guido: Liberi di stare insieme, in: L'Espresso, 30.4.1961, S. 11.

nators Sansone, publizierte *L'Espresso* von Ende Dezember 1957 bis März 1958 eine Artikelreihe unter dem Titel „Rapporto sul matrimonio". Neben Themen, die bereits Anfang des Jahrzehnts debattiert wurden, wie das Problem der *famiglie illegittime*, die Anerkennung der aus unehelichen Verbindungen hervorgehenden Kindern und Möglichkeiten der Ehe-Annullierung, kamen hier explizit sexuelle Fragen wie voreheliche Sexualität und Ehebruch zur Sprache.[140] Das offensichtliche „eheliche Unbehagen", das die Autoren durch eine reges Leserecho bestätigt sahen, entstehe aus dem immer tieferen Kontrast zwischen den stattfindenden Industrialisierungsprozessen und einer „antiquierten Gesetzgebung" sowie rigiden katholischen Moralvorstellungen.[141] Die fehlende Möglichkeit zur Scheidung sei im Hinblick auf die Entwicklung in anderen Demokratien nicht mehr zu rechtfertigen. Vor allem die italienischen Frauen befänden sich angesichts der allgemeinen Modernisierungstendenzen auf der einen und ihrer anhaltenden rechtlichen Benachteiligung auf der anderen Seite in einem paradoxen sozialen Status zwischen traditionellen und neuen Identitätsmustern. Ihre Unterordnung in Ehe, Familie und Gesellschaft werde seitens der Italienerinnen nicht mehr als normal akzeptiert. Ebenso wenig wollten sie „allein als Hausfrau oder Familienmutter betrachtet werden".[142]

> Die Bedingungen für Frauen in unserem Land ändern sich rasant. Deshalb sind es heute eher die Ehefrauen als die Ehemänner, die angesichts veralteter und oft anachronistischer sozialer Muster und Gesetze, die der Entwicklung der modern eingestellten Bevölkerungsteile hinterherhinken, ein großes Unbehagen verspüren.[143]

Eine weitere Artikelserie der Zeitschrift, die zwischen Dezember 1959 und Januar 1960 publiziert wurde, war bezeichnenderweise der „italienischen Ehefrau" gewidmet. Diese sei, so das negative Fazit, häufig eine „enttäuschte, bittere, pessimistische Frau, mal sarkastisch, mal resigniert, in manchen Fällen sogar zutiefst entrüstet."[144] Ihr

---

[140] Corbi, Gianni/Gambino, Antonio: Rapporto sul matrimonio. Con la collaborazione dei lettori, in: L'Espresso 29.12.1957, S. 1 u. 12–13. Diese Themen waren bis zu den umfassenden familienrechtlichen Reformen der 1970er Jahre immer wieder aktuell: Ajello, Nello: I rispettabili concubini, in: L'Espresso, 2.2.1964, S. 6–7; Ajello, Nello: I ripetenti del matrimonio, in: L'Espresso, 1.3.1964, S. 17.
[141] Corbi, Gianni/Gambino, Antonio: Rapporto sul matrimonio. Il fantasma del divorzio, in: L'Espresso, 9.3.1958, S. 15–16, hier S. 16.
[142] Corbi, Gianni/Gambino, Antonio: Rapporto sul matrimonio. La ribellione delle donne, in: L'Espresso, 2.3.1958, S. 14–15, hier S. 14.
[143] „La condizione della donna nel nostro paese va rapidamente cambiando e che quindi sono oggi le mogli più dei mariti ad avvertire un notevole disagio di fronte a schemi sociali e legislativi antiquati spesso anacronistici e comunque in ritardo sull'evoluzione della parte più moderna della popolazione." Ebd.
[144] Gambino, Antonio: La moglie in Italia. Il pianto della ribelle timida, in: L'Espresso, 13.12.1959, S. 13–15, hier S. 14.

Leben und Alltag drehe sich primär um die Familie beziehungsweise ihre Funktion als Hausfrau und Mutter, welcher sie ihre persönlichen Bedürfnisse unterordnen müsse. Chancen zu einer anderweitigen gesellschaftlichen Verwirklichung, etwa durch einen Beruf, seien für die meisten Frauen kaum gegeben und zudem sozial nicht angesehen. Viele Frauen fühlten sich gefangen „in einer ausweglosen Situation".[145] Das Bestreben von Frauen, sich selbst zu verwirklichen, werde bereits in der Familie blockiert. Im Norden wie im Süden würden Mädchen von klein auf dazu erzogen, dass Ehe und Mutterschaft die sicherste Zukunft für sie sei: „Das Fehlen wirklicher Möglichkeiten für Frauen zu arbeiten trägt auf der anderen Seite dazu bei, dass ein Mädchen heute davon überzeugt ist, es bestünde keine Alternative. All dies erweckt bei der Durchschnittsitalienerin den Eindruck, sie sei zur Ehe gezwungen."[146] Hatten katholische Soziologen und Sexualreformer die weibliche Unzufriedenheit im Hausfrauen-Beruf zu Beginn des Jahrzehnts noch auf ein übermäßiges und unnatürliches Emanzipationsstreben zurückgeführt,[147] wurde in der Presse der späten 1950er Jahre dezidiert auf die kulturelle Bedingtheit dieser Verhältnisse hingewiesen:

> Dieses Modell ist mitnichten unverrückbar und durch die sexuellen Charakteristika der einzelnen Familienmitglieder determiniert: der Mann, der außer Haus arbeitet und bestimmt, die Frau, die innerhalb des Hauses arbeitet und gehorcht, die Kinder, Objekte der väterlichen Autorität, welche wiederum durch die Geduld der Mutter ausgeglichen wird, etc. Wie alle anderen Dinge auf dieser Welt, ist all dies nichts als ein Produkt der Geschichte. [...] And#ere Formen der Familienorganisation sind ebenso gut möglich.[148]

Als deutlichster Beweis der sozialen Benachteiligung der Italienerin und Hauptgrund für die allgegenwärtige Krise von Ehe und Familie wurde jedoch die Repression des weiblichen Sexus angeführt. Frauen werde ein Ausleben ihrer Sexualität durch eine „kollektive Mentalität" negiert, die im 19. Jahrhundert stehen geblieben sei. Hinzu käme das kulturelle Gewicht der katholischen Tradition, die weibliche Sexualität als

---

[145] Ebd.
[146] „La mancanza di una vera possibilità di lavoro femminile contribuisce, d'altra parte, a convincere la ragazza che non c'è alternativa. Tutto questo insieme finisce col creare nell'italiana media l'impressione d'essere costretta al matrimonio." Ebd., S. 15
[147] Siehe Kapitel III. Vgl. auch Garofalo (1956), S. 156. Zu den sexualwissenschaftlichen Debatten der frühen 1950er Jahre vgl. Bellassai (2006), S. 83–90.
[148] „Questa posizione non è per nulla fissa, determinata dalle caratteristiche sessuali dei suoi componenti: l'uomo che lavora fuori di casa e che comanda, la donna che lavora a casa e che obbedisce, i figli soggetti all'autorità paterna, temperata dall'indulgenza materna, ecc. Come ogni altra cosa di questo mondo, tutto questo non è che un prodotto storico [...]. Altri tipi d'organizzazione famigliare sono ugualmente possibili." Gambino, Antonio: La moglie in Italia. Il pianto della ribelle timida, in: L'Espresso, 13.12.1959, S. 13–15, hier S. 14.

Sünde stigmatisiere, so die Kritik.[149] Die italienischen Männer hätten ein geradezu „feudales" Frauenbild, das zwischen der „ehrbaren", das heißt „desexualisierten" (Ehe-)Frau auf der einen und der Prostituierten auf der anderen Seite unterscheide, „die fast einer anderen Rasse anzugehören scheint".[150] Eine solche Klassifizierung sei nicht mehr tolerabel. Die allgemeine „sessuofobia"[151] ginge überdies mit einer mangelnden sexuellen Aufklärung italienischer Frauen einher, was zu ihrer erotischen Frustration in der Ehe führen würde.[152]

Aus den Diskussionen in der Presse geht unmittelbar hervor, dass sexuelle Aktivität nicht mehr nur als männliches Privileg betrachtet wurde, sondern als individuelles Grundrecht, das auch Frauen zustand. War weibliche Sexualität während des Faschismus und auch in der Nachkriegszeit überwiegend dem biologischen Zweck der Mutterschaft untergeordnet worden, die als eigentliche Sinnerfüllung der Frau galt, rückte nun weibliches Luststreben als berechtigter Wunsch innerhalb *und* außerhalb der Ehe in den Vordergrund.

Inwieweit dieser veränderte öffentliche Diskurs auch auf einen Wandel der erlebten Sexualität verweist, ist nach aktuellem Forschungsstand nur ungefähr zu beurteilen. Der zeitgenössisch immer wieder zitierte Verweis auf die traditionelle Repression und Tabuisierung weiblicher Sexualität, die es zu überwinden gelte, kann nicht als Indiz dafür genommen werden, dass italienische Frauen ihre Sexualität zuvor allein zu Fortpflanzungszwecken ausgelebt hätten. Wie Bruno Wanrooij in seiner *Storia del pudore* für die Zeit zwischen 1860 und 1940 feststellen kann, stand die Überschreitung der rigiden, vor allem katholisch geprägten Moralvorstellungen auf der Tagesordnung.[153]

Dass dies auch in den 1950er Jahren nicht anders gewesen sein dürfte, lassen unterschiedliche Quellen vermuten, unter anderem die von der Journalistin Gabriella Parca publizierte Briefsammlung *Le italiane si confessano*, die 1959 für Furore sorg-

---

[149] Gambino, Antonio: La moglie in Italia. Il trauma della prima notte, in: L'Espresso, 27.12.1959, S. 20–22, hier S. 21.

[150] „Der Durchschnittsitaliener unterscheidet heute wie vor hundert Jahren Frauen in zwei Gruppen: Auf der einen Seite die Prostituierte und auf der anderen die Mutterjungfrauen. Auch die Ehefrau zählt er zur letzten Kategorie: Vom ersten Tag der Ehe an neigt er dazu, sie zu entsexualisieren." [„All' italiano medio, oggi come cento anni fa, le donne appaiono, infatti, divise in due gruppi distinti: le prostitute, da un lato, e le madrivergini, dall'altro. Anche la moglie rientra, per l'uomo medio, in questa categoria: la sua tendenzaa desessualizzarla si manifesta fin dal primo giorno di matrimonio."] Ebd.; siehe auch Gambino, Antonio: La moglie in Italia. Dossier dell'infedeltà, in: L'Espresso, 10.1.1960, S. 14–15, hier S. 14.

[151] De Marchi, Luigi: Sesso e civiltà, Mailand 1959.

[152] Gambino, Antonio: La moglie in Italia. Sesso e magia, in: L'Espresso, 20.12.1959, S. 14–15, hier S. 14.

[153] Wanrooij, Bruno: Storia del pudore. La questione sessuale in Italia 1860–1940, Venedig 1990.

te.[154] Parca hatte darin eine Auswahl von 280 Leserinnenbriefen zusammengetragen, die Frauen aus ganz Italien, überwiegend aus den provinziellen Regionen und Kleinstädten, zwischen 1956 und 1958 an die von ihr betreuten Ratgeberrubriken der Fotoromanhefte *Luna Park* und *Polvere di stelle* geschickt hatten.[155] Der Inhalt der Briefe drehte sich im Wesentlichen um sexuelle Fragen. Überwiegend junge, unverheiratete Frauen und Mädchen im Teenageralter, aber auch gestandene Ehefrauen „beichteten" darin ihre sentimentalen und sexuellen Erfahrungen, die von Liebeskummer über voreheliche sexuelle Kontakte, Ehebruch, Erlebnisse sexuellen Missbrauchs bis hin zu gleichgeschlechtlichen Liebesbeziehungen reichten.[156] Als „italienischer Kinsey-Report"[157] beworben, avancierte das Buch zum Bestseller und wurde zwischen 1959 und 1970 mit jeweils einem Vorwort von Cesare Zavattini und Pier Paolo Pasolini insgesamt vierzehn Mal neu aufgelegt und erschien sogar im Ausland. Parcas Studie wurde in der italienischen Presse breit rezipiert und löste eine Welle von weiteren Berichten und Dokumentationen zum Thema Sexualität aus.

Aus den Briefen spricht eine große Unsicherheit im Bezug auf den eigenen Sexus und den Umgang mit dem anderen Geschlecht.[158] Die Schilderung erotischer Erfahrungen scheint lediglich in einer ablehnenden Haltung zum Kontakt mit dem männlichen Körper möglich zu sein. Ihre Erlebnisse umschreiben die Frauen meist mit vagen Euphemismen oder im Passiv („wir taten das, was sonst nur Eheleute tun", „er hat mich zu der seinen gemacht", „er warf mich auf's Bett und ich war seine", „ich habe nachgegeben", „ich bin auf ihn reingefallen")[159] und verbinden diese im Nachhinein mit Schuld, Unmoral und Transgression. Eine obsessive Sorge um den Erhalt der eigenen Jungfräulichkeit (*purezza*) und eines daraus resultierenden ehren-

---

[154] Vgl. Parca (1961).

[155] Parca hatte 280 Briefe von insgesamt 8000 Zuschriften als repräsentativste ausgewählt und in 18 Unterkapitel mit einem jeweils von ihr vorangestellten Kommentar gegliedert. Vgl. ebd. S. 13. Weiterführend siehe Morris, Penelope: The Harem Exposed. Gabriella Parca's *Le italiane si confessano*, in: dies. (2006), S. 109–130.

[156] Die Briefsammlung dokumentiert eine weitgehende Tabuisierung sexueller und emotionaler Themen innerhalb der Familien und macht hier die Ventilfunktion der Ratgeberrubriken sichtbar, bei denen die Frauen nach Hilfestellung und einer Orientierung jenseits der offiziellen Moral suchten. Vgl. Morris (2006), S. 112.

[157] Vgl. Milano, Paolo: Confessione pubblica e laica, in: L'Espresso, 12.7.1959, S. 21. Siehe auch: Gambino, Antonio: La moglie in Italia. Il pianto della ribelle timida, in: L'Espresso, 13.12.1959, S. 13–15. Die Bezeichnung von Parcas Buch als „Kinsey italiano" ist eher auf das Skandalpotenzial der Publikation zurückzuführen, die mit Kinseys wissenschaftlicher Studie eigentlich nicht vergleichbar ist.

[158] Wie die Autorin in ihrer Einführung schreibt, handele es sich bei den Verfasserinnen der Briefe um „Arbeiterinnen, Hausfrauen, Bäuerinnen, Hausangestellte, Näherinnen, kleine Angestellte, Schülerinnen und Studentinnen" und damit überwiegend um Repräsentantinnen der unteren und kleinbürgerlichen Schichten. Vgl. Parca (1961), S. 4.

[159] Parca (1961), S. 19, 26, 49, 151.

haften Rufs, der als Voraussetzung für den sicheren Aufstieg in den gesellschaftlichen Stand der Ehefrau betrachtet wurde, zieht sich als roter Faden durch die Briefe. Zur öffentlichen Tabuisierung von außerehelichem Sex für Frauen kam hinzu, dass der Verkauf von Kontrazeptiva sowie das Verbreiten von Informationen über natürliche Verhütungsmethoden qua Gesetz verboten war. Der Paragraf 553 des italienischen Strafgesetzbuches war ein Relikt aus faschistischer Zeit.[160] Aufgrund fehlender Verhütungsmöglichkeiten und mangelnder Aufklärung, war Sex mit der beständigen Furcht vor ungewollten Schwangerschaften, vor allem aber mit der Angst verbunden, öffentlich in Verruf zu geraten und nicht mehr als ehrenhaft (*onesta*) zu gelten. Ein in den Briefen wiederholt erzähltes Schicksal war das der „ragazza sedotta e abbandonata", des verführten und sitzen gelassenen Mädchens. Die Frauen berichten von „Verlobten", die ihnen zunächst ein Heiratsversprechen in Aussicht gestellt hätten, dieses aber erst nach einem erbrachten Liebesbeweis (*prova d'amore*), sprich, nach dem Beweis der eigenen Jungfräulichkeit, einlösen wollten. Nachdem sich die Mädchen auf den Kompromiss mit dem Don Giovanni eingelassen hatten, wurden sie nicht selten mit dem Vorwurf, „unehrenhaft" gehandelt zu haben, sitzen gelassen.[161]

Die sogenannten *svergognate* oder *disonorate*, die öffentlich als entehrt diskriminierten Frauen, standen auch im Mittelpunkt der ethnologisch angelegten Studie von Lieta Harrison, die 1963 publiziert wurde und nicht minder erfolgreich war als Parcas Buch. Harrison nimmt am Beispiel Siziliens die mit weiblicher Jungfräulichkeit verbundenen Ehrvorstellungen und sozialen Praktiken in den Blick. Ähnlich wie Parcas Publikation verweisen auch die von Harrison durchgeführten Interviews auf die öffentliche Tabuisierung weiblicher Sexualität. Dabei kann sie allerdings auch eine allmähliche Erosion patriarchalischer Strukturen feststellen:

> Die Sizilianerin, stimuliert von den neuen Ideen, die über die großen medialen Kanäle, über Presse, Kino und Fernsehen verbreitet werden, wählt heute neue Verhaltensmodelle. Die Untertänigkeit gegenüber dem Mann, ein zentraler Wert der patriarchalischen Gesellschaft, wird nicht mehr als ein Wert betrachtet, sondern als ein Nachteil.[162]

---

[160] Werbung für Verhütungsmittel und ihr Verkauf in Apotheken war bis zur Abschaffung des Paragrafen 553 am 10. März 1971 untersagt. Selbst danach waren Kontrazeptiva nur eingeschränkt erhältlich. Erst ab Oktober 1976 war die Pille auf Rezept relativ unproblematisch zugänglich. Donizetti (1967), S. 34 ff; vgl. Wanrooij (2004), S. 180. Laut einer Informationsschrift der feministischen Gruppe Campo D von 1977 nahmen damals nur 5 Prozent aller Italienerinnen die Pille. Vgl.: Campo D, Gruppo femminista per la salute delle donne: La pillola, Rom 1977, S. 3.

[161] Vgl. Parca (1961), S. 7–41. Zur Definition weiblicher „Ehre" als „symbolisches Kapital" der Familie vgl. Pelaja (2001), S. 187.

[162] „La donna siciliana, stimolata dalle nuove idee – divulgati dai grandi canali di diffusione: stampa, cinema, televisione – sceglie nuovi modelli di comportamento. La sudditanza all'uomo, valore base della società patriarcale, non è più sentita come un valore, ma come un pregiudizio." Harrison (1963), S. 149.

Zeigten diese Publikationen einerseits die regulierende Wirkungsmacht traditioneller Gendernormen und Wertvorstellungen, verwiesen sie andererseits auch auf die Normalität ihrer Überschreitung. Gleichzeitig offenbaren sie den verbreiteten weiblichen Wunsch nach einem freien Ausleben der eigenen Sexualität und sind zudem Ausdruck gesteigerter Erwartungen an dieselbe. Dies zeichnet sich auch in den Leserrubriken von Frauenzeitschriften wie *Amica, Marie Claire* oder *Eva* ab. In Letztgenannter beantwortete Anfang der 1960er Jahre nicht mehr ein Priester die Leserinnenfragen zu den Themen Liebe, Ehe und Sexualität, sondern ein Gynäkologe,[163] was den allgemeinen Impuls zur Säkularisierung und Verwissenschaftlichung von Sexualität widerspiegelt.

Die widersprüchliche Situation italienischer Frauen zwischen Tradition und Emanzipation illustriert besonders anschaulich der Brief einer sechzehnjährigen Leserin von *Amica*, die darin ihre erste sexuelle Erfahrung schildert: „Nachdem ich sehr lange darüber nachgedacht hatte, habe ich mich ihm hingegeben. [...] Ich bin zu dem Schluss gekommen, dass nichts Schlimmes dabei ist, wenn zwei sich gerne haben."[164] Dennoch plage sie ein schlechtes Gewissen, wobei sie den Grund dafür nicht in ihrem etwaigen Fehlverhalten sucht, sondern ihr Schuldbewusstsein als etwas von außen Auferlegtes empfindet und mit einem rückständigen kulturellen Umfeld verbindet:

> Schuld ist die latinische Mentalität mit allen ihren Vorurteilen. Für die skandinavischen Völker ist Geschlechtsverkehr akzeptabel [...]. Würde ich in Schweden oder in Norwegen leben, würden sich mir diese Probleme gar nicht stellen. [...] Da wir noch jung sind, ist es wahrscheinlich, dass wir uns trennen, noch bevor wir überhaupt ans Heiraten denken [...]. Ich möchte auch anmerken, dass ich, obwohl ich früher religiös war, aufgehört habe, an vieles zu glauben. Ich glaube schon noch an Gott! [...] Und ich bin zuversichtlich, dass er mir hilft, das Durcheinander meiner Gefühle zu entwirren, in welchem ich mich trotzdem wohl fühle.[165]

---

[163] Die Zeitschrift Eva führt am 8.10.1964 neben der Rubrik „Risponde il sacerdote" die Rubrik „Risponde il ginecologo" ein. Vgl. Anonym: Il ginecologo, in: Eva, Nr. 40, 8.10.964. Die Zeitschrift berichtet zudem in einer Artikelserie über die Vor- und Nachteile der Antibabypille. Ferruzza, Alfredo: Sono le pillole della salvezza o del peccato? in: Eva, Nr. 35, 4.9.1964, S. 10–15; ders.: La pillola sotto processo, in: Eva, Nr. 36, 11.9.1964, S. 12–15; ders.: È ancora presto per giudicare la pillola incriminata, in: Eva, Nr. 37, 18.9.1964, S. 16–18.

[164] „Dopo aver molto riflettuto mi sono concessa a lui. [...] Sono giunta alla conclusione se due si vogliono bene non v'è nulla di male." Amica risponde: Il mio amore non è solo platonico, in: Amica, 15.7.1962, S. 76–77, hier S. 76.

[165] „La colpa è della mentalità latina e di tutti i pregiudizi che la compongono. Per i popoli scandinavi l'atto sessuale e ammissibile. [...] Se fossi in Svezia o in Norvegia tutti questi problemi non meli sarei posti. [...] Dato che siamo giovani è probabile che ci lasceremo prima del matrimonio [...] Aggiungo anche che mentre prima ero religiosa, ora ho smesso di credere a molte cose. Credo in Dio! [...] Ho fiducia che aiuterà a districare l'imbroglio che si è formato in me e nel quale tuttavia mi trovo bene." Ebd.

Der Brief zeigt exemplarisch die Überlagerung traditionell geprägter und liberaler Wertvorstellungen ebenso wie den Konflikt zwischen herkömmlichen Weiblichkeitsbildern und der Orientierung an internationalen Identitätsmodellen. Letztere wurden Anfang der 1960er Jahre immer häufiger als positives Gegenbild zu den italienischen Verhältnissen herangezogen. So schlussfolgert auch der Journalist Antonio Gambino im *Espresso*, die italienischen Frauen befänden sich „auf halber Strecke zwischen den amerikanischen und schwedischen Weiblichkeitsmodellen und dem traditionellen Bild der guten Familienmutter des 18. Jahrhunderts."[166] In Kontinuität zu etablierten Amerikadiskursen waren vor allem die USA eine Projektionsfläche für Hoffnungen und Ängste, die mit dem stattfindenden Wandel einhergingen. Dabei wurde das stereotype USA-Bild von einer Nation, in der die Frauen „die Hosen anhaben" und sich Zugang zu allen gesellschaftlichen Positionen und Machtbereichen verschafft haben,[167] erstmals überwiegend positiv beurteilt:

> Die Vereinigten Staaten sind ein optimales Beispiel für eine matriarchalische Gesellschaft, für eine Gesellschaft, die überwiegend vom Geschmack und von den Werten der Frauen dominiert wird. Frauen gehören dort nicht nur die meisten Aktientitel und das meiste Geld auf den Banken, sondern sie sind es auch, die neue Gewohnheiten prägen, sie entscheiden über Erfolg oder Misserfolg eines Films, von industriell gefertigten Produkten und ganzen Unternehmen. Wenn man die italienische Situation vor diesem Hintergrund betrachtet, merkt man, wie sehr wir noch ein patriarchalisch geprägtes Land sind.[168]

Auch die skandinavischen Länder, insbesondere der schwedische Sozialstaat, wurden hinsichtlich der geschlechtlichen Gleichberechtigung als vorbildlich genannt. Neben dem Stereotyp der Amerikanerin[169] wurde die *donna scandinava* immer häufiger als Modell der in jeder Hinsicht emanzipierten Frau angeführt.[170] Dort, wo vorehelicher Sex von Frauen kein Tabu sei, Mädchen wie Jungen bereits im Schulkindalter sexu-

---

[166] „...a mezza strada tra i modelli americani e svedesi e l'immagine tradizionale della buona madre di famiglia ottocentesca." Gambino, Antonio: La moglie in Italia. Dossier dell'infedeltà, in: L'Espresso, 10.1.1960, S. 14–15, hier S. 14.

[167] Ganz anders wurden die emanzipatorischen Entwicklungen in den USA beispielsweise noch zu Beginn des Jahrzehnts beschrieben: „L'America sta diventando una nazione nevrotica, effeminata, ipocrita e insoddisfatta". Contini, Milo: Razza di vipere, in: Oggi, 5.4.1951, S. 29. Zum negativen Bild der „donne nordiche" vgl. die Ergebnisse bei Bellassai (2006), S. 68–69.

[168] „Gli stati Uniti infatti, ci forniscono un ottimo esempio d'una società matriarcale, d'una società largamente dominata dai gusti e dai valori femminili. Le donne non hanno soltanto la maggior quantità di soldi in banca e di titoli sul mercato azionario; sono anche loro che impongono le nuove abitudini, determinano il fallimento o il successo di film, d'imprese e prodotti industriali. Valutando la situazione italiana su questo sfondo [...] si comprende fino a che punto il nostro sia ancora un paese patriarcale." Gambino, Antonio: La moglie in Italia. Il pianto della ribelle timida, in: L'Espresso, 13.12.1959, S. 13–15.

[169] Zur Tradition des Stereotyps der *americana* siehe Dall'Orto (2007), S. 53 und 65.

[170] Anonym: Radiografia del maschio italiano, in: L'Espresso, 4.6.1968, S. 21.

ellen Aufklärungsunterricht erhielten und die Ehescheidung möglich sei, hätten sich auch die Probleme der „ragazza sedotta" und der Prostitution erübrigt: „In den skandinavischen Ländern geht die Prostitution zurück: Die Gleichstellung von Mann und Frau ist abgeschlossen, und der Staat kümmert sich um den Unterhalt von Müttern, die nicht sagen können, wer der Vater ihres Kindes ist."[171]

Innerhalb des hier skizzierten Liberalisierungsdiskurses werden jedoch auch regulierende und disziplinierende Impulse manifest. So wurde die Notwendigkeit der sexuellen Aufklärung nicht selten mit dem Ziel einer „Sanierung der Ehe" und einer Eindämmung der Darstellung von Erotik in „Schauspiel und obszönen Veröffentlichungen" verbunden.[172] Vor allem in den Frauenzeitschriften machen sich fast ausschließlich männliche Sexualreformer und selbst ernannte Experten für eine sexuelle Aufklärung stark, die zum Ziel haben sollte, die Ehe in ihren Grundfesten zu bestärken – und dies in der vermeintlich biologisch vorgegebenen Rollenverteilung.[173]

Nach wie vor konnte sich ein konservativer Diskurs behaupten, in dem Befürchtungen um eine sozial schädigende Wirkung der sexuellen Emanzipierung laut wurden. Diese könne eine „weibliche Mutation" auslösen, die nicht nur verheerende Konsequenzen im Bezug auf das psychologische Gleichgewicht von Männern und Frauen, sondern der gesellschaftlichen Ordnung insgesamt nach sich ziehe, „die auf der Existenz von klar unterscheidbaren und definierten ‚Männern' und ‚Frauen' beruht".[174] Die sexuelle Unzufriedenheit sowohl der Frau als auch des Mannes resultiere aus einer verstärkten „Konkurrenz, die innerhalb der Familie zwischen den Ehepartnern entsteht". Weibliche Frigidität und männliche Impotenz seien das Resultat eines „psycho-sexuellen Konflikts", der durch das weibliche Autonomiestreben ausgelöst werde: „Oft verfällt der Mann gegenüber einer Ehefrau, die dominanter und aggressiver auftritt als er, in einen Zustand der Duldung und gibt seine Verantwortung auf."[175]

Nichtsdestotrotz lässt sich festhalten, dass durch die hier skizzierten Diskussionen im Übergang zu den 1960er Jahren bereits eine Entwicklung angestoßen wurde,

---

[171] „Nei paesi scandinavi la prostituzione svanisce: l'uguaglianza tra l'uomo e la donna è completa e lo Stato provvede al mantenimento delle madri che non sanno dire chi è il padre del loro bambino." Gambino, Antonio: Rapporto internazionale sul vizio. La ragazza della giacca di pelle, in: L'Espresso, 8.12.1957, S. 14–15, hier S. 14.

[172] Ders.: L'ondata sensuale..., S. 6.

[173] Vgl. beispielsweise Capone, Cesare: Parole chiare su la donna e l'amore: I desideri del settimo anno, in: Marie Claire, 9.3.1964, S. 10–13; ders.: Esaminiamo senza ipocrisie il più scottante problema della femminilità. La donna frigida, in: Marie Claire, 26.9.1964, S. 16–18, hier S. 18; ders.: I fidanzati e l'amore, in: Marie Claire, 27.3.1964, S. 10–13.

[174] „...in quanto è fondata sull'esistenza di ‚uomini' e ‚donne' chiaramente distinti e definiti." Sforzini, Paolo: Il sesso dei nostri nipoti costruito in: Laboratorio, L'Espresso, 18.12.1960, S. 13.

[175] „Spesso di fronte alla moglie più aggressiva e dominatrice, il marito s'abbandona ad uno stato di sopportazione e rinuncia alle sue responsabilità." Ebd.

die in die „sexuelle Revolution" der 68er und schließlich in die umfassenden familienrechtlichen Reformen Mitte der 1970er Jahre mündete. Die Forderungen nach einer konsequenteren Demokratisierung der Geschlechterhierarchien ging mit einer Annäherung der Geschlechter im Bereich der Sexualität einher. Es schien nicht mehr tolerabel, dass die „Sittlichkeit" der italienischen Gesellschaft allein am Verhalten der Frauen gemessen wurde. Die herrschende Doppelmoral und damit auch das Sexualverhalten italienischer Männer wurden im öffentlichen Diskurs einer kritischen Revision unterzogen.

Dass auch die männlichen Gendermodelle von diesen Debatten nicht unberührt blieben, wird wiederum anhand des Latin-Lover-Stereotyps manifest. So berichtete die italienische Presse im Untersuchungszeitraum verstärkt von den Beschwerden ausländischer Besucherinnen über das vermeintlich flegelhafte, unhöfliche, aufdringliche, überhebliche und machohafte Verhalten italienischer Männer. Der Latin Lover sei im Ausland das Objekt „harter Kritik"[176] geworden, stellte *L'Espresso* fest. Eine britische Journalistin habe in der Zeitung *Daily Mail* mit den italienischen Männern abgerechnet. Den allgegenwärtigen *gallismo* und übertriebenen Narzissmus der Italiener empfänden ausländische Frauen als unerträglich, ebenso wie die Negierung weiblicher Gleichberechtigung in den Bereichen Arbeit und Sexualität. Die Scheidung zwischen Ingrid Bergman und Roberto Rossellini veranlasste das Blatt 1957 zu der Frage: „Ist der Italiener ein schlechter Ehemann?"[177]

> Derzeit ist in aller Welt eine Kampagne gegen die Italiener im Gange oder besser gesagt in den Ländern wie Schweden, England oder den Vereinigten Staaten, wo Ingrid die meisten Unterstützer hat und Rossellini seine unerbittlichsten Kritiker. Im Ausland beschränkt man sich dabei aber nicht darauf, dem Italiener als Ehemann den Prozess zu machen. Es wird auch mit dem Italiener als Liebhaber abgerechnet. Sie sagen, dass wir eitel sind, wankelmütig, egoistisch, sinnlich nur auf eine oberflächliche Weise und dass wir in der Frau nichts anderes sehen können als einen Gebrauchsgegenstand, der dazu dienen soll, unsere eigene Überlegenheit zu beweisen.[178]

Eine solche Bestätigung männlicher Überlegenheit durch die Unterordnung der weiblichen Figuren funktionierte in Mastroiannis Filmen der frühen 1960er Jahre aber nicht mehr. Wie ich folgend zeigen werde, interagierte sein Image als verführ-

---

[176] Anonym: Una donna inglese giudica l'uomo italiano, in: L'Espresso, 27.11.1955, S. 8; Quaglia, Maria: Le italiane vivono sotto sequestro?, in: L'Europeo, Nr. 21 (1958), S. 17–20.
[177] Anonym: L'italiano è un cattivo marito?, in: L'Espresso, 17.11.1957, S. 1.
[178] „In questo momento un processo contro gli italiani è in corso in tutto il mondo, o per lo meno in quei paesi come la Svezia, l'Inghilterra, gli Stati Uniti, dove Ingrid ha i suoi maggiori sostenitori e Rossellini i critici più implacabili. All'estero però, in questo momento, non ci si limita a fare un processo all'italiano come marito, ma all'italiano come amante. Dicono che siamo vanitosi, volubili, egoisti, superficialmente sensuali, capaci di vedere in una donna solo un'elemento utile per riaffermare la nostra supremazia." Ebd.

ter Latin Lover ganz unmittelbar mit den oben skizzierten Diskursen. So wird über die von ihm verkörperten Filmfiguren eine „Modernisierung" der Geschlechterverhältnisse und eine damit verbundene Reformierung zeitgenössischer Männlichkeiten verhandelt. Welche Gendermodelle dabei entstanden und welche Spannungen und Widersprüche daraus resultierten, werde ich anhand der anschließenden Filmanalysen ausführlich erörtern.

Körperexzesse: Mastroianni in Federico Fellinis *La dolce vita*

> Und dann musste es einfach geschehen: der Film [...] wurde zum allgemeinen Gesprächsthema. Er schlug ein wie eine Bombe im Februar 1960, und einen Tag später bemerkte der ein oder andere, dass Italien nicht mehr dasselbe war. Sicher war es nicht der Film *La dolce vita*, der das Land veränderte, aber er war der sichtbarste Hinweis darauf: ein Signal eines Jahrzehnts, in dem eine Veränderung der nächsten folgte.[179]

Der Filmkritiker Tullio Kezich, der die Dreharbeiten von *La dolce vita* als Chronist begleitete, beschreibt hier sehr anschaulich die kathartische Wirkung, die zeitgenössisch von Fellinis Epos ausging. In einer kreativen und geradezu orgiastischen Manier resümiert der Film die sozialen Veränderungen, Spannungen und Widersprüche der frühen Boom-Ära und lässt sie ungehemmt zum Vorschein kommen. Der Historiker Guido Crainz hat das Jahr 1958 – und damit das Jahr in dem Fellini die Arbeiten zu *La dolce vita* aufnahm[180] – als Ausgangspunkt eines „Kurzschlusses" zwischen traditionellen Gesellschaftsstrukturen und den sich rapide beschleunigenden Modernisierungsprozessen beschrieben, die nun auf allen sozialen Ebenen deutlich hervortraten. Er sieht den Zeitraum des *miracolo economico* durch den Widerspruch zwischen einer Verhärtung der konservativen Kräfte auf der einen und zahlreichen progressiven Entwicklungen auf der anderen Seite gekennzeichnet: „Es ist ein absolut generelles Phänomen, das die großen Unebenheiten und Unterschiede durchquert, die zwischen den verschiedenen Regionen des Landes bestehen."[181]

---

[179] „E poi doveva succedere, il film [...] diventò una cosa di tutti. Deflagrò come una bomba nel febbraio '60 e il giorno dopo qualcuno si accorse che l'Italia non era più la stessa. Certo non l'aveva cambiata *La dolce vita*, ma ne era stato l'annuncio vistoso: il segnale di un decennio di mutazioni che si sarebbero succedute a rotta di collo." Zitiert nach Kezich, Tullio: Su La dolce vita con Federico Fellini. Giorno per giorno la storia di un film che ha fatto epoca, Venezia ²1996 [1959], S. 13.
[180] Fellini begann Anfang 1958 mit den Vorbereitungen zu seinem Film. Die Dreharbeiten fanden zwischen März und September 1959 statt.
[181] „... È un elemento assolutamente generale, che attraversa i grandi dislivelli esistenti fra le diverse aree del paese e le differenze con cui esse vivono quelli anni." Crainz, Guido: Storia, S. 56. Zu einem ähnlichen Ergebnis kommt auch Piccone Stella, wenn sie das Wirtschaftswunder als einen

Körperexzesse: Mastroianni in Frederico Fellinis *La dolce vita*

Der Film ist genuines Produkt und Dokument dieser Periode, in der sich kulturelle Hegemonien verschoben, Altes und Neues überlappte, nationale Traditionen stärker als zuvor mit internationalen Modellen konfrontiert wurden. Die daraus entstehenden Reibungspunkte zwischen bestehenden Normen und liberalisierenden Impulsen treten in den Bildern Fellinis deutlich hervor. Wie kein anderer Film kennzeichnet *La dolce vita* die beginnende Umbruchphase der „langen 1960er Jahre" und bietet als Quelle einen Einblick in die körpergeschichtliche Dimension des Wandels Italiens zur Massengesellschaft.

Die Rolle des Klatschreporters Marcello Rubini machte Marcello Mastroianni zu einem Star von internationalem Format und prägte sein Image als Latin Lover. Gleich in den Anfangssequenzen sieht man ihn im modischen Herrenanzug und mit einer überdimensionalen Sonnenbrille im Gesicht beim Flirt mit einer Gruppe sonnenbadender Bikini-Schönheiten. Auf seiner Jagd von einem Scoop zum anderen und von einer Liebschaft zur nächsten begleiten ihn die Zuschauer durch das mondäne und kosmopolitische Nachtleben der Metropole Rom,[182] die hier als Mikrokosmos einer sich wandelnden und gewandelten italienischen Gesellschaft steht. Die Stadt in Fellinis *La dolce vita* hat nur noch wenig gemein mit dem Rom der *resistenza* aus Rosselinis *Roma, città aperta* (1945). Priester und Linksintellektuelle vereint hier allenfalls noch ihre gemeinsame Abwehrhaltung gegenüber der modernen Massengesellschaft und der vermeintlichen Amerikanisierung der italienischen Kultur. *La dolce vita* zeigt nicht mehr das Rom der Nachkriegsmisere, wie es in Filmen wie *Sciuscià* (1946) oder *Ladri di biciclette* (1948) zu sehen war, und auch nicht das kleinbürgerliche Rom auf der Suche nach „Normalität" und moderatem Wohlstand, das die seichten Komödien des *neorealismo rosa* in den 1950er Jahren auf die Leinwand brachten. Auf Fellinis *Via Veneto* sind die Fahrraddiebe den Latin Lover gewichen, die *sciuscià* (dt. Schuhputzer) haben den *paparazzi* den Weg geräumt, anstelle von Fahrrädern fahren dort amerikanische Sportwagen. Das neorealistische „Lumpenkino" ist zum Kino der *alta moda* avanciert.[183] Die von Fellini „aus dem Leben gegriffenen" Schauspieler (*attori*

Zeitraum beschreibt in dem „die neuen Normen die vormals gültigen noch nicht neu organisiert haben und in der Sphäre der Werte haben die neuen die alten überlagert, ohne sie auszulöschen – ein Klima, dass in diesen Jahren die gesamte italienische Bevölkerung umhüllt." [„… le nuove norme non hanno ancora riordinato […] le vecchie e nella sfera dei valori, i nuovi si sono sovrapposti a quelli tradizionali senza eliminarli – un clima che avvolge in questi anni l'intera popolazione italiana."] Vgl. dies (1995), S. 22.

[182] Nach Vito Zagarrio markiert *La dolce vita* aufgrund seiner diskontinuierlichen Erzählform und in seiner hybridisierenden Ästhetik den Übergang zum postmodernen Film: Vgl. Zagarrio, Vito: Fellini dal moderno al postmoderno, in: De Vincenti, Giorgio (Hg.): Storia del Cinema italiano, Bd. X, 1960–1964, Venedig 2001, S. 82–96.

[183] Die Bezeichnung des Neorealismus als „Lumpenkino" etablierte sich infolge der Polemik des DC-Politikers Giulio Andreotti gegen die Filme Vittorio De Sicas, insbesondere *Umberto D.* (1952). In einem Artikel in der Parteizeitschrift Libertas warf er De Sica vor, durch die übertrie-

presi dalla strada) rekrutierten sich nicht mehr, wie noch im Neorealismus, aus den städtischen Unterschichten.[184] Sie waren Angehörige des internationalen Jet-Set aus Filmschaffenden, Popstars, Künstlern, Intellektuellen, Industriellen und Aristokraten, die in der Klatschpresse regelmäßig für Schlagzeilen sorgten und in Fellinis Film als „sie selbst" auftraten.[185] *La dolce vita* zeigt keine Männer, Frauen und Kinder mehr, die von der Hand in den Mund leben, sondern eine Gesellschaft, in der jeder nach immer neuer Lustbefriedigung sucht und selbst Marienwunder zum inszenierten und kommerzialisierten Spektakel werden. Das allgegenwärtige Objektiv des Fotografen Walter Paparazzo – Fellinis Filmfigur, die einer ganzen Zunft ihren Namen gab – steht für eine sich in ihren Veränderungen selbst bespiegelnde, medialisierte Gesellschaft.[186]

Bereits die Eingangsszene des Films entwirft das Bild einer italienischen Hauptstadt, die sich von ihren Traditionen und kulturellem Erbe ablöst. Eine goldene Christusstatue ist zu sehen, die an einem Helikopter befestigt über antike Aquädukte, moderne Bauskelette und das im Faschismus gebaute EUR-Gelände bis hin zum Petersdom geflogen wird. Wie die Zuschauer erfahren, handelt es sich dabei um die Figur des „Arbeiter-Christus". Der Film nimmt hier keineswegs Bezug auf ein bestehendes Ritual. Vielmehr kann der schwebende *cristo lavoratore* als symbolische Symbiose derjenigen kulturellen Strömungen betrachtet werden, welche die italienische Nachkriegsgesellschaft bis Ende der 1950er Jahre dominierten: der Katholizismus auf der einen und der Sozialismus beziehungsweise Marxismus auf der anderen Seite. Wie hier suggeriert wird, haben diese innerhalb der Vielfalt von Traditionen, Kulturen und Lebensstilen, die im Italien des *boom economico* aufeinandertrafen, an Bodenhaftung respektive an gesellschaftlicher Relevanz verloren. Diese Impression wird auch in den nachfolgenden Sequenzen weiter verstärkt. Auf einen Kameraschuss, der den Petersplatz aus der Vogelperspektive zeigt, folgt ein plötzlicher Gegenschuss in der Aufsicht,

---

bene Darstellung sozialer Missstände die italienische Nation zu diskreditieren. Vgl. Andreotti, Giulio: Piaghe sociali e necessità di redenzione, in: Libertas, 28.2.1952, abgedruckt in: De Giusti, Luciano (Hg.): Storia del Cinema italiano, Bd. VIII, 1949–1953, Venedig 2003, S. 563–564. *La dolce vita* erhielt einen Oscar für das Kostümdesign. Zur Bedeutung der Mode in Fellinis *La dolce vita* siehe Reich (2004), S. 31 ff., 38 ff.

[184] Zum neorealistischen Ideal des Laiendarstellers vgl. Brunetta (2001c), S. 250.

[185] Fellinis Cast umfasste über 120 Sprechrollen. Die Parts der ausländischen Figuren wurden nicht synchronisiert, sondern in Originalsprache gezeigt, was den kosmopolitischen Charakter des Films verstärkt, der auch durch das orientalisierte musikalische Leitmotiv betont wird.

[186] Vor Fellinis Film wurden die Stars und Sensationen jagenden Fotoreporter als *scattini* bezeichnet. Der Begriff leitet sich von *scatto*, der Bezeichnung für „Schnappschuss", ab. Die *scattini* etablierten sich als neue Berufssparte als Rom zum Mekka der internationalen Filmbranche wurde, und sich im relativ überschaubaren Nachtleben der Stadt, wo sich die Prominenz sprichwörtlich unter das Volk mischte, vielfache Möglichkeiten zu skandalträchtigen Schnappschüssen boten, für welche die illustrierte Presse gut bezahlte. Zur Entwicklung des *paparazzo*-Phänomens in Italien vgl. Pinkus, Karen: The Montesi Scandal. The Death of Wilma Montesi and the Birth of the Paparazzi in Fellini's Rome, Chicago/London 2003.

der die maskierten, halbnackten Körper siamesischer Tänzer in einem Nachtclub auf der Via Veneto präsentiert. Kurz darauf sieht man den Protagonisten Marcello im Gespräch mit dem homosexuellen Pierone und einem indischen Kellner. Die Kamera vermittelt hier den Eindruck einer räumlichen Wegbewegung vom kulturellen und moralischen Zentrum der Gesellschaft hin zu ihren Rändern beziehungsweise den vormals marginalisierten Identitätsmodellen, die im *dolce vita* an Raum und Sichtbarkeit gewinnen.

Es war Zufall, dass die Dreharbeiten zu *La dolce vita* zeitlich mit dem Tod Pius' XII. zusammenfielen. Doch es scheint fast so, als nutze der Film das mit dem Papsttod verstärkt wahrgenommene moralische Vakuum für eine bewusste, ja befreiende Hinwendung zum Profanen, zum vermeintlich Anstößigen und Körperlichen.[187] Als Beispiel sei nur das Bild Anita Ekbergs genannt, die als Filmdiva Sylvia Rank im Kardinalskostüm den Petersdom besteigt. Ihre zugeknöpfte Erscheinung kann als ein ironischer Kommentar auf den katholischen Sexualkonservatismus und dessen Kritik am „pornografischen" Kino gelesen werden.[188] Dabei war gerade ihre züchtige visuelle Inszenierung von besonderer Brisanz.[189] Sylvias Travestie lenkt den Blick des Zuschauers auf den Kontrast zwischen der männlich-religiösen Kleidung und ihren großzügigen weiblichen Formen, die sich klar darunter abzeichnen und das Gewand fast zu sprengen scheinen. Ekbergs Starkörper im Priesterkostüm visualisiert das im katholischen Diskurs immer wieder artikulierte Szenario eines Moralverlusts durch den Einfluss US-amerikanischer Massenkultur, das hier aber zu einer Erlösung von der Tradition umgedeutet wird.[190]

---

[187] So berichtet etwa *L'Espresso* anlässlich des Jahreswechsels 1959: „Man hat immer mehr den Eindruck, dass seine historische Epoche zu Ende geht und eine neue beginnt, dass einige essenzielle Veränderungen stattfanden, ohne dass wir es bemerkt hätten, woraus ein Gefühl der Leere entsteht." [„Si va sempre più diffondendo l'impressione che un periodo storico sia finito, che un'altro sia cominciato e che alcuni cambiamenti essenziali si siano prodotti senza che noi ce ne siamo accorti, derivandone la sensazione d'una specie di vuoto."] Daneben bestünde zudem der Eindruck, „dass die moralische Inspirationsquelle versiegt und dass aufgrund dieses Versiegens das öffentliche Leben verarmt ist." [„... che la fonte d'ispirazione morale sia esaurita e che da tale inaridimento la vita pubblica risulta impoverita."] Benedetti, Arrigo: Diario italiano. Le illusioni del '59, in: L'Espresso, 11.1.1959, S. 4.

[188] Corbi (1957a), S. 1; siehe auch Barbanti (1996), S. 161 ff.

[189] Vorlage für dieses bedeutungsschwangere Kostüm war der berüchtigte Kardinalsmantel, den das Modehaus Sorelle Fontana 1956 als Stück seiner *Cardinale*-Kollektion exklusiv für Ava Gardner entworfen hatte. Fellinis Zitat der skandalträchtigen Kombination von weiblichem Körper und religiösem Gewand rief, wie auch schon im Fall Gardners, die Kritik des Vatikans hervor, die bei Ekberg allerdings weitaus vehementer ausfiel. Vgl. White, Nicola: Reconstructing Italian Fashion, Oxford/New York 2000, S. 140 ff.; De Santi (2004), S. 117.

[190] Zum katholischen Antiamerikanismus vgl. Barbanti (1991), S. 161–198; Wanrooij (1991), S. 199–216.

288   IV. Marcello Mastroianni: Der verführte Latin Lover

Abb. IV.3

Die übrigen 160 Minuten des Films sind nicht minder pikant. Die Zuschauer sehen, wie Marcello in der heruntergekommenen Kellerwohnung einer Prostituierten mit der Schauspielerin Maddalena (Anouk Aimée) schläft, während seine Verlobte Emma (Yvonne Fourneaux) versucht, sich das Leben zu nehmen. Der Zuschauer wird Zeuge seines missglückenden Flirts mit der Hollywood-Diva Sylvia und der Ausschweifungen seines alternden Vaters (Annibale Ninchi). Man sieht Marcello als Reporter bei einem inszenierten Marienwunder, das in eine Massenhysterie ausartet. Die Kamera begleitet ihn auf eine dekadente Feier der römischen Aristokratie, bei der er sich von der amerikanischen Künstlerin Jane (Audrey MacDonald) verführen lässt. Das Objektiv folgt ihm in die Wohnung seines Freundes Steiner (Alain Cuny), wo sich ihm der schockierende Anblick des toten Schriftstellers bietet, dessen Selbstmord bereits zum *fatto di cronaca* geworden ist, an dem sich die Klatschpresse ergötzt. Am Ende des Films sieht man ihn betrunken auf einer wilden Party im Kreis einer kosmopolitischen Gesellschaft aus Schauspielern, Künstlern, Transvestiten, Homosexuellen und Repräsentanten der römischen Upperclass. In einer für damalige Verhältnisse sehr gewagten Darstellung – die Szene wurde im Nachhinein als „Orgie" beschrieben – feiern sie die Annullierung der Ehe von Nadia (Nadia Grey), einer Millionärin, die ihre wiedererlangte Freiheit mit einem Striptease begrüßt.

Vito Zagarrio hat *La dolce vita* treffend als einen fundamentalen „turning-point" sowohl des italienischen Kinos als auch der kollektiven Vorstellungswelt der Italiener beschrieben.[191] Kein anderer Film hat wohl je wieder in Italien derartig die Gemüter erregt. Schon die Dreharbeiten, die zwischen März und September 1959 in *Cinecittà* und an verschiedenen Drehorten im Zentrum und der Umgebung Roms stattfanden, waren eine Sensation und wurden von einer ausführlichen Berichterstattung in der Boulevardpresse begleitet.[192] Nach seiner Premiere im Februar 1960 entzündete der Film einen Skandal. Noch beim Premierenabend in Mailand wurde Fellini von einem erzürnten Zuschauer als Vaterlandsverräter beschimpft und den Zeitungsberichten zufolge gar bespuckt.[193] Die Vatikanzeitung *L'Osservatore Romano* rief, unterstützt durch die *Azione Cattolica*, zum Boykott des Films auf.[194] Die konservative Presse – von den Hetzkampagnen der neofaschistischen Blätter ganz zu schweigen – erkannte in La dolce vita die Speerspitze einer marxistischen Verschwörung. Fellini habe Rom in einen „Schweinestall" verwandelt, zeige eine degenerierte, dekadente Gesellschaft, die nichts anderes zu erwarten habe – so der Journalist Giovanni Mosca im Mailänder *Corriere d'informazione* – als dass „die Kosaken in den Weihwasserbecken des Petersplatzes ihre Pferde tränkten".[195] Repräsentanten der Aristokratie und ihrer Interessenverbände sahen den Ruf des italienischen Adels als altehrwürdiger Führungsschicht in den Dreck gezogen. Vertreter der Rechten in Parlament und Senat kamen den

---

[191] Zagarrio (2001), S. 82.
[192] Eine ausführliche Analyse des Skandals und einen Überblick über die Rezeption des Films in unterschiedlichen politischen und gesellschaftlichen Lagern gibt De Santi, Pier Marco: La dolce vita. Scandalo a Roma – Palma d'Oro a Cannes, Rom 2004.
[193] Anonym: Protestano i responsabili della Dolce Vita, in: L'Espresso, Nr. 7, 14.2.1960, S. 1.
[194] Anonym: Energica protesta dell'Azione Cattolica contro un film immorale, in: L'Osservatore Romano, 11.2.1960, S. 8.
[195] Mosca, Giovanni: Corriere d'informazione, 6.–7.2.1960. Zitiert nach De Santi (2004), S. 37, auch zitiert in: Cederna, Camilla: Milano ha perso la testa per La dolce vita, in: L'Espresso, 21.2.1960, S. 12–13, hier S. 12.

konservativen Protestrufen nach und forderten ein umgehendes Verbot des Films. *La dolce vita* verletze die „Würde Roms" als Hauptstadt Italiens, als Zentrum des Katholizismus und der antiken Zivilisation.[196]

Die Debatten um die skandalösen Bilder Fellinis schienen den Publikumserfolg des Films nur anzuheizen: Nach nur einer Woche Spielzeit hatte *La dolce vita* alle Einnahmerekorde gebrochen.[197] „Einen ähnlichen Publikumserfolg hat es in Italien noch nie gegeben, noch nicht einmal zur Zeit der Garbo oder bei Filmen von Chaplin", berichtete *Oggi*.[198]

Im linken politischen Lager stieß *La dolce vita* überwiegend auf positive Resonanz. Vertreter des PCI weiteten den Einsatz für Fellinis Film zu einer Kampagne gegen die klerikale Intoleranz und den katholischen Anspruch auf gesellschaftliche und politische Vorherrschaft im Allgemeinen aus. Linksorientierte Blätter lobten Fellinis Kritik am „deformierten Kapitalismus" und übertriebenen Konsumismus der bürgerlichen Eliten und adeligen Schichten.[199]

Die Vehemenz der konservativ-reaktionären Protestwelle beweist, dass *La dolce vita* die Absolutheitsansprüche von Begriffen wie Nation, sozialer Klasse, Religion und Moral radikal infrage stellte. Dabei war es neben dem kosmopolitischen Charakter des Films vor allem der Fokus auf das Körperliche und Sexuelle sowie die stark

---

[196] Camera dei Deputati, III Legislatura, Resoconto die lavori legislativi della Camera e delle Commissioni, Nr. 5, Bd. II, Interrogazione 2441, 17.2.1960, zitiert nach: De Santi, S. 35. Allgemein wurde im konservativen Lager die Frage laut, wie *La dolce vita* unbeschnitten an der Zensur vorbeigelangen konnte. Dies ist einerseits auf Fellinis Image als katholischer Filmemacher zurückzuführen. Andererseits hatte der mit ihm befreundete Pater Angelo Arpa in der Sache des Films bei Kardinal Siri, dem Erzbischof von Mailand und Präsidenten der *Alta Direzione dell'Azione Cattolica* vorgesprochen, von der die katholische Filmaufsichtsbehörde (CCC) abhing. Diese gab den Film daraufhin für die katholischen Kinosäle frei, mit dem Vorbehalt „nicht jugendfrei". Der Skandal um *La dolce vita* führte kurzfristig zu einer Verhärtung der Filmzensur. Vgl. Vigni, Franco: La censura, in: De Vincenti, Giorgio (Hg.): Storia del Cinema italiano, Band 10, 1960–1964, Venedig 2001, S. 516–528, hier S. 517.

[197] Der Verleger Angelo Rizzoli, der die Produktion des Films übernommen hatte, erzielte allein in Italien Profite in Höhe von 2,2 Billionen Lire. *La dolce vita* gewann zudem eine Reihe internationaler Filmpreise, darunter den Preis der *Grand Jury* in Cannes und einen Oscar für das Bühnenbild. Vgl. Baxter, John: Fellini, New York 1993, S. 164; vgl. auch Bondanella, Peter: The films of Federico Fellini, Cambridge 2002, S. 65.

[198] „Un successo simile non si è mai verificato in Italia, neanche ai tempi della Garbo e per i film di Chaplin." Noch drei Wochen nach der Premiere des Films berichtete die Zeitschrift *Oggi* von Tumulten vor den Mailänder Kinos bei der Schlacht um die Eintrittskarten, sodass der Zutritt teilweise durch die Polizei geregelt werden musste. Tickets wurden zu Wucherpreisen auf dem Schwarzmarkt feilgeboten. Einige, die in den Großstädten keine Karten mehr bekommen konnten, wichen auf die Kinos des Umlands aus. Anonym: La grande polemica sulla „Dolce Vita", in: Oggi, 25.2.1960, S. 1, 14.

[199] Anonym: Protestano i responsabili della Dolce Vita, in: L'Espresso, 14.2.1960, S. 1.

erotische Aufladung der Bilder, die im katholisch geprägten Italien als Transgression wahrgenommen wurden.

Fellinis Film dreht sich um Körperexzesse. La dolce vita zeigt maßlose, ungezügelte, leidende, groteske und über ihre Grenzen hinausstrebende Körper und rückt damit Identitäten in den Vordergrund, die traditionell als Gegenpol eines patriarchalischen Diskurses funktionierten, in dem, wie Maren Lorenz formuliert hat, „prinzipiell alles, was nicht weiß, bürgerlich (frei) und männlich war, in minderwertige Kategorien fiel."[200] Wie körperhistorische Studien in Anlehnung an die Arbeiten Foucaults gezeigt haben, materialisiert sich der „normale" (männliche) Körper durch historisch spezifische Ausschlussverfahren und die Konstruktion eines devianten Anderen: „Subjectivity, as it has been understood in the West, requires the image of the grotesque body."[201] Gleichzeitig wurde in der Genderforschung unter Rekurs auf Bachtins Konzeption des Karnevalesken sowie auf die Theorien Judith Butlers das subversive Moment dieser körperlichen „Verfehlungen" hervorgehoben.[202] Das Auftauchen exzessiver Körperbilder kann demnach als kulturelles Signal verstanden werden, welches darauf hindeutet, dass die Reproduktion bestimmter Körperideale durch diskursive Disziplinierungs- und Verwerfungsstrategien in ihrem historischen Kontext nicht mehr unproblematisch funktioniert und auf Widerstand stößt.[203] Es weist auf diskursive Lücken und Veränderungen in der ritualisierten Wiederholung hin, mit der „Normen nicht nur die Wirkungen von sozialem Geschlecht, sondern auch die Materialität des biologischen Geschlechts erzeugen".[204] Der groteske Körper, der die Geschlechternorm nicht, wie erwartet, verinnerlicht, durchbricht den Naturalisierungseffekt der wiederholenden Performativität, indem er die generelle Verschiedenartigkeit von Körperlichkeiten und sexueller Identität transparent macht. Die Norm wird als Machteffekt und somit in ihrer Relativität und Veränderbarkeit kenntlich gemacht.

Diese Instabilität ist die dekonstruierende Möglichkeit des Wiederholungsprozesses selbst, die Macht, die genau jene Wirkungen aufhebt, von denen das biologische Geschlecht stabi-

---

[200] Lorenz, Maren: Leibhaftige Vergangenheit. Einführung in die Körpergeschichte, Tübingen 2000, S. 83; Lorenz verweist hier auf Zanker, Paul: Die Trunkene Alte. Das Lachen der Verhöhnten, Frankfurt a. M. 1989.
[201] Russo, Mary: The Female Grotesque. Risk, Excess and Modernity, London/New York 1995, S. 10. Vgl. grundlegend Foucault (1977), v. a. S. 84–85. Siehe weiterführend Laqueur, Thomas/Schiebinger, Londa/Gallager, Catherine: The Making of the Modern Body. Sexuality and Society in Nineteenth Century, Berkeley/Los Angeles/London 1987; Bronfen, Elisabeth: Das verknotete Subjekt. Hysterie in der Moderne, Berlin 1998.
[202] „The grotesque body is open, protruding, irregular, secreting, multiple, and changing, it is identified with non-official „low culture" or the carnevalesque and with social transformation." Russo (1998), S. 9; vgl. Butler (1997), S. 30 ff. u. 177 ff.
[203] Vgl. Lorenz (2000), S. 98.
[204] Butler (1997), S. 15.

lisiert wird, sie ist die Möglichkeit, die Konsolidierung der Normen des „biologischen Geschlechts" in eine potenziell produktive Krise zu versetzen.[205]

Kathrin Audehm und Hans Rudolf Velten haben Transgressionen in einem räumlichen Verständnis als Überschreitungen kulturell konstruierter Grenzen definiert, die kulturelle „Schwellen-Räume der Unbestimmtheit" eröffneten, in denen neue diskursive Verknüpfungen erzeugt und bestehende Bedeutungszuweisungen restrukturiert würden.[206] *La dolce vita* kann als ein solcher Schwellenraum beschrieben werden. So funktionieren die darin visualisierten Stereotype des Latin Lover, der Nymphomanin, der monströsen Frau, der Hysterikerin, der Orientalin, des Jugendlichen oder effeminierten Homosexuellen nicht mehr als das Negative der Norm. Zwar zeigen sie die andauernde soziale Relevanz traditioneller Moralvorstellungen und Körperideale auf. Deren Gültigkeit stellen die von ihnen vollzogenen Grenzüberschreitungen allerdings radikal in Frage. Ihre „grotesken" Körper sind nicht negativ konnotiert, dienen also nicht zur Bestätigung der Norm und deuten auf eine zeitgenössische Pluralisierung männlicher und weiblicher Lebensstile hin. Sie appellieren an eine notwendige gesellschaftliche Liberalisierung. Das zeigt sich besonders offensichtlich am Image Mastroiannis.

La dolce vita stellte eine fundamentale Zäsur in Mastroiannis Schauspielerkarriere dar. Die Rolle des Protagonisten in Fellinis Film bedeutete für ihn nicht nur weltweite Berühmtheit und seine Entwicklung hin zum Charakterdarsteller in Zusammenarbeit mit den Regie-Größen des „zweiten Neorealismus."[207] Er kennzeichnet darüber hinaus einen grundlegenden Wandel der von Mastroianni verkörperten Männerfiguren.

Als der Film im Februar 1960 in den Kinos anlief, war Mastroianni in Italien bereits ein populärer Darsteller. In zahlreichen romantischen Komödien hatte er meist den netten Junggesellen aus den städtischen Mittelschichten gemimt, der nach anfänglichen Schwierigkeiten und Widerständen die normative Position des Ehemanns und Brotverdieners einnahm, die mit den Idealen des Katholizismus und der politischen Linken korrespondierte.[208] Wie sehr ihm dieses Image des *bravo ragazzo* anhaf-

---

[205] Ebd., S. 33.
[206] Audehm, Kathrin/Velten, Hans Rudolf: Einleitung in: dies. (Hg.): Transgression – Hybridisierung – Differenzierung. Zur Performativität von Grenzen in Sprache, Kultur und Gesellschaft, Freiburg i. Br./Berlin/Wien 2007, S. 9–40, hier S. 15.
[207] Als *secondo neorealismo* wurde das Autorenkino der frühen 1960er Jahre bezeichnet. Der Begriff rührt daher, dass neorealistische Filmautoren wie Luchino Visconti oder Roberto Rossellini in diesen Jahren ein Comeback erlebten. Vgl. Brunetta (1982), S. 189 ff.; Bondanella (2004), S. 142 ff.
[208] Hier sind vor allem die Komödien Luciano Emmers *Domenica d'agosto* (1949), *Parigi è sempre Parigi* (1951) oder *Il momento più bello* (1957) zu nennen, Monicellis *Padri e figli* (1957) ebenso wie Blasettis *Tempi nostri* (1954), *Peccato che sia una canaglia* (1954), *La fortuna di essere donna* (1956), Giuseppe De Santis *Giorni d'amore* (1954) oder Angelo Dorigos *Amore e guai* (1958).

tete, verdeutlicht die Tatsache, dass noch kurz vor Drehbeginn des Fellini-Streifens der geplante Vertrag mit dem Produzenten Dino De Laurentiis scheiterte und zwar am Beharren des Regisseurs auf Mastroianni für die Besetzung des Protagonisten. De Laurentiis schwebte dagegen ein bekannter Star für die männliche Hauptrolle vor. Paul Newman etwa hielt er für einen geeigneten Kandidaten. Den internationalen Nobody Mastroianni betrachtete er als einen zu „weichen" und provinziellen Charakter „Marke hausgebackenes Brot, einer, der eher an die Kinder denkt als daran, Frauen flach zu legen" – kurz, ungeeignet für die Rolle des Latin Lover.[209]

In einem Porträt über den Star schrieb die Journalistin Maria Livia Serini 1962, dass Mastroianni sich mit seinem Auftritt in *La dolce vita* nicht nur darstellerisch, sondern auch *körperlich* verändert habe:

> In *La dolce vita* zeigte er sich nicht nur als ein reiferer Schauspieler, sondern auch physisch als ein anderer Mann. Die kurzen gelockten Haare fielen weich auf die Stirne, das Gesicht erschien verfeinert, der Mund entschlossener, die Augen tiefsinniger. Seitdem gab ihm jeder neue Film ein anderes Gesicht. Im „Bell'Antonio" war er melancholisch und mysteriös, in „La Notte" brachte er die existenzielle Langeweile zum Ausdruck. Bei seiner tadellosen Darstellung in „Divorzio all'italiana" wirkte er plumper, stumpfsinniger und auf eine alberne Art zufrieden. „Ich weiß nicht", sagt Mastroannni, „ob sie mir diese Rollen anvertraut haben, weil ich schon ein anderer war, oder ob es diese Rollen waren, die mich verändert haben. Die Evolution eines Schauspielers ist Ausdruck der Entwicklung des Menschen. Wenn ein Mann das Bedürfnis verspürt, seine Haut zu wechseln, bedeutet das, dass er sich in seiner eigenen nicht mehr wohl fühlt."[210]

In *La dolce vita* ist Mastroianni als ein solcher Mann zu sehen, der sich in seiner Haut nicht wohl fühlt und das Bedürfnis verspürt, sich zu verändern – „die Haut zu wechseln".[211] Der Protagonist Marcello ist auf der Suche nach einer neuen Identität, bei der er sich jedoch nicht mehr an den traditionellen männlichen Parametern von Ehe und Vaterschaft orientiert. Vielmehr wendet er sich genau jener kosmo-

---

[209] „...tipo pane fatto in casa, che pensa ai figli e non a scaraventare le donne sul letto." Zitiert nach Kezich, Tullio: Su La Dolce Vita con Federico Fellini. Giorno per giorno la storia di un film che ha fatto epoca, Venedig ²1996 [1959], S. 16–17.

[210] Nella ‚Dolce Vita' non si rivelò soltanto un attore più maturo, ma *un'uomo fisicamente diverso*. I capelli cortissimi e crespi ricadevano morbidi sulla fronte, il viso appariva sfinato, la bocca più decisa, gli occhi più profondi. Da allora ogni nuovo film gli diede un volto diverso. Nel ‚Bell'Antonio' era malinconico e misterioso, nella ‚Notte' esprimeva la noia esistenziale, nell'impeccabile interpretazione di ‚Divorzio all'italiana' appariva più massiccio, ottuso, stupidamente soddisfatto. "Non so", dice Mastroianni, "se m'hanno affidato questi personaggi perché ero già cambiato o se sono stati essi a mutarmi. L'evoluzione d'un attore è l'evoluzione dell'uomo. Se l'uomo sente l'urgenza di cambiare pelle vuol dire che non sta bene nella propria". Serini, Marialivia: L'amato dormiglione, in: L'Espresso, 21.1.62, S. 12–13, hier S. 12. Hervorhebung der Verfasserin.

[211] Ebd.

politischen Massen- und Vergnügungskultur zu, die im dominanten katholischen und marxistischen Diskurs der 1950er Jahre als das Andere der nationalen Tradition verneint wurde. Durch seine Abkehr von der männlichen Norm ist er im „feuchten Dschungel" der Großstadt, wie er das Rom des *boom economico* bezeichnet, mit einer kulturellen Vielfalt konfrontiert, in der er seine Männlichkeit neu zu bestimmen versucht. Peter Bondanella hat Marcellos Reise durch diese Unterwelt der römischen Partygesellschaft als „a modern-day version of Dantes's Divine Comedy" beschrieben.[212] Doch im Vergleich zu Dantes Protagonisten bleibt Marcello die Aussicht auf eine paradiesische *Vita Nuova* im Sinne einer Läuterung des Helden versperrt. Statt des üblichen Narrativs einer Reintegration des Protagonisten in die bürgerliche Gesellschaftsordnung im Happy-End, wie es im Kino der 1950er Jahre immer wieder reproduziert wurde, zeigt *La dolce vita* eine konsequente Entfernung der männlichen Hauptfigur von diesen Idealen. Am Ende seiner Odyssee hat Marcello zwar nicht seine Haut, aber sein Äußeres, genauer, seinen dunklen Herrenanzug – die „zivile Uniform" des Bürgers – in einen modischen, weißen Anzug gewechselt.[213] Damit visualisiert der Film seine finale Konversion zur „anderen Männlichkeit" des Latin Lover, die in *La dolce vita* letztlich eine moderne Alternative traditioneller Rollensterotype darstellt und sich in einem gleichberechtigten Geschlechterverhältnis konstituiert.[214]

Als dynamischer Reporter im dunklen Herrenanzug, mit seiner Sonnenbrille und seinem amerikanischen Sportwagen präsentiert sich Marcello dem Zuschauer zunächst als Sinnbild des modernen *uomo di successo*. Wie eine erste Studie von Sandro Bellassai zu Männlichkeitsbildern in der Boom-Ära nahe legt, avancierte der agile „Erfolgsmensch" im Übergang Italiens zur Konsumgesellschaft zum neuen Leitbild moderner, hegemonialer Männlichkeit.[215] Diese „posttraditionale Männlichkeit" konstituierte sich, nach Bellassai, in einer „Kombination alter und neuer Ausdrucks-

---

[212] Bondanella: Films of Federico Fellini, S. 69.

[213] Historiker wie Sabina Brändli, David Kuchta oder Anne Hollander haben gezeigt, dass sich die bürgerliche Männerkleidung im Übergang zum 19. Jh. in bewusster Abgrenzung zur Aristokratie einem übermäßigen Wechsel der Mode entzog. Der dreiteilige dunkle Herrenanzug repräsentierte als „zivile Uniform" des Bürgertums die moralischen Standards der neuen Führungsschicht wie Mäßigung und Disziplin, Pflichtbewusstsein und Ratio. Mode wurde in der Folge zum Synonym für Frauenmode und überdies mit einem moralisch fragwürdigen Status versehen, was „rückwirkend den Ausschluss der Frauen und sogenannter „unmännlicher" Männer aus männlich konnotierten Bereichen" legitimierte. Brändli (1996), S. 103. Vgl. auch Kuchta, David: The Making of the Self-Mad Man. Class, Clothing, and English Masculinity 1688–1832, in: De Grazia/Furlough (Hg.): The Sex of Things, S. 54–78; Hollander, Anne L.: Sex and Suits. The Evolution of Modern Dress, New York 1994.

[214] Zur theoretischen Konzeption von Kleidung als visuellem Code im Kino vgl. Bruzzi, Stella: Undressing Cinema, London/New York 1997. Auf den Kleidungswechsel Marcellos verweist auch Jacqueline Reich, doch interpretiert sie den Stilwandel als Ausdruck des moralischen Falls des Protagonisten, vgl. Reich (2004), S. 45.

[215] Bellassai (2003), S. 125.

formen", welche patriarchalische Hierarchien einerseits bestätigte, sich andererseits aber im Zeichen des „Progresses" einer gewissen Demokratisierung der Geschlechterverhältnisse anpasste.[216]

Als Repräsentant der Mittelschichten zeichnete sich der *uomo di successo* durch seine erfolgreiche Integration in die dynamischen Modernisierungsprozesse aus. Dies stellte er durch regelmäßige, außerhäusliche Erwerbsarbeit – die in Abgrenzung zur manuellen Tätigkeit des Arbeiters durch Kopfarbeit charakterisiert war – und vor allem durch seine daraus resultierende Konsumkraft unter Beweis.[217] In dieser Hinsicht unterschied er sich vom Müßiggang des Latin Lover, mit dem er allerdings den Erfolg bei Frauen als Maßstab seiner Männlichkeit teilte. Seit den frühen 1950er Jahren entwickelte sich der schneidige Karrieremacher im dunklen Herrenanzug zur dominanten Figur in Werbeanzeigen für Haar- und Rasierwasser, Pomaden und Parfums, Seifen und Deodorants, Herrenbekleidung, Zigaretten, Alkohol und Autos (Abb. IV. 4). Der in diesen Anzeigen stets als „rational" inszenierte Konsum von männlich konnotierten Waren und die damit verbundene Körperpflege wurden als Zeichen von Erfolg und Fortschrittlichkeit zu notwendigen kulturellen Praktiken stilisiert, um die eigene Männlichkeit gegenüber Frauen und Männern der unteren sozialen Schichten abzugrenzen.[218] Dabei kombinierte der *uomo di successo* seine Konsumkraft idealerweise mit seiner Qualität als *breadwinner*. Denn Vaterschaft und die Position des Familienoberhaupts stellten nach wie vor zentrale Parameter normativer Männlichkeit dar.[219] So berichtet auch Marcello seinem Vater, der aus der Provinz in die Stadt ge-

---

[216] Ebd., S. 129; ders. (2004), S. 113.

[217] Auch Bellassai stellt fest, dass „die 1960er Jahre die endgültige Durchsetzung kultureller Verhaltensweisen dokumentieren, die nicht mehr allein auf Stabilität und den Erhalt des Existenten abzielen, sondern auf Dynamik, soziale und räumliche Mobilität, auf individuellen Wettbewerb und auf die Fähigkeit sich mit zahlreichen und teuren Konsumgütern auszustatten, die man als eindeutige Symbole einer geglückten Vergesellschaftung präsentieren konnte. „Die 1960er Jahre [...] sind durch die endgültige Behauptung kultureller Verhaltensweisen charakterisiert, die nicht mehr auf Stabilität und den Erhalt des Bestehenden abzielten, sondern auf Dynamik, soziale und territoriale Mobilität, auf individuellen Wettbewerb und auf die Fähigkeit sich mit zahlreichen und kostspieligen materiellen Gütern auszustatten, um sie dann als unmissverständliches Symbol eines erreichten sozialen Status vorzuzeigen." [„Gli anni sessanta [...] rappresentarono la definitiva affermazione di atteggiamenti culturali ispirati non più alla stabilità e alla conservazione dell'esistente, ma al dinamismo, alla mobilità sociale e territoriale, alla competizione individuale, alla capacità di dotarsi di numerosi e costosi beni di materiali da esibire come simboli inequivocabili di una raggiunta cittadinanza sociale."] Ebd., S. 112.

[218] Vgl. Anonym: L'eterno problema maschile. Vestirsi per l'uomo o per la donna?, in: L'Espresso, 18.11.1956, S. 9; siehe auch Bellassai (2003), S. 111 u. 131.

[219] Die PCI-nahe Zeitschrift *Vie Nuove* kombinierte 1957 das Bild ihres idealen männlichen Lesers und damit des idealen kommunistischen Familienvaters mit den Maßstäben der neuen Konsumgesellschaft wie folgt: „Der Leser von „Vie Nuove" ist ein Arbeiter, der sich sozial und politisch engagiert, den es nach Kultur und Information dürstet. Er ist *Mitglied einer modernen Familie, die sich in dem Maß*, in dem es ihr möglich ist, jener Güter bedient, die der Fortschritt ihr bieten

Abb. IV. 4

kommen ist, zuallererst von seinen guten Verdienstmöglichkeiten im Medienbereich, weist auf seine neue Wohnung und seinen jüngst erstandenen Sportwagen hin.[220] Das Auto avancierte im Kontext des Booms zum zentralen Statussymbol erfolgreicher, moderner Männlichkeit. Als Sinnbild des *miracolo economico*, des technischen Fortschritts sowie als Produkt eines der stärksten Industriezweige des Landes stand das Automobil für ebenjene männlichen Attribute wie Dynamik, Mobilität, Unabhän-

---

kann. Er ist ein junger Leser, der seinen Platz in der nationalen Gesellschaft einnehmen und seine Fähigkeiten vergrößern will, diese Gesellschaft durch Arbeit und Klassenkampf zu verbessern." [„Il lettore di ‚Vie Nuove' è un lavoratore attivo socialmente e politicamente, assettato di cultura e di informazione, membro di una famiglia moderna che si serve, nella misura che le è consentita, dei beni che il progresso può offrirle. Un lettore giovane, che aspira ad occupare il suo posto nella società nazionale e che desidera crescere la propria capacità di trasformarla con il lavoro e con la lotta."] Anonym: Chi sono i nostri lettori? I risultati di una grande inchiesta di Vie Nuove, in: Vie Nuove, Nr. 30.11.1957, S. 22–23, hier S. 22 [Hervorhebung der Verfasserin]; zur Figur des *male breadwinner* in den 1960er Jahren siehe Naldini (2002), S. 190.

[220] Das Auto war zentraler Gegenstand in zahlreichen Filmen der Commedia all'italiana. Darin tritt die elementare Bedeutung des Gegenstands zur Herstellung von Männlichkeit unmittelbar hervor, wenn etwa der von Vittorio Gassman verkörperte Protagonist in *Il Sorpasso* (1962) äußert: „Ich fühle mich nur im Auto wohl!" oder die männlichen Arbeitslosen in *I soliti ignoti* (1958) von einer „fünfzehn Meter langen Auto" träumen.

gigkeit, Wohlstand, Progressivität und Technikbeherrschung, über die sich auch das Leitbild des *uomo di successo* definierte.[221]

Auch seine offensichtliche Beliebtheit bei Frauen charakterisiert Marcello als jugendlichen Aufsteiger. Doch schnell wird deutlich, dass seine Figur in *La dolce vita* nicht den Erfolgsmenschen, sondern vielmehr die deviante Männlichkeit des Latin Lover repräsentiert. In den Augen seines Vaters erschöpft sich Marcellos Arbeit als Reporter im passiven Müßiggang auf der römischen Vergnügungsmeile, und auch sein Freund Steiner kritisiert, dass er seinen Intellekt an „diese halbfaschistischen Klatschblätter" verschwende und nicht mehr als Schriftsteller tätig sei.[222] Obendrein hat Marcello Schwierigkeiten, den Standards des neuen Konsumismus zu genügen. Er wird mit einem dandyhaften, weiblich konnotierten Luxuskonsum in Verbindung gebracht, der Zweifel an seiner Eignung zum Familienernährer aufkommen lässt. Marcello zeigt nicht das maßvoll-rationale Konsumverhalten des Erfolgsmenschen, der sich am Ertrag seiner Arbeit orientiert, sondern lebt über seinen finanziellen Verhältnissen. Er besitzt zwar ein Auto und schicke Kleidung, doch seine Wohnung in einem Wohnsilo im römischen Hinterland ist nur notdürftig eingerichtet. Der Film bringt damit Diskrepanzen zum Ausdruck, die realhistorisch viele italienische Männer auch als eigene Defizite hätten wahrnehmen können. Denn in einem historischen Kontext, in dem Männlichkeit wesentlich am Grad der Konsumkraft gemessen wurde, kollidierte der in Werbung und Medien allgegenwärtige Appell zum Konsumieren mit den realen finanziellen Möglichkeiten vieler Italiener. Den modernen Lebensstil, symbolisiert durch den Besitz eines Autos, Kühlschranks, Fernsehers oder einer Waschmaschine, konnte sich bis 1965 weniger als die Hälfte der Bevölkerung leisten. Die Arbeitslosigkeit war nach wie vor hoch, und die Gehälter blieben die niedrigsten in ganz Europa.[223]

---

[221] Im gesellschaftlichen Kontext des Wirtschaftswunders waren zentrale Bereiche der Arbeit, Freizeit und des Alltags immer spürbarer durch Rationalisierung und Technisierung gekennzeichnet. Dagegen nahm die Bedeutung von Handarbeit und Körperkraft, wie sie zuvor im Bereich der Landwirtschaft die Arbeit vieler Männer (und Frauen) ausmachte, stetig ab. Einerseits fielen damit traditionelle Terrains für die Behauptung von Männlichkeit weg, andererseits entwickelten sich Technik und Wirtschaft zu den neuen Feldern männlicher Selbstbehauptung. Vgl. Bellassai (2003), S. 130–131; siehe allgemein Lubar, Steven: Men/Women/Production/Consumption, in: Horowitz, Roger/Mohun, Arwen (Hg.): His and Hers: Gender, Consumption and Technology, Virginia 1998, S. 7–38.

[222] Als Intellektueller in der Krise auf der Suche nach neuen Idealen verweist er auf einen Moment der Neuorientierung vieler linker Intellektueller, die sich nach dem Ungarnaufstand und infolge des Bekanntwerdens der Stalin-Verbrechen von dem PCI abwandten. Vgl. Gundle (1995a), S. 207 ff.

[223] Vgl. Ginsborg (1990), S. 216. Diese Lücke zwischen dem Begehren, an der neuen Konsumkultur teilnehmen zu können, und der realen Situation vieler Männer (und Frauen) der unteren Schichten wurde im Kino der späten 1950er und frühen 1960er Jahre immer wieder themati-

Dass Marcello kein *breadwinner* ist, zeigt sich auch an seiner Beziehung zu seiner Verlobten Emma, die er weder heiraten will noch endgültig verlassen kann. Aufgrund seiner „wilden Ehe", die nicht mehr unter die Kategorie des legitimen jugendlichen Hörnerabstoßens fällt, bewegt sich Marcello außerhalb der moralischen Standards.[224] Gemessen an diesen, bringt er nicht nur Emma, sondern auch sich selbst in eine unehrenhafte Position, wie eine Bemerkung seines Vaters deutlich macht: „Gut, wenn es um das Vergnügen geht, sind wir keine Heiligen, aber die Ehe ist eine ernsthafte Angelegenheit. Du wirst doch nicht in einer dieser neumodischen Beziehungen leben?"[225] Marcello reagiert genervt auf Emmas ständige Anspielungen auf eine mögliche Ehe und gibt ihr bei einem Streit klar zu verstehen, dass er ihre Vorstellungen nicht teilt:

> Siehst du nicht ein, dass du mir das Leben eines Wurmes vorschlägst? […] Ein Mann, der akzeptiert so zu leben, das ist ein Mann, der wirklich ein Wurm ist – kannst du das nicht verstehen? Ich glaube nicht an deine aggressive, schleimige, mütterliche Liebe. Ich will sie nicht, brauche sie nicht. Das ist keine Liebe, sondern Verrohung. Wie soll ich es dir noch sagen, dass ich so nicht leben kann? Dass ich nicht mehr mit dir zusammen sein will? Ich will alleine sein![226]

Mit Marcello entsteht hier das Bild einer orientierungslosen Männlichkeit zwischen traditionellen und neuen Modellen. Er wird nach wie vor an gesellschaftlichen Parametern und moralischen Prinzipien gemessen, die um Arbeit, Ehe und die Rolle des Paterfamilias kreisen. Mit diesen kann er sich jedoch nicht mehr identifizieren. Vielmehr sucht er nach einer neuen Beziehung zur Frau und wird innerhalb der international orientierten Massenkonsumkultur des *dolce vita* mit neuen Identitätsmustern und Formen männlicher Selbstrepräsentation konfrontiert.

Diese Verschiebungen innerhalb des Männlichkeitsdiskurses werden auch anhand der Figur Steiners (Alain Cuny) manifest, der zunächst als positives Gegenbild zu Marcellos unstetem Leben auf der Suche nach immer neuen Sensationen und Beziehungsgeschichten erscheint. Mit ihm entwirft der Film das oben erläuterte Bild des

---

siert. Vor allem die auf männliche Figuren fokussierte *Commedia all'italiana* zog aus dieser Diskrepanz ihren satirischen Effekt. Vgl. Günsberg (2005), S. 68 ff.
[224] Zu dieser Konzeption männlicher Sexualität vgl. Kühberger (2006), S. 64.
[225] „A divertirci, non siamo santi, va bene, ma il matrimonio é una cosa seria! Non vivrai mica in uno di quei rapporti così?"
[226] „Non lo vedi che quello che mi proponi è una vita da lumbrico. […] Ma un uomo che accetta di vivere cosi, lo capisci che è un'uomo finito, è veramente un verme. Io non ci credo a questo tuo amore aggressivo, vischioso, materno, non lo voglio, non mi serve. Questo non è amore, è abrudimento. Come telo devo dire che non posso vivere cosi? Che non ci voglio più stare con te? Voglio star solo."

Abb. IV. 5

modernen Erfolgsmenschen und „reformierten Patriarchen", wie ihn Bellassai als neues Leitbild der Wirtschaftswunder-Ära beschrieben hat.[227]

Als Marcello den Schriftsteller nach langer Zeit in einer Kirche wiedertrifft, erkennt er in Steiners Vorbild einen möglichen Ausweg aus seiner männlichen Malaise. Dies wird auf visueller Ebene in einer Reihe von Einstellungen betont, in denen

---
[227] Bellassai (2003), S. 124–125.

Marcello seinem Freund frontal gegenübersteht und ihn bewundernd anschaut. Auch der ähnliche Kleidungsstil – Steiner trägt, wie Marcello, stets einen dunklen Herrenanzug – legt eine Identifikation der beiden Figuren nahe. Durch seinen Freund inspiriert, nimmt Marcello schließlich seine literarischen Projekte wieder auf.

Er sieht in Steiner einen Mann, der, umgeben von seiner intakten Familie und schöngeistigen Freunden, ein sinnerfülltes, authentisches Leben führt. Der Film zeigt den Schriftsteller als verantwortungsbewussten Vater und Ehemann. Er wird als erfolgreicher Autor und linksliberaler Denker präsentiert, der aber auch der katholischen Kultur verbunden ist und beim Orgelspiel in der Kirche oder im gelehrten Austausch mit dem dortigen Priester Inspiration sucht. In der Beziehung zu seiner Frau (Renée Longarini) zeichnet sich eine Geschlechterrelation ab, die traditionell patriarchalische Hierarchien zwar relativiert, männliche Dominanz aber letztlich nicht in Frage stellt. Er steht hier als Sinnbild der von Bellassai für die Boom-Jahre festgestellten „Vereinigung von traditioneller Virilität mit Charakteristiken ‚moderner' Männlichkeit". (Abb. IV. 5).[228]

> Dein Haus ist ein wirkliches Refugium, weißt du das? Deine Kinder, deine Frau, deine Bücher und deine außergewöhnlichen Freunde! Ich dagegen verplempere meine Tage, werde nichts mehr zustande bringen. Früher hatte ich noch Ambitionen, aber vielleicht verliere ich diese gerade, vergesse alles.[229]

Doch die Aussicht auf eine Rehabilitation des Protagonisten am Beispiel Steiners wird letztlich negiert: Dieser begeht Selbstmord, nachdem er seine beiden schlafenden Kinder erschossen hat. Inmitten des bürgerlichen Familienidylls tut sich eine noch größere Leere auf als in Marcellos Wohnung (Abb. IV. 6).

Die Plötzlichkeit von Steiners Tat, die den Zuschauer nahezu unvorbereitet trifft, verstärkt diesen Eindruck. Doch seine Krise wurde bereits in einem vorangehenden Dialog angedeutet. Bei dem gemeinsamen Abendessen äußert er gegenüber Marcello sein männliches Unbehagen: „Marcello, glaub nicht, die Rettung wäre, sich, so wie ich, im Haus einzuschließen! […] Auch das erbärmlichste Leben ist, glaub mir, besser als eine gesicherte Existenz in einer durchorganisierten Gesellschaft, in der alles vorhersehbar und perfekt wäre!"[230] Er gesteht Marcello seine pessimistischen Zukunftsvisionen, die auf kollektive Ängste im Schatten des Kalten Krieges und der damit

---

[228] „...associazione tra virilità tradizionale e caratteristiche ‚moderne' della mascolinità." Ebd., S. 128.
[229] La tua casa è un vero rifugio sai, i tuoi figli, la tua moglie, i tuoi libri, i tuoi amici straordinari. Io sto perdendo i miei giorni, non combinerò più niente. Una volta avevo degli ambizioni, ma, forse sto perdendo tutto, dimenticando tutto."
[230] „Non credere che la salvezza sia chiudersi in casa, come me Marcello! […] È meglio la vita più miserabile, credimi, di un'esistenza protetta da una società organizzata in cui tutto sia previsto, perfetto!"

Abb. IV. 6

verbundenen nuklearen Bedrohung verweisen.[231] Das anfänglich durch ihn zitierte Leitbild entpuppt sich somit als Täuschung und kann nicht mehr als normativer Referenzpunkt für eine Läuterung Marcellos fungieren. Vielmehr dient es hier zur Artikulation männlicher Ängste und Orientierungslosigkeit. Die durch Steiner repräsentierte (reformierte) patriarchalische Norm wird durch seinen Selbstmord radikal in Frage gestellt. Sein toter, im Wohnzimmersessel schlaff zusammengesunkener Körper visualisiert den Einbruch der diskursiven Formationen, auf denen seine Männlichkeit beruhte. Sein Beispiel kann daher nicht mehr zur Wiederherstellung des Protagonisten im Sinne einer überlegenen Männlichkeit dienen.

Daneben begegnet Marcello verschiedenen Frauenfiguren. Fungierte das Boy-meets-girl-Schema in Mastroiannis Filmen der 1950er Jahre stets zur Reintegration des männlichen Helden auf Abwegen in die patriarchalische Geschlechterordnung,

---

[231] er über Steiner artikulierte Verweis auf die internationale Situation im Kontext des Ost-West-Konflikts zieht sich wie ein roter Faden durch das Kino der 1950er und 1960er Jahre. Auch Enrica Capussotti konnte in ihrer Analyse verschiedener italienischer und französischer Filme der frühen 1950er Jahre die Spuren einer „psicosi collettiva" ausmachen, die sie mit der Gefahr einer nuklearen Eskalation im Kontext des Korea-Kriegs erklärt. Vgl. Capussotti, Enrica: Gioventù perduta. Gli anni Cinquanta dei giovani e del cinema, Firenze 2004, S. 79 ff. Zur kulturhistorischen Analyse kollektiver Ängste im Allgemeinen siehe: Bourke, Joanna: Fear. A Cultural History, London 2005; für den Kontext des Kalten Krieges siehe auch: Geyer, Michael: Cold War Angst: The Case of West German Opposition to Rearmament and Nuclear Weapons, in: Schissler, Hanna (Hg.): The Miracle Years: A Cultural History of West Germany, 1949–1968, S. 76–408.

findet eine solche Konversion in *La dolce vita* nicht statt, wie anhand der unterschiedlichen Paarkonstellationen transparent wird.

Da ist zunächst die bekannte Schauspielerin und Millionärstochter Maddalena, mit der er eine Spritztour durch die nächtliche Stadt unternimmt. Dabei begegnen sie der Prostituierten Ninì (Adriana Moneta) und begleiten diese kurzerhand zu ihrer Wohnung im römischen Hinterland. Dort lässt sich Marcello von Maddalena verführen. Ihre nach sexueller Lustbefriedigung strebende Weiblichkeit, die sich traditionellen Rollenmustern von Ehe und Mutterschaft verweigert, kann als weibliches Pendant zum Latin Lover Marcello beschrieben werden. *La dolce vita* zeigt mit ihr eine *Donna Giovanna*, die ihre Promiskuität frei auslebt. Diese Parallele legt auch ihre Kostümierung, das schwarze Abendkleid und die Sonnenbrille, nahe. Als Paar bilden sie und Marcello ein Zerrbild der bürgerlichen Ehe,[232] das letztlich aber die Utopie einer alternativen Partnerschaft, jenseits der traditionellen Geschlechterhierarchie, reflektiert (Abb. IV. 7).

Abb. IV. 7

Maddalena beschreibt sich selbst als „unbewohntes Haus", womit ihre Figur die stereotype Konnotation zwischen Weiblichkeit und häuslicher Sphäre negiert. Ihre Arbeit als Schauspielerin kennzeichnet sie als Frau, die im Mittelpunkt der Öffent-

---

[232] Mit der Norm des „Ehepaares" werden sie verglichen, als sie gemeinsam die Wohnung der Prostituierten Ninì verlassen. Ein Zuhälter fragt, ob die beiden „Mann und Frau" seien. Worauf Ninì in deutlich ironischem Ton antwortet: „Ja, natürlich! Mann und Frau!"

lichkeit steht. Ihr Auto und ihr luxuriöser Lebensstil symbolisieren ihre Mobilität und potenzielle Unabhängigkeit. Gleichzeitig stellt sie eine sexuell emanzipierte Weiblichkeit dar. Die visuelle Inszenierung ihres androgyn wirkenden, jeder mütterlichen Konnotation entbehrenden Körpers, der stets in eng geschnittene, glamouröse Kleider gehüllt ist, erinnert an den Typ der *donna crisi*, die während des Faschismus in Presse und Kino das Andere der weiblichen Norm repräsentierte.[233] Als Gegenbild zum mütterlichen Körper der aufopferungsvollen *massaia* stand die vermännlichte, konsum- und lustorientierte Krisenfrau als Symbol für eine angeblich falsche Emanzipation. Ihr aktives sexuelles Begehren wurde in der Tradition kriminalanthropologischer Theorien in das Licht von Sterilität, Kriminalität und Prostitution gerückt.[234]

Auch in *La dolce vita* scheint diese Konnotation noch auf, zuallererst durch ihren bedeutungsschwangeren Namen, der ihre Figur mit der biblischen Sünderin Maria Magdalena assoziiert. Zudem bezeichnet sich Maddalena selbst als *puttana*, als Hure, und macht aus ihren nymphomanischen Neigungen keinen Hehl. Auch ihr blaues Auge, das sie beim Streit mit einem ihrer Liebhaber davongetragen hat, suggeriert, dass ihre Promiskuität mit Wertvorstellungen und Normen kollidiert, die Weiblichkeit an sexuelle Passivität binden. Deren andauernde Wirkungsmacht materialisiert sich so unmittelbar in ihrem Körper.[235]

Dennoch kristallisieren sich in der Reinszenierung der *donna crisi* durch Maddalena signifikante Verschiebungen im Genderdiskurs. Denn ihre Weiblichkeit wird weder negativ noch moralisierend dargestellt. Sie wird weder aus dem filmischen Diskurs ausgeschlossen noch durch die narrative Strategie der Konversion geläutert und wieder in die patriarchalische Geschlechterordnung integriert. Vielmehr stellt sie die etablierten Geschlechtergrenzen durch ihre aktive Überschreitung infrage und macht damit deren kulturelle Konstruiertheit sichtbar. Das wird besonders bei ihrer zweiten Begegnung mit Marcello im Schloss deutlich. Maddalena macht ihm ein Liebesgeständnis und fragt, ob er sich vorstellen könne, sie zu heiraten. Gleichzeitig stellt sie klar, dass sie keine konventionelle Ehe führen möchte:

Maddalena:	Ich liebe dich Marcello, weißt du? Ich wäre gerne deine Frau. Ich wäre dir gerne treu. Ich will alles auf einmal. Ich will deine Frau sein und ich will mich vergnügen wie eine Hure.
Marcello:	Ich weiß nicht warum, aber heute Abend kommt es mir so vor, als würde ich dich sehr lieben. Ich spüre, dass ich dich brauche.

---

[233] De Grazia (1992), S. 73 u. 212–213.
[234] Gibson, Mary S.: Labelling Women Deviant: Heterosexual Women, Prostitutes and Lesbians in Early Criminological Discourse, in: Willson (2004), S. 89–103, hier S. 93 f.
[235] Wie Bellassai in seiner Untersuchung zur Einführung der Legge Merlin gezeigt hat, waren die wissenschaftlichen Hypothesen im Bezug auf die Ursachen weiblicher Prostitution in den 1950er Jahren teilweise noch stark von positivistischem Gedankengut geprägt. Vgl. Bellassai, (2006), S. 133 ff.

Maddalena:	Ach ja, ist das wahr?
Marcello:	Ja, das ist wahr! Ich weiß nicht, ob du es ernst meinst oder ob du mich auf den Arm nimmst, aber das ist mir egal. Ich liebe dich, Maddalena. Ich will immer mit dir zusammen sein!
Maddalena:	Du würdest mich schon nach zwei Monaten hassen.
Marcello:	Warum sollte ich dich hassen?
Maddalena:	Weil man nicht alles auf einmal haben kann. Entweder das eine oder das andere. Und ich habe keine Wahl mehr, dafür ist es zu spät. Davon abgesehen, habe ich nie eine Wahl treffen wollen. Ich bin nichts als eine Hure, weißt du? Da ist nichts mehr zu machen. Ich werde immer eine Hure sein und möchte auch gar nichts anderes sein.
Marcello:	Nein, das stimmt nicht! Du bist außergewöhnlich, Maddalena, das weiß ich. Dein Mut, deine Sinnlichkeit – ich brauche dich. Denk nur, dass deine Verzweiflung mir Stärke gibt. Du wärest eine wundervolle Partnerin, weil man dir alles sagen kann.[236]

Noch während ihres Gesprächs mit Marcello, der sich allerdings in einem anderen Raum befindet, küsst Maddalena einen anderen Mann, der ihr im Schlossgang begegnet. Doch der körperliche Exzess der Nymphomanin erscheint hier nicht mehr nur als das Andere der Norm, sondern präsentiert sich als eine von Maddalena gewählte Form der Selbstbehauptung. Indem Maddalena sich selbst mit dem Schimpfwort *puttana* bezeichnet und betont, dass sie nichts anderes als eine solche sein möchte, eignet sie sich die Rhetorik des diskriminierenden Diskurses an, der aktive Sexualität von Frauen als „anormal" kategorisiert. Über diesen performativen Akt der Grenzüberschreitung schreibt Maddalena ihre weibliche Identität mit einer veränderten Konnotation wieder neu in den historischen Kontext ein.[237] Maddalenas selbstbewusste Verkörperung der *donna crisi* durchbricht den Dualismus, innerhalb dessen diese visuelle Fiktion negativ aufgeladen wurde, und versieht sie mit einer neuen, positiven Bedeu-

---

[236] Maddalena: Lo sai? Vorrei essere tua moglie. Vorrei esserti fedele. Vorrei tutto insieme. Vorrei essere tua moglie. Vorrei divertirmi come una puttana. Marcello: Sta sera non so perché mi sembra di volerti tanto bene. Sento di avere bisogno di te. Maddalena: A si, è vero? Marcello: Si è vero! Non so, se mi hai parlato sul serio o se mi prendi in giro, ma non importa. Ti voglio bene Maddalena. Vorrei stare sempre con te. Maddalena: Dopo due mesi mi odieresti! Marcello: Perché dovrei odiarti? Maddalena: Perché non si può avere tutti a una volta. È una cosa o l'altra. E non posso più scegliere è troppo tardi. E per il resto non ho mai voluto scegliere. Non sono che una puttana, lo sai? Non c'é rimedio. Sarò sempre una puttana. E non voglio essere altro! Marcello: No, non è vero. Sei una ragazza straordinaria, Maddalena, lo so. Il tuo coraggio, la tua sensualità, ho bisogno di te. Pensa che la tua disperazione mi da forza. Saresti una compagna meravigliosa, perché a te si può dire tutto.

[237] In ihrem Traktat „Haß spricht" hat Judith Butler solche „Fehlaneignungen" von Sprechakten als eine Möglichkeit zur Veränderung von Normen und Konventionen beschrieben, da performative Äußerungen durch ihre Dekontextualisierung „Bedeutungen und Funktionen erhalten, für die sie niemals bestimmt waren". Butler, Judith: Haß spricht. Zur Politik des Performativen, Berlin 1998, S. 208 u. 218.

tung – nämlich einer sexuell aktiven, selbstbestimmten Weiblichkeit. Marcello verkörpert eine Männlichkeit, die diesem Autonomiestreben entgegenkommt. Auch er erkennt in der Beziehung zu Maddalena ein gleichberechtigtes, liberaleres Geschlechterverhältnis, das einen möglichen Ausweg aus seiner Identitätskrise weist. Allerdings scheint eine solche Relation lediglich als Utopie denkbar. Dennoch zeichnen sich hier liberalisierende Impulse im Filmtext ab. Der vorherrschende Sexualkonservatismus wird als Hindernis für eine Demokratisierung der Geschlechterrelationen und das Ausleben alternativer Beziehungsformen angeprangert.

Mit der konventionellen Option der Ehe wird Marcello durch seine Verlobte Emma konfrontiert. Ähnlich wie Maddalena verkörpert auch sie eine Weiblichkeit jenseits der Norm, mit dem Unterschied, dass Emma den traditionellen moralischen Standards eigentlich entsprechen will. Diese Diskrepanz zwischen etablierten Wertvorstellungen und neuen Lebensstilen wird durch das Bild eines leidenden weiblichen Körpers visualisiert.

Emmas Ideale und Vorbilder konnotiert der Film mit der Kultur des Katholizismus, wie die Überblendung zweier Aufnahmen verdeutlicht, in der ihr Bildnis mit der Fassade des Petersdoms verschwimmt. Sie träumt von einem normalen Eheleben mit Marcello. Darunter versteht sie eine schön eingerichtete Wohnung und ein Familienidyll, wie sie es bei Marcellos Freund, dem Schriftsteller Steiner, verwirklicht sieht. Steiners Ehefrau verkörpert stereotyp das Ideal der *casalinga*, der modern adretten Haushaltsmanagerin und Mutter – Pendant des erfolgreichen *breadwinner* –, wie es im Kontext des Wirtschaftswunders in Werbeanzeigen, Frauenzeitschriften und Illustrierten gehäuft zu finden war.[238] Doch Emma stellt lediglich ein Zerrbild dieses Ideals dar. Der Film zeigt, wie sie, meist nur mit einem Morgenmantel bekleidet und unfrisiert, in Marcellos leer stehender Wohnung eifersüchtig auf ihn wartet. Sie telefoniert ihm hysterisch hinterher und versucht schließlich, sich mit Tabletten umzubringen, weil sie ahnt, dass er sie betrügt. Sie leidet unter ihrem fragwürdigen gesellschaftlichen Status, den sie aufgrund ihres unehelichen Verhältnisses innerhalb der von ihr idealisierten bürgerlich-katholischen Geschlechterordnung innehat (Abb. IV. 8). Mit der lebensmüden Emma entwirft der Film das Bild der unzufriedenen und psychisch angeschlagenen modernen Frau, von der im Entstehungskontext des Films in der Presse vielfach die Rede war. Über ihre Figur visualisiert *La dolce vita* das zeitgenössisch viel zitierte „weibliche Unbehagen" (*disagio femminile*) sowie eine Krise der traditionellen Familienverhältnisse.[239] Doch wird Emmas psychische Labilität nicht etwa auf ihr vermeintlich unmoralisches Verhältnis mit Marcello oder ein übertriebenes Emanzipati-

---

[238] Vgl. Arvidsson (2003), S. 90 ff.; Asquer (2006).
[239] Vgl. die Ausführungen in Kapitel 4.1.2. Siehe auch Bellassai (2006), Kap. 3.3 „La sofferenza dell'emancipazione", S. 83–90.

onsstreben zurückgeführt, wie dies im konservativen Diskurs der Fall war.[240] Vielmehr verursachen ihr krampfhaftes Festhalten an der Tradition sowie ihr mangelnder Wille zur Autonomie ihr Leiden. Emma kann sich ihre soziale Identität lediglich innerhalb der Rollenstereotype der Ehefrau und Mutter und damit nur in Abhängigkeit zu einem Mann vorstellen. Als die britische Autorin Iris (Iris Tree) Emma während des Abendessens bei den Steiners fragt,[241] womit sie ihre Zeit verbringe oder was sie gerne tun würde, weiß Emma keine Antwort.

Abb. IV. 8

Über die Darstellung des klaustrophobischen Ambientes in Marcellos Wohnung lässt der Film den Eindruck einer eingeschränkten sozialen Mobilität und generellen Perspektivlosigkeit italienischer Frauen entstehen. Damit knüpft *La dolce vita* an zeitgenössische Diskussionen an, welche die anhaltende gesellschaftliche Benachteiligung der Frau an den Pranger stellten. Gleichzeitig verweist der Film auf die Bedeutung weiblicher Arbeit und finanzieller Unabhängigkeit als Möglichkeiten, diese restriktiven Strukturen zu durchbrechen.

Die durch Maddalena und Emma verkörperten Bilder einer Weiblichkeit, die einerseits in patriarchalischen Strukturen gefangen ist und andererseits nach Emanzipa-

---

[240] Ebd.
[241] Bei der Darstellerin handelt es sich um die zeitgenössisch bekannte Dichterin und Schauspielerin Iris Tree (1897–1968), die hier – wie die übrigen prominenten Gäste in der Szene bei den Steiners – als sie selbst auftritt.

tion strebt, werden mit ausländischen Frauenfiguren konfrontiert, die außerhalb dieser Geschlechterordnung zu stehen scheinen. Die schwedische Hollywooddiva Sylvia Rank, das Modell Nico (Nico Otzak),[242] die bereits erwähnte englische Schriftstellerin Iris (Iris Tree) oder die amerikanische Künstlerin Jane (Audrey McDonald) werden als unabhängige Frauen gezeigt, die sich selbst verwirklichen und ihre Sexualität frei ausleben.

Vor allem Sylvia ist eine Schlüsselfigur, in der zentrale Aspekte des Films überhöht zur Darstellung gelangen. Sie fungiert als visueller und narrativer Knotenpunkt verschiedener Diskurse, die um Gender, „Amerikanisierung", nationale Identität und die Begriffe von Hoch- und Massenkultur kreisen.

Die Hollywoodvenus, die im Blitzlicht der Paparazzi oder in den Fluten des Trevi-Brunnens badet und hier als ultimative Männerfantasie ausgelassen und mit wogendem Busen über die Leinwand tanzt, repräsentiert für Marcello eine Art Urweib und Synthese weiblicher Gegensätze. Beim Tanz vor der antiken Kulisse der Caracalla-Thermen hält er sie sehnsuchtsvoll in seinen Armen und himmelt sie an, während Sylvia selbstvergessen ihre blonde Haarmähne schüttelt:

> Weißt du Sylvia, dass du alles bist? Weißt du das? Du bist alles, alles! Du bist die erste Frau des ersten Tages der Schöpfung. Du bist die Mutter, die Geliebte, die Freundin, die Engel, der Teufel, die Erde und das Zuhause, genau das bist du, das Zuhause.[243]

Sylvia erscheint Marcello als eine Projektion alles Weiblichen. Sein Wunsch, sie zu verführen, lässt sich als Versuch lesen, seine angeschlagene, orientierungslose Männlichkeit als Sylvias maskulines Gegenüber wiederherzustellen.

Die mediale Darstellung des erotisierten weiblichen Körpers wurde in der psychoanalytisch verfahrenden Film- und Gendertheorie unter anderem als Abwehrreaktion des patriarchalen Diskurses auf die stets latente Gefahr einer Umkehrung der männlich dominierten Geschlechterhierarchie gedeutet.[244] Die Objektivierung der Frau als Fetisch durch visuell konstruierte Blickhierarchien und die damit einherge-

---

[242] Hinter dem Pseudonym Nico Otzak verbirgt sich das Kölner Fotomodell Christa Päffgen, die Mitte der 1960er Jahre in der New Yorker Pop-Szene zur Frontfrau der Band *Velvet Underground* avancierte.

[243] „Lo sai che sei tutto, Sylvia? Lo sai? You are everything, everything! Tu sei la prima donna del primo giorno della creazione. Sei la madre, la sorella, l'amante, l'amica, gli angeli, il diavolo, la terra e la casa, ecco che cosa sei, la casa."

[244] Einen ausführlichen Überblick über die Konzepte der feministischen Filmtheorie bietet Sabine Gottgetreu: Der bewegliche Blick. Zum Paradigmenwechsel in der feministischen Filmtheorie, Frankfurt a. M./Bern/New York/Paris 1992, v. a. S. 1–55. Zur geschlechtsspezifischen Blickinszenierung im klassischen Erzählkino siehe die grundlegenden Studien von Mulvey (1980), S. 30–46, Dies.: Afterthoughts on ‚Visual Pleasures and Narrative Cinema' Inspired by ‚Duel in the Sun' (King Vidor, 1946), in: Framework (Sommer 1981), S. 12–15. Siehe auch: Moi, Toril: Sex, Gender, and the Body, New York 2005.

hende Bestätigung einer überlegenen Position des Mannes sei ein immerfort reproduziertes kulturelles Paradigma, das männliche Ängste vor einem Machtverlust kompensiere und patriarchale Strukturen verfestige. Im Hinblick auf die Frage nach den Identifikationsmöglichkeiten der weiblichen Zuschauer haben auf der anderen Seite Theoretikerinnen wie Kaplan, Doane, Staiger und Stacey die generelle „ideologische und ästhetische" Mehrdeutigkeit medialer Weiblichkeits- *und* Männlichkeitsrepräsentationen betont.[245] Wendet man diese Überlegungen auf Fellinis Filmbilder an, ist die Fetischisierung Ekbergs nicht von der Hand zu weisen. Die Kamera ikonisiert ihren Starkörper, indem sie ihn insbesondere in der Tanz- und Brunnenszene durch Nahaufnahmen zergliedert und, mit Mulvey, „den Handlungsfluß in Momenten der erotischen Kontemplation gefrieren" lässt.[246] Dieser Effekt wird auch durch Ekbergs Kostümierung verstärkt, die ihre weibliche Körperlinie durch die Betonung von Dekolletee, Taille und Hüften hervorhebt. Doch wie weiter deutlich wird, lässt sich die Sylvia-Figur nicht auf die Funktion des Sexobjekts, das männliche Dominanz bestätigt, reduzieren. Sie scheint sich einer einseitigen Objektivierung durch Marcello beziehungsweise durch den männlichen Betrachter immer wieder zu entziehen. Dies wird bereits in der Tanzszene evident. Marcello gelingt es nicht, Sylvias Blick einzufangen. Sie tanzt mit anderen Männern oder alleine, und auch bei ihrem nächtlichen Spaziergang gelingt es ihm nicht, sie für sich zu gewinnen. Es wirkt eher so, als erscheine diese blonde Sexbombe vor allem zum eigenen Vergnügen auf der Leinwand. Ihr exzessives erotisches Äußeres, das im Widerspruch zu ihrem Handeln steht, wirkt somit wie eine Show oder Maskerade,[247] hinter der sich keine wesenhafte

---

[245] Gottgetreu, S. 25; vgl. Kaplan, E. Ann: ‚Is the Gaze Male?' from Women and Film: Both Sides of the Camera, London/New York 1983; Doane, Mary Ann: Film and the masquerade: Theorizing the female spectator, in: Erens, Patricia (Hg.): Issues in Feminist Film Criticism, Bloomington 1990, S. 41–57; Staiger, Janet: Perverse Spectators. The Practices of Film Reception, New York 2000; Stacey, Jackie: Star Gazing. Hollywood Cinema and Female Spectatorship, London/New York 1994;

[246] Mulvey (1980), S. 37; vgl. auch Doane, Mary Ann: ‚Veiling over Desire'. Close-ups of the Woman, in: Feldstein, Richard/Roof, Judith (Hg.): Feminism and Psychoanalysis, Ithaca/London, S. 105–141.

[247] Der Begriff der Maskerade ist in den Gender-Studies der 1990er Jahre im Zuge der Wiederentdeckung des 1929 im *International Journal of Psychoanalysis* publizierten Aufsatzes von Joan Riviere mit dem Titel „Womanliness as Masquerade" theoretisiert worden. Dabei wurde insbesondere auf den dekonstruierenden Impetus des Maskerade-Konzepts verwiesen, das die kulturelle und diskursive Herstellung von Geschlecht transparent mache. An diese Überlegungen knüpfte auch Judith Butler zur Formulierung ihrer performativen Theorie des Geschlechts an. Vgl. Liebrand, Claudia: Maskeraden, in: Kroll, Renate (Hg.): Gender Studies. Geschlechterforschung. Ansätze – Personen – Grundbegriffe, Stuttgart/Weimar 2002, S. 255–256; Bettinger, Elfi/Funk, Julia (Hg.): Maskeraden. Geschlechterdifferenz in der literarischen Inszenierung, Berlin 1995; Butler (1991), S. 80 f.

Weiblichkeit verbirgt und die damit auch die Behauptung einer männlichen Natur ad absurdum führt.

Diese widersprüchliche Bedeutung der Sylvia-Figur wird auf visueller Ebene in der Brunnen-Szene zugespitzt (Abb. IV.9). Fellini inszeniert die Diva hier als Pastiche weiblicher Idole, die in ihrer Figur eine neue Symbiose eingehen.[248] Das Weiß ihres Körpers und ihrer blonden Haare, das gewissermaßen ihr Starglanz ist, der sich von der nächtlichen Szenerie abhebt, erinnert an die Darstellung prominenter Ikonen erotischen Verlangens von der Venus von Milo über die Botticelli-Muse Simonetta Vespucci[249] bis hin zu Filmstars wie Greta Garbo, Marlene Dietrich, Marilyn Monroe oder Brigitte Bardot.[250] Es ist die Geburt des weiblichen Stars als Sexsymbol, die Fellini hier unter Rekurs auf den Urfetisch der schaumgeborenen Venus kunstvoll visualisiert – letztlich aber ironisch kommentiert und als imaginäre Konstruktion sichtbar macht.[251] Denn die aus dem Trevi-Brunnen hervorgegangene Schaumgeburt hat ihre Funktion zur Wiederherstellung und Bestätigung patriarchaler Männlichkeit verloren, wie der Film weiter suggeriert. Als Marcello Sylvia in die Fluten folgt, ist er von ihrem Anblick wie gelähmt. In der Szene, die den Zuschauer visuell darauf einstimmt, nun den romantischen Höhepunkt des Films zu erleben, wird die Verführung der Venus durch den Latin Lover als virilen Verführer verneint. Gerade als Marcello zum Kuss ansetzt, stoppt der Fluss des Brunnenwassers. Die Kamera zoomt aus dem Close-up in den Weitwinkel und durchbricht den schwärmerischen Augenblick.

---

[248] Unter ‚Pastiche' verstehe ich nach Dyer eine Form der Intertextualität beziehungsweise eine Neuzusammensetzung bestehender Texte oder Zeichen, die auf den Imitationscharakter der Letzteren verweist. Vgl. Dyer, Richard: Pastiche, London/New York 2006.
[249] Modell des bekannten Gemäldes „Die Geburt der Venus".
[250] Zum Star als „Lichtereignis" vgl. Vogel, Juliane: Himmelskörper und Schaumgeburt: Der Star erscheint, in: Ullrich, Wolfgang/Schirdewahn, Sabine (Hg.): Stars. Annäherungen an ein Phänomen, Frankfurt a. M. 2002, S. 11–39, hier S. 14.
[251] Bezeichnenderweise ging der Geburt der Venus, nach antiker Mythologie, eine männliche Kastration voraus. Kronos habe das Geschlecht des Gottes Uranus in den Ozean geworfen. Aus der Gischt des dadurch entstandenen Meeressturms soll Venus als Göttin der Liebe und der Schönheit emporgestiegen sein und die Wogen wieder geglättet haben. Vgl. Mai, Ekkehard: Faszination Venus. Bilder einer Göttin von Cranach bis Cabaud, Köln 2001. Juliane Vogel hat argumentiert, dass diese „Geburtsgeschichte" durch die Großaufnahmen enigmatischer Filmdiven von Marlene Dietrich über Greta Garbo oder Marilyn Monroe bis hin zu Julia Roberts immer wieder neu erzählt wird. „Wenn die Göttin aus der Dunkelheit an die Oberfläche des Bildes vordringt, dann inmitten weißen Schaums, von dem Sternbergs [...] Bilder sprechen. [...] Der weiße Star wird von schäumenden weißen Materien umgeben [...]. Bewegt, gekräuselt, gefältet, fliegend, wehend, aber auch kristallisiert und erstarrt, ist er zur Stelle, wenn sich die Form der Göttin den Elementen entwindet." Diese Feststellung ließe sich hinsichtlich Ekbergs Inszenierung in *La dolce vita* bestätigen. Vogel (2002), S. 13–14.

Abb. IV. 9

Jacqueline Reich hat das Versiegen des Brunnens daher als symbolische Kastration Marcellos interpretiert.[252] Diese Deutung erhält etwas mehr Kontur, wenn man Sylvias Figur vor dem Hintergrund zeitgenössischer Amerikanisierungsdebatten und dem zuvor erörterten Wandel der Gender-Hierarchien analysiert. Denn mit der schwedischen Hollywooddiva zeigt der Film eine Symbiose der beiden Stereotype der *donna americana* und der *donna scandinava*, die im Kontext des Wirtschaftswunders einerseits als Vorbilder zeitgemäßer Fortschrittlichkeit galten, andererseits aber auch Ängste vor Entmännlichung und einer Umkehr der traditionellen Geschlechterverhältnisse auslösten.[253] So zeigt sich Marcello durch Sylvias Präsenz verunsichert: „Sylvia! Warum bist du nur hierhergekommen, Sylvia? Geh nach Amerika zurück, tu mir den Gefallen! Verstehst Du das?"[254] Wie auch die anderen ausländischen Frauen im Film steht Sylvia für das Klischee der freizügigen *straniera*, die ihren Hunger nach erotischen Abenteuern mit einem Latin Lover befriedigt. Über die „mannstolle" Künstlerin Jane wird gesagt, sie benehme sich, als sei sie „in der Kolonie". Und bei seinem Partyexzess am Schluss des Films lässt Marcello ironisch verlautbaren, als Italiener habe man die „touristische Pflicht", ausländische Frauen zu verführen. Doch genau das gelingt ihm gegenüber einer Weiblichkeit nicht, die, wie die Amerikanerin Jane, gar nicht mehr verführt werden muss, weil sie ihr sexuelles Begehren nach eigener Plaisir auslebt. Diesem Bedürfnis kommt Marcello als passiver Latin Lover entgegen.

Die beschriebenen Filmszenen verdeutlichen darüber hinaus, dass anhand der Beziehung zwischen dem Latin Lover und der Ausländerin allgemeine transkulturelle Austauschprozesse verhandelt wurden. Mit der Sylvia-Figur rezitiert *La dolce vita* die stereotype Inszenierung der USA als verführerischer und gleichzeitig bedrohlicher Frauenkörper, die innerhalb der italienischen Kulturproduktion seit dem späten 19. Jahrhundert Tradition hatte (Abb. IV. 10).[255]

Als Filmdiva steht sie für den allgemein mit Hollywood assoziierten Transfer US-amerikanischer Kulturgüter, Lebensstile und Identitätsmodelle nach Italien. Dieser wurde sowohl seitens der Kirche als auch des PCI mit einem vermeintlichen Kulturverlust und einer Umkehr der etablierten Geschlechterordnung konnotiert.[256] Über Marcellos Zurückschrecken vor der Diva schreiben sich einerseits diese Ängste vor einer kulturellen Vereinnahmung durch den Import US-amerikanischer Kultur sowie eine damit assoziierte Umkehr der traditionellen Geschlechterhierarchien in den

---

[252] Vgl. Reich (2004), S. 44.
[253] Siehe etwa: Gianeri, Enrico: La donna conquista il potere, in: L'Europeo, 2.11.1958, S. 16–20.
[254] Sylvia, ma perché sei venuta qui, Sylvia? Torna in America, fammi il favore, lo capisci?
[255] Vgl. Dall'Orto (2007), S. 61–67.
[256] Vgl. Wood, Mary P.: From Bust to Boom: Women and Representations of Prosperity in Italian Cinema of the Late 1940s and 1950s, in: Morris, Penelope (Hg.): Women in Italy, 1945–1960. An Interdisciplinary Study, New York 2006, S. 51–63, hier S. 54; siehe auch: Barbanti (1991), Wanrooij (1991); Gundle (1995a).

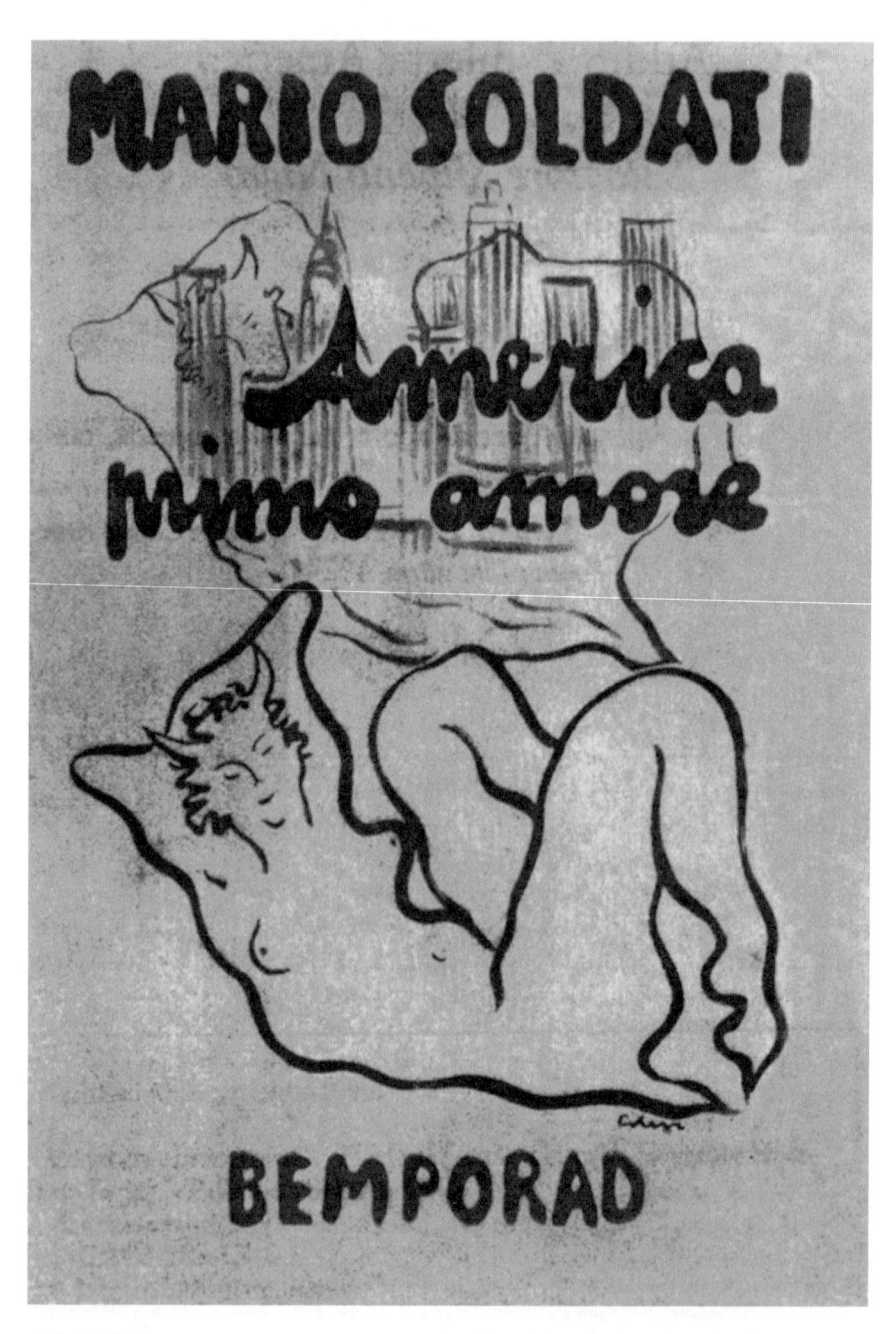

Abb. IV. 10

Filmtext ein. Andererseits steht die im Trevi-Brunnen – einem Symbol sowohl des antiken als auch des päpstlichen Roms – badende Hollywood-Diva für eine erfolgreiche Integration fremder Kulturgüter in Italien und einer fruchtbaren Vermischung sogenannter Hoch- und Massenkultur. Die Popularität der Fellini-Bilder, die als Symbole einer internationalen Popkultur bis heute zitiert und reproduziert werden, ist für diese Reziprozität transkultureller Austauschprozesse ein eindeutiger Beleg.[257]

Ein weiterer Stereotyp nicht-italienischer Weiblichkeit, der die italienische Kulturproduktion durchzieht und auch in *La dolce vita* zu sehen ist, ist die Figur der „Orientalin". Ihre visuelle Präsenz macht die anhaltende Bedeutung kolonialer Stereotype zur Herstellung „weißer", italienischer Männlichkeit evident. Die Überwindung seiner männlichen Krise scheint Marcello durch die utopische Rückkehr zu den „Ursprüngen der Zivilisation" und die Flucht in exotische Welten möglich. Nach der Gesangsdarbietung einer orientalisch gekleideten Künstlerin (Winnie Vagliani) bei den Steiners kommentiert ein älterer Herr, bei dem es sich um den bekannten Journalisten und Mitglied des PCI, Leonida Repaci, handelte, ihre Vorführung wie folgt:

> Die einzige noch authentische Frau ist die Orientalin. Im Übrigen: Wo war Eva? Im irdischen Paradies. Und das Paradies, wo war es? Im Orient! Dort ist die Liebe wirklich noch eine Sache. [...] Mysteriös, mütterlich, Liebhaberin und Tochter zugleich, so ist uns die orientalische Frau eine Freude und liegt uns zu Füßen wie ein kleiner verliebter Tiger. [...] Unterwürfig lässt sie sich geistig und fleischlich dominieren, und zwar ganz. [...] Ich denke, dass wir einiges lernen können von dieser orientalischen Frau, denn sehen Sie, die Orientalin ist noch sehr stark der Natur verhaftet, einer Natur die sich über die Jahrhunderte der Zivilisation hinweg bewahrt hat. [Zu den anwesenden Frauen] Die Zivilisation – könnt ihr mir mal sagen, zu was die euch dient? [...] Sie dient dazu, dass ihr noch nicht einmal mehr wisst, wie man Liebe macht.[258]

Die hier artikulierte Nostalgie nach einer von Zivilisation und Emanzipation unberührten, von Natur aus unterwürfigen Weiblichkeit weist auf die Kontinuität von Diskursen hin, die Prozesse gesellschaftlicher Modernisierung mit einer Maskulinisie-

---

[257] Audehm und Velten beschreiben diese transkulturellen Austauschprozesse in Anlehnung an postkoloniale Theoriekonzepte als Hybridisierung: „Wenn Mischungen erfolgen, dann sind von ihr immer beide Ausgangsformen betroffen, und es gibt keine Reinheit und Eindeutigkeit mehr, weder auf der einen, noch auf der anderen Seite." Audehm/Velten (2007), hier S. 15.

[258] „L'unica donna autentica è l'orientale. Del resto, dov'era Eva? Nel paradiso terrestre. E il paradiso terrestre, dov'era? In Oriente! Là veramente l'amore è una cosa. [...] Misteriosa, materna, amante e figlia insieme, la donna orientale ci dà la gioia di starci accucciata ai piedi come una piccola tigre innamorata. [...] Sottomessa, si fa dominare nello spirito e nella carne, interamente! [...] Penso che noi abbiamo molto da imparare da queste magnifiche donne orientali, perché, vede, loro sono rimasti vicini alla natura, una natura che è stata preservata da secoli e secoli di civiltà. [Zu den anwesenden Frauen] Ma la civiltà, mi dite, a voi, a che cosa serve? [...] Serve che non sapete più fare l'amore, dico non sapete più fare l'amore."

rung der Frau in Verbindung brachten.²⁵⁹ Deren Präsenz in Fellinis Film dokumentiert die diffuse Wahrnehmung krisenhafter Geschlechterverhältnisse im Italien des *miracolo economico*. Auch die Anspielung auf die nicht mehr funktionierende Liebesbeziehung zwischen italienischem Mann und der vermeintlich frigiden Italienerin ist dafür ein Zeichen.

Auch Marcello imaginiert sich als Reisender auf der Suche nach einer verloren gegangenen Authentizität und als Eroberer fremder Frauen. „Ich hätte gerne Kinder in jeder Hautfarbe. Rot, gelb – denkt doch nur, welche Befriedigung! – so bunt wie ein Feldblumenstrauß."²⁶⁰ Im Kontakt mit dem Exotischen und durch die Assimilierung fremder Räume sieht er die Möglichkeit, jene männlichen Qualitäten wiederherzustellen, die ihm im *dolce vita* der Metropole abhanden gekommen sind.

Die Stereotypisierung der Orientalin und Marcellos Fantasien von räumlicher wie sexueller Penetration dokumentieren die Kontinuität rassischer und kolonialer Diskurse aus faschistischer und vorfaschistischer Zeit.²⁶¹ Im Afrikadiskurs der 1930er Jahre wurde das koloniale Verhältnis häufig als Liebesbeziehung imaginiert (und naturalisiert), in der sich die „schöne Abessinierin" dem italienischen Kolonialherren willentlich und repräsentativ für das fremde Territorium hingab.²⁶² Die Kolonie wurde zu einem Ort stilisiert, wo der moderne Mann sein paradoxes Verhältnis zur Zivilisation – aus der er einerseits seine rassische Überlegenheit ableitete, darin andererseits aber auch die Gefahr eines Virilitätsverlusts sah – symbolisch überwinden konnte, indem er dort nicht nur seine „virilen Instinkte", sondern auch seine vermeintliche zivilisatorische Überlegenheit und „Modernität" unter Beweis stellen könne.²⁶³

---

²⁵⁹ Vgl. Wanrooij (1990), S. 211 f.

²⁶⁰ „Mi piacerebbe avere figli di tutti colori. Rossi, gialli – pensi che soddisfazione – cosí, come un mazzo di fiori da campo."

²⁶¹ Hier wird zudem die Legende eines toleranten und humanen italienischen Kolonialismus transparent, die sich nach dem Zweiten Weltkrieg als dominantes Paradigma in der Erinnerung an die italienische Besatzung Ostafrikas etablierte und die Dekolonisationspolitik der Republik bestimmte, wie mitunter die Arbeiten von Angelo Del Boca gezeigt haben. Im Bezug auf den Zeitraum zwischen 1945 und 1960 konstatiert dieser: „Never were such rhetoric, such hypocrisy, and such mystification employed as in those years." Ders.: The Myths, Suppressions, Denials and Defaults of Italian Colonialism, in: Palumbo, Patrizia (Hg.): A Place in the Sun. Africa in Italian Colonial Culture from Post-Unification to the Present, Berkeley/Los Angeles/London 2003, S. 17–36; siehe ders. The Obligations of Italy toward Libya, in: Ben-Ghiat, Ruth/Fuller, Mia (Hg.): Italian Colonialism, New York 2005, S. 197–202; ders.: Italiani brava gente. Un mito duro a morire, Vicenza 2005, S. 13–55.

²⁶² Stefani (2003), S. 33–52; Iyob (2005), S. 233–244. Siehe allgemein auch Zantop, Susanne: Colonial Fantasies. Conquest, Family and Nation in Precolonial Germany, 1770–1870, Durham/London 1997, S. 6. Karen Pinkus hat diese koloniale Fantasie in der Werbung untersucht, vgl. dies.: Bodily Regimes. Italian Advertising under Fascism, Minneapolis/London 1995, S. 51.

²⁶³ Sartini-Blum, Cinzia: Incorporating the Exotic. From Futurist Excess to Postmodern Impasse, in: Palumbo (2003), S. 138–162, hier S. 156.; Stefani (2003), S. 46; vgl. auch Bederman, Gail:

Gleichzeitig werden aber auch Veränderungen im postkolonialen Diskurs sichtbar.[264] Fellinis Film entstand zu einem Zeitpunkt, in dem solche Konzeptionen eindeutig an politischer Legitimität verloren. Am 1. Juli 1960 wurde auch Somalia, das seit 1950 unter italienischer Verwaltung stand, ein eigenständiger Nationalstatus zuerkannt. Dass das Verhältnis zur Orientalin in dieser erträumten Form nie bestanden hat und deren Figur ein reines Fantasieprodukt darstellt, das mit Susanne Zantop als „Handlungsersatz"[265] bezeichnet werden kann, verdeutlichen zudem die ironischen Kommentare der im Filmtext anwesenden Frauenfiguren. „Seit fünfzehn Jahren redet der schon vom Orient, warum ist er nicht einfach da unten geblieben?"[266] Die rhetorische Frage der Künstlerin Anna verweist indirekt auf 1945, den Zeitpunkt des Verlusts der libyschen und äthiopischen Kolonien, und führt den phantasmatischen Charakter der männlichen Schwärmereien vor Augen.

Nach Steiners Tod gibt Marcello sich ganz und gar dem *dolce vita* hin. Er hat seine Schriftstellerambitionen an den Nagel gehängt und arbeitet nun als Werbeagent für einen drittklassigen Filmstar. In der auf den Tod seines Freundes folgenden Schlussepisode sieht man ihn inmitten einer internationalen Gesellschaft aus Filmindustriellen, Damen und Herren der römischen High Society, Künstlern und Bohemiens, Transvestiten, Homosexuellen und Fotomodellen, Jungen und Alten, Schwarzen und Weißen. Zusammen brechen sie nachts in die Strandvilla ihres Bekannten Riccardo ein, um dort eine Party zu feiern. Die zeitgenössische Kritik umschrieb diese Sequenzen als „Orgie". Tatsächlich gelangen darin Verhaltensformen, Geschlechtermodelle und Körperbilder zur Darstellung, die Anfang der 1960er Jahre die Grenzen des Respektierlichen sprengten: angefangen bei Marcellos Toast auf die Annullierung von Nadias Ehe über deren Striptease, die Tanzeinlage der beiden Transvestiten und des homosexuellen Paares Pierone (Giò Stajano)[267] und Tito (Tito Buzzo) bis hin zu Mar-

---

Manliness and Civilization. A Cultural History of Gender and Race in the United States, 1880–1917, Chicago/London 1995, S. 222.

[264] Italienische Dekolonialisierungsprozesse beziehungsweise der postkoloniale Diskurs im Allgemeinen sind noch weitgehend unerforscht. Siehe allgemein Del Boca, Angelo: L'Africa nella coscienza degli italiani. Miti, memorie, errori, sconfitte, Rom/Bari 1992, S. 111–127; Pinkus, Karen: Empty Spaces. Decolonization in Italy, in: Palumbo (2003), S. 299–320.

[265] Zantop (1997), S. 6. Den phantasmatischen Charakter kolonialer Stereotype unterstreicht auch Homi K. Bhabha: „By acceding to the wildest fantasies (in the popular sense) of the coloniser, the stereotyped other reveals something of the ‚fantasy' (as desire, defense) of that position of mastery." Ders.: The Other Question – the Stereotype and Colonial Discourse, in: Screen, Nr. 24/6, S. 18–36, hier S. 34.

[266] „Ah, so' quindici anni che questo parla dell'Oriente, perché non ce resta laggiù?"

[267] Gioacchino Stajano Starace (*1932), Enkel des faschistischen Parteisekretärs Achille Starace, gilt als erster Homosexueller in Italien, der seine Sexualität öffentlich deklarierte. Vgl. Rossi Barilli, Gianni: Il movimento gay in Italia, Mailand 1999, S. 35.

cellos Anspielungen auf die lesbischen Affären der Künstlerin Lisa, die nur zeichne, „um hinterher mit ihren Modellen ins Bett zu gehen" (Abb. IV.11).

Abb. IV. 11

Bei der Visualisierung von Homosexualität lässt *La dolce vita* einen bedeutenden Wandel im Bezug auf gängige Darstellungsweisen erkennen. Zwar bedient sich der Film eines kulturellen Repertoires stereotyper Zuschreibungen, die homosexuelle Identitäten als different markieren. Denn, wie Richard Dyer konstatiert: „A major fact about being gay is that it doesn't show." Die vermeintliche Andersartigkeit des Homosexuellen müsse vielmehr erst durch Zeichen wie etwa Haltung, Mimik, Sprache, Kleidung oder die Zuordnung zu einem bestimmten sozialen Umfeld performativ hergestellt und sichtbar gemacht werden, um seinen Körper effektiv als nichtmännlich zu markieren.[268]

Das italienische Kino hat im 20. Jahrhundert maßgeblich zur Stereotypisierung des Homosexuellen beigetragen, der hier meist als Krimineller oder als Witzfigur zu sehen war.[269] Auch *La dolce vita* knüpft an diese Diskurse an. So tauchen homosexuelle Figuren allein im internationalen und schöngeistigen Ambiente der Künstlercafés und Nachtclubs oder im Kontext der Party am Ende des Films auf – und damit in einem Umfeld, das traditionell als Gegenbild zur bürgerlichen Gesellschaft entworfen wurde. Sie werden zudem mit Bereichen wie Mode, Konsum und demonstrativem Müßiggang assoziiert, die, wie Sabina Brändli anschaulich formuliert hat, „doppelt und dreifach mit Weiblichkeit konnotiert" waren.[270] So unterscheidet sich Pierone von Marcello durch seine affektierte Mimik und seine näselnde Art zu sprechen. Er ist geschminkt, trägt eine modische Frisur, und seine Haare sind blondiert. Seine Garderobe ist im Vergleich zu Marcellos immer gleicher Kombination aus Anzug, Hemd und Krawatte sehr viel variabler und zudem in Stoffen gehalten, die Weichheit suggerieren, wie etwa der Seidenschal oder der Angorapullover, die er in verschiedenen Sequenzen trägt.

Doch fungiert die Darstellung der Differenz des Homosexuellen in Fellinis Film nicht mehr zur Bestätigung der hegemonialen Männlichkeit innerhalb einer „Logik der Verwerfung".[271] Vielmehr erscheint sie als Ausdruck eines bewusst gewählten „Dazwischen-Seins"[272] und einer Verweigerung heteronormativer Geschlechterrollen. Diese Strategie kann als Form des Widerstands gegen die negative Besetzung von Ho-

---

[268] Zur Stereotypisierung Homosexueller im Film vgl. Dyer, Richard: The Matter of Images. Essays on Representations, London/New York 1993, hier S. 19; zum „Typenportrait" des Homosexuellen siehe auch Foucault, Michel: Der Gebrauch der Lüste, Frankfurt a. M. 1989, S. 27 ff.; für Italien siehe Zuccarello, Ugo: Omosessualità maschile e modelli di virilità, in: Bellassai/Malatesta (2000b), S. 225–242, hier S. 229; Ebner (2004), S. 140; Benadusi, Lorenzo: Il nemico dell'uomo nuovo. L'omosessualità nell'esperimento totalitario fascista, Milano 2005; Petrosino, Dario: Crisi della virilità e „questione omosessuale" nell'Italia degli anni Cinquanta e Sessanta, in: Bellassai/Malatesta (2000b), S. 317–343; Cestari, Gary P. (Hg.): Queer Italia: Same-Sex Desire in Italian Literature and Film, New York 2004; Rossi Barilli (1999).

[269] Zum Beispiel in Blasettis *La contessa di Parma* (1937); Lattuadas *Il Bandito* (1946); Stenos *Totò a colori* (1952). In verschiedenen neorealistischen Filmen und literarischen Texten wird Homosexualität mit dem Nationalsozialismus respektive dem Faschismus konnotiert, wie beispielsweise in Rossellinis *Roma, città aperta* (1945) und Giorgio Bassanis Roman *Dietro la porta*; vgl. Duncan, Derek: Secret Wounds: The Bodies of Fascism in Giorgio Bassani's *Dietro la porta*, in: Cestaro (2004), S. 187–206.

[270] Brändli (1996), S. 102.

[271] Butler (1997), S. 181; siehe auch 177 ff.

[272] Dyer (1993), S. 31.

mosexualität betrachtet werden.²⁷³ So macht *La dolce vita* deutlich, dass homosexuelle Männer und Frauen sich die eigene Stereotypisierung durch Sprache, Habitus und Kleidungsstile subversiv aneignen, sie selbst verstärken, variieren, umdeuten und als visuelles Kommunikationssystem nutzen, um ihren Lebensstil bewusst als different sichtbar zu machen. Die Typisierung wird hier zu einer Form aktiver Selbstrepräsentation, über die sich homosexuelle Subjekte im Geschlechterdiskurs artikulieren und als Akteure einer evidenten und kreativen Subkultur auftreten.²⁷⁴

Nachdem Marcello seinen Aggressionen gegen die ihn umgebende Gesellschaft in einem anarchisch anmutenden Wutanfall Luft gemacht hat, lässt das karnevaleske Finale – untermalt durch die muntere Filmmusik Nino Rotas – Marcellos Sinnsuche in einer heiteren Feier der Sinnlosigkeit enden. Hier kulminiert die Auflösung der traditionellen Ordnung, die sich bereits den ganzen Filmtext hindurch angekündigt hat und nun als Befreiung zelebriert wird.

Das Ende des Films bleibt offen. Die letzten Sequenzen zeigen Marcello zusammen mit seinen Partyfreunden am Strand, wo sie einer Gruppe von Fischern beim Einholen der Netze zusehen. In der Ferne sieht er schließlich ein blondes Mädchen, das ihm zuwinkt. Sie steht auf der anderen Seite der Flussmündung, die den Strand zerteilt und bedeutet ihm, zu ihr herüberzukommen. Es handelt sich um die Jugendliche Paola, der Marcello in einem Strand-Restaurant begegnet war, wo sie als Kellnerin arbeitete. Marcello hatte sie bei dieser ersten Begegnung mit einem Engel verglichen. Paola steht hier als Symbol weiblicher Unschuld und einer möglichen Läuterung Marcellos im Sinne seiner Rückkehr in die traditionelle Geschlechterordnung. Doch Marcello erkennt Paola nicht mehr und kann sie nicht verstehen, was er mit einem Schulterzucken ausdrückt, bevor er schließlich seinen Freunden folgt. Der Film endet mit einem Close-up auf das lächelnde Gesicht von Paola, die Marcello wohlwollend nachblickt (Abb. IV.12).

Das Ende wurde in der Forschung vielfach als endgültige Abkehr des Protagonisten vom rechten Weg und Zeichen seiner unwiderruflichen Dekadenz interpretiert.²⁷⁵

---

²⁷³ Mit Butler können diese subkulturellen Aktivitäten als „Projekt subversiver Re-Territorialisierung und Resignifizierung" beschrieben werden. Vgl. Butler (1998), S. 208, 218, 226; siehe auch Dyer (1993), S. 21.

²⁷⁴ Dyer (1993), S. 21, 23–24. Diese Subkultur wurde im Entstehungskontext des Films zusehends sichtbar. Giò Stajano hatte 1959 mit der Veröffentlichung seiner Autobiografie *Roma capovolta. Vissuta nell'asurdo mondo del terzo sesso* und einer zweiten Publikation *Meglio l'uovo oggi* (1959), in denen er offen über seine sexuelle Identität sprach, die lebhafte homosexuelle Subkultur in Rom schilderte und auf die Homosexualität bekannter Persönlichkeiten anspielte, für öffentliches Aufsehen gesorgt. Vgl. Rossi Barilli, S. 35.

²⁷⁵ Jacqueline Reich hat das Ende des Films im Sinne einer moralisierenden Botschaft interpretiert: „Passive rather than active, conquered rather than conqueror, he reflects the crisis of masculinity in an Italy dominated by materialism and spiritual decadence." Reich (2004), S. 48; Bondanella (2002), S. 70.

Abb. IV.12

Ich argumentiere dagegen, dass der Schluss des Films frei von einer moralisierenden Wertung ist. Im Gegenteil wird Marcellos Bruch mit der traditionellen Ordnung durch Paolas Lächeln positiv beurteilt. Er hat die Grenze zum ‚Anderen' definitiv überschritten und sich damit einer neuen Vielfalt und Unbestimmtheit der Bedeutungen zugewandt, in der vormalige Differenzen verschwimmen und neue Definitionen von Männlichkeit und Weiblichkeit denkbar und lebbar werden.

Das wird am Starkörper Mastroiannis unmittelbar deutlich. In der Schlussszene am Strand ist Marcello neben einem der beiden Transvestiten zu sehen. Dieser trägt einen weißen Anzug, ist noch deutlich geschminkt und hält sein federbesetztes Tanz-Kostüm in der Hand. Die Zeichen, die dazu dienten, seine Homosexualität als unmännlich zu markieren, finden sich nun auch an Mastroiannis Starkörper. Marcello hat deutlich erkennbar geschminkte Augen und seine Haare sind ebenso zerzaust wie die des Transvestiten. Er trägt einen weißen Anzug anstatt des obligatorischen schwarzen des *uomo di successo* und anstelle seiner Krawatte ein legeres Halstuch. Nach der wilden Party ist er mit Federn übersät.

Der Film zeigt hier eine visuelle Annäherung homo- und heterosexueller Männlichkeit und macht die zunehmende Mobilität performativer Zeichen in der medialisierten Konsum- und Vergnügungskultur des Booms transparent. Damit beschreibt der Film Marcellos endgültige Konversion zum Latin Lover, der hier allerdings kein viriler Held mehr ist, sondern Müßiggänger und Dandy, der sich hegemonialen Anweisungen an sein soziales Geschlecht verweigert. Marcello steht für eine Männlichkeit, die Frauen gegenüber eine gleichberechtigte Position einnimmt und dem weiblichen Bedürfnis nach sexueller Selbstbestimmung entgegenkommt. Paolas optimistischer Blick auf Marcello kann daher als Ausdruck der hoffnungsvollen Erwartung eines kulturellen Wandels und der daran geknüpften emanzipatorischen Veränderungen betrachtet werden, die einem neuen Geschlechterverhältnis Raum geben. Fellinis Film und die darin von Mastroianni verkörperte Männlichkeit sind jedoch deutliche Anzeichen, dass dieses zeitgenössisch erhoffte *miracolo culturale* bereits in vollem Gange war.

Psychoanalyse des Latin Lover: Mastroianni in Fellinis *8½*

Die Auswirkungen des kulturell dominanten Katholizismus auf Sexualität und männliche Identitäten sind Anfang der 1960er Jahre auch das Thema einer weiteren Zusammenarbeit von Fellini und Mastroianni. In Fellinis Komödie *8½* (1963) ist Mastroianni erneut als frauenumschwärmter Latin Lover zu sehen, der allerdings von den wachsenden weiblichen Ansprüchen an seine Männlichkeit überfordert ist. Auch hier verhandelt der Film die männliche Anpassung an einen gewandelten Geschlechterdiskurs und zeigt Gender-Identitäten zwischen Tradition und Modernisierung.

Mastroianni verkörpert den Filmemacher Guido Anselmi, der sich in einer Schaffenskrise befindet.[276] Über der Arbeit an seinem neuesten Filmprojekt, einem Science-Fiction-Film, der die Flucht der Menschheit ins Weltall nach einer thermonuklearen Katastrophe zum Inhalt haben soll, sind ihm die Ideen ausgegangen. Geplagt von Selbstzweifeln und Versagensängsten, sucht er bei einer ärztlich verordneten Kur Erholung und neue Inspiration, was ihm nur schwer gelingt. Denn in seinem Hotel ist er umgeben von seiner Filmcrew, seinem Produzenten, den Schauspielern und ihren Agenten, die ungeduldig auf den Beginn der Dreharbeiten warten. Der Film spielt mit Mastroiannis Latin-Lover-Image, indem er ihn als gestressten Playboy zeigt, der Probleme hat, seine zahlreichen Frauengeschichten miteinander in Einklang zu bringen. Während er von seinen weiblichen Darstellerinnen umgarnt wird, erhält er gleichzeitig Besuch von seiner Ehefrau Luisa (Anouk Aimée) und seiner Geliebten Carla (Sandra Milo), was zu Konflikten führt.

Für die Rolle des Regisseurs in der Midlifecrisis musste Mastroianni mehrere Kilo abnehmen. Fellini ließ ihm die Haare grau färben und sein Gesicht älter schminken, wodurch das Bild eines fragilen, kraftlosen und heilungsbedürftigen Männerkörpers entstand (Abb. IV.13).[277]

Bondanella und Reich haben auf den Einfluss der Freudschen wie Jungschen Psychoanalyse und Traumdeutung auf das Werk Fellinis verwiesen, mit der sich der Regisseur zum Entstehungszeitpunkt des Films intensiv auseinandersetzte und die sich auch in der formalen Gestaltung des Filmtexts niederschlägt.[278] Der Erzählstil des *stream of consciousness,* bei dem die Kamera die Perspektive des Protagonisten einnimmt, dominiert die oben skizzierte Handlung. Die Narration springt von den innerfilmisch „realen" Geschehnissen, die aus der Sicht Guidos geschildert werden, in Rückblenden, Traum- und Fantasiesequenzen. Dadurch wird dem Zuschauer ein

---

[276] Obwohl sich *8½* aufgrund seiner diskontinuierlichen Erzählstruktur klassischen Genre-bezeichnungen entzieht, hat der Film einen offensichtlich komischen Charakter. Dafür spricht auch ein Brief Fellinis, in dem er bemerkt: „Ich bestehe darauf, dass der Film einen fröhlichen, festlichen, humoristischen Ton haben muss." [„Insisto che il film deve avere un tono gaio, festoso, umoristico."] Fellini, Federico: Fare un film, Turin ²1980 [1974], S. 75 ff. Zudem lehnt sich der Film deutlich an den Stil des Comics an. Fellini war schon vor seiner Arbeit als Regisseur seit dem Ende der dreißiger Jahre als Karikaturist tätig, was sich in der Syntax seines Films niederschlägt. Zahlreiche Close-ups und rasche Zooms erinnern ebenso wie die fragmentarische Erzählweise an die Form der *fumetti*. An verschiedenen Stellen kommentieren die Figuren ihre Handlungen mit Geräuschen, wie man sie aus Sprechblasen von Comics kennt, wie zum Beispiel „Zong!" oder „Sgulp!".

[277] Dieses Bild entsprach zudem Fellinis Selbstwahrnehmung, wie er an verschiedener Stelle geäußert hat. Vgl. Tatò, Francecso: Marcello Mastroianni. Mi riccordo, si, io mi riccordo, Mailand 1997, S. 141; Kezich, Tullio: Fellini, Mailand 1987, S. 319; Cederna, Camilla (Hg.): „Otto e mezzo" di Federico Fellini, Bologna 1965, S. 45, 73; Reich (2004), S. 82.

[278] Vgl. Bondanella (2002), S. 94 ff.; Reich (2004), S. 84 f.

Abb. IV. 13

subjektiver Einblick in sein männliches (Unter-) Bewusstsein suggeriert, sodass die Erzählung, mit Fellini, den Charakter einer „unzusammenhängenden psychoanalytischen Sitzung" erhält.²⁷⁹ Der Film entwirft über das Starimage Mastroiannis das Bild einer therapiebedürftigen Männlichkeit, welches Anfang der 1960er Jahre auch in der Presse gehäuft zu finden war:

> Der Psychologe ist für den modernen Mann mindestens genauso notwendig geworden, wie der Herzspezialist. [...] Immer häufiger fragt er [der moderne Mann] nach einem Termin beim Seelenarzt, damit er ihm hilft eine bestimmte nebulöse Situation aufzuklären oder Ängste zu vertreiben. Das geht sogar so weit, dass er den Psychologen fragt, wie er sich in der Gefühlswelt oder bei der Arbeit verhalten soll.²⁸⁰

Als Quelle dokumentiert *8½* die zeitgenössisch virulenten Bestrebungen zu einer kritischen Revision der Geschlechterverhältnisse, insbesondere des männlichen Sexualverhaltens, dessen psychische Genese der Filmtext zu analysieren beansprucht.

Die Figur Guido Anselmis ist in der filmhistorischen Forschung als Alter Ego Fellinis interpretiert worden, der zu Beginn der Produktion von *8½* ebenfalls unter

---

²⁷⁹ Zitiert nach: Töteberg (2005), S. 491.
²⁸⁰ „Lo psicologo sta divenatndo necessario all'uomo moderno almeno quanto lo specialista del cuore. [...] sempre più spesso ora egli chiede un colloquio al medico dell'anima, perché l'aiuti a risolvere una sepciale situazione nebbiosa e ad allontanare le angoscie, arrivando perfino a chiedergli consigli sul contegno da tenere nel mondo degli affetti e del lavoro." Cederna, Camilla: L'adultero impegnato, in: L'Espresso, 4.12.1960, S. 13.

einer kreativen Blockade litt.[281] Er selbst hat im Nachhinein wiederholt auf diesen autobiografischen Hintergrund verwiesen.[282] Auch für die zeitgenössischen Zuschauer dürfte die Parallele zwischen dem Protagonisten und Fellini unschwer erkennbar gewesen sein: Guidos dunkler Anzug, sein schwarzer Stetson, sein Schal und die dunkle Sonnenbrille imitieren den charakteristischen Look des Regisseurs.

Während *La dolce vita* als Werk mit einer offensichtlich sozialkritischen Intention rezipiert wurde, haben Filmkritiker und -historiker Fellinis *8½* überwiegend als Ausdruck der individuellen Fantasiewelt oder gar als „Selbsttherapie"[283] seines Autors betrachtet und auf den autoreferenziellen Charakter des Films verwiesen.[284] Ich möchte *8½* stattdessen als historische Quelle lesen, die einen Einblick in den Geschlechterdiskurs der frühen 1960er Jahre gewährt. Anhand der künstlerischen Krise des Regisseurs Guido verhandelt *8½* auch eine Krise seiner Männlichkeit. Im Verlauf des Films wird klar, dass die kreative Blockade des Protagonisten aus dessen Schwierigkeiten resultiert, seine männliche Identität innerhalb sich wandelnder Geschlechterverhältnisse neu zu verorten. Fellini selbst hat noch während der Ausarbeitung des Drehbuchs auf den zentralen Zusammenhang zwischen Guidos Identitätskrise und den ihm gegenüberstehenden Weiblichkeiten verwiesen:

> Der Typ ist unheilbar beherrscht, fasziniert von der Frau und hat noch nicht verstanden, in welcher Beziehung er zu ihr steht (und übrigens, wer kann das schon wissen?) [...] Der Film sollte also auch eine Geschichte von dem unendlichen Fabulieren über die Welt der Frauen sein, über diese unbekannte und faszinierende Welt. Alle Ereignisse laufen auf ein einziges

---

[281] Unter dem immensen öffentlichen Erwartungsdruck, der nach dem durchschlagenden Erfolg von *La dolce vita* auf Fellini lastete, kam er mit der Realisierung seines neuen Spielfilms nur stockend voran. Der Titel *8½* sollte ursprünglich nur ein vorläufiger sein. Er bezieht sich auf die Zahl der Filme, die Fellini bis zu diesem Zeitpunkt bereits fertiggestellt hatte, nämlich acht Spielfilme und ein „halber" Kurzfilm. Wie er rückblickend erläutere, habe er das Projekt aufgrund einer plötzlichen Ideenlosigkeit vorzeitig abbrechen wollen, obwohl bereits Teile des Bühnenbilds in Arbeit waren und die Schauspieler feststanden. Die rettende Idee, die künstlerische Krise selbst zum Thema des Films zu machen, sei ihm gekommen, nachdem er seinem Produzenten Angelo Rizzoli einen Brief geschrieben habe, dass er das sinkende Schiff verlassen wolle. Vgl. Fellini (1980): S. 158–170.
[282] Vgl. Boyer, Deena: The Two Hundred Days of *8½*, New York 1964, S. 135; Cederna (1965), S. 45,73; Levine, Irving R.: „I Was Born for the Cinema." A Conversation with Federico Fellini, in: Cardullo, Bert (Hg.): Federico Fellini. Interviews, Jackson 2006, S. 54–67, hier S. 66. [Ursprünglich publiziert in: *Film Comment* (Herbst 1966), S. 77–84.]
[283] Töteberg, Michael: Metzler Filmlexikon, Stuttgart/Weimar 2005, S. 490 f., hier S. 491.
[284] Vgl. Bondanella (2002), S. 93 f.; ders. (2004). S. 243 f.; Casetti, Francesco: L'autoreferenzialità nel cinema: *8½* di Fellini, in: Versus: Quaderni di Studi Semiotici, Nr. 65/66 (Mai/Dezember 1993), S. 95–106; Metz, Christian: Mirror Constructions in Fellinis 8½, in: Affron, Charles (Hg.): 8½, Federico Fellini, Director, New Brunswick 1987, S. 261–66.

Problem hinaus, nämlich, dass sich der Protagonist darauf versteift, sich selbst durch diese magischen und unbestimmten Projektionen zu definieren.[285]

Bei genauerer Betrachtung wird deutlich, dass Guido gefangen ist zwischen einem traditionellen, mit dem Katholizismus verknüpften Wertesystem und seinem Wunsch, sich davon zu lösen. Zwar weist der Filmtext Spuren angstbesetzter Diskurse auf, in denen die fortschreitenden Emanzipationsprozesse mit einem männlichen Kontroll- und Machtverlust verbunden wurden. Doch treten daneben auch Forderungen nach einer notwendigen Überwindung patriarchalischer Geschlechterhierarchien deutlich hervor. Der futuristische Set von Guidos unvollendetem Film, auf dem das unfertige Gerüst einer Raumschiff-Abschussrampe zu sehen ist, steht als Symbol für die Utopie der Wiederherstellung einer männlich dominierten Geschlechterordnung, die Guido am Ende des Films aufgibt. Aber genau das wird zur Lösung seines Problems. Damit zeigt *8½* die männliche Krise, ähnlich wie *La dolce vita*, gerade nicht als Ergebnis einer größeren Egalität zwischen den Geschlechtern. Der Film suggeriert vielmehr, dass Guidos Schaffensblockade aus dem Fortbestehen traditioneller Moralvorstellungen resultiert. Erst als er die in Unordnung geratenen Geschlechterverhältnisse ebenso wie das kreative Chaos in seinem Kopf akzeptiert, gelingt es ihm, seine Arbeit wieder aufzunehmen.

8½ beginnt mit einer Albtraumszene, die Guidos Gefühl der Blockade und seinen Wunsch offenbaren, sich den gesellschaftlichen Maßstäben hegemonialer Männlichkeit im Sinne des beruflich wie sexuell erfolgreichen *uomo di successo* und Familienernährers zu entziehen: Er steckt mit seinem Auto in einem Stau fest und droht darin zu ersticken, wobei er teilnahmslos von anderen Autofahrern, darunter seiner Geliebten Carla, beobachtet wird. Er kann sich letztlich befreien und die Kamera zeigt, wie er mit ausgebreiteten Armen himmelwärts schwebt, bis er schließlich über dem Meer fliegt. Die Kamera nimmt in dieser Sequenz die Perspektive des schwebenden Protagonisten ein, der sich bewusst wird, dass seine wiedererlangte Freiheit nur eine Illusion ist. Denn bei einem Blick auf das Meer unter ihm, sieht er ein Seil, das an seinem Fuß befestigt ist und ihn am Wegfliegen hindert. Daran zieht der Agent (Mino Doro) einer seiner Darstellerinnen und holt ihn sprichwörtlich wieder auf den Boden der Tatsachen zurück. Im freien Fall wacht er in seinem Zimmer im Kurhotel auf.

Guidos Neurose, die seine Produktivität blockiert, ist eng an seine Unfähigkeit gebunden, seine jeweilige Beziehung zu den unterschiedlichen Frauen zu definieren, die in seinem Leben eine Rolle spielen. Seine männliche Identität definiert Guido

---

[285] „Il tipo è inguaribilmente soggiogato, affascinato dalla donna e non ha ancora capito quale sia il suo rapporto con lei (e del resto chi può capirlo?) [...] Ecco, il film dovrebbe essere anche la storia di questo interminabile favoleggiare sul continente donna, oscuro e affascinante. [T]utti gli avvenimenti convergano verso un'unico problema, e cioè quell'intestardirsi del protagonista a chiarire se stesso attraverso queste magiche e indefinite proiezioni." Fellini (1980), S. 78 f.

zunächst gegenüber einer Frauenwelt, die für ihn – wie auch Peter Bondanella bemerkt hat – in zwei gegensätzliche Pole zerfällt: Auf der einen Seite steht das Ideal der Madonna, auf der anderen das Antibild der Prostituierten.[286] Die gesellschaftliche Überhöhung von Mütterlichkeit und Jungfräulichkeit einerseits und die Tabuisierung von Sexualität andererseits entwirft der Film als kulturelle Matrix, innerhalb derer Guido seine Männlichkeit verortet. Doch dies bereitet ihm zusehends Probleme, wie im Lauf der Handlung deutlich wird, da sich die Frauen, denen er begegnet, nicht mehr eindeutig diesen Stereotypen zuordnen lassen.

Die Wurzeln dieses Weiblichkeitsbildes verortet der Film in Guidos Kindheit. Eine Rückblende, die auf sein Treffen mit einem Kardinal folgt, zeigt ihn als Schüler auf einem von Priestern geführten Internat. Man sieht, wie der hier etwa zehnjährige Guido zusammen mit seinen Freunden die Prostituierte Saraghina (Edra Gale) in einer Baracke am Strand aufsucht, um ihr gegen Bezahlung beim Tanzen zuzusehen. Das lustvolle Spektakel der füllligen, dämonisch aussehenden Saraghina scheint auf die Jungen einen gleichzeitig erotischen und bedrohlichen Eindruck zu machen. Ihr Schauspiel wird durch den Pfarrer unterbrochen, der die Kinder erwischt und Guido am Ohrläppchen zurück zur Schule zerrt. Dort wartet seine beschämte Mutter auf ihn, die sich angesichts seiner „Schande" („Che vergogna!") weinend von ihm abwendet. Daraufhin wird er vor seinen Mitschülern bestraft. Um für seine sündige Begegnung mit der Saraghina zu büßen, die vom Pfarrer als „Teufel" bezeichnet wird, muss Guido zur Madonna beten, die dagegen das weibliche Ideal der katholischen Kirche symbolisiert (Abb. IV.14).

Wie bereits *La dolce vita* dokumentiert auch *8½* die zeitgenössische Wahrnehmung einer rückständigen und repressiven Sexualmoral, die auf den kulturellen Einfluss des Katholizismus sowie die institutionelle Macht der Kirche zurückgeführt wird. In der Szene unmittelbar vor dem Flashback in seine Kindheit erklärt Guido einem Priester, dass der Protagonist seines geplanten Films unter Komplexen und Zwängen leide, die aus seiner katholischen Erziehung resultierten und von denen er sich trotz seiner kritischen Haltung gegenüber dem Katholizismus nicht befreien könne:

> Der Protagonist meines Films hat – wie wir alle – eine katholische Erziehung erhalten, aufgrund derer er bestimmte Komplexe und nicht zu unterdrückende Bedürfnisse hat. Ein Kirchenfürst erscheint ihm wie der Überrest einer Wahrheit, die er nicht mehr akzeptieren kann.[287]

---

[286] Bondanella, Peter: Italian Cinema. From Neorealism to the present, New York/London ³2001 [1983], S. 242.
[287] „Il protagonista della mia storia ha avuto una educazione, come tutti noi del resto, cattolica, che gli crea certi complessi, certi esigenze non più sopprimibili. Un principe della chiesa gli appare come un depositorio di una verità che non riesce più ad accettare."

Abb. IV. 14

Damit deutet Guido auch auf seine eigenen Schwierigkeiten hin, sich von katholisch geprägten Moralvorstellungen und Geschlechternormen zu lösen, obwohl er die „Wahrheit" der Kirche als solche nicht mehr akzeptiert. Anhand des Verhältnisses zu seiner Geliebten wird deutlich, dass weibliche Sexualität weiterhin eine jungenhafte Furcht in ihm weckt und für ihn mit Schamlosigkeit und Schuld verbunden ist. Aufgrund dieser Komplexe muss Guido den Geschlechtsverkehr mit ihr als Transgression inszenieren: Bei ihren erotischen Zusammentreffen in Carlas Hotelzimmer möchte er, dass sie sich verkleidet und so tut, als sei sie eine Fremde. Guido malt ihr zudem das Gesicht an, damit sie „noch versauter" aussehe. Bezeichnenderweise ähnelt Carla in ihrer Kostümierung der Prostituierten Saraghina. Dennoch wird sie nicht als eine von Guido ausgenutzte Frau präsentiert (Abb. IV.15).

Im Vergleich zur Beziehung mit seiner Geliebten erscheint Guidos Verhältnis zu seiner Ehefrau Luisa bar jeder Erotik. Die beiden leben nebeneinander her, wobei Luisa ihrer Unzufriedenheit über den Zustand ihrer Ehe Luft macht und Guido seine

Abb. IV. 15

zahlreichen Affären vorhält. Zwar hat auch Luisa einen Verehrer, doch fällt es ihr schwerer als Guido, eine neue Beziehung einzugehen, da diese für sie mit ungleich größeren gesellschaftlichen Problemen verbunden wäre, wie der Dialog andeutet: „Ich glaube, dass ich dich nie betrügen könnte, schon allein weil ich die Blamage nicht ertragen könnte, die Mühe sich zu verstecken, zu lügen. Dir scheint es dagegen ja leicht zu fallen."[288]

Im Kontrast zur sinnlichen und opulenten Carla wirkt Luisas völlig desexualisierter Körper, auch aufgrund ihrer schlichten, hochgeschlossenen Kleidung, androgyn (Abb. IV. 16). Fellini ließ sogar die Wimpern der Darstellerin Anouk Aimée kürzen, damit ihr Bild jeder erotischen Konnotation entleert würde.[289] Luisa wird zudem an mehreren Stellen mit Guidos verstorbener Mutter assoziiert. Diese erscheint ihm in einer seiner Traumvisionen und küsst ihn. Während des immer leidenschaftlicher werdenden Kusses verwandelt sich ihre Gestalt in die seiner Frau Luisa. Der hier angedeutete Ödipus-Komplex wird in einem weiteren Flashback auf die übertriebene mütterliche Fürsorge zurückgeführt, die ihm in seiner Kindheit entgegengebracht wurde.

Guidos problematisches Verhältnis zu Frauen äußert sich zudem in seinem extremen Donjuanismus. So ist der komische Höhepunkt des Films eine zwölfminütige Szene, in der sich Guido als viriler Latin Lover in seinem eigenen Harem imaginiert.

---

[288] „Io credo che non potrei tradirti mai, non fosse altro per non sopportare il ridicolo. La fatica di doversi nascondere, mentire. Si vede che a te riesce facile invece."
[289] Cederna (1965), S. 21; vgl. auch Reich (2004), S. 85.

Abb. IV. 16

Die Haremsszene zeigt einen Exzess der patriarchalischen Geschlechterordnung, die hier in karnevalesker Manier ad absurdum geführt wird.[290] In dem Gutshaus, wo Guido aufgewachsen ist, sorgen nun alle Frauen, die in seinem Leben oder seinen Filmen eine Rolle gespielt haben, für sein leibliches Wohlergehen – und zwar in jeder Hinsicht: Man sieht, wie die Frauen ihn baden, bekochen und ihm auch seine sexuellen Wünsche von den Lippen ablesen. Luisa, die als perfekte *massaia* im traditionellen Kittel einer Bäuerin auftritt, hat eigens eine afrikanische Tänzerin im Bananenröckchen als Weihnachtsüberraschung für ihren Mann eingeladen.

Der deutlich ironische Unterton und theatralische Charakter der Sequenzen sowie das Wissen, dass es sich um eine Fantasie des Protagonisten handelt, lassen die Zuschauer jedoch von Beginn an vermuten, dass Guidos Macho-Thron auf wackeligen Füßen steht. So kommt es schließlich zu einer Revolte der Frauen. Die Tänzerin Jacqueline Bonbon (Yvonne Casadei) weigert sich, Guidos Reglement zu befolgen, wonach alle Frauen über 30 in Pension geschickt werden und in die zweite Etage des Harems ziehen müssen. Die Frauen ergreifen für Jacqueline Partei und werfen Guido vor, dass er sie ungerecht behandle, wo er doch selbst nicht mehr der Jüngste und ohnehin nicht gut im Bett sei. Ein Mann wie er, so die französische Schauspielerin Madeleine (Madeleine Le Beau), werde in Frankreich als Schande der Nation betrachtet. Auch die anderen Frauen rufen zur Revolte auf: „Nieder mit Barbablù!"[291] Es sind

---

[290] Vgl. Reich (2004), S. 87–88.
[291] Der Film spielt hier auf die Märchenfigur des Frauen mordenden Tyrannen Blaubart aus der französischen Märchensammlung *Contes de ma mère l'Oye* (1697) von Charles Perrault an.

Psychoanalyse des Latin Lover: Mastroianni in Fellinis *8½*   329

bezeichnenderweise wiederum die ausländischen Frauen, die den italienischen Latin Lover als rückständig kritisieren.

Dieser weiß sich angesichts der aufständischen Frauen nur noch durch den Griff zur Peitsche zu helfen. Mastroiannis Darstellung mit halbnacktem Torso ist erkennbar an die Inszenierung Rudolph Valentinos im Hollywood-Stummfilm angelehnt.[292] Gleichzeitig erinnert die Kameraführung an Duellszenen im Western – ein Eindruck, der durch seinen schwarzen Cowboyhut und seine Westernstiefel noch verstärkt wird.[293] Doch der parodistische Charakter der Sequenzen, der durch das unterlegte musikalische Motiv aus Wagners *Ritt der Walküren* gesteigert wird, untergräbt seine aggressive männliche Performanz.

Abb. IV. 17

---

[292] Vgl. Hansen (1991), S. 265.
[293] Vgl. Bondanella (2002), S. 105; Reich (2004), S. 88.

Es gelingt ihm zwar, die Ordnung wiederherzustellen, doch Guidos Peitsche bleibt letztlich das Symbol einer prekären Dominanz. Die Ironie der Szene kippt am Ende in eine melancholische Stimmung. Letztlich scheint sich Guido in der Rolle des virilen Don Giovanni nicht mehr wohl zu fühlen, da er um die Unzufriedenheit der Frauen weiß: „Was ist denn los? Wieso die ganze Traurigkeit?" („Che cosa c'è che non va? Perchè c'è questa tristezza?") Die Szene endet mit einem Monolog Luisas, die ihrem Mann versichert, wie zufrieden sie und alle anderen Frauen in seinem Haus seien, während sie auf Knien den Küchenboden scheuert. „Uns geht es doch allen zusammen sehr gut hier, nicht wahr Guido? Ich habe das anfangs nicht verstanden, [...] aber jetzt bin ich ganz brav, siehst du das Guido? Ich nerve dich nicht mehr. Ich frage dich nichts mehr."[294] Guidos Vision von der aufopferungsvollen und verständnisvollen Luisa mutet vor dem Hintergrund ihrer realen Frustration grotesk an. Über ihre Figur werden die im Entstehungskontext des Films vielfach konstatierte Unzufriedenheit italienischer Ehefrauen sowie eine Krise von Ehe und Familie visualisiert. Diese werden als stabile Basis der Gesellschaft grundsätzlich in Frage gestellt (Abb. IV. 17).

Außerhalb der in der Haremsszene karikierten Geschlechterordnung steht die Figur Claudias (Claudia Cardinale), die ähnlich wie Paola in *La dolce vita* eine Art Erlöserfigur für den Protagonisten darstellt: „Sie ist wunderschön, jung und antik, Mädchen und schon Frau, authentisch, sonnig. Es steht außer Frage, dass sie seine Erlösung ist."[295] Als einziger weiblicher Charakter taucht sie nicht in der Haremsszene auf. Deutlicher als die übrigen Frauenfiguren in *8½* oszilliert Claudia zwischen unterschiedlichen Ebenen des Films und verbindet diese miteinander. Sie erscheint in Guidos Tagträumen als Idealvorstellung des Weiblichen und fiktive Figur seines noch nicht realisierten Films. Gleichzeitig tritt sie in der Rolle der Schauspielerin Claudia auf, die der Regisseur für seinen Film engagieren will, und verweist zudem auf das außerfilmische Image des aufsteigenden Starlets Claudia Cardinale.[296]

In ihrer Figur scheinen die durch Luisa und Carla verkörperten weiblichen Gegensätze zu verschmelzen. Denn in Guidos Traumwelt taucht sie mal als erotische Fantasie, mal als mütterliche Figur auf (Abb. IV.18). Sie erscheint ihm nachts auf seinem Zimmer nur mit einem Nachthemd bekleidet und tags im Kleid einer Krankenschwester an der Heilquelle des Kurparks. Sie steht gleichzeitig für Verführung und Unschuld, wie durch ihre abwechselnd weiße und schwarze Kleidung betont wird. Sie stellt somit den Dualismus Madonna/Hure in Frage, in dem Guido seine Männlichkeit und sein sexuelles Begehren verortet. Weil sie weder die eine noch die andere (Madonna/Hure) eindeutig repräsentiert, deutet sie auf ein unbestimmbares

---

[294] „Stiamo bene tutti insieme cosi, vero Guido? I primi tempi non avevo capito, [...] ma adesso, hai visto Guido, sono brava! Non ti do più fastidio. Non ti domando più niente."
[295] „È bellissima. Giovane è antica. Bambina e già donna, autentica, solare. Non c'è dubbio che sia lei la sua salvezza."
[296] Vgl. Bondanella (2004), S. 243.

Abb. IV. 18

Dazwischen hin, auf eine alternative Position jenseits der herrschenden Definitionen von Weiblichkeit und damit auch auf eine veränderliche Hierarchie der Gender.[297]

---

[297] Cornell, Drucilla: Gender, Geschlecht und gleichwertige Rechte, in: Benhabib, Seyla/Butler, Judith/Cornell, Drucilla/Fraser, Nancy (Hg.): Der Streit um Differenz. Feminismus und Postmoderne in der Gegenwart, Frankfurt a. M. 1993, S. 80–104, hier S. 82.

Claudia steht für die Vision einer Weiblichkeit jenseits der traditionellen Stereotype und damit auch für ein neues, gleichberechtigtes Verhältnis zwischen den Geschlechtern im Allgemeinen. Guido verzichtet am Ende darauf, Claudia eine Rolle in seinem geplanten Film zu geben. Sie bleibt somit als eine Weiblichkeit bestehen, die für neue Zuschreibungen empfänglich ist. Auch in *8½* dient die Darstellung der Männlichkeitskrise nicht zur Reproduktion der traditionellen Geschlechterhierarchien. Dokumentiert das Krisenmotiv einerseits männliche Unsicherheiten angesichts einer Weiblichkeit im Wandel, ist es andererseits Ausdruck einer Suche nach alternativen Beziehungsformen zwischen Männern und Frauen außerhalb der gesetzlich verankerten, unlösbaren Ehe. Diese konnten im realhistorischen Kontext noch nicht verwirklicht werden. So verharrt der Film am Ende wie auch *La dolce vita* in einem offenen, unbestimmten Zustand. Statt der Wiederherstellung einer patriarchalischen Ordnung feiert das zirkusartige Finale, in dem alle Darsteller in einer Manege tanzen, die *bella confusione*[298] der in Unordnung geratenen Gender-Modelle.

Archaische Sizilianer?
Modernitätsdiskurs und Männlichkeiten im Film

Kurz nach seinem Erfolg in Fellinis *La dolce vita* war Mastroianni Anfang der 1960er Jahre in zwei weiteren sehr populären Filmen zu sehen, in denen er jeweils sizilianische Männer verkörperte. Sowohl Mauro Bologninis Filmdrama *Il bell'Antonio* (1960) als auch Pietro Germis Komödie *Divorzio all'italiana* (1961) kreisen um den Stereotyp des *gallo siciliano*, des donjuanesken Sizilianers, der über Mastroiannis Filmfigur dekonstruiert beziehungsweise als rückständige, groteske Männlichkeit markiert wird.

Ich werde die Männerfiguren, die hier durch den Star zur Darstellung gelangen, nicht hinsichtlich ihrer Aussagekraft über „sizilianische" Geschlechterverhältnisse zur Zeit des Wirtschaftswunders untersuchen oder gar als Abbilder einer genuin sizilianischen Männlichkeit verstehen, wie in vorherigen Studien der Fall.[299] Eine solche Fragestellung wäre schon daher problematisch, da die beiden Filme durch die norditalienische Perspektive ihrer Macher geprägt sind. Vielmehr möchte ich anhand von Mastroiannis Image den komplexen Prozess der Bild- und Bedeutungsproduktion über den „Süden" in den Blick nehmen. Die Analyse seiner Starfigur in den genannten Filmen macht transparent, welche Vorstellungen und Fiktionen über

---

[298] *La bella confusione* (dt. „Das herrliche Chaos") lautete ein vorläufiger Titel des Films. Vgl. Fellini (1980), S. 86.
[299] Vgl. Reich (2004), S. 49–65, insbesondere S. 55. Reich schreibt hier die diskursiv konstruierte Nord-Süd-Dichotomie fort, indem sie behauptet, dass „sizilianische Männlichkeit" auf strikteren kulturellen Konventionen beruhe als „ihr nördlicher Gegenpart" und sich über „einen archaischen Ehrenkodex" herstelle.

süditalienische Männer in ihrem Entstehungskontext zirkulierten. Dieser war durch die traditionelle Wahrnehmung tief greifender soziokultureller Differenzen zwischen den nördlichen und südlichen Regionen Italiens geprägt. Welche Funktion hatten die über Mastroiannis Filmfigur hervorgebrachten männlichen Stereotype in diesem konkreten Zusammenhang?

Die konträren Konzepte von „Norden" und „Süden" sind mit Gabriella Gribaudi als „set of controversial historical constructions" zu verstehen, welche die Geschichte der italienischen Nationsbildung seit ihren Anfängen begleitete.[300] Hatte diese binäre Opposition, wie bereits erläutert, die Konstruktion italienischer Identität innerhalb eines internationalen und transkulturellen Gefüges geprägt, setzte sich diese Differenzierung in einem inneritalienischen Diskurs fort. Wie verschiedene Forschungsarbeiten gezeigt haben, konstituierte sich der italienische Nationalstaat stets über den negativ besetzten Topos eines ökonomisch und kulturell unterentwickelten Mezzogiorno, der an einer „nördlichen Modernität" gemessen wurde:[301]

> The region's identity was in fact based on negation, on what it lacked in relation to the ideal model: a bourgeoisie, an entrepreneurial class, middle strata, individualism, group solidarity. The cultural features of Southern Italy had great difficulty in obtaining any positive recognition in the founding myth of the Italian nation, apart from abstract references to its Greek and Roman past. Its history was treated as a dark age, whose worst expression was to be found in its rule by the Spanish viceroys and the Bourbons. Meanwhile, nineteenth-century Italy sought the roots of a possible national identity in the history of the medieval city-states and the Renaissance, with its art, its great men, and the Italian (Tuscan) language. Naturally, the South was excluded from this history.[302]

Diese Nord-Süd-Opposition strukturierte auch den Verlauf des italienischen *miracolo* und wurde im Zusammenhang mit der gesteigerten Migration aus dem Süden in die Industrieregionen des Nordens umso stärker wahrgenommen. Die damit verbunde-

---

[300] Gribaudi, Gabriella: Images of the South, in: Forgacs, David/Lumley, Robert (Hg.): Italian Cultural Studies. An Introduction, Oxford 1996, S. 72–87, hier S. 72–73; zur Definition kollektiver Identitäten siehe allgemein Reckwitz, Andreas: Der Identitätsdiskurs. Zum Bedeutungswandel einer sozialwissenschaftlichen Semantik, in: Rammert, Werner/Krauthe, Gunther/Buchener, Klaus/Altenhöner, Florian (Hg.): Kollektive Identitäten und kulturelle Innovationen. Ethnologische, soziologische und historische Studien, Leipzig 2002, S. 21–40.

[301] Vgl. Baumeister (2007), S. 34 ff.; Wolff, Larry: Dalmatinische und italienische Reisen: das Paradies der mediterranen Rückständigkeit, in: Schenk/Winkler (2997), S. 207–228; Gribaudi (1996); Dickie, John: Imagined Italies, in: Forgacs, David/Lumley, Robert (Hg.): Italian Cultural Studies. An Introduction, Oxford 1996, S. 19–33, hier S. 27 ff.; ders.: Darkest Italy: The Nation and Stereotypes of the Mezzogiorno 1860–1900, Basingstoke 1999; Lumley, Robert/Morris, Jonathan (Hg.): The New History of the Italian South: The Mezzogiorno Revisited, Exeter 1997; Agnew (1997).

[302] Vgl. Gribaudi (1996), S. 73.

nen Spannungen und kulturellen Konflikte wurden im Kino der frühen 1960er Jahre verhandelt.[303]

In einem Kontext, in dem alle gesellschaftlichen Weichen auf Modernisierung gestellt werden sollten und die italienische Gesellschaft versuchte, sich vom kulturellen wie politischen Status quo der 1950er Jahre zu emanzipieren, richtete sich ein kritischer Blick auf die Tradition. Wie ich in Kapitel IV beschrieben habe, wurde in diesem Zusammenhang auch die Demokratisierung der Geschlechterverhältnisse zum Maßstab italienischer Fortschrittlichkeit. Anhand von Mastroiannis Starimage in *La dolce vita* und *8½* wurde die wachsende Kritik an katholisch geprägten Moralvorstellungen und patriarchalischen Gesellschaftsstrukturen manifest. Diese wurden nunmehr als Hindernis des gesellschaftlichen Fortschritts betrachtet. In *Il bell'Antonio* und *Divorzio all'italiana* zeichnet sich am Bild des Latin Lover ein Diskurs ab, der die zeitgenössisch wahrgenommene geschlechterpolitische Rückständigkeit Italiens auf den Süden des Landes und somit auf das Andere der italienischen Nation projizierte. Hier wird deutlich, dass die Stereotypisierung des vermeintlich unmodernen Südens einer Kompensation gesamtitalienischer Strukturdefizite und Probleme diente. Denn das Fortbestehen patriarchalischer Strukturen war keine Besonderheit der süditalienischen Regionen. Dieses Bild ist nach Gribaudi als *invented tradition* zu betrachten, dessen Ursprünge in der Boom-Ära zu verorten sind.[304] Anhand von Mastroiannis Starfigur wird in den genannten Filmen deutlich, dass die Herstellung einer modernen italienischen Männlichkeit mit der Projektion undemokratischer, patriarchalischer Eigenschaften auf den Stereotyp des Süditalieners einherging. Der Begriff des Latin Lover im Sinn einer progressiven Männlichkeit wird hier von seiner donjuanesken, antifeministischen Konnotation befreit. Diese verschiebt sich nun auf den *gallo siciliano* und wird somit aus dem liberalen Geschlechterdiskurs ausgeschlossen.

---

[303] Termine, Liborio: La Sicilia e la ‚sicilianitudine‘, in: De Vincenti, Giorgio (Hg.): Storia del Cinema italiano, Bd. X, 1960–1964, Venedig 2001, S. 246–247; Troisi, Sergio: L'identità difficile: immagini e simboli della Sicilia: 1946–1964, Mailand 1998.

[304] Gribaudi verweist in diesem Zusammenhang auf die Bedeutung der 1958 publizierten und 1961 ins Italienische übersetzten Studie *The Moral Basis of a Backward Society* des Ethnologen Edward Banfield. Darin machte dieser den „amoral familism", womit er „a form of behaviour directed only towards the pursuit of the good of the family" meinte, verantwortlich für die Strukturschwächen der süditalienischen Regionen. Banfield, Edward: The Moral Basis of Backward Society, Glencoe 1958. Dieses Konzept „became used to mean simply the tendency of Southerners to favour the family group; as such it was identified as one of the major causes of clientelism or patronage. [...] This is the idea that in ‚traditional‘ peasant societies the extended and patriarchal family becomes nuclear, kinship ties slacken, and choices become individualized. Thus [...] Southern society, already considered ‚backward‘ and ‚traditional‘ [...] now also becomes patriarchal." Gribaudi (1996), S. 83–84.

Il bell'Antonio

Mauro Bologninis Literaturverfilmung *Il bell'Antonio* nach dem gleichnamigen Roman (1949) von Vitiliano Brancati erschien im März 1960 nur kurz nach der Premiere von *La dolce vita* in den italienischen Kinos und war fast zeitgleich mit Fellinis Film gedreht worden. Der darin von Mastroianni verkörperte Protagonist Antonio Magnano ähnelt der Figur Marcello Rubinis in vielerlei Hinsicht. Er ist weder beruflich erfolgreich, noch hat er Ambitionen, die gesellschaftliche Position des Ehemanns und *breadwinners* einzunehmen. Mastroianni stellte in *Il bell'Antonio* wiederum eine Männlichkeit dar, die deutlich von den Charakteren abwich, die der Star zuvor auf die Leinwand gebracht hatte. Auch hier ist er als melancholischer Latin Lover zu sehen, der sich einer Integration in patriarchalische Geschlechterhierarchien verweigert.

Antonio kehrt nach einem dreijährigen Aufenthalt in Rom, wo er erfolglos versucht hat, die Diplomatenkarriere einzuschlagen, in seine sizilianische Heimat Catania zurück. Dort soll er auf Wunsch seines Vaters Alfio (Pierre Brasseur) Barbara Puglisi (Claudia Cardinale), die Tochter eines wohlhabenden Großgrundbesitzers, heiraten und den Familienbesitz bewirtschaften. Antonio ist zunächst nicht einverstanden. Als er jedoch eine Fotografie der schönen Barbara sieht, verliebt er sich in sie und willigt in die Verlobung ein. Aufgrund seiner eigenen außergewöhnlichen Schönheit genießt Antonio den Ruf eines Don Giovanni. Das wird auf narrativer Ebene durch zahlreiche Anspielungen auf sein attraktives Äußeres hervorgehoben. Als sein Vater ihn bei seiner Heimkehr in Catania begrüßt, zitiert er aus der bekannten Mozart-Oper: „Dein Sohn verströmt den Duft der Frauen!"[305] Antonios betörende Wirkung auf Frauen, in denen er ein ungezügeltes Begehren zu wecken scheint, wird beispielsweise über die Figur der Nachbarstochter visualisiert. Als sie von Antonios anstehender Hochzeit mit Barbara Puglisi hört, zerkratzt sie sich ihr Gesicht und wird hysterisch. Auf der Party im Haus eines Politikers lässt sich Antonio von einer Tänzerin verführen. Seinen beruflichen Misserfolg in Rom führen die Leute in der Stadt, allen voran sein Vater, darauf zurück, dass er die Ehefrauen seiner Vorgesetzten im Ministerium verführt habe. Doch wie der Film gleich zu Beginn aufdeckt, verbirgt sich hinter Antonios Schönheit, die als äußerliches Zeichen seiner Manneskraft gedeutet wird, eine labile und sexuell impotente Männlichkeit.

In der Umarbeitung der Romanvorlage für das Drehbuch wurden verschiedene Änderungen vorgenommen. So verliert die Erzählung in der filmischen Adaption ihren satirischen Charakter und nimmt eher dramatische Züge an. Daneben wurde die bei Brancati im Faschismus, zwischen 1930 und 1943, angesiedelte Handlung in das Italien des Wirtschaftswunders transponiert. Das macht die Aussage des Filmplots

---

[305] In Mozarts Oper *Don Giovanni* raunt dieser in einer Szene seinem Diener zu: „Still, mir ist – der Duft von Frauen!"

jedoch nicht weniger politisch, wie ich im Folgenden zeigen werde. Zudem konstruiert Bologninis *Il bell'Antonio* im historischen Kontext sozioökonomischer Transformationsprozesse, die auch den Süden Italiens erfassten,[306] eine feudal anmutende Geschlechterordnung, um diese einer fundamentalen Kritik zu unterziehen.

Bereits die Anfangssequenzen suggerieren, dass Antonios Männlichkeitskrise aus archaischen Gendernormen und den daran gebundenen kulturellen Praktiken resultiert, die der Film im regionalen Kontext Siziliens verortet. Die Kamera zeigt Antonio unmittelbar nach einem missglückten Geschlechtsakt neben einer jungen Frau im Bett liegen. Sie versteht nicht, warum Antonio sie nicht anziehend findet. Dabei sei sie doch noch Jungfrau, sodass „auch der kritischste und lächerlichste deiner Landsleute nichts zu mäkeln hätte, wenn er mich heiraten würde."[307] Wie sich im Verlauf des Films herausstellt, liegt Antonios Problem genau in dieser übertriebenen Idealisierung weiblicher Keuschheit, die er zu einer quasi heiligen Eigenschaft überhöht, und in den damit verbundenen Geschlechterhierarchien. Wie Antonio seinem Cousin Eduardo (Tomas Milian) später im Film erzählt, kann er, wenn überhaupt, dann nur mit Prostituierten oder bereits entehrten Frauen der unteren sozialen Schichten („Mägden, Huren, Studentinnen") sexuell aktiv werden. Vor der Jungfräulichkeit seiner frisch angetrauten Frau Barbara, die den Ruf genießt, „pur wie das Wasser" zu sein, ist er wie gelähmt und impotent. Antonio hofft, sein Problem durch die Liebe zu Barbara überwinden zu können. Als jedoch nach einjähriger Ehe herauskommt, dass Barbara nach wie vor „intakt" (*intatta*) ist, lässt sie sich von ihrer Familie dazu überreden, die Ehe mit Antonio kirchlich zu annullieren und stattdessen den reichen Baron Bronte zu heiraten.[308] Antonio ist am Boden zerstört und nunmehr öffentlich entehrt. Doch vermag er seinen Ruf am Ende durch die Hochzeit mit seiner Dienstmagd Santuzza wiederherzustellen, als herauskommt, dass diese von ihm schwanger ist. Allerdings legt der Filmtext die Vermutung nahe, dass das Kind von seinem Cousin Eduardo oder gar von seinem Vater gezeugt wurde.

Antonio zeigt damit die groteske und letztlich verfehlte Performanz einer patriarchalischen Männlichkeit, die ihre Virilität über sexuelle Potenz und die Position des Paterfamilias herstellt. Dieses Modell wird insbesondere über die Figur seines Vaters kommuniziert. Alfio Magnano lässt keine Gelegenheit aus, um sich vor seinem Sohn seiner anhaltenden Manneskraft und seiner zahlreichen Eroberungen in der Jugendzeit zu rühmen:

---

[306] Vgl. Ginsborg (1990), S. 229–232.

[307] „Il più critico e ridicolo dei tuoi compaesani avrebbe nulla da dire, se sposasse me!" Zum Stereotyp des janusköpfigen Frauenbildes Heilige/Hure in Bologninis Film siehe auch Reich (2004), S. 62–63.

[308] Der nicht vollzogene Geschlechtsakt war nach kanonischem Recht ein Grund, der die Annullierung einer Ehe im Nachhinein rechtfertigte. Vgl. Pelaja (2001), S. 187 f.

> Ich bin noch ein fähiger Mann! Ja, das bin ich. Und wenn es deine Mutter nicht so tragisch nehmen würde, oh, ich fühle immer noch meine Männlichkeit. Schlag da doch nicht gleich die Augen nieder, Junge! Ich will nicht, dass du dich für deinen Vater schämst! Wäre dir ein Wischiwaschi-Vater lieber? Ich bin mir sicher, dass es dir nicht gefallen würde, einen verweichlichten Vater zu haben, wie dein Großvater einer war. Man sagt, er habe zwei Tari dafür bezahlt, um einem Flittchen dabei zuzusehen, wie sie sich auszieht. Und dann soll er wieder gegangen sein, so wie er gekommen war. Da war er allerdings schon fast 80 Jahre alt. Was ich dir damit sagen will, du musst dir endlich eine Frau nehmen.[309]

Wie der Film suggeriert, besteht innerhalb einer Ordnung, die sexuelle Enthaltsamkeit an das Weibliche knüpft, für den *gallo* Alfio beständig die Notwendigkeit, die eigene Potenz öffentlich unter Beweis zu stellen und sich gegenüber „unmännlichen" Männern, die er *rammoliti* (Weichlinge) schimpft, abzugrenzen. Darüber hinaus wird aus der Anweisung des Vaters, Antonio müsse sich eine Frau nehmen, deutlich, dass diese virile Sexualität nach einer Phase des Junggesellentums normgemäß in die Ehe münden muss, um die eigene Nachkommenschaft und den Familienbesitz zu sichern.

Über Mastroiannis Starkörper wird eine männliche Entfremdung und Abneigung gegenüber den beschriebenen Rollenmustern und Hierarchien artikuliert. Antonio ist vom ostentativen *gallismo* seines Vaters peinlich berührt und empfindet Ekel vor dessen ständiger Potenzsuggestion, die letztlich auch eine Behauptung von Macht gegenüber Frauen und vermeintlich unmännlichen Männern wie ihm selbst darstellt. Dass er den herrschenden Virilitätsidealen ablehnend gegenübersteht und diese als Bürde empfindet, wird auch im Gespräch mit seinem Cousin Edoardo evident, dem er seine sexuellen Probleme schildert:

> Bis ich 18 Jahre alt war, hatte ich noch mit keiner geschlafen. Dann, nur einmal, bin ich in die Via Malta [*die Straße, wo sich die Bordelle befanden*] gegangen. Am Abend habe ich mich übergeben. Von da an ist es mir nie wieder passiert, noch nicht einmal im Traum. [...] Jedes Mal, wenn ich diese Straße entlangging, überkam mich eine Übelkeit, so als wäre ich seekrank. [...] Dann, eines Tages, traf ich eine Frau. Wie schön sie war, ein Engel, kein Geschöpf von dieser Welt. [...] Sie hieß Paola. [...] Sie war meine erste große Liebe. [...] In ihrem Zimmer knipste ich das Licht aus und wir umarmten uns und plötzlich überfiel mich das kalte Grauen, es lähmte mich. Sie blieb so wie sie war auf dem Bett sitzen und ich presste mein Gesicht in die Laken und meine Lippen zitterten. Von da an hat es nie wieder geklappt, weder mit ihr noch mit anderen. Auch mit den Frauen nicht, in die ich mich verliebt habe – und das waren einige. Aber keine habe ich je so geliebt wie Barbara, keine. Mit Barbara, da

---

[309] „Sono ancora in gamba! Si, eccomi qua. E se non fosse che tua madre lo piglia sul tragico, oh, mi sento ancora uomo! Non abbassare gli occhi come un ragazzino! Non voglio che ti vergogni di tuo padre. Ti piacerebbe di avere un padre ploploplo? Sono sicuro che ti dispiacerebbe avere un padre rammolito. Rammolito come tuo nonno! Si dice che pagava due tari, per vedere una tale svestita ed andarsene come era venuto. Ma aveva quasi ottant'anni. Tutto questo per dirti, che devi prendere moglie."

war ich mir sicher, hätte ich es geschafft. Ich war mir sicher, verstehst Du? Deswegen habe ich sie geheiratet.[310]

Antonios Impotenz – die der Film sehr offen anspricht – verweist auf die Gefangenheit des Protagonisten zwischen dem gesellschaftlichen „Druck", den virilen Standards zu genügen, und seinem Bedürfnis, sich den Anweisungen und Erwartungen an seine Männlichkeit zu entziehen. Eine mögliche Alternative dazu erkennt er in seiner Ehe mit Barbara. Ihre platonische Beziehung zeigt Antonios Versuch, mit ihr eine Sexualität zu leben, die sich dem Schema männlicher Aktivität und weiblicher Passivität entzieht und nicht an Reproduktion und die Positionierung als Paterfamilias gekoppelt ist. Auch Barbara ist in ihrer Ehe zunächst glücklich, bis sie von ihrem Onkel, einem Bischof, vernimmt, dass Intimitäten, die nicht der Zeugung von Nachkommenschaft dienten, Sünde seien. Mit Barbara wird das Bild einer unterdrückten, unmündigen sizilianischen Weiblichkeit entworfen, deren Körper als Tauschwert innerhalb patriarchalischer Machtstrukturen und deren Keuschheit als Garant männlicher Ehre fungiert. Sie geht sexuell völlig unaufgeklärt in die Ehe und wird von ihrem alten Dienstmädchen darüber unterrichtet, was Eheleute tun müssten, um Kinder zu bekommen. Um nicht als unehrenhaft zu gelten und weil sie ihre weibliche Berufung allein in der Ehe und Mutterschaft erkennt, stimmt Barbara der Heirat mit dem Baron zu.

Nach der Annullierung seiner Ehe ist Antonio verzweifelt und trauert um seine Liebe, während sein Vater die Familienehre in Gefahr wähnt und diese im Freudenhaus zu retten versucht: „Damit alle wissen, dass Alfio Magnano mit seinen sechzig Jahren noch zu Frauen geht. [...] Wenn ich einst ein Lokal betrat, dann gaben verheiratete Männer ihren Frauen Zeichen, den Raum zu verlassen. [...] Viele Gehörnte haben auf ihre Kosten die Kinder von Alfio Magnano großgezogen!"[311] Dieses Bedürfnis kostet ihn letztlich das Leben: Noch bevor er mit der Prostituierten zum Geschlechtsakt schreiten kann, stirbt er an einem Herzinfarkt.

---

[310] „Fino a diciotto anni l'amore non l'ho fatta con nessuna. Poi, una volta sola andai in Via Malta [*die Straße, wo sich die Bordelle befanden*]. La sera vomitai. Da lì in poi, non mi accadde più, neanche nei sogni [...]. Ogni volta che prendevo quel vicolo mi prendeva un senso di vomito, come se avessi avuto il mal di mare [...] Poi un giorno incontrai una donna, com'era bella, un' angelo, non era una creatura di questo mondo. [...] Si chiamava Paola. [...] Fu il mio primo amore. [...] Nella sua camera [...] spensi la luce e ci abbracciammo ed allora d'improvviso un freddo sgomento mi entrò nel corpo, fino a paralizzarmi. Lei rimase cosi seduta al letto, io le scivolai accanto con la bocca contro le coperte con le labbra che mi tremavano. Da allora non mi è mai più riuscito ne con lei, ne con le altre...ne con nessuna donna di cui mi sono innamorato, ed erano tante. Ma mai nessuna io ho amato come Barbara, nessuna. Con Barbara io ero certo di riuscire. Ne ero certo, capisci? Per questo l'ho sposata."

[311] „Che tutti sappiano che Alfio Magnano a sessant'anni va ancora a donne. [...] Io una volta quando entravo in un locale, i mariti facevano segno alle loro mogli di andarsene. [...] Molti cornuti hanno allevato a spese loro i figli di Alfio Magnano!"

Die Filmerzählung rückt die patriarchalische Männlichkeit des Vaters somit in ein eindeutig negatives Licht und schließt sie über seinen Tod symbolisch aus dem filmisch konstruierten Männlichkeitsdiskurs aus. Damit schreibt sich die bereits skizzierte, vor allem durch die linksliberalen Kräfte geäußerte Forderung nach einer notwendigen Modernisierung der Geschlechterverhältnisse in den Filmtext ein. Gleichzeitig lässt die filmische Kritik am *gallismo* eine unmittelbar (erinnerungs-)politische Dimension erkennen.[312] Denn wie im Handlungsverlauf deutlich wird, verbindet die Filmnarration – wie auch schon Brancatis Romanvorlage – den männlichen Habitus, den Alfio und weitere Repräsentanten seiner Generation an den Tag legen, mit dem Faschismus. Hier ist insbesondere die Figur des Abgeordneten Calderara aufschlussreich, der, wie aus verschiedenen Anspielungen hervorgeht, dem neofaschistischen *Movimento Sociale Italiano* (MSI) angehört. Antonio wird dem Politiker auf einer Party in dessen Haus vorgestellt. Die Feier ist überwiegend von Männern besucht, die sich mit einer Truppe von Nachtclubtänzerinnen amüsieren. Dabei macht sich Calderara über einen Parteigenossen lustig, der im Verdacht steht, homosexuell zu sein. Daher soll er seine Männlichkeit durch ein Tête-à-tête mit einer Tänzerin unter Beweis stellen: „Nimm sie Kollege, mache dir Ehre, denn morgen wirst du im Parlament in Palermo die italienischste aller Parteien vertreten. Aber dafür musst du ein Mann sein!"[313] Während seines Gesprächs mit Antonio schwelgt Calderara in Erinnerung an die „guten alten Zeiten": „Frag deinen Vater, was wir mit diesen Händen alles zustande gebracht haben damals, 1922."[314] An späterer Stelle beschreibt Antonio den Politiker als „Tier". Er gleiche einem „Soldat[en] auf Heimaturlaub". Auch Antonios Vater entpuppt sich als Ex-Faschist, als er Barbaras Familie beschimpft: „Bald schon werden die schönen Zeiten zurückkehren, die Zeiten, in denen ich euch noch ins Gesicht spucken konnte! Die Zeiten der Männer mit großen Schwä[nzen]!...Nieder mit der Regierung! Nieder mit der Regierung!"[315] Der Film stellt somit explizite Bezüge zwischen dem *gallismo* der Vätergeneration und dem soldatischen, sexuelle Potenz suggerierenden Virilitätsideal des Faschismus her.[316]

---

[312] Zur italienischen Erinnerungskultur seit 1945 vgl. Cornelißen, Christoph/Klinkhammer, Lutz/Schwentger, Wolfgang (Hg.): Erinnerungskultur in Deutschland, Italien und Japan seit 1945, Frankfurt a. M. 2003; siehe auch Focardi, Filippo: La guerra della memoria. La resistenza nel dibattito politico dal 1945 ad oggi, Rom/Bari 2005.

[313] „Tieni collega, fatti onore, domani ti sederai al parlamento di Parlermo a rappresentare il più italiano dei partiti. Ma devi essere maschio!"

[314] „Domanda a tuo padre che cosa abbiamo combinato nel ventidue con queste braccia!"

[315] „Presto ritorneranno i bei tempi, i tempi in cui vi potevo ancora sputare in faccia! I tempi degli uomini con tanto ca[zzo]! [...] Abasso il governo! Abbasso il governo!"

[316] Zur Männlichkeitsrhetorik des Faschismus siehe allg. Spackman (1996) sowie Reichardt (2002), S. 535 ff. u. 678; Bellassai (2004), S. 76–80. Zur Bedeutung der Bordelle im Faschismus vgl. Wanrooij, Bruno: Bordello, in: De Grazia/Luzzatto (2002), S. 186–187.

Wie verschiedene Forschungsarbeiten gezeigt haben, gelangte der Faschismus in Film oder Literatur nach 1945 häufig als sexuelle Anomalie oder Perversion zur Darstellung.[317] Historiker wie Ruth Ben-Ghiat oder David Forgacs haben dieses Phänomen nach Kristeva als diskursive Strategie der „Abjektion"[318] oder Externalisierung beschrieben.[319] Durch seine Pathologisierung sei der Faschismus in der unmittelbaren Nachkriegszeit zu einem Fremdkörper der (organisch gedachten) Italienischen Republik stilisiert worden. Dies ging, nach Ben-Ghiat, mit einer Umdeutung der faschistischen Vergangenheit in der Erinnerungskultur und einer daraus resultierenden Verschiebung von Verantwortlichkeiten einher.[320] So hat sie unter anderem in ihrer Studie *Unmaking the Fascist Man* gezeigt, dass die martialischen Virilitätsideale des Faschismus durch ihre Konnotation mit dem sexuell Devianten symbolisch aus dem nationalen Diskurs ausgeschlossen wurden.[321] Ein ähnliches diskursives Verfahren ist ebenfalls in Brancatis Roman von 1949 deutlich zu erkennen und wird auch in Bologninis *Il bell'Antonio* sichtbar. Wie ist dies aber im entstehungsgeschichtlichen Kontext um 1960 genauer zu erklären?

Il bell' Antonio entstand zu einem Zeitpunkt, in dem sich auf politischer Ebene die Krise des christdemokratischen *centrismo* deutlich abzeichnete. Ein letztes Aufbäumen der konservativen Kräfte gegen eine Koalition mit den Sozialisten hatte 1959 zu dem bereits in Kapitel III. erwähnten Rechtsruck der Regierung geführt, der allerdings bei der Bevölkerung auf Protest stieß. Die langfristige Möglichkeit einer Öffnung nach links wurde nach den Wahlen vom Mai 1958 zwar auch innerhalb der Christdemokratischen Partei erwogen. Ein Befürworter war vor allem Ministerpräsident Amintore Fanfani. Seine Pläne stießen allerdings beim rechten Flügel der

---

[317] Vgl.: Hewitt, Andrew: Political Inversions: Homosexuality, Fascism and the Modernist Imaginary, Stanford 1996; Duncan, Derek: Secret Wounds: The Bodies of Fascism in Giorgio Bassani's Dietro la porta, in: Cestaro, Gary P. (Hg.): Queer Italia: Same-Sex Desire in Italian Literature and Film, New York 2004, S. 187–206.; Bosworth, R. J. B.: Film Memories of Fascism, in: ders./Dogliani, Patrizia (Hg.): Italian Fascism: History, Memory, Representation, Basingstoke 1999, S. 102–123; Ben-Ghiat, Ruth: Liberation: Italian Cinema and the Fascist Past, 1945–50, in: ebd., S. 83–101; Forgacs, David: Days of Sodom: The Fascism-Perversion Equation in Films of the 1960s and 1970s, in: ebd., S. 216–236.

[318] Kristeva, Julia: Powers of Horror. An Essay on Abjection, New York 1982. Zur positiven Besetzung des Begriffs als Ausgangspunkt einer nicht phallogozentrischen Subjektkonstitution vgl. Butler (1997), v. a. S. 177 ff.

[319] Ben-Ghiat (1999), S. 84, 88–89; Forgacs (1999), S. 233.

[320] Hier wäre etwa Benedetto Croces viel zitierte Definition des Mussolini-Regimes als „intellektuelle und moralische Krankheit" als prominentestes Beispiel anzuführen. Seine Ideen zum Faschismus publizierte Croce erstmals in einem Artikel, der wenige Monate nach dem Fall des Regimes in der New York Times erschien und im Januar 1944 auch in Italien publiziert wurde. Vgl. Scritti e discorsi 1943–47, Bde. 1 u. 2, Bari 1963, Bd. 1, S. 7–16; Bd. 2, S. 46–59 u. 361–362. Hier zitiert nach Ben-Ghiat (1999), S. 89.

[321] Ben-Ghiat (2005), S. 336–365.

DC sowie im Vatikan und bei den Wirtschaftsspitzen auf Widerstand.[322] Die Front gegen Fanfani wurde durch innenpolitische Spannungen verstärkt und führte im Januar 1959 zu seinem Rücktritt.[323] Statt zur anvisierten *apertura a sinistra* kam es zu der bereits in Kapitel III. beschriebenen „Öffnung nach rechts", denn die neue DC-Regierung stützte sich auf die Stimmen der Monarchisten und Neofaschisten.[324] Als zudem die neofaschistische Partei (MSI) im Juni 1960 selbstbewusst ankündigte, ihre Jahresversammlung in Genua – einer Hochburg des antifaschistischen Widerstands – abzuhalten, löste dies einen Massenprotest aus, der sich flächendeckend über ganz Italien ausbreitete.[325]

Bolognis Film, der noch vor den Protesten gegen die konservative Koalition in den Kinos anlief, dokumentiert ganz unmittelbar die Wahrnehmung einer mit der Rechtswendung des *centrismo* einhergehenden Stärkung demokratiefeindlicher Kräfte. Die männliche Krise der Mastroianni-Figur steht somit auch für die virulente politische Krise. Das Motiv der Impotenz kann als Ausdruck der politischen Stagnation gelesen werden, während der männliche *gallismo* für eine durch den Katholizismus und die Überbleibsel des Faschismus geprägte Gesellschaftsordnung steht. Der Ausschluss der damit verbundenen Männlichkeit aus dem filmischen Diskurs wird hier zur Fürsprache für eine notwendige „Öffnung nach links" (*apertura a sinistra*). Dabei ist bezeichnend, dass die aufgezeigten sozialen und politischen Missstände, das Erstarken antidemokratischer und neofaschistischer Kräfte ebenso wie die als unmodern dargestellten Geschlechterverhältnisse auf den Süden Italiens projiziert wurden, der, wie auch John Dickie festgestellt hat, „has been taken to emblematize the problem of state-formation since 1859".[326] Dabei betreffen die als typisch südlich dargestellten Probleme die ganze italienische Nation.

Neben diesen Aspekten eröffnet das Starimage Mastroiannis in *Il bell'Antonio* eine weitere Bedeutungsebene, die ich abschließend beleuchten möchte. Ähnlich wie in *La dolce vita* – und in der Tradition des Verführer-Mythos – wird die Figur des körperlich schönen Latin Lover mit homosexueller Männlichkeit konnotiert. Filmwissenschaft-

---

[322] Vgl. Tranfaglia (1995), S. 7–91, hier S. 25 ff., 38; Focardi (2005), S. 41 ff.; siehe auch allgemein Ginsborg (1990), S. 254–275; Crainz (1996), S. 157–200.

[323] Die Aussichten auf einen Linkskurs wurden im Sommer 1958 unter anderem durch politische Spannungen im sizilianischen Parlament geschmälert. Vgl. Tranfaglia (1998), S. 26–27.

[324] Solche Koalitionen zwischen DC und äußerster Rechten waren bereits auf lokaler Ebene in Stadt- oder Gemeinderäten erprobt. Auch Mirco Dondi konstatiert in seiner Studie zur Kontinuität faschistischer Mentalitäten nach 1945, „the Right was quite self-consciously welcomed by DC notables. [...] These matters allowed the MSI to take root within the system". Vgl. Dondi, Mirco: The Fascist Mentality after Fascism, in: Bosworth/Dogliani (1999), S. 141–160, hier S. 155. Tranfaglia (1998), S. 32.

[325] Dabei kam es auf Sizilien zu gewalttätigen, mitunter tödlichen Übergriffen der Polizei auf die Demonstranten, vgl. Ginsborg (1990), S. 257; Crainz (1996), S. 157–200.

[326] Dickie (1996), S. 27.

ler wie Steve Neale, Richard Dyer oder Steven Cohan haben argumentiert, dass die Positionierung des männlichen Körpers als Ornament im filmischen Repräsentationssystem stets auch die Frage aufwirft, wie Männer auf Männer blicken, und somit homoerotische Lesarten transparent macht.[327] Diese Konnotation der Antonio-Figur war bereits in der Romanvorlage Brancatis durch Anspielungen auf eine homosexuelle Liaison Antonios während seiner Zeit in Rom vorhanden. Zudem beschreibt der Autor Szenen unmissverständlich homoerotischen Inhalts, in denen etwa Antonios Jugendfreunde diesem beim Duschen zusehen und seinen Körper bewundern oder der Pfarrer realisiert, dass er „nicht nur christliche Gefühle" gegenüber Antonio hegt.[328] In Bologninis Film erfolgen diese Andeutungen weniger explizit, fließen aber schon durch dessen Konnotation mit Brancatis Roman in den Filmtext ein. Eine Bemerkung Eduardos über die „verdammte Leidenschaft" seines Vetters Antonio, die diesen daran hindere, „ein Mann wie alle anderen" zu sein, lässt am Ende des Films Vermutungen über die mögliche Homosexualität des Protagonisten zu. Mastroiannis Starkörper wird überdies durch Nahaufnahmen zum Objekt des Zuschauerblicks stilisiert, erotisiert und damit in jene „weibliche" Position gerückt, die den angeblich unmännlichen Homosexuellen im patriarchalischen Diskurs als untergeordnete Männlichkeit klassifizierten. Er habe so lange Wimpern wie ein „Frauenzimmer" (*femminuccia*), bemerkt die Nachbarstochter, und eine der Prostituierten auf der Feier bei Calderara meint, man könne Antonio mit einer Frau verwechseln. Vor allem aber Antonios Impotenz kann in einer *queeren* Lesart als seine Verweigerung interpretiert werden, sich in das System der „Zwangsheterosexualität"[329] einzuordnen. Die fehlende Möglichkeit, eine andere Sexualität mit Barbara auszuleben, und der gesellschaftliche Widerstand, der ihrer vermeintlich unnormalen sexuellen Beziehung entgegengebracht wird, können als Verweise auf die Repression homosexueller Gemeinschaft und Intimität im katholisch geprägten Italien verstanden werden.[330] Zum Verständnis dieses Subtextes ist von Belang, dass das Drehbuch zum Film von Pier Paolo Pasolini geschrieben wurde, der bekanntermaßen und bekennend homosexuell war. Pasolini hatte die gesellschaftliche Tabuisierung dieser männlichen Identität be-

---

[327] Vgl. Dyer, Richard: Don't Look Now. Richard Dyer Examines the Male Pin-up, in: Screen, Nr. 34 (September/Oktober 1982), S. 61–72; Neale, Steve: Masculinity as Spectacle. Reflections on Men and Mainstream Cinema, in: Screen, Nr. 24/6 (November/Dezember 1983), S. 2–16; Cohan. Steven/Hark, Ina Rae: Introduction, in: dies. (Hg.): Screening the Male. Exploring Masculinities in Hollywood Cinema, London/New York 1993, S. 1–8.
[328] Vgl. Brancati, Vitiliano: Il bell'Antonio, Mailand 2001, S. 148.
[329] Butler (1991), S. 8.
[330] Eine ähnliche Verlagerung eines homosexuellen Subtexts auf die Darstellung einer transgressiven heterosexuellen Beziehung stellt William Van Watson für Luchino Viscontis Film Ossessione fest. Vgl. ders. (2002), S. 190.

reits in anderen literarischen Werken problematisiert.[331] Gary P. Cestaro hat Pasolinis Opus deshalb als Teil einer „queer tradition in Italian culture" bezeichnet.[332] Auch in Bologninis *Il bell'Antonio* fließt die Perspektive des marginalisierten Homosexuellen über Pasolinis Mitarbeit an der Produktion des Films ein. Mastroiannis Starfigur wird in einer *queeren* Lesart zur Projektionsfläche dieser öffentlich negierten homosexuellen Identität. Die bedrückende Atmosphäre, die den Film von Beginn an durchzieht, und der repressive, zwanghafte Charakter können als Ausdruck der von Pasolini real erlebten Diskriminierung gedeutet und als repräsentativ für die Erfahrung anderer Homosexueller betrachtet werden.

Mastroiannis Latin-Lover-Image dient hier nicht nur zur Kritik an patriarchalischen Geschlechterverhältnissen, die im Entstehungskontext des Films für anachronistisch befunden wurden, sondern auch an bestehenden gesellschaftlichen Kontinuitäten aus der Zeit des faschistischen *ventennio*. Diese werden zusammen mit dem Katholizismus für die untergeordnete Position italienischer Frauen und eine gesamtgesellschaftliche Rückständigkeit verantwortlich gemacht. Daneben wird über Mastroiannis Charakter die Unzufriedenheit und Beklommenheit einer Männlichkeit artikuliert, die innerhalb der zeitgenössischen Geschlechterdichotomie eine subalterne Position einnahm. Die Figur des verführten Latin Lover dient auch hier zur Visualisierung einer Männlichkeit jenseits der hegemonialen Leitbilder des produktiven *uomo di successo* oder des Vaters und Familienernährers.

Divorzio all' italiana

In Pietro Germis Komödie *Divorzio all'italiana* (1961) spielt Mastroianni die Figur des sizilianischen Barons Ferdinando Cefalù, alias Fefè, der einen Ehrenmord inszeniert, um sich auf diese Weise seiner ungeliebten Gattin (Daniela Rocca) zu entledigen – im Titel des Films ironisch als „Scheidung auf Italienisch" bezeichnet.

Nachdem sein Film 1963 mit einem Oscar für das beste Drehbuch ausgezeichnet worden war, äußerte Germi in einem Interview mit der Zeitschrift *L'Espresso*, seine „genuin sizilianische" Geschichte habe Filmzuschauer in ganz Italien, ja auf der ganzen Welt vergnügen können, „weil im Film diese Idee steckt, die eigene Frau

---

[331] Hier wären zum Beispiel Pasolinis literarische Frühwerke *Atti impuri* und *Amado mio* (1947–1950) zu nennen, die aufgrund ihres homoerotischen Inhalts erst posthum 1982 erschienen. Aufgrund seiner sexuellen Ausrichtung war Pasolini 1949 seines Lehramtes enthoben und aus der Kommunistischen Partei ausgeschlossen worden. Zu homoerotischen Blickrelationen in Pasolinis Werk siehe: Parussa, Sergio: Reluctantly Queer: In Search of the Homoerotic Novel in Twentieth Century Italian Fiction, in: Cestaro, Gary P.: Queer Italia: Same-Sex Desire in Italian Literature and Film, New York 2004, S. 173–186.

[332] Cestaro (2004), S. 2.

umzubringen, die eine universelle Idee ist."³³³ Wenn allerdings nur das Thema des Gattinnenmords das Erfolgsrezept seines Films gewesen sein soll, was hätten die weiblichen Zuschauer dabei zu lachen gehabt? Liegt nicht etwa die Vermutung näher, dass es vor allem die stereotypen Bilder süditalienischer Männlichkeit und der Star Mastroianni waren, die *Divorzio all'italiana* 1961 in Italien wie auch international zum Kassenschlager der Filmsaison machten? Einiges spricht dafür: Mastroianni wurde in der Rolle des eitlen, passionsgesteuerten Don Ferdinando für einen Oscar nominiert.³³⁴ Außerdem spielt die Komödie mit seinem Latin-Lover-Image und gängigen Italienklischees, die sie gleichzeitig durch Übertreibung parodiert und neu bestätigt. Bereits in den Anfangsszenen wird die gängige Mischung aus pittoresker Urtümlichkeit und legerem Schick bedient, die einem international populären Italienbild entsprach. Mastroianni ist hier im dunklen Herrenanzug, mit zurückgekämmtem und geöltem Haar, Schnauzbart, Sonnenbrille, Siegelring und Zigarettenhalter zu sehen (Abb. IV.19). Er präsentiert sich dem Publikum als eine Synthese aus Valentino und Mafioso, der sich nach schönen Frauen umdreht und von den „heißen und süßen Nächten Siziliens" schwärmt. Dazu sind im Hintergrund Bilder einer kargen sizilianischen Landschaft zu sehen, unterlegt mit den Klängen einer Mandoline. Auch der weitere Filmverlauf zeigt Mastroianni in der klischeegerechten Mischung aus triebhaftem Gesetzesbrecher, eitlem Müßiggänger und leidenschaftlichem Latin Lover – *mascolinità all'italiana*.³³⁵

In ihrer Studie *Italian Cinema – Gender and Genre*³³⁶ hat Maggie Günsberg die Italienische Komödie (*commedia all'italiana*)³³⁷ in Anlehnung an den von Steve Seidman geprägten und von Kathleen Rowe gendertheoretisch erweiterten Begriff der *Comedian Comedy* als männlichkeitszentriertes Genre beschrieben.³³⁸ Darin kreise der Plot um den männlichen Underdog, der sich gegen eine ihm feindlich gesinnte, vermeintlich weiblich dominierte Gesellschaft (repräsentiert durch den Typ der tyrannischen Frau, bösen Schwiegermutter etc.) auflehne. Die Handlung führe dabei

---

[333] „Perché nel film c'era quell'idea di ammazzare la moglie, che è un idea universale." Zitiert in: Minuzzo, Nerio: I siciliani? Li trovo così italiani, in: L'Europeo, Nr. 34 (1960), S. 37.

[334] *Divorzio all'italiana* erhielt neben dem Oscar für das Drehbuch (1963) und der Nominierung für Mastroianni eine weitere Nominierung für die Regie.

[335] Vgl. meine Ausführungen in Kapitel 4.1.1; zu den Klischees italienischer Männlichkeit im Hollywoodfilm siehe auch Bondanella (2004), S. 13–14.

[336] Günsberg, Maggie: Italian Cinema – Gender and Genre, Basingstoke/New York 2005, S. 60–96, v. a. 84 f.

[337] *Divorzio all'italiana* ist ein charakteristisches Beispiel dieses Genres, weiterführend vgl. Giacovelli, Enrico: La commedia all'italiana, Rom 1995.

[338] Seidman, Steve: Comedian Comedy: A Tradition in Hollywood Film, Ann Arbor 1981; Rowe, Kathleen: Comedy, Melodrama and Gender: Theorizing the Genres of Laughter, in: Jenkins, Henry/Karnick, Kristine (Hg.): Classical Hollywood Comedy, New York/London 1994, S. 39–59, hier S. 45–46.

Abb. IV. 19

auf den symbolischen Ausschluss des Femininen aus dem filmischen Diskurs hin und bestätige letztlich die patriarchale Geschlechterhierarchie.[339]

Diese Definition scheint zunächst auch auf *Divorzio all'italiana* zuzutreffen, wird die Erzählung doch aus der Perspektive des männlichen Protagonisten geschildert, der am Ende seine Frau umbringt. Doch beschränkt sich *Divorzio all'italiana* gerade nicht auf den misogynen Inhalt des Frauenmords und die Bestätigung einer männlich dominierten Geschlechterordnung. Vielmehr wird diese durch ihre Karikatur infrage gestellt, sodass am Ende vor allem das weibliche Publikum das Lachen hat. Daher ist Gian Piero Brunetta zuzustimmen, wenn er die *commedia all'italiana* als Genre beschreibt, das darauf beruht, „nationale Mythen von Männlichkeit und Potenz ins Lächerliche zu ziehen."[340]

Über das Bild des Latin Lover, das mit Mastroianni in *Divorzio all'italiana* entsteht, wird einmal mehr Kritik an patriarchalischen Geschlechterverhältnissen und katholischen Moralvorstellungen geübt. Diese erscheinen hier keinesfalls als natürlich, sondern als Set kultureller Praktiken, die von den Filmfiguren, die sie ausüben und verinnerlichen, immer wieder unterlaufen und relativiert werden. In den Debat-

---

[339] Rowe (1994), S. 46.
[340] Brunetta, Gian Piero: Storia del cinema italiano. Dal mircolo economico agli anni novanta. 1960–1993, Rom ³2001 [1982], S. 141. Diese charakteristische Dekonstruktion männlicher Mythen in der *Commedia all'italiana* ist auch in zahlreichen anderen Filmen auszumachen wie z.B. *I soliti ignoti* (1958), *La grande guerra* (1959); *Il sorpasso* (1962), *I compagni* (1963) oder *Casanova 70* (1965).

ten um die Einführung der Ehescheidung, die im Entstehungskontext des Films aktuell waren, bezieht Germis Komödie damit eine deutlich befürwortende Stellung. Eine entsprechende rechtliche Reform stieß nach wie vor auf den vehementen Widerstand der katholischen Kirche und der christdemokratischen Regierung. Ein letzter Gesetzesentwurf zur Einführung der sogenannten „Kleinen Scheidung" (*piccolo divorzio*), welche die Möglichkeit zur Scheidung in Härtefällen vorsah, war 1958 im Parlament gekippt worden.[341] Erst nach der politischen Öffnung nach links und dem seit Beginn der 1960er Jahre immens wachsenden öffentlichen Druck auf die Politik konnte mit der *Legge Fortuna* 1965 ein Dekret die parlamentarische Mehrheit gewinnen, das die Einführung der Scheidung vorsah.[342] Bezeichnenderweise dauerte es aufgrund der anhaltenden katholischen Proteste nahezu ein weiteres Jahrzehnt, bis die Ehescheidung im Mai 1974 für italienische Männer und Frauen tatsächlich möglich wurde.[343] Neben diesem progressiven Diskurs dokumentiert der Film jedoch auch eine negative Stereotypisierung und Essentialisierung südlicher Männlichkeit als triebhaft, anarchistisch und latent kriminell.

Nach zwölfjähriger Ehe ist Fefè seiner liebeshungrigen, matronenhaften Frau Rosalia überdrüssig. Er erfindet immer neue Ausreden, um sich vor seinen ehelichen Pflichten mit ihr zu drücken, und macht stattdessen seiner sechzehnjährigen Cousine Angela (Stefania Sandrelli) schöne Augen. Nach einer Liebesnacht mit Angela beginnt sich seine immer größere Abneigung gegenüber seiner Ehefrau in Mordfantasien zu äußern. Er stellt sich vor, sie zu erstechen und anschließend in einem Kessel kochender Seife zu versenken, sieht im Geiste, wie sie im Treibsand untergeht, in einer Rakete auf den Mond geschossen oder vom örtlichen Mafioso umgebracht wird. Als er von einem Gattenmord im nahe gelegenen Catania hört, der als Ehrdelikt mit nur wenigen Jahren Haft geahndet wird, erkennt Fefè im strafrechtlich verankerten *codice d'onore* einen bequemen Weg, um seine Frau für immer loszuwerden. Nachdem Ferdinando herausgefunden hat, dass Rosalias verflossene Jugendliebe, der Künstler Carmelo Patané (Leopoldo Trieste), wieder in der Stadt ist, engagiert er diesen kurzerhand zur Restaurierung eines Freskos an seiner Wohnzimmerdecke. Er spekuliert

---

[341] Vgl. Seymour (2004), S. 37–50; Caldwell (1991), S. 69–86, oder Tonelli (2003), S. 307–326.

[342] Allerdings weist Anna Tonelli darauf hin, wie vorsichtig die Sozialisten vor allem nach ihrer Regierungsbeteiligung in diesen Fragen agieren mussten, wollten sie ihre Koalition mit den Katholiken nicht gefährden. „Die Wortmeldungen der Parlamentarier und auch die öffentlichen Debatten zeigen die Schwierigkeiten der Sozialisten, die Politik der Großen Koalition mit den Katholiken zu vereinbaren und liberale Prinzipien zu verteidigen, die der katholischen Doktrin widersprachen." [„Gli interventi dei parlamentari, insieme al dibattito aperto su giornali e riviste, testimoniano la difficoltà dei socialisti di conciliare la posizione politica di intesa con i cattolici con la difesa di princpi più libertari che si scontrano con la dottrina cattolica."] Tonelli (2003), S. 320.

[343] Vgl. ebd.; Caldwell (1991); Sgritta, Giovanni Battista/Tufari, Paolo: Italy, in: Chester, Robert (Hg.) Divorce in Europe, Leiden 1977, S. 253–282; Reich (2004), S. 68–69.

darauf, die Liebe zwischen den ehemals Verlobten wiederzuentfachen, damit er ein handfestes Motiv für einen Ehrenmord an seiner Frau hat. Sein Plan geht auf: Rosalia lässt sich zu einer Liebesaffäre mit Carmelo hinreißen und brennt mit ihm durch.

Bevor Fefè jedoch zum Racheakt schreiten kann, muss er die Rolle des öffentlich entehrten Mannes mimen, die er sorgfältig vorbereitet hat: Hatte er zunächst mit der herausgeputzten Rosalia vor den männlichen Dorfbewohnern *bella figura* gemacht und ihre körperlichen Rundungen als Trophäe seiner Manneskraft präsentiert,[344] täuscht er nun körperliches Leiden und Fieberträume vor oder läuft unrasiert und schäbig gekleidet über den Dorfplatz, um seinen vermeintlich desolaten Zustand öffentlich zur Schau zu stellen (Abb. IV. 20).

Mit Genugtuung empfängt er die Schmähbriefe der Dorfbewohner, die ihn als Gehörnten (*cornuto*) und Stümper (*fesso*) bezeichnen und zur Rache auffordern. Als er schließlich auf der Beerdigung seines Onkels vor aller Augen von Carmelos Frau Immacolata (Daniela Igliozzi) bespuckt wird, sieht er – derart entmännlicht – den Zeitpunkt gekommen, seine Ehre wiederherzustellen. Er findet Rosalia und ihren Liebhaber genau in dem Moment, als dieser von seiner Frau Immacolata erschossen wird. Auch Fefè fackelt nicht lange und erschießt Rosalia. Dank der ergreifenden Verteidigungsrede seines Anwalts (Pietro Tordi) erhält er lediglich eine Haftstrafe von drei Jahren und kann nach einer Amnestie verfrüht nach Hause zurückkehren, um Angela zu heiraten.

Mit dem Ehrdelikt wendet sich die Komödie einer Thematik zu, die zu Beginn der 1960er Jahre in Italien verstärkt diskutiert wurde. Der makaber anmutende Filmplot kreist um den umstrittenen Paragrafen 587 des italienischen Strafgesetzbuches. Dieser sah ein vermindertes Strafmaß (von nur drei bis sieben Jahren Haft) bei der vorsätzlichen Tötung des Ehepartners, der eigenen Schwester oder Tochter vor, wenn das Delikt zur Wiederherstellung der familiären Ehre verübt wurde, nachdem diese durch eine außereheliche sexuelle Beziehung des Opfers verletzt worden war.[345] Mit diesem aus dem faschistischen Rocco-Kodex übernommenen und bis 1981 gebräuch-

---

[344] Zur Kulturgeschichte des *fare bella figura* als Körperpraktik vgl. Paulicelli (2004) S. 6 ff.; Del Negro, Giovanna P.: The Passeggiata and Popular Culture in an Italian Town. Folklore and the Performance of Modernity, Quebec City 2004, S. 123 ff.

[345] Der Paragraf 587 lautete: „Wer auch immer den Tod seines Ehgatten, der Tochter oder Schwester verursacht, in dem Moment, in dem er/sie deren illegitime sexuelle Beziehung entdeckt und im Zorn über die Verletzung seiner Ehre oder der Ehre seiner Familie handelt, wird mit drei bis sieben Jahren Haft bestraft. Derselben Strafe unterliegt, wer den Tod der Person herbeiführt, die sich in einer illegitimen sexuellen Beziehung mit dem eigenen Ehegatten, mit der eigenen Tochter oder Schwester befand." [„Chiunque cagiona la morte del coniuge, della figlia o della sorella, nell'atto in cui ne scopre la illegittima relazione carnale e nello stato d'ira determinato dall'offesa recata all'onor suo o della famiglia, è punito con la reclusione da tre a sette anni. Alla stessa pena soggiace chi, nelle dette circostanze, cagiona la morte della persona che sia in illegittima relazione carnale col coniuge, con la figlia o con la sorella."] Art. 587 c. p. zitiert nach Crespi, Alberto/ Stella, Federico/ Zuccalà, Giuseppe: Commentario breve al codice penale, Padua 2001.

Abb. IV. 20

lichen Paragrafen erkannte das italienische Recht das Konzept einer männlichen und familiären „Ehre", die auf der außerehelichen Keuschheit der Frau beruhte, als sozial relevanten und staatlich zu schützenden Wert an.[346]

---

[346] Margherita Pelaja hat die rechtliche Entwicklung des „Ehrdelikts" aus sexualitätsgeschichtlicher Perspektive untersucht. Dabei stellt sie fest, dass sich Formen von Selbstjustiz zur symbolischen Wiederherstellung der familiären „Ehre", insbesondere bei vorehelicher Sexualität eines weiblichen Familienmitglieds, erst Mitte des 19. Jahrhunderts als kulturelle Praktiken etablierten. Dies

Wie jedoch die Debatten um den Paragrafen zeigen, die sich seit Ende der 1950er Jahre in populären Zeitschriften niederschlugen, schien ein solcher Ehrbegriff, der das Recht des familiären Kollektivs über das des Individuums stellte, nicht länger konsensfähig zu sein.[347] „An der Ehre stirbt man", verlautbarte 1960 eine Schlagzeile in *L'Europeo*: „Das Blutvergießen aus Leidenschaft ist in Italien nicht weniger geworden. Verführte und Verlassene und betrogene Ehemänner sind autorisiert zu morden. Das Strafgesetzbuch lässt sie heute immer noch besser wegkommen, als einen Fahrraddieb."[348] Der Paragraf 587 wurde als Relikt einer feudalen Gesellschaftsordnung, als Zeichen frauenfeindlicher und konfessionell geprägter Moralvorstellungen und Resultat einer undemokratischen Gesetzgebung angeprangert. Einzelne Ehrdelikte nahm besonders die progressive Presse zum Anlass, allgemeine familien- und frauenrechtliche Reformen einzufordern, zuvörderst die Einführung des Scheidungsrechts.[349]

Divorzio all'italiana parodiert diese widersprüchliche und anachronistische Rechtsprechung durch die groteske Darstellung einer Gesellschaft, die im Namen der Moral die Ehescheidung verbietet, im Namen derselben Moral aber Ehrdelikte toleriert. Damit bezieht der Film innerhalb der oben skizzierten Diskussionen deutlich Stellung für eine notwendige gesetzliche Neugestaltung und Demokratisierung. Die Erzählung konstruiert den Exzess einer Gesellschaft, deren Normen und moralische Prinzipien so eng gesteckt sind, dass sie sich gegen die Ordnung, die sie konstituieren, selbst richten und diese ad absurdum führen. Dabei findet die symbolische Überwindung der traditionellen Geschlechterverhältnisse ähnlich wie in *Il bell'Antonio* über die Konstruktion eines patriarchalischen und rückständigen Südens statt. Auch in der Presse und in zahlreichen ethnologischen Studien der frühen 1960er Jahre wurden die Ehrdelikte als typische Form der Selbstjustiz eines „unzivilisierten" südlichen

---

    stand nach Pelaja in unmittelbarem Zusammenhang mit der Abschaffung der Kirchentribunale (die diesen symbolischen Akt zuvor ausgeführt hatten) im Kontext der Nationalstaatsgründung. Nach kanonischem Recht war ein Mann nach vorehelichem Geschlechtsverkehr mit einer Frau dazu verpflichtet, sie zu heiraten oder die Familie materiell zu entschädigen. Mit dem Wegfallen dieser Absicherung des ‚symbolischen Kapitals' der Familie durch die Kirchentribunale sei die moralische Kontrolle über den weiblichen Körper durch die Familie verstärkt worden. Vgl. Pelaja (2001), S. 187 ff., 196.

[347] Corbi, Gianni/Gambino, Antonio: Rapporto sul matrimonio. L'onore di Lui, in: L'Espresso, 2.2.1958, S. 14–15, hier S. 14.

[348] „I fatti di sangue passionali non sono diminuiti in Italia. Sedotte e abbandonate e mariti traditi sono autorizzati a uccidere. Il codice penale ancora oggi consente loro di cavarsela, a volte, meglio del ladro di biciclette." Ghirotti, Gigi: D'onore si muore, in: L'Europeo, Nr. 18, 1960 S. 18–24, hier S. 18.

[349] Ebd., S. 20.; Corbi/Gambino: L'onore..., S. 14–15; Barbato, Andrea: Un bell'Antonio tra i contadini. La zia diceva che il defunto marito era impotente e il nipote la uccide, in: L'Espresso, 17.4.1960, S. 12–13; Venè, Gian Franco: Licenza d'uccidere. Inchiesta sul delitto d'onore dopo la clamorosa sentenza di Catania, in: L'Europeo, Nr. 2, 6.1.1966, S. 52–56.

Clanwesens und Patriarchats beschrieben.³⁵⁰ „Land der Ehre"³⁵¹ lautete eine geflügelte Umschreibung für den italienischen Süden. Dabei wurde vielfach die Befürchtung geäußert, dass diese regionalen „Unsitten" und Missstände mit der Massenemigration süditalienischer junger Männer nach Norditalien importiert werden könnten.³⁵² In diesen Diskussionen zeichneten sich rassistische Vorurteile ab, die an Stereotype anknüpften, wie sie Ende des 19. Jahrhunderts positivistische Rassentheoretiker wie Alfredo Niceforo oder Paolo Orano formulierten.³⁵³ Dass diese Vorurteile mitunter bis heute den Nord-Süd-Diskurs bestimmen, hat etwa Gabriella Gribaudi in ihren Studien nachgewiesen:

> The dark Mediterraneans are individualists and in consequence their society is ‚fragmented' or ‚disaggregated'. The peoples of the North, on the other hand, have collective consciousness and therefore social organization, institutions and discipline. Neapolitans, dissolute and weak by nature, are a ‚popolo-donna', a female people, while the others are ‚popoli uomini' (Niceforo 1898: 298). In their context these statements might appear amusing but if one thinks of passages one has read, conversations heard in the street, on television or even in learned discussions of the Mezzogiorno, one cannot fail to notice the similarities."³⁵⁴

Auch *Divorzio all'italiana* reproduziert diese Vorurteile, wobei die Anfangssequenzen die sizilianischen Verhältnisse und Ferdinandos Ehrenmord in einen gesamtitalienischen Kontext einordnen und auf allgemeine soziale, politische wie kulturelle Probleme und Charakteristika hinweisen. Man sieht Don Ferdinando nach der verbüßten Haftstrafe in einem Zugabteil bei der Rückkehr nach Agromonte, seinem sizilianischen Heimatdorf. In einer folgenden Rückblende lässt der Film die Geschehnisse, die zu Ferdinandos Tat geführt haben, aus der Perspektive des Protagonisten Revue passieren. Der Flashback beginnt mit einer Montage, die dem Zuschauer den Ort des Geschehens, Agromonte, näher vorstellt. Über die dicht aufeinanderfolgenden

---

³⁵⁰ Vgl. Harrison (1963), S. 3–18.
³⁵¹ Z. B. Harris (1963), S. V u. VI.
³⁵² „Machen wir uns also auf die Suche nach der Ehre, rekonstruieren wir ihren Weg vom Süden in Richtung Norden parallel zu einem Migrationsfluss, der seit Jahrzehnten andauert. [...] Das christliche Gebot: Du sollst nicht töten, wird übergangen im Namen einer Moral, die – auf staatliche Delegation hin – von der Familie, der Nachbarschaft, dem Clan verwaltet wird. Aus dem Netz der unauflösbaren Ehe bietet nur das Delikt einen Ausweg: Die Kehrseite der Medaille der ‚Ehrensache' ist die Einladung zur Rache." [„Andiamo dunque in cerca dell'onore, ricostruiamo l'itinerario dal Sud verso il Nord di un'immigrazione che è in corso da quasi un decennio. (...) Il comandamento cristiano: tu non ucciderai, è scavalcato, in nome di una morale gestita, per delega dello stato, dalla famiglia, dal vicinato dal clan. Nella rete del matrimonio indissolubile solo il delitto apre un varco: dietro la medaglia della ‚causa d'onore' c'è l'invito alla vendetta."] Ghirotti (1960), S. 20.
³⁵³ Gribaudi (1996), S. 77.
³⁵⁴ Ebd., Gribaudi zitiert aus: Niceforo, Alfredo: L'Italia barbara contemporanea, Mailand/Palermo 1898, S. 298; vgl. auch Dickie (1996), S. 27 ff.

Bilder der mittelalterlichen Bauten des Dorfes legt sich aus dem Off der Kommentar des Ich-Erzählers, der im Stil eines Nachrichtenreporters die wichtigsten Fakten zu Agromonte und seinen Bewohnern nennt. Der offensichtlich um Authentizität bemühte, dokumentarische Charakter der Anfangssequenzen erinnert an die Filme des Neorealismus.[355] Doch wird dieser Stil hier durch den sizilianischen Dialekt Fefès und die burleske Musik ironisch kommentiert.

Der Erzähler weist zunächst auf die hohe Arbeitslosigkeit hin, die er an ein mangelndes Bildungssystem koppelt („Agromonte: 18.000 Einwohner, 4.300 Analphabeten, 1.700 Arbeitslose, davon einige fix, andere fluktuierend"), auf das kulturelle Gewicht des Katholizismus („24 Kirchen, von denen einige bemerkenswerte barocke Exemplare des späten 17. Jahrhunderts sind") und die politischen Hahnenkämpfe zwischen Christdemokraten und PCI im Kontext des Kalten Krieges. Auf die Bilder der sonntäglichen Messe, bei der die Gemeinde vom Pfarrer dazu angehalten wird, eine Partei zu wählen „die sowohl christlich als auch demokratisch ist", folgen die Bilder eines Lokals der Kommunistischen Partei, dessen Wände mit Plakaten tapeziert sind, auf denen die Aufschrift „Viva Sputnik!" zu lesen ist. Zudem wird der örtliche Mafiaboss Don Ciccio Mataro (Giovanni Fassiolo) vorgestellt, der hier gewissermaßen die dritte politische Kraft repräsentiert.[356]

Als eines der Hauptcharakteristika seines Heimatdorfes beschreibt Fefè die rigide Trennung der Geschlechter. Die Kamera zeigt den Hauptplatz des Dorfes, ein Café, die Versammlungsräume des PCI und der DC sowie des Herrenclubs (*circolo*). Überall sind ausschließlich Männer zu sehen. Die Unsichtbarkeit der Frauen in der Öffentlichkeit wird durch verschiedene Kameraschüsse auf die geschlossenen Fensterläden der umstehenden Häuser visualisiert, hinter denen sich vage Frauenfiguren abzeichnen. Durch einen Versprecher Fefès, der die Fensterläden zunächst als „Gitter" und dann korrigierend als „keuschen Sichtschutz" bezeichnet, entsteht der Eindruck einer unterdrückten weiblichen Sexualität. Dagegen rühmen sich die männlichen Bewohner Agromontes im Herrenclub ihrer Frauengeschichten, die jedoch angesichts der rigiden Abschottung der Frauen einen phantasmatischen Charakter haben, wie auch der Kommentar Fefès suggeriert:

> Die Frauen! Welch' unerschöpflicher Gesprächsstoff! In den erhitzten Fantasien meiner Mitbürger malte man sie sich in den märchenhaftesten Farben aus: die wunderbaren, unsichtbaren Frauen von Agromonte, die ihre Schönheit und ihr Liebesglühen hinter den Gittern – pardon – hinter den Lamellen keuscher Fensterläden verbargen.[357]

---

[355] Vgl. Sesti, Mario: Tutto il cinema di Pietro Germi, Mailand 1997, S. 228; vgl. Reich (2004), S. 67.
[356] Eine differenzierte Gesichte der sizilianischen Mafia bietet: Dickie, John: Cosa Nostra. A History of the Sicilian Mafia, Basingstoke 2004.
[357] „Le donne! Era un discorso inesauribile. Nelle acese fantasie dei miei concittadini le donne le si tingevano nei colori dei miti, le favolose, invisibili donne di Agromonte, che celavano la loro bellezza, e il loro ardore dietro le grate, pardon, dietro le stecche di vereconde persiane."

Dabei scheint das unaufhörliche Reden der männlichen Gockel über die Frauen in Agromonte notwendig zu sein, um den drohenden Verdacht der Homosexualität abzuwehren, der – wie der Kameraschuss auf die tanzenden Männerpaare im Klubhaus des PCI andeutet – im homosozialen Raum des sizilianischen Dorfes immer latent besteht.

Dem Zuschauer wird eine Dorfgemeinschaft vorgeführt, die von den Modernisierungsprozessen des Wirtschaftswunders scheinbar gänzlich unberührt geblieben ist. Die Szene vermittelt den Eindruck eines öffentlichen Raums, der durch einen strengen Ehrenkodex und patriarchalische Traditionen strukturiert ist. Doch wie die Filmhandlung weiter suggeriert, ist diese offizielle Ordnung lediglich eine instabile Fassade, hinter der nahezu anarchische Zustände herrschen.

Dies zeigt sich zuallererst an der Figur des Protagonisten. Unter dem Bild des ehrenhaften *gentiluomo*, das Fefè in der Öffentlichkeit abgibt, bricht immer wieder eine labile Männlichkeit als seine eigentliche „Natur" hervor. Fefè hat nervöse Zuckungen, und sein elegantes Auftreten in der Öffentlichkeit wird durch seinen schmuddeligen häuslichen Aufzug im Morgenrock konterkariert. Er geht keiner geregelten Arbeit nach, trinkt und faulenzt und muss sich im eigenen Haus dem Matriarchat seiner Mutter und seiner Ehefrau Rosalia beugen. Auch mit der rigiden Moral scheinen es die Familie Cefalù und die übrigen Bewohner Agromontes nicht so genau zu nehmen: Ferdinandos Schwester Agnese wird dem Zuschauer als „offiziell korrumpiert" vorgestellt. Fefè ertappt sie regelmäßig in intimer Zweisamkeit mit ihrem Verlobten. Er selbst betrügt seine Frau mit Angela und wird seinerseits betrogen. Rosalias Geliebter Carmelo hat eine Liaison mit Minuzza, dem Dienstmädchen der Cefalùs, und trägt nicht mal mehr seinen Ehering: „Das ist in der Stadt nicht üblich!"

Immer wieder entgleitet Ferdinando die Kontrolle über seinen Mordplan. Zunächst gelingt es ihm nicht, ein Treffen zwischen Rosalia und Carmelo auf Tonband aufzuzeichnen. Als er seine Frau und ihren Liebhaber in flagranti zu erwischen glaubt, sind die beiden längst zusammen durchgebrannt. Schließlich wird um ein Haar seine heimliche Liebesaffäre mit Angela publik, was ihn selbst zum potenziellen Opfer eines Ehrenmords gemacht hätte. Diese Krisen visualisiert der Film über körperliche Anomalien. Fefès nervöse Ticks intensivieren sich, und seine sonst so säuberlich zurückfrisierten Haare stehen ihm in diesen Situationen lockig zu Berge.

Während Fefè versucht, die patriarchalische Ordnung mit ihren eigenen Waffen zu hintergehen, indem er den Regeln des offiziellen Ehrenkodex gehorcht, werden die rigiden Moralcodes, die das öffentliche Leben in Agromonte strukturieren, bereits durch modernisierende Tendenzen erodiert. Wie der Film suggeriert, hängt Fefè diesen Entwicklungen immer einen Schritt hinterher und kann den Ehrenmord an seiner Frau nur mit großer Mühe arrangieren. Zeichen dieser Modernisierung, die der Film mit einer „amerikanisierten" Massenkultur sowie mit der fortschreitenden Medialisierung und Technisierung verknüpft, sind das Tonbandgerät, die Rock 'n'

Roll-Musik im Ortsverband des PCI, das Kino, wo am Abend von Rosalias und Carmelos Flucht *La dolce vita* läuft, und nicht zuletzt der Bikini seiner Cousine Angela.

Die Schlussszenen zeigen Don Ferdinando neben seiner jungen Frau auf einem Segelboot. Mit aufgeknöpftem Hemd, Shorts und Sandalen entspricht Mastroiannis Aufmachung dem Sinnbild des Latin Lover. Neben ihm sonnt sich Angela im Bikini. Fefè ist glücklich, sein Plan scheint rundherum aufgegangen zu sein. Doch diese Vermutung erweist sich als Milchmädchenrechnung. Denn während er seufzend resümiert, dass das Leben doch erst mit vierzig so richtig beginne und dabei verzückt seine jugendliche Braut küsst, füßelt diese neckisch mit dem Skipper, der am Bootsruder steht. Die dargestellte Liebesidylle entpuppt sich wiederum als scheinbare. Fefè ist auf dem besten Weg, erneut zum *cornuto* zu werden (Abb. IV.21). Angela repräsentiert hier den Anfang der 1960er Jahre aufkommenden Stereotyp des sexuell unbekümmerten weiblichen Teenagers, dargestellt durch die fünfzehnjährige Stefania Sandrelli, die in Germis Komödie ihr italienisches Filmdebut hatte. Sandrelli war eine der sogenannten *ninfette*, wie die weiblichen Teenager-Starlets genannt wurden, die in den 1960er Jahren die *maggiorate fisiche* allmählich von den Leinwänden verdrängten. Sie standen nicht nur für eine neue weibliche Körperlichkeit, die ich in Kapitel V. näher erläutern werde, sondern auch für eine moderne Weiblichkeit, die sich den rigiden katholisch-patriarchalen Moralcodes nicht mehr verpflichtet fühlte.

Zwar wird Angelas Freizügigkeit in *Divorzio all'italiana* nach wie vor im Rahmen der Ehe gezeigt, doch ist ihre Erscheinung hier bereits Zeichen eines stattfindenden geschlechterhistorischen Wandels. Neben ihr erscheint der von Mastroianni verkörperte Latin Lover, der in *Divorzio all'italiana* als selbstverliebter *gallo* daherkommt, reichlich antiquiert. So verwundert es nicht, wenn in der Jugendzeitschrift *Big* 1965 zu lesen war, dass der Latin Lover etwas für „alte Jungfern" oder „betagte Touristinnen" sei.[358] Die jugendlichen Donna Giovannas bevorzugten es, selbst zu verführen.

Das Image des Latin Lover begleitete Marcello Mastroianni bis an das Ende seiner Starkarriere. Die Relation zum Weiblichen blieb auch nach *La dolce vita* das zentrale Thema der knapp einhundert Filme, die er bis zu seinem Tod 1996 drehte, von Monicellis *Casanova 70* (1965) über Ettore Scolas *Una giornata particolare* (1977), Marco Ferreris *Ciao maschio!* (1978) und Fellinis *Città delle donne* (1980) bis hin zu Robert Altmans *Prêt-à-porter* (1994). In Letztgenanntem ist er als alternder Latin Lover Sergio zu sehen, der – im Ambiente der Pariser Modewochen bestens ausgerüstet mit der obligatorischen schwarzen Sonnenbrille – seine alte Jugendliebe Isabella (Sophia Loren) in Paris ausfindig macht, um mit ihr einen zweiten Frühling zu erleben. Als die beiden nach einigen Turbulenzen endlich im Hotelzimmer allein sind und Isabella in Reminiszenz an alte Zeiten einen Striptease vollführt, schläft Sergio laut schnarchend ein. Die Filmsequenzen, die einer analogen Szene aus De Sicas *Ieri, oggi e domani*

---

[358] De Luca, Paola: Latin Lover? Roba da zitelle, in: BIG, 29.10.1965, S. 46–49.

Abb. IV. 21

(1963) nachempfunden sind, zeigen wiederum das etablierte Bild Mastroiannis als Latin Lover, dessen Verführungskünste im Angesicht einer fordernden und aktiven Weiblichkeit im wahrsten Sinne des Wortes einschlafen.

Wie ich dargelegt habe, entstand dieses Image des verführten Don Giovanni im Zusammenhang mit geschlechtergeschichtlichen Umbrüchen, die in der Ära des Wirtschaftswunders einsetzten. Anhand der Filmanalysen konnte ich zeigen, dass Mastroiannis Konnotation mit der Figur des Latin Lover einerseits das Ergebnis transkulturell definierter Stereotype italienischer Männlichkeit war. Andererseits wurde deutlich, dass die an sein Starimage gebundenen Bedeutungen auf Impulse zu einer umfassenden „Modernisierung" der Geschlechterverhältnisse in Italien reagierten. Dabei belegen Mastroiannis Filme, dass diese Reform der Gender zeitgenössisch vor allem mit der Notwendigkeit einer Liberalisierung des weiblichen Sexus und einer Säkularisierung herkömmlicher Moralvorstellungen verbunden wurde, die viele Italiener im Kontext des Booms zunehmend als überkommen empfanden. In Filmen wie *La dolce vita*, *8 ½* oder *Il bell'Antonio* verkörperte Mastroianni Männerfiguren, die nach einer neuen Beziehung zum Weiblichen suchten und dem zeitgenössisch vielfach geäußerten Streben nach einer weiblichen Selbstbehauptung jenseits von Ehe und Mutterschaft entgegenkamen. Seine Filme unterzogen den katholischen Sexualkonservatismus einer grundlegenden Kritik. *Divorzio all'italiana* nimmt zudem anachronistische rechtliche Normen in den Blick, die als Residuen einer patriarchalischen Kultur nicht mehr mit dem Fortschrittsethos der Wirtschaftswundergesellschaft zu vereinbaren waren. Damit werden anhand der Starfigur Mastroiannis Verschiebungen im Geschlechterdiskurs der frühen 1960er Jahre transparent, die schließlich in die frauen- und familienrechtlichen Reformen der 1970er Jahre mündeten.

Mastroiannis Latin-Lover-Image führte seinen Zeitgenossen eine Männlichkeit im Wandel vor Augen. Das dabei entstehende Bild eines kranken und impotenten Männerkörpers macht einerseits männliche Unsicherheiten und Orientierungsprobleme infolge einer Annäherung der Geschlechter im Bereich der Sexualität transparent. Diese hatte schließlich ein traditionelles Terrain männlicher Selbstbehauptung dargestellt, das fortan mit den Frauen zu teilen war. Andererseits behauptete sich über seine Starfigur ein progressiver Diskurs, der nicht mehr ein vermeintlich falsches weibliches Emanzipationsstreben für das männliche „Leiden" verantwortlich machte. Vielmehr stellt Mastroianni Männer dar, deren Identitätskrisen filmisch auf die Persistenz rigider patriarchalischer Geschlechternormen zurückgeführt wurden. Mit seiner Starfigur traten daher Männlichkeiten an die Oberfläche des Diskurses, die sowohl von Idealen der katholischen und marxistischen Kultur als auch von neuen Leitbildern wie dem des rationalen und (sexuell) produktiven Erfolgsmenschen abwichen und traditionell das „Andere" hegemonialer Männlichkeit verkörperten. In Filmen wie *La dolce vita* und *Il bell'Antonio* wurde Mastroiannis Starfigur zudem mit Homosexualität assoziiert. Allerdings demonstrieren gerade die letztgenannten Filme exemplarisch, dass die viel deklamierte „Reformierung" italienischer Männlichkeiten auch mit einer Stereotypisierung des Süditalieners zum rückständigen und primitiven Patriarchen einherging.

Insgesamt visualisiert Mastroiannis Image eine generelle Pluralität männlicher Identitäten und dokumentiert deren stärkere Sichtbarkeit im Übergang Italiens zur Konsumgesellschaft. Anhand der Marcello-Figur in *La dolce vita* zeigte sich, dass der Massenkonsum traditionelle Rollenmuster einerseits bestätigte, andererseits aber auch neue Möglichkeiten männlicher Selbstdarstellung eröffnete.

Mastroianni verkörperte eine ambivalente Männlichkeit, die sowohl maskuline als auch weibliche Attribute auf sich vereinte und somit bei einem breiten Publikum beiderlei Geschlechts Erfolg haben konnte. Sein Starimage passte sich einem größeren weiblichen Autonomiestreben an und wirkte zudem auf Männer attraktiv, die sich nicht mit den Imperativen hegemonialer Männlichkeit identifizieren konnten oder sich von dem im Boom verstärkten Rollendruck im Hinblick auf beruflichen Erfolg, Vaterschaft und Wohlstand überfordert fühlten. Gleichzeitig zeigte er als weltweit erfolgreicher Star, Modeikone und Frauenschwarm auch genuine Charakteristika des *uomo di successo*. Hatte sich Mastroianni zwar zeitlebens gegen sein Latin-Lover-Image gewehrt und dieses als unpassend empfunden, so scheint es gerade in seiner Widersprüchlichkeit passender als eingangs vermutet.

Als Mastroianni im Dezember 1996 in Paris verstarb, wurden in Rom die Wasser des Trevi-Brunnens angehalten und Teile des Monuments als Zeichen der Trauer in schwarze Tücher gehüllt.[359] Diese Hommage an den Star verdeutlicht, wie sehr dessen öffentliche Person mit der Filmfigur aus Fellinis *La dolce Vita* verbunden war. Über fünf Jahrzehnte hatte er im italienischen Kino einem kulturellen Monument sein Gesicht verliehen, das mindestens ebenso bekannt war wie der spätbarocke Trevi-Brunnen – dem Latin Lover.

---

[359] Galloni, Allesandra: Rome Remembers Mastroianni at Trevi Fountain, Associated Press, Meldung vom 19.12.1996.

> Noi siamo i giovani,
> i giovani più giovani.
> Siamo l'esercito,
> l'esercito del surf.
> Ma che cosa c'è?
> Balla insieme a me
> e vedrai che poi
> ti passerà.[1]

V. Catherine Spaak
Weiblicher Körper und Jugendkultur in den Sixties

„Catherine – eine Göre, die das Erwachsensein spielt", so der *Corriere della Sera* im Dezember 1963 über die achtzehnjährige Schauspielerin Catherine Spaak.[2] Zu diesem Zeitpunkt war Spaak bereits der populärste weibliche Teenager-Star des italienischen Kinos. In der Rolle der lolitahaften Verführerin begeisterte sie das Publikum und auch als Schlagersängerin hatte sie in der noch relativ jungen italienischen Popmusikbranche Erfolg. In konservativen Blättern wie dem *Corriere* machte sie dagegen vor allem aufgrund ihrer umstrittenen Filmrollen und wegen ihres unkonventionellen Privatlebens Schlagzeilen.

Spaak wurde 1946 in Paris in eine prominente Familie hineingeboren. Ihre Großmutter, Marie Spaak, war eine bekannte Sozialdemokratin und erste Frau im belgischen Senat. Ihre Mutter war die französische Schauspielerin Claudie Clèves und ihr Vater der belgische Drehbuchautor Charles Spaak, ein Bruder des Politikers Paul-Henri Spaak, der zwischen 1936 und 1966 mehrmals belgischer Ministerpräsident und Außenminister war. Als Drehbuchautor pflegte Charles Spaak gute Kontakte zur italienischen Filmwelt. Er war mit dem Regisseur Alberto Lattuada – einem der Exponenten des neorealistischen Autorenkinos – befreundet und hatte bereits am Drehbuch zu dessen Film *La spiaggia* (1954) mitgearbeitet – Beziehungen, die der jungen Catherine den Einstieg ins Filmgeschäft erleichterten. Nachdem sie schon eine kleinere Rolle in einem französischen Spielfilm übernommen hatte,

---

[1] Der von Catherine Spaak gesungene Schlager *L'esercito del surf* (dt.: Surferarmee) war 1964 einer der populärsten Hits in Italien. Zuvor waren bereits die von ihr interpretierten Popsongs *Quelli della mia età* (1963) – eine Coverversion von Françoise Hardys *Toutes les garçons et les filles* – und *Mi fai paura* (1964) auf den oberen Plätzen der italienischen Hitparade gelandet.

[2] Todisco, Alfredo: Catherine, la monella che gioca alle signore, in: Corriere della Sera, 18.12.1963.

kam sie 1959 vierzehnjährig für ihr Debüt als Hauptdarstellerin in Lattuadas *I dolci inganni* (1960) nach Rom – und blieb.³ Bis heute ist sie in Italien als Schauspielerin und Journalistin in Theater, Kino und Fernsehen präsent und damit ein charakteristisches Beispiel für die vielen ausländischen Schauspielerinnen, Fotomodelle und Show-Talente, die dauerhaft in der italienischen Unterhaltungskultur Fuß fassten. Schon in den 1920er und 1930er Jahren, vor allem aber in der Zeit nach 1945 zog das italienische Showgeschäft Prominente aus Nordeuropa und den USA an, von Lilian Harvey über Ingrid Bergmann, Jeanne Moreau und Anita Ekberg bis hin zu den Kessler-Zwillingen.⁴ Die medialen Images dieser meist blonden und somit deutlich als nordeuropäisch erkennbaren Film- und TV-Stars wurden in Italien zum einen als *straniere*, als Fremde oder Ausländerinnen, wahrgenommen und dienten als Projektionsflächen für die Hoffnungen und Ängste, die mit den kulturellen Modernisierungs- und Emanzipationsprozessen der Nachkriegszeit einhergingen. Zum anderen betrachtete die italienische Öffentlichkeit diese Frauenfiguren aufgrund ihrer beständigen Präsenz in den heimischen Medien als Repräsentantinnen ihrer eigenen, nationalen Populärkultur.⁵ Sie waren Ausgangspunkte zeitgenössischer Diskussionen über Schönheits- und Körperideale sowie über gängige Moralvorstellungen und Geschlechtermodelle. Das gilt – wie ich im Folgenden zeigen werde – auch für Catherine Spaak. Sie stieg in den 1960er Jahren in Italien zum Teenageridol auf. Spaaks Image markiert zudem wesentliche Veränderungen im italienischen Starwesen, das sich einhergehend mit dem Mediensystem weiter ausdifferenzierte. Mit der wachsenden Bedeutung des Fernsehens, der Popmusik oder den neuen Jugendzeitschriften entstanden neue mediale Räume, die zur Konstruktion von Starfiguren zur Verfügung standen. Dies hatte einerseits eine Spezialisierung der Stars zur Folge (Popstar, TV-Star). Andererseits wurden die neuen Sparten des verbreiterten Medienspektrums von etablierten Filmstars genutzt, um das eigene Image besser zu vermarkten. Sie traten in TV-Shows auf oder begannen, wie zum Beispiel Spaak oder auch Sophia Loren, eine Gesangskarriere.⁶

„Catherine – eine Göre, die das Erwachsensein spielt." Die bereits eingangs zitierte Headline nennt gleich zwei Charakteristika, die in der gesellschaftlichen Wahrnehmung der frühen 1960er Jahre mit der Starfigur Catherine Spaaks verbunden waren. Da ist zum einen ihr jugendliches Alter, das als nicht eindeutig bestimmbare,

---

[3] Laut *Corriere della Sera* soll es Sophia Loren gewesen sein, die Alberto Lattuada auf Catherine Spaak aufmerksam machte. Palombelli, Barbara: Catherine Spaak e la famiglia, „Tre mariti, e mi piace riprovare", in: Corriere della Sera, 19.2.2001.

[4] Vgl. Gundle (1996), S. 312–317; ders. (2007), S. 171–172.

[5] Vgl. Porro, Maurizio: Gli attori italiani e gli stranieri in Italia, in: De Vincenti, Giorgio (Hg.) Storia del cinema italiano, Bd. X, 1960–1964, Venedig 2001, S. 402–419.

[6] Zur Entwicklung des Starwesens im Fernsehen vgl. Gundle, Stephen: Fame, Fashion and Style: The Italian Star System, in: Forgacs/Lumley (1996), S. 309–326, hier S. 317–321.

unmündige Übergangsphase zwischen Kindheit und Erwachsenenalter beschrieben wird.[7] Zum anderen spielt die Schlagzeile auf ihre provozierende sowie als aufmüpfig und ungehorsam empfundene Weiblichkeit an. Mit diesem Image schuf Spaak in *I dolci inganni* den Prototyp der *ninfetta* (dt.: Nymphchen). Als solche wurden nach ihr die mädchenhaften Teenagerstars wie Stefania Sandrelli und internationale Starlets wie Anna Karina oder Sue Lyon bezeichnet – ein neuer Stereotyp, den in Ansätzen schon Brigitte Bardot verkörpert hatte. Allerdings stellte der Typ *ninfetta* ein völlig neues Körperideal dar, das später auch durch Fotomodelle wie Twiggy – welche die Italiener *grissino* tauften – oder Jean Shrimpton (*gamberetto*) populär wurde.

Le ninfette lautete auch zunächst der Arbeitstitel von Lattuadas Film. Die Bezeichnung nimmt Bezug auf Vladimir Nabokovs Roman *Lolita* (1955), der 1959 erstmals in italienischer Übersetzung im Mailänder Verlagshaus Mondadori erschienen war. Darin beschreibt der Protagonist des Romans, Humbert Humbert, die von ihm begehrten Kindfrauen als „Nymphchen".[8] Lattuada hatte diesen Stereotyp in Ansätzen schon 1957 mit seinem Film *Guendalina* auf die Leinwand gebracht, mit der damals 16-jährigen Jacqueline Sassard in der Hauptrolle eines jungen Mädchens, das seine erste Jugendliebe erfährt. Aber erst mit Catherine Spaak war die *ninfetta* in ihrer charakteristischen Mischung aus kindlicher Unschuld und erotischer Verführungskraft im italienischen Film zu sehen. Spaak verkörperte gewissermaßen die Lolita auf Italienisch – noch bevor Stanley Kubrick den Roman Nabokovs 1962 auf die Leinwand brachte.[9]

Nicht nur das Kino, auch andere Bereiche der italienischen Kulturproduktion konzentrierten sich im Übergang zu den 1960er Jahren auf die Figur der Heranwachsenden. Hier wäre etwa die Cecilia in Alberto Moravias Roman *La noia* (1960) zu nennen, der 1963 mit Spaak in der Hauptrolle verfilmt wurde. Weitere Beispiele sind die Protagonistinnen in den literarischen Werken von Dacia Maraini, *La vacanza* (1962) und *L'età del malessere* (1963). Auch in der Presse, vor allem in Jugend-

---

[7] Zur historischen Genese des heutigen Verständnisses von „Kindheit" vgl. Ariès, Philippe: Geschichte der Kindheit, München 1975 [1960].

[8] „Zwischen den Altersgrenzen von neun und vierzehn Jahren gibt es Mädchen, die gewissen behexten doppelt oder viermal so alten Wanderern ihre wahre Natur enthüllen; sie ist nicht menschlich, sondern nymphisch (das heißt dämonisch); und ich schlage vor, diese auserwählten Geschöpfe als „Nymphchen" zu bezeichnen." Nabokov, Vladimir: Lolita, Hamburg 1962, S. 22. [„Accade a volte che talune fanciulle, comprese tra i confini dei nove e i quattordici anni, rivelino a certi ammaliati viaggiatori (...) la propria vera natura, che non è umana, ma di ninfa (e cioè demoniaca); e intendo designare queste elette creature con il nome di ‚ninfetta'."] Ders.: Lolita, Mailand 1959, S. 26.

[9] Den Typ der *ninfetta* verkörperte Spaak dann auch in Streifen wie *Il sorpasso* (1962), *La voglia matta* (1962), *Diciottenni al sole* (1962), *La noia* (1963), *La calda vita* (1963), *La parmigiana* (1963), *L'amore difficile* (1963) oder neben Jane Fonda in Roger Vadims Verfilmung *Der Reigen* (*La Ronde* 1964), nach dem gleichnamigen Bühnenstück von Arthur Schnitzler.

zeitschriften und im Fernsehen eroberten die weiblichen Teenager das öffentliche Terrain, etwa durch Pop-Idole wie Mina, Catherina Caselli oder die burschikose Rita Pavone. Mit ihnen rückte die weibliche Adoleszenz – und damit das Alter – als Merkmal sozialer Identität in den Vordergrund des Weiblichkeitsdiskurses. Bei Auftritten im Fernsehen, aber auch in Interviews thematisierten die Stars selbst ihre Jugendlichkeit und beschrieben sich als Vertreterinnen einer neuen Generation. In einer Autobiografie, die 1966 in der Jugendzeitschrift *Giovanissima* erschien, äußerte Spaak, dass sie sich Brigitte Bardot vor allem in einem Punkt nahe fühle: „aufgrund eines kindlichen Gemützustands, der in mir überlebt hat. Die sich hinziehende Kindheit ist für mich kein Übergang, sondern ein Dauerzustand."[10] Wie ist diese neue Bedeutung der weiblichen Lebensphase Jugend zu erklären? Auch Stars wie Sophia Loren oder Gina Lollobrigida waren zwischen fünfzehn und achtzehn Jahren alt, als sie Anfang der 1950er Jahre an Schönheitswettbewerben teilnahmen und ihre ersten Filme drehten. Dennoch wurden sie nicht als spezifische Altersgruppe wahrgenommen.

Der über Spaaks Starfigur sichtbar werdende Fokus auf Alter und Jugendlichkeit ist im Zusammenhang mit der Ausformung einer international orientierten Jugendkultur[11] in Italien zu betrachten. Die „Jugend", schreibt Luisa Passerini, war bereits in den 1950er Jahren eine „Metapher des sozialen Wandels"[12] und als solche eine Projektionsfläche für die kulturellen Veränderungs- und Pluralisierungsprozesse. Während dies laut Passerini in den 1950er Jahren vor allem für die Figur des männlichen Jugendlichen galt, ist im Übergang zu den 1960er Jahren eine Veränderung zu beobachten: Nun tritt die Jugendliche ins Zentrum zeitgenössischer Körperdiskurse.

---

[10] „[…] perché c'è una sopravvivenza in me di una condizione infantile. L'infanzia che si prolunga è per me uno stato permanente, non un passaggio." Spaak, Catherine: Quello che amo, penso, spero. Catherine Spaak ha scritto per voi la sua biografia, in: Giovanissima, Nr. 9, 26.2.1966, S. 44–55. Die Zeitschrift erschien seit 1960, zunächst als Frauenzeitschrift mit dem Namen *Marie Claire*, ab Ende 1965 erschien sie mit der Musikbeilage *Giovanissima*, entsprechend der inhaltlichen Neuausrichtung an einem jugendlichen Publikum. Ab Heft Nr. 9 vom 26.2.1966 hieß die Zeitschrift schließlich nur *Giovanissima* und ab Heft Nr. 11 vom 12.3.1966 wurde sie in *Giovani* umbenannt und sprach damit ein Publikum beiderlei Geschlechts an.

[11] Zur Definition des Begriffs Jugendkultur und seines analytischen Gebrauchs für die Kulturgeschichte der 1960er Jahre vgl. Schildt, Axel/Siegfried, Detlef: Youth, Consumption, and Politics in the Age of Radical Change, in: dies. (Hg.): Between Marx and Coca-Cola. Youth Cultures in Changing European Societies, 1960–1980, New York/Oxford 2007, S. 1–35, hier S. 5.

[12] Passerini, Luisa: La giovinezza metafora del cambiamento sociale. Due dibattiti sui giovani nell'Italia fascista e negli Stati Uniti degli anni cinquanta, in: Levi, Giovanni/Schmitt, Jean-Claude (Hg.): Storia dei giovani, 2 Bde., Rom/Bari 1994, S. 383–459.

Die Kindfrau erobert die Leinwand

Die Starfigur Spaaks markiert eine Abkehr von den klar weiblich definierten Formen der *maggiorata* und eine Hinwendung zu einer jugendlich-androgyn anmutenden, uneindeutigen Körperlichkeit. Auch international bestimmten ab den 1960er Jahren nicht mehr die sogenannten Kurvenstars, sondern die eher kindlich- knabenhaften Figuren von Fotomodellen wie Jean Shrimpton (*gamberetto*) und später Twiggy (*grissino*) das weibliche Schönheitsideal.[13] Catherine Spaak ist in ihren Filmen meist ungeschminkt zu sehen, in Hosen oder Jeans und T-Shirt, mit offenem Haar und Pony-Frisur. „Große Augen, (...) reizende Beine, schmale Hüften, groß gewachsen, kleiner Busen, (...) ohne Zweifel ein hübsches Mädchen" – so wird die *ninfetta* Spaak in *I dolci inganni* durch den männlichen Protagonisten beschrieben.[14] Mit ihr entsteht ein Körperbild („schmale Hüften", „kleiner Busen"), das sich jeglicher Konnotation mit dem Mütterlichen entzieht. Gleichzeitig geht aus der Beschreibung die Erotisierung der *ninfetta* hervor, die dem männlichen Blick als Lustobjekt dient.[15]

Abb. V. 1

Spaaks Starimage bringt den provozierenden Widerspruch von kindlicher Unschuld und weiblicher Erotik zum Ausdruck, der in ihren Filmen durch das Gegeneinander von Nahaufnahmen ihres Gesichts einerseits und ihres nackten, neckisch lockenden, jugendlichen Körpers andererseits immer wieder neu konstruiert wird. Sie verkörpert so den kulturellen Stereotyp der „Kindfrau", der im Lauf der Kulturgeschichte oft als erotische Männerphantasie herhalten musste.[16] Doch hat die Kindfrau auch durchaus

---

[13] Zur Popularität von Twiggy und Jean Shrimpton vgl. Gundle (2007), S. 179.
[14] „Ha grandi occhi, [...] gambe deliziose, fianchi stretti, alta, seno piccolo, [...] senza dubbio una bella ragazza."
[15] „Der Busen verschwindet, aber der Bikini bleibt." So oder ähnlich wurde das veränderte Schönheitsideal auch in Modeartikeln und Frauenzeitschriften reflektiert. Siehe Serini, Marialivia: Il seno scompare ma il bikini resiste, in: L'Espresso, 23.8.1959, S. 12–13.
[16] Ausführlich dargelegt in: Bramberger, Andrea: Die Kindfrau. Lust – Provokation – Spiel, München 2000. Aufgrund ihres Status als Lustobjekt stand die Weiblichkeit der Kindfrau immer

ein subversives Potenzial, wie Andrea Bramberger dargelegt hat. Sie stelle eine „Irritation im Weiblichkeitsdiskurs"[17] dar. Bramberger verortet die Entstehung des Konstrukts Kindfrau Ende des 19. Jahrhunderts in einer Überlagerung der damals lebhaft geführten Debatten um die „Geschlechterfrage" und die „Generationenfrage"[18] – eine Überschneidung, die in Italien im Übergang zu den 1960er Jahren ebenfalls virulent war. Im Körper der Kindfrau, so Bramberger, materialisiere sich sowohl eine Abweichung von der weiblichen Norm als auch von den traditionellen Altersstufen. Die Kindfrau verkörpere weder eindeutig die spezifisch historischen Normen, die mit dem Begriff Frau verbunden sind, noch diejenigen, die den Begriff Kind bezeichnen. Vielmehr, schreibt Bramberger, changiere sie zwischen den Bedeutungen und entziehe sich greifbaren Zuschreibungen.[19] Ihre widersprüchliche Figur macht somit die generelle Offenheit und diskursive Konstruktion der kulturellen Kategorien Geschlecht und Alter sichtbar. Während die Signifikate „Frau" und „Kind" im patriarchalischen Geschlechterdiskurs die Negativpole der männlichen Norm bilden und diese damit bestätigen, verweigert sich die Figur der Kindfrau einer solchen Funktion. Im Verhältnis zu ihrer zweideutigen Figur kann sich auch das Männliche nicht mehr eindeutig als hegemonial definieren. Bramberger erkennt darin das „innovative Moment" des Weiblichkeitskonstrukts Kindfrau, „das ihren Status, ausschließlich Bild oder Männerphantasma zu sein, untergräbt".[20] Ihr ambivalenter Körper könne als kulturelles Symbol eines „machtvollen, mächtigen Andersseins" zu den etablierten Geschlechtermodellen verstanden werden: „Mit der Kindfrau wird jedes eindeutige, zweidimensionale Konzept eines (hierarchischen) Dualismus von Mann und Frau und die Idee der Festschreibung darauf infrage gestellt."[21] Sie verkörpere somit die Idee beziehungsweise die Suche und den Wunsch nach einem alternativen Geschlechterverhältnis: „Die Kindfrau geht folgerichtig weder im ‚männlichen' noch im ‚weiblichen' Blick gänzlich auf. Weil aber dennoch der Blick sie generiert, ist sie eine Utopie eines (wie immer emanzipatorischen) Träumens."[22]

Im Kino der frühen 1960er Jahre wird dieses „emanzipatorische Träumen" unmittelbar sichtbar. Die Figur der Kindfrau taucht während eines historischen Abschnitts auf, in dem nicht nur die hierarchische Beziehung zwischen den Geschlechtern, sondern auch zwischen den Generationen, und damit die Legitimität der patriarchalischen Autorität als solcher, zunehmend hinterfragt wurde. Wie ich im Zusammen-

---

auch im Mittelpunkt von Diskussionen um Pornografie und Pädophilie, wie beispielsweise auch die Kontroverse um Nabokovs *Lolita* in den späten 1950er Jahre zeigte. Siehe ebd., S. 15–30.

[17] Ebd., S. 87.
[18] Ebd., S. 10 u. 81–86.
[19] Ebd., S. 86.
[20] Ebd., S. 86–87.
[21] Ebd., S.
[22] Ebd., S. 86.

hang mit den Filmen Mastroiannis im vorangehenden Kapitel erörtert habe, wurde im Übergang zu den 1960er Jahren die Forderung nach einer Modernisierung der Geschlechterverhältnisse immer lauter. Das Auftreten und die Popularität der *ninfetta* Spaak im Kino dieses Zeitraums ist ein weiteres Indiz für die damals stattfindenden Verschiebungen im Geschlechterdiskurs. Mit ihr als Kindfrau stand eine unbestimmte Weiblichkeit im Mittelpunkt des medialen Diskurses, eine Weiblichkeit, die von etablierten Modellen abwich, diese kritisierte und sich für die diskursive Zuschreibung neuer kultureller und sozialer Bedeutungen öffnete.

Die Medienfigur Catherine Spaak war Kristallisationspunkt einer öffentlich geführten Diskussion über die möglichen Gefahren einer größeren sexuellen Freiheit von Frauen sowie deren Konsequenzen auf Männlichkeiten und die Institution der Familie. Wie aus der Presse der frühen 1960er Jahre hervorgeht, schien in den Augen vieler Zeitgenossen die Tragweite der mit dem *boom economico* einhergehenden kulturellen Veränderungen vor allem anhand der weiblichen Jugend sichtbar zu werden. Das Wirtschaftswunder beschleunigte die Prozesse, die dazu führten, dass Jugendliche als sozial relevante, eigenständige, in gewisser Weise außerhalb der „normalen" Gesellschaft stehende soziale Gruppe wahrgenommen wurden und sich selbst als solche darstellten.[23] Die Jugend war in diesem Zeitraum zugleich Symbol und Akteurin kultureller Modernisierungsprozesse, welche die italienische Gesellschaft in ihrer Gesamtheit betrafen, die zeitgenössisch jedoch umstritten waren und nicht überall auf Akzeptanz stießen.

Im Starkörper Spaaks kristallisieren sich damit Veränderungen traditioneller weiblicher Normen, die auch die sogenannte Erwachsenenwelt betreffen. Die Projektion der stattfindenden Transformationen auf den jugendlichen und daher noch unreifen weiblichen Körper ließ diesen Wandel als Übergangsphänomen und Anomalie erscheinen, das kontrolliert und in die richtigen Bahnen gelenkt werden müsse. Die Figur der *ninfetta* bot daher einerseits erzieherischen und konservativen Diskursen einen Anknüpfungspunkt und Raum, sich zu behaupten. Andererseits stellte sie eine potenziell progressive Identifikationsfigur für Jugendliche (und Erwachsene) dar, welche die kulturelle Modernisierung und Säkularisierung der Moral – gewissermaßen gegen das Establishment – aktiv vorantrieben, wie ich in den nächsten Kapiteln näher erläutern werde. Aber was war das überhaupt für eine Jugend über die damals in der Öffentlichkeit verstärkt diskutiert wurde und deren Gallionsfigur unter anderen auch

---

[23] Doch wie einschlägige Forschungsarbeiten gezeigt haben, war die italienische Jugendkultur der 1960er Jahre ein durchaus heterogenes Phänomen, das erstens durch vielfältige interne Differenzierungen gekennzeichnet war und zweitens in einem engen Wechselverhältnis zum kulturellen Mainstream entstand. Vgl. Sorcinelli, Paolo/Varni, Angelo (Hg.): Il secolo dei giovani. Le nuove generazioni e la storia del Novecento, Rom 2004; Piccone Stella (1993). Zur Einordnung der italienischen Jugendbewegung in den gesamteuropäischen Kontext vgl. Marwick, Arthur: Youth Culture and the Cultural Revolution of the Long Sixties, in: Schildt/Siegfried (2007), S. 39–58.

Catherine Spaak war? Welches Selbstverständnis entwickelten junge Menschen Anfang der 1960er Jahre? Und inwiefern stand dieses auch für eine neue Körperkultur und veränderte Geschlechterverhältnisse?

Die italienische Jugendkultur der 1960er Jahre

Das Auftreten einer „jungen Generation", die sich als Gegenbewegung zur etablierten bürgerlichen Gesellschaft versteht, war zu Beginn der 1960er Jahre in Italien – wie in ganz Europa – kein neues Phänomen. Es ist vielmehr ein Kontinuum der italienischen Nationalgeschichte, dass sich Gruppen von Menschen, die durch bestimmte historische und kulturelle Schlüsselereignisse geprägt sind, als Jahrgangskohorte definieren, als Generation, die dann zugleich als „Hoffnungsträgerin" sowie als „Herausforderin der Gesellschaft"[24] gilt. Der Begriff „Jugend" diente in unterschiedlichen Epochen, vom Risorgimento über den Futurismus, den Faschismus bis hin zur Resistenza als Symbol der kulturellen Erneuerung sowie als Sammelbecken gesamtgesellschaftlicher Hoffnungen und Ängste.[25] Dabei konnten mit „Jugend" Heranwachsende genauso gemeint sein wie Männer und Frauen über 40. Wie die Kategorie „Gender" ist auch „Generation" demnach als ein soziokulturelles Konstrukt zu verstehen, das sich durch das historisch spezifische Zusammenwirken von „Strukturen, Projektionen und Erfahrungen" in Interaktion mit Kategorien wie Geschlecht, sozialer Klasse, Religion, Nation und Rasse herstellt.[26] In der kulturhisto-

---

[24] Roseman, Mark: Generationen als „Imagined Communities". Mythen, generationale Identitäten und Generationenkonflikte in Deutschland vom 18. bis zum 20. Jahrhundert, in: Jureit, Ulrike/Wildt, Michael (Hg.): Generationen. Zur Relevanz eines wissenschaftlichen Grundbegriffs, Hamburg 2005, S. 180–199, hier S. 182–183 u. 191. Ansatzpunkt aktueller wissenschaftlicher Reflexionen über den Generationsbegriff ist nach wie vor Mannheim, Karl: Das Problem der Generationen (1928), in: Wolff, Kurt H. (Hg.): Karl Mannheim: Wissenssoziologie. Auswahl aus dem Werk, Neuwied/Berlin 1964, S. 509–565.

[25] Vgl. Gillis, John R.: Youth and History. Tradition and Change in European Age Relations 1770 to the Present, New York/London 1981; Varni, Angelo (Hg.): Il mondo giovanile in Italia tra Ottocento e Novecento, Rom 1998; Trova, Assunta: All'origine dello scoutismo cattolico in Italia: promesse scaut ed educazione religiosa, Mailand 1986; De Negri, Felicita: Agitazione e movimenti studenteschi nel primo dopoguerra in Italia, in: Studi Storici, Nr. 3 (1975); Nello, Paolo: L'avanguardismo giovanile alle origini del fascismo, Rom/Bari 1978; Malvano, Laura: Jugendmythos im Bild: Der italienische Faschismus, in: Levi, Giovanni/Schmitt, Jean Claude (Hg.): Geschichte der Jugend, Bd. 2: Von der Aufklärung bis zur Gegenwart, Frankfurt a. M. 1997, S. 309–342; Degl'Innocenti, Maurizio: L'epoca giovane. Generazioni, fascismo e antifascismo, Rom/Bari 2002; Sorcinelli/Varni (2004).

[26] Vgl. Maase, Kaspar: Entblößte Brust und schwingende Hüfte. Momentaufnahmen von der Jugend der 1950er Jahre, in: Kühne (1996), S. 193–217, hier S. 194. Capussotti, Enrica: Gli anni Cinquanta e i giovani e del cinema in Italia, Florenz 2004, S. 21–31; Roseman (2005),

rischen Forschung wird Jugend daher auch als „vorgestellte" (*imagined community*) oder „gefühlte" Gemeinschaft definiert.[27]

In der zweiten Hälfte des 18. Jahrhunderts setzte in Italien wie auch in anderen europäischen Gesellschaften in enger Wechselwirkung mit der Ausformung des bürgerlichen Familienmodells eine Eingrenzung und Institutionalisierung der Adoleszenz ein, durch kulturelle, soziale und rechtliche Normen.[28] Der Begriff meinte zunächst vor allem die männlichen Heranwachsenden der in Italien verhältnismäßig schmalen bürgerlichen Schichten. Die Adoleszenz verstand man seitdem als eine Übergangs- und Bildungsphase zwischen Kindheit und Volljährigkeit, in der junge Männer von der Arbeitspflicht befreit und dadurch vom Elternhaus abhängig waren. Aus Sicht der gesellschaftlichen Autoritäten war dieses Jünglingsalter durch eine charakterliche Instabilität und Anfälligkeit gekennzeichnet und folglich vor schädlichen Einflüssen zu schützen. In dieser Wahrnehmung repräsentierte der Heranwachsende einerseits das Andere der hegemonialen patriarchalischen Ordnung. Er stand für einen Teil der Gesellschaft, den es zu kontrollieren galt. Andererseits waren damit zugleich die strukturellen Bedingungen für ein neues Selbstverständnis der jungen Generation gegeben. Diese konnte sich fortan als erneuernde und antiautoritäre Kraft definieren.[29] In einer solchen diskursiven Dynamik zwischen Außen- und Selbstwahrnehmung der Jugend entstand auch die sogenannte *cultura giovanile* der späten 1950er und frühen 1960er Jahre.

Für die Ausformung der Jugendbewegung und ihre sukzessive Politisierung, die schließlich in die sozialen Protestbewegungen der sogenannten 68er mündete, spielten die gesellschaftlichen Entwicklungen in den fünf Kernjahren des Wirtschaftswunders eine grundlegende Rolle. In diesem Zeitraum kultivierten Jugendliche im Kontakt mit der internationalen Medien- und Popkultur schichtenübergreifend Ideale, Verhaltensnormen und Körperstile, die sich im Verlauf des Jahrzehnts zu einem Teil des kulturellen Mainstream entwickelten. In ihrer Studie *Gli anni Cinquanta dei giovani e del cinema in Italia* hat Enrica Capussotti nachgewiesen, dass sich die performativen Praktiken, durch die sich italienische Jugendliche zu Beginn der 1960er Jahre als eigene Generation definierten, bereits seit der unmittelbaren Nachkriegszeit allmählich ausformten.[30] Dieser Prozess wurde von einem Diskurs begleitet, der die Jugend als Unsicherheitsfaktor der Nachkriegsordnung konstruierte. In Abgrenzung

---

S. 183 ff.; Benninghaus, Christina: Das Geschlecht der Generation. Zum Zusammenhang von Generationalität und Männlichkeit um 1930, in: Jureit/Wildt (2005), S. 127–158.

[27] Roseman (2005), S. 180 ff.; Knoch, Habbo: Gefühlte Gemeinschaften, Bild und Generation in der Moderne, in: Jureit/Wildt (2005), S. 295–319.

[28] Vgl. Gillis (1981), S. 38 ff.; siehe allgemein: Levi/Schmitt (1997), Ariès (1975).

[29] Vgl. Capussotti (2004), S. 11–13; Gillis (1981); Varni (1998); Roseman (2005), S. 185.

[30] Allerdings kann von einer aktiven jugendlichen Subkultur für diesen Zeitraum nur bedingt die Rede sein. Vgl.: Capussotti (2004), S. 20. Siehe auch: Leccardi, Carmen: Le culture giovanili, in:

zum faschistischen Jugendkult distanzierten sich die demokratischen Parteien der Nachkriegsrepublik von einem kategorischen Gebrauch der Begrifflichkeiten Generation und Jugend sowie einer altersspezifischen Vergesellschaftung von Jugendlichen. Wie Capussotti am Beispiel der Darstellung der *giovani* in Film und Presse darlegt, assoziierte vor allem die politische Linke die jugendliche Begeisterung für die neue Massenkultur mit faschistisch konnotierten Werten und Eigenschaften wie Materialismus, Gewaltbereitschaft, sexueller Perversion, Kriminalität und Führerkult.[31] Der Titel von Pietro Germis Film *Gioventù perduta* (1947), zu Deutsch *Verlorene Jugend*, wurde zu einer geflügelten Bezeichnung für die durch Faschismus und Krieg gebrandmarkte Nachkriegsjugend. Wie Capussotti überzeugend argumentiert, hatte die Konstruktion des *giovane perduto* eine legitimierende Funktion für die von den dominanten sozialen und politischen Kräften ausgeübte Regulierung und Kontrolle der stattfindenden Demokratisierungs- und Modernisierungsprozesse in der Phase des sogenannten Wiederaufbaus. Die Figur des delinquenten und durch die Verlockungen der Massenkultur korrumpierten Jugendlichen – der im öffentlichen Diskurs überwiegend männlichen Geschlechts war – fungierte darüber hinaus als Projektionsfläche für die befürchteten negativen Auswirkungen US-amerikanischer Kultureinflüsse. Die Auseinandersetzung mit der vermeintlichen Amerikanisierung der Jugend diente dabei vor allem der Suche nach dem spezifisch Italienischen in der sich ausbildenden Massenkultur.[32] Auf der anderen Seite bedienten sich die Jugendlichen selbst eines sich ständig erweiternden Repertoires von Stilen und habituellen Formen der internationalen Populärkultur. Dabei war vor allem der Hollywoodfilm mit Stars wie Marlon Brando oder James Dean sowie der französische Existenzialismus mit weiblichen Vorbildern wie Juliette Greco sowie Rock 'n' Roll-Musik und Jazz für die Ausformung neuer Jugendstile und Geschlechtermodelle von Bedeutung.[33]

Simonetta Piccone Stella hat in ihrer Pionierstudie zu den Anfängen der Jugendbewegung in Italien gezeigt, dass die strukturellen Transformationsprozesse während des Wirtschaftswunders die Affirmation jugendlicher Lebensstile als Charakteristikum der Massengesellschaft wesentlich beschleunigten. Essenziell waren in dieser Hinsicht die ab Anfang der 1960er Jahre durchgeführten Schul- und Universitätsreformen, nach denen die Zahl der Schüler und Studenten erheblich anstieg. 1962 wurde die Schulpflicht bis zum 14. Lebensjahr verlängert, sodass für Italien erstmals von einer Massen-Beschulung zu sprechen ist.[34] Die Verlängerung der Ausbildungszeit

---

Storia dell'Italia repubblicana, Vol. III, L'italia nella crisi mondiale. L'ultimo ventennio, Bd. 2: Istituzioni, politiche, culture, S. 709–800.

[31] Vgl. Capussotti (2004), S. 45–100.
[32] Vgl. ebd., S. 59–88.
[33] Vgl. ebd., S. 101 ff., 151 ff., 205 ff.; siehe auch Marconi, Luca/Tripputi, Daniela: Musiche giovanili nel Novecento, in: Sorcinelli/Varni (2004), S. 255–276, hier S. 255–276.
[34] Vgl. Lumley (1990), S. 49 ff.

eröffnete insbesondere den Söhnen und Töchtern der unteren Gesellschaftsschichten neue Möglichkeiten des sozialen Aufstiegs und bewirkte eine Annäherung von Jugendlichen unterschiedlicher sozialer Herkunft. Piccone Stella spricht daher von einem „Verblassen der Klassenzugehörigkeit gegenüber dem eher allgemeinen und transnationalen Status des ‚Jugendlichen' im Kontext der Massenkultur".[35] Auch im Hinblick auf die geschlechtliche Zugehörigkeit fand eine tendenzielle Angleichung der jugendlichen Lebensphase statt. In den 1960er Jahren wurde der gemeinsame Unterricht von Jungen und Mädchen an Schulen zum Standardmodell. Diese Annäherung männlicher und weiblicher Lebensstile setzte sich im Bereich der Freizeit- und Körperkultur fort.[36] Mit der Ausweitung der Medienlandschaft und des Massenkonsums boten sich den Jugendlichen im *boom economico* neue kulturelle Referenzräume, die sie sowohl mit traditionellen als auch mit neuen, internationalen Identitätsmodellen konfrontierten und die sie zur Kommunikation und Selbstdarstellung nutzten. Damit erweiterten sich nicht nur die Möglichkeiten der gesellschaftlichen Partizipation, sondern auch das Repertoire kultureller Praktiken, über die sich junge Frauen und Männer als neue Generation gegenüber der sogenannten Erwachsenenwelt abgrenzten und sichtbar machten.[37]

Ein zentraler Faktor bei der Ausformung jugendlicher Subkulturen, Moden und Körperstile war die Entstehung und Diffusion der Popmusik. In engem transkulturellen Austausch mit dem Rock 'n' Roll, der britischen Beatmusik und dem französischen *yé-yé* formte sich seit der zweiten Hälfte der 1950er Jahre auch in Italien, wo bereits Jazz, Swing und Boogie-Woogie populärkulturell verankert waren, eine nationale Strömung der Rock- und Beatmusik aus. Gegen Ende des Jahrzehnts machten verschiedene jugendliche Interpreten und Musikgruppen Schlagzeilen, die sich selbst als *urlatori* (dt. Schreihälse) bezeichneten, wie zum Beispiel Adriano Celentano, der als italienischer Elvis Presley bekannt wurde, Teddy Reno, Little Tony, Campino, Tony Dallaro e i Rocky Mountains, Bruno Dossena und die Sängerin Mina. Ihre Hits, bei denen es sich zum Teil um Cover-Versionen ausländischer Songs handelte, fanden begeisterten Anklang bei der italienischen Jugend, worauf die unterschiedlichen Sparten der Kulturindustrie unmittelbar reagierten.[38] Die Filmbranche antwortete mit der Produktion von Musikfilmen wie *I ragazzi del Juke-box* (1959), *Urlatori alla sbarra* (1960), *Mina…fuori la guardia* (1961), *Io bacio…tu baci* (1961), in denen *urlatori*

---

[35] „[…] un impallidire della classe rispetto allo ‚stato' – generale, transnazionale – dell'adolescente nella società di massa." Vgl. Piccone Stella (1993), S. 11.

[36] Vgl. ebd. S. 81 ff.; siehe auch: Tolomelli, Marica: Giovani anni Sessanta: sulla necessità di costituirsi come generazione, in: Capuzzo (2003), S. 217–248.

[37] Vgl. ebd. S. 65 ff.

[38] Vgl. Minganti, Franco: Jukebox Boys: Postwar Italian Music and the Culture of Covering, in: Fehrenbach, Heide/Poiger, Ute G. (Hg.): Transactions, Transgressions, Transformations: American Culture in Western Europe and Japan, Oxford 2000, S. 148–165.

wie Mina, Adriano Celentano oder Tony Renis in den Hauptrollen zu sehen waren. Die staatliche Fernsehanstalt RAI, die bereits 1955 erstmals das *Festival della Canzone Italiana di San Remo* übertragen hatte, nahm ab 1957 eine Reihe neuer Musikshows wie *Il Musichiere* oder *Canzonissima* in das Programm, um die jugendlichen Zuschauer anzuziehen, die sonst eher dem Kino zugeneigt waren. Anfang der 1960er Jahre ist schließlich eine regelrechte Explosion von Musikstilen und Bands zu verzeichnen, wobei die neue Gewichtung der britischen Popkultur, beschleunigt durch den Erfolg der *Beatles*, von Bedeutung ist. Die sogenannte *beatlemania* ließ in Italien eine Reihe von Popgruppen nach dem Vorbild der Beatles entstehen, wie die *Camaleonti*, die *Rokes* oder *Nomadi*. Daneben waren vor allem Rita Pavone, Catherine Spaak und Anna Identici als Interpretinnen einer an das französische *yéyé* angelehnten italienischen Schlagermusik populär.[39]

Mit den unterschiedlichen Musikstilen entstanden neue Moden wie das Tragen von Jeans, Cordhosen, T-Shirts, Rollkragenpullovern, Lederjacken oder Beatles-Frisuren (*capelloni*), die männliche wie weibliche Teenager und Twens adaptierten – wobei die Geschlechterdichotomie auch durch die neuen Körperstile und Konsumpraktiken reproduziert wurden.[40] Trotz einer subkulturellen Vielfalt von Stilen und geschlechts- wie schichtenspezifischen Differenzen im Kleidungsstil ist insgesamt eine Informalisierung des Dresscodes festzustellen. Lässigkeit, Form- und Zwanglosigkeit wurden als Charakteristika einer spezifisch jugendlichen Lebenseinstellung betont und zudem durch Gestik, Körperhaltung und Sprache sowie durch bestimmte Formen der Freizeitgestaltung zum Ausdruck gebracht. Vor allem das Konsumieren von bestimmten Musikstilen und Tänzen wie der *shake* oder *surf* nahmen als performative Praktiken hier eine wichtige Rolle ein.[41]

Im Zuge der allgemeinen Motorisierung durch die Verbreitung von Motorrollern war die Jugend des Booms sehr viel mobiler als noch in der Nachkriegszeit.[42] Bars oder Cafés, welche die klassischen Sozialisationsräume erwachsener Männer darstellten, entwickelten sich seit den späten 1950er Jahren zunehmend zu jugendlichen Treffpunkten. Jukebox und Flipper gehörten in diesen Räumlichkeiten bald zum Standard-Inventar. Darüber hinaus entstanden neue Tanzlokale, die sich am Musikgeschmack der Jugendlichen orientieren und bereits nach Schulschluss geöffnet waren. In den Großstädten verbreiteten sich Musikkeller und Clubs wie der *Piper Club* in Rom, das *Santa Tecla* oder *Copacabana* in Mailand, wo auch internationale Bands auftraten. „Es ist zweifelsohne wichtig für uns Jugendliche, einen Ort zu haben, wo

---

[39] Vgl. Marconi/Tripputi (2004), S. 259 ff.
[40] Das zeigen beispielsweise die zahlreichen Mode- und Schönheitsrubriken in Jugendzeitschriften wie *Marie Claire, später Giovanissima* oder *Ciao Amici*, die an die Weiblichkeit ihrer Leserinnen appellierten.
[41] Vgl. Gorgolini, Luca: I consumi, in: Sorcinelli/Varni (2004), S. 219–254, hier S. 231 ff.
[42] Vgl. Piccone Stella (1993), S. 14 ff.

wir ganz unter uns sind und uns wohl fühlen, wo wir uns treffen und Zeit verbringen können, um über Dinge zu sprechen, die uns beschäftigen, auch wenn sie sonst niemand für wichtig hält, (...) wo wir tanzen, lachen und diskutieren", war etwa 1966 in der Zeitschrift *Giovani* zu lesen.[43]

Wichtige Sprachrohe und Referenzpunkte für das jugendliche Selbstverständnis waren seit Anfang der 1960er Jahre die florierenden Jugendzeitschriften wie *Marie Claire Giovanissima* (1960–1965, ab 1965 *Giovanissima*, ab 1966 *Giovani*), *Ciao Amici* (ab 1963) und *Big* (ab 1965). Die Hefte wandten sich explizit an eine Leserschaft beiderlei Geschlechts. Einen inhaltlich breiten Raum nahmen Berichte, Interviews, Umfragen, Reportagen und Werbung über die Stars sowie die neuesten Strömungen und Produkte (Musik, Mode, Konsumgüter) der nationalen wie internationalen Popkultur ein. Daneben waren Themen wie Liebe und Sexualität, aber auch Umfragen und Reportagen zu aktuellen politischen und gesellschaftlichen Belangen in den Zeitschriften präsent. Vor allem *Big*, die sich vorwiegend an Gymnasiasten und Studenten richtete, griff bereits Mitte der 1960er Jahre Aspekte auf, die in verschärfter Form in den Studentenprotesten gegen Ende des Jahrzehnts aufflammten, wie zum Beispiel die Reform des Schul- und Universitätssystems, und hier vor allem der Lehrinhalte. In der Zeitschrift wird über die Einführung des Sexualkunde-Unterrichts an Schulen sowie den wahrgenommenen Generationskonflikt diskutiert. Einen breiten Raum räumte *Big* zudem dem Leserecho ein, etwa durch Leserbriefaktionen und Ratgeberrubriken, deren breite Resonanz sich auch in der hohen wöchentlichen Auflagenzahl von rund 500.000 widerspiegelt.[44] *Big* organisierte zudem Beat-Treffen, Konzerte, Partys und 1966 gar einen nationalen Jugendkongress. Die Zeitschriften machten darüber hinaus die neue Relevanz der Jugendlichen als Konsumenten und Zielgruppe der Konsumgüter- und Unterhaltungsindustrie transparent. Von Kosmetikprodukten über Genussmittel und Schallplatten bis hin zu Vespa und Lambretta – Hersteller unterschiedlichster Sparten versuchten, ihre Produkte mit den jugendlichen Werten und Idealen attraktiv zu machen.

Das Kino, das in den frühen 1960er Jahren nach wie vor die erste Freizeitbeschäftigung der Italiener darstellte und mit durchschnittlich zwei Millionen Zuschauern pro Tag immer noch ein Massenpublikum anzog, war ein zentrales Medium für die Außen- und Selbstwahrnehmung der Jugend im Wirtschaftswunder.[45] Wie Maria-

---

[43] „È indubbiamente importante per noi giovani sentirsi a proprio agio in un posto tutto nostro, in cui sappiamo dove trovarci, per avere modo di stare tutti insieme, per poter parlare delle nostre cose, anche se a qualcuno non sembrano importanti. [...] Balliamo, ridiamo, discutiamo." Bonazzoli, Beppe: La via dei giovani, in: Giovani, Nr. 14, 2.4.1966, S. 6–10; siehe auch Solci, Guglielmo: Milano. I giovani di notte, in: Big, Nr. 21, 29.10.1965, S. 9–13.

[44] Vgl. Gorgolini (2004), hier S. 224 ff., 230.

[45] Vgl. Capussotti, Enrica: Tra storie e pratiche: soggettività giovanile, consumo e cinema in Italia durante gli anni Cinquanta, in: Capuzzo, Paolo: Genere, generazione e consumi. L'Italia degli

grazia Fanchi argumentiert, sei die Filmproduktion der frühen 1960er Jahre, die einen zugleich avantgardistischen und kommerziellen Charakter hatte, dem Selbstverständnis der Jugendkultur als Gegenkultur eher entgegengekommen als das Fernsehen,[46] wie die Popularität des Kinos insbesondere unter Schülern und Studenten belege: „Wurde das staatliche Fernsehen eher als Organ des Systems wahrgenommen, als Machtinstrument der Politik, sah man das Kino als medialen Kanal per definitionem, über den sich eine alternative Kultur verbreiten und durchsetzen könne, die bereits politisch ausgerichtet war."[47]

Mit der wachsenden gesellschaftlichen Sichtbarkeit der Jugend verschärfte sich auch der Diskurs über ihre Erziehung. Nicht nur die Presse, auch die Kirche, Politik und Wissenschaft – darunter insbesondere die Soziologie, die sich im Übergang zu den 1960er Jahren als Universitätsdisziplin etablierte – zeigten ein wachsendes Interesse an der Befindlichkeit der Jugend.[48] Dabei zeichnete der öffentliche Diskurs das kulturpessimistische Bild einer wenig konstruktiven neuen Generation, die überlieferte Formen und Werte mit den Füßen trat.[49] Sowohl die Christdemokraten als auch die politische Linke – und die katholische Kirche sowieso – betrachteten die neuen Freiheiten der Heranwachsenden, die Vielfalt von Werten, Orientierungspunkten, Moden und Verhaltensweisen innerhalb der Jugendkultur mit großer Skepsis. Die damit einhergehende Individualisierung, das bewusste Infragestellen von Etikette und Benimm irritierte. Wuchs da eine Generation verantwortungsloser Staatsbürger heran? Diese Frage beschäftigte Vertreter aus Politik und Kirche, Psychologen wie Pädagogen. Die enthusiastische Aufnahme der internationalen Massen- und Konsumkultur seitens der Jugendlichen und die damit verbundene Betonung des Materiellen, Körperlichen, Gefühl- und Lustvollen wurde sowohl in den Medien als auch in wissenschaftlichen Analysen mit einer gefährlichen Aufweichung

---

anni Sessanta, Rom 2003, S. 169–190.

[46] Die Jugendzeitschrift *Big* bezeichnete das „langweilige" Fernsehen als typische Erwachsenenunterhaltung für „alte Tanten". „Das Fernsehen ignoriert die Jugend, das Radio scheint sie regelrecht zu hassen. Es gibt kein Programm, dass sich den Träumen derer widmet, die 20 Jahre oder jünger sind. Vielleicht, weil die Jugendlichen noch nicht alt genug sind, um wählen zu gehen. Aber was wird passieren, wenn sie alt genug sind?" „[La televisione ignora i giovani, la radio li odia addirittura. Non c'è mai posto, nei programmi, per i desideri di chi ha venti anni o meno. Forse perché i giovani non votano, ,non hanno l'età'. Ma cosa accadrà quando questa età l'avranno?"] Sveglia ragazzi: Roba buona solo per vecchie zie, in: Big, Nr. 7, 22.7.1965, S. 5.

[47] „In modo più radicale, anche se meno esplicito, il cinema costituisce poi un vero e proprio strumento di controcultura. Se la televisione viene ricordata come l'organo di regime , soggiorgato al potere politico, il cinema è per definizione il canale attraverso cui fluisce e si afferma una cultura alternativa, già politicamente marcata." Fanchi, Mariagrazia: La trasformazione del consumo cinematografico, in: De Vincenti, Giorgio (Hg.): Storia del Cinema italiano, 1960–1964, Bd. XVI, Venedig 2001, S. 344–357, hier S. 348 ff.

[48] Vgl. Wanrooij (2004), S. 180 ff.

[49] Vgl. Piccone Stella (1993), S. 22–32.

traditioneller Tugenden wie Selbstbeherrschung, Sparsamkeit, Opferbereitschaft und Sittsamkeit in Verbindung gebracht. Nach Meinung des katholischen Soziologen Guido Baglioni „sind die archetypischen, großen Ideale (der Held, der Pionier, der große Anwalt, der Ingenieur und Wissenschaftler, der Revolutionär usw.) keine Bezugspunkte mehr."[50] Vertreter der Linken erkannten in dem zunehmenden Materialismus und Konsumismus die Ursache für eine vermeintliche Entpolitisierung der Jugend, die über kurz oder lang in eine konformistische, entmündigte Massengesellschaft führen würde.[51]

Diese Befürchtungen sind jedoch kaum als Spiegel eines realen Verhaltens der Jugendlichen zu bewerten. Vielmehr werden im Reden über die Jugend kulturelle Transformationsprozesse reflektiert, die gesamtgesellschaftliche Wert-vorstellungen und Normen betrafen. Insbesondere der Vorwurf des Unpolitischen ist vor dem Hintergrund der großen Beteiligung von Schülern, Studenten und jugendlichen Arbeitern an den Demonstrationen gegen die Tambroni-Regierung im Juli 1960 oder bei den Arbeiterprotesten im Juli 1962 nicht haltbar.[52] 1963 besetzten die Architekturstudenten ihre Fakultät, um gegen die Lehrinhalte und die personellen Kontinuitäten innerhalb der Professorenschaft aus der Zeit des Faschismus zu protestieren.[53]

---

[50] „[...] sono scomparsi dai loro punti di riferimento gli archetipi di grandi ideali (l'eroe, il pioniere, il grande avvocato, l'ingegnere-scienziato, il rivoluzionario ecc.)" Baglioni, Guido: I giovani nella società industriale, Mailand 1962, S 194.

[51] Vgl. Gundle (1995a), S. 245 ff.

[52] Aus der Presse des Zeitraums geht hervor, dass die Massenproteste und Ausschreitungen gegen die Tambroni-Regierung im Juni 1960 auch als „Jugendproteste" wahrgenommen wurden. So resümierte beispielsweise die Zeitschrift *ABC* nach den Demonstrationen in Genua: „In Italien wird die relative Mehrheit, die das Monopol der Christdemokraten stützt, wahrscheinlich nicht beim Urnengang geschlagen (den der – christdemokratische – Innenminister von Rom aus dirigiert), sondern von einer Bewegung, die in erster Linie von Jugendlichen vorangetrieben wird. Auch wenn sie noch so orientierungslos und konfus sind, haben die Jugendlichen – alle Jugendlichen – es satt, in einer Gesellschaft zu leben, die verschlossen ist und ihnen keine Zukunftsperspektiven verspricht. Dieses Pulverfass wird eines Tages explodieren." [„In Italia la maggioranza, sia pure relativa, che permette il monopolio della D.C., non sarà probabilmente sconfitta dalle urne (che il ministro dell'Interno – democristiano – guida da Roma) ma da un movimento che vedrà, in prima linea, i giovani. Per quanto disorientati e confusi, i giovani, tutti i giovani, non ne possono più di vivere in una società chiusa, senza prospettive di progresso e di vita per loro. Questa caldaia, un giorno, scoppierà."] Baldacci, Gaetano: Situazione: I ben pensanti, in: ABC, Nr. 3, 26.6.1960, S. 5. Siehe auch die ausführlichen Darstellungen bei Ginsborg (1990), S. 270 ff.; Crainz (2003), S. 32 ff., 96 ff.; Lumley (1990), S. 1–48.

[53] Vgl. Zevi, Bruno: Gli studenti d'architettura di Roma non vogliono i docenti del littorio, in: L'Espresso, 14.4.1963, S. 22; Lumley (1990), S. 63 ff. Crainz (2003), S. 187 ff., 217 ff.

Abb. V. 2

Weiblichkeit und sexuelle Liberalisierung in der *cultura giovanile*

Besonders konzentrierte sich der Jugenddiskurs der späten 1950er und frühen 1960er Jahre jedoch auf das vermeintlich abnorme Sexualverhalten der jungen Generation, dass als eine direkte Folge von Medialisierung und Popkultur bewertet wurde. Die Presse berichtete alarmiert über das „Liebesleben der Jugendlichen" und die neue Promiskuität dieser „seltsamen Twens":[54] „Nie zuvor war die Jugend so freizügig und frühreif in Liebesdingen, wie die Jungen und Mädchen dieser Generation."[55] Die negativen Effekte der „Sittenrevolution"[56], schienen sich aus der Sicht vieler Zeitgenossen vor allem in der Figur des weiblichen Teenagers zu kristallisieren, die zu Beginn der 1960er Jahre in den Mittelpunkt des Diskurses um die jugendliche Erziehung rückte. Selbst liberale Blätter wie *L'Espresso*, die sonst einen aufgeklärten Tenor pflegten und sich für frauenrechtliche Fragen stark machten, klagten darüber, dass junge Frauen traditionelle Pflichten wie Ehe und Mutterschaft aus den Augen verlören. Die weibliche Jugend wolle sich in erster Linie solange wie möglich vergnügen und dieselben Freiheiten genießen wie ihre männlichen Altersgenossen, so die Journalistin Camilla Cederna im *Espresso*. In einer Reihe von Artikeln unter dem Titel „Der Flirt in Italien" stellt sie die neue Freizügigkeit ihrer jugendlichen Zeitgenossinnen an den Pranger. Den vorehelichen Verlust der Jungfräulichkeit, schienen die „Mädchen von heute" nicht mehr als Sünde und Schande zu empfinden, so Cederna. Im Gegenteil gäben sie sich mit einer „nie da gewesenen Frivolität" dem Flirt oder Petting hin. Die Leichtfertigkeit, mit der junge Frauen neuerdings ihre sexuellen Erfahrungen machten, zeige deren Unvermögen, ernsthafte Bindungen einzugehen, was durch wechselnde Flirts nur noch verstärkt würde.[57] Der Sittenwandel betreffe zudem nicht nur die Mädchen aus den progressiven bürgerlichen Schichten, „dasselbe Erschlaffen der

---

[54] Guerrini, Mino: Cerchiamo di caprili questi strani ventenni, in: L'Espresso, 21.4.1957, S. 11.

[55] „Certamente mai più prima d'ora c'è stata un'intesa più immediata e più precoce, una promiscuità più stretta come quella che c'è tra i ragazzi e le ragazze di questa generazione." Cederna, Camilla/Risé, Claudio: Come perdono l'innocenza. La sedicenne d'assalto, in: L'Espresso, 15.3.1964, S. 17.

[56] Corbi, Gianni/Rossetti, Enrico: Rapporto internazionale sul comportamento amoroso della gioventù: Il latino infelice, in: L'Espresso, 20.7.1958, S. 12–13, hier S. 13.

[57] [„La facilità con la quale dopo il primo e il secondo, si può trovare un terzo e un quarto ardito corteggiatore; non spiano alle ragazze la strada del matrimonio. […] Le ragazze moderne oggi vorrebbero divertirsi prima di sposarsi. Divertirsi per loro vuol dire far la vita dell'uomo e anche qui posano gli esempi."] „Die Leichtigkeit mit der man nach dem ersten und zweiten einen dritten und vierten glühenden Verehrer findet, bringt die Mädchen nicht auf den Weg zur Ehe. […] Die modernen jungen Frauen möchten sich heutzutage vor der Hochzeit noch etwas vergnügen. Und sich vergnügen, das bedeutet für sie, das Leben eines Mannes zu führen." Cederna, Camilla: Il Flirt in Italia, in: L'Espresso, Nr. 48, 1.12.1957, S. 1.

Moral ist auch bei den Mädchen auf dem Land zu beobachten. Sie haben die neuen Gepflogenheiten aus der Großstadt mehr oder weniger übernommen".[58]

Als Ursache für den allgemeinen Sittlichkeitsverlust nennen zeitgenössische Beobachter wie Cederna ein verbreitetes Gefühl der Unsicherheit und das Bewusstsein, in einer Übergangsgesellschaft zu leben.[59] Aufgrund der allgegenwärtigen Krise der Familie würden den jungen Frauen traditionelle Orientierungspunkte fehlen,[60] sodass sie falschen Vorbildern aus den Medien nacheiferten, wie zum Beispiel Brigitte Bardot.

> Es sind die Miss' und Pin-ups, diese Art von Mädchen, die mit nichts als einem Schönheitsdiplom Karriere machen und die sich nur allzu leicht auf Romanzen einlassen, von denen dann die Illustrierten berichten. Neben diese reihen sich die Filmdiven, die sich jeden Tag aufreizender präsentieren und ein Privatleben führen, das öffentlich ist, und ein öffentliches Leben, das nichts als Werbung ist. Die Stars lassen sich scheiden, reisen mit Männern um die Welt, die nicht ihre Ehemänner sind, leben in Saus und Braus, verdienen Millionen in kurzer Zeit. Ihre Art sich zu kleiden und zu entkleiden dient nur noch dem Sex. Jeden Tag wird deutlicher, wie sehr die Mädchen von heute den Diven gleichen wollen, indem sie sich an- und ausziehen, schminken und gestikulieren wie diese. Wie viele sind es inzwischen, auf dem Land wie in der Stadt, die versuchen, diese spezielle Mischung aus Unschuld und Erotik zu imitieren, wie sie Brigitte Bardot verkörpert?[61]

Ende der 1950er Jahre berichteten Zeitschriften wie *L'Europeo* oder *L'Espresso* über das Phänomen der *ragazze squillo*, eine scheinbar neuen Form der Prostitution von Teenagern, nach dem „Vorbild" des US-amerikanischen Callgirls.[62] In der Diskussion um

---

[58] „Il medisimo rilassamento dei costumi si verifica in figlie di contadini, che hanno più o meno accettato il costume cittadino." Cederna, Camilla: Il Flirt in Italia, in: L'Espresso, 48, 1.12.1957, S. 1.

[59] Guerrini, Mino: Hanno paura del mondo, in: L'Espresso, 28.4.1957, S. 11.

[60] Siehe auch Sforzini, Paolo: Spesso i genitori sono responsabile del comportamento dei loro figli, in: L'Espresso, 13. Juni 1960, S. 12.

[61] „Sono le miss e le pin-up, le ragazze cioè che, laureate in bellezza, fanno carriera soltanto in raggione di questa loro avvenenza e della loro facilità amorosa, abbandierata sui giornali attraverso il racconto di loro idilli a catena. Ad esse s'affiancano le dive del cinema che si erotizzano ogni giorno di più, hanno una vita privata che è pubblica e una vita pubblica che è pubblicitaria. Le dive divorziano, sposano uomini sposati, girano il mondo insieme a uomini che non sono i loro mariti, fanno vita di gran lusso, guadagnando un miliardo in pochi anni. Il loro modo di vestirsi che di svestirsi è unicamente in funzione del sesso. Ogni giorno di più s'accorge di come le giovinette d'oggi desiderino somigliare fisicamente a un'attrice, vestendosi, svestendosi, truccandosi e gesticolando come lei. Quante infatti da due anni a oggi, tanto in campagna che in città non tentano da imitare quel perfetto dossaggio d'innocenza e d'erotismo che è Brigitte Bardot „la plus sexy des vedettes bebé, la plus bebé des vedettes sexy." Cederna, Camilla: Il Flirt in Italia, in: L'Espresso, Nr. 48, 1.12.1957, S. 1.

[62] Corbi, Gianni/Mino Giuerrini: Genitori ed educatori americani in allarme: Sexaphone girl, in: L'Espresso, 16.5.1959, S. 9.

die *ragazze squillo* fällt auf, dass die Ursachen des Phänomens nicht in etwaigen sozialen Missständen oder mangelnden politischen Reformen gesucht wurden, sondern in der angeblichen Vergnügungssucht und dem Materialismus der Teenager.[63] Das Bild der *ragazze squillo* sagt somit mehr über diffuse Ängste vor einem Werte- und Traditionsverlust in der sich ausformenden italienischen Massengesellschaft aus, als über das reale Sexualverhalten italienischer Jugendlicher. Dass dieses noch sehr stark von traditionellen Moralvorstellungen sowie durch soziale Unterschiede geprägt war, geht aus der moralisierenden Berichterstattung selbst hervor. In einer weiteren Reportage über die „Krise der Jungfräulichkeit" stellen Camilla Cederna und Claudio Risé 1964 eine „verblüffende Vielfalt von Einstellungen zur Sexualität" fest.[64] Während die Töchter des aufgeklärten und säkularen Bürgertums bereits der sexuellen Freiheit frönten – so erörtern die Autoren auf der Basis einer durch die Mailänder *Società Umanitaria* durchgeführten Umfrage –, sei dieses libertine Verhalten für Teenager aus kleinbürgerlichen Familien keineswegs selbstverständlich und werde erst mit der eigenen Berufstätigkeit und finanziellen Unabhängigkeit ausgelebt. „Eine Arbeitsstelle anzutreten bedeutet, sich von der traditionellen Sexualmoral zu emanzipieren, […] also von der vorehelichen Jungfräulichkeit."[65] Bei katholischen Jugendlichen sei es nach wie vor unumstritten, bis zur Heirat keusch zu leben.[66] Anders schätzen die Autoren junge Frauen ein, die dem linken politischen Spektrum nahe stehen: Das Ausleben der eigenen Sexualität gehöre zu ihrem Selbstverständnis als moderne und emanzipierte Frauen. Sie seien „erklärte Nichtjungfrauen", würden dabei aber streng monogam leben. „Ihre Rebellion gegen den Zwang zur vorehelichen Keuschheit ist genauso ideologisch motiviert, wie der Parteieintritt oder das Eintreten für den Weltfrieden."[67]

Insgesamt zeigt sich in der Presse Anfang der 1960er Jahre jedoch allmählich ein Wandel im Reden über die jugendliche Sexualität. Stand in den Berichten über die *ragazze squillo* Ende der 50er Jahre noch die vermeintliche Unmoral der jungen Frauen im Vordergrund, prangern die Pressestimmen nun immer deutlicher den restriktiven

---

[63] Corbi, Gianni/Guerini, Mino: Il primo rapporto sulle ragazze squillo in Italia. Le nostre piccole Rosemarie, in: L'Espresso, 8.3.1959, S. 12–13; dies.: Peccato senza bisogno, in: L'Espresso, 5.4.1959, S. 14–15.

[64] Cederna, Camilla/Risé, Claudio: Come perdono l'innocenza, in: L'Espresso, 8.3.1964, S. 12–13.

[65] „Nella maggior parte impiegarsi equivale ad emanciparsi dalla mentalità sessuale tradizionale […] cioè dalla verginità prematrimoniale." Ebd.

[66] Dies.: Come perdono l'innocenza. La sedicenne d'assalto, in: L'Espresso, 15.3.1964, S. 17. Siehe auch Harrison, Lieta: L'iniziazione. Come le adolescenti italiane diventano donne, Mailand 1966.

[67] „Fra le programmatiche non vergini, vanno poi messe anche le ragazze moltto politicizzate aderenti di solito ai partiti di sinistra o appartenenti a religioni diverse da quella cattolica: nell'uno e nell'atro caso, la ribellione contro l'obbligo della verginità è un fatto ideologico, come l'iscrizione a un partito o la firma per un manifesto per la pace universal." Dies.: Come perdono l'innocenza. Le vergini d'azienda, in: L'Espresso, 22.3.1964, S. 19.

Sexualkonservatismus an. So weisen auch Cederna und Risé in ihrer Artikelserie „Wie sie ihre Unschuld verlieren" auf ein Missverhältnis hin: hier die kulturellen Impulse zur Lockerung der Moral, dort das Weiterbestehen sittlicher Schranken, die vor allem aufgrund des Katholizismus gesellschaftlich tief verankert seien. Junge Frauen seien immer früher sexuell aktiv, wüssten aber aufgrund mangelnder Aufklärung kaum über Verhütungsmethoden Bescheid und riskierten ungewollte Schwangerschaften, was häufig zu illegalen Abbrüchen führe, die vor allem Mädchen der weniger wohlhabenden sozialen Schichten unter medizinisch bedenklichen Konditionen durchführen ließen.[68] Mittel zur Empfängnisverhütung wie Kondome waren de facto nur schwer erhältlich. Bis 1971 war jegliche Werbung für Geburtenkontrolle oder Verhütungsmittel verboten. Erst 1976 erlaubte das Gesundheitsministerium den Verkauf in Apotheken. Wie Lieta Harrison nach einer Umfrage von 1966 feststellte, hatten von den 256 befragten Elternpaaren nur achtzehn angegeben, mit ihren Töchtern über Fragen der Sexualität oder die körperlichen Veränderungen in der Pubertät zu sprechen.[69] Im Vergleich zu nordeuropäischen Ländern wie Schweden, wo junge Frauen schon früh finanziell selbständig seien, würden in Italien zudem die emanzipatorischen Ambitionen der Jugendlichen durch das Fortbestehen patriarchalischer Familien- und Gesellschaftsstrukturen gebremst.[70]

> Eine außereheliche Schwangerschaft wird nach wie vor als Skandal und Schande angesehen. Die Situation unverheirateter Mütter ist prekär, und es gibt keine Lösungsvorschläge. Abtreibungen werden verurteilt und die Methoden zur Geburtenkontrolle sind immer noch mysteriös.[71]

Hier kommen bereits Themen wie der soziale Status alleinerziehender Mütter, Verhütung und Abtreibung zur Sprache, die Ende der 1960er Jahre umfassend von der italienischen Frauenbewegung aufgegriffen und in die Öffentlichkeit getragen wurden.

Die Aufweichung tradierter Moralvorstellungen, der informelle Umgang zwischen den Geschlechtern und eine größere Aufgeschlossenheit gegenüber dem Thema Sexualität waren Eigenschaften, die nicht nur von außen auf die junge Generation projiziert wurden. Der Diskurs um die sexuelle Befreiung wurde von Jugendlichen selbst mitbestimmt und im Zeichen einer kulturellen Modernisierung aktiv vorangetrieben. Die Berichterstattung in den Jugendzeitschriften dokumentiert, dass ihre Leser nur noch bedingt bereit waren, etablierte moralische Normen als verbindliche

---

[68] Ebd.
[69] Vgl. Harrison (1966), S. 42.
[70] Cederna, Camilla/Risé, Claudio: Come perdono l'innocenza, in: L'Espresso, 8.3.1964, S. 12–13.
[71] „La gravidanza extramatrimoniale continua, infatti di essere una vergogna e uno scandalo, la situazione della madre nubile è una delle più difficili e delle meno risolte, l'aborto e condannato, le norme per il controllo delle nascite sono generalmente ancora misteriose." Ebd., S. 13.

Leitbilder zu übernehmen, und dass sie diese aktiv infrage stellten. Die Magazine lassen auf die verbreitete Meinung schließen, dass der Umgang mit dem eigenen Körper und die Teilnahme an Genuss und Vergnügen eine Privatangelegenheit sei, die weder institutionelle noch familiäre Autoritäten einschränken dürften. Durch den Bruch mit der tradierten Moral brachten die jungen Redakteure und Leser der Zeitschriften ihre Ablehnung gegen die Erziehungsversuche (den „Krieg gegen den *yé-yé*") der „Moralisten" und „Spießer" zum Ausdruck, welche sie mit der Elterngeneration sowie dem katholisch-konservativen Lager assoziierten.[72] Ab Mitte der 1960er Jahre war eine deutliche Politisierung ihrer Forderungen nach sexueller Selbstbestimmung zu verzeichnen. Die Betonung traditioneller Keuschheitsnormen und Familienwerte seitens staatlicher Institutionen, das gesetzliche Nein zur Geburtenkontrolle – all dies wurde als Zeichen einer generellen Unfreiheit bewertet und in die Nähe der faschistischen Geschlechterpolitik gerückt. So wetterte die Zeitschrift *Big* in ihrer polemisierenden Kolumne „Aufwachen, Kinder!" gegen die „archaische Voreingenommenheit" der „Spießbürger" in Sachen Sex:

> Das Thema Sex ist in Italien ein Tabu. Offen und jenseits aller mittelalterlichen Vorurteile darüber zu sprechen, bedeutet, dass man beschuldigt wird, unmoralisch zu handeln oder gar Pornografie zu verbreiten. Dabei ist die Sexualität eine wichtige, grundlegende Sache. (…) Warum sollte man sie weiterhin als etwas Schmutziges betrachten, als eine Sache, über die man schweigen sollte? Warum setzt man alle Hebel in Bewegung, damit Jugendliche nichts über dieses wichtige Thema erfahren? (…) Die sogenannten Strukturreformen – wie es im wirtschaftspolitischen Jargon dieser Konjunkturperiode so schön heißt – sind doch ein Witz. Wie soll unser Land je zu einem modernen und entwickelten Staat heranreifen, wenn unsere Gepflogenheiten und unsere Art zu denken weiterhin auf diesen reaktionären, ja verschleiernden Traditionen basieren? (…) Eines dürfen wir nicht vergessen, die Geschichte selbst hat es uns gelehrt: Mit dem technischen Fortschritt muss immer auch eine Fortentwicklung der Sitten und Gewohnheiten einhergehen. Ansonsten entsteht eine Schieflage, deren tiefer Einschnitt noch nach Generationen spürbar ist.[73]

---

[72] Anonym: Sveglia ragazzi: Vogliono toglierci anche il Piper, in: Big, Nr. 10, 13.8.1965, S. 5.

[73] „L'argomento sesso, in Italia è tabu ed a parlarne in maniera sincera, oltre ogni pregiudizio medioevale, c'è da essere accusati di immoralità, se non addirittura di pornografia. Eppure il sesso è una cosa importante, fondamentale. […] Perché continuare a considerarlo una cosa sporca, una cosa su cui tacere? Perchè, soprattutto, si fa l'impossibile per tenere i minorenni all'oscuro di un'argomento cosi importante? […] Le cosidette riforme di struttura, come alla terminologia economica-politica di questo periodo congiunturale, ci fanno ridere. Come pretendere, infatti, che il nostro possa diventare veramente un Paese evoluto e moderno, quando le basi stesse dei nostri costumi e del nostro modo di pensare si reggono ancora su queste tradizioni reazionarie ed addirittura oscurantistiche. […] Non lo domentichiamo: la storia stessa ce lo insegna. Ai progressi tecnici deve sempre seguire, di pari passo, una evoluzione dei costumi. Altrimenti si creano squilibri che lasciano il loro solco su generazioni intere." Anonym: Sveglia ragazzi: Tiriamo il collo alla cicogna, in: Big, Nr. 11, 20.8.1965, S. 5.

Im Februar 1966 entzündete sich ein nationaler Skandal um die Publikation einer Umfrage zur weiblichen Sexualität in der Schülerzeitung *La Zanzara* des Mailänder Gymnasiums Parini. Unter dem Titel „Was denken die Mädchen von heute?" befragten die Jungredakteure Claudia Beltramo Ceppi, Marco Sassano und Marco De Poli neun Schülerinnen zu ihrer Meinung über die gesellschaftliche Position der Frau.[74] In den Antworten der Schülerinnen zeichnete sich eine liberale Einstellung gegenüber dem Thema Sexualität ab, die sie als „nützliche Erfahrung" und Teil der individuellen Freiheit bewerteten und gegen institutionelle Normierungsversuche verteidigten:

> Wir wollen keine Kontrolle des Staates und der Gesellschaft mehr, was unsere Angelegenheiten betrifft. Jeder sollte frei sein, das zu tun, was er will, solange dies nicht die Freiheit anderer einschränkt. Deshalb: absolute sexuelle Freiheit und Verzicht auf jegliche Vorurteile.[75]

Jedoch dokumentieren die Äußerungen auch die anhaltende regulierende Kraft traditioneller Moralvorstellungen, welche die jungen Frauen als deutliche Einschränkung erfuhren. Hinzu kam die Tatsache, dass Verhütungsmittel nur schwer zugänglich waren. „Ich setze nur deshalb klare Schranken [bei sexuellen Kontakten], weil ich kein Risiko eingehen möchte".[76]

Die Umfrage provozierte die Reaktion einer katholischen Schülergruppe, die, unterstützt durch ihre Eltern, die Presse alarmierte. Die drei Redakteure, die die Interviews geführt hatten, wurden daraufhin wegen „der Verbreitung obszöner Publikationen unter Kindern und Jugendlichen" angezeigt. Die Lehrer zogen die Hefte aus dem Verkehr – soweit das möglich war. Der Rektor des Gymnasiums sah sich gar gezwungen, von seinem Amt zurückzutreten.[77]

In der Jugendpresse schlugen die Wellen der Empörung hoch, angesichts der Zensur der Zeitschrift. Der Fall *Zanzara* würde, so *Ciao Amici*, einmal mehr beweisen, dass ein freier Meinungsaustausch über die Probleme der Jugend nicht möglich sei: „Die Umfrage stellte eines der größten Tabus unserer Gesellschaft zur Diskussion: den Sex – ein mysteriöses Thema, über das man in Italien, dem Heimatland der berühmten Latin Lovers, nicht diskutieren darf."[78] Dabei handele es sich bei den Verfassern

---

[74] Vgl. Nozzoli, Guido/Paoletti, Pier Maria: La Zanzara. Cronaca e documenti di uno scandalo, Mailand 1966; Saturno, Vito: La colpa di essere sinceri, in: Ciao Amici, Nr. 6, 20.3.1966, S. 18–22.

[75] „Non vogliamo più un controllo dello Stato e della Società sui nostri problemi e pretendiamo che ognuno sia libero di fare ciò che vuole, a patto che questo non leda la libertà altrui. Per cui: assoluta libertà sessuale e abbandono completo dei pregiudizi." Saturno (1966), S. 18.

[76] „Pongo dei limiti [ai rapporti prematrimoniali] solo perché non voglio correre il rischio di avere conseguenze." Ebd.

[77] Vgl. Crainz, Guido: Il paese mancato, Rom 2003, S. 205, 207.

[78] „L'inchiesta metteva in discussione uno dei tabù più radicati nella società italiana: il sesso, un misterioso argomento che nel nostro Paese, patria dei più acclamati latin-lovers, è proibito cono-

der Umfrage keineswegs um „perverse Monster", wie die konservative Presse behauptet habe, sondern um „verantwortungsbewusste und integre Jugendliche, die auch künftig für wirkliche Meinungsfreiheit kämpfen werden."[79]

Der Fall *Zanzara* zeigt, wie sehr im Italien der frühen 1960er Jahre noch ein sexualfeindliches Klima vorherrschte. Andererseits gelang es einer liberalen Öffentlichkeit, zu der auch die Jugendzeitschriften zu zählen sind, die gesellschaftlichen Diskussionen um Sexualität und Sittlichkeit in eine progressive Richtung zu lenken.[80] Diese kulturellen Spannungen schlugen sich auch in innerfamiliären Konflikten nieder, wie aus den Ratgeberrubriken der Jugendpresse hervorgeht. Vor allem junge Mädchen beschweren sich darin über Verbote und Ohrfeigen kontrollierender Väter, die ihnen untersagten, sich alleine mit dem Freund oder Verlobten zu treffen oder mit Freunden Tanzlokale aufzusuchen.[81] Auch die Fülle an Fragen im Bezug auf Liebe, Sexualität und die körperliche Entwicklung in der Pubertät dokumentiert den Mangel an Möglichkeiten, sich etwa in der Schule oder in der Familie über diese Aspekte zu informieren. Diesem Manko kamen die *riviste giovanili* durch Aufklärungsserien und Ratgeberrubriken wie „Der Arzt empfiehlt euch…"[82] entgegen, wobei die italienischen Jugendmagazine in ihrer Darstellung von Sexualität im Vergleich zu ausländischen Blättern, wie beispielsweise die *Bravo*, eher moderat waren.

Die für die erste Hälfte der 1960er Jahre festzustellende Liberalisierung und Politisierung von Sexualität in der Jugendkultur ging unmittelbar mit ihrer Kommerzialisierung einher. Antikonformismus in puncto Moral wurde als Bestandteil der neuen Lebenshaltung der „Beat-Generation" betrachtet und entsprechend durch Konsum, Kleidungsstile, Musik und Tanzmoden zum Ausdruck gebracht. Nicht nur die Medien-, sondern auch die Mode- und Konsumgüterindustrie versuchten, aus der neuen Freizügigkeit Kapital zu schlagen. Anfang 1966 berichteten *Ciao Amici* und *Giovanissima* von einem neuen Tanzspiel namens *grab*, das durch den Pop-Star Adriano Celentano lanciert worden war.[83] Mittels eines Gummiarmbandes, an dem ein Herzchen-Anhänger baumelte und das von Celentanos Plattenlabel *Clan Celentano* auf den Markt gebracht worden war, konnten sich zwei oder mehrere Jugendliche beim Tanzen aneinanderketten und nun sprichwörtlich „anbandeln", wobei die Dehnbarkeit des Armkettchens die beliebige Verbindlichkeit dieser Form des Flirts

---

scere e discutere." Saturno (1966), S. 19.
[79] [...] giovani coscenti e coerenti, decisi a battersi ora e in futuro per una reale libertà di espressione." Ebd.
[80] Anonym: Sveglia ragazzi: Tiriamo il collo alla cicogna, in: Big, Nr. 11, 20.8.1965, S. 5.
[81] Ferro, Marise: In confidenza: Un padre fuori del tempo, in: Giovani, Nr. 14, 23.4.1966, S. 24.
[82] Anonym: Il dottore vi consiglia, in: Giovanissima Nr. 9, 26.2.1966, S. 82.
[83] R.S.: Balliamo con il grab il braccialetto dell'amicizia, in: Giovanissima, Nr. 10, 5.3.1966, S. 60–61. Der Begriff leitete sich aus dem Englischen „to grab" ab, was im Deutschen unter anderem mit „sich jemanden oder etwas schnappen" oder „grapschen" übersetzt wird.

signalisieren sollte: So könne ein Pärchen beim *grab* einerseits dazu angeregt werden, sich körperlich näher zu kommen, andererseits ließe das Armband aber auch genügend Spielraum zum eigenständigen Tanzen, heißt es in der Werbung.[84] „*Grab* bedeutet Zusammensein, Freundschaft, Liebe: vieles von dem, was unser Lebensgefühl ausmacht."[85] *Giovanissima* beschrieb den *grab* zudem als eine Möglichkeit, „sich von den Erwachsenen zu unterscheiden" und „das Übel unseres Jahrhunderts zu bekämpfen: die mangelnde Kommunikation."[86] Das „Freundschaftsbändchen" oder der Konsum von Musik und Kleidung boten den Jugendlichen über ihren kommerziellen Zweck hinaus die Möglichkeit, sich als Generation sichtbar zu machen und die spezifischen Werte – wie Freizügigkeit, Gefühlsbetontheit und Laxheit –, die an ihre subkulturellen Stile gebunden waren, nach außen zu kommunizieren. Ähnliches lässt sich für bestimmte Kleidungsmoden wie den Minirock feststellen. Einer Umfrage in *Ciao Amici* nach zu urteilen, galt diese Mode unter Teenagern als sehr gewagt. So konnte der Mini seinen jeweiligen Trägerinnen, vor allem in den Kleinstädten und ländlichen Regionen, noch einen zweifelhaften Ruf einbringen:

> Solange sich diese Mode nicht ausdehnt, werden sich die Mädchen, die ihn tragen, verlegen fühlen. Ich wohne in der Provinz, in Como, arbeite in Mailand und habe dort einen Minirock bei meiner Cousine. Sie ist Schneiderin und hat mir den Mini genäht. Ich trage ihn dort manchmal und lache diejenigen aus, die mir dann hinterherlaufen, weil sie denken, ich wäre ein Flittchen. Sie hören dann irgendwann auf. In Como könnte ich nie Mini tragen, weil die wenigen Mädchen, die es wagen, einen gewissen Ruf genießen.[87]

---

[84] „Die beiden Protagonisten – Sie und Er, natürlich – sind sanft durch eine Metallkette verbunden, die jeweils an einem Plastikarmband befestigt ist. Nichts schrecklich Verbindliches also, sondern eine Neckerei, eine augenzwinkernde Anspielung auf das, was sich zwischen Jungen und Mädchen noch entwickeln kann." [„I due protagonisti, lui e lei, naturalmente, sono legati teneramente da una catenella metallica e da un paio di bracciali di plastica leggera e morbida. Nulla di terribilmente vincolante, ma qualche cosa di allusivo, sì, una specie di malizioso ammiccamento a quello che può essere il legame fra il ragazzo e la ragazza."] Anonym: Tutti uniti con il grab, in: Ciao Amici, Nr. 2, 24.1.1966, S. 34–35, hier S. 35.

[85] R.S.: Balliamo con il grab il braccialetto dell'amicizia, in: Giovanissima, Nr. 10, 5.3.1966, S. 60–61, hier S. 60.

[86] „Grab significa unione, stare insieme, amicizia, affetto: un sacco di cose che fanno parte della nostra maniera di vivere. E c'è anche amore [...] I due protagonisti, lui e lei, naturalmente, sono legati teneramente da una catenella metallica e da un paio di bracciali di plastica leggera e morbida. Nulla di terribilmente vincolante, ma qualche cosa di allusivo, sì, una specie di malizioso ammiccamento a quello che può essere il legame fra il ragazzo e la ragazza." Ebd.

[87] „Fino a quando questa moda non si diffonderà le ragazze che la useranno si sentiranno imbarazzate. Io abito in una città di provincia, a Como, lavoro a Milano e tengo una minigonna in casa di mia cugina che è sarta e me l'ha cucita lei. La metto ogni tanto, per ridere di quelli che mi seguono perchè pensano che io sia una poco seria. Poi si stancano e se ne vanno. A Como non lo posso fare anche perché quelle poche che la mettono, a Como, godono di una certa fama." Lania, Giovanni: Mininchiesta sulla minigonna: Niente scandalo si abitueranno, in: Ciao Amici, Nr.

Doch die Meinungen der jungen Frauen zum neuen Mini-Schick offenbaren auch, dass sie das Tragen der knappen Röcke als „modern" empfanden und damit über äußerliche Aspekte hinaus eine emanzipatorische Einstellung artikulieren wollten. Einige beschrieben ihren Kleidungsstil als bewusste Provokation gegen Verbote der Eltern, die empörten Blicke alter Damen in öffentlichen Verkehrsmitteln oder die anzüglichen Bemerkungen von Männern auf der Straße: „Ich steige damit [mit dem Minirock] absichtlich in den Bus. Wenn dann einer glotzt, schaue ich forsch zurück und dann hören sie meistens auf. Normalerweise sind das solche Typen mittleren Alters oder alte Männer."[88] Auch das selbstbewusste Zurschaustellen des eigenen Sex-Appeal nennen viele der Befragten als Grund für die Adaption der neuen Mode „à la Mary Quant".[89]

Die neue Freizügigkeit artikulierte sich auch über den jugendlichen Sprachgebrauch. So setzten sich ab Mitte der 1960er Jahre die Begriffe *ragazza/o* (dt.: Freund/in) anstelle des förmlicheren *fidanzata/o* (dt.: Verlobte/r) durch, um außereheliche Beziehungen zu beschreiben, die nicht mehr unbedingt mit einer offiziellen Verlobung einhergehen mussten. *Giovani* publizierte beispielsweise eine Reihe von Artikeln über junge Paare, bei denen es sich meist um Schüler und Studenten handelte. Die Berichte sind mit Fotografien illustriert, welche die Pärchen Arm in Arm oder beim Küssen zeigen und damit in zärtlichen Posen, die bis in die 1950er Jahre hinein als Obszönitäten angezeigt worden waren. Trotz der Betonung der heterosexuellen Norm wird in diesen Reportagen ein progressives Geschlechterverhältnis entworfen, in dem die Selbstverwirklichung beider Partner im Vordergrund steht. Sie deuten auf eine einsetzende Normalisierung vorehelicher Beziehungen hin, die auch von jungen Frauen offen ausgelebt werden konnten, wobei die Möglichkeit der Trennung nach einer Phase des Ausprobierens offenbar nicht mehr als unschicklich empfunden wurde. So berichtet eine Architekturstudentin aus Mailand den Lesern, dass sie froh darüber sei, ihre „antiquierten Prinzipien" für die Beziehung zu ihrem Freund aufgegeben zu haben. Das Ziel der Ehe und des sozial abgesicherten Status der Ehefrau stand dabei offensichtlich nicht mehr im Vordergrund: „Heiraten? Daran denke ich jetzt noch nicht."[90]

28, 17.8.1966, S. 56–59; Isa Bella: Ragazze, sapete portare le gonne corte?, in: Giovani, Nr. 13, 26.3.1966, S. 64–65.

[88] „Qui si tratta di avere una mentalità moderna, di essere meno schiave!"; „Io ci vado a posta sul autobus per sfida. Se uno si mette a guardare gli pianto gli occhi addosso e lui smette. In genere sono tipi di mezz'età, i vecchi anche." Lania (1966), S. 58

[89] „Io la porto perché le mie gambe sono abbastanza belle e tutto sommato non mi dispiace di farmi ammirare." Ebd.

[90] Angelini, Antonella: Perché amo Lorenzo, in: Giovani, Nr. 20, 14.5.1966, S. 76–79; Spina, Grazia Maria/Cappucci, Fabrizio: Quando è amore quando è amicizia. Venti nostri giovani lettori ne discutono animatamente, in: Big, Nr. 5, 9.7.1965, S. 10–23.

Vergleicht man die Berichterstattung über die neuen weiblichen Film- und Schlagerstars mit der Darstellung prominenter Schauspielerinnen der 1950er Jahre, zeichnet sich ein deutlicher Wandel ab. War das außerfilmische Image der *maggiorate* vor allem durch Ehe und Mutterschaft gekennzeichnet, neben der die Arbeit im Film zur Nebensächlichkeit degradiert wurde, stand bei den weiblichen Stars der 1960er Jahre die berufliche Tätigkeit und die individuelle Karriere im Vordergrund ihres medial präsentierten Privatlebens: „Ich denke nicht daran, meine Karriere durch eine Heirat abzubrechen", offenbarte beispielsweise die Sängerin Anna Identici den Lesern von *Giovani*.[91] „Mein wahres Leben ist das Kino und alles andere ist Nebensache", äußerte auch Spaak 1965 in *Big*.[92] Ein Vorbild weiblicher Autonomie bot auch *Ciao Amici* seiner Leserschaft, und zwar in Form der Comic-Heldin Modesty Blaise, einer abenteuerlustigen Superagentin, die – wie es in einer zeitgenössischen Werbeanzeige heißt – „den Colt genauso schnell zieht wie James Bond und vor nichts und niemandem Angst hat."[93] Diese Lockerung der Moralvorstellung und die Impulse zur sexuellen Liberalisierung, die sich Mitte der 1960er Jahre in der Jugendkultur in aller Deutlichkeit niederschlagen, sind im Bereich des Films bereits zu Beginn des Jahrzehnts nachweisbar. Vor allem die Figur der *ninfetta* Spaak interagierte unmittelbar mit dem Diskurs um einen Wandel der Moral der weiblichen Jugend. Waren ihre als skandalös empfundenen Filmrollen sowie ihr nicht minder umstrittenes Privatleben einerseits Mühlen auf den Wassern der Moralisten, stellte sie andererseits als Repräsentantin einer modernen, informellen, und aufgeklärten Haltung eine progressive Identifikationsfigur für ein Publikum dar, dass sich über seine Jugendlichkeit definierte und sich daher gegen etablierte Moralvorstellungen absetzte.

La ninfetta – Spaaks Starimage in den frühen 1960er Jahren

Catherine Spaak schien alle Vorbehalte und negativen Befürchtungen, welche die konservative Öffentlichkeit angesichts der allmählichen Lockerung der Sexualmoral hegte, zu bestätigen. In ihren Filmen verkörperte sie junge Frauen, die nach sexuellen Erfahrungen suchten und offensiv mit ihrer Sexualität umgingen. Spaak sei Protagonistin eines „Kinos der Krise", das sich nur noch um eine perfide Erotik drehe, so die

---

[91] Anonym: Fidanzata? Si ma per ora non mi sposo, in: Giovani, Nr. 12, 19.3.1966, S. 68.
[92] „La mia vera vita è il cinema e tutto il resto é contorno." Testa, Carlo: Catherine: la diva che fugge, in: Big, Nr. 3, 25.6.1965, S. 34–37.
[93] O'Donnell, Peter: Le avventure di Modesty Blaise, in Giovanissima, Nr. 9, 26.2.1966, S. 80; siehe auch in: Giovani, Nr. 38, 17.9.1966, S. 74–76.

katholische *Rivista del Cinematografo*. Sie sei ein aufmüpfiges Mädchen, das sich „zu früh den Erfahrungen einer erwachsenen Frau ausgesetzt hat".[94]

1963 wurde ihre uneheliche Schwangerschaft aus ihrer Beziehung mit dem wenig älteren Schauspielerkollegen und Journalisten Fabrizio Capucci publik, mit dem sie seit den gemeinsamen Dreharbeiten zu Luciano Salces *Lockende Unschuld* liiert war. Zwar konnte ihre Heirat vor der Geburt der gemeinsamen Tochter im Frühjahr 1963 sowie die Tatsache, dass Spaak dafür eigens zum Katholizismus konvertierte, die Wogen der öffentlichen Empörung zunächst glätten.[95] Doch als die Schauspielerin ihren Ehemann noch im selben Jahr verließ und ohne dessen Wissen mit ihrer Tochter zur eigenen Familie nach Frankreich reiste, flammte der Skandal erneut auf. Spaak musste sich in Italien aufgrund einer Anzeige Capuccis wegen Verlassens der ehelichen Wohnung und der Entführung Minderjähriger vor Gericht behaupten.

Diese Ereignisse waren denjenigen ein gefundenes Fressen, die ohnehin den Moralverfall der weiblichen Jugend und traditioneller Familienwerte beklagten. Die Presse bauschte die Vorfälle zu einem Skandal auf. Spaaks „infantile" Handlungen seien nicht nur Beweis ihrer eigenen Unreife, so der *Corriere della Sera*, sondern auch für die schädlichen Auswirkungen einer verfrühten (finanziellen) Unabhängigkeit vom Elternhaus.[96] Spaak sei im Grunde selbst noch ein Kind, das sich von materialistischen Wünschen und falschem emanzipatorischen Ehrgeiz habe verleiten lassen, von schalen Träumen, wie sie das Kino und der Starkult bei der Jugend häufig weckten. Ein Grund für Catherines „moralische Fehltritte", mutmaßte der *Corriere* weiter, sei die Scheidung ihrer Eltern. Denn nur ein intaktes Familienleben könne Jugendliche zur notwendigen Selbstkritik und Selbstbeherrschung erziehen, die vor den Versuchungen der modernen Konsumgesellschaft schütze.[97] Als „trauriges, typisch modernes Schicksal" bezeichnete auch die Frauenzeitschrift *Marie Claire* den Eheskandal und die darauffolgende Scheidung Spaaks – die ihr aufgrund ihrer französischen Staats-

---

[94] „[…] una bambina cresciuta troppo in fretta ed iniziata troppo presto alle esperienze muliebri." Ciacio, Giacinto: Il disprezzo e La noia, in: Rivista del Cinematografo, Nr. 1 (Januar 1964), S. 43–44, hier S. 43; Dorigo, Francesco: Cinema della crisi, in: Rivista del Cinematografo, Nr. 4–5 (April/Mai 1961), S. 124–125.

[95] Guidi, Gabriella: Noi e i fatti, in: Rivista del Cinematografo, Nr 4. (April 1963), S. 163.

[96] Vgl. Todisco, Alfredo: Catherine, la monella che gioca alle signore, in: Corriere della Sera, 18.12.1963.

[97] Ebd. Ähnlich berichtete auch die Jugendzeitschrift *Big*: „Die Spaak, die mit 20 schon beneidenswert prominent ist, hat bisher immer versucht, vor ihren Problemen davonzulaufen. Zuerst ist sie vor ihrem Elternhaus davongelaufen, dann vor ihrem Ehemann und schließlich vor der kleinen Sabrina, auf der Suche nach der absoluten Freiheit. Aber in Wahrheit versucht sie vergeblich, vor sich selbst davonzulaufen." [„La Spaak, che a vent'anni ha già raggiunto un'invidiabile celebrità, ha sempre risolto le sue più difficili situazioni con la fuga. È ,fuggita' dalla casa paterna, dal marito, dalla piccola Sabrina, cercando la libertà più assoluta. Ma la verità è che cerca, invano, di fuggire da se stessa."] Testa, Carlo: Catherine: la diva che fugge, in: Big, Nr. 3, 25.6.1965, S. 34–37

angehörigkeit möglich war.⁹⁸ Das alles und ihr früher Eintritt in die Welt des Films, echote die Zeitschrift *Big*, hätten Spaak um ihre Jugend gebracht. Sie sei bereits so verlebt wie eine Vierzigjährige und eine schlechte, mit ihrer Aufgabe überforderte Mutter. Während andere junge Frauen ihres Alters gerade erst anfingen, sich ein eigenes Leben aufzubauen, befinde sich Catherine bereits in der Situation, noch einmal von vorn anfangen zu müssen: „Sie ist ein verstörendes Mädchen. Das Leben hat sie zu früh in die Erwachsenenwelt gestoßen und ihr somit das größte Geschenk genommen, nämlich die Freude einer glücklichen und sorglosen Jugend."⁹⁹

Über die Starfigur Spaaks artikulierten sich somit sowohl liberalisierende wie auch disziplinierende Diskurse konservativer Couleur. Die verschiedenen Presseberichte lassen den Versuch erkennen, Spaaks Biografie zu einem Ausnahmefall zu stilisieren. Sie wird als verwöhnte Nordeuropäerin dargestellt, die so ganz anders sei als die angeblich eher traditionsverbundenen italienischen Jugendlichen. Doch weitere prominente Fälle unverheirateter Mütter (*ragazze madri*) ließen diese Argumentation hinfällig erscheinen. Öffentliches Aufsehen erregte noch im selben Jahr die uneheliche Geburt des Sohnes der populären Schlagersängerin Mina (*1940), deren Partner Corrado Pani bereits verheiratet war, aber getrennt von seiner ersten Frau lebte. Die Sängerin wurde daraufhin in der Presse als Familienzerstörerin stigmatisiert. Der öffentlich-rechtliche Fernsehsender RAI verbannte das Teenager-Idol, das regelmäßig in populären Musikshows wie *Il Musichiere* auftrat, zwei Jahre lang von den italienischen Fernsehbildschirmen. Für Empörung sorgte 1964 auch die ebenso prominente wie uneheliche Schwangerschaft des noch minderjährigen Filmstarlets Stefania Sandrelli (*1946). Ihre Liaison mit dem verheirateten Schlagersänger Gino Paoli und die Geburt ihrer gemeinsamen Tochter heizte die Debatte um den vermeintlichen Sittenverfall weiter an.

Wie auch der Skandal um die *Zanzara* dokumentieren die Medienberichte über die genannten Teenagerstars einerseits, dass die dominanten Moralvorstellungen nach wie vor durch einen starken sexualkonservativen und restriktiven Tenor geprägt waren. Andererseits zeigt sich anhand ihrer Images ein deutlicher Wandel des Diskurses um weibliche Sexualität. Zwar ist eine allmähliche Normalisierung außerehelicher Lebensgemeinschaften auf breiter Ebene erst nach der Einführung der Ehescheidung ab Mitte der 1970er Jahre zu verzeichnen. Doch spricht die Tatsache, dass der Erfolg der *ninfette* durch ihr „skandalöses" Privatleben nicht gemindert wurde, für eine gewisse Lockerung der moralischen Standards und eine größere Akzeptanz weiblicher Lebenswege, die von der ehelichen Norm abwichen. 1965 gab die RAI dem Druck

---

98 Roda, Enrico: L'unica cosa vera di Catherine: Sabrina, in: Marie Claire, Nr. 1, 2.1.1964, S. 13.
99 „Una sconcertante fanciulla che la sorte ha spinto cosi precocemente nel mondo dei grandi, ma alla quale ha crudelmente negato il dono più grande; la gioia, serena e spensierata, della più giovane età." Testa, Carlo: Catherine Spaak si sfoga. Un mondo più grande di lei, in: Big Nr. 19, 15.10.1965, S. 16–18.

der Zuschauer nach und ließ die Sängerin Mina erneut in ihren Fernsehshows auftreten.[100] Sowohl Spaak als auch Sandrelli galten in der Filmbranche weiterhin als sichere Zuschauermagneten und waren in Werbung und Fernsehen präsent. Spaak war zwischen 1960 und 1968 in 29 Filmen zu sehen, darunter auch in internationalen Koproduktionen und Kassenschlagern wie Roger Vadims *La Ronde* (1963) oder Henri Verneuils *Week-end a Zuydcoote* (1964), in dem sie an der Seite Jean-Paul Belmondos die weibliche Hauptrolle spielte. Parallel erzielte sie als Schlagersängerin mit Songs wie *Quelli della mia età* (1963), einer Cover-Version von Françoise Hardys *Peter und Lou* (fr.: *Toutes les garçonnes et les filles*, 1963), und *L'esercito del surf* (dt.: Die Surfer-Armee, 1964) große Erfolge. „Diesen Erfolg als Schauspielerin und Sängerin verdanke ich den Jugendlichen. Viele schreiben mir, dass ich ihr Idol sei, dass sie meinen Mut schätzen und mich zu ihrem Vorbild machen", schrieb Spaak im Februar und März 1966 in einer dreiteiligen Autobiografie in *Giovanissima/Giovani* (Abb. V.2).[101] In der Serie berichtete sie von ihrer Arbeit, ihrem Alltagsleben als alleinerziehende Mutter, ihren Vorlieben im Bezug auf Mode, Musik, Literatur und Freizeitgestaltung sowie ihren Ansichten in Sachen Liebe, Ehe und der Gleichberechtigung zwischen Mann und Frau. Insgesamt vermittelte sie das Bild einer Weiblichkeit, die sich außerhalb der traditionellen Bahnen bewegte, gleichzeitig aber auch konventionelle Rollenmuster integrierte.

> Ich glaube nach wie vor an die Ehe. Lassen wir mal beiseite, was mir selbst passiert ist. Ich war noch sehr jung und hatte noch keine klaren Vorstellungen von der Zukunft. Das ist jetzt anders. Wenn man mich über die Ehe reden hört, dann sagen viele, meine Einstellung sei von gestern. [...] Dabei meine ich gar nicht, dass es Aufgabe einer Frau sei, sich nur um ihren Ehemann zu kümmern. Das moderne Leben erlaubt es ihr nicht mehr, sich allein auf die vier Wände des eigenen Haushalts zu beschränken. Daneben gibt es andere wichtige Aufgaben und Pflichten einer Frau, der inzwischen alle Rechte zuerkannt werden, zuallererst die Gleichberechtigung. Aber sie sollte sich auch nicht herabgesetzt fühlen, nur weil sie sich im Verhältnis zu ihrem Ehemann einige jener Tugenden bewahrt hat, die in der Vergangenheit für so wichtig gehalten wurden.[102]

---

[100] Vgl. Capussotti (2004), S. 261 ff.

[101] „Ai giovani sono debitrice del successo sia come attrice cinematografica sia come cantante. Molti mi scrivono e dicono che sono il loro simbolo, che apprezzano il mio coraggio e che mi prendono ad esempio." Spaak, Catherine: Quello che amo, penso, spero. Quando canto penso sempre a voi, in: Giovani, Nr. 12, 12.3.1966, S. 77–79; dies.: Quello che amo, penso, spero, in: Giovanissima, Nr. 9, 26.2.1966, S. 45–55.

[102] „Innanzitutto io credo nel matrimonio. Lasciamo stare quello che mi è successo. Ero molto giovane e non avevo le idee chiare. Ma ora vedo le cose in maniera diversa. Quando illustro la mia concezione del matrimonio mi sento spesso dire che sono una donna all'antica. [...] Non dico che la funzione della donna sia esclusivamente quella di accudire il marito; la vita moderna non consente alle moglie di condurre una vita limitata soltanto alle quattro pareti domestiche. Ci sono altri doveri, altri compiti assai importanti per la donna a cui, ormai sono stati riconosciuti tutti i diritti, primo fra tutti, la parità con l'uomo. Ma non credo che essa si dovrebbe

Die Kommentare zeigen das Bemühen Spaaks, ihr Image nach dem öffentlichen Skandal um ihre Person wieder an traditionelle Weiblichkeitsideale anzupassen. Schließlich waren diese nach wie vor die Norm. Aber in den Texten zeichnet sich auch eine Neudefinition von Ehe und Partnerschaft und der damit verbundenen weiblichen wie männlichen Rollenbilder ab. Vor dem Hintergrund ihrer eigenen Biografie spricht Catherine Spaak sich für das Recht auf Ehescheidung aus: „Wenn Ehepartner spüren, dass sie nicht mehr miteinander auskommen und die Gewohnheit die Liebe ausgelöscht hat, ist es ihre Pflicht, sich zu trennen."[103] Hier wird die Ehe nicht als unlösbares, religiös oder ökonomisch motiviertes Bündnis beschrieben, das hierarchisch strukturiert ist, sondern als emotional motivierte und damit auch potenziell zeitlich begrenzte Bindung. Weibliche und männliche Aufgaben innerhalb dieser Beziehung führt Spaak nicht mehr ausschließlich auf ein vermeintlich geschlechtsspezifisches Naturell zurück, sondern begründet sie durch gefühlsmäßige und individuell getroffene Entscheidungen. Dabei betont sie die generelle Gleichberechtigung der Ehepartner sowie den erweiterten gesellschaftlichen Aktionsradius und die neue finanzielle Selbständigkeit der Frau, die durch die wachsende weibliche Berufstätigkeit zur Normalität geworden sei. In einer modernen Ehe, so wandte sich die Schauspielerin an ihr jugendliches Publikum, könnten auch Frauen die Rolle des Familienernährers übernehmen.[104] Ebenso wichtig wie ein eigenes Einkommen sei, so Spaak weiter, dass Frauen sich für Politik interessierten, um in diesem Bereich ebenfalls unabhängig von der männlichen Vormundschaft zu werden.[105] Anhand Spaaks (Selbst-)Darstellung zeigt sich auch, dass mit ihr und anderen Teenagerstars, wie Mina oder Stefania Sandrelli, die ebenfalls unverheiratete oder alleinerziehende Mütter waren, zeitgenössisch das Bild einer neuen Mütterlichkeit aufkam. In der Art und Weise, in der Spaak ihre Beziehung zu ihrer Tochter beschreibt, spiegelt sich das Ideal einer zwangfreien Erziehung wider, die zeitgenössisch auch viele Schüler und Studenten einforderten.[106] Spaak bezeichnet sich als eine „gute Freundin" und „Gefährtin" ihrer Tochter und nicht als Autoritätsperson: „Ich verspüre nie das Bedürfnis, ihr meine Autorität aufzu-

---

sentire diminuita o degradata conservando nei suoi rapporti con il marito qualcuna di quelle doti che venivano esaltate in passato." Spaak, Catherine: Quello che amo, penso, spero. Sono innamorata dell'amore e credo nella felicità, in: Giovanissima, Nr. 10, 5.3.1966, S. 63–67.

[103] „Se un uomo e una donna si accorgono di non stare bene insieme e se l'abitudine ha spento l'amore, hanno il dovere di dividersi." Ebd.

[104] „Se le donne dividono ormai con l'uomo doveri e diritti, non capisco perché nell'ambito familiare l'uomo si senta menomato se per esempio sua moglie guadagna di più. Spesso mi sembra di capire che l'uomo rimpianga i tempi andati quando le donne erano disperatamente in cerca di un marito con reddito e posizione sicura." Ebd. S. 64 u. 66–67.

[105] Ebd., S. 64.

[106] Das geht aus der Berichterstattung und den Leserrubriken in den verschiedenen Jugendzeitschriften hervor.

zwingen. Ich mag es, ihr zuzuhören, mich ihr gleichzustellen."[107] Sie beschreibt damit auch eine familiäre Beziehung, die ohne die Figur des Vaters auskommt.

Autoritäre Vaterfiguren sucht man auch in Spaaks Filmen vergeblich. Väter sind darin entweder gänzlich abwesend, so in *I dolci inganni* (1960) und *La parmigiana* (1963), oder krank, zum Beispiel in *La noia* (1963), oder verhalten sich selbst wie Kinder, wie der von Vittorio Gassman gespielte Bruno in Mario Monicellis *Il sorpasso* (1962). Obwohl Spaak in ihren Filmen häufig ältere Männer als Liebhaber gegenübergestellt werden, wie es der Mythos der Kindfrau will, üben sie dennoch keine Autorität auf sie aus. Vielmehr wird die väterliche oder männliche Macht durch ihre Figur immer wieder infrage gestellt. Sie nutzt Männer, um sich beruflich oder sexuell zu emanzipieren, so wie Lilli, die ihrem verständnislosen Vater Bruno – auf die Frage nach den Gründen für ihre Beziehung zu einem wesentlich älteren Mann – recht pragmatisch antwortet: „Die Welt ist heute voll von gescheiterten Liebesheiraten."[108] Sie teilt ihm sodann mit, dass sie mit ihrem Freund nach Amerika gehen werde, um dort in Harvard zu studieren und hinterher als Leiterin der Forschungsabteilung in dessen Chemieunternehmen zu arbeiten. Die Ehe als Karrieresprungbrett – obwohl die Szene einen komischen Charakter hat, wird darin doch deutlich, dass mit der *ninfetta* Spaak gänzlich andere Ambitionen in den Vordergrund des Weiblichkeitsdiskurses treten als Haushalt und Familie. Vor allem aber im Hinblick auf die Darstellung weiblicher Sexualität bricht ihre Starfigur mit etablierten Konventionen. Im Bild der *ninfetta* Spaak findet eine Entkoppelung von weiblichem Eros und Sünde statt. Ihr Starimage ist Ausdruck einer Gesellschaft, in der alternative Möglichkeiten der Selbstverwirklichung erstmals für eine breite Frauengeneration zugänglich und lebbar wurden, wie die folgenden Filmanalysen illustrieren.

I dolci inganni

Alberto Lattuadas Film *I dolci inganni* beschreibt den Tag im Leben der sechzehnjährigen Gymnasiastin Francesca, an dem sie ihre ersten sexuellen Erfahrungen mit dem siebenunddreißigjährigen Enrico (Christian Marquand) macht. Francesca ist Sprössling der bürgerlichen Schichten Roms und bewohnt mit ihrem Bruder Eddy (Oliviero Prunas) und ihren Eltern, die im Film allerdings nicht zu sehen sind, ein modernes Appartement in einem der noblen Wohnviertel der Stadt. *I dolci inganni* ist ein charakteristisches Beispiel für eine Strömung der italienischen Filmproduktion

---

[107] „Passo intere ore con la mia bambina, a giocare con lei, e non sento mai il desiderio o la necessità di imporle la mia autorità. Mi piace ascoltarla, sentirla chiacchierare, mettermi alla pari con lei." Spaak, Catherine: Quello che amo, penso, spero. Quando canto penso sempre a voi, in: Giovani, Nr. 12, 12.3.1966, S. 77–79, hier S. 79.

[108] „Oggi il mondo è pieno di matrimoni d'amore falliti, gli esempi non mancano."

der frühen 1960er Jahre, die durch Regisseure wie Alberto Lattuada oder Michelangelo Antonioni geprägt wurde und ihren Blick auf das Bürgertum richtete. Damit rückte diejenige Gesellschaftsschicht in den Mittelpunkt der filmischen Betrachtung, die im Entstehungszeitraum des Films am ehesten vom Übergang Italiens zur modernen Massengesellschaft profitierte und deren Lebensstil in den Augen vieler Zeitgenossen die kulturellen Veränderungen während des sogenannten Wirtschaftswunders am deutlichsten reflektierte, wie auch Alberto Moravia in einer Rezension des Films in *L'Espresso* bemerkte.[109]

Die Handlung umfasst die Zeitspanne eines Tages, sodass die Einheit von Ort und Zeit gewahrt bleibt. Die Erzählung entwickelt sich daher nur langsam, konzentriert sich auf die Gefühlswelt der Protagonistin. Der Film verharrt auf den Momenten der Selbstversunkenheit und den Emotionen Francescas, deren Perspektive die Handlung dominiert. Damit wird den Zuschauern ein direkter Einblick in den Reifeprozess der Jugendlichen suggeriert. Nicht von ungefähr nannte Alberto Moravia den Film Lattuadas in seiner Rezension vom Oktober 1960 einen „sexuellen Monolog".[110] Das Thema der Identitätssuche der Protagonistin wird durch verschiedene Einstellungen zu Beginn und am Ende des Films, in denen sie ihr Spiegelbild betrachtet, unterstrichen. Die von der damals fünfzehnjährigen Spaak dargestellte Francesca ist siebzehn Jahre alt. Das jüngere Alter der Darstellerin im Vergleich zur Filmfigur betont die ambivalente Weiblichkeit der Kindfrau. Zudem verstärkt das eher mädchenhafte Aussehen Spaaks den Authentizitätseffekt der Figur der pubertierenden Francesca, die ihren jugendlichen Zuschauern somit ein hohes Identifikationspotenzial bietet.

Insgesamt fällt auf, dass die sexuelle Selbstfindung der jungen Francesca außerhalb der traditionellen Sozialisationsinstanzen Familie, Schule oder Kirche geschieht. Die Abwesenheit eines kontrollierenden Blicks kennzeichnet die visuelle Ebene des Films und ist vor allem durch die Auslassung der Elternfiguren im Film präsent. Zu Beginn ist allein die Stimme von Francescas Vater zu hören, der sie daran erinnert, ihre Schulbücher nicht zu vergessen, und ihr anbietet, sie mit dem Auto zur Schule zu fahren. Doch Francesca lehnt ab und macht sich alleine auf den Schulweg. Mit ihrer Figur entsteht das Bild einer unbeaufsichtigten, sich selbst überlassenen Jugend. Die Kirche ist innerhalb der Filmhandlung gänzlich abwesend. In Francescas Mädchengymnasium ist die Lehrerin krank, sodass der Unterricht ausfällt und zudem unbemerkt bleibt, dass sie am Morgen die Schule geschwänzt hat. Vielmehr ist es der Raum der Großstadt, in der die Protagonistin durch ihre Begegnungen mit Personen, die außerhalb der gutbürgerlichen Gesellschaft stehen, ihre Erfahrungen macht und den Bereich der Sexualität kennenlernt. Das sind zum einen andere Teenager wie ihre

---

[109] Moravia, Alberto: Un monologo sessuale. Un film di Lattuada, in: L'Espresso, 30.10.1960, S. 27.
[110] Vgl. Ebd.

Klassenkameradinnen oder ihr Bruder Eddy, eine jugendlich gebliebene, verarmte Gräfin und Modedesignerin (Milly) sowie der junge Schauspieler und Gigolo Renato (Jean Sorel), der sich von der Adeligen Lavinia (Giovanna Pignatelli) aushalten lässt, und schließlich der geschiedene Enrico, ein Bekannter ihrer Eltern, mit dem sie ihre erste Liebesnacht verbringt. Der Film konfrontiert Francesca auf ihrem Weg in die Erwachsenenwelt mit Geschlechtermodellen und Beziehungsformen, die von der männlich dominierten, heteronormativen Ehe abweichen.

Das Bemerkenswerte an Lattuadas Film ist, dass er diese Entdeckungsreise der pubertierenden Francesca schildert, ohne den moralischen Zeigefinger zu erheben, was dem Film erhebliche Probleme mit der Zensur einbrachte. Nachdem *I dolci inganni* am 15. Oktober 1960 in den Kinos angelaufen war, wurde der Streifen dann im November desselben Jahres vom staatlichen Generalbüro für Kinematografie beschlagnahmt. Aufgrund der Darstellung einer Minderjährigen, die, so die Anklage des Staatsanwaltes, „freiwillig und absichtlich" ihre Unschuld verliere, wurde Alberto Lattuada wegen Verstoßes gegen die Sittlichkeit angezeigt und musste sich vor Gericht behaupten.[111] In einer um 300 Meter gekürzten Version kam *I dolci inganni* dann im April 1961 erneut in die Kinos und wurde in voller Länge erst wieder 1963 gezeigt, nachdem der Regisseur freigesprochen worden war und die Mitte-Links-Regierung eine moderate Reform des Zensurgesetzes durchgeführt hatte.[112] Dass die Behörden so energisch gegen *I dolci inganni* vorgingen, zeugt von der erhöhten Alarmbereitschaft der staatlichen Kontrollinstanzen nach dem Dolce-Vita-Skandal. Hatten doch insbesondere katholische und rechtsnationale Stimmen der Filmbehörde vorgeworfen, *La dolce vita* zu lax bewertet zu haben. Zudem demonstriert die Zensur von *I dolci inganni*, dass die Offenheit, mit welcher der Film die vorehelichen sexuellen Erfahrungen einer Minderjährigen darstellte, etablierte Vorstellungen von weiblichem Anstand und Sittlichkeit sprengte. Dabei war in Lattuadas Film ein sexueller Akt per se nicht zu sehen. Der Regelverstoß bestand vielmehr in den expliziten Dialogen über Sexualität. Als unmoralisch wurden zudem die Sequenzen befunden, die Francesca neben Enrico im Bett zeigen oder in denen die Jugendliche eine Liebesszene zwischen zwei Erwachsenen beobachtet.[113] Hier wird deutlich, dass

---

[111] Zitiert nach Vigni (2001), S. 520.
[112] Durch das Gesetz Nr. 161 (1962) zur „Revisione dei film e dei lavori teatrali" wurde die Zensur-Kommissionen erstmals durch Repräsentanten der Filmbranche erweitert. Die Zensur an sich blieb jedoch weiterhin in Kraft. Zudem wurde versäumt, die Klausel näher zu definieren, die die Freigabe eines Films davon abhängig machte, ob dieser gegen die Regeln des „buon costume" verstoße oder nicht. Der Passus konnte daher weiterhin sehr willkürlich zur Filmzensur eingesetzt werden. Vgl. Gallo Mario: Lo Stato. Il dibattito sulla legge, in: De Vincenti (2001), S. 535–548; siehe auch den ausführlichen Quellenanhang zur zeitgenössischen Diskussion um die Filmzensur in der Fachpresse in: ebd., S. 563–637.
[113] Vgl. Vigni (2001), S. 520.

sich die Tabus, mit der die Thematik der Sexualität behaftet war, zeitgenössisch gerade erst zu lösen begannen.

Die Zuschauer sehen Francesca zu Beginn des Films beim Aufwachen nach einem unruhigen Traum. Die folgenden Sequenzen zeigen, wie sie sich wäscht, kleidet, gemeinsam mit ihrem Bruder die Schulsachen packt und das Haus verlässt. Vor dem Schultor macht sie kehrt und besucht Enrico, einen alleinstehenden Architekten mittleren Alters und Freund ihrer Eltern. Wie im Laufe der Handlung herauskommt, hat Francesca in der Nacht zuvor geträumt, sie habe mit Enrico geschlafen. Sie versucht, Enrico von ihrem Traum zu erzählen, macht jedoch nur vage Anspielungen, küsst ihn schließlich und verlässt ohne Erklärungen seine Wohnung wieder, um doch in die Schule zu gehen. Dort ist die erste Stunde ausgefallen, sodass ihre Abwesenheit nicht weiter aufgefallen ist. Im Klassenzimmer umrundet ein Pulk von Mädchen eine ihrer Mitschülerinnen, die von ihrem letzten Treffen mit ihrem Freund berichtet und darauf anspielt, dass sie in seinem Auto mit ihm geschlafen habe. Daraufhin diskutieren ihre Freundinnen, ob sie das Richtige getan habe oder nicht. Einige sind entsetzt angesichts ihrer Leichtfertigkeit. Sie selbst verteidigt sich und sagt, dass nicht die biologische Unschuld darüber bestimme, ob man ein ehrliches Mädchen sei. Eine ihrer Klassenkameradinnen argumentiert dagegen: „Ja sicher, frag doch mal die italienischen Männer, auf was es ihnen ankommt. Wenn du noch so bist, wie Mama dich zur Welt gebracht hat, heiraten sie dich – ansonsten nicht. Tja, so sind sie eben, die Männer."[114] Der Film zeigt hier, dass Francesca mit ihrem erwachten sexuellen Interesse kein Einzelfall ist, und macht diese Wissbegierde als altersbedingtes Phänomen sichtbar. Dabei suggeriert die Erzählung, dass die Mädchen ihren ersten sexuellen Erfahrungen ambivalent und teilweise unwissend gegenüberstehen, diese nicht selten als etwas Verbotenes erleben und Jungfräulichkeit unter ihnen nach wie vor als Prämisse für gute Chancen auf dem Heiratsmarkt gilt. Damit entsteht das Bild einer repressiven öffentlichen Sexualmoral, in deren Kontext die Schülerinnen mit ihren Fragen und Sorgen auf sich allein gestellt sind. Die Filmhandlung knüpft hier an zeitgenössische Diskussionen um die Notwendigkeit der Einführung des Aufklärungsunterrichts an Schulen an und nimmt in dieser Hinsicht eine befürwortende Position ein.[115] Diese wird in den nächsten Sequenzen untermauert, in denen der Film zu verstehen gibt, dass die Tabuisierung der Sexualität vermeintliche Fehlentwicklungen und Identitätsstörungen bei Jugendlichen auslösen könne.

Die Mädchen diskutieren über einen mysteriösen Liebesbrief, den die vorwitzige Margherita (Marilù Tolo) von einer ihrer Mitschülerinnen erhalten hat. Sie sammeln Schriftproben in der Klasse, um herauszufinden, wer dahinter steckt. Schließlich be-

---

[114] „Si, chiedilo agli italiani quello che conta più di tutto. Se sei ancora come mamma ti ha fatto gli italiani ti sposano – altrimenti nix! Eh già, bisogna conoscerli gli uomini."

[115] Vgl. Piccone Stella (1993), S. 22–31; siehe auch Wanrooij (2004), S. 179 ff.

ginnt eines der Mädchen zu schluchzen, gibt sich als Verfasserin des Briefes zu erkennen und verlässt aufgelöst das Klassenzimmer. Francesca beruhigt die weinende Freundin im Gang: „Ach, komm schon, wir wissen doch, dass es nur ein Scherz war!" Doch die Freundin versichert ihr, dass der Brief ernst gemeint war:

> Nein, es war kein Scherz! […] Mich stößt der Gedanke an Geschlechtsverkehr ab. Er demütigt, ja vergiftet die Liebe. Meine Liebe dagegen war so rein, ohne Erwartungen. Hast du so etwas noch nie gespürt? Es ist wie eine innere Last, von der ich mich befreien muss.[116]

Der Film spielt deutlich auf die lesbische Neigung von Francescas Freundin an, deren Name im Dialog nicht genannt wird. Weibliche Homosexualität wird in *I dolci inganni* zwar nicht mehr wie im unmittelbaren Nachkriegsfilm mit Kriminalität, Perversion oder dem Faschismus konnotiert (die Figuren der Nazispionin Ingrid und der Nachtclubsängerin Marina in Rossellinis *Roma, città aperta* wären hier als Beispiel zu nennen),[117] so dennoch als sexuelle Anomalie dargestellt. Der Film suggeriert, dass sich Francescas Freundin aufgrund der gesellschaftlichen Überbetonung weiblicher Jungfräulichkeit und der Dominanz einer körperfeindlichen Moral von jeglichem Lustempfinden distanziert hat und ihr sexuelles Begehren somit in eine als „makelloser" empfundene gleichgeschlechtliche Zuneigung umgelenkt hat. Hier scheint erneut die These auf, die auch in den Filmen Mastroiannis festzustellen war, nämlich, dass der vorherrschende Sexualkonservatismus Ursache für die Ausformung sexueller Anomalien und Psychosen sei.

Diese Ansicht, die sich gegen Ende der 1950er Jahre nach und nach in der öffentlichen Meinung durchsetzte, war im Prinzip nicht neu und von Sexualreformern bereits zu Beginn des Jahrzehnts vertreten worden.[118] Auch im Spielfilm war das Thema der sexuellen Aufklärung kein Novum. Beispielsweise zeigt Léonide Moguys Filmdrama *Domani è troppo tardi* (1950) Vittorio De Sica als Lehrer eines Jungeninternats und Erholungsheims, der sich mit seiner jungen Kollegin Anna (Lois Maxwell) für die Einführung von Aufklärungsunterricht an Schulen und die gemeinsame Erziehung von Jungen und Mädchen einsetzt. Diese Intention geht jedoch innerhalb der Erzählung mit einer disziplinierenden Absicht einher. So soll die schulische Sexualkunde in *Domani è troppo tardi* die Jugendlichen vor allem moralisch gegen die vermeintlich korrumpierende Erotikwelle in den Medien wappnen und zu einer „gesunden" sexuellen Entwicklung beitragen, die in die Ehe mündet. Als Gegenpol dazu wird die Gefahr der Homosexualität gezeigt, die laut Film eine Fehlentwicklung sei und

---

[116] „Non è stato uno scherzo, ero proprio sincera! […] Io disprezzo i rapporti fisici. Umiliano l'amore, lo aviliscono. Ed il mio era cosi puro, che non prendeva nulla. E possibile che tu non abbia provato una gioia simile? È come un peso dentro ha che bisogno di sfogo, di liberarsi."
[117] Vgl. Forgacs, David: Rome Open City, London 2000, S. 46–50.
[118] Fajrajzen, Stefano: L'assistenza sessuale dal punto di vista clinico, psicologico, fisiologico, etico e sociale, Mailand 1951.

durch die getrennte Erziehung von Jungen und Mädchen befördert werde. Der Film spiegelt insgesamt eine Haltung wider, die vor allem katholische Soziologen wie Pier Giovanni Grasso oder Dino Origlia in den 1950er Jahren vertraten. Richtige und falsche Sexualität sollte den Jugendlichen durch Schule, Kirche und Familie näher gebracht werden, um sie so gegen die vermeintlich schädlichen Einflüsse der Massenkultur immun zu machen.[119] Lattuadas Film markiert dagegen einen Wandel im Diskurs um die sexuelle Erziehung von Jugendlichen. Zwar bestätigt auch *I dolci inganni* die Norm der Heterosexualität, doch spricht Lattuadas Film den Teenagern hier ein Recht auf sexuelle Selbstbestimmung zu. Während *Domani è troppo tardi* das voreheliche Keuschheitsgebot für junge Frauen nicht infrage stellte, plädierte *I dolci inganni* deutlich für eine Enttabuisierung der weiblichen Sexualität auch im Jugendalter.

Nach Unterrichtsschluss trifft Francesca vor ihrer Schule auf Enrico, der sie mit dem Auto abholen will. Doch sie lehnt sein Angebot ab und sagt, sie müsse nach Hause gehen. Auch bei weiteren Begegnungen zwischen ihr und dem Architekten wird klar, dass Francesca diejenige ist, die den Verlauf ihrer Beziehung bestimmen will. Sie geht letztlich nicht nach Hause, sondern besucht ihre Freundin Maria Grazia (Juanita Faust), die tagsüber in der Schule gefehlt hatte. Diese ist schlecht gelaunt und will alleine sein, sodass Francesca mit deren Mutter, einer Gräfin und Inhaberin eines Modesalons, Besorgungen macht. Die *Contessa* fühlt sich an der Seite Francescas wieder jung. Diese erzählt ihr von einer vermeintlichen Freundin, die sich in einen älteren Mann verliebt habe, womit sie Bezug auf sich selbst und ihre Leidenschaft für Enrico nimmt. Die Gräfin unterbreitet Francesca daraufhin ihre eigenen emanzipierten Ansichten in Sachen Sexualität. Diese, so erklärt sie Francesca, gehöre zur Verliebtheit dazu und müsse auch vor der Ehe ausprobiert werden:

---

[119] Vgl. Origlia, Dino: I rapporti sessuali fuori del matrimonio, Mailand/Turin; ders.: Psicologia dell'età evolutiva, Mailand 1950; ders.: Problemi psicologici e pedagocici della scuola media, Rom 1955; Grasso, Pier Giovanni: Gioventù di metà secolo: Risultati di un'inchiesta sugli orientamenti morali e civili di 2000 studenti italiani, Rom 1954; siehe auch Piccone (1993), S. 22 ff. Ein ähnlicher Aufklärungsdiskurs ist parallel in anderen europäischen Ländern, wie Frankreich und der BRD, zu verzeichnen und schlägt sich auch in der dortigen Filmproduktion nieder. Zudem wurde auch Moguys *Domani è troppo tardi* rege und kontrovers in Frankreich diskutiert. Prominentes Beispiel für die BRD ist der Film *Anders als du und ich* (1958) von Veit Harlan. Zur Sexualitätsdebatte allgemein vgl. Herzog, Dagmar: Die Politisierung der Lust. Sexualität in der deutschen Geschichte des 20. Jahrhunderts, München 2005, S. 127 ff. und 143 ff. Für Frankreich siehe Mossuz-Lavau, Janine: Le lois de l'amour: les politiques de la sexualité en France 1950–2002, Paris 2002; Rebreyend, Anne-Claire: Intimités amoureuses: France 1920–1975, Toulouse 2008. Speziell zu den französischen Diskussionen über Jugenderziehung und Sexualität liegen bisher nur wenige Arbeiten vor. Eine Forschungslücke, die derzeit Sonja Levsen mit ihrer an der Universität Freiburg entstehenden Habilitationsschrift „Autorität und Demokratie. – Debatten über die Erziehung der Jugend in Deutschland und Frankreich, ca. 1945–1970" bearbeitet.

Contessa:	Wie läuft es mit dem Sex?
Francesca:	Aber da läuft doch nichts!
Contessa:	Warum?
Francesca:	Diese Freundin ist so alt wie ich!
Contessa:	Und? Was heißt das denn schon? Lies' mal den Kinsey-Report!
Francesca:	Aber meine Freundin hat gehört, dass die körperliche Leidenschaft die wahre Liebe zerstört....
Contessa:	Ich frage mich, wer deiner Freundin so einen Unsinn erzählt hat. Der kann ja nicht ganz normal gewesen sein! [...] Die Liebe gibt es nicht in Stücken, hier das Herz und da der Körper. Die Liebe ist ganzheitlich, lüstern, besitzergreifend und universell wie die Schwerkraft oder der Durst! Wie willst du denn wissen, ob du einen Mann wirklich liebst, wenn du ihn nie ganz kennenlernst, bevor du ihn heiratest?[120]

Die *Contessa*, die während ihrer gemeinsamen Autofahrt mit Francesca durch Rom alle bestehenden Verkehrsregeln bricht und schließlich einen Unfall verursacht, präsentiert der Film als Frau, die sich Konventionen und dominanten Moralvorstellungen widersetzt. Zugleich wird sie als Repräsentantin der dekadenten Adelsschichten gezeigt, die nach der Wende zur Republik 1946 vor allem innerhalb der Linken mit sexuellen Ausschweifungen und Unmoral konnotiert wurden. Bei ihrer eigenen Tochter, zu der sie kein gutes Verhältnis hat, stoßen ihre liberalen Einstellungen und ihre Kenntnisse des Kinsey-Reports auf Ablehnung. Maria Grazia schämt sich für ihre freizügige und jugendlich daherkommende Mutter. Zwar bleibt die Figur der Gräfin dennoch einem positiven Bild verhaftet, doch wird dieses durch ihre Darstellung als Ausnahmefigur ein Stück weit abgeschwächt.

Durch die *Contessa* lernt Francesca den Schauspieler Renato kennen, der sie in die Stadtresidenz seiner adeligen Geliebten und Gönnerin Lavinia einlädt, die auf Francescas Besuch jedoch eifersüchtig reagiert und die beiden alleine lässt. Mit Renato und Lavinia zeigt der Film eine Paarkonstellation, die eine Umkehr der Geschlechterhierarchie beschreibt, die hier weiblich dominiert ist, während Renato die passive und abhängige Position als Lavinias Gespiele und Latin Lover zufällt. Francesca erzählt Renato von ihrem Traum und sagt ihm, dass sie sich noch nicht entschieden habe, ob sie ihre erste Erfahrung mit Enrico machen wolle oder nicht. Von Renato erfährt sie, dass er aufgrund der Armut seiner Familie auf den Strich gehen musste.

---

[120] „Contessa: Come vanno col sesso? Francesca: Ma, non c'è niente! Contessa: Perche? Francesca: È una della mia età! Contessa: E che vuol dire? Leggi il rapporto Kinsey! Francesca: Ma alla mia amica hanno spiegato che i rapporti fisici distruggono l'amore, e che....Contessa: Oh, ma non so chi abbia potuto spiegarle una cosa simile, ma deve certo essere stato un anormale! [...] Certo l'amore non si compra a fette, il cuore da una parte e il corpo dall'altra. L'amore è completo, goloso, possessivo, universale, universale come la gravità, come la sete! Come vuoi sapere se vuoi bene ad un' uomo se prima non lo conosci a fondo?"

„Denk nur, ich habe mich damals Bobby nennen lassen, wie ein dreckiger Hund, in einem Drecksgeschäft."[121] Nun sei er zwar als Schauspieler erfolgreich, aber Lavinia schäme sich seiner und stelle ihn bei ihren adeligen Freunden als Gigolo bloß, dennoch würde er sie lieben.

Über die Figur des Renato spricht der Film ein Thema an, das im Übergang zu den 1960er Jahren in den Medien an Sichtbarkeit gewann, nämlich das der männlichen Prostitution. Diese hatte unterschiedlichste soziale Ursachen, zu denen im Wesentlichen die hohe Arbeitslosigkeit beitrug. Parallel nahm die Zahl ungelernter Arbeitskräfte durch die Abwanderung der Landbevölkerung in die Städte ständig zu, was zur sozialen und materiellen Verelendung ganzer Familien in den schlecht angebundenen Trabantenstädten der Peripherien führte. Zugleich sorgten der boomende Tourismus und der Mythos Italiens als Land männlicher Schönheit für die entsprechende Nachfrage nach männlicher Sexarbeit.[122] Literarisch hat Pier Paolo Pasolini dieses Milieu der *borghate* und das Leben der Stricherjungen in Romanen wie *I ragazzi di vita* (1955) und *Una vita violenta* (1959) verarbeitet, aber auch in Filmen und in der Presse der frühen 1960er Jahre war das Problem der männlichen und weiblichen Prostitution präsent.[123] In liberalen Zeitschriften wie *L'Espresso* oder *L'Europeo* wurden diese Themen als Kehrseite der öffentlichen Tabuisierung von Sexualität und als weitere Anomalie einer prüden Gesellschaft dargestellt, die katholischen Moralvorstellungen verhaftet blieb.[124] Damit macht die Filmerzählung zudem deutlich, dass das freie Ausleben der eigenen Sexualität in Italien abhängig vom sozialen Status der jeweiligen Person war. Sexualität wurde in der Öffentlichkeit vor allem für diejenigen zur Sünde, die ihren Körper als wirtschaftliche Ressource einsetzen und verkaufen mussten. Wie ehedem waren Frauen aus weniger wohlhabenden Familien aus versorgungstechnischen Gründen und aufgrund fehlender Bildungschancen sowie einer konservativen Arbeitsmarktpolitik auf die Ehe angewiesen.[125] Da voreheliche sexuelle Kontakte die Heiratsaussichten deutlich schmälerten und mit dem Ruf der Prostitution verbunden waren, konnten sexuelle Erfahrungen nur heimlich stattfinden und waren mit Verbot und Sünde behaftet.[126] Größere sexuelle Freiheiten beziehungsweise

---

[121] „Ho fatto tutto, pensa che allora mi sono fatto chiamare Bobby, come un cane, per un mestiere da cane."

[122] Vgl. Aldrich (1993).

[123] So zum Beispiel in den Filmen *La notte brava* (1957), *Un maledetto imbroglio* (1959), *Nella città l'inferno* (1959), *Adua e le compagne* (1960), *Accattone* (1961), *Mamma Roma* (1962).

[124] Vgl. Sforzino, Paolo: Maschi o femmine non si nasce: Il sesso travestito, in: L'Espresso, 3.7.1960, S. 11; Gambino, Antonio: Il peccato maschile, in: L'Espresso, 2.4.1961, S. 12–13; Serini, Marialivia/Zanetti, Livio: Rapporto morale su Roma: Perché sono ragazzi di vita, in: L'Espresso, Nr. 15, 9.4.1961, S. 17–19.

[125] Vgl. Morris (2006), S. 11.

[126] Vgl. Parca (1961).

ein angstfreies Erfahren der eigenen Sexualität gehörten daher für Frauen der städtischen Oberschichten bereits eher zur Normalität als für die Töchter des Kleinbürgertums, wie nicht nur Film und Literatur, sondern auch die Presse des Zeitraums suggeriert:

> Die Mädchen, die aus diesem kleinbürgerlichen Milieu kommen, sind die unzufriedenen Vestallinen der vorehelichen Enthaltsamkeit. Die Mädchen, die von ihren Eltern weder zum Arbeiten in die Fabrik noch an die Universität geschickt werden, weil ‚eine Frau heiraten und Kinder kriegen muss'. [...] Für diese Mädchen ist die Jungfräulichkeit ein wirtschaftliches Gut, das nur gegen einen entsprechenden Gegenwert einzutauschen ist: die Ehe.[127]

Bezeichnenderweise kommt auch Lattuadas Protagonistin aus wohlhabenden bürgerlichen Verhältnissen, in denen sie keine existenziellen Ängste belasten und die es ihr ermöglichen, einen höheren Bildungsweg einzuschlagen, sodass ihr der Weg in die finanzielle Unabhängigkeit und Berufstätigkeit bereits geebnet ist und ihr darüber hinaus einen unbekümmerten Umgang mit Sexualität ermöglicht.

Als Renato Francesca zwischenzeitlich allein lässt, um nach seiner Freundin zu sehen, macht die Schülerin einen Streifzug durch den herrschaftlichen *palazzo* und kommt schließlich zufällig an dem Zimmer vorbei, wo die beiden gerade miteinander schlafen. Durch die offene Tür beobachtet sie die für die Zuschauer unsichtbare Liebesszene. Das scheint sie in ihrer Lust und Neugier auf eine eigene sexuelle Erfahrung zu bestärken. Sie verlässt das Haus und ruft von einer Bar aus Enrico an, der allerdings nicht zu Hause ist. Die nächste Szene zeigt Francesca im Auto ihres Bruders Eddy bei einer gemeinsamen Fahrt nach Frascati, wo sie nachmittags zusammen mit Freunden, die in ihren Autos vor ihnen herfahren, einen neuen Plattenladen aufsuchen wollen. Der Film präsentiert die Jugendlichen in diesen Sequenzen als eine homogene Altersgruppe, die bestimmte Interessen (Popmusik) und Verhaltensweisen zeigt, die mit Übermut, Unvernunft und Unabhängigkeitsstreben konnotiert werden. Die Freunde stacheln Eddy zu einem Autorennen an, doch Francesca bittet ihren Bruder, an der alten Landvilla Enricos vorbeizufahren, den sie prompt vor seinem Anwesen treffen. Nach einer Hausbesichtigung lädt er die Geschwister zum Abendessen ein. Eddy fühlt sich angesichts des offensichtlichen Flirts zwischen seiner Schwester und Enrico überflüssig und lässt die beiden alleine.

Auf dem Weg ins Dorf, wo sie Einkäufe für das Abendessen erledigen wollen, macht Francesca dem Architekten ein Liebesgeständnis. Auch Enrico gibt zu, dass er sich in sie verliebt hat. Als sie wieder in seinem Haus angekommen sind, schlafen sie

---

[127] „Le ragazze provenienti da questo tipo di piccola borghesia, quelle che la famiglia non manda né in fabbrica né in ufficio né all'Università, perché „una donna deve sposarsi e fare la mamma" sono le ormai poche e scontente vestali dell'integrità prematrimoniale [...] per queste ragazze la verginità è un bene economico da barattare soltanto dietro un certo compenso, il matrimonio." Cederna, Camilla/Risé, Claudio: Le vergini d'azienda, in: L'Espresso, 22.3.1964, S. 19.

miteinander. Zwar ist dies im Film nicht explizit zu sehen. Doch verschiedene Einstellungen zeigen die beiden Protagonisten nach dem Sex nebeneinander im Bett liegend. Francesca ist nachdenklich, während Enrico bereits von Heirat spricht und Pläne für eine gemeinsame Zukunft schmiedet. Er bezeichnet Francesca als ein „kleines, liebes Ding, das es zu beschützen gilt"[128] und malt sich aus, wie sie gemeinsam ein Landhaus bewohnen würden, in dem er für sie sorgen könne:

> Wir werden glücklich sein, in einem Bauernhaus am See. Wir werden ein Himmelbett haben und einen Kühlschrank voller Obst. Und der Gärtner wird dir jeden Morgen einen Strauß Blumen bringen. Und du, noch halb verschlafen, wirst sagen: „Danke Giuseppe, ich werde die Blumen später in eine Vase stellen." Dann trollst du dich zurück ins Bett wie ein Kätzchen. Und nachmittags gehen wir segeln, wie in deinem Traum.[129]

Enrico konstruiert somit eine Zukunft für Francesca, in der sie eine passive, an den häuslichen Bereich gebundene Position einnimmt. Doch mit diesem Bild kann sich die Jugendliche offensichtlich nicht identifizieren. Sie scheinen diese Aussichten nicht zu begeistern und sie zeigt auch nicht mehr die schwärmerische Verliebtheit für Enrico. Stattdessen bittet sie ihn, sie nach Hause zu begleiten. Enrico ahnt bereits, dass Francesca seine Vorstellungen von einer zukünftigen Beziehung nicht teilt und reagiert gekränkt auf ihre schwindende Zuneigung. Er bringt sie mit seinem Wagen zurück zur Wohnung ihrer Eltern nach Rom. Francesca versichert ihm, dass sie ihn anrufen werde. Doch der Architekt glaubt ihr nicht und fährt beleidigt davon. Wieder in ihrem Zimmer angekommen, betrachtet sich Francesca im Spiegel. Der Film endet somit dort, wo die Protagonistin zu Beginn der Handlung mit dem Wunsch aufgewacht ist, ihre erste sexuelle Erfahrung mit Enrico zu machen, und wohin sie wieder zurückkehrt, nachdem sie sich diesen Wunsch erfüllt hat. War sie zunächst davon überzeugt, dass sich durch dieses Erlebnis ihr ganzes Leben verändern würde und Enrico ihre große Liebe sei, merkt sie schließlich, dass diese Vorstellung eine Illusion war – *un dolce inganno*, eine süße Täuschung, wie der italienische Filmtitel suggeriert. Sie realisiert, dass sie keinen Mann fürs Leben gesucht hat, sondern allein ein sexuelles Abenteuer.

Es ist diese Konsequenzlosigkeit von Francescas Affäre mit Enrico, die *I dolci inganni* 1960 zu einem sexualitätsgeschichtlich markanten Film macht. Ihre Relation wird nicht als moralischer Fall Francescas gezeigt, der durch eine Heirat oder Bestra-

---

[128] „[...] una piccola cosa cara da proteggere."
[129] „Staremo bene insieme, c'è una fattoria al lago. Sarà la nostra casa. Avremo un letto con le colonne. E un frigorifero pieno di frutta. E il giardiniere ti porterà ogni mattina un mazzo di fiori. Tu mezza addormentata gli dirai, grazie Giuseppe. Lo aggiusterò dopo. Poi ti tornerai nel letto come un gattino. Un raggio di sole ti farà chiudere gli occhi. Nel pomeriggio andremo in barca come nel tuo sogno di sta mattina."

fung wieder ausgeglichen werden muss, sondern als selbstbestimmte Entscheidung der Jugendlichen. Es tauchen keine Brüder oder Väter auf, die ihre Familienehre in Gefahr wähnen. Francesca wird für ihr freizügiges und autonomes Handeln nicht kritisiert. Ihre Jungfräulichkeit ist keine Ressource auf dem Heiratsmarkt oder Garant männlich dominierter Machtbeziehungen. Vielmehr entwirft der Film mit Spaak das Bild einer aktiven und befreiten weiblichen Sexualität, ohne diese negativ darzustellen.

La noia

Auch in Damiano Damianis italienisch-französischer Koproduktion *La noia* (1963) nach dem gleichnamigen Roman von Alberto Moravia[130] verkörperte Catherine Spaak den Typ der *ninfetta*, die keine Tabus kennt und ihr männliches Gegenüber in eine Krise stößt, ohne dafür bestraft zu werden. Moravias 1960 publizierter Roman war aufgrund seiner expliziten erotischen Beschreibungen scharf von der katholischen Kirche verurteilt worden, was seinem weltweiten Publikumserfolg allerdings keinen Abbruch tat. Auch die von Carlo Ponti produzierte Verfilmung des Stoffes war erwartungsgemäß im In- und Ausland erfolgreich, was unter anderem auf die hochkarätige, internationale Starbesetzung zurückzuführen war. Neben Spaak waren Bette Davis, Horst Buchholz und Isa Miranda in den Hauptrollen zu sehen.

Wie schon seine literarische Vorlage, rief der Film einiges an Kritik hervor – zumal Spaak hier auf einer im Film gezeigten Fotografie für wenige Sekunden nackt über die Leinwände flimmerte. Laut der katholischen *Rivista del Cinematografo* sei Damianis Werk das Produkt einer „frevelhaften", „schändlichen" und „krankhaften" Filmproduktion. Die kirchliche Filmaufsichtsbehörde *Centro Cattolico Cinematografico* bewertete *La noia* als „nicht zu empfehlen" (*escluso per tutti*) und schloss ihn somit für Vorführungen in den Pfarreikinos aus.[131] Sowohl der Roman als auch dessen Verfilmung seien Ausdruck der zunehmenden Senilität Moravias, der mit seinen jüngsten literarischen Werken keine Kunst, sondern Pornografie produziert habe:

> Moravia ist in seinem Wirken kaum noch von künstlerischem Interesse geleitet, sondern bewegt sich an der Schwelle zur Pornografie, die er mit kulturellem Anspruch verschleiert und als soziopsychologische Erzählstrategie maskiert. Er mag damit die vorbehaltlose Begeisterung der Porno-Ästheten und Befürworter der Erotik-Kultur wecken. Wer aber

---

[130] Moravia, Alberto: La noia, Mailand 2007 [1960].
[131] Angelicchio, Francesco: Una stagione nera del cinema, in: Rivista del cinematografo, Nr. 2 (1964), S. 58–59 u. 62; zur katholischen Filmpolitik der frühen 1960er Jahre siehe auch: Michelone, Guido: Cattolici e cinema, in: De Vincenti (2001), S. 505–515.

Spekulation von echter künstlerischer Ausdruckskraft unterscheiden kann, der wird davon gänzlich unbeeindruckt bleiben.[132]

Alberto Moravia war neben Pasolini einer derjenigen prominenten Intellektuellen, die Anfang der 1960er Jahre lautstark in die öffentliche Diskussion um eine kulturelle Modernisierung und sexuelle Liberalisierung eingriffen.[133] So liest sich auch sein Roman als ein Abgesang auf die patriarchalische Ordnung. Der Erfolg des Werks auf der einen und dessen negative Rezeption im katholisch-konservativen Lager auf der anderen Seite dokumentieren erneut die bestehenden gesellschaftlichen Spannungen zwischen progressiven Impulsen und traditionellen Gesellschaftsstrukturen im *boom economico*.

Im Zentrum der Filmhandlung steht der männliche Protagonist Dino (Horst Buchholz). Dieser lebt vom Vermögen seiner verwitweten Mutter (Bette Davis) als Maler in einer heruntergekommenen Mansarde in dem traditionellen Künstlerviertel um die Via Margutta in Rom. Im Nachbarappartement wohnt der alte Maler Balestrieri (Leonida Repaci), der regelmäßig Besuch von der siebzehnjährigen Cecilia (Catherine Spaak) bekommt, die für ihn Modell steht und seine Geliebte ist. Cecilia flirtet auch mit Dino. Jedes Mal, wenn sie den Innenhof des Hauses überquert, um zu Balestrieri zu gehen, schaut sie zu Dinos Mansarde hinauf und lächelt ihm schäkernd zu. Nach dem plötzlichen Tod des alten Malers entwickelt sich eine Affäre zwischen Cecilia und Dino. Als dieser dahinterkommt, dass Cecilia noch eine zweite Liebesbeziehung mit dem Schauspieler Luciani führt, gerät er in eine Krise und will die junge Frau mit allen Mitteln allein für sich gewinnen. Bald muss er jedoch einsehen, dass er sie weder mit Geld noch mit einem Heiratsantrag an sich binden kann. Als er keinen Ausweg mehr aus der Spirale von Liebe und Eifersucht sieht, versucht er, sich umzubringen.

Sowohl Moravias Roman als auch der Film Damianis schwammen auf der Lolita-Welle der frühen 1960er Jahre, die mit der Verfilmung von Nabokovs Roman durch Stanley Kubrick 1962 einen weiteren Höhepunkt erreichte.[134] *La noia* präsentiert dem Leser die siebzehnjährige Cecilia als eine nicht näher bestimmbare Weiblichkeit

---

[132] „Il più delle volte, infatti, gli interessi di Moravia non coincidono con quelli dell'arte, ma si arrestano alle soglie di un pornografismo ammantato di pretese culturali e di esigenze socio-psicologiche che se riescono a suscitare l'incondizionato entusiasmo dei porno-esteti e dei sostenitori dell'eroto-cultura, lasciano del tutto indifferenti quanti sappiano obiettivamente valutare e distinguere serenamente la speculazione dalle autentiche esigenze espressive." Vgl. Ciacio, Giacinto: Il disprezzo e La noia, in: Rivista del cinematografo, Nr. 1 (1964), S. 43–44.

[133] Vgl. Moravia, Alberto/Piovene, Guido: Liberi di stare insieme, in: L'Espresso, 30.4.1961, S. 11.; Gambino, Antonio: L'ondata sensuale. Un dibattito sulla morbosità, in: L'Espresso, 18.10.1959, S. 6–7.

[134] Zur Rezeption des Kubrick-Films in Italien vgl. Calamandrei, Mauro: La fuga di ‚Lolita', in: L'Espresso, 17.6.1962, S. 11–13.

zwischen Frau und Kind. Der Protagonist beschreibt sie als „Heranwachsende von der Taille aufwärts und Frau von der Taille abwärts".[135] Cecilias Körper ist der Körper der Kindfrau: Er lässt sich auf keine eindeutige Bedeutung festlegen und wird innerhalb der Erzählung mit einer Sexualität konnotiert, die traditionelle moralische Grenzen überschreitet. Diese ambivalente Weiblichkeit visualisiert der Film über die Starfigur Catherine Spaaks, die durch ihr Image bereits ein transgressives Moment mit in den Filmtext hineinbrachte. Während sich die Narration aus der Sicht des männlichen Protagonisten entwickelt, dominiert Spaaks/Cecilias Körper die visuelle Ebene des Films. Sie treibt die Handlung von Anfang an aktiv voran und bestimmt ihren Verlauf. Doch dabei erscheint ihre Figur nie so plastisch und greifbar wie beispielsweise die der *maggiorata* Sophia Loren in den Komödien der 1950er Jahre, sondern eher flüchtig, oberflächlich und nur in groben Linien fassbar. Zusammen mit dem Protagonisten, der ihr immer wieder Fragen nach ihrer Vergangenheit, ihrer Liebschaft mit Balestrieri, ihren Gefühlen und Gedanken sowie nach den Motivationen ihres Handelns stellt, wird der Zuschauer in die Situation versetzt, nach dem eigentlichen Wesen Cecilias hinter dieser Oberfläche zu forschen und ihre Weiblichkeit genauer bestimmen zu wollen. Doch weder dem Protagonisten Dino noch den Zuschauern gelingt es, sich ein vollständiges Bild von Cecilia zu machen. Ihr Charakter bleibt offen und undefiniert. Das unterstreicht der Film in mehreren Sequenzen, zum Beispiel durch eine Reihe von Kamerashots auf die vielen Aktgemälde, die der Maler Balestrieri von Cecilia in unterschiedlichsten Posen mal holzschnittartig, mal detailliert und aus immer neuen Perspektiven angefertigt hat. Sie sind eine visuelle Metapher für den Versuch, ihr weibliches Wesen zu deuten und diesem eindeutige Konturen zu geben (Abb. V.3).

Auf der Ebene der filmischen Genderkonstruktion entsteht mit der Kindfrau Cecilia somit eine Weiblichkeit, die sich einer Konnotation mit traditionellen Bildern ihres Geschlechts verweigert. Wie der Film weiter suggeriert, kann sich auch ihr jeweiliges männliches Gegenüber nicht mehr in der vormals etablierten Geschlechterdichotomie verorten und muss seine Maskulinität neu bestimmen. Am Starkörper Spaaks wird in *La noia* das Kräfteverhältnis zwischen den Geschlechtern neu verhandelt, das hier vor allem im Bereich der Sexualität gemessen wird. Der Film greift damit zeitgenössische Diskurse um ein verändertes, weil aktives weibliches Sexualverhalten auf, das hier stereotyp auf die Figur der Heranwachsenden Cecilia projiziert wird. Das Narrativ der sexuell devianten *ninfetta* dient jedoch nicht der Bestätigung einer um voreheliche Keuschheit, Ehe und Mutterschaft kreisenden weiblichen Norm, die den Schritt ins Erwachsenenalter markiert. Vielmehr zeigt *La noia* mit der Figur Cecilias die Existenz alternativer Weiblichkeitsmodelle auf, die im zeitgenössischen Kontext vor allem in der Jugendkultur sichtbar wurden. Sie flirtet unbekümmert, hat

---

[135] „Adolescente della vita in su, donna della vita in giù." Moravia (2007), S. 108.

wechselnde Beziehungen und zeigt damit ein Verhalten, das überwiegend männlich konnotiert war. Die weibliche Aneignung dieser Handlungsweisen geht – ähnlich wie in den Filmen Mastroiannis – mit der Darstellung einer krisenhaften Männlichkeit einher, wobei auch hier der Appell zu einer Wiederherstellung männlicher Dominanz ausbleibt.

Abb. V. 3

Cecilia wird gleich zu Beginn des Films als Femme fatale eingeführt, die alle Männer, die ihr gegenübertreten, ins Verderben führt. Zu Beginn des Films sehen die Zuschauer, wie Cecilia, nachdem sie Dino im Treppenhaus kokettierend zugelächelt hat, Balestrieris Wohnung betritt. Nur wenig später im Film zeigt eine analoge Einstellung, wie Balestrieris Sarg aus dem Appartement die Treppe hinuntergetragen wird. Auch auf Dialogebene wird der Tod des Künstlers in mehreren Sequenzen mit Cecilia in Verbindung gebracht. Wie Dino durch den Klatsch der Nachbarschaft in der Bar erfährt, sei Balestrieri an einem Herzinfarkt gestorben, während er mit seiner Geliebten Sex hatte: „Sie haben beide nackt vorgefunden. Sogar der Arzt hat gesagt, dass es das Mädchen war, die ihn umgebracht hat!" Und auch die Frau des Malers warnt Dino: „Mein Mann ist gestorben, weil sie ihm das Herz gebrochen hat. Er hat mir von diesem Mädchen erzählt! Er sagte immer: Die wird mir den Tod bringen!"[136]

---

[136] „Li hanno trovati tutti i due nudi. Perfino il medico ha detto alla ragazza che è stata lei ad ammazzarlo!"; „Mio marito è morto per il crepacuore che lei gli ha fatto venire. Lui mi parlava di quella ragazza! Mi diceva sempre: ,Quella sarà la mia morte!' Selo sentiva nelle ossa."

Das Bild einer durch Cecilia ausgelösten männlichen Krise entsteht auch mit ihrem dahinsiechenden, stummen Vater, der Krebs hat und eifersüchtig auf die Liebschaften seiner Tochter reagiert. Und auch ihren Freund Luciani, der im Film jedoch nur flüchtig auftaucht, treibt sie zur Verzweiflung, als sie ihn während des gemeinsamen Urlaubs mit einem anderen Mann betrügt. Am deutlichsten zeigt sich die männliche Krise jedoch am Beispiel Dinos, den der Film bereits als labile Figur in die Handlung einführt. Die Anfangssequenzen zeigen ihn in seinem Atelier beim Zerstören seiner jüngsten Gemälde. Daraufhin besucht er seine Mutter in ihrer Villa auf der Via Appia Antica und sagt ihr, dass er mit der Malerei Schluss gemacht habe, da er kein wirklicher Künstler sei und lediglich aus Langeweile male. Wie der Regisseur Damiano Damiani in einem Interview über seinen Film betont hat, liegt das Dilemma des Protagonisten, die Langeweile (*la noia*), in seinem materiellen Wohlstand, der ihm einerseits alle Möglichkeiten eröffnet, andererseits aber auch die Beliebigkeit seiner Existenz vor Augen führt.[137] Der Film dokumentiert hier die zeitgenössisch auch in der Presse vielfach zitierte Wahrnehmung eines Sinnverlusts und Verfalls traditioneller Werte vor dem Hintergrund des zunehmenden Materialismus im *boom economico* sowie im Zeitalter des nuklearen Wettrüstens im Kalten Krieg. In Dinos Appartement hängen verschiedene Zeichnungen und Fotografien von Atompilzen.

Im weiteren Verlauf des Films wird deutlich, dass es vor allem die durch Cecilia ausgelöste Destabilisierung patriarchalischer Strukturen und damit einhergehend die Verwischung eindeutig männlicher und weiblicher Verhaltensmodelle ist, die Dinos Identitätskrise auslösen. Das zeichnet sich bereits in der Beziehung zwischen ihm und seiner Mutter ab. Dino will sich von seinem geerbten Reichtum distanzieren, weigert sich, die Verantwortung für das Vermögen seiner Familie zu übernehmen, und lässt die Besitztümer stattdessen von seiner Mutter verwalten. Doch sein vermeintlich autonomes Künstlerdasein ist eine Illusion, da er immer wieder auf das Geld der Mutter zurückgreifen muss und von ihr abhängig ist. Die Beziehung zwischen Dino und seiner Mutter beschreibt somit eine Umkehr der traditionellen Geschlechterhierarchie, die – wie die Zuschauer im Laufe der Erzählung erfahren - bereits die Ehe seiner Eltern kennzeichnete, in der die Mutter die Rolle der Familienernährerin übernahm. Am deutlichsten tritt Dinos männliche Verunsicherung jedoch anhand seiner Relation zu Cecilia hervor.

Als er nach dem Besuch bei der Mutter wieder in seine Stadtwohnung zurückkehrt, begegnet er im Treppenhaus dem Trauerzug Balestrieris. Die Neugier treibt Dino in die offen stehende Wohnung des Alten, wo er eine ganze Galerie von Aktgemälden vorfindet, die immer dasselbe Modell zeigen – Cecilia. Diese ist ebenfalls in der Wohnung, um ihre verbliebenen Sachen abzuholen. Sie flirtet mit Dino und

---

[137] Das Interview mit Damiano Damiani ist von der römischen Distributionsfirma Surf Film für die jüngste DVD-Edition des Films produziert worden und auf dieser veröffentlicht.

schlägt ihm vor, für ihn Modell zu stehen. Daraufhin lädt er sie in seine Wohnung ein, gesteht ihr aber, dass er kein wirklicher Künstler sei. Darüber hinaus wisse er, dass sie ihn verführen wolle: „Seit drei oder vier Monaten lächeln Sie mir zu, wenn wir uns begegnen. Sie wollten mir zeigen, dass Sie bereit sind, dasselbe mit mir zu tun wie mit Balestieri, nicht wahr?"[138] Cecilia bejaht seine Vermutung. Obwohl Dino ihr versichert, dass er kein Interesse an ihr habe und ihn jede Frau früher oder später langweile, entwickelt sich eine Affäre zwischen ihnen. Doch schon bald verfällt Dino wieder in die gewohnte Gleichgültigkeit. Er sieht in Cecilia lediglich eine weitere Sache, die er ohne Weiteres haben kann. Den Objektstatus, den sie in seinen Augen angenommen hat, visualisiert der Film in einer Einstellung, die Cecilia am Strand zeigt (Abb. V.4). Sie liegt rücklings mit gespreizten Beinen auf einer Luftmatratze in der Brandung. Die Kamera, die hier die Perspektive des männlichen Protagonisten zum Ausdruck bringt, schwenkt von ihrer Figur auf ein Stück Treibholz, das neben ihr im Sand liegt und dieselbe Form hat wie ihr Körper. In der folgenden Szene sieht man die beiden erneut in Dinos Wohnung. Er liegt wie ein Pascha auf dem Sofa und macht sich einen Spaß daraus, sie herumzukommandieren. Obwohl Cecilia verärgert auf sein Gehabe reagiert, wähnt er sich in der Position desjenigen, der die Beziehung zwischen ihnen lenkt. Nach einiger Zeit entscheidet er sich dazu, sein Verhältnis mit Cecilia zu beenden.

Abb. V. 4

Doch das Blatt wendet sich, als er die Jugendliche zufällig mit einem anderen Mann und offensichtlich verliebt durch die Stadt flanieren sieht. Dino realisiert, dass er sich ein falsches Bild von seiner Geliebten gemacht hatte und ihr Verhältnis nie jenes gewesen ist, für das er es hielt – nämlich eine von ihm dominierte Beziehung. Dino fängt an, ihr nachzuspionieren. Als er Cecilia vor der Wohnung des anderen, des Schauspielers Luciani, abfängt, sagt sie ihm frei heraus, dass sie ein Verhältnis mit diesem habe. Dino ist außer sich vor Wut und beschimpft sie als Hure. Cecilia ist sich

---

[138] „Sono tre o quattro mesi che Lei mi sorride quando mi incontra, per farmi capire che è pronta di fare quello con me che faceva con Balestrieri e che potevo contarci, mi sbaglio?"

jedoch keiner moralischen Schuld bewusst: „Ist es denn meine Schuld, dass ich mich mit euch beiden wohl fühle? Jeder von euch bereichert mich auf eine andere Art und Weise."[139] Sie reagiert verärgert auf seinen Wutanfall und schlägt ihm eine Trennung vor, da ihre Ansichten offensichtlich zu sehr voneinander abweichen würden. Doch Dino realisiert, dass er Cecilia keineswegs gleichgültig gegenübersteht, sondern sich in sie verliebt hat. Wie für den alten Balestrieri, ist Cecilia auch für ihn zur „Droge" geworden.

Er versucht, sich mit der Tatsache abzufinden, dass Cecilia nicht nur ihm „gehört", sondern auch eine andere Liebesbeziehung mit Luciani führt. Sie versteht nicht, warum ihn das derart aus der Bahn wirft: „Warum regst du dich so auf? Ich besuche dich doch noch genauso oft wie vorher."[140] Doch ihre Promiskuität stürzt Dino in eine Identitätskrise. Durch ihr männlich konnotiertes Verhalten rückt Cecilia ihn gewissermaßen in eine weibliche Position. Der Film entwirft hier eine Umkehr der gängigen Klischees von einer passiven weiblichen und aktiven männlichen Sexualität und zeigt, dass die traditionellen Weiblichkeitsstereotype, über die sich die patriarchalische Norm traditionell herstellte (Jungfrau, Mutter und Ehefrau auf der einen und die Prostituierte auf der anderen Seite), nicht mehr funktionieren.

Zunächst versucht Dino, seine Krise zu überwinden, indem er Cecilia zur Hure stilisiert. Während sie zusammen schlafen, drückt er ihr Geld in die Hand, um somit einen Besitzanspruch auf ihren Körper zu erheben und seine überlegene männliche Position wiederherzustellen. Doch alle Versuche, ihren Körper als seinen zu markieren und nach etablierten Weiblichkeitsmodellen zu definieren, scheitern. Er macht ihr schließlich einen Heiratsantrag, in der Hoffnung, sie auf diese Weise an sich zu binden und die Kontrolle über ihre Beziehung zu gewinnen. Er fantasiert von einem gemeinsamen Leben in der Villa seiner Mutter und den vielen Kindern, die er mit ihr haben wolle. Doch Cecilia reagiert abweisend auf seinen Antrag. Sie sieht keinen Grund für eine Ehe, da sie seine Vorstellungen von einer gemeinsamen Zukunft nicht teilt, und lehnt seinen Antrag ab. Im selben Atemzug sagt sie ihm, dass sie am nächsten Tag mit dem Schauspieler Luciani für zwei Wochen nach Capri fahren werde. Dino fleht sie an, nicht wegzufahren, und bietet ihr eine Geldsumme an, damit sie bei ihm bleibe. Er bedeckt Cecilias nackten Körper von Kopf bis Fuß mit Geldscheinen und sagt, sie könne alles behalten, wenn sie nur bei ihm bliebe. Doch Cecilia lehnt ab: „Es tut mir leid, Dino, aber das wird nicht möglich sein!"[141]

---

[139] „Che colpa ne ho io, se mi trovo bene con tutti e due? Ciascuno di voi mi da qualcosa di diverso."
[140] „Ma perché ti da tanto fastidio? Io verrò a trovarti come sempre e tutto sarà esattamente come era prima."
[141] „Mi dispiace, Dino, ma non sarà possibile."

Abb. V. 5

Das Bild der lachenden, am ganzen Körper mit Geldscheinen bedeckten Cecilia ist das Emblem des Films (Abb V.5). Es scheint so, als würde sie Dino und seinen verzweifelten Versuch, einen Besitzanspruch auf ihren Körper zu erheben, auslachen. Die Konnotation seines Geldes mit ihrer selbstbestimmten Weiblichkeit wirkt grotesk, sodass auch Dino schließlich in Gelächter ausbricht. Es gelingt ihm nicht, die männlich dominierte Hierarchie wiederherzustellen und die Relation zu Cecilia zu bestimmen. Sie begibt sich nicht in Abhängigkeit zu ihm und bewahrt ihre Autonomie. Der Film endet mit einer Trennung auf unbestimmte Zeit. Das offene Finale suggeriert, dass Cecilia ihr Liebesleben weiterhin so ausleben wird, wie es ihr gefällt. Dino dagegen – so eine mögliche Lesart des Films – muss sich nach seinem Selbstmordversuch neu orientieren und ein neues Verhältnis zum Weiblichen finden, wie in dem Versöhnungsgespräch mit seiner Mutter angedeutet wird.

La noia zeigt damit ein radikal verändertes Bild und Selbstbild von Weiblichkeit und weiblicher Sexualität und dokumentiert einmal mehr die zeitgenössisch einsetzenden Impulse zur Liberalisierung der Moral. Doch wurde die Figur der Cecilia aufgrund ihrer aufgeklärten Freizügigkeit als äußerst provokant wahrgenommen. Auch die Tatsache, dass der Film die Ehe als normative Beziehungsform zwischen Männern und Frauen bis zum äußersten infrage stellte, wurde scharf verurteilt, vor allem in der katholischen Filmkritik. Spaak selbst distanzierte sich in Interviews von der von ihr verkörperten Protagonistin: „Ich habe mich nie mit den Figuren identifiziert, die ich bisher auf die Leinwand gebracht habe. Da würde ich ja verrückt werden: Denk' doch nur an *La noia*! Und auf Flirts habe ich überhaupt keine Lust."[142] Der Kommentar der Schauspielerin, die auch im Hinblick auf ihren eigenen Scheidungsskandal von einem allzu moralisch fragwürdigen Image Abstand nahm, verdeutlicht die Diskrepanzen im Weiblichkeitsdiskurs dieses Zeitraums. In der Wirtschaftswundergesellschaft, die

---

[142] „Non ho mai voluto identificarmi con i personaggi che ho portato sullo schermo. Starei fresca: pensa un pò a ‚La noia'! E poi, ti pare che abbia la voglia di *flirtare*?" Testa, Carlo: Catherine Spaak si sfoga: Un mondo più grande di lei, in: Big, Nr. 19, 15.10.1965, S. 16–18.

sich von ihren moralischen Wurzeln nur langsam löste, waren Frauen, die außerhalb von Familie und Ehe nach Selbstverwirklichung suchten, nach wie vor mit sozialen Schwierigkeiten und den sittlichen Vorbehalten ihrer Umwelt konfrontiert.

La parmigiana

Die oben aufgezeigten Widersprüche waren auch das Thema in Antonio Pietrangelis Komödie *La parmigiana*. Darin ist Spaak in der Rolle der Jugendlichen Dora zu sehen, die ein von männlichen Versorgern unabhängiges Leben zu führen versucht. *La parmigiana* ist einer der wenigen italienischen Filme der *commedia all'italiana*, der aus einer dezidiert weiblichen Perspektive erzählt ist und nicht um einen männlichen Protagonisten kreist. Enrico Giacovelli hat den Film daher auch als frühes Beispiel der *commedia al femminile* beschrieben, die Ende der 1960er Jahre mit Komödien wie *La cintura di castità* (1967), *La ragazza con la pistola* (1968), *La donna scarlatta* (1969), *Dramma della gelosia – tutti i particolari in cronaca* (1970) oder *Polvere di stelle* (1973) Konjunktur hatten und Monica Vitti als populäre Komikerin etablierten.[143] Mit Spaak war in *La parmigiana* bereits Anfang des Jahrzehnts eine weibliche Figur in der männlich dominierten Komödie präsent, die sich traditionellen Erwartungen an ihr Geschlecht widersetzte und patriarchalische Normen ad absurdum führte. Damit zeigt auch *La parmigiana* den für die *commedia all'italiana* charakteristischen sozialkritischen Impetus.

Dora wächst als Waise bei ihrem Onkel, einem Priester, auf dem Land in der Nähe von Parma auf und brennt eines Tages mit ihrem gleichaltrigen Freund, dem Seminaristen Giacomo, von zu Hause durch. Bereits nach der ersten gemeinsamen Nacht im Badeort Riccione bekommt der Priesterschüler auf Abwegen kalte Füße und beschließt, zu seiner Familie zurückzukehren, um seine geistliche Karriere fortzusetzen. Dora ist nun ohne Geld auf sich allein gestellt. Angesichts der noch offenen Hotelrechnung bleibt ihr nichts anderes übrig, als sich dem Hotelier zu prostituieren, um nicht angezeigt und nach Hause zurückgeschickt zu werden. Als sie im Badeort den Lebenskünstler und erfolglosen Werbeagenten Nino Misciotti kennenlernt, geht sie mit diesem nach Rom und arbeitet als Fotomodell. Die beiden werden ein Paar. Doch Nino, der wenig Sinn für das Geschäftliche besitzt und in notorischer Geldnot ist, wird wegen Betrugs festgenommen und muss ins Gefängnis. Dora schlägt sich daraufhin eine Zeit lang alleine durch, verabschiedet sich aber schließlich von Nino im Gefängnis und teilt ihm mit, dass sie nach Parma zurückkehre. Dort besucht sie eine Freundin ihrer verstorbenen Mutter namens Amneris und deren Mann Scipio. Amneris nimmt Dora enthusiastisch auf, in der Überzeugung, sie sei eine jugendliche

---

[143] Vgl. Giacovelli (1995), S. 288. Zur Starfigur Monica Vittis vgl. Landy (2008), S. 158–163.

Unschuld vom Lande. Die Freundin der Mutter gefällt sich in der Rolle, Dora in das vermeintlich aufregende Stadtleben Parmas einzuführen. Dora lässt Amneris amüsiert in dem Glauben, sie habe noch nichts von der Welt gesehen, und lässt sich von ihr in Eiscafés, Restaurants und spießbürgerliche Tanzsalons ausführen. Dort macht ihr der etwas antiquiert daherkommende sizilianische Carabiniere Michele Pantanò den Hof und hält schließlich um ihre Hand an. Dora willigt zunächst ein – die Vorteile einer sicheren Existenz als Ehefrau kalkulierend –, merkt aber dann, dass sie sich keine Zukunft in einer Zweckehe mit Michele vorstellen kann. Sie beschließt, nach Rom zurückzukehren, um zu erfahren, was aus Nino geworden ist.

La parmigiana bricht mit einer konventionellen linearen Erzähltechnik, indem der Film abwechselnd zwei temporär versetzte Handlungsstränge fokussiert und miteinander verknüpft. Die aus der Perspektive der Protagonistin Dora erzählte Rahmenhandlung beginnt mit ihrer Ankunft in Parma und ihrem Besuch bei Amneris. Die Erzählung wird immer wieder durch Rückblenden unterbrochen. Dadurch erfährt das Publikum etappenweise Doras Vorgeschichte, wie sie von zu Hause davon läuft, Nino kennenlernt, mit ihm nach Rom geht und schließlich wieder nach Parma zurückkehrt. Die beiden Erzählstränge werden gegen Ende des Films an dem Punkt wieder zusammengeführt, als sie sich gegen die Heirat mit Michele entschließt und wieder nach Rom fährt. Für den Rezeptions- und Identifikationsprozess des Publikums bedeutet diese Erzähltechnik, dass der Zuschauer beständig mit den zwei temporär versetzten Lebenssituationen der Protagonistin konfrontiert ist und diese gegeneinander abwägen kann. Wie ich im Folgenden zeigen möchte, werden dabei unterschiedliche weibliche Lebensmodelle entworfen und gegenübergestellt. Da ist auf der einen Seite der traditionelle Weg einer finanziell abgesicherten Existenz in der Ehe, die bereits Doras Onkel, der Priester, für sie vorgesehen hatte und die sich ihr erneut während ihres Aufenthaltes bei Amneris in Parma bietet. Auch ihre mütterliche Freundin belehrt sie: „Die Sicherheit ist der Mann. Egal, ob es regnet oder schneit, der 27. eines jeden Monats kommt bestimmt."[144] Damit bezieht sie sich auf den Zahltag, an dem für gewöhnlich das Gehalt ihres Ehemannes ausgezahlt wird. Auf der anderen Seite sucht Dora den Weg in die Autonomie. Doch sie muss erfahren, wie schwierig es ist, die etablierten Bahnen zu verlassen und sich als junge Frau unabhängig von männlichen Versorgern durchzuschlagen.

Dies wird gleich zu Beginn des Films in einem ersten Rückblick in Doras Vergangenheit angesprochen. Die Szene zeigt Dora und den Seminaristen Giacomo am Flussufer, nachdem sie, wie aus dem Dialog hervorgeht, das erste Mal miteinander geschlafen haben. Giacomo hat Gewissensbisse und will wieder nach Hause zurückkehren. Sie entgegnet daraufhin, er solle sich nicht so anstellen: „Was soll ich denn erst

---

[144] „La tranquilità è l'uomo. Piova o nevichi, il 27 arriva ogni mese."

sagen? Für euch Männer ist es doch ohnehin leichter."¹⁴⁵ Hier spielt der Film bereits auf die Gefahr des sozialen Abstiegs an, der Dora aufgrund ihres Abweichens von den moralischen und gesellschaftlichen weiblichen Standards (vorehelicher Keuschheit, Heirat und Mutterschaft) droht. Der Film greift das klassische Narrativ des „gefallenen Mädchens" auf, das durch ein romantisches Abenteuer oder den Traum von einem abwechslungsreicheren Leben in Reichtum und Luxus dazu verleitet wird, den Pfad der traditionellen weiblichen Tugenden zu verlassen und sich selbst zu verwirklichen. Das italienische Nachkriegskino hat zahlreiche solcher Frauenfiguren hervorgebracht. Doch in Filmen wie *Senza pietà* (1948), *Riso amaro* (1949), *Un marito per Anna Zaccheo* (1953) oder *La Romana* (1954) bezahlten die Protagonistinnen den Zugang zur Welt des Konsums und zur eigenen Unabhängigkeit mit dem Verlust ihres sozialen Ansehens, dem Abstieg in die Prostitution oder sogar mit dem Tod. Stellten die Filme durch die Visualisierung weiblicher Devianz die etablierten Geschlechternormen zwar infrage, so reproduzierten sie die patriarchalische Ordnung letztlich doch durch die Bestrafung der Heldin oder durch deren letztliche Anpassung an traditionelle Weiblichkeitsmodelle.

In *La parmigiana* funktioniert dagegen das Motiv des Mädchens auf Abwegen nicht mehr. Das weibliche Streben nach Autonomie, Emanzipation und sozialem Aufstieg ist hier nicht mit negativen Konnotationen behaftet. Zwar führt auch Doras Abweichen von den traditionellen weiblichen Rollenmustern innerhalb männlich dominierter Gesellschaftsstrukturen in die Prostitution. Immer wieder gerät sie in Abhängigkeit zu männlichen Figuren und scheint nur durch diese an der neuen Massenkonsumkultur teilhaben zu können. Doch ist diese Darstellung nicht mit einer Korrektur von Doras Verhalten verbunden. Die Protagonistin wird nicht geläutert, indem sie zu traditionellen Weiblichkeitsmodellen zurückkehrt. Dora gelingt es vielmehr, diese Situationen zu ihrem Vorteil auszunutzen und sich immer wieder ihre Unabhängigkeit zu erkämpfen. Nicht ihr Emanzipationsstreben, ihre vermeintliche Unmoral oder materiellen Wünsche zeigt der Film als die Ursachen dafür, dass die Jugendliche sich prostituieren muss. Es ist das Fortbestehen patriarchalischer Machtstrukturen, das der Film anprangert, die mangelnden Möglichkeiten zur weiblichen Selbstverwirklichung und eine Gesellschaft, welche die soziale Rolle von Frauen auf Ehe und Mutterschaft reduziert.

Dieser Perspektivwechsel zeigt sich im Film auch durch die Kameraeinstellung. Als Beispiel eine markante Szene: Nachdem Giacomo Dora in Riccione sitzen gelassen hat, bleibt die Jugendliche zunächst einige Tage im Hotel. Beim Flanieren auf der Strandpromenade sieht sie in einem Schaufenster einen Bikini, der ihr gefällt. Ein männlicher Passant beobachtet sie und bietet ihr an, ihr den Bikini zu schenken, wenn sie ihn vor ihm anzöge. Dora weist ihn spöttisch ab: „Ja, klar! Bei Ihnen zu

---

[145] „Io che cosa dovrei dire? Per un'uomo è sempre molto più facile."

Hause, oder was?"[146] Er erwidert daraufhin, dass sie sich auch in einer Strandkabine umziehen könne. Dora wägt das Angebot ab und willigt ein, nachdem sie dem Voyeur zur Bedingung gemacht hat, dass er sie nicht anfassen dürfe: „Sonst schreie ich!" Während des Striptease in der Strandkabine zeigt die Kamera überwiegend das Gesicht des schwitzenden Spanners, der zum Objekt des Zuschauerblicks stilisiert wird. Dora ist dagegen diejenige, die in der Situation die Kontrolle behält. Als ihr Bewunderer doch zudringlich werden will, stößt sie ihn weg und verlässt zornig die Kabine: „Tut mir leid, aber abgemacht ist abgemacht! Suchen Sie sich doch eine andere."[147]

Schließlich merkt sie, dass sie sich mit ihren Geldvorräten verkalkuliert hat und die Hotelrechnung nicht mehr bezahlen kann. Der Direktor bietet ihr an, dass sie ihren Aufenthalt unbegrenzt verlängern könnte, lässt aber durchblicken, dass er dafür sexuelle Gefälligkeiten von ihr erwartet. Dora willigt trotzig ein, da sie weder angezeigt noch zurück zu ihrem Onkel geschickt werden will. Dabei stellt sie jedoch ihrerseits Forderungen, besteht auf ein besseres Zimmer und üppige Mahlzeiten.

Auch Nino, der Dora am Strand anspricht, versucht zunächst, Kapital aus ihr zu schlagen. Der Industrielle, für den er eine Werbekampagne gestalten soll, hatte ein Auge auf Dora geworfen, sodass Nino vorgibt, er würde das Mädchen kennen und könne sie als Modell für die Kampagne einspannen. Abends lädt er Dora in das Appartement des *ingegnere* ein unter dem Vorbehalt, sie für eine Werbekampagne engagieren zu wollen. Hinter ihrem Rücken hat er jedoch mit dem Industriellen abgemacht, die beiden im Laufe des Abends „alleine zu lassen". Nino hofft, dass ihm der Geschäftsmann nach dieser Gefälligkeit einen lukrativen Auftrag verschafft. Doch Dora durchkreuzt den Plan der Männer, indem sie die beiden bloßstellt und schimpfend das Appartement verlässt.

Der Film wirft einen kritischen Blick auf die Gesellschaft des *boom economico* und nimmt die Widersprüche und Verlierer des Wirtschaftswunders in den Blick. Pietrangelis Film entstand während eines historischen Abschnitts, in dem die erste Euphorie des Booms zusammen mit der Konjunktur abflaute und eine allgemeine Teuerung der Lebenshaltungskosten und der Anstieg der Arbeitslosigkeit infolge der Rezession die unteren sozialen Schichten am härtesten traf.[148] Die Männerwelt des Films, wie hier durch Nino und den feisten Industriellen repräsentiert, scheint sich in die wenigen Gewinner und die Masse der Verlierer des Booms aufzuteilen. Nino gehört zu den Letzteren. Er entschuldigt sich bei Dora und beschreibt ihr seine klägliche Situation: „Ich bin ein Unglücksrabe! Bei allen fließt das Wasser durch den Gemüsegarten, nur bei mir nicht. Der Boom, das Wirtschaftswunder? Vielleicht liegt es daran, dass

---

[146] „Naturalmente! A casa sua, vero?"
[147] „Mi dispiace tanto, i patti sono patti, se ne cerchi un'altra."
[148] Crainz (2003), S. 33 ff.

ich nicht zur Kirche gehe, aber bei mir ist noch kein Wunder geschehen!"[149] Wie er Dora versichert, hätte er sich angesichts seiner finanziellen Lage dem Industriellen auch selbst prostituiert, wenn dieser nicht schon auf sie fixiert gewesen sei. Ebenso wie Dora steht Nino außerhalb der als normal konnotierten Gesellschaft und stellt ein Gegenbild zu den hegemonialen Männlichkeitsmodellen der Boom-Ära dar. Er ist weder Sinnbild des Arbeiters und Familienernährers noch des erfolgreichen Geschäftsmannes (*uomo di sucesso*). Er gerät aufgrund seiner Armut in ein hierarchisches Abhängigkeitsverhältnis zu Männern und Frauen der oberen sozialen Schichten. Auch gegenüber Dora nimmt Nino trotz ihres Altersunterschieds keine überlegene oder väterliche Position ein. Vielmehr entsteht mit den beiden Protagonisten das Bild eines gleichberechtigten Paares. Diese Verschiebung der traditionellen Geschlechterhierarchie ist auch an anderer Stelle im Film sichtbar. Doras mütterliche Freundin Amneris führt in ihrer Ehe mit Scipio das Regiment und gesteht Dora, dass sie ihn bereits das ein oder andere Mal betrogen habe. Und auch Dora ist ihrem Verehrer und späteren Verlobten, dem Carabiniere Michele Pantanò, der in Parma um ihre Gunst wirbt, überlegen. Sie ist genervt von Micheles traditionellem Hofieren und seinen altmodischen Vorstellungen von der Ehe und seinem ebenso anachronistischen Frauenbild. Michele glaubt, in Dora sein Ideal der *donna illibata*, der unbefleckten Jungfrau, gefunden zu haben, und will sie heiraten. Alle anderen Frauen bezeichnet er als *puttane*, als Huren. Er brüstet sich vor ihr ob seines Polizisten-Berufes und schildert ihr seine wagemutigen Einsätze gegen „rote" Demonstranten. Dora behandelt ihn abschätzig und widerspricht ihm, doch Michele lässt nicht locker. In einem letzten Versuch ihn loszuwerden erzählt Dora ihm, dass sie keineswegs die jungfräuliche Braut sei, die er in ihr sehe.

Dora: Wie willst du sie haben, deine Ehefrau, hm? Rein, unbefleckt und…? Na, sag schon!
Michele: Rechtschaffen!
Dora: Bravo, eine, die ihre Ehre schon verloren hat, die willst du doch bestimmt nicht mehr haben? Hör gut zu, Pantanò: Ich bin weder rein, unbefleckt noch rechtschaffen. Also hau ab!
Michele: Sie machen wohl Scherze?
Dora: Ich unaufrichtig, korrumpiert, verloren! Verstanden?
Michele: Sie haben ein bisschen zu viel getrunken, gnädiges Fräulein…
Dora: Ich geb's dir schriftlich! Ich habe bereits mit jemandem geschlafen…
Michele: Mit einem Mann?
Dora: Nein, mit zwei, drei, vier, fünf Männern und ich könnte noch weiter zählen…[150]

---

[149] „Ma mi dici che devo fare? Che devo fare se sono un adone disgraziato? A tutti va l'acqua per l'orto, il boom, il miracolo italiano! Sarà perché non vado in chiesa, ma io mica sono stato miracolato."

[150] „Dora: Come la vuoi tu la moglie, eh? Pura, illibata e poi? Dimmi! Michele: Onesta! Dora: Bravo, quindi una disonorata non la vuoi? Tu non le parli più, non la cerchi più? Ebbene Pan-

Als Michele ihr trotzdem nicht glauben will, sieht Dora nur noch eine Chance, um ihn loszuwerden. Sie verführt ihn, damit sie als eine – nach Micheles Verständnis – entehrte Frau für eine Hochzeit nicht mehr infrage käme. Doch Dora hat sich im Bezug auf die Hartnäckigkeit ihres sizilianischen Bewunderers geirrt. Trotz ihres nunmehr eindeutig moralisch korrumpierten Status erklärt er sich ritterlich bereit, sie dennoch zur Frau nehmen zu wollen. Er hält bei Amneris um Doras Hand an. Dora willigt schließlich in die Verlobung ein, da sie nicht mehr länger bei Amneris bleiben möchte, weil auch deren Mann Scipio beginnt, ihr anzügliche Angebote zu machen. Doch sie macht vor Michele keinen Hehl aus den opportunistischen Gründen, die sie zu einer Heirat mit ihm bewegt haben: „Hör zu Michele, ich heirate dich nur, um ein ruhiges Leben zu führen. Es ist besser, dass ich nicht mehr mit Scipio unter einem Dach wohne. Und zurück zum Onkel ins Pfarrhaus? Naja, du verstehst…Aber ich weiß nicht, ob ich eine gute Ehefrau sein kann, das weiß ich ehrlich nicht!"[151] Allerdings merkt Dora schon nach kurzer Verlobungszeit, dass sie Michele nicht länger ertragen kann, gibt ihm den Laufpass und kehrt nach Rom zurück.

Michele steht innerhalb des Films für eine als rückständig und lächerlich markierte patriarchalische Kultur, welche die Erzählung stereotyp mit dem Süden, genauer: mit sizilianischer Männlichkeit assoziiert. Gegen das groteske Bild des Süditalieners und seine altmodischen Ansichten in Sachen weiblicher Sexualität hebt sich das positive Bild der Norditalienerin Dora als modern und aufgeklärt ab. Hier zeichnen sich erneut die Ethnisierung des Südens und die Stilisierung dieses geografischen Raums zum „Anderen" einer norditalienischen Modernität im *miracolo economico* ab, die auch am Beispiel der Mastroianni-Filme festzustellen sind.

In Rom sucht Dora nach Nino, der inzwischen aus dem Gefängnis entlassen worden ist. Er ist nun mit Iris verheiratet, der Besitzerin eines Grillrestaurants, die schon immer ein Auge auf ihn geworfen hatte. Dora findet ihn, als er gerade hinter den Tresen steht und die Kunden bedient, während seine Frau an der Kasse sitzt. Dora zeigt ihm ihre Enttäuschung über seine scheinheilige Ehe mit der Restaurantbesitzerin. Doch Nino rechtfertigt sich, er habe keine andere Wahl gehabt. Als er aus dem Gefängnis entlassen worden sei, habe er weder Geld noch Arbeit noch eine Bleibe gehabt: „Hätte ich etwa vor Hunger sterben sollen? [...] Ich bin doch nicht aus Liebe mit ihr zusammen! Bist du verrückt? Sie zeigt sich mir gegenüber erkenntlich, so als

---

tanò, io non sono ne illibata, ne pura, ne onesta, quindi tu – aria! Michele: Ma Lei sta scherzando? Dora: Io disonesta, corrotta, perduta! Capisci? Michele: Lo vede che ha bevuto, adesso Lei va dormire e domani. Dora: Telo metto per iscritto! Sono già stata a letto. Michele: Con un uomo? Dora: Con due, con tre, con quattro, con cinque e posso continuare."

[151] „Senti Michele, ho accettato di sposarti per vivere tranquilla, da Scipio ormai è meglio che io vada via, e dallo zio in canonica, beh, tu lo capisci…Ma non lo so se sarò una buona moglie. Onestamente non lo so!"

hätte sie mich adoptiert."[152] Die Ehe mit Iris sei die beste Lösung für ihn gewesen. Als Dora sieht, wie Nino duckmäuserisch zu seiner resoluten Frau schielt, fängt sie an, ihn schallend auszulachen: „Dann ist also eine Mama deine Zukunft!"[153]

Als Dora wieder – im doppelten Wortsinn – auf der Straße steht, kommen ihr die Tränen vor Wut und Enttäuschung. Der Film endet, wie es für die *commedia all'italiana* charakteristisch ist, in einer Mischung aus Optimismus und Zynismus. Ein Close-up auf Doras Gesicht zeigt, wie sie sich die Tränen abwischt, lächelnd auf ihr Spiegelbild in einem Schaufenster blickt und sich Lippenstift aufträgt. Das Ende suggeriert, dass Dora im Gegensatz zu Nino, der widerwillig den Weg in die Ehe gewählt hat, entschlossen ist, ihre Unabhängigkeit zu bewahren. Dass ihr dabei weiterhin Steine in den Weg gelegt werden und sie vielleicht erneut ihren Körper verkaufen muss, bleibt zu vermuten.

Dennoch zeigt das Filmende keine Bestätigung der patriarchalischen Norm, wie es beispielsweise noch für die Loren-Komödien der 1950er Jahre charakteristisch war. Doras Figur verweigert sich einer Anpassung an traditionelle Weiblichkeitsmodelle. Und auch die gesellschaftliche Rehabilitation des männlichen Protagonisten durch Arbeit und Ehe geht nicht mit der Wiederherstellung seiner Männlichkeit einher. Nino bleibt in einer abhängigen Position und ist seiner Frau untergeordnet. Ihre Relation wird mit einem Mutter-Kind-Verhältnis verglichen.

Die einsetzende Auflösung traditioneller Geschlechterhierarchien und Moralvorstellungen, die der Film sichtbar macht, stößt jedoch nach wie vor auf den Widerstand fortbestehender patriarchalischer Machtstrukturen, die im Film etwa durch den Unternehmer oder den Hotelbesitzer – die Gewinner des Booms – repräsentiert werden. Auch *La parmigiana* visualisiert damit erneut die Widersprüche der weiblichen Emanzipation und der sexuellen Liberalisierung im italienischen Wirtschaftswunder.

Wie aus den Filmanalysen hervorgeht, verkörperte Catherine Spaak im Kino der frühen 1960er Jahre eine Weiblichkeit, die mit traditionellen Rollenbildern radikal brach. Dabei ist die Fixierung ihres *ninfetta*-Images auf das Sexuelle ein wesentliches Charakteristikum ihrer Filme. Wie ich einleitend erörtert habe, ist diese Zentralität des Sex in einen zeitgenössischen Kontext einzuordnen, in dem die umfassenden Modernisierungsprozesse im *boom economico* traditionelle Moralvorstellungen erodierten. Zugleich wird ein Diskurs lauter, der das Festhalten an traditionellen Moralvorstellungen und Geschlechterhierarchien als rückständig und unmodern brandmarkt. Sexualität wurde von einem Kreis politisch eher links stehender Intellektueller, Politiker, Journalisten und Kulturschaffenden zum Maßstab für eine freie Persönlichkeitsentwicklung stilisiert. Am Beispiel der weiblichen Jugendlichen diskutierte die itali-

---

[152] Dovevo morì di fame? (...) Mica le voglio bene sai! Sei matta? Solo un po' di riconoscenza, come se m'avesse addottato."

[153] „Si vede, che c'era una mamma nel tuo futuro!"

enische Öffentlichkeit sich wandelnde Verhaltensnormen im Bereich der Sexualität. Spaaks Starimage reflektiert dies und dokumentiert zugleich, dass junge Frauen selbst als Protagonistinnen dieses Wandels agierten und die Veränderung weiblicher Rollenbilder sowie die Lockerung der konservativ geprägten Sexualmoral aktiv vorantrieben. Genauer verhandelte die italienische Öffentlichkeit anhand ihres Images einen Wandel gültiger Vorstellungen über normale und anormale weibliche Sexualität.

In Spaaks Filmen ist einerseits eine ambivalente Erotisierung ihres Körpers festzustellen, die in der zeitgenössischen Rezeption aufgrund ihres jugendlichen Alters als moralisch äußerst brisant empfunden wurde. In Spielfilmen wie *I dolci inganni*, *La noia* oder *La parmigiana*, aber auch in zahlreichen anderen Streifen wie *Il Sorpasso*, *La calda vita* oder *La voglia matta* fungiert ihr jugendlicher Körper als Lustobjekt eines männlich konnotierten Kamerablicks. Doch andererseits entziehen sich die von ihr verkörperten Frauen dieser Position immer wieder und machen ihre Erotik als männliche Projektion oder als reinen Selbstzweck sichtbar. Denn die *ninfetta* Spaak selbst ist es, die Männer verführt, in Abhängigkeit zu sich bringt und ihre eigene Sexualität aktiv auslebt. Letztere ist in ihren Filmen nicht mehr an die Ehe oder eine mütterliche Funktion gebunden. Die *ninfetta* verweigert sich einer Positionierung innerhalb der patriarchalischen Ordnung. Spaaks Starfigur brachte weibliche Sexualität auf eine für den italienischen Film völlig neue Art und Weise zur Darstellung. Die von ihr verkörperten Protagonistinnen wie Francesca, Cecilia oder Dora erleben ihre Sexualität als normales weibliches Bedürfnis und berechtigtes Lusterlebnis und nicht als Anomalie oder Sünde. Zwar wurde Spaaks Weiblichkeit, wie ich anhand ihrer Rezeption in der Presse gezeigt habe, im zeitgenössischen Kontext noch überwiegend für moralisch grenzwertig befunden. Doch zeichnet sich an ihrer Figur darüber hinaus auch ein bedeutender Wandel in der Darstellung weiblicher Sexualität ab. Nicht das Überschreiten der Norm durch die *ninfetta* bezeichnen ihre Filmplots als falsch, sondern die Rigidität des zeitgenössisch herrschenden Sexualkonservatismus.

Auch auf rein visueller Filmebene dokumentiert ihr Image eine deutliche Liberalisierung, was die Darstellung von Nacktheit und außerehelichem Sex betrifft. Bereits das Kino der 1950er Jahre hatte die Körper der *maggiorate fisiche* durch Kostüm und Kameraführung, die Brust und Hüften betonten, erotisiert zur Schau gestellt. Die Ausschnitttiefen, Wespentaillen und Rocklängen von Stars wie Loren oder Lollobrigida hatten die Grenzen des Anständigen im Bezug auf die Darstellung des weiblichen Körpers merklich gedehnt, jedoch nie überschritten. Das war zum einen auf die strenge staatliche Filmaufsicht und die Selbstzensur der Filmbranche zurückzuführen. Zum anderen zeigt sich hier das vorherrschende sexualfeindliche Klima in der Ära des *centrismo*. Doch im Übergang zu den 1960er Jahren überwand Spaak die noch bestehenden moralischen Schranken zur Nacktheit – wenn auch, nach heutigen Begriffen, in mehr als harmlos anmutender Form und jeweils nur in flüchtigen Einstellungen. Dennoch ist der Unterschied zum Film der 1950er Jahre, in dem ein Kuss bereits das höchste der Gefühle darstellte, deutlich. So waren in Spaaks Filmen beispielsweise auch Bettszenen zu sehen, wobei der sexuelle Akt nur angedeutet wurde. Dass dies bereits ein bemerkenswertes Novum war, zeigen die Urteile des katholischen *Centro Cattolico Cinematografico*, das Spaaks Filme regelmäßig als Pornografie dämonisierte. Blieb die Erotisierung ihrer Figur nicht ohne Ambivalenzen, so ist die dadurch geweckte Schaulust an Tabubrüchen und dem Erotischen in ihren Filmen doch letztlich auch an emanzipatorische Forderungen geknüpft.

Spaaks Weiblichkeit interagierte darüber hinaus mit einem neuen jugendlichen Selbstverständnis, das sich wesentlich über die Performanz einer aufgeklärten Haltung gegenüber dem Thema Sexualität konstruierte. Ihre Filme der frühen 1960er Jahre nahmen in gewisser Weise die Selbstverständlichkeit vorweg, mit der Jugendliche diese progressive Einstellung ab Mitte des Jahrzehnts über die Partizipation an der kommerziellen Popkultur etwa durch bestimmte Tanz- und Kleidungsstile oder in der Jugendpresse artikulierten. Wie auch schon am Beispiel Mastroiannis lassen sich anhand der Starfigur Spaaks tief greifende Verschiebungen im Geschlechterdiskurs der frühen 1960er Jahre feststellen. Ihr Image macht zudem Jugendliche als Akteure eines kulturellen Wandels sichtbar, der jedoch noch auf starke Widerstände stieß. Anhand der Filme Spaaks wird unmittelbar deutlich, dass sich zu Beginn der 1960er Jahre bereits jene sozialen Spannungen sammelten, die sich in voller Stärke gegen Ende des Jahrzehnts in den Protestbewegungen der 68er und insbesondere der italienischen Frauenbewegung entluden und schließlich in die familienrechtlichen Reformen der 1970er Jahre mündeten.[154] Damit zeigt das Image Spaaks wie schon die Filmfiguren Mastroiannis, dass die in der italienischen Forschung dominante Darstellung des Jahres 1968 als geschlechter- und kulturhistorischer Zäsur zu relativieren ist. Vielmehr stellten die Protestbewegungen der späten 1960er Jahre den Höhepunkt eines Umbruchs dar, der bereits zu Beginn des Jahrzehnts eingesetzt hatte.

1969 war Catherine Spaak noch einmal in ihrer Paraderolle der *ninfetta* zu sehen. Doch hat diese in Pasquale Festa Campaniles Komödie *La matriarca* deutlich an gesellschaftskritischer Brisanz eingebüßt. Spaak spielt hier die junge Witwe Mimi, die kurz nach dem Tod ihres Mannes herausfindet, dass dieser heimlich ein zweites Appartement unterhielt, in dem er seine erotischen Phantasien auslebte. Mimi beschließt daraufhin, sich ebenfalls sexuell auszuprobieren, und verführt einen Liebhaber nach dem anderen, bis einer sie schließlich zu einer zweiten Heirat bewegt. Der Film unterscheidet sich deutlich vom progressiven Tenor der frühen Spaak-Filme und deutet eine Entwicklung an, die in den zahlreichen Sexkomödien des italienischen Kinos der 70er Jahre noch augenscheinlicher wird: Der von traditionellen Konven-

---

[154] Zur italienischen Frauenbewegung vgl. Passerini, Luisa: Storie di donne e femministe, Turin (1991); Calabrò, Anna Rita/Grasso, Laura (Hg.): Dal movimento femminista al femminismo diffuso, Mailand 1985.

tionen „befreite", nackte weibliche Körper war nicht nur ein Symbol der sexuellen Liberalisierung, sondern zugleich auch Zeichen einer Gegenreaktion, die männlich dominierte Hierarchien wiederherstellte, und zwar durch die auf medialer Ebene zunehmende Reduktion von Frauen auf pure Sexobjekte.

Wie schon eingangs angesprochen, markiert die Figur der *ninfetta* Spaak das Ende der klassischen Ära des *divismo*, der durch neue Starformen ergänzt und in seiner Beschaffenheit verändert wurde. Ab 1965 nimmt die Bedeutung des Kinos für die Freizeitgestaltung der Italiener stetig ab. Zu dieser Entwicklung trugen wesentlich die wachsende Popularität neuer Unterhaltungsmöglichkeiten und Medien im Bereich der Popmusik, eine veränderte Publikumsstruktur sowie das Fernsehen bei. Vor allem letzteres brachte neue Stars hervor, wie beispielsweise die Moderatoren und Teilnehmer beliebter Quiz-, Musik- oder Varieté-Shows. Am Beispiel Spaaks zeigt sich, dass auch Filmstars versuchten, die neuen medialen Räume zu besetzen, um in einer immer differenzierter strukturierten Medienlandschaft die eigene Visibilität und Popularität zu erhalten. Da Spaaks Filmimage stark an den Stereotyp des Teenagers gebunden war, zog sie sich mit zunehmendem Alter immer mehr aus dem Filmgeschäft zurück. Ab 1970 war sie als Journalistin für den *Corriere della Sera* tätig. Zwischen 1987 und 2002 moderierte sie die erfolgreiche Talkshow *Harem* im dritten Kanal des italienischen Staatsfernsehens, RAI3. Spaak sprach darin jeweils mit drei weiblichen Gästen über soziale oder politische Themen, die italienische Frauen bewegten. So blieb sie auch als Journalistin ihrem frühen Starimage treu.

VI. Schluss

Anhand der Starimages von Vittorio De Sica, Sophia Loren, Marcello Mastroianni und Catherine Spaak zeichnet sich ein umfassender Wandel der Körperideale und Geschlechterverhältnisse in Italien zwischen 1930 und 1965 ab, der vor allem durch die Zäsuren des Zweiten Weltkriegs und des Wirtschaftswunders beschleunigt wurde. Insgesamt entwickelte sich der Geschlechterdiskurs in die Richtung einer größeren Egalität der Gender, einer stärkeren Pluralität der Geschlechtermodelle und einer wachsenden Akzeptanz alternativer männlicher und weiblicher Identitäten, wobei Heterosexualität und das Zweigeschlechtermodell weiterhin als Norm galten.

So ist bereits mit De Sica in den 1930er Jahren eine – wenn auch nur oberflächliche und keineswegs dominante – Erosion traditioneller Geschlechterhierarchien auszumachen. In De Sicas Filmen deutet sich das Aufkommen neuer Weiblichkeiten und Männlichkeiten an, und zwar in Gestalt von Filmfiguren, die auf der Suche nach Selbsterfahrung und Emanzipation sind. Seine Figur dokumentiert die Popularität einer kosmopolitischen Konsum- und Freizeitkultur. Diese wurde in den 1930er Jahren über die Medien für einen großen Teil der Italiener erstmals visuell und teils auch materiell erfahrbar. Die Analyse von Mario Camerinis Komödie *Gli uomini, che mascalzoni!* (1932) hat gezeigt, dass De Sicas romantische Starfigur, die sich ebenbürtig zur Protagonistin positionierte, wesentlich auf die Sehgewohnheiten und Vorlieben des weiblichen Publikums zugeschnitten war. Ich konnte darlegen, dass De Sicas Starimage auf eine Annäherung der Geschlechter innerhalb der populären Freizeitkultur reagierte, an der zeitgenössisch immer mehr Frauen teilnahmen. Daneben zeugt sein Image – etwa in der Komödie *Il Signor Max* – von der Popularität männlicher Moden und Körperstile, die sich an internationalen Modellen orientierten. Traten die von ihm verkörperten Männlichkeiten einerseits in einen Konflikt zur faschistischen Geschlechterpolitik, da sie auf privaten Freiräumen, Vergnügen und Genuss beharrten, so zeigt sich anhand seiner Starfigur andererseits auch die Vereinnahmung dieser Körperpraktiken für die antiemanzipatorische und rassistische Körperpolitik des faschistischen Regimes. Das wurde insbesondere am Beispiel des Films *Tempo massimo* (1935) deutlich. Anhand des bisher noch gänzlich unerforschten Filmdokuments konnte ich den Nexus von faschistischen Männlichkeitsidealen und Modernität aufzeigen, und zwar vor dem Hintergrund einer verstärkten Virilisierungsrhetorik im Vorfeld des faschistischen Kolonialfeldzugs in Ostafrika (1935–1936). De Sica tritt in der Komödie von Mario Mattòli als Stereotyp des altmodischen, verweichlichten Bourgeois auf, der einen Virilisierungsprozess durchlaufen muss. Dabei präsentiert der Film vor allem den Sport und die Hinwendung zu einem modernen Lebensstil als Instrumente und Wege zur Mannwerdung, die jedoch nicht ohne Widersprüche verläuft.

Auch die *maggiorata* Sophia Loren, die im Kino der 1950er Jahre Ehebrecherinnen und abtrünnige Frauen verkörperte, repräsentierte eine Weiblichkeit, die mit der Norm kollidierte. In Filmen wie *L'oro di Napoli*, *La donna del fiume*, *Peccato che sia una canaglia* und *La fortuna di essere donna* stellte Loren aktive Frauenfiguren dar, die deutlich mit den stereotypen Weiblichkeitsbildern der faschistischen Epoche brachen und auch katholische sowie kommunistische Weiblichkeitsideale herausforderten. Lorens Starfigur visualisiert eine langsame Aufweichung traditioneller Keuschheitsnormen, die zwar schon im Stereotyp der *maschietta* in den Filmen De Sicas evident war, allerdings durch den Zusammenbruch patriarchalischer Machtstrukturen am Ende des Zweiten Weltkriegs entschieden vorangetrieben und auch während der sexualkonservativen 1950er Jahre nicht gestoppt wurde. Doch bleibt die von Loren verkörperte Weiblichkeit ambivalent – wurde sie ihrem Publikum doch meist in der Rolle der „gezähmten Widerspenstigen" präsentiert. Ihre Filme zeigen Frauen, die sich zwar gegen die patriarchalische Ordnung auflehnen, sie dadurch ein Stück weit erodieren und verändern, aber letztlich erneut bestätigen.

Die Studie beleuchtete zudem Lorens Hollywoodkarriere ab 1957 und deren Rezeption in Italien. Ihr Körper wurde in diesem Kontext zur Projektionsfläche zeitgenössischer Amerikanisierungsdiskurse. Daran zeichnen sich kollektive Ängste vor einer einseitigen kulturellen Vereinnahmung durch die USA ab. Andererseits lässt sich gerade am Beispiel Lorens nachweisen, dass diese Prozesse kulturellen Transfers immer multidirektional verliefen. Schließlich war die Diva selbst ein kulturelles Exportgut der italienischen Film- und Modeindustrie.

Das in Lorens Filmen noch dominante Narrativ der „Widerspenstigen" (*unruly woman*), die zu ihrer quasi „natürlichen" Bestimmung der Ehefrau und Mutter zurückgeführt werden muss, brach erst im Übergang zu den 1960er Jahren auf, wie ich am Beispiel der Starfiguren Mastroiannis und Spaaks ausführlich dargelegt habe. Beide Images weisen auf eine bewusste Abkehr von vormals hegemonialen Geschlechtermodellen und Moralvorstellungen hin. Weder das Motiv der „männlichen Krise", das in Mastroiannis Filmen evident ist, noch das Bild des „Mädchens auf Abwegen", das mit Spaak entsteht, sind innerhalb der Filmerzählungen an die Forderung nach einer Rückkehr zur traditionellen Moral gebunden. Vielmehr plädieren ihre Images für einen kulturellen Wandel. Das zeigte vor allem die Analyse von Mastroiannis Filmfigur in Federico Fellinis *La dolce vita*. Der Film visualisiert eine bewusste Abkehr von vormals hegemonialen Männlichkeitsmodellen und macht eine Pluralisierung männlicher Identitäten im Übergang Italiens zur Konsumgesellschaft sichtbar. Auch über die von Mastroianni in *8 ½* verkörperte Filmfigur wird die männliche Suche nach einer neuen Beziehung zum Weiblichen visualisiert. Der Appell zu einer Überwindung patriarchalischer Gesellschaftsstrukturen, der in Mastroiannis Filmen evident ist, ging im *boom economico* jedoch mit einer Stereotypisierung des Süditalieners zum rückständigen Gegenbild eines modernen und aufgeklärten norditalienischen Man-

VI. Schluss

nes einher, wie ich anhand der Filme *Il bell'Antonio* (1960) und *Divorzio all'italiana* (1961) dargelegt habe.

Im selben historischen Kontext brachten Filme wie *I dolci inganni*, *La noia* oder *La Parmigiana* mit Catherine Spaak Frauenfiguren auf die Leinwand, die sich den rigiden katholisch-patriarchalischen Moralcodes nicht mehr verpflichtet fühlten. Eine Rückbindung ihrer Weiblichkeit an die soziale Rolle der Ehefrau und Mutter fand in Spaaks Filmen nicht statt. Sie verkörperte vielmehr Frauen, die sich der Kontrolle von traditionellen Sozialisationsinstanzen Familie, Schule und Kirche systematisch entziehen und nach einer Erweiterung ihrer weiblichen Handlungsspielräume streben, was sie vor allem durch das freie Ausleben ihrer Sexualität artikulieren. Spaaks Filme stellten Sexualität in einer vormals ungekannt expliziten Art und Weise dar und zeigten sie als legitimen Teil weiblicher Identität und Selbstverwirklichung.

Zeitgleich erweiterte sich während des *boom economico* das Spektrum der Körperpraktiken, über die beispielsweise Jugendliche alternative Einstellungen zu Geschlecht und Identität ausdrückten. Aber auch homosexuelle Subkulturen gewannen zeitgenössisch an Sichtbarkeit, wie am Beispiel der Starfiguren Spaaks und Mastroiannis thematisiert wurde.

Wie aus den vier Imageanalysen hervorgeht, dienten Filmstars als wesentliche Diffusionskanäle und Vermittlungsinstanzen einer in diesem Zeitraum aufkommenden Lust- und Erlebnisorientierung, die auch mit einer neuen Fokussierung auf das Körperliche einherging. Über ihre Images äußerten sich die in diesem historischen Zusammenhang zirkulierenden Körperideale, Selbsttechniken und Geschlechterkonzepte in verdichteter Form. Auf diese Weise bestimmten die Stars zeitgenössische Definitionen von Sexualität, Moral und Alter mit. Ihre transnational konstruierten Images konfrontierten ihr Publikum mit den Lebens- und Körperstilen einer kosmopolitischen Populärkultur. Sie visualisierten neue Formen der individuellen Distinktion durch Konsum und Körperpflege, Mode, Musikgeschmack und Formen der Freizeitgestaltung. Diese Artikulationen körperbezogenen, individuellen Vergnügens stießen innerhalb einer Gesellschaft, die wie die italienische durch starke patriarchalische Strukturen und religiös begründete Vorstellungen von Reinheit und Keuschheit geprägt war, auf großen Widerstand. Die hier untersuchten Filmstars dienten der Öffentlichkeit als Projektionsflächen für umstrittene Geschlechtskonzepte, die zeitgenössisch für unmoralisch oder anormal gehalten wurden. Indem die Stars diesen Identitätsmodellen Sichtbarkeit verliehen, intervenierten sie in die kulturelle Sinnproduktion und stellten neue Bedeutungen des Körpers her. Ihre „himmlischen Körper" – wie Richard Dyer Stars ganz allgemein definiert – rückten Identitätskonzepte jenseits der Norm filmisch und außerfilmisch in ein positives Licht und trugen damit zur Etablierung alternativer Männlichkeiten und Weiblichkeiten bei. Im Kino der frühen 1960er Jahre deutete sich damit bereits ein kultureller Umschwung an, der Ende des Jahrzehnts in der 68er-Bewegung gipfelte. *Cinema, frenetica passion* – die frenetische Leidenschaft der Italiener für das Kino und die Körper ihrer Stars, die der eingangs zitierte Schlager besang, ließ die Befürchtungen der Kritiker des *divismo* vor einem Bruch mit der Tradition nun wahr werden: Im Kino der frühen 1960er Jahre zeigte sich bereits die Gegenkultur, die diesen Bruch schließlich herbeiführte.

Was ist seitdem passiert? Das könnte man sich fragen, wenn man sich beispielsweise durch die italienischen Fernsehprogramme – insbesondere die der Mailänder Mediaset-Gruppe – zappt. Schon im Nachmittagsprogramm tanzt da ein anonymes Heer kaum bekleideter Frauen über den Fernsehbildschirm, deren Körper als reine Lustobjekte inszeniert sind. Nun muss man sagen, dass die visuelle Allgegenwart dieser Showgirls – übrigens auch in den staatlichen Fernsehprogrammen – zum einen noch der langen Tradition des italienischen Varietétheaters verhaftet ist, ebenso wie die zahlreichen Gesangseinlagen von Fernsehmoderatoren in Unterhaltungsshows. Zum anderen ist das Phänomen der Fernseh-Soubrette oder *valletta* aber auch Ausdruck neuerer geschlechtergeschichtlicher beziehungsweise körperpolitischer Entwicklungen in Italien, deren genaue Untersuchung noch aussteht. Seit Ende der 1980er Jahre hat vor allem das italienische Privatfernsehen eine ganz neue Form des Startums um die besagten Showgirls geschaffen. Bedeutsam war dafür vor allem die Satire-Nachrichten-Show *Striscia la notizia* des Mediaset-Programms Canale 5. Zum Konzept der Sendung gehörte es, dass das zunächst männliche Moderatoren-Duo die einzelnen Nachrichtenmeldungen von zwei mit reichlich Sexappeal ausgestatteten Showgirls überreicht bekam, den sogenannten *veline*. Diese wurden durch ihre Auftritte teils genauso prominent wie die Komiker und Moderatoren der Shows. Vielen der jungen Frauen winkten nach einiger Zeit als *velina* in *Striscia la notizia* lukrative Modellverträge, Hauptrollen in Fernsehserien und italienischen Spielfilmproduktionen. Seit 2003 werden die *veline* ähnlich wie beim Schönheitswettbewerb *Miss Italia* durch italienweite Castings und einen abschließenden Fernsehwettbewerb ausgesucht – ein frühes Modell der zahlreichen Castingshows, die derzeit in Italien wie auch in ganz Europa Erfolg haben. Aber was macht diesen Erfolg aus? Ist es nur der Traum davon, selbst ein Star zu sein, der Traum vom medialen Ruhm, vom schnellen Geld, von Sorglosigkeit und Glück in der Welt der Reichen und Schönen? Oder ist der Traum, als *velina* über die Fernsehbildschirme zu tanzen, nicht auch eine Antwort auf gesellschaftliche Strukturen, in denen weibliche Selbstverwirklichung (und auch männliche) über das Ausschlachten und Verkaufen des eigenen „Körperkapitals", durch das Anpassen an herrschende Schönheitsideale immer noch Erfolg versprechender und zielführender scheint als etwa eine berufliche Karriere oder andere Formen gesellschaftlichen Engagements? Die Antwort muss vorerst noch *ja* lauten, in einem Italien, wo Schulabgänger und junge Akademiker das neue Prekariat bilden, wo der umstrittene Unternehmer und ehemalige Ministerpräsident Silvio Berlusconi in seiner Funktion als Regierungschef 2008 die ehemalige *Miss* und *valletta* Mara Carfagna 2008 zur Ministerin für Gleichstellungsfragen ernannte und 2010 eine Zahnarzthelferin aufgrund ihres Aussehens auf einen aussichtsreichen Listenplatz seiner Partei bei den Regionalwahlen in der Lombardei setzte. Diese Verhältnisse haben zuletzt verschiedene Dokumentarfilme wie Erik Gandinis *Videocracy* (2009) oder *Girlfriend in a Coma* (2012) von Annalisa Piras und Bill Emmott an den Pranger gestellt. Gegen diese Verhältnisse protestiert seit Jahren eine breite Öffentlichkeit in Italien: Frauenverbände, Journalisten, Kulturschaffende, die katholische Kirche sowie Politiker und Politikerinnen, insbesondere der Linken. Anders als die Kritik an den suggestiven Körperbildern der Stars in der ersten Hälfte des 20. Jahrhunderts speist sich die heutige Kritik am *divismo* der Showgirls jedoch nicht aus der Angst vor einem Moral- oder Traditionsverlust. Vielmehr richtet sich der Protest gegen ein rückwärtsgewandtes Frauenbild und eine antiemanzipatorische Politik.

Im September 2013 meldete die italienische Presse, dass die Fernsehshow *Striscia la notizia* vor einer großen Änderung in der Programmgestaltung stehe. Die neue Staffel werde von weiblichen Moderatoren präsentiert. Und anstelle der *veline* würden künftig männliche *velini* leicht bekleidet tanzend die Sendung verzieren. Ob man das als Fortschritt bezeichnen kann, sei dahingestellt.

Abbildungsverzeichnis

Titelabbildung:	Marcello Mastroianni und Anita Ekberg in *La dolce vita*, Federico Fellini (1960), Setfotografie von Pierluigi Praturlon. Mit freundlicher Genehmigung des Archivio Fotografico Fondazione 3M, Mailand.
Abb. II.1:	Sonderbeilage von Cinema Illustrazione, Nr. 2 (Februar 1934), Titelseite u. S. 3. Mit freundlicher Genehmigung der Bibliothek Luigi Chiarini des Centro Sperimentale per la Cinematografia (CSC), Rom.
Abb. II.2:	Gravelli, Asvero: Vademecum dello stile fascista dai Fogli di Disposizione del Segretario del Partito, Rom 1939, S. 2 u. 14. Mit freundlicher Genehmigung des DHI Rom.
Abb. II.3:	Werbung *Dischi Columbia*, in: Commedia, Nr. 4, 15.4.1933, o. S. Auch abgedruckt in: Novella Film, Nr. 43, 27.10.1935, S. 7. Werbung *Berber*, in: Novella Film, Nr. 26, 1.7.1934, S. 12. Werbung *Cinema Illustrazione* in: Commedia, Nr. 3, (März 1934), Rückseite. Mit freundlicher Genehmigung der Bibliothek Luigi Chiarini des Centro Sperimentale di Cinematografia (CSC), Rom.
Abb. II.4:	Cinema, Nr. 81, 10.11.1939, S. 287–288. Mit freundlicher Genehmigung der Bibliothek Luigi Chiarini des CSC, Rom.
Abb. II.5–8:	Screenshots aus: *Gli uomini, che mascalzoni*, Mario Camerini (1932), hg. auf DVD, Camerini/De Sica Special Edition von Ripley's Home Video.
Abb. II.9–13:	Screenshots aus: *Tempo massimo*, Mario Mattòli (1934), hg. auf DVD von Ripley's Home Video.
Abb. II.14:	Lui: l'uomo italiano : rassegna d'eleganze maschili, Nr. 3 (März 1933), S. 16–17. Mit freundlicher Genehmigung der Biblioteca Nazionale Braidense, Mailand.
Abb. II.15:	Lui: l'uomo italiano: rassegna d'eleganze maschili, Nr. 3 (Juli/August 1935), S. 16–17. Mit freundlicher Genehmigung der Biblioteca Nazionale Braidense, Mailand.
Abb. II.16–20:	Screenshots aus: *Il Signor Max*, Mario Camerini (1937), hg. auf DVD, Camerini/De Sica Special Edition von Ripley's Home Video.
Abb. III.1:	Sophia Loren, fotografiert von Elio Luxardo. Mit freundlicher Genehmigung des Archivio Fotografico Fondazione 3M, Mailand.
Abb. III.2:	Screenshots aus: *Teresa Venerdì*, Vittorio De Sica (1941), und *Campo dei fiori*, Mario Bonnard (1943), beide hg. auf DVD von Ripley's Home Video.
Abb. III.3:	Screenshots aus: *Roma, città aperta*, Roberto Rossellini (1945), hg. auf DVD von Arthaus.
Abb. III.4:	Werbung Lux-Seife aus: Tempo, 6.10.1955, Rückseite. Mit freundlicher Genehmigung der Biblioteca Nazionale di Roma.
Abb. III.5:	Werbung Pomade Linetti aus: Oggi, Nr. 25, 24.6.1954, S. 10. Mit freundlicher Genehmigung der Biblioteca Nazionale di Roma.
Abb. III.6:	Screenshot aus: *Aida*, Clemente Fracassi (1953), hg. auf DVD von Surf Video.
Abb. III.7–9:	Screenshots aus: *L'oro di Napoli*, Episode *Pizze a credito*, Vittorio De Sica (1954), hg. auf DVD von Filmauro Home Video.
Abb. III.10:	Filmplakat La donna del fiume, Sammlung der Autorin, abgedruckt in: Die illustrierte Filmbühne, Nr. 3021 (1955).
Abb. III.11–13:	Screenshots aus: *Peccato che sia una canaglia*, Alessandro Blasetti (1954), hg. auf DVD von Medusa Mediaset Group.

Abbildungsverzeichnis   421

Abb. III.14:   Screenshot aus: *Ieri, oggi e domani*, Episode Adelina, Vittorio De Sica (1963), hg.
                    auf DVD von Surf Film.
Abb. III.15–17:   Screenshots aus: *La Ciociara*, Vittorio De Sica (1960), hg. auf DVD von Medusa
                    Mediaset Group.

Abb. IV.1:   Screenshot aus: *Divorzio all'italiana*, Pietro Germi (1961), hg. auf DVD von
                    Christaldifilm/Hooy & Work Publishing.
Abb. IV.2:   Screenshots aus: *I mostri*, Episode *Latin lover*, Dino Risi (1963), hg. auf DVD
                    von Cecchi Gori Editoria Elettronica Home Video S.R.L.
Abb. IV.3:   Screenshots aus: *La dolce vita*, Federico Fellini (1960), hg. auf DVD von Süd-
                    deutsche Zeitung GmbH.
Abb. IV.4:   Bierwerbung aus: L'Espresso, 7.6.1959, S. 26. Mit freundlicher Genehmigung
                    der Biblioteca Nazionale, Rom. Screenshot aus: *La dolce vita*, Federico Fellini
                    (1960), hg. auf DVD von Süddeutsche Zeitung GmbH.
Abb. IV.5–9:   Screenshots aus: *La dolce vita*, Federico Fellini (1960), hg. auf DVD von Süd-
                    deutsche Zeitung GmbH.
Abb. IV.10:   Illustration von Carlo Levi, aus: Soldati, Mario: America primo amore, Florenz
                    1935. Mit freundlicher Genehmigung der Biblioteca di Storia Moderna e Con-
                    temporanea, Rom.
Abb. IV.11–12:   Screenshots aus: *La dolce vita*, Federico Fellini (1960), hg. auf DVD von Süd-
                    deutsche Zeitung GmbH.
Abb. IV.13–18:   Screenshots aus: *8 ½*, Federico Fellini (1963), hg. auf DVD von Medusa Media-
                    set Group.
Abb. IV.19–21:   Screenshots aus: *Divorzio all'italiana*, Pietro Germi (1961), hg. auf DVD von
                    Christaldifilm/Hobby & Work Publishing.

Abb. V.1   Screenshots aus: *La calda vita*, Florestano Vancini (1964), hg. auf DVD von Rip-
                    ley's Home Video. *La voglia matta*, Luciano Salce (1962), hg. auf DVD von
                    Medusa Video.
Abb. V.2:   Marie Claire: giovanissima, Nr. 9, 26.2.1966, Titelseite. Mit freundlicher Geneh-
                    migung der Biblioteca Nazionale, Rom.
Abb. V.3–5:   Screenshots aus: *La noia*, Damiano Damiani (1963), hg. auf DVD von Surf
                    Video.

Quellenverzeichnis

Tageszeitungen und Zeitschriften

A. F.: Viaggio con De Sica, in: Cinema Illustrazione, Nr. 4, 23.1.1935, S. 14.
AJELLO, NELLO: I ripetenti del matrimonio, in: L'Espresso, 1.3.1964, S. 17.
—: I rispettabili concubini, in: L'Espresso, 2.2.1964, S. 6–7.
ALBERINI, MASSIMO: Cinema sotterraneo, in: Cinema, Nr. 81, 10.11.1939, S. 287–288.
ALFIERI, DINO: Situazione dello spettacolo italiano, in: Società Italiana Autori e Editori [*Siae*] (Hg.): La vita dello spettacolo in Italia nel decennio 1924–1933, S. 12–13.
AMICA RISPONDE: Il mio amore non è solo platonico, in: Amica, 15.7.1962, S. 76–77.
ANDREOTTI, GIULIO: Piaghe sociali e necessità di redenzione, in: Libertas, 28.2.1952.
ANGELICCHIO, FRANCESCO: Una stagione nera del cinema, in: Rivista del cinematografo, Nr. 2 (1964), S. –62.
ANGELINI, ANTONELLA: Perché amo Lorenzo, in: Giovani, Nr. 20, 14.5.1966, S. 76–79.
ANONYM: 'Piccola' regala 5000 lire alla più bella dattilografa d'Italia, in: Piccola, Nr. 2, 1.1.1929, S. 1–2.
ANONYM: 5.000 lire e una dote per un sorriso 100.000 lire... e più per un bel viso, in: Film d'oggi, Nr. 27, 22.12.1945, S. 8.
—: Abolire il costume a due pezzi. Una nostra intervista con Maria Theodoli. Il pudore balneare ha trovato un comitato, in: Espresso, 6.6.1947, S. 3.
—: Accessori dello sportivo chic, in: Lui, Nr. 2 (Februar 1933), S. 38.
—: Alla ricerca di volti nuovi, in: Vie Nuove, 3, 18.1.1953, S. 15.
—: Autarchia e eleganza, in: arbiter, Nr. 65 (Juni 1941), S. 38–39.
—: Che cosa pensano della fedeltà coniugale, in: Oggi, Nr. 30, 29.7.1954, S. 16–18.
—: Che cosa pensare di Sofia Loren, in: Famiglia Cristiana, 12.2.1967, S. 3.
—: Chi sarà la bella italiana 1946?, in: Film d'oggi, Nr. 1, 5.1.1946, S. 7.
—: Chi sarà Miss Vie Nuove 1953?, in: Vie Nuove, 4, 25.1.1953, S. 15.
—: Cittadini e soldati, in: arbiter, Nr. 51 (März 1940), S. 22–23.
—: Come si porta un beretto, in: Lui, Nr. 3 (März 1933), S. 18–19.
—: Con uno scoppio di stupidità finisce l'estate. La fama effimera è pericolosa, in: L'Espresso, 9.9.1956, S. 1.
—: Cosa fanno: Sophia Loren, in: Cinema Nuovo, Nr. 125, 15.2.1958, S. 98.
—: Così e non così, in: Lui, Nr. 5 (Mai 1933), S. 20.
—: Dal vostro parrucchiere, in: Lui, Nr. 2 (Februar 1933), S. 42.
—: Derna Giovannini 'Miss Italia' 1929, in: Piccola, Nr. 7, 12.2.1929, Rückseite.
—: Dieci minuti di riposo: La bellezza e il riposo, in: La Piccola, Nr. 10, 14.8.1928, S. 10.
—: Dite la vostra opinione sulle donne che fumano, in: Espresso, 26.12.1947, S. 1.
—: Divorzio: Pro e contro, in: Oggi, Nr. 47, 9.11.1953, S. 12–14.
—: Energica protesta dell'Azione Cattolica contro un film immorale, in: L'Osservatore Romano, 11.2.1960, S. 8.
—: Felice fra i suoi figli la bella Lucia Bosé non pensa più al cinema, in: Oggi, Nr. 49, 5.12.1957, S. 1.
—: Film della settimana. Tempo massimo, in: Cinema Illustrazione, Nr. 4, 23.1.1935, S. 12.
—: Foto Story: I divi a casa loro, in: Piccola, Nr. 12, 23.3.1937, S. 6–7.
—: Gable–Arlen–Oackie e tre nuovi golfs, in: Lui, Nr. 10 (Oktober 1933), S. 15.
—: Giovanotti...non esageriamo , in Lui, Nr. 1 (Januar/Feburar) 1933, S. 31.
—: I fuorilegge dell'amore, in: Vie Nuove, Nr. 2, 10.1.1959, S. 5.

—: I giovani scappano da casa per diventare divi dei fumetti, in: Oggi, Nr. 12, 17.3.1949, S. 10.
—: I perché di Lui, in: Lui, Nr. 2 (Februar 1933), S. 14–15.
—: I vostri uomini ritornano, siate belle per loro!, in: 15.3.1946, o. S.
—: Il cinema come contributo all'educazione dello spirito, in: L'Eco del Cinema, Nr. 125 (April 1934), S. 11.
—: Il concorso di "Espresso" proclamerà la romana "stella della pace", in: Espresso, 4.3.1948, S. 1.
—: Il costume sportivo e la nuova linea dell'uomo moderno, in: Lui, Nr. 11 (November 1933), S. 20–21.
—: Il dottore vi consiglia, in: Giovanissima, Nr. 9, 26.2.1966, S. 82.
—: Il marito ideale delle stelle d'Hollywood, in: La Piccola, Nr. 26, 2.7.1928, S. 6–8.
—: Il portiere di Hollywood racconta. I colori preferiti dalle dive, in: La Piccola, Nr. 2, 19.6.1928, S. 6.
—: Il tipo italiano nel cinema, in: Cinema Illustrazione, Nr. 41, 12.10.1938, S. 16.
—: In copertina: Vittorio De Sica e Giuditta Rissone, in: Il dramma, Nr. 106, 15.1.1931, S. 1.
—: In crociera, in: Lui, Nr. 3 (März 1933), S. 16–17.
—: L'ente nazionale della moda alla conquista del campo nemico, in: arbiter, Nr. 6/7 (November/Dezember 1935), S. 338–39.
—: L'eterno problema maschile. Vestirsi per l'uomo o per la donna? In: L'Espresso, 18.11.1956, S. 9.
—: L'igiene nei cinema e nei locandi di spettacolo, in: L'Eco del Cinema, Nr. 123 (Februar 1934), S. 39.
—: L'italiano è un cattivo marito?, in: L'Espresso, 17.11.1957, S. 1.
—: La donna ideale, in: Oggi, Nr. 38, 22.9.1955, S. 7–9.
—: La felicità di Vittorio De Sica, in: Cinema Illustrazione, Nr. 36, 7.9.1932, S. 15.
—: La fiera della bellezza a Calveston, in: Piccola, Nr. 3, 26.6.1928, S. 5.
—: La grande polemica sulla 'Dolce Vita', in: Oggi, 25.2.1960, S. 1 u. 14.
—: La moda e il teatro, in: arbiter, Nr. 19 (März/April 1937), S. 177.
—: La parola ai registi e Alessandro Blasetti difende le dive italiane, in: Cinema Illustrazione, Nr. 23, 6.6.1934, S. 3.
—: La settimana di cinema, in: Il popolo d'Italia, 9.10.1932, S 7.
—: La vera vergogna non è Miss Spogliarello, in: Vie Nuove, 23.3.1957.
—: La VII. Esposizione di Venezia: I Film italiani, in: Bianco e nero, Nr. 9 (September 1939), S. 9.
—: Le donne italiane e la lotta partigiana, in: Noi donne, Nr. 1 (Juli 1944), S. 3.
—: Le giache e i pantaloni per sport secondo gli inglesi, in: Lui, Nr. 1 (Januar/Februar 1933), S. 30.
—: Le nostre idee sull'abbigliamento, in: arbiter elegantiarum, Nr. 1 (Mai 1935), o. S.
—: Miss Italia 1932, in: Piccola, Nr. 36, 6.9.1932, S. 13.
—: Miss Vie Nuove, in: Vie Nuove, 21.2.1954, S. 20.
—: Mostra del tessile nazionale inaugurata a Roma dal duce, in: Lui, Nr. 25 (November/Dezember 1937), S. IV.
—: Much Woman, in: Time, 6.4.1962, S. 44–48.
—: Non radere le sopracciglia, in: Espresso: 29.1.1948, S. 3.
—: Per la ripresa della produzione Italiana. Il comm. Stefano Pittaluga dal Duce, in: L'Eco del cinema, Nr. 41 (April 1927), S. 185.
—: Per un contributo italiano alla moda, in: Lui, Nr. 2 (Februar 1933), S. 9 u. 22.
—: Protestano i responsabili della Dolce Vita, in: L'Espresso, 14.2.1960, S. 1.
—: Quando un dandy va a caccia, in: Lui, Nr. 2 (Februar 1933), S. 23.
—: Quanto pesa una bella donna? In: La Piccola, Nr. 11, 21.8.1928, S. 6.
—: Queste sono le vostre pellicce, in: Lui, Nr. 1 (Januar/Februar 1933), S. 12–13.
—: Radiografia del maschio italiano, in: L'Espresso, 4.6.1968, S. 21.
—: Referendum, in: Cinema, Nr. 87, 10.2.1940, S. 68.
—: Rodolfo Valentino: Il grande artista italiano. Vita, trionfi e morte, Rom 1926.

—: Silvana Mangano nella sua parte più vera: quella di mamma, in: Oggi, Nr. 52, 25.12.1958, S. 32–35.
—: Sofia Loren sarà mamma in primavera, in: Oggi, Nr. 49, 8.12.1960, S. 1.
—: Sophia at Peak of Her Busy Career, in: Life, 6.5.1957, S. 137–141.
—: Sophia perseguitata, in: L'Espresso, 23.8.1959, S. 22–23.
—: Sport fascista, in: Libro e moschetto, 30.11.1937, S. 6.
—: Sposa d'Italia 1954, in: Oggi, Nr. 18, 5.5.1955, S. 1 u. 13–15.
—: Sveglia ragazzi: Roba buona solo per vecchie zie, in: Big, Nr. 7, 22.7.1965, S. 5.
—: Sveglia ragazzi: Tiriamo il collo alla cicogna, in: Big, Nr. 11, 20.8.1965, S. 5.
—: Sveglia ragazzi: Vogliono toglierci anche il Piper, in: Big, Nr. 10, 13.8.1965, S. 5.
—: Tutti uniti con il grab, in: Ciao amici, Nr. 2, 24.1.1966, S. 34–35.
—: Un divo dello schermo, in: Rivista del Cinematografo, Nr. 8/9 (August/September 1929), S. 192.
—: Una donna inglese giudica l'uomo italiano, in: L'Espresso, 27.11.1955, S. 8.
—: Una nuova moda di Hollywood, in: La Piccola, Nr. 3, 15.1.1929, S. 7.
—: Vittorio De Sica. Il romanzo della sua vita e dei suoi films, Supplemento di Cinema Illustrazione, Nr. 2 (Februar 1934), Titelseite u. S. 3.
—: Volete imparare una nuova danza? Ve la insegnano i celebri ballerini Fred Astaire e Ginger Rogers, in: Piccola, Nr. 9, 2.3.1937, S. 6.
ARGO: Compiti della donna, in: Critica fascista, Nr. 14 (1933), S. 266–268, publiziert in Meldini, Piero: Sposa e madre esemplare. Ideologia e politica della donna e della famiglia durante il fascismo, Rimini/Florenz 1975, S. 212–217.
BALDACCI, GAETANO: Situazione: I ben pensanti, in: ABC, Nr. 3, 26.6.1960, S. 5.
—: Natura del cinema, in. Lo schermo, Nr. 12 (Dezember 1936), S. 24–26.
BARBARO, UMBERTO: Quella canaglia di Sophia Loren, in: Vie Nuove, Nr. 10, 6.3.1955, S. 19.
BARTOLINI, LUIGI: Noi non siamo nemici del cinema, Il Selvaggio, Jg. XII, Nr. 1, 31.1.1935, S. 2.
—: Pericolo pubblico numero 1. Contro il cinema, in: Il Selvaggio, Nr. 1, 31.1.1935, S. 3–7.
BELLOTTI, FELICE: Per amore di Miguelito dirà addio al cinema. Lucia Bosé ha trovato nelle gioie della famiglia il vero scopo della sua esistenza, in: Oggi, Nr. 2, 10.1.1957, S. 8–9.
BENEDETTI, ARRIGO: Diario italiano. Le illusioni del '59, in: L'Espresso, 11.1.1959, S. 4.
BERTUETTI, EUGENIO: Ritratti quasi veri: Vittorio De Sica, in: Il dramma, Nr. 265, 1.9.1937, S. 26–27.
BONAZZOLI, BEPPE: La via dei giovani, in: Giovani, Nr. 14, 2.4.1966, S. 6–10.
BONGINI, GIULIO: Il Giardino di Allah, in: Cine Illustrato, Nr. 20, 20.5.1951 bis Nr. 41, 14.10.1951.
—: Non posso amarti, in: Sogno, Nr. 47, 19.11.1950 bis Nr. 16, 22.4.1951.
—: Prigioniera di un sogno, in: Cine illustrato, Nr. 4, 27.1.1952 bis Nr. 27, 6.7.1952.
BRAGAGLIA, ANTON GIULIO: Elogio dello chic maschile, in: La Piccola, Nr. 5, 29.1.1929, S. 3.
BRACCO, LAURA: Il nostro compito, in: Noi donne, Nr. 1, Juli 1944, S. 2.
BRUNO, SALVATORE: Il seduttore sedotto, in: L'Espresso, 10.7.1960, S. 12–13.
BUONASSISI, VINCENZO: Sofia Loren all'anteprima del film del romanzo di Moravia, in: Corriere della Sera, 23.12.1960.
BUTTAFAVA, VITTORIO: L'esercito degli illegittimi cresce ogni anni di 50 mila, in: Oggi, Nr. 4, 22.1.1953, S. 8–11.
—: La chiesa annulla solo i matrimoni inesistenti, in: Oggi, Nr. 5, 29.1.1953, S. 6–7.
—: La donna, il matrimonio e l'amore in Italia: Superano il milione le famiglie irregolari italiane, in: Oggi, Nr. 2, 8.1.1953, S. 8–10.
—: La polemica sul divorzio appassiona tutto il mondo, in: Oggi, Nr. 7, 12.2.1953, S. 14–17.
—: Vivono con i genitori, ma non possono prenderne il nome, in: Oggi, Nr. 25, 18.6.1953, S. 6–8.
CABA: Oltre 6000 Comuni d'Italia non hanno Cinematografi, in: L'Eco del Cinema, Nr. 43 (Juni 1927), S. 247–248.

—: Realizziamo i Gruppi di Competenza!, in: L'Eco del Cinema Nr. 37/38 (Dezember 1926/ Januar 1927), S. 2.
—: S.O.S., in: L'Eco del cinema, Nr. 55 (Juni 1928), S. 5.
CALAMANDREI, MAURO: La fuga di 'Lolita', in: L'Espresso, 17.6.1962, S. 11–13.
—: Ma in Italia ci sono i poveri? Come gli americani ci giudicano dopo due anni di miracolo economico, in: L'Espresso, 14.1.1962, S. 9.
CANTATORE, DOMENICO: Segreti della piccola posta, in: Omnibus, Nr. 31, 31.10.1937, S. 12.
CAPONE, CESARE: Esaminiamo senza ipocrisie il più scottante problema della femminilità. La donna frigida, in: Marie Claire, 26.9.1964, S. 16–18.
CAPONE, CESARE: I fidanzati e l'amore, in: Marie Claire, 27.3.1964, S. 10–13.
—: Parole chiare su la donna e l'amore: I desideri del settimo anno, in: Marie Claire, 9.3.1964, S. 10 13.
CASIRAGHI, UGO: Grande Sophia nella Ciociara, in: L'Unità, 23.12.1960, S. 3.
—: Il cinema contro le stelle, in: L'Unità 19.1.1956.
—: La telefonata di Cary Grant: Sophia hai vinto l'Oscar, in: L'Unità, 11.4.1962, S. 1 u. 9.
—: Per la prima volta il premio a un'italiana in un film europeo, in: Il Corriere della Sera, 11.4.1962, S. 9.
CAVALLAI, ALBERTO: Si ribella a Kinsey l'Eva europea, in: Epoca, Nr. 153, 6.9.1953, S. 27–29.
CAVATERRA, EMILIO: Sofia e Carlo di fronte alla chiesa, in: Oggi, Nr. 45, 7.11.1957, S. 5–6.
CAVICCHIOLI, LUIGI: Roma sotto processo. Pio XII nel discorso ai parroci e ai quaresimalisti, in: Oggi, 21.3.1957, S. 13–14.
CECCATO, VIRGINIA: Alla maschiotta, in: Le donne italiane. Periodico quindicinale, organo del Comitato nazionale per la correttezza della moda, Nr. 25, 25.5.1928, S. 4.
CEDERNA, CAMILLA/RISÉ, CLAUDIO: Come perdono l'innocenza, in: L'Espresso, 8.3.1964, S. 12–13.
—: Come perdono l'innocenza. La sedicenne d'assalto, in: L'Espresso, 15.3.1964, S. 17.
—: Come perdono l'innocenza. Le vergini d'azienda, in: L'Espresso, 22.3.1964, S. 19.
—: Il comportamento del maschio italiano in vacanza. Il pirata amoroso, in: L'Espresso, 4.8.1957, S. 9.
—: Il Flirt in Italia, in: L'Espresso, 48, 1.12.1957, S. 1.
—: L'adultero impegnato, in: L'Espresso, 4.12.1960, S. 13
—: Milano ha perso la testa per La dolce vita, in: L'Espresso, 21.2.1960
CENTRO CATTOLICO CINEMATOGRAFICO: Notizie, in: Rivista del Cinematografo, Nr. 1, 1956, S. 1.
CHILANTI, FELICE: Il glorioso tramonto del dongiovanni, in: Noi donne, Nr. 22, 30.5.1954, S. 6–7.
CIACIO, GIACINTO: Il disprezzo e La noia, in: Rivista del cinematografo, Nr. 1 (1964), S. 43–44.
CONTINI, MILO: Razza di vipere, in: Oggi, 5.4.1951, S. 29.
CORBI, GIANNI/ MINO GIUERRINI: Abbiamo domandato al capo della polizia dei costumi se Roma è una città viziosa, in: L'Espresso, 17.3.1957a, S. 1.
—: Genitori ed educatori americani in allarme: Sexaphone girl, in: L'Espresso, 16.5.1959, S. 9.
—: Il primo rapporto sulle ragazze squillo in Italia. Le nostre piccole Rosemarie, in: L'Espresso, 8.3.1959, S. 12–13.
—: Peccato senza bisogno, in: L'Espresso, 5.4.1959, S. 14–15.
—/ GAMBINO, ANTONIO: Rapporto sul matrimonio. Con la collaborazione dei lettori, in: L'Espresso 29.12.1957b, S. 1, 12–13.
—/ GAMBINO, ANTONIO: Rapporto sul matrimonio. I cancellieri del vincolo. In quali casi la Chiesa considera nullo un matrimonio, in: L'Espresso 15.2.1958, S. 14–15.
—/ GAMBINO, ANTONIO: Rapporto sul matrimonio. Il fantasma del divorzio, in: L'Espresso, 9.3.1958, S. 15–16.
—/ GAMBINO, ANTONIO: Rapporto sul matrimonio. La ribellione delle donne, in: L'Espresso, 2.3.1958, S. 14–15.
—/ ROSSETTI, ENRICO: Rapporto internazionale sul comportamento amoroso della gioventù: Il latino infelice, in: L'Espresso, 20.7.1958, S. 12–13.

DE GESCO, G.: La Moda attuale è il termometro della lussuria, in: Le donne italiane. Periodico quindicinale, organo del Comitato nazionale per la correttezza della moda, Nr. 16, 31.12.1931, S. 3.
DE LUCA, PAOLA: Latin Lover? Roba da zitelle, in: Big, 29.10.1965, S. 46–49.
DEBENEDETTI, GIACOMO: In questi giorni: Il Signor Max, in: Cinema, Nr. 35, 10.12.1937, S. 384.
DEL BUONO, ORESTE: I drammi della famiglia nella società moderna, in: Oggi, 31.10.1957, S. 8–9.
DOLETTI, MINO: Discorso sul divismo, in: Film, Nr. 24, 17.6.1939, S. 1.
—: Per creare un 'divismo italiano', in: Film, Nr. 30, 29.7.1939, S. 1.
DORIGO, FRANCESCO: Cinema della crisi, in: Rivista del Cinematografo, Nr. 4–5 (April/Mai 1961), S. 24–125.
ELLEVÌ: Istituto familiare e femminismo, in: Gerarchia, 19/5 (Mai 1939), S. 332.
FALCONI, CARLO: Quarantamila matrimoni in crisi ogni anno in Italia. Il disegno di legge per il piccolo divorzio cerca una soluzione per i casi più gravi, in: L'Espresso, 30.10.1955, S. 6.
FALLACI, ORIANA: America dolce-amara per le spose di guerra, in: Epoca, Nr. 58, 17.11.1951.
FERRO, MARISE: In confidenza: Un padre fuori del tempo, in: Giovani, Nr. 14, 23.4.1966, S. 24.
FERRUZZA, ALFREDO: Sono le pillole della salvezza o del peccato? in: Eva, Nr. 35, 4.9.1964, S. 10–15.
—: La pillola sotto processo, in: Eva, Nr. 36, 11.9.1964, S. 12–15.
—: È ancora presto per giudicare la pillola incriminata, in: Eva, Nr. 37, 18.9.1964, S. 16–18.
FRANCHI, ROBERTO: Sophia è dimagrita adesso pesa 59 chili, in: Grazia, 29.12.1957, S. 38–39.
FREEGOOD, ANNA G.: Esame del rapporto Kinsey, in: Oggi, Nr. 36, 3.9.1953, S. 24–26.
GALLERIA DI SOGNO: Sofia Lazzaro, in: Sogno, Nr. 1, 7.1.1951, S. 11.
GAMBINO, ANTONIO: Il peccato maschile, in: L'Espresso, 2.4.1961, S. 12–13.
—: L'ondata sensuale. Un dibattito sulla morbosità, in: L'Espresso, 18.10.1959, S. 6–7.
—: La moglie in Italia. Dossier dell'infedeltà, in: L'Espresso, 10.1.1960, S. 14–15.
—: La moglie in Italia. Il pianto della ribelle timida, in: L'Espresso, 13.12.1959, S. 13–15.
—: La moglie in Italia. Il trauma della prima notte, in: L'Espresso, 27.12.1959, S. 20–22.
—: La moglie in Italia. Sesso e magia, in: L'Espresso, 20.12.1959, S. 14–15.
—: Rapporto internazionale sul vizio. La ragazza della giacca di pelle, in: L'Espresso, 8.12.1957, S. 14–15.
GAROFALO, ANNA: *Maggiorate offese*, in: Cinema Nuovo, Nr. 5, 10.2.1955, S. 110.
GHELLI, NINO: Religiosità del cinema italiano, in: Rivista del Cinematografo, 1.1.1955, S. 16.
GHIROTTI, GIGI: D'onore si muore, in: L'Europeo, Nr. 18 (1960), S. 18–24.
GIANERI, ENRICO: La donna conquista il potere, in: L'Europeo, 2.11.1958, S. 16–20.
GIOVANI, 17.9.1966, Nr. 38, S. 74–76.
GIRALDI, FRANCO: La fortuna di essere Sophia, in: Vie Nuove, 13, 30.3.1957, S. 32–33.
GRILLENZONI, C.: I caratteri del fisico e del vestire considerati come fattori demografici, Rom 1931, S. 3–11.
GROMO, MARIO: Primo tempo, in: La Stampa, 13.8.1932, S. 8.
GUERRINI, GIANFRANCO/VERONA, SILVIA/TORTONA, ANGELA: Inferiore all'uomo la donna? In: Epoca, Nr. 24, 24.3.1951, S. 3–5.
GUERRINI, MINO: Cerchiamo di capirli questi strani ventenni, in: L'Espresso, 21.4.1957, S. 11.
—: È stata una donna a denunciare Sophia. Loren-Ponti processati per bigamia, in: L'Epresso 11.1.1959, S. 1 u. 11.
—: Hanno paura del mondo, in: L'Espresso, 28.4.1957, S. 11.
—: Ogni giorno ne arriva una: Attricette, in: L'Espresso, 2.12.1956, S. 9.
—: Sophia esportazione. Gli americani la comprano a scatola chiusa, in: L'Espresso, 16.12.1956, S. 1 u. 12–13.
GUIDI, GABRIELLA: Noi e i fatti, in: Rivista del Cinematografo, Nr 4. (April 1963), S. 163.
GULLACE, GINO: Svelati da Kinsey i segreti delle americane, in: Oggi, Nr. 36, 3.9.1953, S. 23.
HALWAY, CHESTER: Quattro attori e le donne, in: Piccola Nr. 39, 27.9.1932, S. 3.
IL PESCATORE D'OMBRE: Divismo in Italia, in: Oggi, 10.8.1940, S. 20.

IL SUPER REVISORE [Giuseppe Marotta]: Lo dica a me e mi dica tutto, in: Cinema Illustrazione, Nr. 33, 17.8.1932, S. 2.
—: Lo dica a me e mi dica tutto, in: Cinema Illustrazione, Nr. 23, 6.6.1933, S. 2.
—: Lo dica a me e mi dica tutto, in: Cinema Illustrazione, Nr. 43, 23.10.1935, S. 2.
ISA BELLA: Ragazze, sapete portare le gonne corte?, in: Giovanissima, Nr. 13, 26.3.1966, S. 64–65.
JANSEN, P. G.: Il carcere dei mariti, in: Piccola, Nr. 1, 5.1.1937, S. 8.
LANIA, GIOVANNI: Mininchiesta sulla minigonna: Niente scandalo si abitueranno, in: Ciao amici, Nr. 28, 17.8.1966, S. 56–59.
LANOCITA, ARTURO: Rassegna Cinematografica, in: Corriere della Sera, 24.12.1960.
—: Rassegna cinematografica, in: Corriere della Sera, 20.12.1957, S. 8.
LARI, CARLO: Bel ragazzo! In: Lei, Nr. 14, 17.10.1933, S. 7.
LOMBARDO, LILI M.: Per piacere a lui. Del modo di ridere, in: Espresso, 8.2.1946, S. 2.
LONGANESI, LEO: Breve storia del cinema italiano, in: L'Italiano. Periodico della rivoluzione fascista, Nr. 17/18 (Januar/Februar 1933), S. 23–24.
LUZZATTO FEGIZ, PAOLO/MIOTTO, ANTONIO: La donna italiana si confessa: Il delicato problema delle esperienze sentimentali, in: Oggi, Nr. 27, 5.7.1951, S. 8.
—: La donna italiana si confessa: 45 Mogli su 100 deluse dal matrimonio, in: Oggi, Nr. 26, 28.6.1951, S. 5.
MAGNANI, GINO: Editorial, in: arbiter elegantiarum, Nr. 1 (Mai 1935), o. S.
MANZINI, RAIMONDO: Le smanie per la Miss, in: Famiglia Cristiana, 15.10.1950, S. 805.
MAROTTA, GIUSEPPE: Discorso sulle belle donne e un raccontino, in: Star, Nr. 10, 31.3.1945, Rückseite.
MARGADONNA, ETTORE M.: Registi nostri: Mario Camerini, in: Commedia, Nr. 4, 15.4.1933, o. S.
MARTINI, ALESSANDRO: Inventare una nuova bellezza. Spogliarsi o non spogliarsi, in: Film d'oggi, 3, 23.6.1945, S. 3.
MECCOLI, DOMENICO: La coppia di ferro, in: Grazia, 9.2.1958, S. 21–27, Il Messaggero, 5.4.2006, S. 37 u. 46–47.
MILANO, PAOLO: Confessione pubblica e laica, in: L'Espresso, 12.7.1959, S. 21.
MINUZZO, NERIO: I siciliani? Li trovo così italiani, in: L'Europeo, Nr. 34 (1960), S. 37.
MODUGNO, SERGIO: Ho lasciato Fellini per conquistare i giovani, in: BIG, 13.8.1965, S. 8–11.
—/ PIOVENE, GUIDO: Liberi di stare insieme, in: L'Espresso, 30.4.1961, S. 11.
—: Inchiesta a partinico. Moravia interroga Sophia Loren, in: L'Europeo, 23.9.1962, S. 16–21.
—: Un monologo sessuale. Un film di Lattuada, in: L'Espresso, 30.10.1960, S. 27.
MURA: L'Adorabile Intrusa, in: Sogno, Nr. 14, 6.4.1952 bis Nr. 33, 17.8.1952.
—: Le interessanti inchieste di „Piccola". Quale uomo preferiscono le donne moderne? La scrittrice preferisce, in: Piccola, Nr. 16, 19.4.1932, S. 4–5.
MUSSOLINI, BENITO: Un pericolo: „Lo spirito borghese", in: Gerarchia. Rassegna mensile della rivoluzione fascista, Nr. 3 (März 1934), S. 179–182.
—: Discorso dell'Ascensione. Il regime fascista per la grandezza d'Italia pronunciato il 26 maggio 1927 alla camera dei deputati, Rom 1927.
—: Warnung an die moderne Frau, in: Der Querschnitt, Jg. 9/2 (Februar 1929), S. 261.
NORRIS, E.: Avete le labbra simili a quelle delle dive del cine?, in: Vittorio De Sica. Il romanzo della sua vita e dei suoi films, Supplemento di Cinema Illustrazione, Nr. 2 (Februar 1934), S. 31–32.
OCER.: Sci ... sport nazionale, in: Domenica del Corriere, Nr. 5, 31.1.1937, S. 6–7.
PALAZZI, MARIO: Autorità dell'uomo, in: Critica Fascista, Nr. 10 (1933), S. 183–184, publiziert in: Meldini (1975), S. 208–211.
PALLADINI, M.: Abbolire il varietà nei cinema! In: L'Eco del Cinema, Nr. 123 (Februar1934), S. 1.
PANNUNZIO, MARIO: Finestre sul cinema, in: Omnibus, 9.7.1938, S. 9.
—: Illusioni delle signore, in: Omnibus, 21.5.1938, S. 9.
—: La grande città, in: Omnibus, 9.4.1938, S. 9.
—: Pareti bianche, in: Omnibus, 14.1.1939, S .9.

Paolella, Domenico: La razza e il cinema italiano, in: Film, Nr. 30, 20.8.1938, S 1.
—: Spettacolo e razza, in: Film, Nr. 31, 27.8.1938, S. 1–2.
Parme, Jules [Cesare Zavattini]: Una sigaretta, signorine, in: Piccola, Nr. 7, 16.2.1932, S. 5
Pellizzi, G. B.: Alcune realtà sul problema demografico, in: Critica Fascista Nr. 5 (1930), S. 96–98, publiziert in: Meldini (1975), S. 176–180.
Peverelli, Luciana: Inchiesta sull'amore moderno: Come ci si fidanza oggi? In: Piccola, Nr. 47, 22.11.1932, S. 4–5.
—: Le interessanti inchieste di Piccola. Quale uomo preferiscono le donne moderne?, in: Piccola, Nr. 10/16, 8.3.1932 bis 19.4.1932.
—: Quale uomo preferiscono le donne moderne? La dattilografa preferisce, in: Piccola, Nr. 10, 8.3.1932, S. 4–5.
Piccola: Nr. 3, 26.6.1928, S. 3.
—: Nr. 30, 26.7.1932.
—: Nr. 44, 2.11.1937.
—: Nr. 41, 12.10.1937.
Pittigrilli: Dicevamo, in: Le grandi firme, Nr. 319, 8.7.1937, S. 3.
Pompei, Manlio: Donne e culle, in: Critica Fascista, 1930, Nr. 6, S. 106–107, publiziert in: Meldini (1975), S. 180–183.
—: La famiglia e il Fascismo: un' inchiesta da fare, in: Critica Fascista, Nr. 9 (1933), S. 163–166, publiziert in: Meldini (1975), S. 202–208.
Ponti, Carlo: La mia vita con Sofia, in: Amica, 25.3.1962, S. 18–22.
Porro, Alessandro: Ha detto addio al cinema la Señora Dominguin, in: Grazia, 26.1.1958, S. 24–27.
—: Il segreto della Loren, in: Grazia, 3.11.1957, S. 23–27.
Quaglia, Maria: Le italiane vivono sotto sequestro?, in: L'Europeo, Nr. 21 (1958), S. 17–20.
Quilici, Lia: Buonanotte Marcello, in: L'Espresso, 4.4.1965, S. 14–15.
—: Il tango di Marcello, in: L'Espresso, Nr. 2, 9.1.1966, S. 14–15.
Quiriglio, Michele: Schubert [sic!] veste le dive, in: Cinema Nuovo, Nr. 187, 1.6.1956, S. 286–288.
R. S.: Balliamo con il grab il braccialetto dell'amicizia, in: Giovanissima, Nr. 10, 5.3.1966, S. 60–61.
Ramperti, Marco: Clark Gable: Un uomo, in: Cinema Illustrazione, Nr. 14, 3.4.1933, S 3.
Reda, Stefano: Principessa in esilio, in: Sogno, Nr. 29, 22.7.1951 bis Nr. 50, 16.12.1951.
Ridenti, Lucio: De Sica avrà la barba (Ma voi, gentili lettrici, chiuderete gli occhi...), in: Piccola, Nr. 1, 4.1.1938, S. 3.
—: Il concorso di 'Film' a Rimini. 'Divi' per 24 ore, in: Film, Nr. 32, 3.9.1938, S. 6.
Risé, Claudio: Rocco e i suoi cugini. Il voto degli immigrati meridionali, in: L'Espresso, 21.4.1963, S. 3.
Rissone, Giuditta: Per le signore! Che cosa pensa Giuditta Rissone di Vittorio De Sica, in: Africa. Supplemento di Cinema Illustrazione, Nr. 26 (November 1936), S. 31.
Roda, Enrico: L'unica cosa vera di Catherine: Sabrina, in: Marie Claire, Nr. 1, 2.1.1964, S. 13.
Roma, Enrico: La scena come Vetrina, in: Lui, Nr. 4 (Mai 1934), S. 3 u. 5.
Rondi, Gian Luigi: Prima visione. Peccato che sia una canaglia, in: Rivista del cinematografo, Nr. 3 (1955), S. 26.
Rossi, Maria Maddalena: In difesa della famiglia, in: Vie Nuove, Nr. 18, 4.5.1947, S. 7.
S. G.: Non fiori ma spaghetti. Intervista con la Loren di ritorno dall'esilio, in: Vie Nuove, Nr. 31, 1.8.1959, S. 45.
S. P.: Italia senza divorzio, in: Vie Nuove, Nr. 24, 13.6.1959, S. 33.
Sacchi, Filippo: La serata italiana al Festival del Lido, in: Corriere della Sera, 12.8.1932, S. 8.
—: Tempo massimo, in: Corriere della Sera, 11.1.1935, S. 6.
Sangiorgi, Giorgio M.: Belle donne per tutti, in: Film d'oggi, Nr. 8, 22.11.1950, S. 8–9.

SATURNO, VITO: La colpa di essere sinceri, in: Ciao Amici, Nr. 6, 20.3.1966, S. 18–22.
SCUDERONI, IGNANZIO: Una moglie ideale, in: La Piccola, Nr. 6, 5.2.1929, S. 10.
SERINI, MARIA LIVIA: Il ratto si Sofia, in: L'Espresso, 16.9.1956, S. 15.
—/ ZANETTI, LIVIO: Rapporto morale su Roma: Perché sono ragazzi di vita, in: L'Espresso, Nr. 15, 9.4.1961, S. 17–19.
—: Il seno scompare ma il bikini resiste, in: L'Espresso, 23.8.1959, S. 12–13.
—: L'amato dormiglione, in: L'Espresso, 21.1.1962, S. 12–13.
—: O lui o nessuno. Brigitte Bardot non riesce a smuovere Mastroianni, in: L'Espresso, 2.7.1961.
SETTI, GIUGLIELMA: Il Signor Max, in: Il Lavoro, 23.11.1937.
SFORZINI, PAOLO: Il sesso dei nostri nipoti costruito in: laboratorio, L'Espresso, 18.12.1960, S. 13.
—: Maschi o femmine non si nasce: Il sesso travestito, in: L'Espresso, 3.7.1960, S. 11.
—: Spesso i genitori sono responsabile del comportamento die loro figli, in: L'Espresso, 13. Juni 1960, S. 12.
SOAVI, MARIO A.: Perché piace il cinematografo?, in: L'Eco del Cinema, Nr. 64 (März 1929), S. 12–13.
SOLCI, GIUGLIELMO: Milano. I giovani di notte, in: Big, Nr. 21, 29.10.1965, S. 9–13.
SPAAK, CATHERINE: Quello che amo, penso, spero. Catherine Spaak ha scritto per voi la sua biografia, in: Giovanissima, Nr. 9, 26.2.1966, S. 44–55.
—: Quello che amo, penso, spero. Quando canto penso sempre a voi, in: Giovanissima, Nr. 12, 12.3.1966, S. 77–79.
—: Quello che amo, penso, spero. Sono innamorata dell'amore e credo nella felicità, in: Giovanissima, Nr. 10, 5.3.1966, S. 63–67.
SPINA, GRAZIA MARIA/CAPPUCCI, FABRIZIO: Quando è amore quando è amicizia. Venti nostri giovani lettori ne discutono animatamente, in: Big, Nr. 5, 9.7.1965, S. 10–23.
TAVERNA, SALVATORE: Al Vittoriano poi a cena con Armani: Sofia, sei un mito, in: Il Tempo, 6.10.1955, Rückseite.
TESTA, CARLO: Catherine Spaak si sfoga: Un mondo più grande di lei, in: Big, Nr. 19, 15.10.1965, S. 16–18.
—: Catherine: la diva che fugge, in: Big, Nr. 3, 25.6.1965, S. 34–37.
TODISCO, ALFREDO: Catherine, la monella che gioca alle signore, in: Corriere della Sera, 18.12.1963.
—: Assegnati i nastri d'argento 1960. Visconti batte Fellini, in: Rivista del Cinematografo, Nr. 2 (Februar 1961), S. 50.
VALORI, GINO [Ettore Maria Margadonna]: Dove sono le dive? Le stiamo cercando, in: Cinema Illustrazione, Nr. 7, 14.2.1934, S. 3.
VIVIAN: Questo è il tipo di bellezza 1948, in: Espresso, 9.1.1948, S. 1.
WERBUNG: *Cinema Illustrazione* in: Commedia, Nr. 3, (März 1934), Rückseite.
—: *Cirio*, in: Amica, Nr. 7, 6 maggio 1962, S. 92–93.
—: *Dischi Columbia*, in: Commedia, Nr. 4, 15.4.1933, o. S.
—: *Dischi Columbia*, in: Novella Film, Nr. 43, 27.10.1935, S. 7.
—: *Diadermina*: Novella, Nr. 7, 18.2.1934, S. 6.
—: *Jodont*: Novella, Nr. 46, 13.11.1932, S. 15.
—: *Berber*: Novella Film, Nr. 26, 1.7.1934, S. 12.
—: *La calvizie vinta*, in: Le grandi firme, Nr. 335, 28.10.1937, S. 8.
—: *Viset Puder*, in: Novella Film Nr. 20, 20.5.1934, S. 12.
X. F.: Conoscere gli uomini, in: Piccola Nr. 4, 26.1.1937, S. 8.
ZAVATTINI, CESARE: Cronache da Hollywood. Il caffè dei divi, in: Cinema Illustrazione, 22.10.1930, S. 11.
ZEVI, BRUNO: Gli studenti d'architettura di Roma non vogliono i docenti del littorio, in: L'Espresso, 14.4.1963, S. 22.

Monographien

BAGLIONI, GUIDO: I giovani nella società industriale, Mailand 1962, S. 194.
BOCCA, GIORGIO: Miracolo all'italiana, Mailand 1962.
BRIN, IRENE: Usi e costumi 1920–1940, Rom 1944.
CARLI, MARIO: Codice della vita fascista, Rom 1928.
CHIARINI, LUIGI: Il Cinematografo, Roma 1935, S. 18–19.
DE MARCHI, LUIGI: Sesso e civiltà, Mailand 1959.
FAJRAJZEN, STEFANO: L'assistenza sessuale dal punto di vista clinico, psicologico, fisiologico, etico e sociale, Mailand 1951.
GAROFALO, ANNA: L'italiana in Italia, Rom/Bari 1956.
GRASSO, PIER GIOVANNI: Gioventù di metà secolo: Risultati di un'inchiesta sugli orientamenti morali e civili di 2000 studenti italiani, Rom 1954.
GRAVELLI, ASVERO (Hg.): Vademecum dello stile fascista dai Fogli di Disposizioni del Segretario del Partito, Rom 1939.
HARRISON, LIETA: L'iniziazione. Come le adolescenti italiane diventano donne, Mailand 1966.
—: Le svergognate, Rom 1963.
MEANO, CESARE: Commentario Dizionario italiano della Moda, Turin 1936.
MORAVIA, ALBERTO: La noia, Mailand 2007 [1960].
MUSSOLINI, BENITO, Opera Omnia XXVII, S. 202–203, Rede vom 18. Dezember 1935.
NABOKOV, VLADIMIR: Lolita, Mailand 1959, S. 26.
NOTARI, UMBERTO: La donna „tipo tre", Mailand 1998 [1929].
ORIGLIA, DINO: I rapporti sessuali fuori del matrimonio, Mailand/Turin.
—: Problemi psicologici e pedagocici della scuola media, Rom 1955.
—: Psicologia dell'età evolutiva, Mailand 1950.
PARCA, GABRIELLA: I sultani. Mentalità e comportamento del maschio italiano, Mailand 1965.
—: Le italiane si confessano, Florenz ⁴1961 [1959].
PARTITO NAZIONALE FASCISTA (Hg.): Testi per i corsi di preparazione politica: Il cittadino soldato, Rom 1936.
— (Hg.): Testi per i corsi di preparazione politica: La cultura fascista, Rom 1936.
PASOLINI, PIER PAOLO: Prefazione, in: Harrison (1963), S. I–VII.
PIO XII.: Enciclica Sacra Virginitas (23.3.1954), in: Enchiridion delle encicliche, Bd. VI, Bologna 1995.
RABAGLIATI, ALBERTO: Quattro anni fra le stelle, Milano 1932.
RENZI, RENZO: Gina Lollobrigida, Mailand 1955.
RIGGIO CINELLI, LINDA: La donna italiana e la libertà, Florenz 1931, S. 8–9.
ROSSI, GAETANO: Educazione fascista, Verona 1942.
SOCIETÀ ITALIANA AUTORI E EDITORI [Siae] (Hg.): La vita dello spettacolo in Italia nel decennio 1924–1933.

Nachrichtenfilme

ARCHIVIO STORICO LUCE (ASL): La Settimana Incom: Piccola posta. Vi risponde..., Nr. 00001, 15.2.1946 bis Nr. 00014, 6.6.1946.
—: Caleidoscopio Ciak, C1233: Si gira a Roma – Sophia Loren in „La Ciociara", 4.8.1960.
—: Caleidoscopio Ciak C1381: Sophia Loren tra i bimbi, 29.12.1961.
—: Caleidoscopio Ciak C1413, Sofia Loren dona il sangue, 19.4.1962.
—: Caleidoscopio Ciak C1484: Sofia Loren al pranzo di 1500 bambini delle borgate di Roma invito dal barone Cini,14.1.1963.

Quellenverzeichnis 431

—: Caleidoscopio Ciak C1485: Natale di Sofia Loren: 1500 bambini, 14.1.1963.
—: La Settimana Incom 00004: Piccola Posta: Vi risponde Masimo Girotti, 6.3.1946.
—: La Settimana Incom 00925: Made in Italy (Fabbricato in Italia), 2.4.1953.
—: Radar RO100: Sophia Loren parte per la Svizera, 9.2.1967.

Literaturverzeichnis

AA.VV.: Chiesa e progetto educativo nell'Italia del secondo dopoguerra 1945–1958, Brescia 1988.
—: Donne e Resistenza in Emilia-Romagna, 2 Bde., Mailand 1978.
—: I favolosi anni trenta: cinema italiano 1929–1944, S. 28.
ADDIS SABA, MARINA (Hg.): La corporazione delle donne. Ricerche e studi sui modelli femminili nel ventennio fascista, Florenz 1989.
—: Il dibattito sul fascismo: le interpretazioni degli storici e die miltanti politici, Mailand 1976.
AFFRON, CHARLES (Hg.): 8½, Federico Fellini, Director, New Brunswick 1987.
AGNEW, JOHN: The Myth of Backward Italy in Modern Europe, in: Allen/Russo (1997), S. 23–42.
AGORNI, MIRELLA: Translating Italy for the Eighteenth Century. British Women, Translation and Travel Writing (1739–1797), Manchester 2002.
ALDRICH, ROBERT: The Seduction of the Mediterranean. Writing, Art and Homosexual Fantasy, London/New York 1993.
ALLEN, BEVERLY/RUSSO, MARY (Hg.): Revisioning Italy: National Identity and Global Culture, Minneapolis 1997.
ANDREOLI, ANNAMARIA: D'Annunzio, Bologna 2004.
AMATORI, FRANCO: Proprietà e direzione: La Rinascente 1917–1969, Mailand 1989.
APRÀ, ADRIANO (Hg.): Storia del cinema italiano, Bd. V, Venedig 2006.
ARGENTIERI, MINO: Autarchia e internazionalità, in: Aprà (2006), S. 148–165.
—: Il cinema nell'Italia del centrosinistra, in: De Vincenti (2001), S. 173–190.
—: L'occhio del regime. Informazione e propaganda nel cinema del fascismo, Florenz ²2003 [1979].
ARIÈS, PHILIPPE: Geschichte der Kindheit, München 1975 [1960].
—/ DUBY, GEORGES: La vita privata. Il Novecento, Rom/Bari 1988.
ARRU, ANGIOLINA (Hg.): Pater familias, Rom 2002.
ARVIDSSON, ADAM: Between Fascism and the American Dream. Advertising in Interwar Italy, in: Social Science History, 25/2 (2001), S. 151–186.
—: Marketing Modernity. Italian Advertising from Fascism to Postmodernity, London/New York 2003.
ASFUR, ANKE/OSSES, DIETMAR (Hg.): Neapel – Bochum – Rimini. Arbeiten in Deutschland. Urlaub in Italien, Essen 2003.
ASPESI, NATALIA: Il lusso e l'autarchia. Storia dell'eleganza italiana, 1930–1942, Mailand 1982.
ASQUER, ENRICA: La 'Signorina Candy' e la sua lavatrice. Storia d'un intesa perfetta nell'Italia degli anni Sessanta, in: Genesis, V/1 (2006), S. 97–118.
AUDEHM KATHRIN/VELTEN, HANS RUDOLF (Hg.): Transgression – Hybridisierung – Differenzierung. Zur Performativität von Grenzen in Sprache, Kultur und Gesellschaft, Freiburg i. Br./Berlin/Wien 2007.
AURICH, ROLF: Wirklichkeit ist überall. Zum historischen Quellenwert von Spiel- und Dokumentarfilmen, in: Wilharm, Irmgard (Hg.): Geschichte in Bildern. Von der Miniatur bis zum Film als historische Quelle, Pfaffenweiler 1995, S. 112–128.
AUSLANDER, LEORA: The Gendering of Consumer Practices in Nineteenth-Century France, in: De Grazia/Furlough (1996), S. 79–112.
BALLERINO COHEN, COLLEEN/WILK, RICHARD/STOELTJE, BEVERLY: Introduction, in: dies. (Hg.): Beauty Queens on the Global Stage. Gender, Contests, and Power, London/New York 1996, S. 1–12.
BARANSKI, ZYGMUNT G./LUMLEY, ROBERT (Hg.): Culture and Conflict in Postwar Italy: Essays on Mass and Popular Culture, Basingstoke 1990.
BARANSKY, ZYGMUNT G./VINALL, SHIRLEY W. (Hg.): Women and Italy. Essays on Gender, Culture and History, Basingstoke 1991.

BARBAGALLO, FRANCESCO (Hg.): Storia dell'Italia repubblicana, Bd. I: La costruzione della democrazia. Dalla caduta del fascismo agli anni Cinquanta, Turin 1994.
BARBANTI, MARCO: La „battaglia per la moralità" tra oriente, occidente e italocentrismo 1948–1960, in: D'Attore (1991), S. 161–198.
BARTHES, ROLAND: Mythen des Alltags, Frankfurt a. M. 1964, S. 7.
—: Die Sprache der Mode, Frankfurt a. M. 1985.
—: En sortant du cinéma, in : Communications, Nr. 23, 1975, S. 104–107.
BAUMEISTER, MARTIN: Diesseits von Afrika? Konzepte des europäischen Südens, in: Schenk/Winkler (2007), S. 23–47.
BAXTER, JOHN: Fellini, New York 1993.
BEDERMAN, GAIL: Manliness and Civilization. A Cultural History of Gender and Race in the United States, 1880–1917, Chicago/London 1995.
BELLASSAI, SANDRO/MALATESTA, MARIA (Hg.): Genere e mascolinità. Uno sguardo storico, Rom 2000b.
BELLASSAI, SANDRO: La legge del desiderio. Il progetto Merlin e l'Italia degli anni cinquanta, Rom 2006.
—: La mascolinità contemporanea, Rom 2004.
—: La morale comunista, Rom 2000a.
—: Mascolinità e relazioni di genere nella cultura politica comunista 1947–1956, in: ders./Malatesta (2000b), S. 265–301.
—: Mascolinità, mutamento, merce. Crisi dell'identità maschile nell'Italia del boom, in: Capuzzo (2003), S. 105–137.
—: The Masculine Mysthique: Antimodernism and Virility in Fascist Italy, in: Journal of Modern Italian Studies, 10/3 (2005), S. 314–335.
BENADUSI, LORENZO: Il nemico dell'uomo nuovo. L'omosessualità nell'esperimento totalitario fascista, Mailand 2005.
BEN-GHIAT, RUTH: Fascist Modernities, Italy 1922–1945, Berkeley/Los Angeles/London 2001.
—: Liberation: Film and the Flight from the Italian Past, 1945–1950, in: Bosworth/Dogliani (1999), S. 83–101.
—: Unmaking the Fascist Man: Masculinity, Film and the Transition from Dictatorship, in: Journal of Modern Italian Studies, 10/3 (2005), S. 336–365; Bertellini (2006)
—/ FULLER, MIA (Hg.): Italian Colonialism, New York 2005.
BENHABIB, SEYLA/BUTLER, JUDITH/CORNELL, DRUCILLA/FRASER, NANCY (Hg.): Der Streit um Differenz. Feminismus und Postmoderne in der Gegenwart, Frankfurt a. M. 1993.
BENNINGHAUS, CHRISTINA: Das Geschlecht der Generation. Zum Zusammenhang von Generationalität und Männlichkeit um 1930, in: Jureit/Wildt (2005), S. 127–158
BENTHEIM, CLAUDIA/STEPHAN, INGE (Hg.): Männlichkeit als Maskerade, Köln 2003.
BEREZIN, MABEL: Created Costituencies: The Italian Middle Classes and Fascism, in: Koshar (1990), S. 142–163.
BERNARDI, SANDRO (Hg.): Storia del Cinema Italiano, Bd. IX, 1954–1959, Venedig 2004.
—: Gli anni del centrismo e del cinema popolare, in: ebd., S. 3–34.
BERTELLINI, GIORGIO: Duce/Divo. Masculinity, Racial Identity, and Politics among Italian Americans in 1920s New York City, in; Journal of Urban History, 31/5 (Juli 2005), S. 685–726.
—/ BRUNETTA, GIAN PIERO (Hg.): The Cinema of Italy, London 2004.
—: Colonial Autism. Whitened Heroes, Auditory Rhetoric and National Identity in Interwar Italian Cinema, in: Palumbo (2003), S. 255–277.
—: Dubbing L'Arte Muta. Poetic Layerings around Italian Cinema's Transition to Sound, in: Garofalo/Reich (2002), S. 30–82.
BETTINGER, ELFI/FUNK, JULIA (Hg.): Maskeraden. Geschlechterdifferenz in der literarischen Inszenierung, Berlin 1995.

BOCK, GISELA/THANE, PATT: Maternity and Gender Policies. Women and the Rise of the European Welfare States, 1880s–1950s, London 1991.
BOGGIO, CECILIA: Black Shirts/Black Skins. Fascist Italy's Colonial Anxieties and Lo Squadrone Bianco, in: Palumbo (2003), S. 279–297.
BONDANELLA, PETER: The Films of Federico Fellini, Cambridge 2002.
—: Hollywood Italians. Dagos, Palookas, Romeos, Wise Guys and Sopranos, New York/London 2004.
—: Italian Cinema. From Neorealism to the Present, New York/London ³2001 [1983].
BORUTTA, MANUEL: Antikatholizismus, Männlichkeit und Moderne. Die diskursive Femi-nisierung des Katholizismus in Italien und Deutschland 1850–1900. www.ruendal.de/aim/pdfs/Borutta.pdf (11.08.2008).
BOSCAGLI, MAURIZIA: The Power of Style: Fashion and Self-Fashioning in Irene Brin's Journalistic Writing, in: Pickering-Iazzi (1995), S. 121–136.
BOSSAGLIA, ROSSANNA: Il Novecento italiano, Mailand 1979.
BOSWORTH, RICHARD J. B./DOGLIANI, PATRIZIA (Hg.): Italian Fascism: History, Memory, and Representation, New York 1999.
—: Film Memories of Fascism, in: ebd., S. 102–123.
—: Italy and the Wider World, London/New York 1996.
—: The Italian Dictatorship: Problems and Perspectives in the Interpretation of Mussolini and Fascism, London/New York 1998.
—: Mussolini, London 2002.
BOURDIEU, PIERRE /DELSAUT, YVETTE: Die neuen Kleider der Bourgeoisie, Berlin 1975.
—: Die feinen Unterschiede. Kritik der gesellschaftlichen Urteilskraft, Frankfurt a. M. 1987 [1979].
BOURKE, JOANNA: Fear. A Cultural History, London 2005.
BOYER, DEENA: The Two Hundred Days of 8½, New York 1964.
BRAMBERGER, ANDREA: Die Kindfrau. Lust – Provokation – Spiel, München 2000.
BRANCA, VITTORIO: Boccaccio: Il Decamerone, Mailand 1989.
BRANCATI, VITILIANO: Il bell'Antonio, Mailand 2001.
BRÄNDLI, SABINA: „... die Männer sollten schöner geputzt sein als die Weiber". Zur Konstruktion bürgerlicher Männlichkeit im 19. Jahrhundert, in: Kühne (1996), S. 101–117.
BRÄUNLEIN, JÜRGEN: Lara, mach mir die Greta...! Über synthetische Stars und virtuelle Helden, in: Flessner, Bernd (Hg.): Nach dem Menschen. Der Mythos einer zweiten Schöpfung und das Entstehen einer posthumanen Kultur, Freiburg 2000, S. 115–132.
BRAVO, ANNA/BRUZZONE, ANNA MARIA: In guerra senza armi. Storie di donne 1940–1945, Rom/Bari 1995.
— (Hg.): Donne e uomini nelle guerre mondiali, Rom/Bari 1991.
—: Il fotoromanzo, Bologna 2003.
—: Simboli del materno, in: dies. (1991), S. 97–134.
BRILLI, ATTILIO: Il viaggio in Italia: storia di una grande tradizione culturale, Bologna 2006.
BRONFEN, ELISABETH: Das verknotete Subjekt. Hysterie in der Moderne, Berlin 1998.
BRUNETTA, ERNESTO: Crisi del neorealismo e normalizzazione sociale, in: De Giusti (2003), S. 35–52.
BRUNETTA, GIAN PIERO: Storia del cinema italiano. Il cinema muto 1895–1929, Bd. 1, Rom 2001a [1979].
—: Storia del cinema italiano. Il cinema del regime 1929–1945, Bd. 2, Rom 2001b [1979].
—: Storia del cinema italiano. Dal neorealismo al miracolo economico 1945–1959, Bd. 3, Rom 2001c [1982].
—: Storia del cinema italiano. Dal miracolo economico agli anni novanta 1960–1993, Bd. 4, Rom 2001d [1982], S. 141.
—: Hollywood in Europa: industria, politica, pubblico del cinema 1945–1960, Florenz 1991.
— (Hg.): Identità italiana e identità europea nel cinema italiano dal 1945 al miracolo economico, Turin 1996.

—: (Hg.): Dizionario del cinema mondiale, Turin 1999.
—: Divismo, misticismo e spettacolo della politica, in: ebd., S. 526–559.
BRUNO, GIULIANA: Streetwalking on a Ruined Map. Cultural Theory and the City Films of Elvira Notari, Princeton 1993.
BRUZZI, STELLA: Undressing Cinema. Clothing and Identità in the movies, London/New York 1997.
BUBENICK-BAUER, IRIS/SCHALZ-LAURENZE, UTE (Hg.): Frauen in der Aufklärung: ...ihr werten Frauenzimmer, auf! Franfurt a. M. 1995.
BUBLITZ, HANNELORE (Hg.): Das Wuchern der Diskurse. Perspektiven der Diskursanalyse Foucaults, Frankfurt a. M. 1999.
—: Diskursanalyse – (k)eine Methode. Eine Einleitung, in: dies. (Hg.): Das Wuchern der Diskurse. Perspektiven der Diskursanalyse Foucaults, Frankfurt a. M. 1999, S. 10–21.
BUCKLEY, RÉKA: Marriage, Motherhood, and the Italian Film Stars of the 1950s, in: Morris (2006), S. 35–49.
—: National Body: Gina Lollobrigida and the Cult of the Star in the 1950s, in: Historical Journal of Film, Radio and Television, 20/4 (Oktober 2004), S. 527–547.
BURKHARDT, STEFFEN: Medienskandale. Zur moralischen Sprengkraft öffentlicher Diskurse, Köln 2006.
BUTLER, JUDITH: Das Unbehagen der Geschlechter, Frankfurt a. M. 1991.
—: Haß spricht. Zur Politik des Performativen, Berlin 1998.
—: Körper von Gewicht. Die diskursiven Grenzen des Geschlechts, Frankfurt a. M. 1997.
CALABRÒ, ANNA RITA/GRASSO, LAURA (Hg.): Dal movimento femminista al femminismo diffuso, Mailand 1985.
CALDIRON, ORIO (Hg.): Cinema italiano degli anni trenta, Rom 1978.
CALDWELL, LESLEY: Italian Family Matters. Women, Politics and Legal Reform, Basingstoke 1991.
CALVINO, ITALO: Autobiografia di uno spettatore, in: Fellini (1980), S. VII–XXIV.
CAMPI, ALESSANDRO: Mussolini, Bologna 2001.
—: Mussolinismo, in De Grazia/Luzzatto (2005), S. 200–204.
CANNISTRARO, PHILLIP V.: La fabbrica del consenso, Rom/Bari 1975.
CAPRARA, VALERIO: Il Cinema sotto il Vesuvio, in: Bernardi (2004), S. 372–387.
CAPUSSOTTI, ENRICA: Gioventù perduta. Gli anni cinquanta dei giovani e del cinema, Florenz 2004.
—: Tra storie e pratiche: soggettività giovanile, consumo e cinema in Italia durante gli anni Cinquanta, in: Capuzzo (2003), S. 169–190.
—: Weiblichkeit, ländliche Gemeinschaft und italienischer Nationalcharakter. Der Kampf gegen amerikanische Modernität in Riso amaro, in: Werkstatt Geschichte, Nr. 44 (2006), S. 97–109.
CAPUZZO, PAOLO (Hg.): Genere, generazione e consumi. L'Italia degli anni Sessanta, Rom 2003.
CARRANO, PATRIZIA: Divismo, in: Rivolsi, Marino (Hg.): Schermi e ombre. Gli italiani e il cinema nel dopoguerra, Florenz 1988, S. 229–247.
CARATOZZOLO, VITTORIA CATERINA: Irene Brin. Italian Style in Fashion, Venedig 2006.
CARDILLO, MASSIMO: Il duce in moviola. Politica e divismo nei cinegiornali e documentari Luce, Bari 1983.
CARDULLO, BERT (Hg.): Federico Fellini. Interviews, Jackson 2006.
—: Vittorio De Sica. Director, Actor, Screenwriter, Jefferson 2002.
—: What Is Neorealism?: A Critical English-Language Bibliography of Italian Cinematic Neorealism, Lanham 1991.
CASETTI, FRANCESCO: L'autoreferenzialità nel cinema: 8½ di Fellini, in: Versus: Quaderni di Studi Semiotici, Nr. 65/66 (Mai/Dezember 1993), S. 95–106.
CEDERNA, CAMILLA (Hg.): „Otto e mezzo" di Federico Fellini, Bologna 1965.
CESTARO, GARY P. (Hg.): Queer Italia: Same-Sex Desire in Italian Literature and Film, New York 2004.
CHESTER, ROBERT (Hg.): Divorce in Europe, Leiden 1977.

CHIAVARINI, FRANCESCO: Angelo Rizzoli e i periodici popolari, in: Colombo (1998), S. 139–140.
Chiti, Roberto/Lancia, Enrico: Dizionario del cinema italiano, Bd. 1: 1930–1944, Rom 1993.
CHIURLOTTO, VANIA: Donne come noi. Marocchinate 1944 – Bosniache 1993, in DWF, Nr. 17 (1993), S. 42–67.
CIARDI, LISA: Dattilografe, principi azzuri e principali. Consigli e strategie di ascesa sociale in un prototipo italiano di rotocalco: „Piccola" (1928–1938), in: Genesis, III/2 (2004), S. 147–182.
CIGOGNETTI, LUISA/SERVETTI, LORENZA: On Her Side: Female Images in Italian Cinema and the Popular Press, 1945–1955, in: Historical Journal of Film, Radio and Television, Nr. 16/4 (1996), S. 555–563.
—/ GABRIELLI, PATRIZIA/ZANCAN, MARINA (Hg.): Madri della Repubblica. Storie, immagini, memorie, Rom 2007.
—: Nuovi modelli, vecchi ruoli: l'immagine femminile nel cinema e nei media (1945–55), in: ebd., S. 87–148.
COHAN, STEVEN/HARK, INA RAE (Hg.): Screening the Male. Exploring Masculinities in Hollywood cinema, London/New York 1993, S. 1–8.
COLETTI, MARIA: Il cinema coloniale tra propaganda e melò, in: Aprà (2006).
COLOMBO, FAUSTO (Hg.): Libri, giornali e riviste a Milano, Mailand 1998.
COLOTTI, ENZO: Fascismo e politica di potenza. Politica estera, 1922–1939, Florenz 2000.
CONNELL, ROBERT: Der gemachte Mann. Konstruktion und Krise von Männlichkeiten, Wiesbaden 1999.
CORNELISSEN, CHRISTOPH/KLINHAMMER, LUTZ/SCHWENTKER, WOLFGANG (Hg.): Erinnerungskulturen. Deutschland, Italien und Japan seit 1945, Frankfurt a. M. 2003, S. 9–27.
—: Nationale Erinnerungskulturen seit 1945 im Vergleich, in: dies. (2003), S. 9–27.
CORNELL, DRUCILLA: Gender, Geschlecht und gleichwertige Rechte. In: Benhabib/Butler/ Cornell/ Fraser (1993), S. 80–104.
CORSI, BARBARA: Con qualche dollaro in meno. Storia economica del cinema italiano, Rom 2001.
COSCO, JOSEPH P.: Imagining Italians. The Clash of Romance and Race in American Perceptions, 1880–1910, Albany 2003.
COSULICH, CALLISTO (Hg.): Storia del Cinema Italiano 1945–1948, Bd. VII, Venedig 2003.
COSTA, ANTONIO: Augusto Genina, un regista europeo, in: Aprà (2006), S. 245–252.
COUNIHAN, CAROLE M.: The Anthropology of Food and Body. Gender, Meaning and Power, New York/London 1999.
CRAINZ, GUIDO: Il paese mancato. Dal miracolo economico agli anni ottanta, Rom 2003.
—: Storia del Miracolo Italiano. Culture, identità, trasformazioni fra anni cinquanta e sessanta, Rom ³2001 [1996].
CRANE, DIANA: Fashion and Its Social Agendas: Class, Gender and Identity in Clothing, Chicago/ London 2000.
CRIVELLARI, FABIO U. A. (Hg.): Die Medien der Geschichte. Historizität und Medialität in Interdisziplinärer Perspektive, Konstanz 2004
CURLE, HOWARD/SNYDER, STEPHEN (Hg.): Vittorio De Sica. Contemporary Perspectives, Toronto/ Buffalo/London 2000.
D'ANNUNZIO, GABRIELE: Il piacere, Mailand 2001 [1888–89].
D'ATTORE, PIER PAOLO (Hg.): Nemici per la pelle. Sogno Americano e Mito Sovietico nell'Italia Contemporanea, Mailand 1991.
—: Sogno Americano e Mito Sovietico nell'Italia Contemporanea, in: ebd., 1991, S. 15–68.
D'AUTILIA, GABRIELE/PIZZO, MARCO (Hg.): Le carte del Luce: un tesoro svelato. Fonti d'archivio per la storia del Luce 1925–1945, Rom 2004.
DALL'ORTO, CLAUDIA: Voglia d'America. Il mito americano in Italia tra Otto e Novecento, Rom 2007.
DANT, TIM: Material Culture in the Social World: Values, Activities, Lifestyles, Philadelphia 1999.

DAVIS, NATALIE ZEMON: Women on Top, in: dies.: Society and Culture in Early Modern France: Eight Essays, Stanford 1975.
DE BERTI, RAFFAELE/MOSCONI, ELENA: Nuove forme editoriali per nuovi stili di vita, in: Colombo (1998), S. 139–140.
DE BERTI, RAFFAELE: I rotocalchi illustrati, in: Aprà (2006), S. 512–520.
—: Internazionalizzazione del cinema italiano e importazione di modelli, in: Bernardi (2004), S. 329–342.
DE CAROLIS, DINO: Maria Goretti: una santità nel quotidiano, Mailand 2000.
DECORDOVA, RICHARD: Picture Personalities: The Emergence of the Star System in America, Urbana 1990.
DE GIORGIO, MICHELA: Die katholische Frauenbewegung im faschistischen Italien, in: Siegele-Wenschewitz/Stuchlik (1990), S. 51–60.
—: Le italiane dall'unità a oggi. Modelli culturali e comportamenti sociali, Rom/Bari 1992.
—: Moda, in: De Grazia/Luzzato (2005), S. 140–143.
DE GIUSTI, LUCIANO (Hg.): Storia del Cinema Italiano, Bd. VIII, Venedig 2003.
DE GRAZIA, VICTORIA: The Culture of Consent. Mass Organization of Leisure in Fascist Italy, Cambridge u. a. 1981.
—: La sfida dello "star system": l'americanismo nella formazione della cultura di massa in Europa, 1920–1965, in: Quaderni Storici, 58/1 (April 1985), S. 95–133.
—: Femminismo Latino. Italia 1922–1945, in: Gagliani/Salvati (1990), S. 137–154.
—: How Fascism Ruled Women. Italy 1922–1945, Berkeley, Los Angeles/London 1992.
—/ FURLOUGH, ELLEN (Hg.): The Sex of Things: Gender and Consumption in Historical Perspective, Berkeley/Los Angeles 1996.
—: Nationalizing Women: The Competition between Fascist and Commercial Cultural Models in Mussolini's Italy, in: ebd., S. 337–358.
—/ LUZZATTO, SERGIO (Hg.): Dizionario del fascismo, 2 Bde, Turin 2005.
—: I consumi, in: ebd., Bd. 1, S. 355–361.
DE MARCO, PAOLO: Polvere di piselli. La vita quotidiana a Napoli durante l'occupazione alleata (1943–1944), Neapel 1996.
DE MAURO, TULLIO (Hg.): Dizionario della Lingua Italiana, Turin 2007.
DE NEGRI, FELICITA: Agitazione e movimenti studenteschi nel primo dopoguerra in Italia, in: Studi Storici, Nr. 3 (1975).
DE SANTI, PIER MARCO: La dolce vita. Scandalo a Roma – Palma d'Oro a Cannes, Rom 2004.
DE VINCENTI, GIORGIO (Hg.): Storia del Cinema italiano, 1960–1964, Bd. XVI, Venedig 2001.
— (Hg.): Storia del Cinema italiano, Bd. X, 1960–1964, Venedig 2001.
DECHERT, ANTJE: Gender-Konstruktionen im italienischen Nachkriegskino, Köln 2003 [unveröffentlichtes Manuskript].
DEGL'INNOCENTI, MAURIZIO: L'epoca giovane. Generazioni, fascismo e antifascismo, Rom/Bari 2002.
DEL BOCA, ANGELO/LEGNANI, MASSIMO/ROSSI, MARIO G. (Hg.): Il regime fascista. Storia e Storiografia, Bari 1995.
DEL BOCA, ANGELO: Gli Italiani in Africa Orientale, 4 Bde., Rom/Bari 1976–1984.
—: Gli italiani in Africa orientale, Bd. II, La conquista dell'Impero, Rom/Bari 1976–1982, S. 18.
—: L'Africa nella coscienza degli italiani. Miti, memorie, errori, sconfitte, Rom/Bari 1992.
DEL NEGRO, GIOVANNA P.: The Passeggiata and Popular Culture in an Italian Town. Folklore and the Performance of Modernity, Quebec City 2004.
DEROSSI, LAURA: 1945. Il voto alle donne, Mailand 1998.
DI NOLFO, ENNIO: Intimations of Neorealism in the Fascist Ventennio, in: Garofalo/Reich (2002), S. 83–104.
DI PALMA RICCARDO, in: Mollica/Nicosia, Alessandro (Hg.): Sciccolone, Lazzaro, Loren, Rom 2006, o. S.

DICKIE, JOHN: Cosa Nostra. A History of the Sicilian Mafia, Basingstoke 2004.
—: Imagined Italies, in: Forgacs/Lumley (1996), S. 19–33.
—: Stereotypes of the Italian South 1860–1900, in: Lumley/Morris (1997), S. 114–147.
DICKMANN, ELISABETH: Die italienische Frauenbewegung im 19. Jahrhundert. Geschichte der italienischen Frauenbewegung, 1. Bd., Frankfurt a. M. 2002.
DINGES, MARTIN (Hg.): Männer – Macht – Körper. Hegemoniale Männlichkeit vom Mittelalter bis heute, Frankfurt a. M. 2005.
—: „Hegemoniale Männlichkeit" – Ein Konzept auf dem Prüfstand, in: ebd., S. 7–33.
DIPPER, CHRISTOPH (Hg.): Deutschland und Italien 1860–1960, München 2005.
DOANE, MARY ANN: 'Veiling Over Desire'. Close-ups of the Woman, in: Feldstein/Roof (1989), S. 105–141.
—: Film and the Masquerade: Theorizing the Female Spectator, in: Erens (1990), S. 41–57.
—: The Desire to Desire: The Woman's Film of the 1940s, Bloomington/Indianapolis 1987.
DOGLIANI, PATRIZIA: Sport and Fascism, in: Journal of Modern Italian Studies, 5/3 (Januar 2001), S. 326–343.
DONDI, MIRCO: The Fascist Mentality after Fascism, in: Bosworth/Dogliani (1999) S. 141–160.
DONINZETTI, PINO: La rivoluzione della pillola, Mailand 1967.
DUGGAN, CHRISTOPHER/WAGSTAFF, CHRISTOPHER (Hg.): Italy in the Cold War: Politics, Society and Culture 1948–1958, Oxford 1995.
DUGGAN, CHRSITOPHER: Italy in the Cold War years and the Legacy of Fascism, in: ebd., S. 1–25.
DUNCAN, DEREK: Secret Wounds: The Bodies of Fascism in Giorgio Bassani's Dietro la porta, in: Cestaro (2004), S. 187–206.
DYER, RICHARD: Stars, London 1979.
—: Heavenly Bodies: Film Stars and Society, Houndsmills/London 1986.
—: Don't Look Now. Richard Dyer Examines the Male Pin-up, in: Screen, Nr. 34 (September/Oktober 1982), S. 61–72.
—: Pastiche, London/New York 2006.
—: The matter of images. Essays on Representations, London/New York 1993.
EBNER, MICHAEL R.: The Persecution of Homosexual Men under Fascism, in: Willson (2004), S. 139–156.
ECKERT, CHARLES: The Carole Lombard in Macy's Window, in: Gledhill (1990), S. 30–39.
ERENS, PATRICIA (Hg.): Issues in Feminist Film Criticism, Bloomington 1990.
FABRIZIO, FELICE: Sport e fascismo. La politica sportiva del regime, 1924–1936, Florenz 1976.
FALASCA-ZAMPONI, SIMONETTA: The Aesthetics of Power in Mussolini's Italy, Berkeley/Los Angeles/London 1997.
FALDINI, FRANCA/FOFI, GOFFREDO: L'avventurosa storia del cinema italiano raccontata dai suoi protagonisti: 1935–1959, Mailand 1979.
FANCHI, MARIAGRAZIA/MOSCONI, ELENA (Hg.): Spettatori. Forme di consumo e pubblici del cinema in Italia 1930–1960, Venedig 2002.
FANCHI, MARIAGRAZIA: La trasformazione del consumo cinematografico, in: De Vincenti (2001), S. 344–357.
FANTINA, LIVIO: I giudizi del CCC, in: De Giusti (2003), S. 80–92.
FARASSINO, ALBERTO: Neorealismo. Cinema Italiano 1945–1949, Turin 1989.
FAULSTICH, WERNER/KORTE, HELMUT (Hg.): Der Star. Geschichte – Rezeption – Bedeutung, München 1997.
—/ HELMUT/LOWRY, STEPHEN/STROBEL, RICARDA: Kontinuität – zur Imagefundierung des Film- und Fernsehstars, in: Faulstich/Korte (1997), S. 11–28.
FEHRENBACH, HEIDE/POIGER, UTE G. (Hg.): Transactions, Transgressions, Transformations: American Culture in Western Europe and Japan, Oxford 2000.
FELDSTEIN, RICHARD/ROOF, JUDITH (Hg.): Feminism and Psychoanalysis, Ithaca/London 1989.

FELLINI, FEDERICO: Fare un film, Turin ²1980 [1974].
FERRETTI, LANDO: Esempi e idee per l'italiano nuovo, Rom 1930.
—: Il libro dello sport, Rom/Mailand 1928.
FERRO, MARC: Der Film als Gegenanalyse der Gesellschaft, in: Honegger, Claudia (Hg.): M. Bloch, Fr. Braudel, L. Febvre u.a.: Schrift und Materie der Geschichte. Vorschläge zur systematischen Aneignung historischer Prozesse, Frankfurt a. M. 1977, S. 247–271
FISKE, JOHN: Understanding Popular Culture, Boston 1989.
FLESSNER, BERND (Hg.): Nach dem Menschen. Der Mythos einer zweiten Schöpfung und das Entstehen einer posthumanen Kultur, Freiburg 2000.
FOCARDI, FILIPPO: La guerra della memoria. La resistenza nel dibattito politico dal 1945 ad oggi, Rom/Bari 2005.
—: La guerra della memoria. La Resistenza nel dibattito politico italiano dal 1945 a oggi, Rom/Bari 2005.
FORGACS, DAVID: Italian Culture in the Industrial Era 1880–1980: Cultural Industries, Politics, and the Public, Manchester 1990.
—: The Italian Communist Party and Culture, in: Baranski/Lumley (1990), S. 97–114.
—: Americanization: The Italian Case 1938–1954, in: Melling/Roper (1996), S. 81–96.
—/ LUMLEY, ROBERT (Hg.): Italian Cultural Studies. An Introduction, Oxford 1996.
—: Days of Sodom: The Fascism-Perversion Equation in Films of the 1960s and 1970s, in: Bosworth/Dogliani (1999), S. 216–236.
—: L'industrializzazione della cultura italiana 1880–2000, Bologna 2000.
—: Rome Open City, London 2000.
—: Sex in the Cinema: Regulation and transgression in Italian Films, 1930–1943, in: Garofalo/Reich (2002), S. 141–171.
—/ GUNDLE, STEPHEN: Mass Culture and Italian Society from Fascism to the Cold War, Bloomington 2007.
FORMIGONI, GUIDO: La gioventù cattolica maschile: associazionismo e modelli educativi (1943–1958), in: AA.VV., Chiesa e progetto educativo nell'Italia del secondo dopoguerra 1945–1958; S. 239–267.
FOUCAULT, MICHEL: Der Wille zum Wissen. Sexualität und Wahrheit, Bd. 1, Frankfurt a. M. 1983.
—: Die Ordnung des Diskurses, München 1974: Die Ordnung des Diskurses, München 1974.
—: Der Gebrauch der Lüste. Sexualität und Wahrheit, Bd. 2, Frankfurt a. M. 1989.
—: Technologien des Selbst, in: Martin/Gutman /Hutton (1993), S. 24–62.
FRABOTTA, MARIA ADELAIDE: Il governo filma l'Italia, Rom 2002.
FRANCIONE, FABIO: Scrivere con gli occhi – Lo scenneggiatore come cineasta: Il cinema di Suso Cecchi D'Amico, Alessandria 2002.
FRASCA, ROSELLA ISIDORA: L'educazione fisica e sportiva e la 'preparazione materna', in: Addis Saba (1989), S. 273–304.
FREI, NORBERT/KLING, HERMANN (Hg.): Der Nationalsozialistische Krieg, Frankfurt a. M./New York 1990
FREVERT, UTE: Männer in Uniform. Habitus und Signalzeichen im 19. und 20. Jahrhundert, in: Bentheim/Stefan (2003), S. 277–295.
—: Umbruch der Geschlechterverhältnisse? Die sechziger Jahre als geschlechterhistorischer Experimentierraum, in: Schildt/Siegfried/Lammers (2000), S. 642–660.
GABRIELLI, PATRIZIA: Diritti, modelli, rappresentazioni: le associazioni politiche delle donne, in: Cigognetti/Gabrielli/Cancan (2007), S. 9–86.
GAGLIANI, DANIELLA/SALVATI, MARIUCCIA (Hg.): La sfera pubblica femminile, Bologna 1990.
GALLINO, LUCIANO: Le classi sociali tra gli anni Trenta e gli anni Cinquanta. Un tentavo di quantificazione e comparazione, in: Del Boca/Legnani/Rossi, (1995).
GALLO MARIO: Lo Stato. Il dibattito sulla legge, in: De Vincenti (2001), S. 535–548.

GAROFALO, PIERO/REICH JACQUELINE (Hg.): Re-viewing Fascism: Italian Cinema 1922–1943, Bloomington 2002.
GENTILE, EMILIO: Fascimso. Storia e interpretazione, Rom/Bari, 2002.
—: Il culto del littorio. La sacralizzazione della politica, Rom/Bari 1993.
GEYER, MICHAEL: Cold War Angst: The Case of West German Opposition to Rearmament and Nuclear Weapons, in: Schissler (2001), S. 376–408.
GHEZZO, FLORA: The Polysemic Body: Silvana as a Neorealistic Femme Fatale, in: Riviello (1999), S. 39–55.
GIACOVELLI, ENRICO: La commedia all'italiana, Rom 1995.
—: Non ci resta che ridere: Una storia del cinema comico in Italia, Turin 1999.
GIBSON, MARY S.: Labelling Women Deviant: Heterosexual Women, Prostitutes and Lesbians in early Criminological Discourse, in: Willson (2004), S. 89–103.
GIDDENS, ANTHONY: Konsequenzen der Moderne, Frankfurt a. M. 1995.
GIESKE, SABINE (Hg.): Jenseits vom Durchschnitt. Vom Kleinsein & Großsein, Marburg 1998.
—: The Ideal Couple. A Question of Size?, in: Schiebinger (2000), S. 375–394.
GILLIS, JOHN R.: Youth and History. Tradition and Change in European Age Relations 1770 to the Present, New York/London 1981.
GILMORE, DAVID: La genesi del maschile. Modelli culturali della virilità, Florenz 1993. [ders.: Manhood in the Making. Cultural Concepts of Masculinity, New Haven/London 1990].
GINSBORG: A History of Contemporary Italy, Society and Politics 1943–1988, London 1990.
GIUNTELLA, MARIA CRISTINA: Virtù e immagine della donna nei settori femminili, in: AA.VV., Chiesa e progetto educativo nell'Italia del secondo dopoguerra 1945–1958, Brescia 1988, S. 274–300.
GLEDHILL, CHRISTINE (Hg.): Stardom. Industry of Desire, London/New York 1991.
—: Women reading men, in: Kirkham/Thumin (1995), S. 73–93.
GORGOLINI, LUCA: I consumi, in: Sorcinelli/Varni (2004), S. 219–254.
GORI, GIGLIOLA: Model of masculinity: Mussolini, the „New Italian" of the Fascist Era, in: Mangan (2000), S. 27–61.
GOTTGETREU, SABINE: Der bewegliche Blick. Zum Paradigmenwechsel in der feministischen Filmtheorie, Studien zum Theater Film und Fernsehen, Bd. 14, hg. v. Renate Möhrmann, Frankfurt a. M./Bern/New York/Paris 1992.
GOTTLIEB, SIDNEY: Roberto Rossellini's Rome Open City, Cambridge 2004.
GRAMSCI, ANTONIO: Letteratura e vita nazionale, Turin 1972, S. 272–273.
GREENFIELD HOWARD: Caruso, New York 1983.
GRESPI, BARBARA: Cinecittà: utopia fascista e mito americano, in: Aprà (2006), S. 128–137.
GRIBAUDI, GABRIELLA: Images of the South, in: Forgacs/Lumley (1996), S. 72–87.
GRIGNAFFINI, GIOVANNA: Il femminile nel cinema italiano. Racconti di rinascità, in: Brunetta (1996), S. 357–388.
—: Verità e poesia: Ancora di Silvana e del cinema italiano, in: Cinema e cinema, Nr. 30 (1982), S. 41–46.
GRIESEBENER, ANDREA: Historisierte Körper. Eine Herausforderung für die Konzeptionalisierung von Geschlecht, in: Gürtler, Corista/Hausbacher, Eva (Hg.): Unter die Haut. Körperdiskurse in Geschichten und Bildern, Innsbruck 1999, S. 53–75.
GROPPI, ANGELA (Hg.): Il lavoro delle donne, Rom/Bari 1996.
GUNDLE, STEPHEN: I comunisti italiani tra Hollywood e Mosca: la sfida della cultura di massa 1943–1991, Florenz 1995a.
—: Sophia Loren. Italian Icon, in: Historical Journal of Film, Radio and Television, 15/3 (1995b), S. 367–385.
—: Fame, Fashion and Style: The Italian Star System, in: Forgacs/Lumley (1996), S. 309–326, hier S. 317–321.

—: Feminine Beauty, National Identity and Political Conflict in Postwar Italy, 1945–1954, in: Contemporary European History, 8/3 (1999), S. 359–378.
—: Films Stars and Society in Fascist Italy, in: Garofalo/Reich (2002), S. 315–340.
—: Bellissima: Feminine Beauty and the Idea of Italy, New Haven/London 2007.
GÜNSBERG, MAGGIE: Italian Cinema – Gender and Genre, Basingstoke/New York 2005.
—: Donna Liberata? The Portrayal of Women in the Italian Renaissance Epic, in: Baransky/Vinall (1991), S. 173–208.
GÜRTLER, CORISTA/HAUSBACHER, EVA (Hg.): Unter die Haut. Körperdiskurse in Geschichten und Bildern, Innsbruck 1999.
HANISCH, ERNST: Männlichkeiten. Eine andere Geschichte des 20. Jahrhunderts, Wien 2005.
HANSEN, MIRIAM: Pleasure, Ambivalence and Identification. Valentino and Female Spectatorship, in: Gledhill (1991), S. 259–282 [zuerst veröffentlicht in: Cinema Journal, 25/4 (Sommer 1986)].
HASLER, AUGUST BERNHARD: Das Duce-Bild in der faschistischen Literatur, in: Quellen und Forschungen aus italienischen Archiven und Bibliotheken, 60 (1980).
HAY, JAMES: Popular Film Culture in Fascist Italy. The Passing of the Rex, Bloomington/Indianapolis 1987.
HERZOG, CHARLOTTE/ GAINES, JANE (Hg.): Fabrications. Costume and the Female Body, New York 1990.
HERZOG, CHARLOTTE: Powder Puff Promotion: The Fashion Show-in-the-Film, in: ebd. (1990), S. 134–159.
HESS, THOMAS B./NOCHLIN, LINDA (Hg.): Woman as Sex Object: Studies in Erotic Art 1730–1970, London 1972.
HESS, THOMAS B.: 'Pin-up and Icon', in: ebd.
HESSLER, MARTINA/ZIMMERMANN, CLEMENS (Hg.): Creative Urban Milieus: Historical Perspectives on Culture, Economy and the City, Frankfurt a. M. 2008.
HEWITT, ANDREW: Political Inversions: Homosexuality, Fascism and the Modernist Imaginary, Stanford 1996.
HICKETHIER, KNUT: Vom Theaterstar zum Filmstar. Merkmale des Starwesens um die Wende vom 19. zum 20. Jahrhundert, in: Faulstich, Werner/Korte, Helmut: Der Star. Geschichte – Rezeption – Bedeutung, München 1997, S. 29–47.
HOLLANDER, ANNE L.: Sex and Suits. The Evolution of Modern Dress, New York 1994.
HONEGGER, CLAUDIA: Die Ordnung der Geschlechter. Die Wissenschaft vom Menschen und das Weib 1750–1850, Frankfurt a. M. 1991.
— (Hg.): M. Bloch, Fr. Braudel, L. Febvre u.a.: Schrift und Materie der Geschichte. Vorschläge zur systematischen Aneignung historischer Prozesse, Frankfurt a. M. 1977.
HOROWITZ, ROGER/MOHUN, ARWEN (Hg.): His and Hers: Gender, Consumption and Technology, Virginia 1998.
IACCIO, PASQUALE: Il cinema rilegge cent'anni di storia, in: De Vincenti (2001), S. 191–210.
IYOB, RUTH: Madamismo and Beyond: The Construction of Eritrean Women, in: Ben Ghiat/Fuller (2005), S. 233–244.
JÄGER, SIEGFRIED: Kritische Diskursanalyse. Eine Einführung, Stuttgart 1999.
JOSEPH, NATHAN: Uniforms and Nonuniforms. Communication Through Clothing, Westport 1986.
JUREIT, ULRIKE/WILDT, MICHAEL (Hg.): Generationen. Zur Relevanz eines wissenschaftlichen Grundbegriffs, Hamburg 2005.
JÜRGENS, HANS-JOACHIM: Don Juan und Casanova. Zur Annäherung zweier Verführerfiguren in der Literatur des 19. und im Film des 20. Jahrhunderts, in: Lachmayer/Assman/u. a. (2006), S. 701–706.
KAPLAN, E. ANN: 'Is the Gaze Male?', in: Women and Film: Both Sides of the Camera, London/New York 1983.
KEZICH, TULLIO: Fellini, Mailand 1987.

—: Su La Dolce Vita con Federico Fellini. Giorno per giorno la storia di un film che ha fatto epoca, Venedig ²1996 [1959].
KING, BARRY: Stardom and Symbolic Degeneracy: Television and the Transformation of the Stars as Public Symbols, in: Semiotica, 92/1–2 (1992), S. 1–47.
KIRKHAM, PAT/THUMIN, JANET (Hg.): Me Jane: Masculinity, Movies and Women, New York 1995.
KLEIN, GABRIELLA: La politica linguistica del fascismo, Bologna 1986.
KLINKHAMMER, LUTZ: Gli internati militari italiani nei Lager tedeschi. Riflessioni su un dibattito recente, in: Ricerche Storiche, 18, Nr. 2 (Mai–August 1988), S. 297–321.
—: Die italienische Gesellschaft 1943–1945 zwischen Widerstand und Kollaboration, in: Neue Politische Literatur 39/1994, S. 390–412.
—: Zwischen Bündnis und Besatzung. Das nationalsozialistische Italien und die Republik von Salò, Tübingen 1993.
—: Kriegserinnerung in Italien im Wechsel der Generationen. Ein Wandel der Perspektive?, in: Cornelißen/Klinkhammer/Schwentker (2003), S. 333–343.
—: L'Occupante tedesco di fronte all' 8 settembre, in: Ceci, Lucia (Hg.): La Resistenza dei militari. Annali del Dipartimento di Storia, II, Rom 2006, S. 169–183.
KNOCH, HABBO: Gefühlte Gemeinschaften, Bild und Generation in der Moderne, in: Jureit/Wildt (2005), S. 295–319.
KNOX, MACGREGOR: Mussolini Unleashed, 1939–1941: Politics and Strategy in Italy's Last War, Cambridge 1982.
KORTE, HELMUT/LOWRY, STEPHEN: Der Filmstar: Brigitte Bardot, James Dean, Götz George, Heinz Rühmann, Romy Schneider, Hanna Schygulla und neuere Stars, Stuttgart/Weimar 2000.
KOSHAR, RUDY (Hg.): Splintered Classes. Politics and the Lower Middle Classes in Interwar Europe, New York/London 1990.
KÖNIG, MALTE: Prostitution und Emanzipation. Die Schließung der staatlich lizenzierten Bordelle Italiens 1958, in: VfZ, 55/4 (2007), S. 617–640.
KRAVAGNA, CHRISTIAN (Hg.). Privileg Blick. Kritik der visuellen Kultur, Berlin 1997.
KRISTEVA, JULIA: Powers of Horror. An Essay on Abjection, New York 1982.
KROLL, RENATE (Hg.): Gender Studies. Geschlechterforschung. Ansätze – Personen – Grundbegriffe, Stuttgart/Weimar 2002.
KUCHTA, DAVID: The Making of the Self-Mad Man. Class, Clothing, and English Masculinity 1688–1832, in: De Grazia/Furlough (1996), S. 54–78.
KÜHBERGER, CHRISTOPH/REISINGER, ROMAN (Hg.): Mascolinità italiane. Italienische Männlichkeiten im 20. Jahrhundert, Berlin 2006.
—: „Il gallo delle oche". Faschistische Männlichkeit, in: ebd., S. 63–76.
KÜHNE, THOMAS (Hg.): Männergeschichte, Geschlechtergeschichte. Männlichkeit im Wandel der Moderne, Frankfurt a. M./New York 1996.
LACHMAYER, HERBERT/ASSMAN, JAN/U. A. (Hg.): Mozart – Experiment Aufklärung im Wien des 18. Jahrhunderts, Ostfildern 2006.
LAGRAVE, ROSE-MARIE: Un emancipazione sotto tutela. Educazione e lavoro delle donne nel XX secolo, in: Thébaud, Françoise (Hg.): Storia delle donne in occidente. Il Novecento, Rom/Bari ⁴2003[1992], S. 484–525.
LANCIA, ENRICO (Hg.): I premi del cinema 1927–1990, Rom 1991.
LANDY, MARCIA: Fascism in Film. The Italian Commercial Cinema, 1931–1943, Princeton 1986.
—: The Folklore of Consensus: Theatricality in Italian Cinema, New York 1998.
—: Italian Film, Cambridge 2000.
—: Remebrance of Things Past, in: Curle/Snyder (2000), S. 94–100.
—: Gli uomini che mascalzoni – Men, what rascals!, in: Bertellini/Brunetta (2004), S. 11–19.
—: Diverting Clichés. Femininity, Masculinity, Melodrama and Neorealism in Open City, in: Gottlieb (2004), S. 85–105.

—: Stardom Italian Style. Screen Performance and Personality in Italian Cinema, Bloomington/Indianapolis 2008.
LANOCITA, ARTURO: Sofia Loren, Mailand 1966.
LAQUEUR, THOMAS/SCHIEBINGER, LONDA/GALLAGER, CATHERINE: The Making of the Modern Body. Sexuality and Society in Nineteenth Century, Berkeley/Los Angeles/London 1987.
—: Making Sex. Body and Gender from the Greeks to Freud, Cambridge, 1990.
LASANSKY, MEDINA D.: The Rennaissance Perfected. Architecture, Spectacle and Tourism in Fascist Italy, Park 2004.
LECCARDI, CARMEN: Le culture giovanili, in: Storia dell'Italia repubblicana, Vol. III, L'italia nella crisi mondiale. L'ultimo ventennio, Bd. 2: Istituzioni, politiche, culture, S. 709–800.
LECKIE, BARBARA: Culture and Adultery: The Novel, the Newspaper, and the Law: 1857–1914, Philadelphia 1999.
LEIDER, EMILY W.: Dark Lover: The Life and Death of Rudolph Valentino, London 2003.
LEONHARD, VALENTINA: Populäre Spielfilme im nationalsozialistischen Deutschland und im faschistischen Italien: Vergleich, Transfer und Internationale Perspektive, Ludwig-Maximilians-Universität München (in Arbeit).
—: Spielfilme im faschistischen Italien, unveröffentlichtes Manuskript, Berlin 2003.
LEVI, GIOVANNI/SCHMITT, JEAN-CLAUDE (Hg.): Storia dei giovani, 2 Bde., Rom/Bari 1994.
LEVINE, IRVING R.: „I Was Born for the Cinema." A Conversation with Federico Fellini, in: Cardullo (2006), S. 54–67.
LIEBRAND, CLAUDIA: Film/Filmwissenschaft/Filmtheorie, in: Kroll (2002), S. 108–109.
—: Maskeraden, in: Kroll (2002), S. 255–256.
LIEBSCHER, DANIELA GIOVANNA: Organisierte Freizeit als Sozialpolitik. Die faschistische Opera Nazionale Dopolavoro und die NS-Gemeinschaft Kraft durch Freude 1925–1939, in: Petersen/Schieder (1998), S. 67–90.
LIGUORI, MARIA CHIARA: La parità si acquista ai grandi magazzini? Boom economico e trasformazione del modello femminile, in: Capuzzo (2004), S. 155–166.
LÖFGREN, ORVAR: On Holiday. A History of Vacationing, Berkeley 1999.
LOMBARDI-DIOP, Cristina: Pioneering Female Modernity: Fascist Women in Colonial Africa, in: Ben-Ghiat/Fuller (2005), S. 145–154.
LORENZ, MAREN: Leibhaftige Vergangenheit. Einführung in die Körpergeschichte, Tübingen 2000.
LOWRY, STEPHEN: Star Images: Questions for Semiotic Analysis, in: Nöth, Winfried (Hg.): Semiotics of the Media: State of the Art, Projects and Perspectives, Berlin/New York 1997.
LUBAR, STEVEN: Men/Women/Production/Consumption, in: Horowitz/Mohun, (1998), S. 7–38.
LUGHI, PAOLO: Paprika: La commedia fra Italia e Ungheria nel cinema anni trenta, Triest 1990.
LUMLEY, ROBERT/MORRIS, JONATHAN (Hg.): The New History of the Italian South: The Mezzogiorno Revisited, Exeter 1997.
—: States of Emergency. Cultures of Revolt in Italy from 1968–1978, London/New York (1990).
LUNADEI, SIMONA/MOTTI, LUCIA: A scuola di politica: luoghi e modi della formazione delle donne della DC e del PCI, in: Genesis, Nr. 2 (2006), S. 137–164.
LUZZATTO, SERGIO: L'immagine del duce. Mussolini nelle fotografie dell'Istituto Luce, Rom 2001.
MAASE, KASPAR: Entblößte Brust und schwingende Hüfte. Momentaufnahmen von der Jugend der fünfziger Jahre, in: Kühne (1996), S. 193–217.
—: Grenzenloses Vergnügen. Der Aufstieg der Massenkultur 1850–1970, Frankfurt a. M. 1997.
MAI, EKKEHARD: Faszination Venus. Bilder einer Göttin von Cranach bis Cabaud, Köln 2001.
MALOSSI, GIANNINO (Hg.): Latin Lover. A Sud della Passione, Mailand 1996.
—: Avvertenza. Banalità del Latin Lover, in: ebd., S. 19–24.
MALVANO, LAURA: Jugendmythos im Bild: Der italienische Faschismus, in: Levi, Giovanni/Schmitt, Jean Claude (Hg.): Geschichte der Jugend, Bd. 2: Von der Aufklärung bis zu Gegenwart, Frankfurt a. M. 1996, S. 309–342.

Mangan, James Anthony (Hg.): Superman Supreme: Fascist Body as Political Icon – Global Fascism, London 2000.
Mannheim, Karl: Das Problem der Generationen (1928), in: Wolff (1964), S. 509–565.
Mantelli, Brunello: Kurze Geschichte des italienischen Faschismus, Berlin 1998.
Marazziti, Mario: Cultura di massa e valori cattolici: Il modello di „Famiglia Cristiana", in: Riccardi (1984), S. 307–333.
Marconi, Luca/Tripputi, Daniela: Musiche giovanili nel Novecento, in: Sorcinelli/Varni (2004), S. 255–276.
Marcus, Millicent: Filmmaking by the Book. Italian Cinema and Literary Adaption, Baltimore/London 1993.
Marcus, Millicent: De Sica's Two Women. Realigning the Gaze, in: ebd., S.67–90.
Martin, Luther H./Gutman, Huck/Hutton, Patrick H. (Hg.): Technologien des Selbst, Frankfurt a. M. 1993.
Martschukat, Jürgen/Stieglitz, Olaf: „Es ist ein Junge!" Einführung in die Geschichte der Männlichkeiten, Berlin (2005).
Marwick, Arthur: Youth Culture and the Cultural Revolution of the Long Sixties, in: Schildt/Siegfried (2007), S. 39–58.
Masi, Stefano: Destini diversi dell'attore. L'ascesa del divismo femminile, in: Cosulich (2003), S. 330–343.
Mastroianni, Marcello: Ja, ich erinnere mich, hg. v. Francesco Tatò, Wien/München 1998.
May, Jan Andreas: „Queen of the Arts" – Exhibition, Festivals and Tourism in Fascist Venice 1922–1945, in: Heßler/Zimmermann (2008), S. 213–232.
Meldini, Piero: Sposa e madre esemplare. Ideologia e politica della donna e della famiglia durante il fascismo, Rimini/Florenz 1975.
Melling, Philip H./Roper, Jon D. (Hg.): Americanization and the Transformation of World Cultures, London 1996.
Mereghetti, Paolo: L'immagine femminile, in: De Giusti (2003), SS. 369–380.
Metz, Christian: Mirror Constructions in Fellinis 8½, in: Affron (1987), S. 261–66.
Miccichè, lino (Hg.): Il neorealismo cinematografico italiano, Venedig 1999.
Michelone, Guido: Cattolici e cinema, in: De Vincenti (2001), S. 505–515.
Minganti, Franco: Jukebox Boys: Postwar Italian Music and the Culture of Covering, in: Fehrenbach /Poiger (2000), S. 148–165.
Mitchell, W.J.T.: Der Pictural Turn, in: Kravagna, Christian (Hg.). Privileg Blick. Kritik der visuellen Kultur, Berlin 1997, S. 15–40.
Möhring, Mahren: Die Regierung der Körper. „Gouvernementalität" und „Techniken des Selbst", in: Zeithistorische Forschungen/Studies in Contemporary History, Online-Ausgabe, 3 (2006) H. 2, Abschnitt 2 URL <http://www.zeithistorische-forschungen.de/16126041-Moehring-2-2006>.
—: Marmorleiber. Körperbildung in der deutschen Nacktkultur (1890–1930), Köln/Weimar/Wien 2004.
Möhrmann, Renate: Ingrid Bergman und Roberto Rossellini. Eine Liebes- und Beutegeschichte, Berlin 1999.
MOI, TORIL: Sex, Gender, and the Body, New York 2005.
Mommsen, Hans: Nationalsozialismus als vorgetäuschte Modernisierung, in: Pehle (1990), S. 31–46.
Morris, Penelope (Hg.): Women in Italy, 1945–1960, Basingstoke/New York 2006.
—: Introduction, in: dies. (2006a), S. 1–20.
—: The Harem exposed. Gabriella Parca's Le italiane si confessano, in: dies. (2006b), S. 109–130
Mosconi, Elena/Della Torre, Roberto: Consumo cinematografico e funzioni sociali del cinema: critica, dati di consumo e manifesti, in: Fanchi/Mosconi (2002), S. 23–61.
—: Transiti: cinema e varietà, in: dies./Casetti (2006), S. 33–56.

Mosse, Georg L.: The Image of Man. The Creation of Modern Masculinity, New York/Oxford 1996.
Motti, Lucia/Rossi Caponeri, Marilena (Hg.): Accademiste a Orvieto. Donne ed educazione fisica nell'Italia fascista 1932–1943, Perugia 1996.
Mühlen-Achs, Gitta/Schorb, Bernd (Hg.): Geschlecht und Medien, München 1995.
Müller-Kampel, Beatrix: Dämonen – Schwärmer – Biedermann: Don Juan in der deutschen Literatur bis 1918, Berlin 1993.
—: Mythos Don Juan. Zur Entwicklung eines männlichen Konzepts, Leipzig 1999.
Mulvey, Laura: Visuelle Lust und narratives Kino, in: Nabakowski, Gislind (Hg.): Frauen in der Kunst, Frankfurt am Main 1980, S. 30–46. Siehe auch die englische Originalfassung: dies.: Visual Pleasure and Narrative Cinema Screen, 16/3 (Herbst 1975), S. 6–18.
—: Afterthoughts on ‚Visual Pleasures and Narrative Cinema' inspired by ‚Duel in the Sun' (King Vidor, 1946), in: Framework, Sommer 1981, S. 12–15.
Muntoni, Alessandra: Cultura della casa nell' Italia del dopoguerra, in: Donna Woman Femme, Nr. 19/20 (Winter/Frühjahr 1982), S. 14.
Musso, Stefano: Disoccupazione, in: De Grazia/Luzzatto (2005), Bd. 1, S. 432–435.
Nabakowski, Gislind u. a. (Hg.): Frauen in der Kunst, Bd. 1, Frankfurt a. M. 1980.
Nacci, Michela: L'antiamericanismo in Italia negli anni Trenta, Turin 1989.
Naldini, Manuela: I diversi tipi di male breadwinner nel welfare state del XX secolo, in: Arru (2002), S. 189–207.
Nattermann, Ruth (Hg.): I diari e le agende di Luca Pietromarchi (1938–1940). Politica estera del fascismo e vita quotidiana di un diplomatico romano del 900, Ricerche dell'Istituto Storico Germanico di Roma, Rom 2009.
—: Introduzione. Gli appunti del diplomatico Luca Pietromarchi (1938–1940), III. Il diarista Pietromarchi, 1. Vita quotidiana e interessi culturali, in: dies.: ebd. S. 14–20.
Neale, Steve: Masculinity as Spectacle. Reflections on Men and Mainstream Cinema, in: Screen, Nr. 24 (November/Dezember 1983), S. 2–16.
Negri, Giovanni (Hg.): Cesare Zavattini. Cronache da Hollywood, Rom 1991.
Nello, Paolo: L'avanguardismo giovanile alle origini del fascismo, Rom/Bari 1978.
Nozzoli, Guido/Paoletti, Pier Maria: La Zanzara. Cronaca e documenti di uno scandalo, Mailand 1966.
Nöth, Winfried (Hg.): Semiotics of the Media: State of the Art, Projects and Perspectives, Berlin/New York 1997.
Oldenziel, Ruth: Making Technology Masculine. Men, Women and Modern Machines in America 1870–1945, Amsterdam 1999.
Ortoleva, Peppino: A Geography of Media Since 1945, in: Forgacs/Lumley, (1996), S. 185–198.
Ossanna Cavadini, Nicoletta: Il cinema-teatro Barberini di Roma, in: Casetti/Mosconi (2006), S. 84–89.
Palumbo, Patrizia (Hg.): A Place in the Sun. Africa in Italian Colonial Culture from Post-Unification to the Present, Berkeley/Los Angeles/London 2003.
Panaro, Alberto: Valentini in serie. I sosia di Rodolfo Valentino, in: (1996), S. 95–117.
Papadia, Elena: La Rinascente, Bologna 2005.
Parkhurst Ferguson, Priscilla: The flâneur on and off the Streets of Paris, in: Tester (1994), S. 22–42.
Pasetti, Anna Maria: Il consumo di generi di intrattenimento e di cinema dagli anni '30 alla metà degli anni '60 in Italia, in: Fanchi/Mosconi (2002), S. 253–262.
Passerini, Luisa: Donne, consumo e cultura di massa, in: Thébaud (1992): S. 373–392.
—: La giovinezza metafora del cambiamento sociale. Due dibattiti sui giovani nell'Italia fascista e negli Stati Uniti degli anni Cinquanta, in: Levi/Schmitt (1994), S. 383–459.
—: Mussolini Immaginario. Storia di una biografia 1915–1939, Rom/Bari 1991.

—: Storie di donne e femministe, Turin (1991).
PASSMORE, KEVIN: Fascism. A Very Short Introduction, Oxford 2002.
PAUL, GERHARD: Visual History. Ein Studienbuch, Göttingen 2006.
PAULICELLI, EUGENIA: Fashion under Fascism. Beyond the Black Shirt, Oxford/New York 2004.
PEHLE, WALTER H. (Hg.): Der historische Ort des Nationalsozialismus. Annäherungen, Frankfurt am Main 1990.
PELAJA, MARGHERITA/BRAVO, ANNA/PESCAROLO, ALESSANDRA/SCARAFFIA, LUCETTA (Hg.): Storia sociale delle donne nell'Italia contemporanea, Rom/Bari 2001.
—: Il cambiamento dei comportamenti sessuali, in: ebd., S. 179–204.
PELLIZZARI, LORENZO: Il cinema pensato: la guerra fredda delle idee, in: De Giusti (2003), S. 514–533.
—: Storie da spiaggia. Il latin lover nel cinema italiano anni cinquanta-sessanta, in: Malossi (1996), S. 119–123.
PERINELLI, MASSIMO: Männlichkeit im dopoguerra. Geschlechterhistorische Betrachtung neorealistischer Filme der italienischen Nachkriegszeit 1945–1950, in: Kühberger/Reisinger (2006), S. 92–111.
—/ STIEGLITZ, OLAF: Liquid Laughter. A Gendered History of Milk & Alcohol Drinking in West-German and US Film Comedies of the 1950s, in: gender forum 13, 2006 (http://www.genderforum.uni-koeln.de/).
—: Fluchtlinien des Neorealismus. Der organlose Körper der italienischen Nachkriegszeit, 1943–1949, Bielefeld 2009.
PESCAROLO, ALESSANDRA: Il lavoro e le risorse delle donne in età contemporanea, in: Groppi (1996), S. 299–344.
PETERSEN, JENS/SCHIEDER, WOLFGANG (Hg.): Faschismus und Gesellschaft in Italien. Staat – Wirtschaft – Kultur, Köln 1998.
—: Das faschistische Italien als Gegenstand der Forschung, in: ebd., S. 9–18.
PETRI, ROLF: Innovazioni tecnologiche fra uso bellico e mercato civile, in: Zanagni (1997), S. 245–307.
—: Von der Autarkie zum Wirtschaftswunder. Wirtschaftspolitik und industrieller Wandel in Italien 1935–1963, Tübingen 2001.
PETROSINO, DARIO: Crisi della virilità e „questione omosessuale" nell'Italia degli anni Cinquanta e Sessanta, in: Bellassai/Malatesta (2000), S. 317–343.
PICCONE STELLA, SIMONETTA: Donna 'all'americana'? Immagini convenzionali e realtà di fatto, in: D'Attore (1991), S. 268–280.
—: La prima generazione. Ragazze e ragazzi nel miracolo economico italiano, Mailand 1993.
PICKERING-IAZZI, ROBIN (Hg.): Mothers of Invention: Women, Italian Fascism, and Culture, Minneapolis 1995.
—: Mass-Mediated Fantasies of Feminine Conquest, 1930–1940, in: Palumbo (2003), S. 197–224.
—: Ways of Looking in Black and White. Female Spectatorship and the Miscege-national Body in Sotto la Croce del Sud, in: Garofano/Reich (2002), S. 194–222.
PINKUS, KAREN: Empty Spaces. Decolonization in Italy, in: Palumbo (2003), S. 299–320.
—: The Montesi Scandal. The Death of Wilma Montesi and the Birth of the Paparazzi in Fellini's Rome, Chicago/London 2003.
PISTOIA, MARCO: Il melodramma e l'eredità del neorelismo, in: Bernardi (2004), S. 163–174.
PIVATO, STEFANO: Sport, in: De Grazia/Luzzatto (2005), Bd. 2, S. 661–664.
PONZIO, ALESSIO: Corpo e anima: sport e modello virile nella formazione dei giovani fascisti e dei giovani cattolici nell'Italia degli anni Trenta, in: Mondo Contemporaneo, Nr. 3 (2005), S. 51–104.
PORRO, MAURIZIO: Gli attori italiani e gli stranieri in Italia, in: De Vincenti, (2001), S. 402–419.
PORTACCIO, STEFANIA: La donna nella stampa popolare cattolica: Famiglia Cristiana 1931–1945, in: L'Italia contemporanea, Nr. 143 (1981).

PRATT, JEFF: Catholic Culture, in: Forgacs /Lumley (1996), S. 129–143.
PRATT, MARIE LOUISE: Imperial Eyes: Travel Writing and Transculturation. London 1992.
PRICE, JANET/SHILDRICK MARGRIT (Hg.): Feminist Theory and the Body, New York 1999.
RAMMERT, WERNER/KRAUTHE, GUNTHER/BUCHENER, KLAUS/ALTENHÖNER, FLORIAN (Hg.): Kollektive Identitäten und kulturelle Innovationen. Ethnologische, soziologische und historische Studien, Leipzig 2002.
RAMMSTEDT, OTTHEIN (Hg.): Georg Simmel Gesamtausgabe, Bd. 10, Frankfurt a. M. 1995.
RE, LUCIA: Fascist Theories of 'Women' and the Construction of Gender, in: Pickering-Iazzi (1995), S. 76–99.
RECKWITZ, ANDREAS: Der Identitätsdiskurs. Zum Bedeutungswandel einer sozialwissenschaftlichen Semantik, in: Rammert/Krauthe/Buchener/Altenhöner (2002), S. 21–40.
REDI, RICCARDO: Sperduto nel buio. Il cinema muto italiano e il suo tempo 1895–1930, Bologna 1991.
REICH, JACQUELINE: Beyond the Latin Lover. Marcello Mastroianni, Masculinity and Italian Cinema, Bloomington/Indianapolis 2004.
—: Consuming Ideologies: Fascism Commodification, and Female Subjectivity in Mario Camerini's Grandi Magazzini, in: Annali d'italianistica, Nr. 16 (1998), S. 195–212.
REICHARDT, SVEN: Faschistische Kampfbünde: Gewalt und Gemeinschaft im italienischen Squadrismus und in der deutschen SA, Köln 2002.
RICCARDI, ANDREA (Hg.): Pio XII, Rom/Bari 1984.
RIEDERER, GÜNTER: Film und Geschichtswissenschaft. Zum aktuellen Verhältnis einer schwierigen Beziehung, in: Paul, Gerhard: Visual History. Ein Studienbuch, Göttingen 2006, S. 96–118.
RIVIELLO, TONIA C. (Hg.): Women in Italian Cinema. La donna nel cinema italiano, Rom 1999.
RIVOLSI, MARINO (Hg.): Schermi e ombre. Gli italiani e il cinema nel dopoguerra, Florenz 1988.
RODOGNO, DAVIDE: Fascism's European Empire, Cambridge 2006.
ROPER, LYNDAL (Hg.): Ödipus und der Teufel. Körper und Psyche in der Frühen Neuzeit, Frankfurt a. M. 1995.
—: Blut und Latze: Männlichkeit in der Stadt der Frühen Neuzeit, in: ebd., S. 109–126.
ROSEMAN, MARK: Generationen als „Imagined Communities". Mythen, generationale Identitäten und Generationenkonflikte in Deutschland vom 18. bis zum 20. Jahrhundert, in: Jureit/Wildt (2005), S. 180–199.
ROSS, KRISTIN: Fast Cars, Clean Bodies. Decolonization and the Reordering of French Culture, Massachusetts 1995.
ROSSI BARILLI, GIANNI: Il movimento gay in Italia, Mailand 1999.
ROSSI, UMBERTO: Il mondo delle coproduzioni, in: Bernardi (2004), S. 431–441.
ROSSI-DORIA, ANNA: Le donne sulla scena politica, in: Barbagallo (1994), S. 778–846.
ROSSINI, DANIELA (Hg.): Le americane: Donne e immagini di donne fra Belle Èpoque e fascismo, Rom 2008.
ROWE, KATHLEEN: The Unruly Woman. Gender and the Genres of Laughter, Austin 1995.
RUSSO, MARY: The Female Grotesque. Risk, Excess and Modernity, London/New York 1995.
—/ VIDOTTO, VITTORIO (Hg.): Storia d'Italia, Bd. 4: Guerre e fascismo 1914–43, Rom/Bari 1997.
SABBATUCCI, GIOVANNI/VIDOTTO, VITTORIO: Storia d'Italia, Bd. 3: Liberalismo e Democrazia, Rom/Bari 1999 [1995].
SALVATI, MARIUCCIA: Il Regime e gli impiegati. La nazionalizzazione piccolo-borghese nel ventennio fascista, Bari 1992.
SANTOMASSIMO, GIANPASQUALE: La terza via fascista. Il mito del corporativismo, Rom 2006.
SARACENO, CHIARA: Costruzione della maternità e della paternità, in: Del Boca/Legnani/Rossi (1995), S. 475–497.
—: La famiglia: i paradossi della costruzione del privato, in: Ariès (1988), S. 33–78.
—: Redefining maternity and paternity: gender pronatalism and social policies in fascist Italy, in: Bock/Thane (1991), S. 196–212.

SARTINI-BLUM, CINZIA: Incorporating the Exotic. From Futurist Excess to Postmodern Impasse, in: Palumbo (2003), S. 138–162
SAVIO, FRANCESCO (Hg.): Cinecittà anni trenta. Parlano 116 protagonisti del secondo cinema italiano, 1930–1943, 2 Bde., Rom 1979.
SBRICCOLI, MARIO: Codificazione civile e penale, in: De Grazia/Luzzatto (2005), Bd. 1, S. 299–305.
SCARAFFIA, LUCETTA: Devozioni di guerra. Identità femminile e simboli religiosi negli anni quaranta, in: Bravo (1991), S. 135–160.
SCARPELLINI, EMANUELA: L'Italia dei consumi. Dalla belle époque al nuovo millennio, Rom/Bari 2008.
—: Organizzazione teatrale e politica del teatro nell'Italia fascista, Mailand 22004 [1989].
SCHEIBLE, HARTMUT (Hg.): Mythos Casanova. Texte von Heine bis Buñuel, Leipzig 2003.
SCHENK, FRITHJOF B./WINKLER, MARTINA (Hg.): Der Süden. Neue Perspektiven auf eine europäische Geschichtsregion, Frankfurt a. M./New York 2002.
SCHIEBINGER, LONDA (Hg.): Feminism & The Body, Oxford 2000
SCHIEDER, WOLFGANG: Das faschistische Italien, in: Frei/Kling (1990), S. 48–61.
—: Die Geburt des Faschismus aus der Moderne, in: Dipper (2005), S. 159–180.
—: Die Zukunft der Avantgarde. Kunst und Politik im italienischen Futurismus 1909–1922, in: Geschichte und Gesellschaft, 18 (2000), S. 229–243.
SCHILDT, AXEL/SIEGFRIED, DETLEF (Hg.): Between Marx and Coca-Cola. Youth Cultures in Changing European Societies, 1960–1980, New York/Oxford 2007.
—/ SIEGFRIED, DETLEF: Youth, Consumption, and Politics in the Age of Radical Change, in: ebd., S. 1–35.
—/ SIEGFRIED, DETLEF/LAMMERS, KARL CHRISTIAN (Hg.): Dynamische Zeiten: die sechziger Jahre in den beiden deutschen Gesellschaften, Hamburg 2000.
SCHISSLER, HANNA (Hg.): The Miracle Years: A Cultural History of West Germany, Princeton 2001, 1949–1968.
SCHMALE, WOLFGANG: Geschichte der Männlichkeit in Europa (1450–2000), Wien/Köln/Weimar 2003.
SCHNEIDER, JANE/SCHNEIDER, PETER: Culture and Political Economy in Western Sicily, New York/San Francisco/London 1976.
SCHULZE, GERHARD: Die Erlebnisgesellschaft. Kultursoziologie der Gegenwart, Frankfurt a.M. 1993.
SCHWARZENBERG, CLAUDIO: Diritto e giustizia nell'Italia fascista, Mailand 1977.
SCOTT, NANCY F.: La donna moderna 'stile americano': Gli anni Venti, in: Thébaud (1992), S. 91–109.
SCOTTO DI LUZZI, ADOLFO: Ministero della Cultura Popolare, in: De Grazia/Luzzatto (2005), Bd. 2, S. 132–135.
SCRIVANO, PAOLO: Signs of Americanization in Italian Domestic Life: Italy's Postwar Conversion to Consumerism, in: Journal of Contemporary History, 40/2 (2005), S. 317–340.
SEIFERT, RUTH: Machtvolle Blicke. Genderkonstruktion und Film, in: Mühlen-Achs/Schorb (1995), S. 39–69.
SESTI, MARIO: Tutto il cinema di Pietro Germi, Mailand 1997.
SEYMOUR, MARK: Till Death Do Them Part? The Church-State Struggle over Marriage and Divorce 1860–1914, in: Willson (2004), S. 37–50.
SGRITTA, GIOVANNI BATTISTA/TUFARI PAOLO: Italy, in: Chester (1977), S. 253–282.
SIEGELE-WENSCHEWITZ, LEONORE/STUCHLIK, GERDA (Hg.): Frauen und Faschismus in Europa. Der faschistische Körper, Pfaffenweiler 1990.
SIEGELOHR, ULRIKE (Hg.), Heroines Without Heroes: Reconstructing Female and National Identities in European cinema, 1945–51, London/New York 2000.
SIEGFRIED, DETLEF: Time Is on My Side. Konsum und Politik in der westdeutschen Jugendkultur der sechziger Jahre, Göttingen 2006.
SIMMEL, GEORG: Philosophie der Mode, in: Rammstedt (1995), S. 8–38.

Socrate, Francesca: Borghesie e stili di vita, in: Sabbatucci/Vidotto (1999), S. 363–442.
Sorcinelli, Paolo/Varni, Angelo (Hg.): Il secolo dei giovani. Le nuove generazioni e la storia del Novecento, Rom 2004.
Sorlin, Pierre: Italian National Cinema 1986–1996, London/New York 1996.
SMALL, PAULINE: Sophia Loren. Moulding the Star, Bristol 2009.
Spackman, Barbara: Fascist Virilities: Rhetoric, Ideology and Social Fantasy in Italy, Minneapolis 1996.
—: Shopping for Autarchy. Fascism and Reproductive Fantasy in Mario Camerini's Grandi Magazzini, in: Garofalo/Reich 2002, S. 276–292.
Spagnoletti, Giovanni: Registi stranieri in Italia, in: Aprà (2006), S. 266–276.
Stacey, Jackie: Star gazing. Hollywood Cinema and Female Spectatorship, London/New York 1994.
Staiger, Janet: Perverse Spectators. The Practices of Film Reception, New York 2000.
Stefani, Giulietta: Maschi in colonia. Gli italiani in Etiopia (1935–1941), in: Genesis, II/2, 2003, S. 33–52.
Stone, Marla S.: The Patron State. Culture and Politics in Fascist Italy, Princeton 1998.
Studlar, Gaylyn: This Mad Masquerade. Stardom and Masculinity in the Jazz Age, New York 1996.
Tatò, Francesco: Marcello Mastroianni. Mi ricordo, si, io mi riccordo, Mailand 1997.
Terhoeven, Petra: Liebespfand fürs Vaterland. Krieg, Geschlecht und faschistische Nation in der italienischen Gold- und Eheringsammlung 1935/36, Tübingen 2003.
Termine, Liborio: La Sicilia e la 'sicilianitudine', in: De Vincenti (2001), S. 246–247
Tester, Keith (Hg.): The Flâneur, London 1994.
Thébaud, Françoise (Hg.): Storia delle donne in occidente. Il novecento: Rom/Bari 1992.
— (Hg.): Storia delle Donne, Il Novecento, Rom/Bari ⁴2003.
—: La Grande Guerra: età della donna o trionfo della differenza sessuale?, in: ebd., S. 25–90.
Tolomelli, Marica: Giovani anni Sessanta: sulla necessità di costituirsi come generazione, in: Capuzzo (2003), S. 217–248.
Tonelli, Anna: Politica e amore. Storia dell'educazione ai sentimenti nell'Italia contemporanea, Bologna 2003.
Tossati, Giovanna: Impiegati, in: De Grazia/Luzzatto (2005), S. 662–665.
Töteberg, Michael: Metzler Filmlexikon, Stuttgart/Weimar 2005.
Tranfaglia, Nicola: Dalla crisi del centrismo al „compromesso storico", in: Barbagallo (1995), S. 7–91.
—: La stampa del regime 1932–1942. Le veline del Minculpop per orientare l'informazione, Mailand 2005.
—: Un passato scomodo. Fascismo e postfascismo, Mailand 2006.
Treves, Anna: Le migrazione interne nell'Italia fascista. Politica e realtà demografica, Turin 1976.
Triani, Giorgio: Avventure in Romagna. Sociologia dei tipi di spiaggia, in: Malossi (1996), S. 136–147.
Troisi, Sergio: L'identità difficile: immagini e simboli della Sicilia: 1946–1964, Mailand 1998.
Trova, Assunta: All'origine dello scoutismo cattolico in Italia: promesse scaut ed educazione religiosa, Mailand 1986.
Turroni, Giuseppe: Luxardo: L'italica bellezza, Mailand 1980.
Ujma, Christina: Fanny Lewards urbanes Arkadien. Studien zu Stadt, Kunst und Politik in ihren italienischen Reiseberichten aus Vormärz, Nachmärz und Gründerzeit, Bielefeld 2007.
Ullrich, Wolfgang/Schirdewahn, Sabine (Hg.): Stars Annäherungen an ein Phänomen, Frankfurt a. M. 2002.
Urry, John: The Tourist Gaze. Leisure and Travel in Contemporary Societies, London 1990.
Valentini, Paola: Modelli, forme e fenomeni di divismo: Il caso Vittorio De Sica, in: Fanchi/Moschoni (2002), S. 108–129.
—: L'immagine della donna, in: Bernardi (2004), S. 388–398.

VAN WATSON, WILLIAM: Luchino Visconti's (Homosexual) Ossessione, in: Garofalo/Reich (2002), S. 172–193.
VARNI, ANGELO (Hg.): Il mondo giovanile in Italia tra Ottocento e Novecento, Rom 1998.
VERDONE, MARIO: Il Neorealismo ed Anna Magnani, in: Riviello, Tonia C. (Hg.), Women in Italian Cinema. La donna nel cinema italiano, Rom 1999, S. 15–19.
VEZZOSI, ELISABETTA: La mistica della femminilità: un modello americano per le donne italiane? In: Italia Contemporanea, Nr. 224 (September 2001), S. 400–406.
VIGANÒ, DARIO E.: Cinema e Chiesa. I documenti del magistero, Turin 2002.
VIGNI, FRANCO: Censura a largo spettro, in: De Giusti (2003), S. 64–79.
VINALL, SHIRLEY W./NOBLE, PETER S.: Shrewd and Wanton Women: Adultery in the Decameron and the Heptameron, in: Baransky/Vinall (1991), S. 141–172.
VISSER, ROMKE: Fascist Doctrine and the Cult of Romanità, in: Journal of Contemporary History, Nr. 27 (1992), S. 5–22.
VOGEL, JULIANE: Himmelskörper und Schaumgeburt: Der Star erscheint, in: Ullrich/Schirdewahn (2002), S. 11–39.
VÖLKER-RASOR, Annette: Bilderpaare – Paarbilder. Die Ehe in Autobiographien des 16. Jahrhunderts, Freiburg 1993, S. 261–277.
WAGSTAFF, CHRISTOPHER: Italy in the Post-War International Cinema Market, in: Duggan, Christopher/ders.: Italy in the Cold War: Politics, Society and Culture 1948–1958, Oxford 1995, S. 89–115.
—: The Italian Cinema Industry During the Fascist Regime, in: The Italianist, Nr. 4 (1984), S. 160–174.
WANROOIJ, BRUNO P. F.: Storia del pudore. La questione sessuale in Italia 1860–1940, Venedig 1990.
—: Decenza e dollari. I cattolici italiani e Hollywood, in: Brunetta (1991), S. 133–146.
—: Mobilitazione, Modernizzazione, Tradizione, in: Sabatucci/Vidotto (1997), S. 379–439.
—: The History of Sexuality in Italy (1860–1945), in: Willson (2004), S. 173–191.
—: Bordello, in: De Grazia/Luzzatto (2005), Bd. 1, S. 186–187.
WATZLAWICK, HELMUT: Casanova: Die Person und ihr Mythos, in: Scheible (2003), S. 52–53.
WHITE, NICOLA: Reconstructing Italian Fashion. America and the Development of the Italian Fashion Industry, Oxford/New York 2000.
WIEGEL, HILDEGARD (Hg.): Italiensehnsucht. Kunsthistorische Aspekte eines Topos, München 2004.
WIESNER, MERRY E.: Women and Gender in Early Modern Europe, Cambridge 2000.
WILHARM, IRMGARD (Hg.): Geschichte in Bildern. Von der Miniatur bis zum Film als historische Quelle, Pfaffenweiler 1995.
WILLSON, PERRY (Hg.): Gender, Family and Sexuality. The Private Sphere in Italy, 1860–1945, London 2004.
WIPPERMANN, WOLFGANG: Faschismustheorien. Die Entwicklung der Diskussion von den Anfängen bis heute, Darmstadt 1997.
WOLFF, KURT H. (Hg.): Karl Mannheim: Wissenssoziologie. Auswahl aus dem Werk, Neuwied/Berlin 1964
WOLFF, LARRY: Dalmatinische und italienische Reisen. Das Paradies der mediterranen Rückständigkeit, in: Schenk/Winkler (2007), S. 207–228.
WOOD, MARY P.: From Bust to Boom: Women and Representations of Prosperity in Italian Cinema of the Late 1940s and 1950s, in: Morris (2006), S. 51–63.
—: Woman of Rome: Anna Magnani, in: Siegelohr (2000), S. 149–159.
YUVAL-DAVIS, NIRA: Gender and Nation, London 1997.
ZABAGLI, FRANCO: Prima di „Accattone". Pasolini sceneggiatore negli anni '50, in: Bernardi (2004), S. 305–312.
ZAGARRIO, VITO: Cinema e fascismo. Film, modelli, immaginari, Venedig 2004, S. 40–140.
—: Fellini dal moderno al postmoderno, in: De Vincenti (2001), S. 82–96.

ZANAGNI, VERA (Hg.): Come perdere la guerra e vincere la pace. L'economia Italiana tra guerra e dopoguerra, Bologna 1997.
ZANTOP, SUSANNE: Colonial Fantasies. Conquest, Family and Nation in Precolonial Germany, 1770–1870, Durham/London 1997.
ZIMMERMANN, CLEMENS: Medien im Nationalsozialismus. Deutschland, Italien und Spanien in den 1930er und 1940er Jahren, Wien/Köln/Weimar 2007.
ZIZOLA, GIANCARLO: Il modello cattolico in Italia, in: Aries (2001), S. 247–310.
ZUCCARELLO, UGO: Omosessualità maschile e modelli di virilità, in: Bellassai/Malatesta (2000), S. 225–242.

Filmindex

8 ½ (1963)   257, 265, 337 f., 350, 373
Abbasso la misera! (1945)   162
Africa sotto i mari (1953)   147
Altri tempi (1952)   146
A Piedigrotta (1920)   196
Arrivederci Roma (1958)   274
Attenzione (1940)   135 ff.
L'avventuriera del piano di sopra (1941)   44, 197
La Baia di Napoli/ It started in Naples (1959)   177, 235, 274,
I bambini ci guardano (1942)   137
Il bandito (1946)   159
The Barefoot Contessa (1954)   273
Il bell'Antonio (1960)   256, 265, 349 ff., 367, 373 f.
La bella mugnaia (1955)   145, 177
Bellissima (1951)   162
Boy on a Dolphin (1957)   234
Cabiria (1914)   39
Caccia tragica (1947)   159
La caduta di Troia (1911)   39
La calda vita (1964)   440
Campo de' fiori (1943)   160
La canzone del sole (1934)   273
Casanova '70 (1965)   266, 373
Castelli in aria (1939)   44, 273
Catene (1950)   198
Un cattivo soggetto (1933)   21
La cintura di castità (1967)   432
Città delle donne (1980)   373
Ciao maschio! (1978)   373
La Ciociara (1960)   148, 231, 238, 239 ff.
Comizi d'amore (1963)   281, 287 f.
La contessa di Parma (1937)   114
Cronaca di un amore (1953)   198
Damals (1943)   273
Darò un milione (1935)   33, 199
Desire under the Elms (1958)   235
Divorzio all'italiana (1961)   256, 265, 349, 361 ff., 373 f.
La dolce vita (1960)   9, 18, 229, 255, 257 f., 265, 300 ff., 339 f., 349 f., 359, 371, 373 f.
I dolci inganni (1960)   18, 378 f., 411, 412 ff., 440

Domani è troppo tardi (1950)   417 f.
La donna bianca (1938)   197
La donna del fiume (1954)   145, 148, 199 f., 230
La donna scarlatta (1969)   432
Dora Nelson (1938)   197
Dramma della gelosia – tutti i particolari della cronaca (1970)   432
Due cuori felici (1932)   21, 36, 44, 197
Due notti con Cleopatra (1953)   177
È piccerella (1922)   196
I figli di nessuno (1951)   198
La fortuna di essere donna (1956)   145, 206, 219 ff.
The Four Horsemen of the Apocalypse (1921)   271
Una giornata particolare (1974)   253, 256 f., 373
Gioventù perduta (1947)   387
Grandi magzzini (1939)   114, 132 f., 140
Guendalina (1957)   379
Houseboat (1958)   227, 234
Ieri, oggi e domani (1963)   231, 253, 257 373
Io bacio...tu baci (1961)   389
Ladri di biciclette (1948)   16, 139, 150, 300
Legend of the Lost (1957)   234
Lolita (1962)   380
Made in Italy (1953)   147
Madri d'Italia (1934)   162
Ma l'amor mio non muore (1913)   39
Ma non è una cosa seria (1936)   33, 34
Un marito per Anna Zaccheo (1953)   434
La matriarca (1969)   442
Mina...fuori la guardia (1961)   389
Miracolo a Milano (1951)   139
Matrimonio all'italiana (1964)   253
La moglie bionda (1965)   266
Molti sogni per le strade (1948)   162
I mostri (1963)   276 f.
Nerone (1909)   39
Nessuno torna indietro (1943)   137
'Nfama (1924)   196
Niente di grave suo marito è incinto (1973)   256
La noia (1963)   380, 411, 423 ff., 440

Non ti conosco più (1936)   197
La notte (1961)   257
L'onorevole Angelina (1947)   162
L'oro di Napoli (1954)   145, 148, 177 f.,
    180, 181 ff., 198, 230, 237
Ossessione (1943)   159, 197
Padri e figli (1957)   256
Pane, amore e... (1955)   145, 177 f., 180
Paisà (1946)   158
The paradine case (1947)   233
La parmigiana (1963)   411, 432 ff.
Partire (1938)   34
Peccato che sia una canaglia (1954)   145,
    148, 180, 203 ff.
La peccatrice (1940)   137
Piazza San Sepolcro (1942)   273
Polvere di stelle (1973)   432
La porta del cielo (1944)   137 f.
Prêt-à-porter (1994)   204, 373
The Pride and the Passion (1957)   234, 238
Quo vadis (1913)   39
La ragazza con la pistola (1968)   432
I ragazzi del Juke-box (1959)   389
I ragazzi di vita (1955)   420
Rapsodia (1954)   274
Riso amaro (1949)   199, 434
Roma, città aperta (1945)   159, 161, 164,
    300, 416
Roma, città libera (1946)   137
La Romana (1954)   434
La Ronde (1963)   409

Rose scarlatte (1940)   135
The Rose Tattoo (1955)   233
Sciuscià (1946)   139, 158, 300
Le sei mogli di Barbablù (1950)   177
Il segno di Venere (1955)   206
La segretaria privata (1931)   36
Il Signor Max (1937)   33, 44, 104 ff., 140 f.
Sensualità (1953)   198
Senza pietà (1948)   159
The Sheik (1921)   271
I soliti ignoti (1958)   265
Il sorpasso (1962)   411, 440
La spiaggia (1954)   377
Summertime (1955)   273
Tempo massimo (1935)   85 ff., 114, 128,
    140
Teresa Venerdì (1941)   160
La terra trema (1948)   158
Three Coins in a Fountain (1954)   273
The Third Man (1949)   233
Il treno crociato (1942)   273
Gli uomini, che mascalzoni (1932)   21, 33,
    35 ff., 61 ff., 124, 128, 140 f.
L'uomo die 5 palloni (1965)   256
Un uomo ritorna (1946)   162
Umberto D. (1952)   139, 150
Una vita violenta (1959)   420
Urlatori alla sbarra (1960)   389
La voglia matta (1962)   440
Week-end à Zuydcoote (1964)   409

böhlau

ANNA BOHN
DENKMAL FILM
BAND 1: DER FILM ALS KULTURERBE
BAND 2: KULTURLEXIKON FILMERBE

Inwiefern sind Filme als Kulturgüter geschützt? Welche Defizite bestehen beim Schutz des Filmerbes? Und welche Standards sollen für seine Sicherung gelten? In zwei Bänden stellt Anna Bohn unter Berücksichtigung zahlreicher Filmbeispiele und Archivquellen erstmals und umfassend die Grundlagen zum Schutz des Filmerbes dar. Der erste Band behandelt wesentliche Aspekte des audiovisuellen Kulturgutschutzes aus historischer Perspektive wie die Grundlagen filmischer Überlieferung, die Geschichte der Filmarchivierung und die Chronik der Verluste sowie internationale Vereinbarungen und nationale Gesetzgebungen zum Filmerbe. Der zweite Band definiert Schlüsselbegriffe zum Schutz des Filmerbes wie Sicherung, Konservierung, Restaurierung, Rekonstruktion. Mit seiner interdisziplinär vergleichenden Methode richtet sich dieses Handbuch sowohl an die Film- und Medienwissenschaften, die Denkmalpflege, Kunstwissenschaft, Philologie, Archiv- und Bibliothekswissenschaften, Museumskunde als auch an die Kultur- und Geschichtswissenschaft.

2012. 880 S. 157 S/W-ABB. UND 54 FARB. ABB. GB. 170 X 240 MM. |
ISBN 978-3-412-20990-2

BÖHLAU VERLAG, URSULAPLATZ 1, D-50668 KÖLN, T:+49 221 913 90-0
INFO@BOEHLAU-VERLAG.COM, WWW.BOEHLAU-VERLAG.COM | WIEN KÖLN WEIMAR

ITALIEN IN DER MODERNE

HERAUSGEGEBEN VON GABRIELE CLEMENS, CHRISTOF DIPPER, OLIVER JANZ, SVEN REICHARDT, WOLFGANG SCHIEDER UND PETRA TERHOEVEN

böhlau

EINE AUSWAHL

BD. 21 | ANTJE DECHERT
STARS ALL'ITALIANA
KINO UND KÖRPERDISKURSE IN ITALIEN (1930–1965)
2014. 453 S. 63 S/W-ABB. GB.
ISBN 978-3-412-22126-3

BD. 20 | WENKE NITZ
FÜHRER UND DUCE
POLITISCHE MACHTINSZENIERUNGEN IM NATIONALSOZIALISTISCHEN DEUTSCHLAND UND IM FASCHISTISCHEN ITALIEN
2013. 416 S. 222 S/W-ABB. GB.
ISBN 978-3-412-21018-2

BD. 19 | JENS SPÄTH
REVOLUTION IN EUROPA 1820–23
VERFASSUNG UND VERFASSUNGSKULTUR IN DEN KÖNIGREICHEN SPANIEN, BEIDER SIZILIEN UND SARDINIEN-PIEMONT
2012. 518 S. 15 S/W-ABB. GB.
ISBN 978-3-412-22219-2

BD. 18 | JESSICA KRAATZ MAGRI
DER UMKÄMPFTE VOLKSHELD
ZUR GESCHICHTE DES GARIBALDI-MYTHOS IN ITALIEN (1882–1948)
2011. 420 S. 32 S/W- UND FARB. ABB. GB.
ISBN 978-3-412-22220-8

BD. 17 | FRANCESCO MARIN
DIE „DEUTSCHE MINERVA" IN ITALIEN
DIE REZEPTION EINES UNIVERSITÄTS- UND WISSENSCHAFTSMODELLS 1861–1923
2010. 410 S. GB. | ISBN 978-3-412-22221-5

BD. 16 | DANIELA LIEBSCHER
FREUDE UND ARBEIT
ZUR INTERNATIONALEN FREIZEIT- UND SOZIALPOLITIK DES FASCHISTISCHEN ITALIEN UND DES NS-REGIMES
2009. 680 S. GB. | ISBN 978-3-412-22222-2

BD. 15 | FRAUKE WILDVANG
DER FEIND VON NEBENAN
JUDENVERFOLGUNG IM FASCHISTISCHEN ITALIEN 1936–1944
2008. 408 S. GB. | ISBN 978-3-412-22223-9

BÖHLAU VERLAG, URSULAPLATZ 1, D-50668 KÖLN, T:+49 221 913 90-0
INFO@BOEHLAU-VERLAG.COM, WWW.BOEHLAU-VERLAG.COM | WIEN KÖLN WEIMAR